U0922417

开平年鉴

KAI PING NIAN JIAN

(2008—2009·创刊号)

中共开平市委员会
开平市人民政府 主办

《开平年鉴》编纂委员会 编

广东省出版集团
广东人民出版社

·广州·

开平市地图

佛山市
鹤
山
市
新
会
区
云
浮
市
恩
平
长沙街道
开平市
三埠街道
水口镇
沙塘镇
苍城镇
月山镇
赤坎镇
塘口镇
百合镇
蚬冈镇
金鸡镇
赤水镇
龙胜镇
大沙镇
马冈镇
石榴花农场
镇海水库

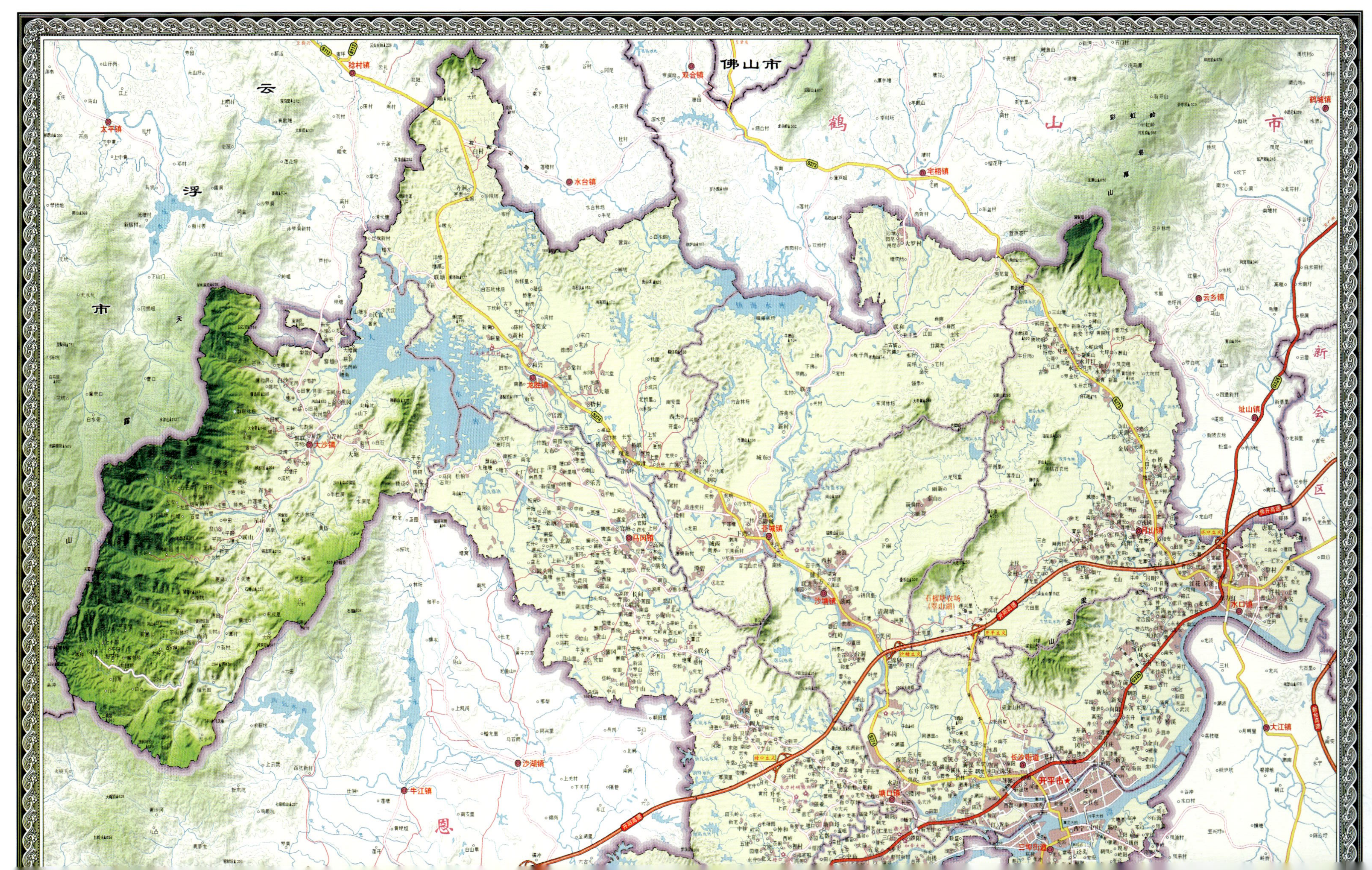

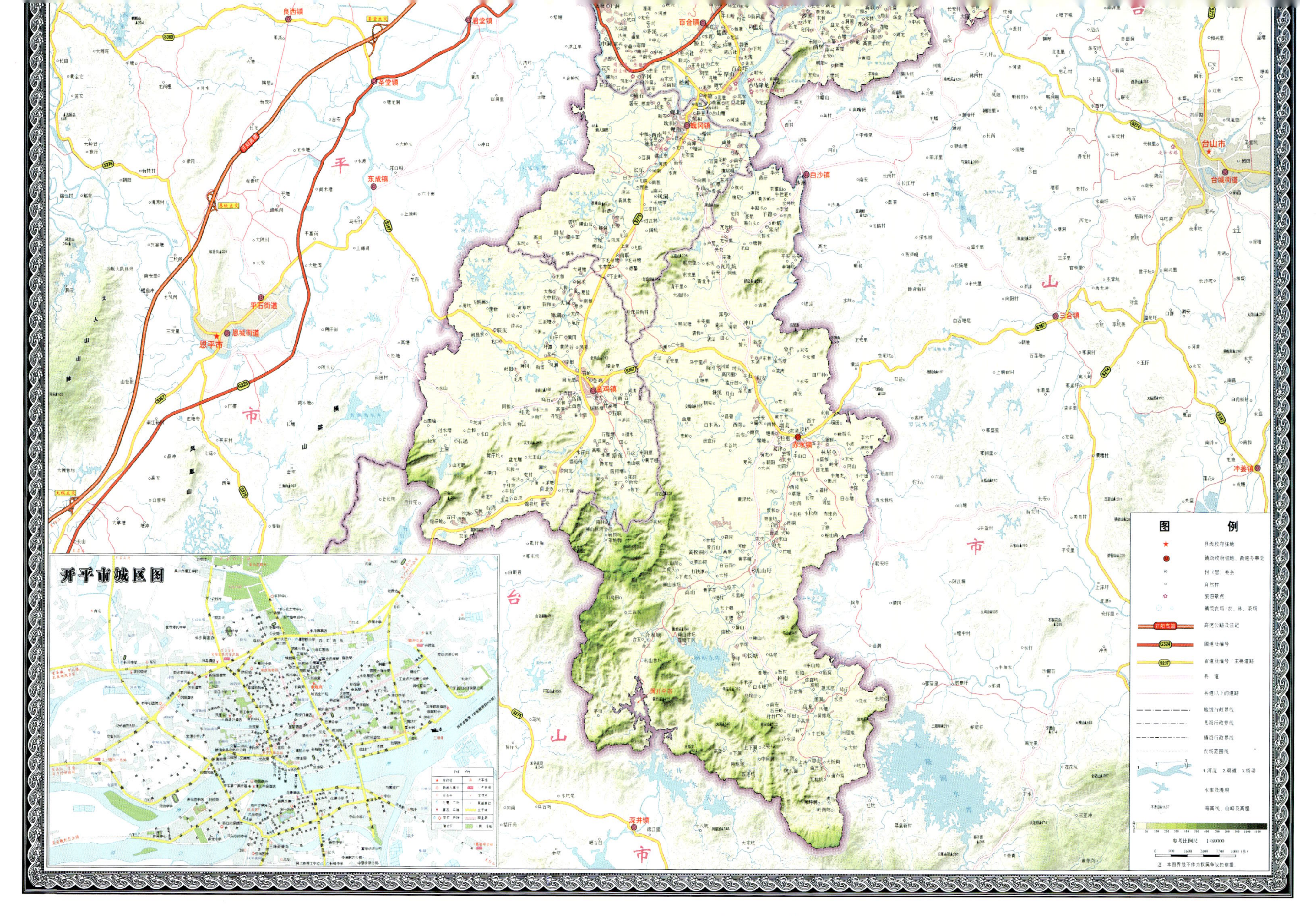

开平市城区图
图例
台山市
台城街道
恩平市
恩城街道
平石街道
东成镇
圣堂镇
君堂镇
良西镇
百合镇
蚬冈镇
白沙镇
三合镇
冲蒌镇
金鸡镇
赤水镇
深井镇

开平市城区图
图例
市政府
汽车站
街道办事处
公汽总站
村委会
旅游点
大厦、广场
其他单位
酒店、宾馆
主干道
学校 医院
商业街
建成区
公园、绿地
市政府
人民会堂
城市北广场
城市南广场
人民公园
金山度假村
市党校
吴汉良理工学校
世界谭氏中学
长沙街道办
三埠街道办
1、2、3、5、6 义祠公共汽车总站
4路车总站
3、4路八一总站
1路勒冲总站
开平汽车总站
三埠港
开平至香港（客轮航程约4小时）
至赤坎、开元塔、孔雀湖风景区
至湛江、立园、自力村碉楼群
至南楼纪念公园
至广州138公里
至翠山湖
收费站
长沙中学
开侨中学
港口中学
忠源中学
风采中学
市中心医院
市一医院
市妇幼保健院
中国银行
潭江半岛酒店
侨园宾馆
丰泽园酒店
三埠假日酒店
凯旋门酒店
星都酒店
花园酒店
绿岛酒店
新庭园酒家
天伦酒家
旅游购物街
幸福市场
百汇市场
长沙公园
港口公园
新昌公园
祥龙公园
潭江
苍江

开平碉楼与村落“申遗”成功

2007年6月28日，开平碉楼与村落申遗项目在第31届世界遗产大会上通过表决，正式列入《世界遗产名录》，成为广东省第一处世界文化遗产。

八年申遗路，一朝结硕果。开平碉楼与村落“申遗”成功，留下了“领导重视、专家指导、侨胞支持、全民参与”的历史印记。

▲中共中央政治局委员、广东省委书记汪洋（左三）在副省长雷于蓝（左二）、江门市委书记陈继兴（右二）、开平市委书记冯立坚（左一）等陪同下考察开平碉楼

▲广东省省长黄华华考察开平碉楼“申遗”工作

▲江门市委副书记、市长刘海（中）视察开平立园

◀参加第31届世界遗产大会的中国代表团成员

广东省开平碉楼与村落申报世界文化遗产成功▶

◀2008年12月24日在开平市人民会堂举行“申遗”成功总结表彰大会

▲书记冯立坚（右）当选为市第十四届人大常委会主任

▲黄耀雄（右）当选开平市市长

▶ 2008年8月19日，中国共产党开平市第十一届委员会第六次全体会议召开

◀2009年1月16日，中国共产党开平市第十一届委员会第七次全体会议召开

◀中共开平市委书记冯立坚在市第十四届人民代表大会第四次会议上讲话

▶2009年3月10日，开平市第十四届人民代表大会第四次会议召开

◀2009年3月9日，政协开平市第十一届委员会第四次会议召开

◀2009年1月29日，卫生部副部长王国强（中）到开平视察工作并参观开平碉楼

▶
2009年10月23日开平市召开第九次归侨侨眷代表大会。中共开平市委书记冯立坚和市长黄耀雄为名誉主席颁奖

▲2009年11月13日，市长黄耀雄（中）接收立园主人谢维立后人谢美娟回乡捐赠文物

▲2009年12月19日，市委常委、常务副市长谢超武（右）致送纪念品给开平侨属（佛山地区）海外联谊会会长张铁伟

◀2008年11月14日，全国政协副主席、中国致公党中央主席、科技部部长万钢（左四），原全国政协副主席、中国致公党中央主席罗豪才（右四），广东省委常委、统战部部长周镇宏（左三），中国致公党中央副主席、广东省政协副主席、中国致公党广东省委会主委王珣章（右三）以及江门市、开平市领导为司徒美堂铜像揭幕

▶2008年11月14日，中国致公党中央和江门市政府、开平市政府共同主办的“司徒美堂先生诞辰140周年纪念大会”在开平市人民会堂举行

▲2009年10月24日，开平市人民政府市长黄耀雄(右)与旅加侨胞谢翠婷女士(中)在开平一中建校90周年校庆合影

▲开平市副市长黄婉慈（左二）与旅加侨彦何南兴先生（右二）合影

6月3日，开平市政府召开《开平年鉴（2008-2009年·创刊号）》工作动员会，全市130个部门单位主管年鉴工作的领导以及负责撰稿的人员共200多人参加了会议。副市长、《开平年鉴2008-2009年·（创刊号）》编委会副主任黄婉慈出席会议并作动员讲话。

黄婉慈指出：国务院颁发的《地方志工作条例》和广东省政府颁布的《广东省地方志工作规定》，使地方志工作走上了法制轨道，从根本上为地方志的可持续发展提供了有力保障。她在总结了开平市地方志工作的整体情况后，重点提出在编纂《开平年鉴（2008-2009年·创刊号）》中，各部门单位、镇（街道）的工作任务和具体要求。

江门市地方志办公室主任李文照、副主任邝达辉等领导亲临开平参加动员会，并就如何做好年鉴的编纂工作作了专题讲话。

动员会结束后，举办年鉴写作培训班，特邀原中山市志办主任吴冉彬对撰稿人员进行专项业务培训。

市委常委李宝贞（前）在全省电视电话会议开平分会场

2009年2月10日省政府召开地方志工作电视电话会议，图为开平分会场

地方志工作掠影

省方志办副主任谭云龙对建设开平地情网作指示

近年来，地方志工作在市委、市政府的高度重视下，在上级主管部门的正确指导下，地情研究、年鉴编纂等工作取得可喜成果。同时，充分发挥“资政、教育、存史”作用，为各部门、单位提供丰富、翔实的地情史料，尤其是积极协助发源于开平的广州潘高寿药业公司挖掘、寻找历史资料，并与他们结下深厚的家乡情谊，为发展开平经济作出了积极贡献。

副市长黄婉慈（中）汇报开平地情网建设情况

建设开平地情网会议现场

《开平年鉴(2008-2009·创刊号)》编委会成员在审阅年鉴稿

《开平年鉴(2008-2009·创刊号)》编辑部人员在阅稿

广州潘高寿公司在开平举办赠书活动

市政府办公室副主任安超(右二)带队拜访国医大师邓铁涛(前中)

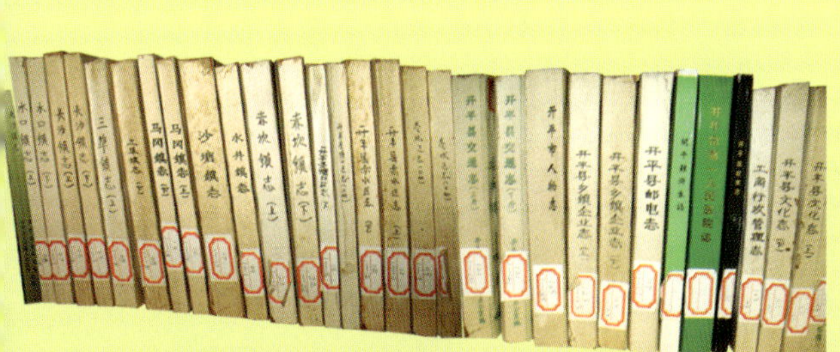

20世纪90年代出版的镇志、部门志(部分)

开平市志办编印的地情书

2002年出版的《开平县志》

广东嘉士利食品集团简介

广东嘉士利食品集团有限公司坐落在美丽的中国著名侨乡、世界文化遗产的碉楼之乡广东省开平市。

1956年由县内17家饼家公私合营创立开平县糖饼厂（即嘉士利前身）；

1985年成立开平市嘉士利饼业公司（属下有饼干一厂、二厂）；

1992年成立广东嘉士利集团股份有限公司；

2005年整编为开平市嘉士利食品有限公司；

2007年改制为民营控股企业；

2008年1月升格为广东嘉士利食品有限公司；

2008年12月组建成立广东嘉士利食品集团有限公司，是开平市首家民营企业集团。

目前集团旗下有广东嘉士利食品集团有限公司、邢台嘉士利食品有限公司、广东康力食品有限公司、江苏嘉士利食品有限公司、喀什嘉士利食品有限公司以及集团商务配套的四星级广东三埠假日酒店有限公司等6家子公司，拥有广东开平、江苏、河北和新疆等5大生产基地。拥有从意大利、奥地利、英国、日本等国家引进的国际以及国内先进水平的饼干及其他食品生产设备和技术，各类食品专业技术、经营管理、营销管理专业人才。是“广东粮”的杰出代表，是开平市食品工业主要支柱企业和纳税大户。

集团主要产品：“嘉士利”牌：1.超50年饼干系列；2.超40年意大利粉系列；3.超20年果仁花生系列；4.超50年月饼、糕点（手信）系列等5大系列产品（食品）。产品畅销全国30多个省（市），远销世界多个国家和地区。

集团具有良好的社会信誉和较高的行业知名度，先后荣获中国驰名商标、中国名牌产品、全国食品工业优秀龙头企业、中国食品工业（饼干行业）十强企业、中国焙烤食品糖制品工业行业百强企业、广东省高新技术企业和广东省连续十七年“守合同、重信用”企业等250多次（项）的荣誉称号。

面向未来，集团秉承“人诚品高”的企业文化精神和“嘉士利利万家”的社会责任，凭借嘉士利这一全国著名品牌，努力创建集团化、规模化、现代化、专业化的中国民族品牌的食品企业集团。

中国名牌
CHINA TOP BRAND
2006.9-2011.9
嘉士利进口先进设备
50
多年专业
饼干制作经验

广东康力食品有限公司
广东三埠假日酒店有限公司
广东嘉士利食品集团有限公司
江苏嘉士利食品有限公司

邢台嘉士利食品有限公司

民族好产品
品味好生活!
BREAKFAST BISCUITS
早餐饼干
甜薄脆饼干
桃酥王
TAO SU WANG
燕麦酥
Salted Dried Peanuts
咸干花生
意大利粉
EXPLOSIVE

广东开平春晖股份有限公司

KAIPING
CHUNHUIGUFEN

股票代码：000976

广东开平春晖股份有限公司是国内公众上市公司，亦是华南地区最大的聚酯及化纤生产企业，公司股票于2000年6月1日在深圳证券交易所挂牌上市。属下有3个生产分厂，员工1950人，其中工程技术人员300多人。现有综合生产能力68万吨/年，其中自主生产能力：涤纶长丝15万吨/年，锦纶长丝1万吨/年，瓶级或高粘切片10万吨/年；通过租赁经营，承担聚酯切片生产能力42万吨/年。公司先后跻身中国制造业企业500强、广东省企业100强和广东最具投资价值上市公司50强。

近几年来，公司抓住市场大调整的契机，不断提升核心技术力量，致力开发科技含量高、市场潜力大的新产品，为下游纺织企业输送优质的原料。目前，公司已通过ISO9001：2008质量管理体系认证；瓶级切片获得欧共体（EEC）、美国（FDA）、英联邦（UK）卫生认证和可口可乐技术认证，并成为中国纺织企业社会责任管理体系CSC9000T执行企业，加快了国际化生产的步伐。目前，公司销售网络遍布国内30多个城市和东南亚、中东、非洲等国际市场。公司将坚定不移以“抓质量、促创新”为核心，加快技术升级和产品转型升级，逐步向高质、高产、高档次的方向迈进。

公司将与社会各界齐心协力、携手合作，共创企业发展美好未来！

地址：广东省开平市长沙港口路10号　邮编：529300
电话：（0750）2228111　传真：（0750）2250333　http://www.my0976.com

开平市对外贸易经济合作局

外经贸大楼外景

开平市对外贸易经济合作局是开平市人民政府属下主管对外贸易经济合作和投资促进工作的职能部门。负责贯彻执行国家、省和市对外贸易、经济合作、外商投资和口岸管理的方针政策和法律法规，拟定和执行开平市外经贸有关政策、规划等；贯彻执行出口商品政策及实施办法；指导并实施外贸促进活动和外贸促进体系建设，规范外贸流通秩序；依法核报或核准各类企业的进出口经营资格，并参与协调管理。

开平市招商局是开平市对外贸易经济合作局下属负责统筹全市投资促进工作的专责单位，参与制定本市投资促进发展规划和改善投资环境的政策措施；组织实施重大项目招商；负责与境内外投资促进机构联系交流；综合协调和指导市内经济开发区的投资促进工作；依法承担外商投资企业的设立、变更的审批、审核、核准等工作；为全市企业利用外资、利用民资、投资设厂等做好有关穿针引线等服务工作。

近年来，外经贸工作在开平市委、市政府的领导下，通过协调全市各级共同努力，持续完善和优化投资及外贸经营环境，取得了较好的发展。全市现有“三资”、“三来一补”企业700多家，多个国家和地区的客商纷纷投资开平。其中，包括众多实力雄厚的大型跨国企业：如美国联新高科技纤维、美国实耐格、法国罗塞洛、西班牙特佳卫浴、韩国大昌铜材等等，投资主要集中在化纤纺织、水暖卫浴、食品、电子、电器、医药、机械制造等领域。2009年，总规划面积达40平方公里的翠山湖新区获上级认定为省示范性产业转移园，获得了省政府在政策和资金上的双重扶持。围绕翠山湖新区的招商和建设工作，制定出台一系列奖励和扶持政策，为广大投资者提供配套设施齐全、投资成本低廉、服务周到的一流投资载体。我们将继续加强与海内外商会机构、各级职能部门的合作，提升专业投资环境和企业服务水平，完善区域外经贸发展环境，全力以赴推进本市外经贸工作健康协调发展。

外经贸大楼外景

开平供电局

争创先进供电企业　亮耀开平万家灯火

广东电网公司江门开平供电局（简称开平供电局），是一个专业化的国家中二型供电企业，担负着侨乡开平市两个办事处、13个镇的供用电管理任务，供电面积1659平方公里，供电人口近70万人，直接抄表用户38.4万，直接管辖10kV配网线路2200.7公里、公用配变1968台（总容量334055kVA）。2009年，完成售电量205680万千瓦时。

2008年支援粤北抗击冰雪 抢修复电

肩挑重任守“光明”

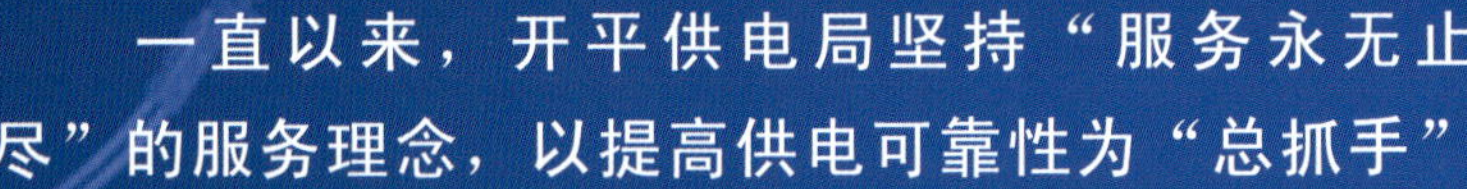

一直以来，开平供电局坚持“服务永无止尽”的服务理念，以提高供电可靠性为“总抓手”着力打造优质供电服务品牌，主动承担社会责任，树立起了“负责任，受尊敬”的企业形象。近年来，该局先后荣获电力部安全文明生产达标企业、“县级供电企业基础管理南方电网公司达标企业”、广东省安全文化示范企业、“全国群众体育先进单位”等多项荣誉称号。

开展学雷锋活动

开平市交通局

经济发展，交通先行。2008—2009年，开平市交通局坚持以科学发展观指导交通工作，创新发展思路，破解交通难题，切实抓好交通基础设施建设，进一步加强交通运输行业管理，促进了交通事业的健康、稳步发展，荣获“江门市农村公路建设一等奖”和“开平碉楼与村落成功申报世界文化遗产集体贡献奖”等荣誉。

公路建设项目取得新成效。全市交通基础设施建设累计完成投资1.13亿元。完成公路新改建项目40.9公里，完成公路中小桥梁改建10座。截至2009年年底，全市公路通车总里程达1709.4公里。

交通运输行业取得新发展。截至2009年年底，全市营运客货车共6677辆，货运船舶共91艘，汽车、摩托车维修业户共633家，道路、水路旅客运输企业共10家，运输行业从业人员1.17万人。

开平市建设局

局领导到汇景湾小区调研

2008—2009年，开平市建设局以邓小平理论和“三个代表”重要思想为指导，深入贯彻落实科学发展观，认真执行党的十七大和市委十一届六、七次全会精神，紧紧围绕“科学发展、和谐稳定”这个中心，充分发挥职能作用，深入推进重振“建筑之乡”雄风，整顿和规范建筑房地产市场秩序，加快保障性住房建设，加快企业改制进程，全力维护建设领域和谐稳定，不断开创工作新局面。2008年，建筑业完成产值15.99亿元，同比增长25.61%；建安房地产行业完成地税收入2.59亿元，占全市地税总收入的33.70%。2009年，建筑业完成产值32.08亿元，同比增长100.56%；建安房地产行业完成地税收入2.78亿元，占全市地税总收入的35.22%。

建设局办公大楼

开平市国家税务局

开平市国家税务局成立于1994年8月，现有干部职工228人。主要负责开平市增值税、消费税，企业所得税，储蓄利息个人所得税，车辆购置税的征收管理。至2009年底止，管辖的纳税企业和个体工商户1.7万多户，其中增值税一般纳税人1554户。全局共有内设机构10个：办公室、政策法规股、收入核算股、纳税服务股（办税服务厅）、征收管理股、人事教育股、监察室、税源管理一股、税源管理二股、税源管理三股；直属机构1个：稽查局；事业单位1个：信息中心；派出机构4个：水口税务分局、苍城税务分局、赤坎税务分局、金鸡税务分局。

畅通内外监督渠道

健康向上，英姿飒爽

凝心聚力，朝气蓬勃

开平市农村信用合作联社

风雨兼程五十余载，扎根农村矢志不渝。五十余年来，开平农信始终坚持“立足三农、服务城乡”的战略定位，以“推动三农、中小企业和县域经济的发展”为己任，弘扬“以人为本、以客为尊”的服务理念，大力支持“三农”、中小企业和县域经济的发展，谱写了开平农业发展，农村兴旺和农民致富的绚丽篇章。多年来，开平农信扎根农村、心系农业、情牵农民，发放的涉农贷款、中小企业贷款余额位居开平金融机构首位，是开平实至名归的农村金融主力军。

近年来，开平农信深化改革、强化管理、锐意进取、开拓创新，实现了各项业务的跨越式发展。珠江平安卡的成功发行、业务系统大升级的顺利上线、网上银行、手机银行、自助循环贷款等业务的成功开办……为开平广大市民提供了更高效、更便捷、更优质的全方位金融产品服务。

改革创新谋发展，与时俱进铸辉煌。今后，开平农信将继续弘扬“伴你同行，助你腾飞”的经营理念，进一步整合服务资源，完善服务网络、拓展服务功能、提升服务水平、实现“与客户共发展、与员工共成长、与社会共进步”，竭诚为开平“三农”、中小企业和县域经济的跨越发展作出更大的贡献！

百年品牌 潘高寿 治咳世家

▲朝气蓬勃、年富力强的公司领导班子

▲药品类

◀食品饮料类

广州潘高寿药业公司创办于1890年，创始人为开平市月山镇的潘百世、潘应世兄弟。100多年来，潘高寿人一直秉承“积功累德、良药济世”宗旨，以凝聚力与务实精神走在历史的大潮中，创造了一次又一次奇迹，成为令世人瞩目的南药文化杰出代表。

“潘高寿凉茶”和“潘高寿传统中药文化”先后入选“国家级非物质文化遗产”。“潘高寿”在中国品牌研究院公布的“中华老字号品牌价值百强榜”中，全国排名第28位，品牌价值4.65亿元。

发展起来的潘高寿始终情系开平。1992年10月，公司斥资25万元在月山镇桥头乡兴建“潘高寿大道”。2009年7月，潘高寿150多名党员、干部到开平进行寻根活动，并在城市广场与开平市文化艺术团联合举办了一场“开平潘高寿根连根，文化遗产手牵手”大型文艺晚会。此后，潘高寿陆续向开平捐赠产品支持市十运会、赠送记述潘高寿发展壮大历史的书籍《生金记》给开平的学校和“农家书屋”，为开平创建文化名市作出了贡献。

▲国医大师邓铁涛（开平月山人氏）为潘高寿产品出谋划策

▲邓铁涛（左）盛赞《生金记》

▲潘高寿党员干部职工回开平寻根

开平市人民法院

开平市人民法院以邓小平理论和“三个代表”重要思想为指导，全面贯彻落实党的十七大精神，以科学发展观和社会主义法治理念为统领，全面加强审判和执行工作，深化内部各项改革，狠抓法官队伍建设，按照“三个至上”指导思想，结合“人民法官为人民”主题实践活动和“五个年”创建活动，全面履行宪法和法律赋予的职责，使各项工作有新的进展。2008年受理一审各类案件3464件，审结3274件，解决诉讼标的54569.95万元；受理执行案件2414件，执结1865件。2009年受理一审各类案件3036件，审结2837件，解决诉讼标的25616.95万元；受理执行案件2805件，执结2266件。

冯惠祥院长接受采访

对未成年人进行圆桌审判

办公大楼外景

开平市人民武装部

中国人民解放军广东省开平市人民武装部的前身是中国人民解放军粤中军分区开平县大队，1949年10月由粤中纵队六支队第三独立营与渤海大队合并改编而成，在土地革命战争、抗日战争、解放战争等各个时期都有着光荣的革命历史。

改革开放以来，开平市人武部在上级军事机关和开平市委、市政府的正确领导下，坚决贯彻执行党中央、中央军委关于加强国防和军队建设的一系列重要指示，坚持以邓小平理论和“三个代表”重要思想为指导，深入贯彻落实科学发展观，大力弘扬人民军队听党指挥、服务人民、英勇善战的优良传统，坚持与时俱进，勇于改革创新，大力加强人武部和民兵预备役全面建设，圆满完成了上级赋予的各项工作任务。

图一：民兵轻舟水上训练
图二：练为战
图三：适龄青年应征入伍
图四：应急分队整齐集结
图五：民兵表演刺杀操

PICC
中国人保

广州2010年亚运会合作伙伴

中国人民财产保险股份有限公司开平支公司

中国人民保险集团股份有限公司［THE PEOPLE'S INSURANCE COMPANY(GROUP) OF CHINA LIMITED］是一家综合性保险（金融）公司，注册资本306亿元。其前身是1949年10月20日中华人民共和国政务院批准成立的中国人民保险公司。目前公司旗下拥有人保财险、人保资产、人保健康、人保寿险、人保投资、华闻控股、人保资本、人保香港、中盛国际、中人经纪、中元经纪和人保物业等十余家专业子公司，中国人保还持有中诚信托32.35%的股权。经营范围涵盖财产保险、人寿保险、健康保险、资产管理、保险经纪、信托、基金等领域，形成了保险金融产业集群，在海内外具有深远影响力。2010年7月8日晚，美国《财富》杂志发布了2010年世界500强榜单，中国人民保险集团（PICC）成功入围，排名第371位。

中国人民财产保险股份有限公司
开平支公司办公大楼外景

中国人民财产保险股份有限公司（PICC P&C，简称“中国人保财险”，下同）是经国务院同意、中国保监会批准，于2003年7月由中国人民保险集团公司发起设立的、目前中国内地最大的非寿险公司，注册资本111.418亿元。其前身是1949年10月20日经中国人民银行报政务院财经委员会批准成立的中国人民保险公司，是中国人民保险集团公司（PICC）旗下标志性主业。在60多年的卓越历程里，中国人保财险以“人民保险、服务人民”为使命，秉承“以人为本、诚信服务、价值至上、永续经营”的经营理念，弘扬“求实、诚信、拼搏、创新”的企业精神，坚持以市场为导向、以客户为中心，积极履行优秀企业公民责任，为促进改革、保障经济、稳定社会、造福人民提供了强大的保险保障。

中国人民财产保险股份有限公司开平支公司是中国人民保险公司在开平市的派出机构。始建于1952年，经过近60年的辛勤创业，年保费收入达到5500万元。从1980年复办保险业务以来，为促进侨乡经济建设、安定人民生活做出了积极的贡献，被誉为侨乡的“吉祥鸟”，多次被地方党政机关、省市分公司授予“先进集体”、“文明单位”等荣誉称号。

名称	地址	办公电话
开平支公司	开平市长沙区东兴大道人和东路3号	2235590
三埠营销服务部	开平市长沙侨园路36号首层110号铺位	2230777
水口营销服务部	开平市水口镇民福路1号首层2号铺	2711728
赤坎营销服务部	开平市赤坎镇红溪路3号	2611629
苍城营销服务部	开平市苍城镇东郊新区东二路1号地下第一至三卡	2823788
曙光营销服务部	开平市三埠区长沙曙光东路161号	2230777
长沙营销服务部	开平市长沙325国道三江路段31号(交警大队内)	2339209

改造后G325线百合路段

新建百合养护中心

新建蚬冈养护中心

改造后百大线公路

江门市开平公路局

江门市开平公路局是负责开平市辖区内的国、省道公路及省养县、乡道路的建设、养护、路政管理工作的参照公务员管理的正科级建制事业单位，由江门市公路局垂直管理。下设水口、百合、蚬冈、沙塘4个养护中心。有干部职工385人，其中在职246人，退休139人。辖区管养线路298.275公里，其中国道1条43.7公里（G325广南线），省道5条121.58公里；县道7条60.594公里；乡道29条72.401公里。

公路局发挥“建、养、管”三大职能作用，加强公路建设和公路养护，依法行政，强化路政管理，努力建设和谐公路，为促进地方的经济和社会发展作出了贡献。

国道325线开平市区段2

中国电信开平分公司

中国电信开平分公司自 2004年由传统基础网络运营商向综合信息服务提供商转型以来，通过大力发展综合信息服务等非语音业务，强化精确管理，优化资源配置，保持了企业持续稳定健康发展。特别是2008年经电信体制改革、获得移动业务牌照，2009年获得3G业务牌照以来，公司大力推进聚集客户的信息化创新战略和差异化发展策略，成功进入移动市场，打响“天翼”品牌，构建3G精品网络，实现了全业务发展的良好开局。

作为地方信息化建设的主力军，我们大力开发和推广信息化应用，向全新的多业务、多网络、多终端融合及价值链延伸。为多个行业和广大企业提供针对性的信息化解决方案；积极服务“三农”，实现“村村通电话”、“村村通宽带”，建立全市农村党员干部现代远程教育网；“号码百事通”提供“衣食住行用”等各方面的综合信息服务，为推动信息化与工业化融合，加快地方经济发展，方便百姓享受信息新生活作出了应有贡献。

在长期的运营服务中，我们形成了“用户至上，用心服务”的服务理念，并在发展中不断赋予其新的内涵，构建“追求企业价值与客户价值共同成长”的企业文化。根据用户感知需求，修订服务标准、优化业务流程，进一步完善以客户为导向的服务管理体系，努力营造诚信经营、放心消费的和谐服务环境。2008—2009年被评为开平市党政机关和行业作风建设先进单位。连续多年获得开平市纳税模范单位称号。

中国电信开平分公司将牢牢把握3G、移动互联网、物联网等发展机遇，实施聚焦客户的信息化创新战略和差异化发展策略，深化企业转型，转变发展方式，强化精确管理，努力开创有效益规模发展的新局面，实现服务信息化的新突破，为国民经济发展和社会信息化建设作出贡献。

开平市烟草专卖局（公司）

开平市烟草专卖局和广东烟草开平市有限公司是两个牌子一套班子的政企合一单位，既是行政执法部门又是开平市唯一合法的卷烟批发企业，也是全省烟草商业系统4个县级“支点”之一。

多年来，市烟草专卖局（公司）切实履行专卖打假和卷烟批发两大职能。本着“属地管理、守土有责”的高度责任感，切实履行职责，高压打击卷烟市场“假、私、非”经营行为。坚持“满意创造价值”服务理念，科学开展卷烟购销，千方百计做好服务，为地方经济发展作出了应有贡献。在抓好中心工作的同时，市烟草专卖局（公司）坚持两手抓、两手硬的方针，相继引入多个先进管理技术，深入开展主题实践活动和企业文化建设等活动，提升了基础管理水平，推进了精神文明建设。

近年来，市烟草专卖局（公司）先后荣获“省烟草专卖专营工作先进单位”、“江门市文明单位”和开平市“标兵文明单位”、“模范集体”、“机关和行业作风建设先进单位”、“经济工作先进单位”、“扶贫先进单位”等荣誉。

卷烟打假宣传

市场执法检查

送货车整装待发

公开销毁假烟

开平市地方税务局

开平市地方税务局机关大楼

开平市地方税务局以邓小平理论和“三个代表”重要思想为指导，深入贯彻落实党的十七大精神，以科学发展观统领全局，以组织收入为中心，以“四个更加满意”为标准，以数字化、标准化、责任化为目标，以大力推进税收征管的科学化、规范化和精细化为重点，积极稳妥地深化各项税收管理改革，进一步推进了依法治税，对党风廉政建设常抓不懈，纳税服务不断优化，队伍的素质普遍提高，各项工作取得了良好的成绩，为实现社会的和谐稳定作出了贡献。2008年，全系统税费收入总量突破12.8亿元的历史新高，其中组织税收收入76851万元，同比增长15.66%，增收10406万元，完成年度计划的108.21%。组织社保费收入43889万元，同比增长21.32%，增收7713万元。2009年，全系统共组织税费收入136225万元，其中组织税收收入79144万元，同比增长2.98%，增收2293万元。共组织社保费收入50396万元，比去年同期增长14.83%，增收6507万元。

2009年8月13日局长钟维强（左一）深入重点税源企业调研

2009年8月12日广东省地方税务局纪检组长许振嘉（中）到开平地税局办税服务厅视察

面对2009年严峻的组织收入形势，召开动员大会

2009年4月在开平体育馆举办“地税杯”羽毛球公开赛

开平市工商行政管理局

开平市工商系统深入学习实践科学发展观，紧紧围绕开平市委、市政府的重大战略部署和经济建设中心工作，积极转变作风抓落实，制定落实优化投资环境服务地方经济平稳较快发展的75项创新举措，全面实施“一个窗口许可”，坚持实施商标带动战略，深入开展红盾护农行动，提高服务发展水平，帮扶企业应对危机、抢抓发展机遇，加快服务转型升级；全面落实停征“两费”重大改革，推进“一支队伍办案”，切实履行工商行政管理职能到位，维护市场经济秩序和社会和谐稳定，为开平经济社会又好又快发展作出积极贡献。两年来，开平市工商局各项工作得到上级部门和党委政府的充分肯定，被市委、市政府评为机关作风建设先进单位、主题实践活动先进单位，先后获得全国工商行政管理系统“红盾护农”先进单位、商标工作先进集体和全省“五五”普法中期先进集体等荣誉称号。

图一

图一：全市工商系统扎实开展红盾服务维权进农村（社区）活动，加强红盾服务维权工作站建设，形成了“政府主导、工商牵头、群众参与、社会联动”长效工作机制，全力服务社会主义新农村建设取得显著成效。2008年10月11日，国家工商总局副局长刘凡（后排右六）、省工商局局长卢炳辉（后排左六）、副局长彭海斌（后排左五）、江门市常务副市长吴紫骊(后排右五)到开平市检查工商部门服务社会主义新农村建设情况，给予了充分肯定。图为国家工商总局副局长刘凡等领导到长沙街道新民村红盾服务维权工作站调研时与基层同志合影。

图二

图二：2008—2009年，全市工商系统围绕商标品牌兴市，大力实施商标带动战略，服务、指导企业创新发展，促进竞争力提升有新成效，全市新增广东省著名商标6件，全国驰名商标3件，开平市被中华商标协会评为“全国商标发展百强县”。图为市工商局局长刘炳炼带队深入嘉士利集团、海鸿公司等企业检查指导争创驰（著）名商标工作。

图三

图三：全市工商系统重点突出流通环节食品安全监管，积极创新监管方式，探索、实施农副产品农药残留快速检验等食品检测监控方法方式，加强市场食品安全管理，确保上市食品质量安全。图为执法人员操作仪器现场快速检测。

打造服务型工商　促进税源经济发展

开平市城乡规划局

1986年，在市委、市府的重视下，开平市成立了城市规划建设办公室。1993年正式成立开平市规划局，从此，开平城市规划建设进入新的历史时期。2010年开平市规划局更名为开平市城乡规划局。经全体规划工作人员共同努力奋斗，开平规划事业取得了显著的成绩。

改革开放以来，城市建设在市委、市政府的直接领导下，取得了很大的成绩，城市面貌焕然一新。随着城市的发展，全市干群的“城市意识”和“规划意识”得到空前提高，日益突出城市规划的“建设龙头”和“第一生产力”作用。1992年、2000年和2003年，我们对总体规划进行了3次高标准规划修编，使总体规划更具科学性和可操作性。在总体规划的指导下，高质量地完成了政府新办公大楼、五星级潭江半岛酒店、东兴大道、三江大道、325国道扩建改建、“世纪之舟”广场、城市文化广场、商业旅游步行街、幕沙路新昌路改造、电力大厦、中心医院、金山中学、义祠车站、工商大楼、税务大楼、水口卫展中心、修建立园、开元塔公园、海伦堡住宅小区、天富豪庭住宅小区等一系列城市建设项目，并借助“创国家旅游城市、创国家园林城市和碉楼申报世界文化遗产”的“两创一申报”活动，大大提升了开平的城市形象和扩大了开平的城市品牌效应。

2009年江门市城乡规划会议在开平召开

江门市有关领导到翠山湖新区调研

开平市人力资源

开平市人力资源和社会保障局以促进经济发展、维护社会稳定为中心任务，按照“民生为本、人才优先”的要求，贯彻落实国家、省和江门市有关人力资源和社会保障事业发展的方针政策、法律法规，制订具体规定和办法，编制中长期规划和年度计划，并组织实施和监督检查，推动全市城乡统筹就业、社会保险、劳动关系协调、人力资源开发和优化配置等各项事业发展，为推进全市经济科学发展、促进社会和谐服务。

2009年开平市就业形势保持基本稳定,全市新增就业8618人,安置城镇劳动力就业6629人，分别完成目标任务的114.9%和103.58%；城镇登记失业率为2.38%。深入开展“春风行动”、“南粤春暖行动”，市、镇两级举办劳务招聘会、集市65场，100%完成全年任务，提供就业岗位12560多个，直接帮助农民工、高校毕业生等城乡劳动力成功实现就业7883人，帮扶1153名就业困难人员实现就业。实施“千企扶千村”就业工程转移就业达3726人，完成年目标任务124.2%。全面完成了农村劳动力资源普查目标任务，全市录入普查信息的农村劳动力共27.15万人。

抓好劳动者技能培训工作，以“双转移”为契机，组织劳动就业训练中心以“走出去”的办法，把培训班办到基层镇、村委会，送技能到农民“家门口”，受到农民的欢迎和好评。全市免费培训农村劳动力9538人，转移农村劳动力就业

2009年3月13日开平市劳务招聘暨“南粤春暖”农民工万场招聘会

开平市新型农村社会养老保险养老金发放仪式

积极举办各类人
见面会、再就业援

和社会保障局

6818人，培训后转移率为72%。

2009年，全市共有86329人参加社会养老保险，共征收各项社会保险费5.02亿元,比2008年同期增长了8%;全市共支付各项社保待遇3.82亿元，发放率100%，各项待遇全部依时足额发放。落实了一系列帮扶企业的减负措施，全年减少企业医疗、失业、工伤保险缴费1148万元。

2009年全市共调解处理劳资纠纷、查处违法用工案件920宗（其中欠薪案件324宗），受理劳动争议案件561宗，通过监察、仲裁，为劳动者追回被拖欠工资、经济补偿、工伤补偿金共779万元。

开平市人力资源和社会保障局将按照“三促进一保持”和珠三角发展规划纲要的部署要求，继续以人才、就业和社会保障为工作重点，深入推进人事制度改革，大力加强人才队伍建设，不断提升社会保障能力和公共服务水平，积极构建和谐劳动关系,努力推进开平市人力资源和社会保障事业实现新跨越。

高校毕业生供需
行动大型招聘会

2009年1月8日在马冈镇府饭堂举办培训班，提高职业技能水平

2009年10月23日开平市社会化管理退休人员庆祝“老人节”游园活动

开平粮食局

开平粮食局成立于1951年3月。1997年4月8日改称“开平市粮食管理储备局”。2001年，根据上级有关机构改革文件精神，开平市粮食管理储备局改称开平市粮食局，为市政府直属事业单位。主要负责全市粮食购、销、调、存、加和地区粮食总量平衡以及辖区内的军需民用、市场供应。2004年以来，经过清产核资和调查摸底，制定《开平市国有粮食企业改革方案》。至2007年底，全系统企业实现了资产的优化合理配置，全市独立核算企业精简为2家（开平市粮食集团公司、开平市粮食局直属库），全面解决了困扰企业多年的“老人、老粮、老账”问题。市粮食局坚持收储与销售并举，一业为主，多种经营的方针，各项工作取得了长足发展。主要生产和经营的项目有开平著名的“开穗”牌小农粘、齐粒丝苗等系列优质大米。2009年，全市纳入粮食流通统计范围的粮食经营企业有50家，其中国有粮食经营企业2家，非国有粮食经营企业48家。2008—2009年，粮食总收入364044吨（贸易粮，下同），其中国有粮食经营企业收入为31729吨；粮食总支出362081吨，其中国有粮食经营企业支出为32874吨。

现场办公

党组会议

现场办公

开平广播电视台

开平广播电视台成立于2005年3月，前身是开平市广播电视局，现属开平市人民政府直属事业单位。主要职能包括新闻宣传、专题、广告、有线电视、宽频传输网的设计、架设、安装、维护、用户管理及广播电视的无线覆盖等。共有干部员工280人，其中大专以上学历112人，具有各种技术职称63人，其中高级职称2名，中级职称12名，初级职称49名，组成一支行业技术力量雄厚、高素质的干部队伍。

新闻宣传工作围绕中心，服务大局。积极做好市委、市政府的“喉舌”，确保舆论导向正确，确保安全播出。全天24小时的广播电视节目，丰富了全市人民的文化精神生活，节目制作水平不断提高，近年来，广播和电视精品作品有210多件获得国家级、省级和市级的奖励，在全国、省、市同行中名列前茅。

事业建设发展迅速，成绩显著。到2009年，拥有固定资产1.6亿元，电视发射塔一座，光纤传输网2398公里，城区的有线电视入户率达到106.7%以上，数字电视工程10月下旬已在城区全面铺开，目前进展顺利。宽频网已在城区开通，用户逐年增加。农村有线电视网络“三同”工程经过近五年的艰苦努力，上半年已胜利完工，惠及开平45万农民群众，实现了有线电视“村村通”。

面对未来，开平广播电视台及全体干部员工将继续认真贯彻党的十七届五中全会和市委十一届八次全会精神，以科学发展观统领全局，在市委、市政府的正确领导下，努力学习，积极工作，创先争优，发扬广电人“团结向上、和谐共勉，好学进取、务实敬业，服务大局、协调发展”的精神，为开平的经济社会又好又快发展作出新的贡献！

我们的荣誉

开平广播电视台：

在“开平碉楼与村落”成功申报世界文化遗产工作中做出重大贡献，记集体二等功

江门市人民政府

二〇〇八年十一月

2008年广播电视创新发展先进单位

一等奖

南方广播影视传媒集团

二〇〇九年一月

2008－2009 年度

全国广告行业

文明单位

开平市教育局

开平市教育局是教育行政职能部门，设有办公室、计财股、人事股、普通教育股、政教股、职业与成人教育办公室、督导室、招生考试办公室、教研室、教学仪器站、勤工俭学办公室。2009 年有中小学 92 所，其中普通完（高）中 9 所，职业中学 4 所，初中 19 所，小学 56 所，九年一贯制学校 4 所。另有电视大学 1 所。在校中小学生共 123992 人，其中小学生 62832 人，初中生 36320 人，高中阶段在校生 24840 人（普通高中生数 15249 人，中职学生数 9591 人）。幼儿园 69 所（其中公办幼儿园 3 所，社会力量办幼儿园 66 所），在园在班幼儿 22305 人。全市中小学教职工编制为 7163 名，其中小学 3096 名，初中 2285 名，普通高中 1211 名，中职学校 571 名。

广东省国家级示范性普通高中
——开平市第一中学

广东省国家级示范性普通高中
——开侨中学

国家级重点职业学校
——开平机电中等职业学校

开平市申报广东省教育强市
督导验收总结会

开平市中小学幼儿园
“爱我侨乡爱我碉楼”千人绘画大赛

国家级重点职业学校
——开平市吴汉良理工学校

开平市农业局

开平市总面积1659平方公里，耕地44.3万亩，总人口68万，农业人口48万。全市农作物年播种面积100万亩，主要农作物有水稻、蔬菜、玉米、花生、大豆、甘蔗、木薯等。知名土特产有马冈鹅（广东四大名鹅之一）、广合腐乳、金山火蒜、三黄鸡、水口白菜、旭日蛋品等。2009年，全市农业总产值33.6亿元。2010年8月，开平市通过“国家现代农业示范区”认定，成为全国首批50个、广东省唯一1个国家现代农业示范区。

农业区位优势明显。开平市濒临南海，属东南沿海水稻优势区、沿海生猪优势区、东南沿海出口水产品优势养殖带和南方马铃薯优势区规划范围，农业资源、农业经济和农产品总量在珠江三角洲乃至广东省都占有重要位置，是广东省粮食、蔬菜、畜禽和水产品的主产区，粮食、蔬菜、畜禽产品、淡水产品产量位居全省前列，是广东省著名粮仓、菜篮子，是珠三角都市群和港澳、东南亚地区主要农副产品供应、出口基地。

农业主导产业清晰。开平市是国家商品粮基地县，是广东省40个产粮大县之一。2009年全市粮食播种面积67.8万亩，其中水稻播种面积60.6万亩。开平是畜禽生产大县，年上市生猪63万头，家禽5600多万只，产值16.67亿元，占农业总产值接近五成。开平市又是全省蔬菜生产大县，是珠三角大中城市蔬菜生产供应基地之一。全市蔬菜播种面积21.3万亩，总产24.8万吨，年上市量达15万吨。开平还是出口型杂交罗非鱼重要养殖基地。杂交罗非鱼年养殖面积6万亩，产量近3万吨，产品基本全部用于出口。

农业产业发展初具规模。开平建有大型种猪场10个，种鸡场3个，规模化养鸡场2400多个，养猪场800多个，养鸭场800多个，养鹅场500多个，生猪规模化养殖率达到95%，家禽规模化养殖率达到97%；规模粮食种植大户680户，播种面积15万亩，占全市播种面积24.5%，产量5.3万吨，占稻谷总产27.9%；蔬菜种植专业户8210户，播种面积14.5万亩，占全市总播种面积68%，总产量18万吨，占蔬菜总产量72.5%；规模水产养殖场有145个，面积达到2万多亩，占精养池塘面积30%。

开平市国家现代农业示范区一角

优质水稻生产基地

马冈鹅（广东四大名鹅之一）

花园式养殖小区

大棚蔬菜种植基地

大棚瓜果

大棚花卉

镇海水库
赤坎镇江南一电排站

开平市水务局

开平市水务局是开平市人民政府主管水行政职能部门，主要职能是贯彻执行国家有关水行政的方针、政策和法规，对全市水利水电、水资源进行规划、建设、管理。局直属单位有：大沙水利水电工程管理站、大沙河供水公司、水资源开发管理中心、大沙河水库、镇海水库、狮山水库、立新水库、机电排灌管理总站、水政监察大队、水利水电勘察设计室，并负责管理各镇(办事处)水利水电管理委员会的技术业务工作。

立新水库

2008年6月23日，水利部水库移民开发局刘伟平局长（前排左四）带领考察组到开平市考察水库移民工作

大沙河水库灯山副坝

2008年6月7日，市领导冯立坚(左二)、谢伯欣(右二)、梁和平（右一）等深入赤水镇防洪救灾

开平市林业局

开平市林业局于1973年正式设立，属市政府部门之一，负责组织、指导、管理全市造林绿化、森林防火、林业生态建设等工作，肩负着保护、管理森林资源和野生动物资源以及生态环境等重要职责，还承担管理林地、木材流通及其加工等行政职能。

近年来，本市认真贯彻执行党和国家的各项林业方针政策，积极动员和组织全市人民开展造林绿化，实施依法治林、科技兴林，大力培育森林资源，致力于侨乡绿色事业。目前，全市林业用地面积101.36万亩，其中有林地面积87.6万亩；森林活立木蓄积量231.47万立方米，林木总生长量15.12万立方米，森林覆盖率39%，林木绿化率40.3%。全市生态环境初步进入良性循环，现代园林式的文明都市初具规模。先后获得“绿化达标县（市）”、“全国平原绿化先进单位”、“全国造林绿化百佳（县）市”、“全国义务植树示范基地”（广东省唯一一个）、“广东省林业生态县”等多项殊荣，进一步推动侨乡生态建设向新的高度和深度迈进。

开平市委书记冯立坚（左四）下乡调研林改工作

市长黄耀雄(左二)、常务副市长谢超武(右一)到潜龙湾生物技术中心指导工作

“万村绿”送苗下乡

开平市科技局

开平市科技局是市政府主管科技、地震、知识产权、科协的行政部门。2009年，市科技局坚持以科学发展观为指导，推动自主创新大环境搞建设，促进开平市自主创新能力提高，科技支撑经济发展和服务社会民生的作用日益增强。2009年，开平市顺利通过国家科技进步考核，并被评为"全国科技进步先进市"和"广东省科技进步市"。

科技局多年来致力于服务企业、服务农村。

服务企业。至2009年，培育8家国家高新技术企业，民营科技企业64家，企业工程研发中心13家；全市共申请专利1021件，专利授权数521件，两项指标均位居江门三区四市第二位；在科技计划项目组织和实施方面，获批广东省科技计划项目8项，江门市科技计划项目7项，省、市两级支持项目资金达450万元；组织实施市本级科技计划项目44项，支持资金706万元。

2009年科技大会中产学研签约现场

服务农村。全年积极开展科普宣传、科技下乡、科技研讨、科技推介等系列科技活动。拨款58.5万元支持和指导各镇（街道）和有关单位举办各类农业种养技术、绿色证书培训班等共45期，培训人数超过6000人；做好农业科技计划申报工作，全市共组织申报各级农业科技计划项目17项，支持资金达77万元；加大科普宣传，赠送农民科学种养实用技术书籍1800多册；市科技局、科协组织编制《农业科普手册》3000多份发到各镇（街道），直接向广大农民提供种养科学知识。

展望未来，科技局将继续贯彻党的十七大、市委十一届八次全会精神、《珠江三角洲地区改革发展规划纲要》，紧紧围绕市委、市政府工作部署，以调整产业结构、转变发展方式、加快建立现代产业体系为主线，大力推进自主创新，提升科技综合实力，为实现经济社会又好又快发展提供强有力的科技支撑。

省科技厅副厅长龚国平(右二)到开平市检查指导自主创新工作

开平市公安消防大队

大队营区

开平市公安消防大队的前身是三埠消防队。1951年8月1日，三埠镇政府接管原工商联建制领导供给的三埠消防队，改称为三埠镇人民政府公安消防人民警察队。

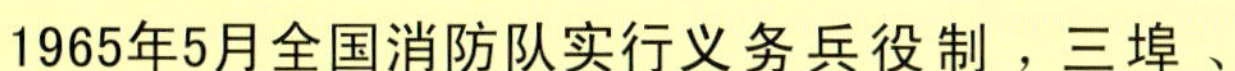

1965年5月全国消防队实行义务兵役制，三埠、水口、赤坎的三个消防队合并，改称为广东省开平县公安消防中队，与1964年8月成立的开平县公安局消防股合并办公，队址设在西郊广播电视大厦（即华侨大厦对面），班长以下民警实行兵役制，排长以上干部由公安局统一调任。

1982年，在开平县委、县政府领导的关心和支持下，在幕沙路建立了新的办公楼，2月迁到新的队址。1982年8月经上级批准，开平县公安消防股改称为开平县公安消防大队，原开平县公安消防中队改称为开平县公安消防大队直属中队。2001年7月再一次搬到现在的队址，新的营区呈现出一片欣欣向荣、生机勃勃的新面貌。

开平市公安消防大队在当地政府、公安局和支队领导的关心下，几易其名，几易其地，从设备简陋的群众组织成长壮大到今天这支硬件设施现代化、队伍管理正规化、班子建设革命化的消防队伍。在改革开放的新形势下，开平市公安消防大队官兵发扬我党我军艰苦奋斗的优良传统，以“防火、灭火”为中心任务，以“严格要求，严格训练”作为部队建设和训练的指导方针，以扑救现代化火灾为目标，苦练消防技能和战术，不断提高战斗力。为五邑侨乡的经济建设作出了应有的贡献。近十几年来，全队人员发扬了“一不怕苦、二不怕死”的革命精神，为扑救火灾、抢救人民的生命财产作出了贡献。受到总队和支队领导以及各级地方政府领导和群众的赞扬。先后有三个班荣立集体三等功，86人次荣立个人三等功，3人被授予革命烈士称号。

积极开展消防培训

抢险救援

消防宣传

开平市人口和计划生育局

2008-2009年，开平市人口和计划生育局严格落实人口与计划生育目标管理责任制，切实加大工作力度，狠抓各项制度、措施落实，完善管理机制，使人口和计划生育工作呈现良好局面。

2009年度，全市出生6848人，符合政策生育率94.44%，人口出生率为9.79‰，人口自然增长率为3.73‰。与2008年度对比，符合政策生育率上升1.96个千分点，人口出生率上升0.19个千分点，人口自然增长率上升0.67个千分点。

两年来均较好地完成了上级下达的人口计生各项指标任务，2008年和2009年均受到省通报表扬。

2009年3月25日，省委常委、省军区司令员辛荣国（左三）参观龙胜镇黄村村委会

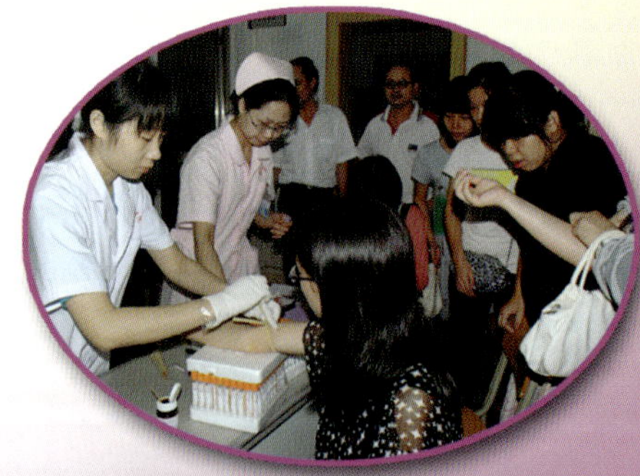

在新婚学习班上，为新婚夫妇提供免费筛查服务

首批城镇独生子女父母奖励金发放现场

每年春节期间，开展“婚育新风进万家，户户盛开幸福花”文艺汇演，宣传人口计生政策

开平市环境保护局

开平市环境保护局最初是开平县建设委员会的一个科室，称环境保护科。1987年8月，成立开平县环境保护局，撤县设市后，改称为现在的开平市环境保护局。内设股室4个，分别是：办公室、计划财务股、技术股和政策法规股；下属事业单位3个，分别是：开平市环境监察大队、开平市环境监测站和开平市环境科学研究所。

近年来，开平市环境保护局在市委、市政府的领导下，在市人大、市政协的监督支持和上级主管部门的指导下，较好地完成环境保护各项工作任务，取得了可喜的成绩：(一)潭江水资源保护工作成效显著，市环保局和环境监测站多次被省、市评为保护潭江水资源“先进单位”和“先进集体”。（二）严格执行建设项目环评审批制度，为促进经济增长方式的转变发挥了重要作用。（三）全力确保实现污染减排目标，改善环境质量。（四）开展环境执法专项行动，严查环境违法行为。联合监察、工商、安监、建设、卫生等职能部门，开展了一系列环保执法专项行动，解决了一批群众关心的环境难点、热点问题。（五）加强危险废物和辐射环境监管，保障全市环境安全。（六）及时处理环境投诉，切实维护群众环境权益。（七）开展污染源普查工作，摸清了全市污染源情况，为开平市环境保护决策提供了依据。（八）加强宣传教育，环境保护观念深入人心。通过举办绿色学校、生态示范村评选及中小学生环保征文、环保演讲等活动，加强与广播电视台、报刊等新闻媒体的合作，围绕污染减排、污染源普查等重点工作举办形式多样的专题节目，提高了全民环保意识。

开平市安全生产监督管理局

开平市安全生产监督管理局负责全市安全生产综合监督管理工作，内设办公室、综合协调股（挂安全生产委员会办公室牌子）、安全生产应急救援指挥中心、监管股、执法监察大队等部门。

依法落实安全生产监管责任，加强安全生产监管工作，推进安全监管机构建设，努力形成政府积极推进、部门依法行政、企业全面负责的新型安全生产责任体系，全市安全生产形势稳定，并积极搞好安全生产宣传教育和人员安全培训，提高全民安全生产意识，强化安全技术知识教育，积极开展对辖区各单位进行安全生产检查，及时发现、排查、整改、治理各类安全隐患，保障安全生产形势持续稳定。

开平市旅游局

开平是中国优秀旅游城市，旅游资源丰富多样，生态环境优美，侨乡风情独特，有世界遗产地全国历史文化名村自力村碉楼群、“世界最美乡村”马降龙碉楼群；有华侨园林一绝、国家4A级旅游景区立园；有全国历史文化名镇、四十余部影视作品用作外景地的赤坎古镇。散布于乡间的1833座碉楼，被誉为“华侨文化的典范之作”，令人震撼的建筑艺术长廊。

2007年6月，“开平碉楼与村落”被联合国教科文组织列入《世界遗产名录》后，开平已成为闻名遐迩的旅游热点。

开平市卫生局

开平市卫生局现有医疗卫生机构279个，其中医院21所，专科防治所、站2个，疾控中心1个，卫生监督所1个，妇幼保健院1个，门诊部、诊所、医疗室等机构共253个。全市拥有病床数1392张，平均每千人口拥有病床数2.32张。全市卫生工作人员2406人，其中卫生技术人员1858人，平均每千人口拥有卫技人员3.8人。二级甲等医院2所，一级甲等医院16所。全市设置农村卫生站181个，占应设总数的80%。乡村医生181人，平均每村0.8人。居民就近得到医疗、急救和基本卫生保健。

医疗设备日趋完备。全市共有核磁共振仪1台、全身CT 3台、彩色B超8台等一批先进的医疗器械设备充分，基本满足临床需要。

2009年9月8日，国家爱卫会专家组一行4人在开平市委常委李宝贞的陪同下，到开平市碉楼景点检查指导工作。

2009年9月22日江门市领导到开平市督导“甲流”防控工作

2009年10月29日黄耀雄代市长到市卫生局调研

2008年6月16日首批援川医疗队归来

开平市残疾人联合会

特殊教育学校的学生在课堂上学习

副市长黄婉慈(左二)与市残联理事长许卓尉(右一)探望特困残疾人黄俊才

开平市现有残疾人4万多人，占开平市总人口的5.86%。2008—2009年，开平市残联在市委、市政府的领导下，认真履行“代表、服务、管理”残疾人的职能，在各方面均取得了一定的发展，“两个体系”的建设逐步健全，并在2008年通过了全国白内障无障碍市的检查验收，工作成绩得到了上级的肯定。

两年来，开平市共为1249名残疾人提供了各种康复救助；为45名残疾儿童提供了特殊教育；投入6.6万元扶持农村残疾人就业32人次，为残疾人提供了就业中介服务85人次，推荐就业38人；通过组织开展全国助残日活动，2008—2009年共募捐助残款23.5万元；组织残疾人参加了开平市慈善晚会、江门市残疾人运动会等各类文体活动；落实残疾人社会保障制度，两年来共有160多名城镇重度残疾人通过政府补贴免费参保，有365名贫困重度残疾人领取每月50元的重残生活补贴。另外，开平市综合服务中心于2009年2月动工，并已完成投入使用，完善了开平市残疾人事业的基础设施，是开平市“两个体系”建设的重大成果。

党和政府历来关心残疾人事业的发展，相信在社会各界的关心和支持下，以及残疾人事业工作者的共同努力下，开平市残疾人事业将更上一层楼，得到更好的发展。

开平市总工会

开平市总工会加大工会组建力度，强化源头参与，完善帮扶机制，积极参与支持四川抗震救灾工作。充分发挥工会在构建社会主义和谐社会中组织职工、引导职工、服务职工和维护职工合法权益的作用，团结动员广大职工共建共享和谐社会。不断探索“党建带工建、工建服务党建”的经验，切实抓好新建企业工会组建和改制企业工会重建工作。两年共组建工会68个，发展会员9132人。至2009年末，全市共有工会工作委员会33个，独立基层工会517个，工联会95个，基层工会涵盖单位1840个，工会会员65438人。

2009年9月8日召开开平市全国劳模座谈会

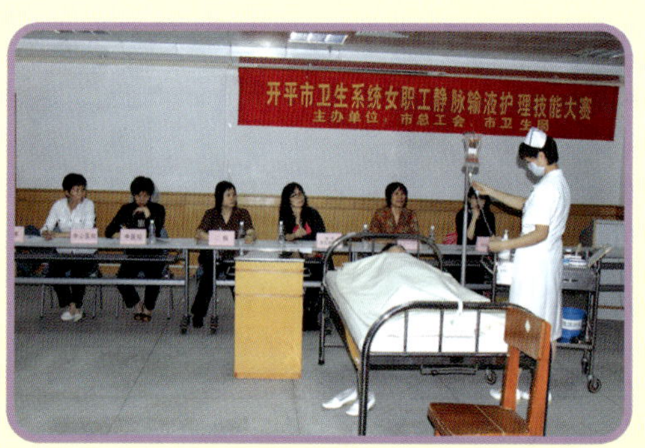

输液技能大赛

金秋助学

香港公务员总工会来访

开平汽车总站

广东省江门市汽运集团有限公司开平汽车总站是广东省江门市汽运集团有限公司的核心成员之一，是国家二级客运站、广东省道路运输质量信誉AAA级企业。2004年通过了ISO9001：2000国际质量管理体系认证。该站现有员工480人，营运客车175辆，日发客运班次468班，营运线路62条，班线覆盖广东中心市及主要县、镇，并开通广西、湖南、海南、江西、福建等跨省班车。该站以道路运输为主，经营范围包括：旅客运输、旅游客运、出租的士和快客货运。

团结务实的领导班子

近年来，该站坚持科学发展观，着力自主创新，努力提高信息化管理水平和车辆技术等级，不断改善站场环境，加强安全管理，努力提高服务质量，以保安全、创优质、树品牌，构建和谐企业为目标，以干实事、讲实效的工作作风，致力于企业的改革、创新和发展。多年来，先后被评为“纳税模范单位”、“江门市星级职工之家”、“广东省模范职工小家”等光荣称号。

开平汽车总站全体员工发扬“团结、求实、奋发、自强”的企业精神，坚持“做足一百分，服务为大家”的质量方针，与时俱进，诚信经营，努力打造企业品牌。

丰富员工的文娱生活

宽敞明亮的候车厅

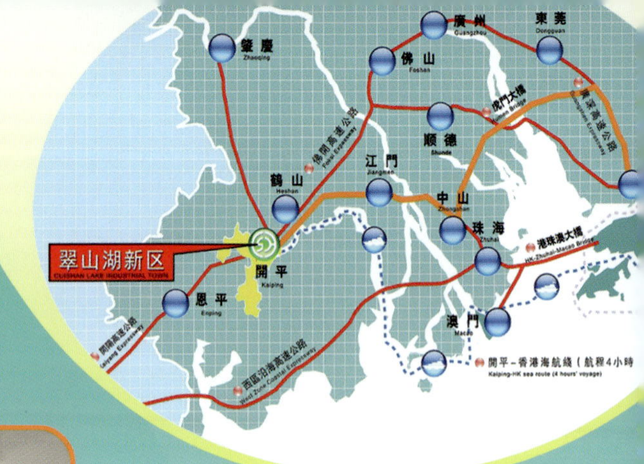

▲2008年8月13日，佟星副省长（左二）视察翠山湖

▲工业厂房

▲翠山湖新区模型

▲翠山湖主入口

翠山湖全貌

开平市翠山湖新区

翠山湖新区位于开平市区北面，离广州96公里，离市区8公里，总规划面积40平方公里，可建设用地面积25平方公里，新区区位条件优越、土地资源丰富，被评为广东省示范性产业转移工业园，得到省政府政策和资金的双重扶持，拥有广阔的发展空间和前景，已成为珠三角边缘地区的投资宝地。

新区奉行“高起点规划、高标准建设、高效能管理”的原则，科学实行产业导向、功能分区，坚定不移地走新型工业化、新型城市化、服务业现代化之路，构建开平市的“工业新城、城市新区”，将努力创建成一个以工业为主导、产业集聚为特征，集先进制造业和现代服务业于一体的现代化生态型、环保型综合性工业园。

招商电话：0750-2883898

联系人：吴生：13072227168　　张生：13828062527

▲中小企业创业基地　　▲翠山湖步行街

三　　埠　　街

三埠城郊蔬菜基地

四通八达的交通网络，直通开佛高速

三埠迳头高塘基村（江门市标兵文明村）

三埠迳头中源纺织有限公司

三埠迳头富琳制衣有限公司

道办事处

中国牛仔服装名镇

三埠是开平市的中心城区，由长沙、新昌、荻海、祥龙四个埠隔潭江而建，物阜人丰，素有“小武汉”之称，是开平市政治、经济、文化中心。面积32.4平方公里，常住人口13.8万，外来人口6万。海外和港澳台乡亲11.5万多人，是全国著名侨乡。三埠辖区内河涌纵横，景色秀丽，先后被评为全国园林绿化城市、中国优秀旅游城市，三埠城乡更如镶嵌在潭江河畔的一颗明珠，光彩夺目。镇内有城市广场、世纪之舟、六都锁钥等人文景点，有五星级酒店潭江半岛酒店。2003年12月被授予“中国牛仔服装名镇”称号，是广东省乡镇企业百强镇。在三埠辖区内的开平碉楼与村落具有独特历史价值、景观价值和审美价值，2007年列入世界文化遗产。

三埠投资环境优越，地处粤西地区交通咽喉之地，水陆路交通极其便利，四通八达，开平大桥等20多座桥梁将三埠和祥龙洲连为一体，距开阳佛开广佛高速入口3000米，到广州仅需1小时30分钟车程。

三埠依靠巨大的区位优势和正确的战略定位，近年强势实施工业兴镇战略中走自己特色路，以创建中国牛仔服装名镇为动力，突出以高起点、高技术、高效益来抓纺织产业发展，在此基础上培育和发展了一批具有国内外先进水平的牛仔服装企业。如富琳、奔达、中源等一批产值高、规模大、技术设备先进、品牌响亮的企业。目前辖区内拥有牛仔服装企业142家，纺织工业技术设备已超过3万台（套），其中富琳公司已配备德国特吕茨勒、赐莱福、瑞士立达的纺织设备，比利时毕加诺织布机、美国莫些森缩水机、德国奥思托夫烧毛机、意大利拉法磨毛机等设备，能生产出高品质各类纱线、面料和服装。三埠年产牛仔服装布1.76亿米，牛仔服装7125万件。纺织产业吸纳就业人员达1.9万人。纺织产业成为了三埠经济发展重要支柱。2009年实现地区生产总值11.45亿元，同比增长15.6%；地方财政收入8184万元，同比增长2.4%；实际利用外资2210万美元，完成市政府下达任务的101%；利用民资9038.24万元；固定资产投资40455万元，同比增长21%；规模以上工业增加值115000万元，同比增长15.5%；出口总额12450万元，完成任务的75.33%。

三埠党工委、办事处高度重视招商引资工作，不断地制订完善优惠措施，优化招商引资软环境，大力扶持科技型、外向型、龙头型企业，大力发展民营企业，鼓励扶持企业增资扩产，对前来投资办厂的外资、民资企业从报建到投产实行一条龙服务。辖区社会治安稳定，施政公正，基础设施齐全，可为投资者提供安全可靠的环境。

三埠办事处积极为投资者营造优越的投资环境，结合三埠城区、城郊的地理优势和自身的特点，全面打造发展经济三大板块，分东、西、中三大经济发展平台。东翼簕冲、石海地区以纺织、服装、机电、商贸为主；西翼以三围、南山地区及中和路以五金加工、石材加工、建筑材料、橡胶、塑料制品为主；中部以中山、迳头、思始地区及思堤路以饮食、娱乐、服务、旅游、房地产等第三产业为主。这三大经济板块为客商提供充足的用地保障。

最近，三埠成功将翠山果场纳入开平市翠山湖产业转移工业园整体经济发展规划中，将以与开阳高速咫尺之隔的优越投资环境成为客商投资首选，成为三埠新的经济增长点。

三埠人杰地灵，是投资的宝地，我们将一如既往地给投资者提供优惠政策和方便。三埠更以拳拳诚意，期待八方宾客的来临，欢迎海内外客商前来投资置业、经商贸易、开发经营、携手合作、共同发展、共创美好明天！

长沙街道办事处

长沙街道办事处位于珠江三角洲经济开发区，是开平市的政治、文化、经济、商贸中心。东接水口镇，西接赤坎镇、塘口镇和沙塘镇，南临三埠办事处，北靠梁金山。325国道、274（腰古）省道、开平大道贯穿全境。市、镇（办事处）、村三级交通要道全部水泥化并连成网络，水、陆路直达广州、香港和澳门，又是连接粤西桂东的要冲。辖区总面积67平方公里，辖13个村委会和7个社区居委会，户籍人口7.17万人。2008年，实现国内生产总值（GDP）11.6亿元，增长13%；财政收入7865万元，增长28.5%，增幅全市第一，税收19369万元，村级经济总量达3502万元，增长7%。2009年，实现国内生产总值（GDP）12.76亿元，增长10.05%；财政收入7722万元，税收19104万元，与上年基本持平；村级经济总量达3649万元，增长4%。

召开创建广东省教育强街总结表彰大会

举办外来青工缤纷嘉年华会

东乐村社会主义新农村现貌

民强村安和路通车剪彩仪式

吴荣治先生（中）捐款100万元支持开平碉楼申遗

开平市水口镇

水口镇位于世界闻名的“碉楼之乡”——广东开平市东郊，与市区毗邻，地理环境优越，水陆交通方便，设有对外开放口岸，325国道、佛开高速公路、开阳高速公路、江开公路贯通全境，商贸往来便利。近年来，水口镇凭借水暖卫浴、纺织和食品三大支柱产业，经济发展迅猛。

水口镇是中国三大水暖卫浴生产基地之一，2007年被中国建筑卫生陶瓷协会命名为“中国水暖卫浴生产基地”。它聚集着500多家水暖卫浴生产企业和相关配套企业，以及100多家水暖卫浴产品经销商，形成完善的产销链。水暖卫浴行业拥有4000多名管理和设计专业人才，产品更新换代快，质量过硬，工艺精湛，功能先进，使“水口”品牌成为了国内中高档卫浴产品的代名词，产品更是远销欧美、澳洲、中东等60多个国家和地区，深受欢迎。

开平是中国的纺织基地之一，一些纺织骨干企业如奔达、富琳等纺织公司纷纷在水口设厂，纺织产业成为了该镇继水暖卫浴产业后的第二大支柱产业。驰名中外百年的“广合”腐乳是当地食品行业的领头羊，近年新增了“广中皇”等食品品牌，更是奠定了食品产业在该镇经济中的地位。

广东省开平市水口镇，诚邀国内外朋友前来经商、合作!

2008年7月31日中共中央政治局委员、广东省委书记汪洋(左三)在水口新美村委会调研

水口镇领导在水暖卫浴企业调研

水暖卫浴创新中心

招商电话：0750-2712655

开平市龙胜镇

龙胜镇位于开平市西北部，东邻苍城镇，南接马冈镇，西与大沙镇一水相隔，北与新兴县接壤。镇区交通便利，省道S274线（稔广公路）自东南至西北贯穿全境，距离开平市区32公里，距开阳高速出入口15公里。全镇总面积126平方公里，下辖16个村委会和2个居委会。

亮丽、宽广的稔广公路龙胜路段

近年来，龙胜镇形成以化纤拉链、五金橡胶、水果花卉、畜牧养殖为四大特色产业，发展迅速。“小五金、小橡胶”企业达200多家，是广东省重要的五金橡胶产品生产基地和江门市五金橡胶专业镇，主要分布在镇区东南部稔广线工业走廊和龙胜河“一河两岸”工业集中地。全镇种植荔枝、龙眼、台湾番石榴等优质水果2万亩，形成大规模商品基地，素有“水果之乡”美称。自新兴温氏集团在龙胜镇推广“公司+基地+农户”养殖模式，养鸡业迅速发展成为强镇富民的特色产业。2009年全镇养鸡专业户多达300户，年饲养量达300万只。共建成各类优质特色农产品生产基地24个，“一村一品”的农业结构已具相当规模。

龙胜支柱产业——五金橡胶脚轮

特色农业——养鸡业

龙胜河“一河两岸”，南岸工业区，北岸商业区

镇政府办公大楼

开平市大沙镇

大沙镇位于开平市西北部的天露山麓，面积228平方公里，辖14个村委会和1个居委会，人口3.2万。镇政府驻大沙圩，距开平市区56公里。大沙镇山、水资源丰富，天露山脉群峰挺拔，主峰海拔1250米，是江门地区最高的山峰。茶叶、花卉、青梅和小水电站是大沙镇的四大特色产业。2008年，全镇工业生产总值20881万元，同比增长5.1%；农业总产值5250万元，同比增长3%。2009年工业生产总值23010万元，同比增长10.2%；农业总产值5618万元，同比增长7%。

大沙镇被评为江门市卫生镇

花卉

岗坪茶园，广东省农科研究所提供的名茶品种，生产的绿茶是茶中极品

挺立双石山顶，直刺云天的“双人石”

梅花

高峡平湖，烟波浩淼的大沙河水库

开平市三埠街道办事处
中山社区居民委员会

中山社区居民委员会是中山村委会于2004年通过“村改居”后改为的社区居民委员会。地处开平市三埠新昌城区东郊，辖区内有13条自然村，其中获得江门市标兵文明村2条、开平市文明村4条，社区现有居民574户，总人口1996人，社区设有党总支部，共有党员64名。多年来中山社区居委会不断发展壮大集体经济，现拥有橡胶厂、塑胶厂、织布厂等自办企业和建材贸易及物业出租，是三埠办事处唯一拥有自主经营集体企业的社区。在各级党委、政府的正确领导以及全体居民的共同努力下，社区先后获得全国、省、市多项殊荣。

亿洋塑胶制品有限公司

中山居委会横岭开发区

地址：开平市新昌东路东2号
电话：2213969　2381057

开平市三埠街道办事处
迳头社区居民委员会

迳头社区居民委员会位于开平市三埠镇办事处中心，西邻思始村委会，南与台山三八镇接壤，潭江河流经迳头村委会一带，水源十分丰富。公路建设方面，村委会北连新昌，大大方便了村委会居民的对外沟通联系。

迳头社区居民委员会现辖23个自然村民小组，有常住人口2980人；居民区内主要以工、商、服务、教育为主，内有大批工商企业，区内有富琳公司、忠源公司等大型牛仔服装生产的大企业，产品远销欧洲、美国、加拿大等国家，同时区内拥有全开平多间知名的高等教育学府，师资力量雄厚，本地民风朴素、文化气息浓厚、居民素质高。建有8层高的高尚餐饮酒店--迳头大酒店、丽江酒店、邮电、酒楼、市场和饮食一条街。区内还有多个高级住宅区如碧桂园、怡景园等，居住环境一流。

改革开放后，特别是从1990年新班子调整后，迳头社区在开平市三埠街道办事处的领导下，坚持以邓小平理论，“三个代表”重要思想为指导。集体年收入从2000元发展至今，村、村二级集体收入达280万元。原来一无所有，经二十年来的努力，现在迳头社区已形成一个道路四通八达，拥有商业区、高级住宅区、工业区、文化生活区和农业区的多功能的社区。

迳头老人协会自1991年成立以来，是开平市第一个建立的老人协会。做到九有八必访的制度，成为全省、市的先进单位。迳头村委会也被评为全国敬老先进单位。

总的来说我们迳头村委会是一个山清水秀、鸟语花香、民风朴素的新旧结合的村庄，拥有非常适宜的居住环境。今后我们将继续努力把迳头发展成一个更富强、更和谐的社区，使全区人民过着幸福、美满的生活。

地　　址：开平市三埠区迳头社区居民委员会
办公电话：（0750）2213675　　2299828　　2398033

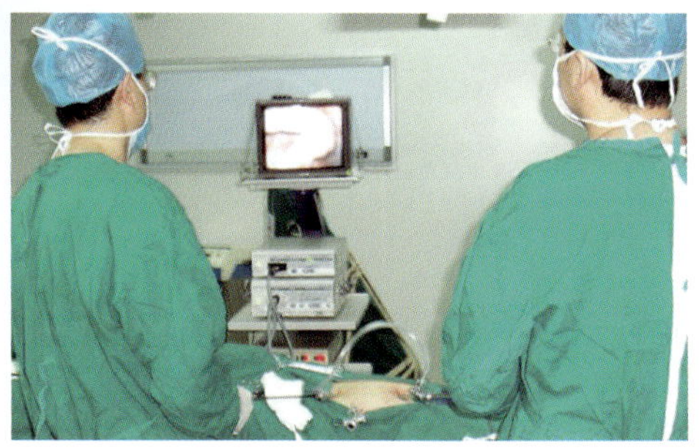

腹腔镜微创手术

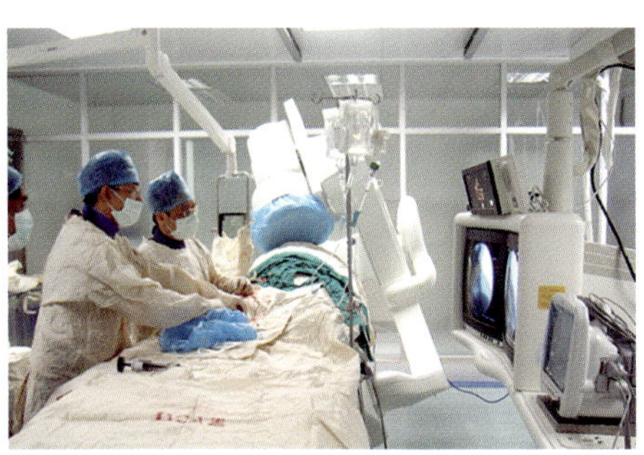

心脏介入手术

肿瘤放疗中心

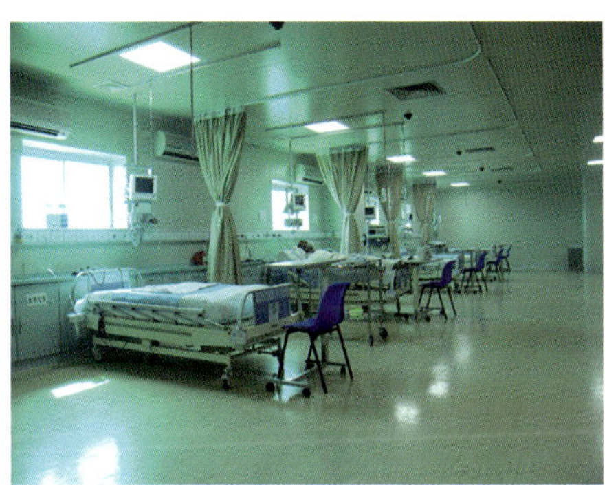

重症监护病房ICU

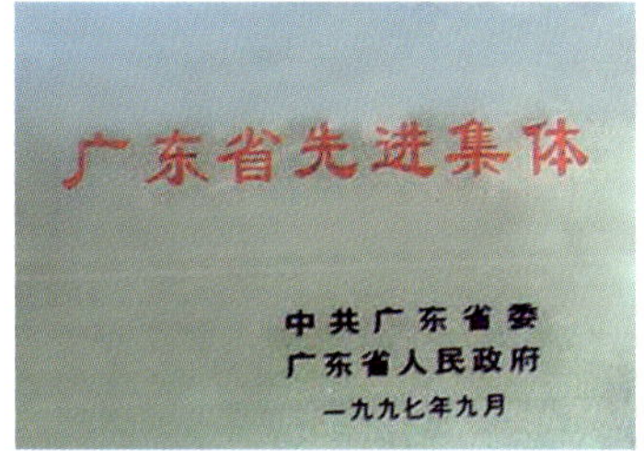

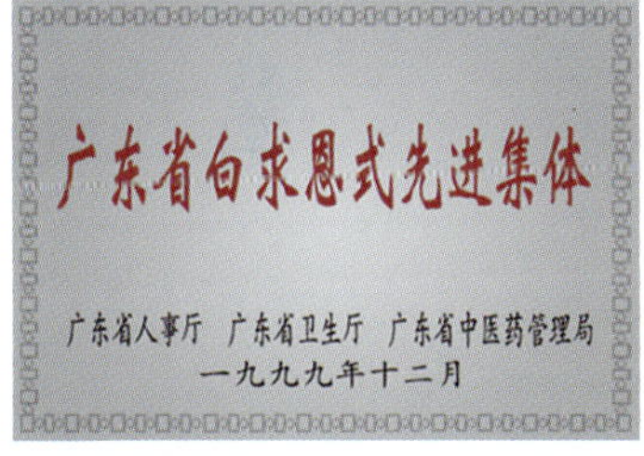

开平市中医院

中医特色科室——“治未病”中心

“治未病”始见于两千多年前《黄帝内经》提出的“上工治未病”，是以中医理论为指导，针对维护和提高个体人的健康状态所采取的“未病先防”、“既病防变”和“愈后防复”的干预技术方法。

开平市中医院“治未病”中心位于港口门诊，配套设施完善，环境优雅，诊室宽敞独立，流程合理。配备了黄瓦炎等江门市名中医，技术力量雄厚。“治未病”中心由体检部、健康调养咨询门诊、传统治疗中心、名医工作室组成。

具有浓郁中医特色的治未病康复部

体检部为每位受检者量身定制个性化的全身健康检查方案，既有常规的常规体检，又有独具中医特色辨识体检。检查报告不仅给出受检者的体质类型、易患疾病和健康状态，还根据中医辨证、亚健康状态评估等提出相应的养生保健的指导原则和建议。

健康调养咨询门诊由我院各科专家轮流坐诊，为您制定个性化疾病预防方案和健康调养计划，指导您从起居调养、情志调摄、药膳食疗等方面正确养生保健。

传统治疗中心服务项目有针灸、按摩、熏蒸等传统疗法，为您提供中医干预治疗和综合调理您健康状况。

名医工作室是实施“治未病”的强大后盾，一方面对“治未病”工作给予指导，另一方面，通过专科专家门诊，直接服务于民众，为病人提供个体化辨体诊疗，接受健康调养咨询、疾病的诊治等。

健康从“治未病”开始。开平市中医院治未病中心为您提供“简、便、验、廉、效”的中医药保健服务，告诉您不生病、少生病的办法，帮助您活得更好！ **服务热线：2380655**

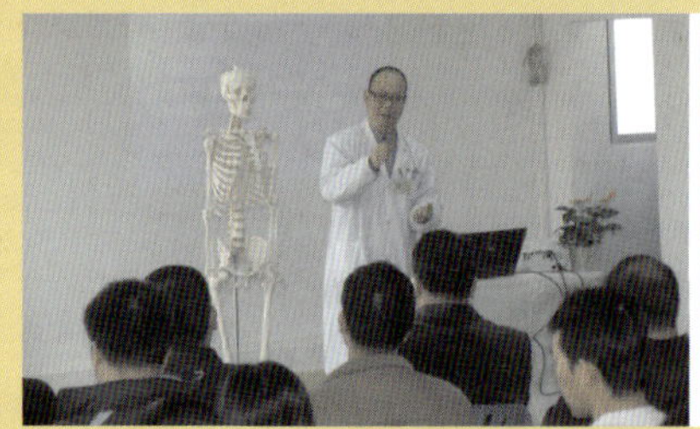

颈肩腰腿痛科开办“椎间盘学校”，定期开课，免费讲授椎间盘病科普知识及预防保健方法

重点专科——颈肩腰腿痛科

颈肩腰腿痛科位于西郊院区，由住院部、门诊部及理疗室三个治疗区组成，是医院重点中医专科。由余羿淳副主任医师主理，所有医师均到上级医院专科进修。配备三维正脊牵引仪、四维牵引治疗仪、三氧治疗仪、颈椎正骨牵引椅、中药熏蒸床、椎间盘镜、射频热凝骨科治疗仪等大批器械设备。技术力量雄厚、设备精良。

2009年11月，该科引进了目前国内公认的最先进的优化治疗模式椎间盘病超市，集合各种临床有效的治疗方法打造强大技术平台，包括简单的保守治疗、传统的手术治疗和世界盛行的微创技术等30多种治疗手段。在“能简单不复杂，能保守不手术”原则下，为患者选择最简单、疗效最大化，安全、廉价的个性化治疗方案。并推出“免费咨询全程诊疗康复指导”三位一体服务模式。

该科对颈椎病、腰椎间盘突出症进行了多项临床研究。目前，该科开展了后路椎间盘镜技术、颈椎切吸技术、椎间盘重叠技术、三维正脊牵引术等多项高难度技术，取得了良好的效果，病人纷纷慕名而来。

服务热线：2320901（门诊部）
2332590（住院部）

开平市中医院四个院区：

西郊院区：长沙开华路43号
电话：2326510

新昌院区：新昌大兴街18号
电话：2212441

港口门诊：长沙东郊路16号
电话：2279775

东郊口腔门诊：长沙东郊新村21号
电话：2293642

开平市妇幼保健院

开平市妇幼保健院创建于1951年12月，经过近六十年的不断发展和壮大，已逐渐发展成为集医疗、预防、保健、康复、教学、科研于一体的专科医院。承担着全市妇女儿童的医疗保健服务和16个镇的妇幼保健、妇产科专业技术指导与业务培训工作。

医院拥有卫生技术人员156人，高中级职称30人。医院环境优雅温馨、设备设施齐全，积极拓展妇幼保健服务领域，设有不孕不育、孕产妇营养等专科门诊，开展了母婴俱乐部、“一对一”责任助产、新生儿游泳与抚触、产后康复等产科一系列特色服务。近年来，医院综合实力不断加强，取得令人瞩目的成绩，获得“广东省巾帼文明单位”、“广东省五四红旗团支部”、“南粤女职工文明岗”等殊荣 。

全院干部职工将秉承“团结、奉献、求实、创新”的院训，坚持“以病人为中心”的服务宗旨，以高尚的医德医风，精湛的医疗技术为广大群众提供最佳的医疗保健服务。

地　　址：开平市三埠祥龙四区53号
联系电话：0750-2377235（办公室）
传真号码：0750-2335777

开平市首家产科营养专科门诊落户本院

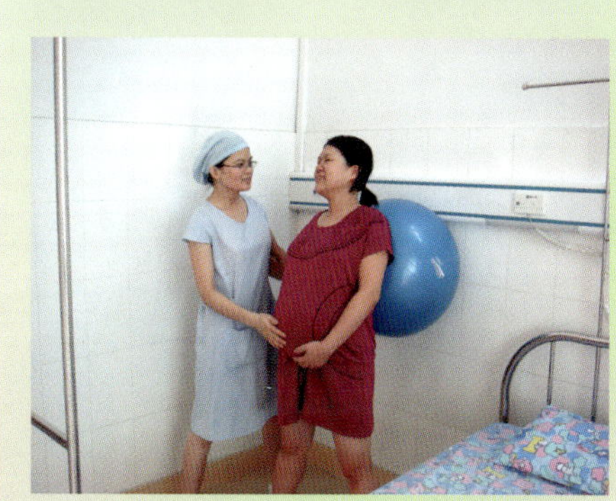
科学指导分娩减痛法

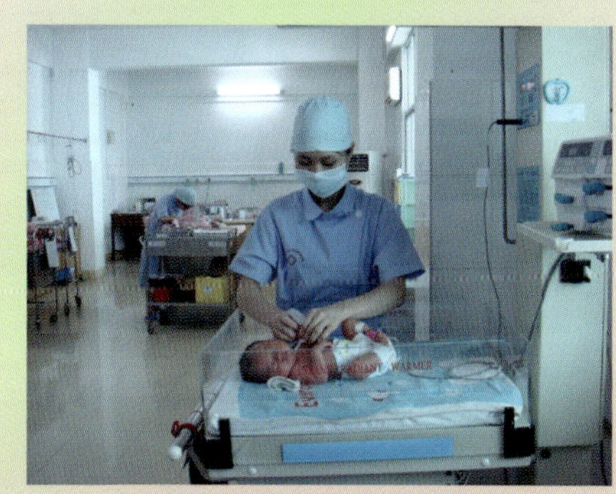
新生儿科综合实力不断提高

医院外貌

开平市水口镇中心卫生院

开平市水口镇中心卫生院（水口医院）坐落在广东省工业重镇水口镇，位于325国道水口侨联路口直入200米，是一所具有悠久历史和集医疗、教学、科研、预防、保健于一体的多功能综合性医疗单位。

医院科室齐全，设备先进，拥有飞利浦六排螺旋CT机、数字化X光机（CR）、全自动生化分析仪、电子胃镜、碎石机、B超、心电图及手术使用的数字电脑化的麻醉机等。医院现有医务人员130多人，医疗技术力量雄厚，能诊治各种疑难、危重的病例，能熟练开展各种较大型、复杂及高技术含量的手术，尤其在创伤急救、各类复杂骨折的手术治疗、甲亢碘^{131}治疗、中医骨科康复等方面具有较高的医疗技术和社会声誉，具有优良的医疗质量和服务质量，赢得各界群众的信赖，从1999年开始多次被评为“百家文明卫生院”、“标兵文明单位”、“先进集体”等荣誉称号。

水口医院正门

舒适的院内环境

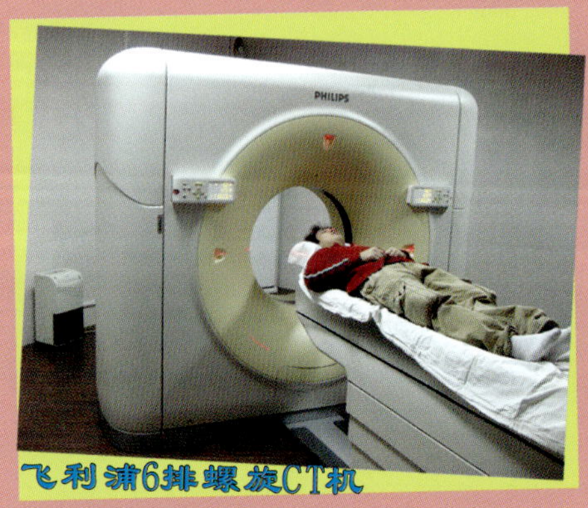

飞利浦6排螺旋CT机

住院部大楼

开平市沙冈张立群医院

医院大楼

开平市沙冈张立群医院是开平市医疗保险定点单位、新型农村合作医疗定点单位、城镇居民基本医疗定点单位。该院为一所综合性的区医院，可提供全面的基本医疗服务、预防保健、卫生防疫、计划生育及健康教育等服务，现已成为市、地区的主要医疗保健中心。

医院大楼分门诊部（南楼）及住院楼（北楼）、实行救护车24小时出诊。功能科室设有内科、儿科、外科、妇科、产科、检验科、放射科、功能检查科、麻醉科、计免科、中医科、五官科等，并配置设备先进的手术室。

其中重点建设专科心血管内科、妇产科、外科跨入全市前列水平，现在职医生计有主任医师5人，主治医师12人，医师十数人及上级专家教授组织担任技术顾问。

本着“以真情赢民心，以服务树形象，以技术创优势”办院宗旨，正向着打造“一流医院”目标迈进。

就医指南：周一至周五开平名老医生坐诊
周六周日增加广州专科
（心血管内科）教授坐诊查房

总医院地址：开平市沙冈区325国道旁
第一门诊（百汇门诊）地址：开平市百汇市场人和东路
联系电话：(0750)2257999

后花园休闲区
门诊大厅
预防接种门诊儿童活动区

三埠卫生院

三埠社区卫生服务中心

三埠卫生院（三埠社区卫生服务中心）位于开平市政治、经济、文化、体育和商贸中心的三埠区（三埠区总面积32.4平方公里，常住人口13.8万），是一所集预防保健、基本医疗、妇幼保健、慢性康复、计划生育和健康教育为一体的综合性医疗卫生服务机构。先后被上级授予“爱婴医院”、“先进党支部”、“先进集体”和“抗击非典先进单位”等荣誉称号。全院医务人员100多人。设有外科、骨伤科、妇产科、口腔科、皮肤性病科、内儿科、五官科、中医科、妇幼保健科、肛肠科、康复理疗科、防疫科和辅助检查科。下设有：升平、长沙、祥和、祥龙和新昌门诊部（社区卫生服务站）。

本院坚持“以人为本、健康为中心、服务为核心、质量第一”的工作宗旨，深入社区，面向家庭，切实履行起党和政府关怀人民群众的桥梁与载体职责，竭诚为广大群众提供优质、便捷、综合、经济有效的社区卫生服务。力求以优良的技术使病人放心，以优质的服务使病人称心，以优美的环境使病人舒心。

联系电话：0750-2338780、2311386、2338790

电子邮箱：kp2269689@163.com

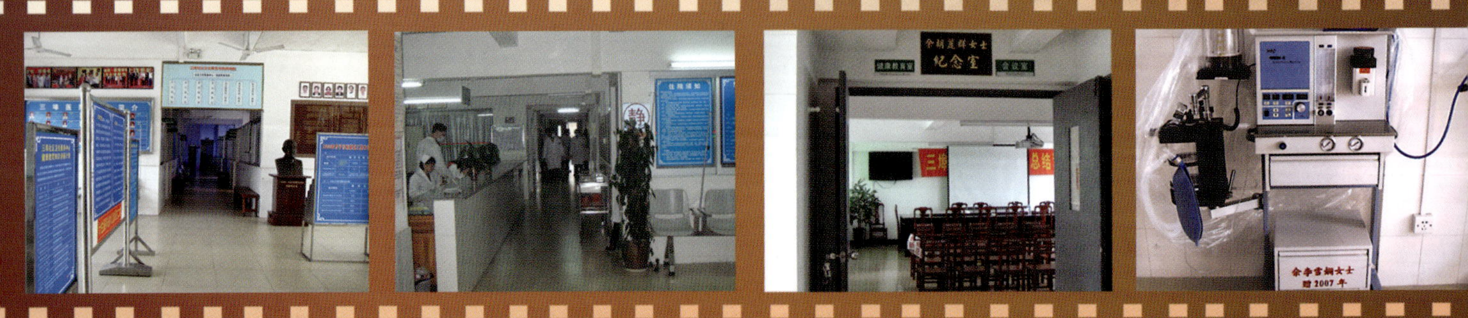

▲宽敞舒适的就医环境　▲二楼住院部　▲健康教育室　▲麻醉机

百年名校 侨乡明珠

开平市第一中学

KAI PING SHI DI YI ZHONG XUE

名誉校长方创杰归宁参加母校九十周年庆典

广东省开平市是全国著名的侨乡和碉楼之乡。开平一中坐落在侨乡开平的赤坎古镇东郊，背枕人杰地灵的平畴，面襟碧波粼粼的潭江，西望巍峨矗立的百足山。这里阳光明媚，柔风习习，环境清幽。180亩的宽广校园,一年四季草木葱郁,满园苍翠,鸟语花香，风景如画。古典建筑古朴典雅，别具一格；现代高楼巍峨壮观，气派非凡。这里集天地之秀美，汇人文之灵气，是兴学育才的沃土，是莘莘学子通向理想大学的桥梁，实现美好人生的摇篮。

开平一中的前身县立开平中学,创办于1919年10月,原址在赤坎镇关鼎信祠。1934年,热心兴学的司徒氏教伦堂捐出现址土地100余亩，供开平一中扩大办学规模之用，并捐建教学大楼“红楼”。继后，关光裕堂捐建宿舍大楼。从此，开平一中初具规模。1946年2月改称开平县立第一中学。1993年3月随开平撤县建市更名为开平市第一中学，同年被评为广东省首批一级学校。

改革开放以来，有赖开平地方政府的高度重视和各级领导的关怀，得到方创杰、周谦益、周文慧、司徒伟、利国伟、谭广生、吴荣治、关英桂等海内外热心校友、俊杰名贤和社会各界热心人士的鼎力支持，开平一中不断增建校舍、完善设施。进入到21世纪，开平地方政府加大办学经费的投入。从2000年到2009年，共投入了5000多万元人民币支持我校办学；学校乘创建国家级示范性普通高中的契机，得到空前的发展，办学规模不断扩大，校容校貌焕然一新，校誉日隆。2008年4月，学校顺利通过了广东省国家级示范性普通高中的督导验收。至今，校园已拓宽至180亩（120000 m^2），建筑面积69578m^2，教学班60个，学生3100多人，教职员248人。

开平一中拥有一支德馨才高、团结协作、积极进取的高素质教师队伍，聚集侨乡大地3000多名佼佼学子；她以“厚德博学，高质育人”为办学理念，以“砺志、进取、博学、笃行”为校训，以人为本，以德立校，以质强校，以法治校，全面推进素质教育，形成了“树理想、勤学习、守纪律、爱劳动、有礼貌、讲卫生”的良好校风。建校90年来，英才辈出，桃李满天，声名远播，例如1987年关颖聪同学勇夺广东省高考理科总分状元（全国排名第三）。近年高考升学率大幅攀升，屡创佳绩，例如2006年高考，本科以上入围率67.5%，居开平市第一，江门市第二；参加全国竞赛捷报频传，誉满神州；德智体美劳全面发展，全面丰收，屡获殊荣。学校先后被评为“广东省现代化教育技术实验学校”、“广东省绿色学校”、“广东省五四红旗团委”、“广东省档案综合管理特级单位”、“江门市师德建设先进单位”、“江门市标兵文明单位”、“开平市教育工作先进单位”…… 开平一中以其骄人的成绩和崭新的面貌成为侨乡一颗璀璨的教育明珠。

乘世纪春风，展教育英姿。如今，开平一中又逢发展的新机遇。展望未来，开平一中的明天一定会更辉煌。

舞动青春

开平一中90周年华诞庆典现场

开平电大校园一瞥

开平市

开平市广播电视大学（简称“开平电大”），创办于1980年，是中央广播电视大学的县级基层电大。1989年9月，开平电大与其相邻的开平市综合成人中等专业学校合并，2005年4月，开平市教师进修学校挂靠入开平电大，现实行“一套班子，三个牌子”的管理模式。建校以来，开平电大曾三迁校址，现校址位于开平市三埠迳头大道，是由时任香港恒生银行董事长利国伟爵士捐赠人民币1200万元，政府拨地100亩，于1997年兴建落成的。开平电大校园美丽幽静，办学成绩显著，1997年11月，被广东省高教厅评为“广东广播电视大学‘示范学校’”；2009年10月，被中央电大评为 “全国示范性基层电大”，成为广东2所、全国50所首批获此殊荣的基层电大之一。

开平电大办学条件优越，教学设施先进齐备，拥有大容量的校园网和公共网站，实现了教学、管理手段现代化。学校师资力量雄厚，办学规模不断扩大。现有在编教职工64人，其中高级教师8人，中级教师40人；现有在校生3500多人，其中开放教育本、专科生2200多人，中专生900多人，联合办学招生400多人。目前开设的专业有：汉语言文学本专科、英语本专科、行政管理本专科、会计学本专

开平电大大楼

广播电视大学

科；现代文员专科、计算机信息管理专科、工商管理专科；会计、计算机、文秘、商务英语、印刷技术中专等。

开平电大创办以来，在市委、市政府、教育主管部门及上级电大的关怀和支持下，坚持“为侨乡培养实用型人才”的办学宗旨，秉承“扎根基层，服务社会”的系统办学理念，突出“有教无类，远程开放，系统办学”的办学特色，积极开展现代远程开放教育和中等职业技术教育，为侨乡开平培养了2万多名实用型人才，为地方经济建设和社会发展提供了有力的人才支持，为建设教育强市，构建终身教育体系和学习型社会做出了应有贡献！

全国示范性基层电大

中央广播电视大学
二OO九年十一月

广东省广播电视大学
示范学校

广东省高等教育厅
一九九七年十一月

开平电大运动场一瞥

开平市新華書店®
XINHUA BOOKSTORE

开平市新华书店是图书发行专营企业，是属于自负盈亏、微利保本的国有经营性文化企业和文化窗口，承担着开平市中、小学教材的发行和图书零售业务。属下有大型购书中心一个，有综合性图书门市两个。其中：开平市购书中心被国家选为“中国百家书城”，也是广东省20家大型购书中心之一。该店经营面积共5000多平方米，经营图书品种达50000多个，文化体育用品和音像制品达22000多种。

多年来，新华书店在上级主管部门的领导下，以“三个代表”重要思想为指导，坚持党的图书发行“两为”方针，积极开展创建文明书店活动，强管理，树形象，促销售，经营多元化，诚信为本。因此，该店不仅是广东新华发行集团有限公司的直营连锁店，而且是“开平市‘爱国、守法、诚信、知礼’现代公民教育”示范点，又是“江门市标兵文明单位”。

图书部

购书中心

开平市新华书店历年来都注重加强对广大员工的职业道德教育和业务技能的培训，进一步提高员工的文化素质和服务水平。同时，定期对中层管理人员进行业务培训，致力于提高他们的管理水平，团结广大干部员工，增强企业的凝聚力。

在抓好经营管理的同时，持续深入开展文化科技卫生“三下乡”活动，每年都坚持配合有关部门做好“扶困助教”活动以及为支持“开平碉楼与村落”世界文化遗产的工作，共向四个世界文化遗产申报点所在的村落捐赠图书2200多册，总价 27000 多元。现又精心组织一批建设社会主义新农村的“三农书系”300多个图书品种，支持全市的农家“书屋”的建设。实践党的建设现代农业，发展农村经济，增加农民收入的富民政策，为全市建设和谐社会主义新农村提供了知识的源泉。

同时，开平市新华书店经过多年的创新开拓、扩大经营、规范管理，使该店的图书销售及其他经营销售分别以12%和8%的速度稳步增长，成为开平市乃至周边市市民信得过的文化消费单位。因此，全市人均购书从1997年的4.5元到2009年已经达到12.00元，在全省同行业中图书销售排行16位，取得了良好的社会效益和经济效益。

地址：开平市东兴大道人民西路1号　　电话：0750－2213586

国家级示范性高中

开侨中学

KAI QIAO ZHONG XUE

开平市委书记冯立坚（二排左五）、本校校长与本校十四名获奖同学在旅港开平商会第十五届颁奖典礼上合影

开侨中学坐落于开平市区风景秀丽的潭江河畔，是国家级示范性普通高中，省首批一级学校，著名侨校，江门市重点中学，全国现代教育技术实验学校，现任校长张德真。

学校创办于1933年，由著名教育人士、原国民大学校长吴在民先生集巨额侨资兴建，校名由何香凝女士题写，建立伊始就拥有机构健全的董事会，是目前全国唯一在香港拥有固定校产的学校。

目前，校园占地150亩，拥有高中教学班61个，学生3300人，专任教师238人，其中，特级教师1人，高级教师和研究生学历75人，省级骨干教师7人。

学校拥有千兆校园网多媒体教学管理网络、计算机校园网、卫星地面接收站，班级教学平台和电子阅览室、图书馆藏书达13万多册。

70多年来，开侨人秉承传统，与时俱进，以“以德为先，以质为上，和谐发展”为理念。首任校长陈家骥提出的“励兹青年，蔚为伟器”的教育思想，已成为开侨人始终不渝的追求。

近年来，市委、市政府、市教育局切实为学校排忧解难。董事会、华侨港澳同胞和校友慷慨解囊、鼎力相助。全体干部师生团结拼搏，敢于创新，谱写了高考一个个“低进高出”的神话，学校被誉为“人才和状元的摇篮”。学校名符其实地成为开平市高中教育的龙头。

学校招生生源一年比一年好，2010年分数线首次突破600分。还吸引了江门、恩平、新兴、东莞、中山等地的一批优秀学子。

学校落实“科研兴校”战略，在新课程改革的路上，不断熟悉和探索管理新路，创新教学模式，着力培养德智体全面发展的创新型人才。

高考尖子突出，整体屡创佳绩。培养了邓就庆、谭健豪、陈智发三个省总分状元和谢树权、司徒浩中两个江门市总分状元，有十一名学生考上清华和北大。2008年，开侨人勇敢超越，重点、本科及前三批入围人数位居开平第一；2009年，高考本科更以820人创开平历史记录；2010年再创佳绩，重点、本科及前三批入围率继续攀升，勇夺开平高考“三连冠”。

如今开侨中学，凭着“侨校+名校”的发展战略， 乘着开平市“成功创建广东省教育强市”的春风，鹏程万里，创造更加辉煌灿烂的明天。

1

2

3

4

图1：方君学蒙惠言教学楼　　图2：新业堂图书馆
图3：周润赏科学楼化学实验室　　图4：大礼堂

开平市国汇工业园

2009年8月28日国汇工业园奠基

开平市国汇工业园位于广东省示范性产业转移工业园开平市翠山湖新区，由开平市工业资产经营公司和开平市交通集团合作组建开平市国汇投资有限公司投资建设，总占地面积300亩，规划建筑面积199122.6平方米。项目分三期建设，其中第一期56480平方米，第二期87786平方米，第三期54857平方米，总投资2.57亿元人民币，预计2011年6月底全面竣工。

第一期工业厂房

本项目以建设高档标准厂房为主，配套一幢约10000平方米的服务中心大楼，标准厂房为两至三层混凝土结构，满足不同规模的电子电器、纺织服装、五金机械等行业企业的使用需要。第一期工程包括10幢厂房和1幢服务中心大楼，主体工程已经完工；二期工程包括10幢厂房和1幢服务中心副楼，副楼已经封顶，另外有3幢厂房完成三层建设，2幢厂房完成二层建设，其他完成首层柱，预计今年12月底前基本完成二期厂房建设；三期工程包括10幢厂房已完成建设工程规划许可证的申报工作，将要开展招投标工作。

▼为投资者提供全方位服务的中心大楼

地址：开平市翠山湖新区D-01号地
电话：（0750）2228172
传真：（0750）2293063

高效、诚信、廉洁是我们的服务宗旨，欢迎广大客商到园区投资办企业！

罗赛洛（广东）明胶有限公司
Rousselot (Guangdong) Gelatin Co., Ltd.

Rousselot

罗赛洛（广东）明胶有限公司坐落在美丽富饶的珠江三角洲经济开发区的开平市内。她像一颗璀璨的明珠，依偎在风景如画的潭江南岸。开平市距广州仅有120公里，高速公路和325国道均直通广州；从开平到香港，水陆交通仅需3小时的路程。

罗赛洛（广东）明胶有限公司是一家中外合资经营的明胶生产企业。外方投资者是领导全球明胶产业，在世界享有盛名，业务遍布全球的Rousselot France SAS跨国集团，她占有合资公司75%的股份；中方持股者国康明胶公司占有合资公司25%的股份。

罗赛洛（广东）明胶有限公司成立于1996年3月，是亚太地区最大的明胶生产企业。公司总占地面积10万平方米，目前全年的生产能力为：明胶7,000吨，副产品30,000多吨。主要产品及经营范围包括照相明胶、药用明胶、食用明胶、磷酸氢钙、肉骨粉、精牛油等等。公司拥有国内仅有的从英国引进的全套明胶生产线。供水，供电，供气，制冷和环保等公用工程设施配备齐全。

罗赛洛（广东）明胶有限公司自建立以来，以人为本，励精图治，锐意创新，不断完善，充分发挥其技术、设备和管理上的优势，采用国外先进的明胶生产技术并结合多年的生产实践经验，使产品质量达到国际同类产品的先进水平。主产品明胶广泛应用于照相、医药、化妆品、保健营养品和食品等行业。产品畅销国内外，远销欧、美及世界其他国家和地区.。罗赛洛（广东）明胶有限公司于1996年12月被评为高新技术企业，2009年11月再次被评为高新技术企业；连续多年被评为广东省和江门市外商投资明星企业，江门市纳税百强企业及开平市年度纳税大户。公司2000年通过ISO9002管理体系认证，2000年获得欧洲药典委员会颁发的医药产品质量认可证书（EDQM），2001年通过 HACCP 体系认证，2002年先后获得国家出入境检验检疫局颁发的医药和食品《检疫卫生注册证书》，国家药品监督管理局颁发的药品生产许可证，以及中国食品工业协会颁发的“全国食品工业优秀龙头食品企业”奖，是目前国内唯一的符合伊斯兰教和犹太教要求的食用明胶生产企业。

Rousselot Kaiping Factory
罗赛洛开平工厂全景

地　址：广东省开平市三埠区兴冲街68号　　邮编 PO：529300
Address：No.68 Xingchong Street，Sanbu，Kaiping City，Guangdong – CHINA
电话 Tel：+86(0)750-221 2323，221 8845　　传真 Fax：+86(0)750-229 2119
E-mail：info@rousselotchina.com　　http//：www.rousselotchina.com

第八、九届全国政协主席李瑞环(左二)在加拿大访问与励精集团董事长周杰男(右一)合影

开平市市长黄耀雄（左一）在励精集团董事长周杰男(左二)陪同下视察励精针织厂

开平励精针织厂

励精针织有限公司于80年代初期建基在亚洲金融中心香港。随着公司的不断发展及壮大，现发展成为一个集团公司，旗下有：香港宝丰针织有限公司、香港励丰针织有限公司、香港卓勤投资有限公司、广东开平励精针织有限公司、开平市励宝针织有限公司、卡谛丝服饰有限公司、上海励和服饰有限公司。

2000年在开平新建厂房（开平励精针织厂），占地50000平方米，新增行业先进设备上千台，现有员工1200多人，年生产量500万件/套以上。公司主要生产羊绒、羊毛针织产品。与欧美众多大品牌有良好的合作关系。

近年本集团增加了30台无缝全成型电脑织机，制成多功能的服装，实现了舒适与时尚的完美结合。

多年来，公司为本地区培养了大批的技术、管理人才，为社会提供了上千个就业岗位，为开平地方经济建设做出了不可磨灭的贡献，多年来，一直被开平市政府评为A级企业，励精针织厂通过所有员工的共同努力，由原来的来料加工，逐步发展成为自主开发、生产、出口一条龙的服务型企业。其中高级羊绒衫占100万套。由生产一般毛衣到目前大量生产高级羊绒服装，并出口欧美。在美国设有分公司联络客户，扩大生产、经营和出口量。

21世纪初，致力于发展高端羊绒系列的“LG cashmere”品牌在加拿大温哥华横空出世，并迅速延伸到加拿大多伦多等地，销售业绩逐年增长。

面对广大的国内市场，虽然已是众多的羊绒品牌激烈竞争的格局，励精企业在周董事长的带领下，毫不示弱。“KNC”（卡谛丝）羊绒系列应运而生，并已在上海、广东、宁波、山西、昆明、广东开平等城市开设了自己的专柜。2009年，香港励精企业携手国内最大的零售航母百联集团成立了上海励和服饰有限公司，共同打造“EALIO”（依利欧）羊绒品牌，现在上海市场上主要的、最知名的百货商店里都有“EALIO”的身影，并已在市场上取得一定的知名度和影响力，2010年的销售更是比合作初的2009年上升37%以上。

公司的文化是：励精图治。公司本着“以人为本”的方针政策，把企业做大做强。

可持续发展的优势是：我们拥有西方发达国家的管理模式，适合中国国情的管理人才。在对待客户方面：以诚信赢得客户、视产品质量为企业生命，真诚服务各位客商。这是我们励精公司永恒不变的承诺。

远景规划是：立足香港，放眼全球，不但承接欧美大品牌的生产，还有自主高级羊绒服装：LG Cashmere和KNC两大自主品牌；公司立志要为中国乃至亚洲推出这两个国际知名品牌，为市场提供优质、奢华的羊绒服装，以及销售、服务体系。

所有励精人的愿望是：百尺竿头，更近一尺；为祖国的建设再添砖加瓦。

开平市温氏畜牧有限公司

开平市温氏畜牧有限公司成立于2003年，行政办公中心位于赤坎镇五龙开发区，是全国农业产业化重点龙头企业广东温氏食品集团有限公司下属一体化养猪公司。公司采用“公司＋养户”的模式经营，主要产品有四元杂交瘦肉型优质肉猪，该品种的肉猪具有瘦肉率高、肉质好以及质量稳定的特点，深受市场的欢迎。

公司始终把实现“共同富裕、造福员工、造福社会”作为办好企业的宗旨，把“精诚合作，齐创美满生活”作为温氏企业文化的核心理念，与员工、农户和客户一道精诚合作，为新农村建设、构建和谐社会做出更大的贡献。

联系电话/传真：0750-2620086

开平爱颖纺织制衣有限公司

KAIPING IREWIN WEAVING AND GARMENT LTD

INTRODUCTION

Irewin weaving and Garment Ltd of Kaiping Founded in the early 2002, Wholly owned by HongKong Irewin Industrial Ltd The total investment is 12 million US dollars. business of the company is manufactured denim fabric and the fashion jeanswear. All the working procedures from cotton yarn purchasing, to garment manufacturing are finished under one roof.

The company locates in the TaShan KaiYuan Industrial Region of KaiPing city GuangDong province, covering an area of 120 thousand square meters. Our company possesses lots of departments, such as Winding Plant、Yarn-Dyeing Plant、Weaving Plant、Fabric pre-Shrinkage Plant、Garment factory、Embroidery Plant、Knitting Plant、Thread Factory、Washing Plant and so on. The annual output is about 80 thousand dozens. With over 10 years' experience, now our company has the broad international market and the huge customer-network, goods are all over the world.

Our business guideline is: "to Compete well in the market by quality; to Earn benefit by management; to develop by improvement; Strive for perfection, Credit comes first!" Irewin Garment and weaving Co Ltd continuously increases its social reputation and impact to the internationalized development.

公司简介

开平爱颖纺织制衣有限公司成立于2002年初，由香港爱颖实业有限公司负责经营管理的独资企业，总投资1200万美元。公司从事生产牛仔纺织服装系列，从棉纱购进到生产服装出口，均属自营生产。

公司位于广东省开平市塔山开元工业走廊金章大道8号，占地面积12万多平方米，拥有浆纱、织布、防缩、制衣、洗水、针织（绣花、提花车间）及制线厂等等；公司目前年生产牛仔服装达80万打。凭着香港爱颖实业有限公司营销十多年的经验，拥有广阔的国际市场和庞大的客户网络，令产品分销世界各地。

公司确立质量方针：**“以质量抢市场；以管理争效益；以改进求发展；力臻完美，信誉至上！”**为经营理念。使本公司逐步走上了规模化、国际化的综合发展道路。

爱颖纺织制衣有限公司永不自满的精神，谋求企业的不断壮大，全面贯彻执行ISO9001+OHSAS18001管理体系标准，开拓更多不同的销售渠道，让更多产品融入千家万户！

公司品牌

Torrecilla y aldea

开平爱颖纺织制衣有限公司2009年及2010年连续两年被评为“中国侨乡丽人风采大赛”——指定丽人牛仔服饰赞助单位

公司地址：中国广东省开平市长沙开元工业走廊金章大道8号
ADD: NO.8 JIN ZHANG AVE,CHANG SHA,KAIPING,GUANGDONG,CHINA.
电话(TEL):86-750-2371212 传真(FAX):86-750-2377077 E-mail:Info@irewinkp.com

开平市液化石油气供应公司

Liquified Petroleum Gas Suppiy co., KaiPing City

公司总部大楼

公司成立于1984年6月，经过二十多年的艰苦创业，发展成为江门市燃气行业中具有较大经营规模和经济实力的城市燃气企业，目前，公司有用户80000多户。

二十多年来，公司始终坚持“安全第一，用户至上”，加强管理，建立和完善各项规章制度，确保安全供气。

储罐区

与此同时，公司积极拓展业务，经营范围不断扩大，实力日益雄厚。从单一的液化气经营扩展到销售、运输、储存、钢瓶检测、炉具维修一条龙的供气服务体系，还设立了燃料供应公司（茂开加油站），努力为市民提供优质的服务。

储罐区

随着公司的知名度不断提高，实现了经济效益与社会效益同步增长，先后获得江门市建设系统“七五”、“八五”、“九五”期间先进企业称号，连续二十次获得江门市液化石油气安全管理检查评比第一名，多次获得省市消防、安全管理、经济工作、综合治理先进单位，开平市劳模先进集体等荣誉称号。

业务电话：2328711、2368912

上门维修服务：2328407

加油站

铸造精品 献礼侨乡

专业开发制造

开平碉楼工艺精品 奖牌奖杯
侨乡历史人物雕塑 工艺珍藏
旅游景点工艺品 会务礼品
其他行业特色礼品 商务赠品

碉楼工艺精品成功案例

琉璃碉楼台灯

树脂碉楼

木纹碉楼

青铜器碉楼

江门湖南商会笔筒（大号）
魅力侨乡浮雕笔筒（小号）

侨乡八景彩色镀金盘
江海八景 台山八景

侨乡八景锡盘 台山八景
蓬江十景 五邑大学

水晶碉楼

半立体绒沙金碉楼(大)

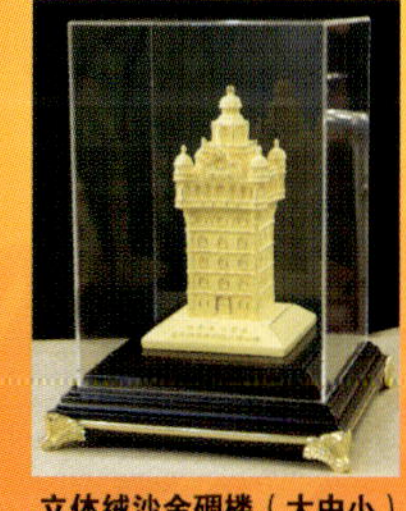
立体绒沙金碉楼（大中小）

半立体绒沙金碉楼(小)

内雕水晶碉楼

碉楼锡茶叶罐

碉楼纪念章 订制奖章

小鸟天堂金雕画

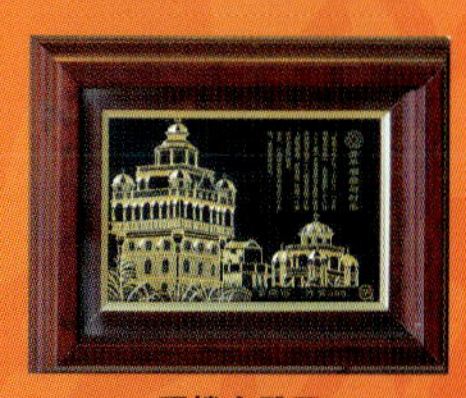
碉楼金雕画

良溪古村落锡牌

侨乡八景金雕画

开平碉楼与村落金雕画

更多陶瓷、玉石、实木、琉璃碉楼工艺品正在开发中……

地址:广东省江门市蓬江区白沙大道西3号9-11卡(江门市政府大院旁) 电话:0750-3567988 传真:0750-3224566
联系人:金建国先生 手机:13427448888 QQ:1321588717 337100543 Email:337100543@qq.com
http:// www.jys168.com 侨乡风情产品展厅二:江门美术馆一楼（院士路华侨广场会展中心） 邮编：529000

纯水岸名宅 纯自然生活

开平汇景湾位于风景秀丽的潭江岸上，临水而建，面山而居。汇景湾一共562户，有128–388平方米多种户型。占地50679平方米，总建筑面积130000m²，容积率2.14%，绿化率30%，停车位500多个。在规划上，房屋合理布局，人车分流。建筑南北通透，户户向阳，家家向南，窗窗见绿，大面积空中花园，开放式景观阳台，滨水式休闲步道。在配套方面，中国人自古注重子女教育，汇景湾建在一个历史悠久的教育名圈上，区内名校、美术馆、体育馆、图书馆林立，书香门第，铸造孩子非凡未来。

跨越完美，相伴一生

Live a perfect life time together

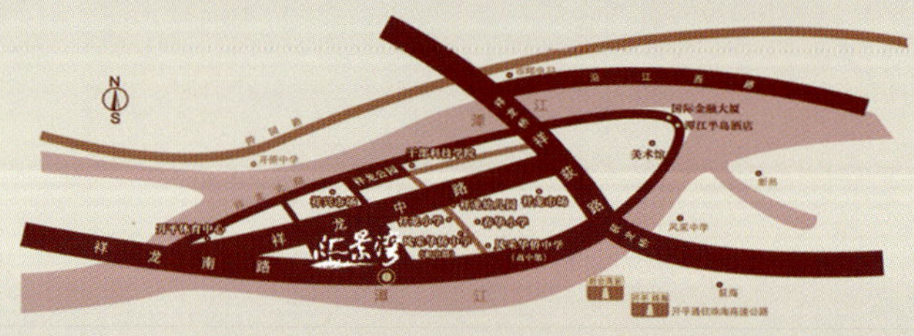

真爱热线 0750-2266 888

发展商：开平市汇景湾物业发展有限公司
投资策划：广东建邦兴业集团有限公司
地　址：开平市祥龙中路33号

编辑说明

一、《开平年鉴（2008—2009·创刊号）》是由中共开平市委、市政府主持，开平市地方志办公室协调各有关部门共同编纂的第一部综合性地方年鉴。它以邓小平理论和“三个代表”重要思想为指导，坚持科学发展观，力求全面、准确、系统地反映开平市社会经济发展的进程，为读者了解开平、建设开平提供丰富翔实的资料。

二、《开平年鉴（2008—2009·创刊号）》主要记述2008年和2009年开平市经济、社会发展与变化的情况。个别事件为保持其完整性，时间延伸至2010年。此外，为系统反映开平撤县设市以来的概况，并与《开平县志》下限（1993年1月）记述的时间相衔接，《大事记》记述上限延伸至1993年1月。

三、本年鉴卷首设特辑、大事记、开平概况。框架结构用篇目、类目、分目、条目4个层次，共设12篇25个类目120个分目1010个条目。彩版90页。

四、本年鉴所用资料均由各组稿单位提供，并经组稿单位领导审阅，年鉴编辑部初审，年鉴编纂委员会审核和广东人民出版社审订。文内所用的数据为组稿单位上报市统计部门的数据，因统计口径不一，个别统计数字可能不一致；国民经济和社会发展的统计数据，以市统计局的统计资料为准。

五、荣誉录收录的先进集体和先进个人，以颁奖单位在2008年和2009年的发文时间为准。

六、本年鉴的编纂过程中，得到原中山市地方志办公室吴冉彬主任、广州市越秀区地方志办公室杨松裕主任、江门市地方志办公室高小英科长的大力支持和帮助，在此特表谢意！

《开平年鉴（2008—2009·创刊号）》编辑成员

主　　编： 李宝贞（—2009.07）

黄婉慈（2009.08—）

副 主 编： 关瑞斌、安超、余英瑞、朱柏林、邓健强、谭月园

编　　辑： 刘水莲、方良顺（聘）、钟宝娴（聘）

特邀顾问： 吴冉彬

特邀总纂： 杨松裕、高小英

特邀校对： 崔少红

特邀摄影： 关炳辉、方忠晓、吴就良、黄伟良

关于成立《开平年鉴》编纂委员会的通知

（开委办〔2009〕15号）

各镇（街道）党（工）委、人民政府（办事处），市直各局以上单位：

根据国务院、广东省政府和江门市政府关于“做好编纂地方综合年鉴工作”的指示精神，为加强对我市年鉴编纂工作的领导，切实做好《开平年鉴》的编纂工作，市委、市政府决定成立《开平年鉴》编纂委员会，其组成人员名单如下：

名誉主任： 冯立坚（市委书记、市人大常委会主任）

主　　任： 吴平超（市委副书记、市长）

副 主 任： 薛卫东（市委副书记）

谢伯欣（市委常委、常务副市长）

李宝贞（市委常委）

委　　员：

冯润深（市政协副主席、建设局局长）　关位湛（市政协副主席、统战部部长）

吉　喆（市政协副主席、卫生局局长）　廖辉文（市纪委副书记、监察局局长）

方悦进（市委办副主任）　方耀辉（市人大办主任）

关瑞斌（市府办主任科员）　甄文威（市政协秘书长）

吴松安（市委组织部副部长）　李健明（市委宣传部副部长）

冯惠祥（市法院院长）　卢树图（市检察院党组书记）

蔡　凌（市武装部政委）　陈武华（市发改局局长）

方振颖（市经贸局局长）　黄炳和（市教育局局长）

梁洪乐（市科技局局长）　陈百浓（市公安局政委）

莫　央（市民政局局长）　梁天荣（市司法局局长）

沈　恒（市财政局局长）　谭　深（市劳动和社会保障局局长）

邓健洪（市国土资源局局长）　麦郁坤（市交通局局长）

胡　震（市水利局局长）　关璀利（市农业局局长）

方澄江（市外经贸局局长）　谭伟强（市文广新局局长）

周国雄（市人口和计划生育局局长）　谭文汉（市审计局局长）

谢梓枢（市环保局局长）　周灼烈（市统计局局长）

周启宽（市物价局局长）　谭永雄（市林业局局长）

冯立本（市外事侨务局局长）　吴进进（市规划局局长）

何伟硕（市公用事业管理局局长）　何武健（市招商局局长）

张吕抗（市民营局局长）
张满江（市体育局局长）
余英瑞（市档案局局长）
熊天恩（市资产办主任）
卢锐权（市总工会副主席）
林　斌（市妇联主席）
周立仁（市保密局局长）
谢文广（市法制局局长）
李源新（人民银行开平支行行长）
钟维强（市地税局局长）
欧郁强（市供电局局长）
王涛涛（开平移动公司总经理）
翁羡沛（市邮政局局长）
龚卫军（市质监局局长）
黄启贤（市药监局局长）
郑炳方（开平海关关长）
麦灼华（三埠盐业公司经理）
甄荣毅（长沙街道党工委书记）
何俊贤（水口镇党委书记）
余荣深（苍城镇党委书记）
梁忠彬（大沙镇党委书记）
龚飞舟（塘口镇党委书记）
凌华威（百合镇党委书记）
谢常荣（金鸡镇党委书记）
张龙昌（翠山湖管委会主任）
戚汝棠（市广播电视台台长）
黎伟桥（市信息产业局局长）
邝积康（市旅游局局长）
杨源想（市供销社主任）
陈少峰（市交通集团党委书记）
颜海娜（团市委书记）
梁炳添（市委党史办主任）
朱柏林（市地方志办公室主任）
黄齐悦（市口岸办主任）
关仕晃（市国税局局长）
刘炳炼（市工商局局长）
司徒惠敏（市电信公司总经理）
唐文斐（开平联通公司总经理）
鲍业森（市公路局局长）
盘晓东（市气象局局长）
雷民照（市烟草专卖局局长）
许克林（市检验检疫局局长）
梁民跃（三埠街道党工委书记）
陈炎民（月山镇党委书记）
张天锡（沙塘镇党委书记）
冯健楚（龙胜镇党委书记）
吴岳灵（马冈镇党委书记）
梁羽行（赤坎镇党委书记）
龚向明（蚬冈镇党委书记）
郑永钦（赤水镇党委书记）

编委会下设办公室，办公室和编辑部均设在市志办。办公室主任：李宝贞（兼），副主任：关瑞斌（兼）、朱柏林（兼）、谭月园。编辑部组成人员由市志办人员兼任，负责《开平年鉴》的组织编纂、出版发行等工作。

中共开平市委办公室
开平市人民政府办公室
二〇〇九年三月二十日

关于调整《开平年鉴》编纂委员会成员的通知

（开委办〔2010〕20号）

各镇（街道）党（工）委、人民政府（办事处），市直各局以上单位：

鉴于《开平年鉴》编纂委员会部分成员工作变动，经市委、市政府同意，决定对《开平年鉴》编纂委员会成员作相应调整。调整后的成员名单如下：

主　　任： 黄耀雄（市委副书记、市长）

副 主 任： 薛卫东（市委副书记）

谢超武（市委常委、市政府常务副市长）

陈伟成（市委常委、市委办主任）

黄婉慈（市政府副市长）

委　　员：

关位湛（市政协副主席、统战部部长）
吉　喆（市政协副主席、卫生局局长）
冯惠祥（市人民法院院长）
卢树图（市人民检察院检察长）
蔡　凌（市武装部政委）
梁民跃（市纪委副书记、监察局局长）
龚向明（翠山湖管委会常务副主任）
方耀辉（市人大办主任）
何武健（市府办主任）
甄文威（市政协秘书长、政协办主任）
伍德斌（市委办副主任）
安　超（市府办副主任）
吴松安（市委组织部副部长）
梁小耐（市委组织部副部长、老干局局长）
陈健强（市委组织部副部长、人事局局长）
关文荫（市委宣传部副部长）
方彩仲（市直机关工委书记）
谭文业（市总工会副主席）
邝卫民（团市委书记）
林　斌（市妇联主席）
梁锦荣（市委党史办主任）
周立仁（市保密局局长）
谢文广（市法制局局长）
邓健强（市地方志办公室主任）
黄齐悦（市口岸办主任）
张坚念（市发展和改革局局长）
方振颖（市经贸局局长）
黄炳和（市教育局局长）
张如炎（市科技局局长）
陈百浓（市公安局政委）
莫　央（市民政局局长）
梁天荣（市司法局局长）
熊天恩（市财政局局长）
劳蔼婵（市劳动和社会保障局局长）
邓健洪（市国土资源局局长）
吴进进（市建设局局长）
张龙昌（市交通局局长）
胡　震（市水利局局长）
张天锡（市农业局局长）
梁卫民（市外经贸局局长）
谭伟强（市文广新局局长）
周国雄（市人口和计划生育局局长）

谭文汉（市审计局局长）
周灼烈（市统计局局长）
冯立本（市外事侨务局局长）
劳沈川（市规划局局长）
李荣兴（市粮食局局长）
张满江（市体育局局长）
黎伟桥（市信息产业局局长）
许永锋（市旅游局局长）
杨源想（市供销社主任）
谭贤富（市资产办主任）
冯松永（市场物业管理公司总经理）
关仕晃（市国税局局长）
刘炳炼（市工商局局长）
司徒惠敏（市电信公司总经理）
李群辅（市邮政局局长）
龚卫军（市质监局局长）
黄启贤（市药监局局长）
赵兆洪（开平海关关长）
麦灼华（三埠盐业公司经理）
甄雪英（长沙街道办事处主任）
何俊贤（水口镇党委书记）
谢常荣（苍城镇党委书记）
陈杰文（大沙镇党委书记）
龚飞舟（塘口镇党委书记）
吕尚廉（百合镇党委书记）
廖辉文（金鸡镇党委书记）
梁洪乐（市环保局局长）
谭永雄（市林业局局长）
付　雷（市安监局局长）
何伟硕（市公用事业管理局局长）
戚汝棠（市广播电视台台长）
梁忠彬（市房产局局长）
余英瑞（市档案局局长）
邝海行（市水产局局长）
谢健庵（市二轻联社主任）
谭永照（市交通集团总经理）
李源新（人民银行开平支行行长）
钟维强（市地税局局长）
欧郁强（市供电局局长）
梁文聪（中国移动开平分公司总经理）
梁柏明（市公路局局长）
邓　明（市气象局局长）
雷民照（市烟草专卖局局长）
许克林（市检验检疫局局长）
邓仕新（三埠街道办事处主任）
梁羽行（月山镇党委书记）
吴振威（沙塘镇党委书记）
冯健楚（龙胜镇党委书记）
张伟杰（马冈镇党委书记）
肖章兴（赤坎镇党委书记）
刘威龙（蚬冈镇党委书记）
郑永钦（赤水镇党委书记）

编委会下设办公室，办公室和编辑部均设在市志办。办公室主任：黄婉慈（兼），副主任：安超（兼）、邓健强（兼）、谭月园。编辑部组成人员由市志办人员兼任，负责《开平年鉴》的组织编纂、出版发行等工作。

中共开平市委办公室
开平市人民政府办公室
二〇一〇年四月十五日

创刊词

承前启后创伟业，继往开来谱新篇。

在全市上下共同努力下，《开平年鉴（2008－2009·创刊号）》编纂出版工作全面完成。这是开平市第一部年鉴，它不仅对开平市两年来发展历史进行真实、客观的记录，而且地方特色突出，时代特征鲜明。可以说，《开平年鉴》是我市目前唯一的综合性年鉴，是一部反映我市政治、经济、文化、社会建设与发展的年度综合史册，是我市的地情百科全书，是知往鉴来的明镜见证。它的出版发行，不仅为下一轮修志积累了珍贵史料，也为海内外人士了解、认识开平提供了全面系统的信息资料，更重要的是为各级干部进一步了解市（县）情和谋划发展提供了翔实的科学依据。在此，我代表市委、市政府表示热烈的祝贺，并向关心、支持和参与年鉴编纂工作的同志表示衷心感谢！

2008年，是改革开放30周年；2009年，是中华人民共和国成立60周年。过去两年，是中国历史上十分重要、极不平凡的两年。两年来，我们坚持以邓小平理论和“三个代表”重要思想为指导，全面落实科学发展观，认真贯彻中央和省关于扩内需、保增长的决策部署，围绕“保增长”这一首要任务，出台一系列鼓励投资、加快项目上马的政策措施，加快产业结构调整步伐，大力推进招商引资工作，加大固定资产投资力度，全力打造翠山湖发展平台，全市经济社会发展取得显著成效。2009年我市被定为“中央财政小型农田水利重点县”；成功创建了广东省教育强市；翠山湖新区竞争成为省示范性产业转移工业园。这些在《开平年鉴（2008－2009·创刊号）》中都客观、详细地记录，其中，不乏全市各条战线、各个领域的新情况、新成果、新经验，值得参考借鉴。

《开平年鉴（2008－2009·创刊号）》完成编纂并顺利出版发行，这是我市文化建设方面取得的丰硕成果。但是，年鉴的编纂出版和发行是一项牵涉面广，连贯性、时效性和科学性比较强的系统性工作，需要社会各方密切配合，齐心协力来完成。为此，希望全市各级、各部门单位和社会各界都来关心支持《开平年鉴》的编纂发行工作，同时也希望年鉴的编纂工作者们群策群力、锐意进取、开拓创新，不断提高年鉴的质量和水平。

衷心地祝愿《开平年鉴》越办越好，成为我市精神文明建设园地的一朵新葩。

二〇一〇年十月二十八日

（黄耀雄为开平市人民政府市长）

目　录

特　辑

大事记

开平概况

政　治

中共开平市委员会

开平市人大常委会

开平市人民政府

政协开平市委员会

民主党派和工商联

人 民 团 体

地 方 军 事

法 制

政 法 司 法

经 济

综合经济管理

农业 林业 渔业

水利 气象

工业 商贸

交通　邮政

信息化和信息产业

城乡建设

对外经济贸易

财政　税务

金融 保险 证券

旅游业

教科文卫体

教育　科技　文化

卫生 体育

侨务　台务　社会生活

华侨　港澳台事务

社会生活

各镇(街道办)和开发区概况

镇(街道办)概况

开发区概况

荣誉录

先进集体

先进个人

社会经济统计资料

统计资料

统计公报

附　录

创刊号

（2008-2009）

KAIPING NIAN JIAN

特辑

特　辑

关于表彰开平碉楼及村落申报世界文化遗产工作先进集体和先进个人的通报

（广东省人民政府文件　粤府〔2008〕88号）

各地级以上市人民政府，各县（市、区）人民政府，省政府各部门、各直属机构：

经联合国教科文组织第31届世界遗产委员会会议2007年6月28日审议通过，“开平碉楼与村落”列入世界遗产名录，成为我国第35处世界遗产，我省第一处世界遗产。这是全省人民共同努力的结果，凝结着各有关单位和广大海内外同胞的心血。为表彰在申报世界文化遗产工作中作出突出贡献的单位和个人，省政府决定给予省文物局、开平市人民政府、中共开平市委宣传部、开平市“申遗”办公室等4个单位记集体一等功；给予省文物局副局长龙家有、开平市市长吴平超、中共开平市委常委黄继烨、五邑大学教授张国雄、开平市文化广电新闻出版局局长谭伟强、开平市旅游局局长邝积康、开平市政协副秘书长谭健民、开平市文化广电新闻出版局副主任科员张健文、五邑大学助教谭金花、中共开平市委原书记谭思哲等10名同志记一等功。

希望受表彰的单位和个人珍惜荣誉，戒骄戒躁，再创佳绩，为我省推进文化大省建设，争当实践科学发展观排头兵作出积极贡献。

广东省人民政府

二〇〇八年十月二十七日

关于表彰开平碉楼与村落申报世界文化遗产工作先进单位和先进个人的通报

（江府〔2008〕43号）

各市、区人民政府，市直有关单位：

经联合国教科文组织第31届世界遗产委员会会议2007年6月28日审议通过，“开平碉楼与村落”列入世界遗产名录，成为我国第35处世界遗产，广东省第一处世界遗产。这是全市人民共同努力的成果，凝聚着各级、各有关单位和广大海内外同胞的心血。为表彰在申报世界文化遗产工作中作出突出贡献的单位和个人，市政府决定：

一、给予中共江门市委宣传部等10个单位记集体二等功；

二、给予江门日报社等20个单位记集体三等功；

三、给予王炳森等20名同志记二等功；

四、给予马富强等50名同志记三等功。

希望受表彰的单位和个人珍惜荣誉，发扬成绩，戒骄戒躁，在今后的工作中创造更加辉煌的业绩。各级、各部门和广大干部职工要以先进单位和先进个人为榜样，团结一致、开拓创新、求真务实、艰苦奋斗，在今后的工作中继续坚持以“三个代表”重要思想为指导，全面贯彻落实科学发展观，为加快建设经济强市、文化名市、构建和谐江门多做贡献。

江门市人民政府

二〇〇八年十一月十七日

附 件

“开平碉楼与村落”申报世界文化遗产工作先进单位和先进个人名单

（排名不分先后）

一、先进单位

二等功（10个）：

中共江门市委宣传部、江门市文广新局、开平市教育局、开平市文广新局、开平供电局、开平广播电视台、塘口镇人民政府、百合镇人民政府、赤坎镇人民政府、蚬冈镇人民政府

三等功（20个）：

江门日报社、江门广播电视台、江门供电局、江门市公路局、中共开平市委办公室、开平市人民政府办公室、开平市财政局、开平市国土资源局、开平市外事侨务局、开平市水利局、开平市林业局、江门市开平公路局、中国电信开平分公司、开平市经贸局、开平市旅游局、开平市信息产业局、开平明报社、开平市环卫处、开平市华侨博物馆、广东开平春晖股份有限公司

二、先进个人

二等功（20名）：

王炳森（江门市文广新局）、司徒振波（开平市人大常委会）、谢伯欣（开平市人民政府）、谭沃羡（开平市人大常委会）、苏树栋（开平市人民政府）、陈伟成（开平市人民政府办公室）、梅伟强（五邑大学）、梁少锋（原开平市文广新局）、李日明（开平市文联）、吴就良（开平市文物局）、梁锦桥（开平市文物局）、梁洪绪（长沙街道办事处）、张启超（开平市华侨博物馆）、张吕抗（开平市民营局）、凌华威（中共开平市百合镇委员会）、梁羽行（中共开平市赤坎镇委员会）、龚向明（中共开平市蚬冈镇委员会）、谢超武（中共开平市委员会）、关仕儒（政协开平市委员会）、赵树华（江门供电局）

三等功（50名）：

马富强（江门市人民政府）、谭乐生（中共江门市委宣传部）、尹继红（中共江门市委宣传部）、吴多鹏（江门市文广新局）、司徒启维（中共开平市委员会）、方华新（政协开平市委员会）、周松镇（政协开平市委员会）、何焕明（中共开平市委办公室）、冯国荣（开平市人民政府办公室）、余仲平（原中共开平市委宣传部）、李健明（中共开平市委宣传部）、黄钊（中共开平市委宣传部）、黄力奔（开平市文广新局）、黄国富（开平市公安局）、林延江（开平市公安局）、张朝仕（原开平市林业局）、黄炳和（开平市教育局）、谭景舜（开平市教育局）、胡章良（开平市司法局）、邝海行（开平市水产局）、欧郁强（开平供电局）、劳珞琳（开平市碉楼研究所）、李少珍（开平市碉楼研究所）、周伟慈（开平市“申遗”办公室）、鲍业森（江门市开平公路局）、司徒惠敏（开平市电信公司）、陈锡深（开平市水利局）、李永建（开平广播电视台）、刘卓人（开平市人民政府驻北京办事处）、劳锦汉（广东建邦兴业集团有限公司）、王涛涛（中国移动通信开平分公司）、阚洪锋（开平市华侨博物馆）、沈恒（开平市财政局）、梁振涛（开平市国土资源局）、龚飞舟（开平市塘口镇人民政府）、谭振儒（中共开平市塘口镇委员会）、潘子铎（开平市塘口镇人民政府）、邓钜宇（中共开平市赤坎镇委员会）、关俊道（开平市赤坎镇人民政府）、黄卓荣（开平市赤坎镇人民政府）、卢炳忠（开平市百合镇人民政府）、杨均雅（开平市百合镇人民政府）、方相子（开平市百合镇人民政府）、周杰雄（中共开平市蚬冈镇委员会）、黄灼才（开平市蚬冈镇人民政府）、黄武标（开平市蚬冈镇长乐村委会）、方悦进（中共开平市委办公室）、方景新（开平市信息产业局）、戚汝棠（开平广播电视台）、关伟生（开平明报社）

在市委十一届七次全会上的讲话

（2009年1月16日）

中共开平市委书记　冯立坚

同志们：

今天召开市委十一届七次全会，主要任务是认真学习贯彻党的十七届三中全会、中央经济工作会议和省委十届四次全会、江门市委十一届五次全会精神，总结去年工作，部署今年工作，进一步认清形势，明确任务，坚定信心，扎实工作，推动我市经济社会又好又快发展。下面，我代表市委常委会向全会报告工作，请大家审议。

2008年工作回顾

过去的一年，在上级党委和政府的正确领导下，我市高举中国特色社会主义伟大旗帜，坚持以邓小平理论和“三个代表”重要思想为指导，全面落实科学发展观，解放思想，改革创新，迎难而上，沉着应对国际金融危机冲击等复杂局面，全市呈现经济较快增长、民生持续改善、社会和谐稳定、党建全面加强的良好发展局面，在科学发展的道路上迈出了新的步伐。

一、坚持推动思想解放，对科学发展观的认识有新提升

围绕武装头脑、指导实践、推动工作，继续开展形式多样的学习宣传贯彻党的十七大精神活动。按照省委的部署，我们以科学发展为主题，以领导干部为重点，在全市深入开展了“继续解放思想，坚持改革开放，争当实践科学发展观的排头兵”学习讨论活动。全市广大干部进一步深化了对科学发展观的认识，提出开平要赢在新起点上，必须正确处理好经济增长速度与经济增长质量、经济发展与社会发展、城市发展与农村发展、经济总量与人均水平、发展经济与保护环境、当前发展与长远发展“六个关系”。针对干部队伍普遍存在“怕难畏难、怕负责任”的突出问题，通过座谈会和谈心等方式，鼓励领导干部消除顾虑，放下包袱，轻装上阵。市委旗帜鲜明地提出，要区分一般错误和违纪违法的界限；区分工作方法不规范和违纪违法的界限；区分改革中因缺乏经验出现的失误和违纪违法的界限，为想干事、敢干事、能干事的人撑腰壮胆，营造敢想敢闯敢干的良好氛围。通过深入开展学习讨论活动，不仅促进广大党员干部在思想观念上的突破，我们还及时转化成果，汇集众人智慧，找准发展定位，明确发展思路。在市委十一届六次全会上明确提出，要努力把开平建设成为江门新的经济增长极，珠三角生态宜居名城，广东旅游强市，进一步统一了思想，凝聚了力量，振奋了人心，为推进我市科学发展迈上新台阶提供了思想基础和动力。制定出台了《中共开平市委员会工作规则》、《开平市人民政府工作规则》，完善市委、市政府工作机制，促进民主集中制制度化、规范化，推动科学决策。建立科学考核机制，把全市经济社会发展134项考核目标，分解到市领导和各有关单位负责人。建立经济形势分析联席会议、财税分析联席会议和工作督查督办等制度，及时发现问题，解决问题，有效促进工作落实。这些正是全市干部群众解放思想，谋划科学发展新举措的重要结晶。

二、积极应对各种挑战，推动国民经济有新发展

面对国际金融危机冲击、土地制约等诸多不利因素，我们迎难而上，积极应对，确保了经济平稳较快发展，主要经济指标保持两位数增长。去年全市生产总值预计增长10.2%，规模以上工业增加值增长12.55%，地方财政一般预算收入增长14.01%，固定资产投资总额增长13.05%，外商直接投资增长11.45%，社会消费品零售总额增长18.19%。

一是不断优化产业结构。大力推进技术创

新，全年安排科技三项经费增长12.9%，获国家批准认定的高新技术企业6家，获批数位居江门首位。实施名牌带动战略，“味事达”成为中国驰名商标。着力重振开平“建筑之乡”雄风，去年实现建筑安装业税收1.52亿元，增长64.87%。稳妥推进公有企业改革，完成改制企业12家。推进旅游“八大工程”建设，旅游经济取得新发展，全年共接待游客297.1万人次，同比增长35.72%。提高房地产开发水平，实现房地产业税收1.3亿元，同比增长 52.28%。做旺商贸、饮食、酒店和物流业，第三产业发展水平得到提升，全市实现第三产业增加值66.87亿元，同比增长10.4%。

二是积极推进招商引资。坚持依法、集约用地，盘活闲置土地，充分利用现有土地、厂房等资源开展招商，推行“零用地”招商，鼓励和引导企业增资扩产，增强招商实效。加强服务，积极解决企业上马过程中的困难，加快项目上马投产。全年实现增资项目61个，增资额达7.86亿元。

三是狠抓重点项目建设。对全市 23 个重点项目制订责任方案，实行市四套领导班子成员跟踪负责制，通过市领导亲自督办，部门协调配合，攻坚克难，推动项目落实。其中永嘉纺织项目第一期厂房工程已完工；信达化纤首期2000吨超高分子量聚乙烯纤维项目顺利试产；翠山湖申报省产业转移工业园区取得突破性进展，目前已通过省政府审批享受产业转移政策。

四是加快镇级经济发展。坚持分类指导，鼓励各镇（街）发挥自身优势，发展特色经济，推动镇级经济加快发展。全年实现镇级财政一般预算收入4.36亿元，同比增长21.9%，镇级财政一般预算收入占全市地方财政一般预算收入的比重达53.3%，同比提高了3.45个百分点。赤水镇成为全市第9个地方财政一般预算收入超千万元镇；水口镇地方财政一般预算收入突破1亿元，成为我市首个亿元镇。

五是沉着应对金融危机。出台《应对当前经济形势进一步减轻企业负担的意见》，提高服务意识，实行减税缓缴、从低收取行政事业性收费，规范涉企检查和处罚，与企业同舟共济、共渡时艰。完善联系企业制度，各级领导深入企业跟踪服务，增强企业发展信心。贯彻国家、省和江门市出台的扩大内需政策，积极争取上级对我市投资项目立项和资金支持。

三、大力推进民生工程，共享改革发展成果有新成效

坚持以人为本，民生为重，在经济发展的基础上，不断改善民生，使改革发展成果惠及全社会。

一是切实做好就业再就业工作。全年新增就业岗位8932个，安置城镇劳动力就业6437人，城镇登记失业率为2.31%。积极实施“千企扶千村”就业工程，组织138家企业与226个村委会建立劳务合作关系，全年落实对口吸纳农村劳动力就业1.8万人，实现企业发展与农民就业的“双赢”。省委书记汪洋同志到我市调研时，对我市“千企扶千村”工作给予了充分的肯定。

二是建立健全社会保障体系。社会保险扩面取得新成效，覆盖面进一步扩大，全年企业养老保险缴费人数6.4万人，征收企业养老保险基金2.06亿元，同比增长32.32%。推进全民医保工程，启动城镇居民基本医疗保险制度，惠及市民7.94万人，超额完成江门市下达任务。提高新型农村合作医疗补助标准，参合率达98.9%。规范低保进出机制，提高低保标准和补助水平，全年落实低保3440户1.01万人，城镇、农村低保对象人均每月分别增加31.4元和24.5元。做好扶贫济困工作，全年发放解困资金256万元，救助困难群众1.8万人次。

三是改善城乡人居环境。加强城乡基础设施建设，开平大道建设工程累计投入1.48亿元，即将通车。赤马线改建二期已完成路基和路面工程。马稔线、月沙线、赤三线、义二线等工程进展顺利。扎实推进市政设施建设，投入420万元改造市区道路设施。环境综合治理工作取得新成绩，顺利通过广东省卫生城市复检。落实节能减排责任制，控制排污总量，实现单位生产总值能耗下降 4.1%。严格执行环境保护管理条例，严把项目环评审批关。基本完成首次全市污染源普查。加强环境整治，关停污染企业，降低污染物排放。推广先进环保技术，完成14家国控、省控企业在线监测设施建设。积极推进水口镇污水处理工程建设。加强生态林建设，全年造林3.5万亩，提高绿化水平。保护水库环境，治理禽畜养殖业污染，确保饮用水源水质。

四是加强新农村建设。努力促进农业增产、

农民增收、农村繁荣，全年实现农村经济总收入增长4.6%，农村居民人均纯收入增长6%。落实强农惠农政策，发放各项补贴4830万元。推进农业产业化经营，新增农业生产基地8个，农业龙头企业2家，农民专业合作组织3家。抓好社会主义新农村示范点建设，落实水库移民安居工程，加快农村泥砖房改造，改善农村居住环境。做好动物防疫工作。落实立新水库除险加固工程。全力推进改水工程，市财政投入资金629万元，完成改水工程23宗，惠及群众2.29万人。镇海水库自来水供水工程累计完成管道铺设21公里。

四、着力构建和谐开平，社会各项事业有新进步

以构建和谐社会为目标，推动社会进步，优化社会环境，促进经济与社会协调发展。

*一是推进民主政治建设。*切实发挥市委的领导核心作用，进一步加强和改进党对人大、政府、政协工作的领导。巩固发展统一战线，加强民族宗教、对台工作，重视发挥民主党派和工商联作用。支持工会、共青团、妇联等人民团体创新思路，加强建设。扩大基层民主，深入推进党务、政务、村务、厂务公开。全面推进依法治市，提高领导干部依法行政水平。强化政法队伍建设，维护司法公正。加大司法救助力度，拓宽法律援助覆盖面。大力推进“五五”普法，提高公民法律意识。

*二是加强精神文明建设。*组织发动抗震救灾工作，募集赈灾款1402.1万元，物资263.3万元，援助四川灾区群众。加强对世界文化遗产的保护、管理与研究，组织开展碉楼文化旅游节、纪念“申遗”成功一周年等系列活动，省政府在我市隆重举行开平碉楼与村落申遗成功总结表彰大会，进一步擦亮开平碉楼品牌。举行司徒美堂诞辰140周年活动，促进海内外华侨联系，弘扬爱国文化。保护和发掘非物质文化遗产资源，水口泮村灯会列入国家级第二批民俗类非物质文化遗产。实施农家书屋工程，深入开展精神文明创建活动，提高城乡文明水平。举办纪念改革开放30周年系列活动，坚定全市人民坚持改革开放的信心和决心。

*三是大力发展社会各项事业。*全面实施城乡免费义务教育，长沙、三埠成功创建“广东省教育强街”。加快发展高中阶段教育，初中毕业生升学率达95.8%，高考成绩居江门市前列。全力打好计生工作翻身仗，市镇两级财政筹集资金400万元，落实层级动态管理责任制浮动奖，人口出生率和自然增长率分别为9.6‰和3.06‰，控制在江门市下达目标范围以内。完善公共卫生体系，积极推进社区卫生服务和镇卫生院发展。加强信息化建设，加快推进农村信息化直通车工程。把握北京奥运会举办的契机，促进体育事业发展。

*四是保持社会大局稳定。*坚持“稳定是第一责任”，严格落实信访维稳责任制，全市信访维稳形势总体稳定。在奥运特别防护期，围绕“平安奥运”的目标，开展市委书记大接访活动，加大领导包案力度，加强矛盾纠纷排查，做好重点对象稳控工作，确保社会大局稳定。加快公安机关“三基”工程建设，严厉打击各种违法犯罪活动，全市刑事案件同比下降4.9%，社会治安有所好转。安全生产、消防安全、食品安全、森林防火和“三防”等工作进一步加强。

五、切实加强党的建设，各级党组织执政能力有新提高

党的建设是各级党委的“主业”。市委统揽全局，以改革创新精神全面加强党的建设，为推动科学发展提供了坚强的组织保障。

*一是加强干部队伍建设。*按照“团结、务实、创新、廉洁”的要求，抓好领导班子和干部队伍建设。严格执行《党政领导干部选拔任用工作条例》，切实做好干部选拔任用工作，加大干部交流力度，去年共提拔使用科级干部63名，交流轮岗10人，优化了干部队伍结构。拓宽选人用人渠道，推进公推公选工作。加大对年轻干部和女干部的选拔力度，培养优秀后备干部。

*二是加强基层组织建设。*扎实推进固本强基工程，依法完成了村、居“两委”换届选举工作，增强基层领导班子创造力、凝聚力和战斗力。全面开展农村党员干部现代远程教育工作。组织第四批“十百千万”干部下基层驻农村工作，帮助农村发展集体经济项目79个，投入扶持资金380万元。启动城乡党组织结对互助活动，组织全市80个行政机关单位党组织和农村基层党组织结对共建。

*三是加强机关作风建设。*围绕“三创建三促进”的主题，在全市党政机关和行业单位开展机关作风满意年活动，促进首问负责、岗位责任、限时办结、服务承诺、效能考评、过错追究等制

度落实。着力创建创新型、学习型、服务型机关，提升机关工作水平，为党建工作注入新活力。

*四是加强党风廉政建设。*贯彻中央《建立健全惩治和预防腐败体系 2008—-2012 年工作规划》，落实领导干部党风廉政建设岗位责任制，加强对党员干部教育、管理和监督。党政领导班子全体成员向社会公开作出廉政承诺。切实维护党的政治纪律，开展以“增强党性观念，推进科学发展”为主题的纪律教育学习月活动。抓好执法监察工作，促进政府部门的依法行政。严肃查处违法违纪案件，推动反腐败斗争深入开展。

在看到成绩的同时，我们也要清醒认识到我市经济社会发展中存在的问题和不足，主要是：经济发展中不确定因素增多，经济增长压力加大；重点项目进展不理想，影响发展后劲；体制改革相对滞后，制约区域发展活力；机关服务水平和办事效率有待提高，抓落实力度需要加大；社会管理难度增大，社会不稳定、不和谐因素仍然存在；一些领导干部思想精神状态与科学发展的要求不适应，对科学发展观的认识有待深化。对此，我们必须高度重视，采取切实有效措施，认真加以解决。

2009 年工作安排

2009 年是新中国成立 60 周年，也是我市推动经济社会全面转入科学发展轨道、实现“十一五”规划的关键之年。做好今年工作，要高举中国特色社会主义伟大旗帜，以邓小平理论和“三个代表”重要思想为指导，深入贯彻落实科学发展观，以争当江门新的经济增长极为目标，围绕确保经济平稳较快发展这一首要任务，坚持“突出重点、确保增长，改善民生、促进和谐，注重创新、狠抓落实”的原则，做到“五个进一步”：

“突出重点、确保增长”，就是要突出工作重点，着力抓好事关全局、事关长远、事关保增长、事关社会和谐稳定的重点工作和重点项目；要确保经济平稳较快增长和确保经济社会又好又快发展的互相统一，在强调“好”、保增长的基础上，也不怕谈“快”，能快则快，加快赶超的步伐。

“改善民生、促进和谐”，就是要坚持以人为本，民生为重，着力解决好群众最关心、最直接、最现实的利益问题，努力把推动科学发展的举措变成利民惠民的现实；突出加强社会建设与管理，协调社会利益关系，促进公平正义，努力增加和谐因素，消除不和谐因素，维护社会稳定，加快和谐开平建设。

“注重创新、狠抓落实”，就是要坚持解放思想，用创新的办法破解发展的难题，以创新的思路拓宽发展的路径，抓好体制机制的改革创新；转变工作作风，深入基层，贴近群众，加强调查研究，强化工作责任，狠抓工作落实，化解影响改革、发展和稳定的突出矛盾，以良好的精神状态和工作作风开展各项工作。

一、进一步统一思想，形成共识，为实现科学发展夯实思想基础

面对国内外更趋复杂的经济形势，做好今年工作，必须进一步统一思想，形成坚持科学发展的共识，才能破解发展难题，确保目标任务的实现。

*（一）统一对当前形势的认识。*我们要清醒地认识到，当前国际金融危机继续扩散和蔓延，我市将面临全球经济明显衰退，外向型产业增长放缓的压力；面临国内外竞争日趋激烈，招商引资出现较大困难的压力；面临资源环境约束不断增强，产业结构不尽合理，产业层次较低，转变经济发展方式要求更为迫切的压力；面临农村建设发展体制机制不活，统筹城乡发展任务更加艰巨的压力；面临影响社会稳定的各种隐患因素特别是劳资纠纷、治安案件可能增多，各种民生问题有待进一步改善，维护社会稳定、建设和谐开平任重道远的压力。但也要看到，危机与机遇总是相伴而生，我们既要把困难估计得更充分一些，把应对措施考虑得更周密一些，又要辩证地看待困难和挑战，注重从变化的形势中捕捉和把握难得的机遇，在逆境中发现和培育积极因素，善于化“危”为“机”。省、江门市相继出台一系列促进发展的政策措施，为我市争取上级政策、资金、项目支持，推动重点项目建设提供了机遇。危机中企业的优胜劣汰，为我们加快构建现代产业体系提供了机遇。危机中产业和劳动力的重新布局，为我们推动产业和劳动力“双转移”提供了机遇。危机中一批落后产能被市场淘汰，为我们进一步做好节能减排节地和环境保护工作提供了机遇。危机中人们增强了变革的紧迫感，为我们深化体制机制改革提供了机遇。特别是最近国务院批准

了《珠江三角洲地区改革发展规划纲要》，把珠三角改革发展规划上升到国家发展战略层面，有利于推进珠三角经济结构战略性调整，增强经济发展动力和活力，为我市从更高的层面上推动科学发展创造了广阔的空间和难得的机遇。

（二）统一对目标任务的认识。保增长，是今年经济工作的主基调。我市今年主要经济预期指标的初步安排是：GDP 增长 10.5%，单位 GDP 能耗下降 4.5%，规模以上工业增加值增长 13%，地方财政一般预算收入增长 10%，全社会固定资产投资增长 16%，社会消费品零售总额增长 16%，外贸进出口总额增长6%，外商直接投资增长10%，实际利用民资增长 12%，城镇居民人均可支配收入增长 9%，农村居民人均纯收入增长 7%。对今年指标任务的全面完成，我们必须坚定信心：第一，这是与中央和省委、江门市委保持高度一致的重要体现。中央把“保增长”作为今年经济工作的首要任务，“保增长”是衡量各级党委、政府战斗力和执行力的重要体现，是对广大党员干部党性要求的重要体现。第二，这是争当江门新的经济增长极的必然要求。虽然金融危机使经济发展产生很多不确定性因素，但争当江门新的经济增长极的目标不能变。我们的指标安排既充分考虑这个奋斗目标的要求，也考虑了当前的实际情况。第三，这是社会稳定的坚强保证。只有保持平稳较快的经济增长速度，才能增加就业岗位，保障社会各项事业发展的投入，才能保民生、保稳定。第四，我市具备了持续较快发展的基础和条件。改革开放以来，我市积累了较好的经济基础，近年来，一些重大项目取得了新的进展，翠山湖新区具备了加快开发的条件，广大干部群众求发展的愿望强烈。只要全市上下团结奋斗，积极应对，奋力开拓，今年的目标任务是一定能够完成的。

（三）统一对工作措施的认识。胡锦涛总书记在中央经济工作会议上提出，必须把保持经济平稳较快发展作为今年经济工作的首要任务。汪洋书记在省委全会上提出要“促进提高自主创新能力、促进传统产业转型升级、促进建设现代产业体系，保持经济平稳较快发展”的“三促进一保持”要求。陈继兴书记在江门市委十一届五次全会上提出在六个方面赢在新起点上。这些部署为我们做好今年工作指明了方向，其本质就是明确按照科学发展观的要求保增长，自觉把“三促进”与“保发展”统一起来。“三促进”要着眼于“保发展”，“保发展”要围绕“三促进”，这样发展才能既有速度，也有质量，发展才具有可持续性。

二、进一步突破关键，力促增长，为实现科学发展打牢经济支点

要以翠山湖开发为重点，以产业结构调整为主线，抓住当前国内外经济形势形成的“倒逼机遇”，加快经济发展方式转变，不断提升我市产业综合竞争力，确保经济平稳较快增长。

（一）突出抓好翠山湖开发，营造经济发展新亮点。翠山湖新区开发工作是我市经济发展的重中之重。目前，翠山湖开发工作正处于关键阶段，要集中人力、物力和财力，全力以赴做好“三个同步进行”。一是申报省产业转移工业园和申报示范性省级产业转移工业园同步进行。要继续加大申报力度，确保申报省产业转移工业园成功。目前，翠山湖已启动申报示范性省级产业转移工业园工作，申报成功与否，对我市发展至关重要。要按照申报要求，高质量做好申报的各项工作，力争成为示范性省级产业转移工业园。二是加快园区产业规划与加快基础设施建设同步进行。要按照产业发展的战略要求，做好翠山湖的产业发展规划。加快园区道路、供电、供水、通讯和污水处理等基础设施建设。三是加快土地利用规划修编与大力招商引资同步进行。积极争取上级支持，努力推进翠山湖首期 4000 亩调规工作，加快翠山湖土地利用规划修编审批。全市各镇（街）、部门要围绕翠山湖新区这个公共大平台掀起大招商的热潮，重点引进高新技术企业，引进与支柱产业相配套的大项目，引进国内外大型企业集团，开启翠山湖大发展的新局面。

（二）突出抓好扩大内需，拉动经济增长。扩大内需是拉动经济增长的重要手段。要坚持投资与消费两手抓，促进经济增长由主要依靠投资、出口拉动向依靠消费、投资、出口协调拉动转变。一是加大加快投入。今年我市上报江门市重点建设项目 43 个，总投资超过 42 亿元，涉及工业、交通运输、基础设施、房地产、环保、水利、教育、卫生等项目。要积极争取上级立项和资金支持，加快项目上马建设。二是加强基础设施建设。今年要重点抓好潭江大桥扩改建、义二线、大圣线、石浅线、赤马线三期、塘口500千伏输变电站、大沙电网改造等工程建设。加快325国道复线规划和立项等前期工作。抓好水库除险加固、灌区用水节水工程建设，改善农业生产条件。三是抓好项目规划。要积极加强与上级部门的沟通，争取在水利、环保、节能减排、科技、公路、农村建设等方面的一些重点项目纳入省和江门投资范围，力争上级批准一批、提前开工一批、提早建设一批、积极储备一批。四是扩大消费需求。加快专业市场建设，发展大型连锁超市、购物中心，营造良好的商贸环境。培育旅游、汽车、文化、教育等消费，促进消费升级。开发特色旅游产品，增加游客消费。积极拓展消费领域，大力发展农村消费市场。

（三）突出抓好产业结构调整，推进发展方式转变。要促进结构升级、产业转型，增强产业竞争力，努力推进“三提高”、“三转变”，即提高高新技术产品产值占工业总产值的比重，提高服务业增加值占生产总值的比重，提高内需比重；推动产业从单一生产型向复合型转变，延长产业链，发展高端产业；产品从低附加值向高附加值转变，提高技术含量；企业从贴牌生产向品牌经营转变，推动实施品牌带动战略，全面提升我市经济综合实力。一是强化产业规划布局。坚持集聚发展，完善产业规划，调整产业布局，对水暖、纺织、食品三大传统支柱产业，加强横向配套，延长产业链，提升产业竞争力。二是提高自主创新能力。构建多元化创新体系，引导企业把握增值税转型的机遇，加强技术改造和研发。鼓励企业组建工程技术研发中心，加强三大优势产业和专业镇技术创新中心建设，组织共性技术攻关。加强产学研合作，鼓励企业与院校建立各种形式的产学研联合基地。三是坚持品牌带动。加强政府的政策导向作用，引导企业练内功，抓质量，积极争创省、国家名牌产品和著（驰）名商标。鼓励传统优势产业，如水暖卫浴、牛仔布等行业，加强合作，共创区域品牌，抢占国内国际市场的制高点，带动中小企业发展。四是重振建筑业雄风。整合建筑资源，完善充实企业资质结构，筹建特级资质的建筑企业，带动建筑业加快发展。抓住国家扩大内需的机遇，支持企业大力开拓市场，积极对外承接工程。

（四）突出抓好旅游经济，加快发展现代服务业。围绕建设广东旅游强市的目标，全面推进旅游“八大工程”。认真做好旅游总体规划，加大旅游招商力度，积极争取省发展旅游的专项资金，加大旅游投入。启动立园、自力村、马降龙景区创建国家AAAAA级旅游景区工程，打造精品项目，擦亮金字招牌。加快开发赤坎古镇、梁金山风景区。积极推进江澳“世界文化遗产两日游”，加强区域旅游合作，积极开拓国内外旅游市场。大力发展金融、仓储物流、商务会展、中介咨询、教育培训、科技服务、文化创意等现代服务业，全面提升第三产业发展水平。

（五）突出抓好“旺镇带村”，大力发展镇级经济。以功能分区为依据，坚持宜工则工，宜商则商，宜农则农，发展特色经济和特色产业，推进镇级经济加快发展。各镇（街）要以超前的眼光，选好发展定位，使地方发展与全市发展相协调、相衔接。大力推进“旺镇带村”，加快圩镇建设，完善圩镇功能，增强对农村建设辐射作用，通过圩镇的发展拉动农村的发展，通过圩镇的建设带动城乡一体化。积极推进农业结构调整，发展农业产业化经营，大力推广“公司+基地+农户”农业产业经营模式，培育发展农业龙头企业和农业基地。发展农村专业合作经济组织，提高农民组织化程度。

三、进一步深化改革，扩大开放，为实现科学发展增强发展活力

在当前经济面临着诸多挑战的背景下，按照科学发展观的要求保增长，必须深化改革创新，进一步扩大对外开放。

（一）深化体制改革，增强科学发展动力。一是深化行政管理体制改革。以大部门体制改革为契机，进一步理顺行政管理体制，推进新一轮政府机构改革。深入推进行政审批制度改革，大力压减行政审批事项。完善行政问责制，健全符合科学发展要求的政府绩效评价指标体系和评估机制，提高政府公信力。二是深化公有企业体制改革。以产权改革为重点，推进公有企业改革。积极选择和引进技术、资金和管理方面实力强、信誉好的国内外投资者，提升企业竞争力。三是深化财政管理体制改革。要以税收为基础，合理调整收支范围，规范转移支付制度，建立责权利相统一，事权、财权相结合的新体制，充分激活镇级发展经济的积极性。四是深化社会管理体制改革。加快推进户籍制度改革。进一步完善公共服务、公共职业培训体系和就业援助制度，建立促进就业的长效机制。推进教育体制改革，建立义务教育均衡协调发展的新机制，完善流动就业人员子女教育管理制度。积极推进文化体制改革，创新文化服务体制。加快医疗卫生体制改革步伐，保障基本医疗，健全疾病预防控制体系，建立规范医疗服务和药品价格管理的有效机制。五是深化人才培养和引进的体制机制改革。大力培养党政人才，加强科技、旅游人才队伍建设。创新高层次人才引进方式，发挥好企事业单位的主体作用，重点在培育行业科研基地、博士后工作站上下工夫。推进人才工作体制机制创新，重点在人才评价、流动、激励机制方面取得新突破。六是深化农村体制改革。贯彻落实党的十七届三中全会精神，稳定和完善农村基本经营制度，严格执行土地承包经营权流转的各项要求，推进集体林权制度改革和农村金融改革。进一步健全和创新农村土地管理制度，建立多元化补偿安置制度。

（二）扩大对外开放，提高开放型经济发展水平。一是全力抓招商引资。招商引资是开平经济持续发展的生命线。要坚定不移地抓招商引资工作，坚持“一把手”抓招商，推进市镇领导共同走出去招商。要切实做到“三个招商”。坚持“筑巢”招商。坚持依法合理用地，加快土地利用总体规划修编工作，加强招商载体建设，盘活闲置土地，缓解招商项目用地紧张问题。坚持环境招商。争取今年完成市行政服务中心建设并投入使用，提高“一网式”、“一站式”服务水平。按照能免则免、能减则减的原则，切实减轻企业负担。规范涉企检查和处罚，实行知会、备案、审计三项制度管理。坚持留商招商。要切实增强服务意识，真诚和企业站在一起，与企业共渡难关。完善联系企业制度，加强与投资者的沟通联系，切实帮助企业解决实际问题。鼓励银企合作，支持担保公司开展多种形式的担保业务，解决中小企业融资难问题。用足用活上级扩内需、促发展的各项政策，给予企业更多的帮扶。二是加强对外交流与合作。利用江门与港澳加深合作的机遇，发挥侨乡的优势，扩大和加强与港澳的多层面沟通联系，促进我市与港澳在经济、文化、科技等领域全面合作，提升对外开放水平。以翠山湖新区为载体，重点引进国外高端制造业投资和现代服务业投资，提高利用外资的水平。鼓励优势企业加强区域合作和国际合作，探索创新合作方式，提升产业层次和竞争力。三是转变外贸增长方式。支持企业优化进出口商品结构和市场结构，促进加工贸易转型升级，增强应对国际市场波动的能力。抓好国家各项外贸政策的落实，特别是用好国家调高出口退税率的政策，支持企业保住传统市场，开拓新兴市场，扩大出口。大力发展一般贸易，引导企业收购本地产品出口和自营出口。积极组织企业参加国内外大型专业展会，帮助企业扩大订单。

四、进一步统筹兼顾，改善民生，为实现科学发展营造和谐环境

改善民生，是改革发展的出发点和落脚点。在金融危机冲击下，我市财政资金更加紧张，但在改善民生问题上，要做到力度不减、持续不断，进一步增强“人均”意识，强化社会保障和基本公共服务。

（一）千方百计扩大就业。实施更加积极的就业政策，开发各类就业岗位，重点帮扶困难群体、大中专毕业生就业和被征地农民转移就业，全方位促进就业增长。加大政策扶持力度，稳定企业生产，减轻企业负担，使困难企业少关停、少裁员甚至不裁员。落实《开平市劳动保障群体性突发事件应急预案》，及时做好关闭企业员工转移就业，确保就业稳定。做好下岗失业人员和退役士兵的职业技能培训工作。举办各种类型劳务招聘会、劳务集市，创造求职就业平台。大力推进“千企扶千村”就业工程。健全联络员队伍，对村委会和联络员介绍就业给予补助，做好农村劳动力资源普查、农民就业登记备案、农民转移就业服务等工作。抓好“五扶”试点工作，落实“五扶”工作方案。改善企业用工环境，鼓励企业招用本地劳动力就业。落实强农惠农政策，加强对农民创业的指导宣传，改变农民传统就业观念，激发农民创业热情，增加农民收入。

（二）进一步健全社会保障体系。扩大城镇居民基本医疗保险覆盖面。深入推进新型农村合作医疗，努力实现农村人口全覆盖。做好被征地农民养老保险工作，解决后顾之忧。落实《开平市优待困难转复退军人等优抚对象的实施办法》，解决好重点优抚对象生活、住房和医疗等问题。建立低保、五保标准自然增长机制，逐步提高保障对象补助水平。推进廉租房、经济适用房建设，做好城镇低收入家庭住房救助，加快镇（街）敬老院改薄扩建，建设残疾人综合服务中心，发展社会救助和慈善事业。

（三）大力发展社会各项事业。积极调整农村中小学校布局，大力创建教育强镇，加快发展高中阶段教育、中职和技工教育。扎实推进教师工资福利待遇“两个相当”，妥善解决代课教师问题。继续打好“计生”工作翻身仗，坚决执行“计生”一票否决制，完善“计生”层级动态管理责任制，落实末位预警制，确保“计生”工作有新突破。大力开展群众性精神文明创建活动，加强文化阵地建设，启动文化信息资源共享工程，加大文化市场的管理和监督力度，开展形式多样的群众性文化活动。加快卫生、体育事业发展，提高人民健康水平。

（四）着力维护社会稳定。做好信访维稳工作，严格落实信访维稳责任制，切实负起“保一方平安”的责任。总结好我市“书记大接访活动”，推进市党政领导接访制度化和规范化建设。加强社会矛盾纠纷排查和调处，加大领导包案工作力度，重点化解参战退役人员、农村承包合同纠纷、环保和劳动保障等信访问题。抓好社会治安综合治理，严厉打击各种刑事犯罪活动。加强巡警、辅警和农村治安联防队管理，提高见警率。推进治安视频监控二期工程建设，增强社会面防控效果。建立健全公共事件应急处置机制，强化安全生产、消防安全、食品安全、动物防疫、“三防”和森林防火工作。

（五）加强民主法治建设。坚持和完善人民代表大会制度，支持人大及其常委会依法行使职权。支持政府依法行政，建设法治政府，科学执政。支持人民政协围绕团结和民主两大主题，履行政治协商、民主监督、参政议政的职能。充分发挥工会、共青团、妇联、工商联等人民团体的桥梁和纽带作用，广泛密切联系群众。进一步扩大基层民主，完善农村（社区）村民（居民）自治组织建设，解决好“村改居”遗留问题。深入推进“六好”平安和谐社区创建工作。推进依法治市，进一步推行行政执法责任制。切实解决好打官司难、执行难、申诉难等问题，保障公正司法。积极推进“五五”普法，进一步增强全社会法律意识和法制观念。

（六）努力建设宜居城乡。以打造珠三角生态宜居名城为目标，加强宜居城乡建设，提高城乡建设和管理水平。今年要重点加快三个中心镇的污水处理工程建设，启动城区污水处理二期工程。加强能源资源节约和合理高效利用，大力推广节能技术和产品，积极推行清洁生产，发展循环经济。认真实施节能减排计划，深入开展“双千节能行动”，完成主要污染物排放控制指标，努力降低“三废”排放量。加强生态环境保护，加大环境综合整治力度，严格项目环保准入关。做好新农村村庄整治规划编制工作，加强农村环境整治。继续推进农村“五改”工程，重点完成镇海水库自来水供水工程、大沙圩镇饮水安全工程。推进农村信息直通车工程，加强农村信息化建设。加快农村文化、医疗卫生、社会保障事业发展，全面提高农村公共服务水平。

五、进一步加强党建，狠抓落实，为实现科学发展提供坚强保障

当前，要迎接挑战，战胜困难，加快发展，关键在班子，关键在队伍，关键在精神状态。要全面加强和改进党的思想、组织、作风、制度和廉政建设，不断提高领导科学发展的水平。

（一）开展深入学习实践科学发展观活动。按照中央和省委的部署，今年将在全市分两批组织开展深入学习实践科学发展观活动，第一批在市直部门开展，时间为今年3月至8月；第二批在各镇（街）开展，时间为今年9月至明年2月。全市各级要把这次学习实践活动作为转变发展观念、推动科学发展的一次重要机遇来抓，高度重视，精心组织，推动学习实践活动深入开展，努力实现“六个目标”，即党员干部认识有新提高、科学发展有新举措、体制机制有新突破、和谐稳定有新进展、干部作风有新转变、党的建设有新加强，真正实现“党员干部受教育、科学发展上水平、人民群众得实惠”，确保学习实践活动取得实实在在的成效。

（二）加强领导班子和干部队伍建设。加强班子团结，创建和谐班子，努力营造风清气正、干事创业的良好氛围，旗帜鲜明地支持、爱护一心为民、大胆创业干事的干部。坚持正确的用人导向，按照“靠得住、有本事”的选拔标准，进一步充实优化各级领导班子。健全公推公选制度，加大干部挂职、交流、轮岗力度，拓宽选人用人视野，培养和选拔年轻优秀干部、女干部和党外干部。出台《开平市镇级党政领导班子和领导干部落实科学发展观评价指标体系及考核评价试行办法》，充分发挥考核的导向、激励和约束作用，注重在基层一线培养、锻炼、选拔干部。严格执行《党政领导干部选拔任用工作条例》，加大干部监督管理力度，杜绝选人用人不正之风，提高选人用人公信度。

（三）扎实推进固本强基工程。继续抓好“十百千万”干部下基层驻农村工作和城乡基层党组织互帮互助活动，构建城乡统筹的基层党建工作新格局。加强“两新”组织建设工作，扩大党组织覆盖面。扎实推进农村党员干部现代远程教育，抓好远程教育市级平台建设，做到“让干部经常受教育，使农民长期得实惠”。加强农村党组织建设，探索让一批“想干事、能干事、干成事”，事业心强、公道正派、群众信得过的优秀村干部，通过公开招考形式进入镇（街）公务员队伍，选聘大学生村官，完善村干部激励保障机制。探索社区党组织设置形式，创新党员培养模式，改善党员队伍结构，增强基层党组织的创造力、凝聚力和战斗力。

（四）全力以赴抓落实。抓落实是今年工作的主线。要抓工作责任落实到位，建立严格的工作责任制，实行一级抓一级、层层抓落实，人人抓落实。各级党委、政府的领导同志要结合分管工作，抓一两件事关全局的重点工作。要建立协调解决重大问题的联席会议制度，加强对重大问题的组织协调。创新方式方法，加强对重点工作的监督检查。健全责任追究奖惩制度，把抓落实的实际成效作为考察奖惩干部的重要依据之一。加强机关作风建设和行政效能建设，落实机关作风建设明察暗访、严厉问责、投诉公开和实行部门一把手公开道歉制，重点解决机关中存在的服务差、行政不作为、执行政策不到位、执行力差、依法行政意识不强等问题。厉行节约，严格控制一般性行政经费支出，确保公务购车和用车经费、会议经费、公务接待费用、党政机关出国（境）费用、办公经费预算实现“五个零增长”。严格控制由财政出资或市机关主办的晚会、展览、庆典、论坛活动，争取这些活动比去年实现“四个减少”，我市庆祝国庆60周年不举办大型展览，不出版纪念画册，不搞大型论坛。切实减少“文山会海”，少开会、开短会，少发文、发短文，为各级干部集中精力抓好工作创造条件。

（五）加强党风廉政建设和反腐败斗争。认真贯彻落实市建立健全惩治和预防腐败体系2008—2012年工作规划，加强对党员干部的教育、管理和监督。加大党风廉政建设教育力度，完善反腐倡廉教育基地建设。全面落实党风廉政建设责任制，坚持抓好领导干部廉洁自律工作，纠正损害群众利益不正之风，查处违纪违法案件，以反腐败斗争的成效取信于民。

同志们，今年各项工作目标任务已经明确，关键是要全力以赴抓落实。全市各级要团结一致，振奋精神，埋头苦干，迎难而上，不断开创我市科学发展的新局面，以优异的成绩迎接新中国成立60周年！

2009年政府工作报告

开平市代市长　黄耀雄

各位代表：

我代表市人民政府向大会作政府工作报告，请予审议，并请市政协各位委员和其他列席人员提出意见。

2009年工作回顾

2009年，是我市战胜重重困难、夯实发展基础的一年。一年来，在中共开平市委的正确领导下，在市人大、市政协的监督支持下，市政府以深入学习实践科学发展观为动力，积极应对国际金融危机，全面实施《珠江三角洲地区改革发展规划纲要》，扎实推进“三促进一保持”，全市经济社会保持稳定向好的发展态势，基本完成了市十四届人大四次会议确定的各项目标任务。

一、落实中央扩大内需政策，保增长取得较

好成绩

坚持以科学发展观为指导，认真落实中央和省关于扩内需、保增长的决策部署，围绕“保增长”这一首要任务，出台一系列鼓励投资、加快项目上马的政策措施，加大固定资产投资力度，促进全市经济持续稳定增长。

主要经济指标增长好于预期。全年完成生产总值169.12亿元，比上年增长10.5%；规模以上工业增加值60.23亿元，增长8.62%；地方财政一般预算收入9.2亿元，增长12.28%；固定资产投资58.29亿元，增长20.34%；进出口总额12.16亿美元，降幅由年初的27.75%收窄至19.6%；吸收外商直接投资1.44亿美元，增长12.52%；金融机构人民币各项存款余额268.45亿元，贷款余额73.76亿元，分别比去年初增长11.83%和25.16%。

扩大内需工作取得成效。全年安排重点建设项目74项，总投资78.6亿元。市发改、经贸、外经贸、农业、水利、科技、交通、教育、旅游等部门把握中央扩大内需的机遇，积极争取中央、省投资项目25项，获得补助资金5992万元。翠山湖新区、潭江大桥重建工程、三个中心镇污水处理厂和教育强市建设等重点项目获金融机构授信额18.98亿元，已到位资金5.74亿元，推进了重点项目的建设。落实家电、汽车、摩托车下乡优惠政策，销售下乡家电4278台，汽车、摩托车7586辆。

公有资产管理运营有新进步。一是公有资产运营成绩显著。进一步强化绩效考核，促进公有资产保值增值，各资产经营公司都完成或超额完成资产占用费上缴等各项考核任务。其中金新叶公司上缴利润3000万元，开阳高速公司投资收益3820万元，分别增长25%和43.4%。二是发挥土地储备中心作用，积极盘活土地资源，加强对土地的依法管理，提高土地运营收益，为经济建设提供了发展空间。三是加快国有企业改制工作。商业集团、二轻集团、电影发行放映中心等企业改制工作取得新突破。全年基本完成国有企业改制48家，筹措资金4147万元，安置改制企业职工2615人，维护了社会稳定。

第三产业持续发展。全年实现第三产业增加值71亿元，增长11.5%。房地产业和旅游业发展加快，城区益华、百汇、幸福等综合市场交易畅旺，全社会消费品零售总额92.3亿元，增长17.56%。其中批发零售业增长18.89%，住宿餐饮业增长11.8%。

人民生活水平不断提高。加大民生工程投入，推动城乡居民收入稳步提高。规范公务员津补贴。城镇职工人均工资收入19020元，增长9.2%；农村居民人均纯收入6562元，增长9.37%。城乡居民储蓄存款余额205.25亿元，比去年初增长9.16%。

二、全力打造翠山湖发展平台，招商引资工作初见成效

翠山湖新区建设取得新突破。在上级部门的大力支持下，翠山湖新区成功竞争成为省示范性产业转移工业园，获得省有关政策和资金的扶持。全年投入6000多万元推进翠山湖基础设施建设。建立翠山湖新区开发建设联席会议制度，成立入园项目评审小组，制定项目准入标准，为建设一流的招商平台打牢基础。目前新区已引进项目17个，投资额达17亿元，其中国汇、海鸿、美逸三个项目已动工建设；同时有20多个项目正在洽谈中。

招商引资工作初见成效。市委、市政府先后出台了《关于进一步加强招商引资工作的意见》、《关于进一步降低我市投资成本的意见》、《开平市市直（含驻市）单位招商引资奖励办法》等一系列招商引资优惠措施，充分调动各镇和部门单位招商的积极性。抓好土地利用总体规划修编工作，基本完成全国第二次土地调查。积极争取用地指标，为招商引资提供用地保障。全年新上或增资项目116个。实际利用民资11.3亿元，增长16.85%；合同利用外资增长20.3%，增幅居江门市第二位。

三、推进现代产业体系建设，产业结构调整步伐加快

现代产业体系建设取得新成效。全市实现规模以上工业总产值277.25亿元，增长10.17%。新增国家高新技术企业2家，总数达9家。高新技术产值62亿元，占全市规模以上工业总产值的比重由上年的20.6%提高到22.3%。服务业比重上升，三次产业结构由上年的11∶49.6∶39.4调整为10.98∶47.04∶41.98。

企业自主创新能力不断提高。完成技改创新投资6.82亿元，增长6.5%。建立博士后科研基地2家。新建企业工程技术研发中心1家，总数达13家。全年获批省和江门市科技计划项目17项，补助资金500万元。申请专利1021件，专利授权数521件，分别增长53.53%和116.18%。实施品牌带动战略，“嘉士利”、“朝阳”和“海鸿升”被评为中国驰名商标，全市拥有中国驰名商标和中国名牌产品各4个，排在江门市前列。2009年，我市被评为“中国商标发展百强县”和“广东省科技进步先进市”。

建筑房地产业加快发展。建筑企业抓住中央实施扩大内需政策的机遇，主动走出去承接工程，取得较好成效。耀南公司仅用187天就完成了广东重大援建工程——汶川一中的承建，创造了对口援建的“广东速度”，得到建设部、省和江门市的高度评价。金辉华公司技术部被认定为省级技术中心，向申报特级资质企业迈出了坚实的一步。出台了《关于促进我市房地产市场发展若干意见》，推动房地产业加快发展。全市实现建安产值30.18亿元，增长102.4%；房地产完成投资5.25亿元，增长20.5%。建安和房地产实现地税收入2.79亿元，占全市地税收入比重达35.2%。

旅游产业持续增长。进一步整合旅游资源，成立开平碉楼旅游发展公司。抓好碉楼旅游宣传推介工作，举办了开平碉楼文化旅游节，全力开拓旅游市场。全年共接待游客328.8万人次，增长10.68%；实现旅游总收入17.53亿元，增长16.02%。

四、加快宜居城乡建设，生态环境保护力度加大

基础设施不断完善。潭江大桥重建工程已完成工程总量的32%。投入540万元对市区道路桥梁进行维修加固。进一步理顺了城区路灯管养维护工作，投入300多万元完善城区亮化工程，大大提升了城市的形象和品位。加强城乡路网建设，开平大道和开阳高速公路开平市区出入口投入使用，完成赤马线二期工程建设。投入1845万元，完成了赤三线、马稔线、义二线等省养公路和乡镇公路新改建工程。投入2.52亿元，完成500千伏五邑输变电工程等电网设施建设；基本完成大沙镇电网改造工程。

生态环境持续改善。严格执行《环境影响评价法》、《建设项目环境保护管理条例》，坚决不审批不符合产业政策的高污染、高能耗建设项目。全年单位GDP能耗下降3.7%，完成总量减排任务化学需氧量250吨、二氧化硫500吨。加强潭江水资源综合整治，建成三个中心镇污水处理厂，其中水口镇污水处理厂已投入使用。抓好镇海水流域污染整治，全面完成信迪、裕进等5家污染企业限期治理和整改工作。开展水源保护区风险排查，加强饮用水源水质保护。

五、重视农民增收工作，新农村建设扎实推进

支农惠农政策全面落实。全市各级财政投入“三农”资金3.2亿元，增长43.45%。落实种粮补贴资金4224万元，受益农户8.1万户。其中农资综合直补2955万元，农作物良种直补780万元，种粮直补489万元。落实渔业补贴资金159万元。农机购机补贴资金392万元，受益农户717户，比上年增加565户。

农业基础设施建设力度加大。争取上级支持农业项目立项14项，总投资2539万元。全面完成7宗省人大农村机电排灌议案工程。省城乡水利防灾减灾项目立新水库除险加固工程竣工并通过省市两级验收。2009年，我市被定为“中央财政小型农田水利重点县”。

农业产业化步伐加快。积极引导农业龙头企业做强做大，新上农业龙头企业3家，其中省级、江门市级和县级各1家。全市拥有农业龙头企业15家、农民专业合作组织23家，带动农户1.67万户。切实抓好动植物防疫工作，全市没有发生重大动植物疫情。加快建设现代林业，完成造林总面积4.2万亩。

新农村建设有效推进。全面建成镇海水库供水工程、蚬冈镇春一村委会和大沙镇农村饮水安全等39宗改水工程，解决15万群众饮水安全问题。改建农村卫生公厕129宗、家庭卫生户厕3400户。创建省级卫生村3条，江门市卫生村2条。落实水库移民安居工程，我市被评为“广东省实施省人大水库移民议案工作先进集体”。抓好“千企扶千村”就业工程，免费培训农村劳动力9538人，培训后就业率达72%，促进了农民增收。全面铺开农村信息化工程建设，全市226个村委会建成农村信息服务站。投入191万元改造塘口、蚬冈、马冈三镇敬老院。我市首个“农机安全村”在沙塘镇芙冈村正式挂牌，百合镇马降龙村委会被定为农村社区建设试点单位。

六、切实改善民生，社会各项事业全面发展

优先发展教育事业。重点抓好教育创强工作，全年投入教育创强资金1.2亿元，创建省教育强镇9个，成功创建了省教育强市，进一步提高了教育质量和办学水平。落实中小学教师工资福利待遇“两相当”工作，妥善解决代课教师问题。

积极促进和扩大就业。加大就业培训力度，深入开展“春风行动”、“南粤春暖行动”。举办劳务招聘会、集市65场，提供就业岗位1.25万个，达成就业意向7883人。建立高校毕业生见习基地，促进大学生就业。全市新增就业岗位8618个，安置城镇劳动力就业6629人，城镇登记失业率2.38%，就业形势保持稳定。

健全社会保障体系。全年参加企业养老保险缴费人数6.43万人，征收基金2.32亿元，增长12.7%。扩大城镇居民基本医疗保险覆盖面，参保人数达6.73万人；启动被征地农民养老保险试点工作，参保人数达3123人，完成江门市下达任务。提高新型农村合作医疗补助标准，全市参合率达98.9%。做好扶贫济困工作，救助困难群众1.73万人次。实现41户水上居民上岸居住，解决103户城镇低收入家庭住房问题。

确保社会和谐稳定。严格落实信访维稳责任制，全面完成镇级综治信访维稳中心建设，强化了社会矛盾排查和调处。加强社会治安综合治理，城市“六好”平安和谐社区建设不断推进。严厉打击各类犯罪活动，全年刑事案件下降7.7%。严格落实安全生产责任制，全市工矿商贸、消防、道路交通事故控制在上级指标范围以内。高度重视应急管理工作，建立健全镇级应急管理工作领导机构。开展“质量和安全年”活动，抓好打假打私工作，全市没有发生重大产品质量和食品药品安全事故。

社会各项事业全面发展。全力抓好计生工作，计生质量稳步上升，呈现良好的发展势头，完成了上级下达的指标任务。提高医疗卫生服务水平，新增农村卫生站20间。采取有力措施，加强甲型H1N1流感的科学防控。深入开展群众性精神文明创建活动，创建省文明单位1个，市标兵文明单位3个，市标兵文明村15条。加强文化市场管理。完善文化基础设施，建成农家书屋38家。群众文化活动丰富多彩，文艺创作成绩喜人，去年我市“五个一工程”文艺精品获奖数量居江门市首位。我市创建“南粤锦绣工程”文化先进县通过验收。成功举办市第十届体育运动会，形成全民运动的良好氛围。加强外事侨务工作，全年接受华侨和港澳台同胞捐款895万元。国防动员和国防后备力量建设水平全面提升，征兵工作连续27年全优，武装工作跨入全省标兵行列。重视和支持民族宗教工作。完成人防试鸣、结建工作，建成人防机动指挥所。进一步做好广播电视、物价、保密、统计、审计、市志、档案、气象、老龄、对台、红十字会等工作。

七、完善行政管理体制，政府服务水平有新提高

着力提高行政服务水平。进一步深化行政管理体制改革，市行政服务中心投入使用。加强清理和规范行政事业性收费，精简办事程序。进一步加强“12345”政府服务热线、市长热线等民意表达渠道的建设。积极推进政务信息化工作，实现对行政审批单位办理业务的实时监察。建立健全全市经济形势分析联席会议、财税分析联席会议和工作督查督办等制度，完善市政府主要考核目标制度和重点项目责任制度，推动了政府工作的落实。

扎实推进民主法制建设。自觉接受市人大及其常委会监督，积极支持市政协、各民主党派、工商联、无党派人士参政议政和民主监督。重视工会、共青团、妇联等群众团体意见。全年办理人大代表建议115件，政协委员提案124件。深入推进依法行政工作，进一步规范行政执法行为，“法治开平”建设扎实推进。

切实加强廉政建设。出台《关于进一步加强机关作风建设优化投资发展软环境的意见》，大力推行首办（首问）责任制、明察暗访制、“一把手”道歉制和作风建设“末位淘汰”制等制度，规范行政行为，提高行政效能。加强政府廉政建设，积极推进基层派驻纪检监察机构改革等工作，廉政建设取得明显成效。

各位代表！过去的一年，我市在国际金融危机的严峻挑战面前，经济社会发展能够取得这样的成绩，确实来之不易。这是在市委的正确领导下，全市人民团结奋斗的结果，凝聚着社会各方面的心血和智慧。在此，我代表市人民政府，向全市广大工人、农民、知识分子、干部职工，向驻我市人民解放军、武警官兵、人民警察和各民主党派、人民团体及社会各界人士，致以崇高的敬意！向长期关心支持我市发展的港澳台同胞、海外侨胞以及国内外友人，表示衷心的感谢！

在肯定成绩的同时，我们清醒地认识到，受国际金融危机的影响，长期制约我市经济发展的产业集聚水平不高、自主创新能力不足和产业竞争力不强的问题更加突出，城乡区域发展不协调、社会事业发展滞后等问题依然存在。短期内，还面临一些突出问题，主要是：外贸出口大幅下降，财政收支压力大，翠山湖新区配套设施不够完善，缺乏大项目拉动，保障和改善民生的任务十分艰巨，信访维稳任务还比较繁重，城市管理与群众要求还有差距，政府部门办事效率有待提高等。对此，我们必须高度重视，立足当前，着眼长远，认真采取措施加以解决。

2010年工作安排

2010年是全面实现“十一五”规划目标，谋划“十二五”时期经济社会发展的关键一年。做好今年的各项工作，对于实现市委提出“三年打基础，五年上台阶，十年大发展”的目标具有重大意义。我们要准确把握国家宏观调控政策取向，顺应时势，抢抓先机，加快发展。

今年市政府工作的总体要求是：以邓小平理论和“三个代表”重要思想为指导，深入贯彻落实科学发展观，认真贯彻党的十七届四中全会、省委十届六次全会和江门市委十一届七次全会精神，按照市委十一届八次全会提出“重点突破、争先进位”的总体要求，全面实施《规划纲要》，大力推进“三促进一保持”，着力扩大内需和促进外贸出口，加速转变经济发展方式，加快体制改革和对外开放，加大招商引资力度，加强以保障和改善民生为重点的社会建设，全面实现“十一五”规划目标，推动全市经济社会又好又快发展。

今年全市经济社会发展的主要预期目标是：GDP增长11%，单位GDP能耗下降2.5%，规模以上工业增加值增长10%，地方财政一般预算收入增长10.5%，全社会固定资产投资增长21%，社会消费品零售总额增长16%，进出口总额增长6%，吸收外商直接投资增长10%，实际利用民资增长12%，城镇居民人均可支配收入增长9%，农村居民人均纯收入增长7%。

实现以上目标，市政府要“围绕一个战略，加快两个推进，突出三个注重”，全力推进各项工作的落实。

一个战略，是“建大平台、造大环境、出大规划”三大工程战略。要全力以赴建设翠山湖新区发展平台，努力打造设施完善、配套一流的发展载体；加大力度营造优质的营商环境、务实的工作环境、和谐的社会环境，为开平经济社会发展提供保障；积极加快市域功能区规划建设，推动全市区域协调发展，为开平经济社会可持续发展打下坚实基础。

两个推进，是全力推进翠山湖新区建设，全方位推进招商引资工作。这两项工作是当前我市经济工作的重中之重，对提升我市经济发展的质量和效益具有现实意义。要以这两项工作为突破口，推动全市经济实现新发展。

三个注重，是注重发展、注重建设、注重民生。坚持以科学发展观为指导，全力加快开平科学发展。全市各级要坚定发展信心，围绕“重点突破、争先进位”的工作主线，创新工作方式，集中资源攻关，推动经济社会又好又快发展。要积极扩大内需，促进外贸出口，加快大项目、重点工程建设，拉动经济快速增长，推动城乡基础设施配套完善。要坚持以人为本，加大民生投入，重点解决群众关心的热点难点问题，大力改善民生，提升公共服务，构建和谐开平。

按照以上工作要求，今年政府工作要重点抓好“四个加速、五个着力”：

一、加速翠山湖新区开发建设，力促招商引资工作有新突破

全力推进翠山湖新区建设。翠山湖新区是全市经济发展的主引擎，也是招商引资的主阵地。今年全省要评出“三好三差”的产业转移园区。因此，加快翠山湖新区建设，既是省、江门市的工作部署，也是我市实现“重点突破、争先进位”的关键所在，必须全力以赴推进新区的开发建设。一是适度超前优化园区规划。坚持“工业新城、城市新区”的发展方向，加快编制控制性详细规划，有效控制和合理安排建设用地，打造宜工、宜商、宜居的生态园区。二是全力推进园区基础设施建设。重点要用好用活省产业转移扶持资金，加快推进园区污水处理厂建设；休闲广场、员工村、步行商业街、车站等生活区配套设施力争今年年底完成，构建完善的公共服务平台。三是优化投资环境。立足打造投资“洼地”，理顺新区管理体制，落实各项投资优惠政策，营造一流的投资环境。四是加快项目上马建设。缩短审批时间，提高办事效率，创新服务方式，全力加快园区项目的建设进度，形成热火朝天的建设局面。五是充分利用新区的政策、区位和资源优势，精心策划今年翠山湖新区招商推介活动，打响“翠山湖”品牌，提高招商引资成效。

全方位推进招商引资工作。今年是我市招商引资寻求突破的关键一年，要动员全市力量以非常的力度、非常的措施抓好招商引资工作。一是坚持大项目招商。结合我市产业发展规划，创新招商方式，加强与世界500强和中央、省属大型企业联系，建立和完善大项目招商信息库，重点瞄准行业龙头企业和基地型优质企业，力争今年引进2个以上世界500强或投资总额外资超5000万美元、民资超10亿元的项目。二是完善产业配套载体。加快香港珠三角（开平）环保电镀示范工业园建设，打造高标准环保示范工业园。着力培育扶持 3～5 个有一定规模效益的镇级工业集中区，积极盘活存量土地资源，保障项目用地的需求。三是进一步落实招商责任。建立市四套班子领导联系和跟踪落实重点项目机制，科学落实招商引资任务，推动各级领导走上招商引资第一线。四是积极转变招商思路。坚持一、二、三产业招商并重，积极做优一产，做强二产，做大三产。加强旅游休闲、房地产、酒店和一体化商住区等第三产业招商，提高我市招商引资质量。

二、加速经济发展方式转变，力促产业核心竞争力上新水平

加快建设现代产业体系。进一步调整优化产业结构，既要以翠山湖新区建设为契机，狠抓先进制造业的引进和发展，又要加快发展有优势的现代服务业；既要发展高新技术产业，又要提升纺织、水暖、食品、建筑等传统产业；既要抓现代工业，又要抓现代农业。积极贯彻省委十届六次全会提出“以广东现代产业500强引领现代产业发展”的部署要求，结合开平的实际，组织有关部门成立专责小组，研究制定我市重点发展的产业和项目。以重点项目为抓手，加大扶持和发展力度，发挥其引领和带动作用，促进我市现代产业加快发展。

提高企业自主创新能力。一是加大财政投入。落实科技专项经费，强化重点产业科技攻关，坚持把 80%以上的科技专项经费用于组织实施工业类计划项目和公共创新平台建设。二是鼓励企业加大投入。强化企业在自主创新中的主体地位，引导企业加大创新投入，组建技术研发中心，生产适销对路和符合国际标准的产品。三是加强产学研合作。三大支柱产业技术创新中心和各专业镇要加强与高等院校及科研机构的合作，推进关键技术和共性技术攻关，增强产业的持续创新能力。四是抓好知识产权保护和科技创新环境建设。支持企业实施品牌战略和技术标准战略，力争今年创建省级以上名牌产品和著名（驰名）商标各1个。

推进支柱产业优化升级。一是着力扶持骨干企业发展。加强对企业的帮扶和服务，进一步做强做大市直集团公司。抓好国有集体企业改制收尾工作。加大力度扶持春晖股份、信达化纤、海鸿、嘉士利等重点企业的发展。探索出台优势企业上市扶持政策，引导和鼓励企业利用资本市场壮大发展。二是加快以高新技术改造提升传统产业。抓住我市市域功能区规划实施的契机，科学调整产业布局，加强对三大支柱产业的横向配套，延长产业链，提高企业知名度和产品市场占有率。三是大力发展电子信息、装备制造、精细化工和生物医药等新兴产业，培育一批规模较大、带动性强的龙头企业集团。抓好在月山、苍城镇设立化工专区的工作，发展一批产业关联度大的企业，打造新的产业集群。

狠抓节能减排和节约集约用地。坚决落实节能减排问责制和“一票否决制”，建立健全促进节能减排的经济政策体系。严格实行主要污染物排放总量控制制度，加快淘汰落后产能，确保完成“十一五”污染物减排目标。推广节能技术，推行清洁生产，发展循环经济。完善土地储备机制。加大闲置土地处置力度，整合零散地、低效地向规划建设用地区集中。积极向上级争取用地指标，加快利用征而未用、批而未用土地，开发利用园地山坡地补充耕地，保障经济社会发展和重点项目用地需求。

三、加速建筑房地产业和旅游业发展，力促形成新的经济增长点

加快重振“建筑之乡”雄风。加大对建筑产

业发展的扶持力度，全市各级要主动为建筑企业提供优质服务，在全社会营造振兴建筑产业的良好氛围。出台我市重振“建筑之乡”雄风的具体政策措施，积极扶持有实力的建筑企业申报特级资质企业，力争今年成功申报一至两家特级资质企业。发挥建筑商会作用，带动建筑企业团结协作，打造“开平建筑”的优质品牌，实现建筑业新腾飞。

加快房地产业发展。进一步落实扶持房地产业发展的政策措施，推进已动工的房地产项目加快建成使用。加强房地产项目招商引资力度，积极吸引有品牌、有实力的房地产企业来我市投资，提升我市房地产开发档次和居住品位。积极盘活二手楼市场，促进旧城区的发展。

加快旅游等现代服务业发展。一是加强对旅游产业的开发、经营和管理。进一步整合旅游资源，完善旅游配套，深入挖掘风采堂的文化内涵，大力开发温泉、生态游等旅游资源，打好“碉楼、古镇、休闲”三张牌，提升我市旅游业发展水平。二是加强开平碉楼的保护与开发。加快立园碉楼文化展示区建设，今年要完成总投资 2800 万元的一期工程建设，为创建国家 AAAAA 级旅游景区创造条件。三是加大旅游招商力度，认真抓好赤坎古镇、加拿大村、马降龙度假区等项目招商工作。积极抓好主题公园、星级酒店的招商开发工作，力争今年旅游招商取得实效。四是加强现代物流业发展，培育壮大 325 国道沿线经济，打造饮食和汽车特色一条街。加快发展现代金融、信息咨询、电子商务、文化创意等新兴服务业。

四、加速扩内需拓市场，力促内外源经济有新发展

继续争取上级政策支持。市发改、经贸等有关部门要抓住中央继续实施扩大内需政策的机遇，加强与上级部门的沟通联系，努力争取在交通、水利、教育、环保、旅游、农村建设等方面的重点项目列入国家、省和江门市投资计划，拉动我市投资建设和经济发展。

加快推进重点项目建设。一是加快上级支持立项的项目建设，严格按照基建程序，规范使用上级资金，促进工程顺利实施。二是加强政银企合作，优化投融资环境，拓宽中小企业的融资渠道，保障重点建设项目的贷款需要。三是狠抓重点项目建设。重点要抓好年度计划投资 39 亿元的 48 个市重点项目的上马建设，力争早出效益。

大力开拓国内外市场。继续落实“家电、汽车、摩托车下乡”和“以旧换新”政策，推动住房、机动车、旅游和教育文化消费，拓展城乡消费市场。完善商业网点布局，积极发展连锁超市、购物中心，扩大商贸辐射范围，促进消费持续增长。深入实施出口市场多元化战略，鼓励和引导企业积极参加国内外大型经贸洽谈会、商品展销会。稳定巩固欧美及香港等传统市场，大力开拓东盟、南美、非洲等新兴市场。落实外贸出口扶持政策，加强出口大户的联系服务，进一步优化产品出口结构，支持有品牌、有技术的企业扩大出口，力促全市出口稳步增长。

五、着力抓好“三农”工作，推进社会主义新农村建设

加强农业农村基础设施建设。一是加强农田水利建设，高质高效用好“中央财政小型农田水利重点县”建设资金，制定我市农田水利建设方案，全方位推动小型水库、小堤围、机电排灌、灌渠等小型农田水利基本建设。重点加快推进已列入中央财政的 5 宗小型灌区配套改造项目的建设。二是加大农业综合开发力度，进一步加快现有农业综合开发项目建设，确保项目按时按质完成。三是完善农村基础设施建设。加快东深公路、交四线、大圣线和赤马线三期工程路面改造，积极实施村委会通较大自然村道路水泥硬底化工程。全面推进农村饮水安全工程建设。

突出农业产业化发展。加快农业产业结构调整，扶持壮大马冈鹅、金鸡王、参皇鸡养殖等特色产业，提高农业产业化经营效益。支持供销合作社经营和服务创新，扶持农民专业合作组织加快发展，力争今年新发展江门市级以上农业龙头企业 1 家，农民专业合作社 2 家。完成市水产品交易市场建设。切实抓好重大动植物疫病防控和农产品质量安全监管工作，积极引导有条件的农业经济组织和农业龙头企业申报无公害农产品和绿色食品。认真做好集体林权制度改革试点工作，全面推进我市集体林权制度改革。

大力发展农村公共事业。加快农村“五改”工程，完善农村生活垃圾收集处理机制，建设一批环境优美、设施完善、生活舒适的生态文明村。加快推进新农村现代流通服务网络工程建设。实现“农村信息直通车”所有村委会全覆盖，提高

“三农”信息服务水平。推进农村文化工程建设，建立健全农村基层文化网络。探索建立农业政策性保险制度。扎实推进“千企扶千村”就业工程，加大农民培训和转移就业工作力度，促进农民增收致富。

六、着力加强城市建设管理，推进生态宜居名城建设

加快推进城市规划建设。进一步完善城市总体规划，高起点编制新区建设和旧区改造控制性详细规划，科学指导城乡建设发展。逐步改造潭江、苍江两岸河堤，进一步完善路灯管理制度，促进城区三江六岸美化亮化。推进国道325线开平市区过境公路一期工程、珠三角城际轻轨开平段、中开高速公路、江罗高速公路和西部沿海铁路等交通基础设施项目的规划建设，构建与珠三角相衔接的现代交通网络。加快旧城区、旧厂房、旧村庄 “三旧”改造。加大公共设施和青少年活动场所的建设投入，扩大文化、娱乐、健身、休闲等设施的覆盖面。

加大城市管理力度。一是加大城市管理执法力度，执法部门要严把执法关，加强城区“六类行业”的管理，坚决整治占道经营、违章建筑、乱停乱放、噪音废气污染等问题。加强道路交通管理，发展城市公共交通，逐步改善交通堵塞状况。二是狠抓城乡环境综合整治，改善城区“脏乱差”现象。分步解决“城镇水浸街”、“停车难”等群众关注的城建热点问题。三是完善城市管理机制，明确部门、街道、社区的管理责任，理顺和强化路灯、园林、环卫等管理体制，推进城市绿化、美化、净化、亮化。

加强生态环境保护。抓好水资源保护工作，开展对局部污染严重河段的整治。加强对污染企业的监督管理，保障潭江及其支流水质。完善三个中心镇污水处理厂建设。切实抓好大沙河水库、镇海水库等饮用水源水质保护。加强生态环境建设，打造绿色开平、生态开平。

七、着力抓体制机制创新，推进市域功能区规划建设

深化财政管理体制改革。全面落实镇级财政管理新体制，改变传统税收征管方式，实行工商税收属地征管。重新划定市镇两级收支范围，完善税收征管制度，建立科学合理的激励机制，激发各镇加快发展的积极性。各镇要树立“属地经济”的理念，整合现有产业扶持政策，加强对属地企业的服务和管理，大力开辟新税源，促进财政增收。深化部门预算改革，增加部门预算的透明度，优化财力资源配置，规范政府部门理财行为。

实施市域功能区规划。推进市域功能区建设是促进我市区域协调发展的重大战略部署。要全面实施市域功能区规划，规范空间开发秩序，推动区域间分工协作、优势互补、共同发展。加快建立与市域功能区建设相适应的财政管理体制、生态补偿机制、资源配置机制、干部管理体制以及干部绩效考评体制，完善有关配套政策，为市域功能区规划的顺利实施提供强有力的保障。

发展镇级经济。一是各镇要以市域功能区规划为依托，立足自身优势，宜工则工，宜农则农，宜商则商，宜游则游，科学调配资源，大力培育和发展特色经济，增强镇级经济实力。二是充分利用翠山湖公共招商平台，坚持本地招商和异地招商相结合，推进镇级招商工作实现新突破。三是大力发展民营经济。各镇要加大对个体私营企业的扶持力度，力争全年个体私营企业户数有较大增长。四是加强中心镇和专业镇建设。进一步完善圩镇配套和服务功能，增强圩镇对农村建设的辐射带动作用，推进“旺镇带村”战略实施，促进镇村经济协调发展。

八、着力保障和改善民生，推进和谐开平建设

抓好十项重点工程建设。努力完善一批医疗卫生、市政配套、环境保护、休闲、文化等设施，为市民生产生活创造良好环境。今年要抓好十项重点工程建设：（1）迁建市中医院；（2）迁建市中心医院急救中心；（3）迁建市第三人民医院；（4）加快重建潭江大桥工程；（5）加快城区污水处理一期管网完善和二期工程建设；（6）改造长沙公园、人民公园；（7）完善光华路至振华桥路段建设；（8）提升城区路灯管养、亮化水平；（9）推进谭逢敬艺术院建设；（10）加快推进廉租房建设和水上居民安置工作。加大扶贫工作投入，落实扶贫开发“规划到村责任到人”工作，确保用2年时间完成21条贫困村的脱贫任务。

健全社会保障体系。提高农村合作医疗保险参保覆盖率和保障水平。继续推进城镇居民医保和企业养老保险扩面工作。积极争取实施新型农村养老保险试点工作，努力实现基本公共服务均等化。落实市、镇、部门联动的欠薪防范机制。加强劳动保障监察和劳动争议仲裁工作，推进和谐劳动关系建设。

促进就业和再就业。落实扶持就业优惠政策，鼓励创业带动就业，力争今年全市新增就业7500人，城镇登记失业率控制在3.3%以内。加快“双转移”步伐，结合我市经济发展的需要和翠山湖产业转移工业园的开发，组织输送劳动力到园区企业就业。全面推进农村劳动力、农民工、下岗失业人员等各类人员的技能培训，为经济发展培养适用人力资源。

巩固教育强市创建成果。坚持优先发展教育，加大对教育的投入，切实抓好水口、龙胜、大沙、赤水等4个镇的教育强镇创建工作。着力办好农村教育事业，推动义务教育均衡发展。进一步完善2所国家级示范性普通高中建设，高质量普及高中阶段教育。扩大中等职业学校的办学规模，完成市机电学校第二校区建设。大力发展民办教育，重视学前教育。加强教师队伍建设，努力提高教育质量。

维护社会和谐稳定。进一步加强信访维稳工作，全力做好广州亚运会特别防护期信访维稳工作。落实信访考核工作机制和领导包案制，完善社会矛盾纠纷调处机制，引导群众依法依规表达利益诉求。继续大力推进“六好”平安和谐社区建设。完善社会治安防控体系，依法防范打击违法犯罪和暴力恐怖活动。加强应急管理工作，健全自然灾害、环境污染、公共安全等突发事件应急机制。严格落实安全生产责任制，加强道路交通和消防安全工作，遏制重特大事故发生。严查严惩利用网吧、游戏机进行赌博等违法经营活动，为青少年成长营造良好的社会环境。严厉打击扰乱市场秩序的各种违法犯罪行为，加强对涉及人民群众身体健康和生命安全的食品药品等重点产品的监管，营造安全放心的消费环境。

发展计生、卫生、文化、体育等各项事业。坚决落实计生工作责任和“一票否决”制度，力争今年重返省计生一类地区。深化医药卫生体制改革，强化公共卫生服务，推进医疗应急体系建设，提高应对公共卫生事件的应急能力。加强文化遗产的保护和管理，积极开展文化下乡、进社区活动，推进农家书屋和文化信息资源共享工程。加强新闻出版、广播电视和文化市场管理。积极培育影视基地，发展具有侨乡特色的文化产业。推进城区数字电视工程建设和农村广播电视网络建设，满足广大群众文化生活需求。全面加强精神文明建设，积极开展创建江门市标兵文明村活动。充分发挥侨乡优势，开展“以侨引侨，以侨引资”工作。加强全民健身设施建设，广泛开展群众性体育运动，提高竞技体育水平。贯彻新颁布的《国防动员法》，依法加强国防动员建设；切实做好征兵和民兵预备役工作，密切军政军民关系，巩固扩大“双拥”成果。抓好民族、宗教工作，加强宝国寺的保护和开发。强化义工队伍和社区义工服务点建设，提升义工服务水平。重视发展残疾人事业，完成残疾人综合服务中心一期工程建设。加快市福利院和农村敬老院的改造。推进属地统计工作，做好第六次全国人口普查。进一步加强审计、物价、人防、老龄、对台、气象、档案、市志等工作。

九、着力提高行政效能，推进服务型政府建设

深化行政管理体制改革。以大部门制机构改革为契机，进一步深化行政管理体制，科学界定部门职能，按照精简、效能和责权相统一的原则，优化政府组织结构，完善政府运行机制。推进政府职能转变，减少和规范行政审批事项，提高政府运用市场资源统筹协调、集中力量办大事的能力。

提高政府服务水平。继续开展机关作风建设，严格落实“一把手”道歉制、首办（首问）责任制、服务承诺制、搁置推诿责任追究制、否办和退件把关制、明察暗访制等制度，形成良好的办事环境。建立和完善各部门工作运行机制，减少中间环节，强化抓落实，从措施和制度上提高工作效率。充分发挥市行政服务中心的作用，扩大窗口授权，积极推进并联审批和网上审批，缩短审批时限，推行限时办结，提高行政效能。大力精简会议，压减文件数量。

积极推进依法行政。深入开展普法工作，推进依法治市。认真落实人大及其常委会各项决议决定，坚持向人大及其常委会报告工作，自觉接受监督。主动加强与人民政协的联系并向其通报工作，支持政协委员发挥参政议政作用。提高议案、建议和提案办理质量。健全政务公开、行政复议、投诉申诉等制度。广泛听取各民主党派、工商联、无党派人士意见，支持工会、共青团和妇联等人民团体有效开展工作。

加强政府廉政建设。扎实推进惩防体系建设，健全督查、评估、考核、奖惩等工作机制。完善党风廉政建设责任追究制度，抓好领导干部廉洁自律工作。严格控制公用经费支出，杜绝奢侈浪费现象。强化各项监督机制，努力从源头上防治腐败。

各位代表！新的一年，我们肩负着更加艰巨而光荣的任务。让我们在中共开平市委的正确领导下，高举中国特色社会主义伟大旗帜，深入贯彻落实科学发展观，紧紧团结和依靠全市人民，进一步解放思想，坚定信心，奋力拼搏，开拓进取，为全面完成2010年经济社会发展目标任务，开创我市科学发展新局面而努力奋斗！

广东省首个世界文化遗产——开平碉楼与村落

2007年6月28日，“开平碉楼与村落”申报世界文化遗产项目在新西兰召开的联合国科教文组织第31届世界遗产大会上通过表决，正式列入《世界遗产名录》，成为中国第35处世界遗产、广东第一处世界遗产，也是世界上唯一一处华侨文化方面的世界遗产。开平碉楼与村落“申遗”成功，实现了广东省世界遗产“零”的突破。联合国世界遗产专家高度评价开平碉楼与村落:“这是全世界最美丽的村落！”

“申遗”工作，从开始到成功，投入资金超亿元，耗费时间8年。

开平碉楼与村落的形成，历史悠久，形态独特。在开平民间，一直有“无碉楼不成村”之说。开平碉楼大多建筑于20世纪二三十年代，在鼎盛时期有3000多座，现仍存1833座。这些碉楼主要分布在中部潭江冲积平原的长沙街道和赤坎镇、塘口镇、百合镇、蚬冈镇，共有1421座，占现存碉楼的77.5%。开平碉楼与村落的存在、发展与兴盛，深受当地的地理环境、历史文化发展、社会治安状况以及美国、加拿大等国家的历史进程影响。开平地势低洼，洪涝不断，兴建较高的建筑物便成为人们的首选。开平又是著名侨乡，衣锦还乡的华侨，生活较富裕的侨眷，往往会引起贼匪们的觊觎。所以，建造碉楼的主要目的就是“防涝”和“防匪”。在开平现有的1833座碉楼中，建于美国、加拿大等国实施排华政策时期的有1648座，占现存碉楼总数的89.9%，大部分村落也是建于1900年前后。这一时期，华侨们不仅为开平碉楼与村落的大规模兴建提供了经济上的支持，同时还为碉楼与村落建筑形式的演变注入了新的动力。西方的建筑材料、建筑技术、建筑艺术和思想观念通过他们传回家乡，大大地冲击了传统的乡土建筑，扩大了民众的视野，也改变了他们的观念。开平民众按照自己的理解和审美情趣，吸收、消化着来自资本主义国家的文明。因此，开平碉楼与村落的建筑造型、建筑风格、内涵都随之发生了显著的变化，中西合璧的碉楼和西式别墅洋楼从传统的乡土建筑中异军突起。这些亦中亦西，亦土亦洋的新乡土建筑，星罗棋布地矗立在田野里、乡村中，成为了开平中西融汇、别具一格的建筑艺术和乡村文化景观。

开平碉楼中西合璧的卓然风姿及其浓郁的华侨历史文化底蕴，早就引起了人们的关注。

1958年，苏联专家乘车从广州去湛江，途经开平时，看到连绵不断的碉楼和民居扑面而来，不禁惊呼:“这到底是一个什么城市呀？竟然在地图上没有标出来！”

20世纪70年代初，香港一个摄影记者团，专程到开平进行碉楼采风。他们一连数日深入开平各镇乡间，细致观察，拍摄了大批各式碉楼图片。

1983年，北京科学院自然科学研究所张驭寰教授等专家学者前来开平考察古建筑，采集了大量碉楼数据。他们认为，开平碉楼内涵丰富，如果有时间深入调查的话，足以写一本厚厚的书。

1985年，开平市华侨博物馆馆长阚延鑫，在经过累月奔波开平田野乡间调查的基础上，完成了一篇题为《开平碉楼建筑与华侨》的论文，首次较全面系统地论述了开平碉楼的历史和现状……

1999年底，在国务院机关工作的李玫同志来到开平市挂职，任中共开平市委常委。她深入开平乡间调查研究，深为碉楼的文化价值所震撼，于2000年首次提出将开平碉楼申报为世界文化遗产。从此，开平碉楼走上了“申遗”之路。

2000年10月30日，开平市成立了申报世界文化遗产领导小组，下设办公室，拉开了开平碉楼“申遗”的序幕。2001年3月9日，开平市召开碉楼普查工作会议。之后，开展了为期3个多月的第一次碉楼普查工作。300多名碉楼普查员，走村入户，像搞人口普查一样进行了全面而认真细致的碉楼普查登记，搜集到了大量的第一手资料。继而，又对现存的1833座碉楼全部建立了完整的文字、图片档案，并输入电脑建立数据库，为“申遗”的开展打下了坚实基础。

开平碉楼与村落申报世界文化遗产工作始终得到广东省委、省政府的高度重视。为加强对“申遗”工作的领导，2001年，广东省政府成立了省申遗领导小组，由副省长李兰芳任组长。2002年7月26日，省长卢瑞华签署了“省长令”，颁布《广东省开平碉楼保护管理规定》，这也是广东省出台的首个文物保护管理办法。广东省人民政府通过颁布保护管理规定、拨出专款，开平市人民政府通过制订保护规划、维修方案、环境整治方案，对重点碉楼进行代管，成立开平碉楼与村落整治工程指挥部等一系列手段，对开平碉楼与村落进行了有效的保护。2002年8月，开平碉楼网正式开通，设置有开平碉楼概况、碉楼图片、碉楼研究、碉楼视频、政策法规、旅游指南、访客留言等栏目，对宣传碉楼保护碉楼起到了重要的作用。

为进一步详细收集碉楼的相关资料，从2004年3月16日开始，开平市碉楼办公室与清华大学建筑学院合作，进行了长达1年时间的第二次全市性碉楼普查，收集和整理了大量的专业数据，并对开平市近百年来的水文、空气、地质等资料进行了科学分析，为开平碉楼与村落的保护管理和申报文本的写作及学术研究提供了翔实可信的资料。同时，成立了开平市碉楼研究所，配备专职人员从事碉楼研究工作。5月，国家文物局批准开平碉楼与村落列入中国世界文化遗产预备名单，其四处提名地分别为赤坎镇三门里村落、塘口镇自力村村落与方氏灯楼、蚬冈镇锦江里村落、百合镇马降龙村落群。6月，开平市被中国建筑学会授予“中国碉楼之乡”称号。2006年1月，国务院正式批准开平碉楼与村落作为2007年代表中国向联合国申报世界文化遗产项目。为了进一步挖掘碉楼特别是村落的历史文化内涵，做好当年9月向联合国世界遗产评估专家汇报的准备，开平市组织了300名驻村干部，开展了为期半年多的更加广泛而深入的调查工作，并向海外的华人、华侨调查了解史料，广泛收集文物，使人们对碉楼与村落的文化内涵有更加深入和更加全面的了解。而在此基础上建立起来的1833份碉楼与村落的档案资料和数据库，得到了国内外专家的高度评价，被国外多名资深专家誉为“具有国际一流水准”。2006年2月10日，开平市人民政府颁布《开平市碉楼与村落保护管理规定》，进一步强化了对开平碉楼与村落的整治、管理和保护力度。2月17日，召开全市“申遗”动员大会，鼓舞全市人民为“申遗”添力量，唱响了“冲刺申遗，从我做起”的主旋律。9月15日，开平市举行了“共同的心愿——全力支持开平碉楼与村落申报世界文化遗产”为主题的大型文艺晚会，掀起了全民捐款支持申遗的高潮。副省长雷于蓝亲临现场，并带头捐款。到晚会结束时，共收到社会各界捐款1480多万元。2007年6月28日，开平碉楼与村落申遗项目在第31届世界遗产大会上通过表决，正式列入《世界遗产名录》。

“申遗”成功当天上午，广东省、江门市、开平市人民政府联合在潭江半岛酒店举办新闻发布会；国内许多单位以及海外华侨港澳同胞纷纷向开平市人民政府发来贺电；广东省人民政府和开平市人民政府在新西兰举行庆祝酒会；开平市在城市南、北广场和自力村、三门里、锦江里、马降龙四个申报点举行“和谐碉楼情——庆祝‘申遗’成功大型文艺晚会”。晚会突出了“开平碉楼与村落”走向世界的主题，昭示了开平将迎来地方发展的新时代。

八年申遗路，一朝结硕果。开平碉楼与村落“申遗”成功，留下了“领导重视、专家指导、侨胞支持、全民参与”的历史印记。开平碉楼已成为一项中国乡村平民独创的杰作，也成为海外华侨华人心目中故乡的象征。

开平经济腾飞的助推器

——翠山湖新区开发与建设专记

翠山湖新区位于开平市区北部，规划总面积约40平方公里。凭借优越的区位优势和便捷的对外交通条件，新区正以一流招商平台的形象，构建珠三角、港澳地区乃至全球产业转移的投资乐园，将成为珠江西岸的一颗璀灿明珠。

一、翠山湖新区的设立

2002年，在建的开阳高速公路横贯国营石榴塘农场。开平市委、市政府意识到，农场大片未开发的国有土地有了开发的先决条件和无限前景，于是萌发了在此搞开发区的意图，提出在水口至沙塘段之间增设一个出入口，使市区与高速公路连接，同时打通农场与市区的通道。这设想得到交通部同意，为在农场范围预留了便利交通的条件。2003年，市委、市政府成立以市长施昭平为组长的石榴塘开发区筹备小组，开展土地调查规划等工作。2004年，翠山湖工业城筹备建设办公室正式挂牌，副市长张星杰为办公室主任。至2005年8月，筹建办基本完成了开发区土地调查、总体初步规划和控制性规则等前期工作，翠山湖管理委员会正式成立，与石榴塘农场合署办公。同年12月，开平大道、翠山湖大道、叠翠大道和开阳高速公路梁金山互通立交出入口几项工程相继动工，拉开了翠山湖新区建设的序幕。

2006年，农场原有4家企业相继改制，管委会妥善安置所有企业职工，做到新区开发和农场改制两不误。2007年，“开平土地案”爆发，管委会顶住负面影响压力，坚持埋头苦干，继续推进园区基础设施建设。2008年初，翠山湖大道、叠翠大道完工通车，新区“一纵一横”道路架构形成，区内多条道路路基工程完成。

2008年下半年，开平市把握省委、省政府出台《关于推进产业转移和劳动力转移的决定》的机遇，积极争取省产业转移的政策支持和资金扶持。8月，副省长佟星带领省有关部门负责人到翠山湖新区和恩平实地参观考察，提出将翠山湖新区和恩平米仓工业园以“一园两区”的模式整合申报省产业转移工业园。10月初，副省长林木声带领省国土、环保、水利、财政等职能部门到新区考察，表示全力支持翠山湖新区申报省产业转移工业园。与此同时，翠山湖新区和恩平米仓工业园组成江门产业转移工业园申办省级产业转移工业园的工作全面展开。2009年6月2日，江门产业转移工业园被正式认定为省级产业转移工业园。7月10日，在第四批省产业转移竞争性扶持资金评审会上，江门产业转移工业园以第二名的成绩列为广东省示范性产业转移工业园。至此，翠山湖新区获得省给予的政策和资金的双重扶持。

管委会加速园区基础设施建设和招商引资步伐，开展“开发建设百日会战”活动，启动30多项基础设施工程建设的前期准备工作，并将道路网络、供水供电管网、南区和北区的土方工程列为重点项目推进实施。

2009年8月28日，由开平工业资产经营公司和市交通集团共同投资兴建的国汇工业园奠基。该工业园占地17.13万平方米，规划建筑面积19.9万平方米。总投资1.87亿元人民币。以建设高档标准厂房为主，配套一幢约8000平方米的综合服务大楼。厂房按电子、电器、纺织服装、五金机械等行业需求设计，力争成为独具特色的现代化工业园。

2009年11月24日，中国电信开平分公司与翠山湖新区签订新区信息建设框架协议，加快信息化建设。

2009年底，新区道路网络基本建成，首期供水管已接入园区，并完成供水系统；新建的110万伏翠山变电站完工；南区完成2000多亩土地的土方平整工程，基本完成园区的“三通一平”。同时，启动生活服务中心、污水处理厂、雨水及水管网、道路建设、供水供电、公共车站、步行商业街等30多项基础设施的前期工作。市纪委全程跟踪落实，积极探索加快基础设施工程招投标的办法，使工程报建、招投标进程加快，使各项工程能尽快上马。随着开平大道和开阳高速公路开平出入口的开通，园区两条主干道建成通车，其他道路完成路基建设，部分铺设了水泥路面，首期开发区内的道路网已形成，翠山湖新区的交通条件跃升为全省产业转移工业园中最好的园区之一。

二、招商引资初显成效

2009年7月始，新区制定并实施《翠山湖产业转移工业园投资优惠政策》；推行项目全程代理服务、实行部门并联审批，提高办事效率；实行“零收费”优惠，除国家规定统一征收的税费外，不再征收任何地方性行政事业收费；提供建厂租厂优惠；给予项目专项资金扶持奖励；实行重大项目特事特办。并先后出台《翠山湖产业转移工业园项目准入标准》等一系列配套政策措施，建立翠山湖绿色通道，为入园项目提供贴身、贴心服务，营造亲商、扶商、安商的优良投资环境。

招商引资第一期启动板块主要是水暖卫浴行业，产品包括高档水龙头、液压配件等。2009年底，已通过入园评审的项目有18个，投资总额22亿元，用地面积1000多亩。

三、发展规划

翠山湖新区的发展目标是：打造以电子、电器、水暖卫浴及纺织服装（不含漂染等污染环节）等无污染和轻污染为主导的产业集群，力争在短期内建设成为产业链配套完善、生产性服务业配套齐全、环境优美、设施完善、服务高效、机制灵活的省一流产业转移园，引领开平经济再上新台阶，成为拉动江门乃至粤西地区经济发展的新增长极。

该区总规划面积近40平方公里，由中心组团、月山组团和沙塘组团三部分组成。短期目标是集中开发中心组团，中心组团大部分为石榴塘农场范围，是新区的核心区域，面积约15平方公里。长期目标则是以325国道复线为中心轴，向东扩展与铜古线相接，向西扩展与稔广线相接，形成沿开阳高速公路的一条产业带。在开平市新一轮的城市规划里，翠山湖新区作为未来开平城区的一个组成部分，将极大地拓展本市的城市发展空间，向东连接水口、月山工业集中地，向西连接沙塘、苍城工业集中地，共同构成开平经济的产业带。

四、发展优势

翠山湖新区将建设成为一个以工业为主导，产业聚集为特征，集现代制造业和服务业于一体的生态、环保型综合性新区。新区具有八大发展优势：

一是区位交通便利。开阳高速公路和325国道复线横贯该区，开阳高速开平出入口设在区内。该区是广州至粤西地区的必经之地，到广州只需1.5小时车程，到深圳只需2.5小时车程，到珠海只需2小时车程，到三埠港货运码头仅10公里。规划中的新广铁路，在该新区的西边设有货运站。

二是产业集群优势。开平市是国家级纺织产业集群试点单位，纺织工业总产值占全省的50%以上，拥有销售收入500万元以上的纺织企业282家，其中年销售额超亿元的有13家，包括春晖股份、信达化纤、华士达、平达、奔达、富琳等国内著名企业。开平市成功地打响了水口水暖卫浴的品牌，拥有水暖卫浴生产销售企业500多家，产品在国内市场的占有率达45%以上。希恩、华艺、乔顿等公司的产品被中国五金制品协会授予“中国水龙头行业十大知名品牌”称号。建立在三大优势产业发展基础上的物流、会展、新品研发、质量检测等服务业发展迅速，已经建有国家级的纺织服装、水暖卫浴创新中心和会展商贸中心，开通中国（水口）水暖卫浴电子设备信息平台，能够为翠山湖新区的产业发展提供全方位的信息、技术、物流、商贸支撑。

三是土地资源丰富。该区原是国营石榴塘农场，总规划面积40平方公里，拥有连成一片的低丘陵山地，可延伸开发的土地资源充裕，土地开发利用潜力巨大。

四是配套设施齐全。该区距开平市中心仅8公里，可共享开平市区的公共资源。新区各项配套设施齐全，分为产业发展区、科技孵化区、综合服务区、生活配套区，建有完善的“七通一平”基础配套设施，生活配套方面将有商住区、管理员工公寓、员工村等，休闲方面将有公园、广场等。

五是投资成本节省。该区的大部分土地为低丘陵地，开发成本较低；投资者除了享受新区的优惠投资政策外，还可以享受省产业转移相关优惠政策；管理机构的“专人全程服务”为企业高效地解决问题；方便快捷的水陆交通可以为投资商节省相当的运输费用。

六是人力资源充足。开平市职业教育发达，有国家级和地市级重点中等职业学校各2所，每年可为社会输送3000多名技能型劳动者。开平是“中国纺织产业基地”、“中国水龙头生产基地”和“全国食品工业强市”，数控、电子、机械制造、模具等方面的专业型人才不断涌现，能够为翠山湖新区提供人才支撑。

七是行政服务高效。翠山湖新区管委会树立“务实、高效、贴心”的服务理念，实行“一窗代理、专人服务、领导督办、专家咨询”等服务，对项目审批实行“一次受理、全程跟踪、限时办结”，工商、国土、环保、消防、海关、检验检疫等部门对进入该区的项目采取并联审批(会办式审批)，提高审批效率。

八是侨乡品牌优势。开平市是全国著名的侨乡，有75万华侨、华人和港澳台同胞，分布于67个国家和地区，其中以旅居北美的居多。历史上涌现过司徒美堂等名人。广大华侨、侨眷和港澳台同胞热心支持家乡建设，为翠山湖新区提供了信息、技术、物流、商贸的便利。开平华侨留下的碉楼群和村落，被联合国列为世界文化遗产，独特的侨乡文化更为本区提升国际声誉营造了良好的软环境。

五、发展前景

开平市委、市政府和翠山湖管委会坚持走可持续的发展道路，推进翠山湖新区开发走上快速通道。

第一、进一步推进“七通一平”基础设施的工程建设，同时加速相关配套设施特别是公共服务中心、物流中心和客运中心等的建设，尽快将新区建设成配套齐全、环境优美、最具发展潜力的一流工业园区。

第二、按照发展规划继续重点发展电子、电器、水暖卫浴及纺织服装（不含漂染等污染环节）等无污染和轻污染为主导的产业，并注重引进国内外大集团、上市公司前来投资，从整体上促进产业向高端化、高新化、规模化方向发展。

第三、加快建设新区金融服务体系的建设。通过市场化方式，从多元化、多层次的角度拓宽融资渠道，募集投资经营的资金，促进该区开发建设的步伐。此外，成立金融服务中心，拟投入数亿元与担保公司合作，为入园企业提供贴息贷款，帮助解决入园企业融资困难的问题。

第四、加快建设省中小企业创业基地。探索中小企业创业基地的建设方式，加强政府引导和推动。研究制定有关配套优惠政策，支持入园企业发展。加快公共服务平台建设，支撑创业基地发展。真正把创业基地建设成为中小企业成长的基地，招商引资的基地，培植税源、增强财政税收的基地，解决劳动力就业的基地，努力打造成为广东省一流的创业示范基地。

翠山湖新区的发展正朝着成为“珠江西岸明珠、创业投资沃土”的目标奋力前进。随着各项工作的稳步推进，翠山湖新区已显示出强劲的优势，展现了美好的将来！

（周栋辉 吴泽明 甄新强）

水口——中国水暖卫浴生产基地

水口镇的水暖卫浴产业始于20世纪50年代，当时镇内只有水口农械厂的一个车间生产水龙头，至1965年发展成为开平县二轻金属制品厂，开始专门生产水龙头和卫生间洁具配套设备以及各种精密阀件。80年代中期，该镇水暖卫浴业快速发展，至2000年，全镇水暖卫浴企业共411家，总产值达6亿元，占全镇工业总产值的65%。2000年12月，中国建筑材料工业协会、开平市政府和水口镇联合举办第一届中国（水口）水暖卫浴设备展销洽谈会（简称“卫展会”），国内外200多家著名水暖卫浴企业参展。卫展会期间，贸易成交额7.1亿元，签订合同9个，合同额3.42

亿元。至2007年连续举办了七届卫展会。通过卫展会这个平台，韩国、德国、西班牙、意大利等多个国家和港澳台地区50多家知名水暖卫浴企业相继落户水口镇，水暖卫浴产业链不断延长和完善，市场竞争力持续增强。2002—2004年，开平市、水口镇两级政府先后出台一系列优惠政策和措施，扶持水暖卫浴产业做大做强，推动水暖卫浴产业迅猛发展。2001年，开平市政府投资近7000万元，在水口镇建设占地面积128亩、展贸功能齐全、全国最大的卫浴设备展贸中心，并建成长达1公里、有216间商铺的水暖卫浴商贸街。2002年，开平市政府与水口镇政府共同创办“中国水暖卫浴网”，开通了网上洽谈、网上竞标、电子合同、电子支付、商务论坛、企业管理、企业黄页等功能，为水暖卫浴产业及企业提供多功能的服务。由水口镇府投入380万元，于2007年12月建成面积达1600平方米的水暖卫浴技术创新中心，具有产品研发中心、产品检测中心、电子商务中心、专利服务中心、培训中心、产品展示中心等六大功能。此外，还成立了水暖卫浴行业商会，形成行业规范，促使行业友好合作与公平竞争，营造良好的行业发展环境。

经过多年的发展，水口镇成为全国水暖卫浴产业的生产中心、贸易中心、信息中心和创新中心，集群效应明显。2002年9月被中国五金制品协会命名为“中国水龙头生产基地”，2007年被中国建筑卫生陶瓷协会授予“中国水暖卫浴生产基地”称号。2008年，全镇水暖卫浴产业总产值30亿元，约占全镇工业产值59%；销售总额29.5亿元，其中出口总额28亿元。2009年该产业总产值35亿元，约占全镇工业产值56%；销售总额33.5亿元，其中出口总额30.5亿元。至2009年末，全镇共有水暖卫浴企业500多家，从业人员3.5万人；其中年产值超亿元的企业10多家，超千万元的企业50多家；通过国际ISO认证的有20多家，获得国家专利授权的产品有300多项，其中希恩、华艺、乔顿等3家企业获得“中国水龙头十大知名品牌”称号，彩洲获得“中国公认名牌产品”称号，华艺荣获“广东省名牌产品”称号，“Huayi”和“Hongkee”两个商标获得广东省著名商标称号。

水口镇的水暖卫浴产品有水龙头、花洒、洗菜盆和弯管等，其中以水龙头为主要产品，有感应系列、延时系列、恒温系列、单把系列、双把系列等数百个规格品种。水暖卫浴产品在全国的市场占有率达40%以上，外销出口达60%，主要出口欧洲、南美洲、大洋洲、中东、东南亚及香港等地区。

（梁国安）

铁质坚韧贯古今　涛声响亮扬寰宇

——记中医泰斗、国医大师邓铁涛

中医泰斗、国医大师邓铁涛，1916年10月出生于开平市月山镇石蛟村。著名中医临床家、理论家、教育家，广州中医药大学终身教授、博士生导师。曾任广州中医学院副院长、中华全国中医学会常务理事，现任中国中医药学会终身理事、中国中西医结合研究会名誉理事、国家973计划（重点基础研究发展计划）中医基础研究项目专家组组长兼首席科学家，国家级非物质文化遗产传统医药“中医诊法”项目代表性传承人。1978年，广东省人民政府授予他“广东省名老中医”称号。1990年，成为首批享受国务院政府特殊津贴专家，1993年获广东省“南粤杰出教师特等奖”；1994年，获“全国继承老中医药专家学术经验指导老师”荣誉证书。2001年，在他85岁时，香港浸会大学授予他名誉博士学位。2009年6月，被人力资源和社会保障部、卫生部、国家中医药管理局评为“国医大师”。这是新中国成立以来，中国政府部门第一次在全国范围内评选国家级中医大师。

2009年7月1日，广东省中医药局、广州中医药大学为邓铁涛举行了隆重的“国医大师”颁奖仪式，卫生部副部长、国家中医药管理局局长王国强为邓老颁发了“国医大师”奖章和证书，广东省副省长雷于蓝为邓老颁发一次性特殊津贴10万元，并为他佩戴“国家级非物质文化遗产传统医药项目代表性传承人”绶带。

邓铁涛从一个普通的中医生，一步一个脚印，跨越近代、现代两个社会长达半个多世纪的历程，终于成为中国著名的中医学临床家、中医学理论家、中医史学家、中医教育家。作为一代名医、一代名师，他的一生都与中医药事业紧紧地结合在一起，为中医药事业的发展作出了巨大的贡献。他不仅是广东中医药界的杰出代表，同时也是中国中医药界具有影响的人物之一。他和许多健在的名老中医一样，已经成为中国医学伟大宝库不可缺少的一个组成部分。

邓铁涛学术上融古贯今，开展一系列对现代中医学发展有影响的研究，发表论文一百多篇。著作有《学说探讨与临证》、《耕耘集》、《邓铁涛医集》、《邓铁涛医学文集》。主编有《中医学新编》、《实用中医诊断学》（含英文版）、《中医近代史》。参编有《中医辞典》、《中医大辞典》、《中国大百科全书中国传统医学卷》等。他说：21世纪是中华文化的世纪，是中医腾飞的世纪。

以德立身，以术鸣世，源于有深厚学养和先进思想基础

邓铁涛出身于中医世家，其父是名医邓梦觉。他自幼侍诊父侧，接受言传身教。初中毕业考上广东中医药专门学校，系统学习中医基础知识和理论，并对文史哲及其他自然科学知识广泛涉猎，兼收并蓄，特别是学习了唯物辩证法，课余遵其父“早临症、重跟师”的主张，先后跟了几位不同派别、各有专长的老前辈学习，学问与临症水平提高很快。上学期间参加中医师资格考试，以第三名成绩取得注册执业资格。他决心继承、挖掘中医药宝库，为它献出毕生精力。1937年8月他完成中医学业之时，正值卢沟桥事变爆发，抗日烽火燃遍神州大地。他辗转于香港、武汉、广州，与同学创办中医夜大学。1939年6月，中华全国文艺界抗敌协会香港分会成立，同时成立“文艺通讯社”，宣传共产党的抗战主张。邓铁涛参加了文艺通讯社，以“邓天漫”作笔名写了不少针砭时弊的文章。1941年12月太平洋战争爆发后，香港沦陷。邓铁涛回广州在太平南路药材店坐堂应诊。他以医生职业为掩护，做东江纵队秘密交通站的地下交通员，为游击区输送各种物资。新中国成立后，1951年1月，邓铁涛应聘回母校广东中医药专门学校任教，出任教务主任。当时，中国仍明显存在着一股扼杀中医中药风气，中医经历着最困难时期。为了发展中药，弘扬国粹，邓铁涛以极大的勇气，写了《新中国需要新中医》一文，发表在1951年《广东中医药》。1953年11月，毛泽东主席对中医问题作了重要指示：“中国对世界上的大贡献，中医是一项。”奠定了中医在中国的地位。1958年12月，邓铁涛加入了中国共产党。从此，他把自己的中医药工作与党和国家的中医事业紧密地结合在一起。

选择重大疾病、疑难重病作为研究重点，硕果累累

20世纪50年代初，邓铁涛学术研究的重点是运用中医伤寒与温病的学说，指导传染性、流行性、发热性、感染性疾病诊治，例如对乙型脑炎诊治，他的论点“伤寒孕育温病，温病发展伤寒”，得当时著名医家首肯，各地学者逐渐认识其大名。他应用针灸、中药及外敷治疗阑尾炎，并在《中医杂志》发表《试论中医治疗阑尾炎》一文，打破了西医主张阑尾炎必须在24小时内手术切除的定论。

60年代初，他写成论著《中医脾胃学说》，开拓中医学术领域研究。脾胃论治的方法，治疗范围相当广泛，除能治消化系统疾病外，其他系统如血液、神经、循环、运动、内分泌系统的多种疾病，都有采用脾胃论治而收到良好疗效的例子，临床上只要抓住“脾胃”这个关键，一些疑难病症就可以迎刃而解。

20世纪70年代，他组织广州中医学院冠心病研究小组，通过对冠心病住院及专科门诊者的临床调查与治疗观察，发现中医气血痰瘀的理论对指导冠心病及其他心脑血管疾病的防治都有临床意义，从而以益气除痰佐以化瘀的方药治疗冠心病100例，总有效率达95%。他又指导心血管专业硕士、博士研究生从实验研究的角度去探讨益气除痰法对冠心病的临床疗效及其血液流变性的原理。研究成果支持益气除痰法治疗冠心病的主张，还将其机理应用于高血压病、脑动脉硬化、心律失常、风湿性心脏病、肺源性心脏病等心脑血管病的防治。以益气除痰为组方原则的“冠心胸痹丸”已经申请专利得到批准。

邓铁涛提出“以心为本，五脏相关”，解释冠心病严重并发症之一心力衰竭的病因病机，研制出养心、暖心两种胶囊，用于治疗慢性心衰患者，取得较好疗效。心绞痛也是冠心病的难题。80年代，他把邓氏医学传家宝之一的五灵止痛散献出。五灵止痛散服食方便起效迅速，其分量配伍经半个世纪临床摸索才确定。1984年8月，该药散通过技术鉴定后成为三类中药新药。他把研究成果转让给广州中药三厂，技术转让费5万元全部捐献给中华中医药学会。90年代末，他与几位西医博导和中医博导一起探讨冠心病冠状动脉搭桥手术期的中医药诊治问题。21世纪初，他的益气除痰调脾护心法治疗冠心病冠状动脉搭桥围手术期临床研究疗效显著，这一研究其后继续成为科技部“十一五”支撑计划“冠心病血运重建术后中医综合干预方案临床研究”项目。

如果说冠心病是重大疾病的话，那么神经科重症肌无力则是疑难病，邓铁涛在20世纪50年代就接触重症肌无力这一世界性难题。80年代，他承担国家科委“七五”攻关课题“重症肌无力疾病脾虚证型的临床研究及实验研究，探讨其辨证论治规律及发生机理”，并任课题组组长。经过五年艰苦临床研究，成果通过国家中医药管理局组织的技术鉴定，获1992年度国家科技进步二等奖。重症肌无力危象风险高，患者呼吸困难，吞咽不下，往往需要使用呼吸机辅助呼吸、装置胃管鼻饲食物药物。中医参与抢救，中药剂型改革是关键。他研制的强肌健力系列制剂，解决了给药途径、容量、通道等临床难题，从而提高疗效。根据病历日志记载，从2000年1月至2007年12月，邓铁涛专科诊治病人1145例，住院病人212例，参与危象抢救105例次，均使用强肌健力系列治疗。

术业有专攻，但不拘泥于专治某症

邓铁涛诊治病种范围相当广泛，包括运动神经元疾病、硬皮病、红斑狼疮、帕金森综合症、高血压、慢性胃炎、肝硬化、胆结石、泌尿系统感染、肾病、糖尿病、乙型脑炎、一氧化碳中毒、子宫肌瘤、阑尾炎、脑挫伤、非典型肺炎等63类。他所诊治病种，多为西医诊断明确但缺乏疗效、或虽有疗效但西药毒副作用大的，也有西医诊断不明、或检查认为“病因不够清晰”、“缺乏对因治疗”、“预后不良”的，更有到过多家医院最后来广州中医药大学附属医院的不治之症。这些病人经邓铁涛辨证论治立法处方用药而取得了满意疗效或阶段性疗效。2003年初，广东及全国各地都出现了一种“非典型性肺炎”的烈性传染病。邓铁涛指导弟子以中医辨证论治的方法对数名患者进行抢救取得成功。2003年4月，香港疫情危急，医管局请求广东省中医院派遣医生支援，省中医院立即调派2名教授前往，并由邓铁涛、周仲瑛及颜德馨等老中医做后盾，通过电话进行指导。最后，2名教授载誉而归，受到香港特首董建华表彰。同年5月1日，邓铁涛在《中国中医药报》公开发表“论中医诊治非典型肺炎”，随后即被国内外多家报纸杂志如《世界科学技术》、《科技中国》、《中国社区医师》、《新中医》、《天津中医药》、《大公报》等转载，成为中医抗“非典”的重要参考之作。5月5日，国家中医药管理局任命邓铁涛为抗“非典”专家顾问组组长。由于有邓铁涛等名老中医的合力攻坚，中医在抗“非典”中不仅扬威粤港，还名传世界。

铸造“医魂”，倡导名师带徒，抢救中医学术

邓铁涛把热爱中华文化、热爱中医事业的热诚传给一代代中医学子，教导他们掌握中医的系统理论，用中医药为人民解除痛苦，利用新技术发展中医学，在发展中医学中发展新技术。他一直在为中医界的高层次人才培养而奔走呼号，倡导名师带徒。1990年10月全国首批五百名老中医开始带徒，三年后近千名老中医的学术继承人出师，大批临床型中青年名中医脱颖而出。后来又有12位国家级名老中医收广东中医院24位业务骨干为徒，24位徒弟又分别带七年制硕士生，以“集体带，带集体”方式授徒，以及第二、第三批带徒活动，乃至制度化在全国推开，影响深远。他既收中医徒弟也收西医徒弟，比如收广州中医学院第一届毕业留校学生劳绍贤为徒，接纳中山大学中西医结合研究所所长、博导吴伟康教授为徒。他还向国家中医药管理局建议组织中医大温课，得到重视并组织实施，称为“优秀中医临床人才研修”，时间为3年，他被推为主任。如今，邓铁涛已桃李满天下，他从1978年开始招收研究生，共培养硕士生28人，博士生14人，博士后1人，师带徒（弟子及学术继承人）19人。他的两个儿子也成为中医专家，长子邓中炎是广州中医药大学首席教授、博导、省名中医；次子邓中光是广州中医药大学第一附属医院内科副主任医师、邓老的学术继承人。

五次上书中央领导，为中医药事业发展建言献策

邓老在全国中医界地位尊崇，与他著名的“五次上书”有关。

20 世纪 80 年代，邓铁涛一直为中央领导同志看病，并与他们建立了深厚的友谊。在看病过程中，他用疗效说话，领导们一次次被中医的神奇疗效折服。邓铁涛也同时利用与中央领导的密切关系，在中医生死存亡的关键时刻，为中医的振兴、崛起建言献策。

1984 年初，邓铁涛第一次以普通共产党员的名义，写信给中央领导徐向前元帅，要求振兴中医，希望中央重视。徐帅在信上加了意见，转呈中共中央总书记胡耀邦。胡耀邦作了“认真解决好中医问题”批示。不久，国务院讨论了国家中医药管理专门机构的问题。1986 年 12 月，国家中医药管理局正式挂牌成立。

邓铁涛第二次上书中央是 1990 年。当时中央计划精简机构，中医药管理局拟在精简之列。1990 年 8 月 3 日，邓铁涛联合全国名老中医路志正、方药中、何任、焦树德、张琪、任继学、步玉如等七人，联名上书给江泽民总书记，请求“国家中医药管理局的职能只能增加，不要削弱”。10 月 9 日得到答复：同意加强国家中医药管理局管理全国中医药工作职能。中医药管理局被“保下来了”。这就是著名的中医界“八老上书”事件。

1998 年，全国刮起了“西医院校合并中医院校”风潮，对此，邓铁涛忧心忡忡。8 月 11 日，他再次联合任继学、张琪、路志正、焦树德、巫君玉、颜德馨、裘沛然等中医老专家七人，联名上书给朱镕基总理，信中指出：中医药是一个很有前途的知识经济领域，我们千万不可等闲视之；中医小，西医大，改革绝不能“抓大放小”。11 月 2 日，“八老”得到国家中医药管理局答复：总理已作批示，请张文康同志研办。后来中西医院校合并风被紧急叫停了。

这是著名的第二次“八老上书”。两封信均出自邓铁涛手笔，行文简练，主题鲜明，言必有中，读之意味深长。

邓铁涛第四次上书是 2002 年 12 月 31 日，主题是“中医不能丢”，呼吁全社会重视中医药。他说：中医药是我国少有的原创科学，是中国的“第五大发明”，而现今中小学常识课、生理卫生课教的都是西医知识，对中医绝口不提，这反映的是一种民族自信心的缺失。4 个月后，恰逢 2003 年“非典”期间，胡锦涛总书记南行广州。4 月 26 日，邓铁涛以“中医应在‘非典型肺炎’治疗中发挥作用”为题又一次写信给总书记，建议中医介入抗“非典”。一周之后，他接到当时的卫生部副部长、国家中医药管理局局长佘靖的电话：“您的信，总书记已经收到了，还作了批示。谢谢您！”

2004 年，邓老再次上书给中央领导温家宝总理，对中医中药的管理体系提出了意见。

邓铁涛晚年，为中医前途命运牵肠挂肚，把自己日思夜念的中医药问题，写成几篇颇有影响医政论文：《中医学之前途》、《试论中医学之发展》、《新技术革命与中医》。他为中医学的前途与发展，写下一篇又一篇战斗檄文，为捍卫中医，弘扬祖国医学不遗余力，奔走呐喊。

一代名医，高风亮节

邓铁涛家客厅里挂着一块铜匾，上书“大医精诚”四字，这是他 85 岁寿辰时卫生部领导同志赠送的。“大医精诚”是对他从医 70 多年精神风貌的概括。他治愈过无数绝症难症，一些抢救危急病人的故事感人肺腑。2003 年 4 月 17 日，广州中医药大学第一附属医院，一对来自湖南安乡的夫妇闯入禁止探视的重症监护室（ICU），直奔患重症肌无力危象的 12 岁儿子的病床，拔下了呼吸机套管和氧管。此前，该患者已在某大医院治疗 38 天，后被告之治疗无望。他们打听到广州的邓铁涛擅长诊治这种病就执意南下。为救孩子他们变卖了仅有的房产筹到 1 万元，4 月 10 日坐火车来到广州。在医院经五天治疗后病情已有好转，但 1 万元已告罄。拿什么来救自己的孩子？父母绝望了，只得放弃继续治疗。

邓铁涛得知此事，马上赶到监护室，拿出准备好的 5000 元给 ICU 室护士长：“到营养室买鼻饲食物，要保证患者每天所需要的能量，有胃气才有生机。”又对 ICU 室主任说：“给患者重上呼吸机，费用我先垫！”在场的人都为之感动。经邓铁涛的及时抢救和精心医治，患儿获得了重生。邓铁涛在抢救患儿的同时，又考虑如何帮助他们解决欠下的 3 万元医疗费。碰巧有位香港方太太笃信佛教，每年都拿点钱做善事，听到此事后捐出2万元。香港《大公报》登载此消息后，又有热心读者捐赠1万元。2003年6月9日，患儿病愈出院。临行前，患儿及其父母跪拜在邓铁涛面前，感谢他们的救命恩人。广州名医治好绝症患者的消息轰动全国，中央电视台《东方时空》栏目组也专程从北京来广州采访。

邓铁涛认为，养生保健的核心是“上工治未病”，它包括未病先防、已病早治、愈后防复(发)，重点在于防病。要以人为本，最大限度地调动和激发人本身的潜能，抵抗各种疾病侵扰。他预言，未来医学必将把养生放在最重要的地位，要靠中医的养生理论去引导那些亚健康人群。为了惠及社会，邓铁涛特意献出家传配方，开发出“邓老凉茶”，并呼吁建立凉茶文化。邓老凉茶结合药食同源的中华文化传统，融防病治病、养生保健于食品之中。2006年5月25日，经国务院批准，粤、港、澳21家凉茶生产企业的18个品牌54个秘方及术语进入国家非物质文化遗产之列。在获得认定的54个凉茶配方以及术语中，“邓老凉茶”独占9席，位居所有凉茶品牌之首。

尊为一代宗师的邓铁涛，对家乡开平一往情深。他与夫人林玉芹女士结婚后，一生相互帮助相濡以沫。2002年8月，他遵照夫人的遗愿，捐款30万元在家乡月山中学建了一栋学生宿舍“林玉芹楼”，并陆续向学校捐赠一批书籍。

为感谢邓老及其家人对家乡教育事业的支持，开平市政府办公室副主任安超率市志办干部和月山中学领导到广州拜访邓铁涛，给他带去家乡人民的问候和祝福。94岁的国医大师身强体壮，精神矍铄，谈吐风趣，其声琅琅。真是：千锤百炼，铁质坚韧贯古今；奔流不息，涛声响亮扬寰宇。（刘小斌　陈安琳）

源自开平的百年老字号企业潘高寿

广州潘高寿药业公司的创始人潘百世、潘应世兄弟，出生于医药事业发展较早的开平月山。清光绪十五年(1889年)，潘百世从美国返回家乡，与在家乡的大哥潘应世一起，在月山镇开办从医售药的店铺“百应堂”。他们还根据当地气候温热，人们容易上火的特点，用枇杷叶、淡竹叶、金银花等熬制凉茶，免费供人们饮用，提高人们身体的抵抗力，预防疾病发生。乡亲们对潘氏兄弟感恩戴德，交口称赞。

清光绪十六年(1890年)，潘氏兄弟移师省城，在广州高第街开设药铺，并将店名改为“长春洞”。“长春洞”药铺雇工10多人，制作、出售卫生丸、理中丸、保肾丸、白凤丸、宁神丸、镇惊散、百应丹等传统而剂型新颖、方便携带、疗效确切的中成药。这些药不但畅销广东各地，还远销到秘鲁、暹罗、新加坡等国家和地区。

到了20世纪初，潘氏兄弟相继辞世，“长春洞”药铺由潘应世的第四子潘郁生继承发展。潘郁生对中医中药研究颇有造诣。他在经营药铺的同时，锐意寻找、用心发掘有突破性的中药新剂型、新品种，以替代、扩充原有的膏、丹、丸、散。历史上，每逢大水灾过后，总是有大规模疫病爆发。岭南地区又气候炎热多雨，瘟疫更加厉害。潘郁生遍查医书、广访名医，认识到瘟疫来袭，肺部最先受到影响，然后影响其他脏腑，危害人们的健康。他吸收前人的各方面论述和临床实践医案的精华，根据自己的心得，潜心开处方，又反复修改，终于研制出治疗咳嗽、健肺强体的药物“川贝枇杷饮”。此汤剂将传统中医药理论和岭南实际情况有机结合起来，开创了“养肺治肺”的制药思路。

1924年10月，“长春洞”药铺毁于商团叛乱的战火之中。两个月后，药铺在十三行的豆栏上街复业。复业时，潘郁生将药铺更名为“长春洞潘高寿”药行，寓“制药求长春，济世盼高寿”之意。他据自己多年研究的心得，结合中医“培土生金”的治咳理论，采用西药制剂之质，将“川贝枇杷饮”汤剂改为糖浆剂，开“中药西制”先河，使良药不再苦口，这就是“潘高寿川贝枇杷露”。此药很快在广大市民心中扎了根，并在各地走俏。潘郁生看到这个产品的生命力，决定走生产治咳嗽药物的专业化道路。1929 年间，潘郁生将药铺作了分离处理，潘高寿药行专营“川贝枇杷露”，原来的“长春洞”仍生产和销售蜡丸。此后，潘郁生在同行之间的激烈竞争中挺了过来，有了“专利”意识，认识防伪的重要性，改良了包装，加强了宣传攻势，为推销潘高寿川贝枇杷露施展浑身解数。几年间，这个产品成为了家喻户晓、居家旅行的治咳良药，除了行销省、港、澳、台之外，还畅销东南亚的星、马、泰等地。

1937 年日寇大举侵华之后，广州屡遭日寇飞机空袭，“长春洞”成为废墟，潘高寿药行虽未全毁，但在日寇铁蹄下也无法安全，潘郁生与儿子潘祖馥、潘祖芬离开广州，分赴韶关、香港、东南亚开展潘高寿药行的业务，至 1945 年抗日战争胜利才齐集广州。潘郁生把川贝枇杷露定为拳头产品，一心一意扩大它的生产，把“潘高寿药行”更名为“潘高寿川贝枇杷露药局”。因为该产品质量好，疗效高，品牌过硬，尽管战乱不断，时局不稳，行销还是很广，1948 年至 1949 年间，药局发展到了鼎盛时期。广州解放前夕，潘郁生自己去了新加坡，其子潘祖馥留在广州主持药局生产经营，潘祖芬到香港主持香港潘高寿分号的经营。新中国成立初期，潘祖馥将广州潘高寿的生产和经营托付他的表亲区煜光、区祥宗代理，到了香港再也没有回来。

从 1954 年起，国家对资本主义工商业进行社会主义改造，1956 年 2 月，潘高寿药行与大同成药社、中华成药社赶上了社会主义改造的热潮，三家药业实行公私合营，组成了“公私合营潘高寿联合制药厂”，区祥宗任公方厂长，区煜光任资方代理。该厂把潘高寿川贝枇杷露作为主体产品保持了原潘高寿的传统特色。合营后不久，区煜光、区祥宗的堂兄弟区欲想出任制药、锅炉、生药处理、调配等几个核心工序的负责人。后来，区欲想被提拔为制药车间的负责人，并被确认为“老字号潘高寿的第四代传人”。因为有供销保障，有国家资金注入，有区欲想等技术骨干和工友们的共同努力，潘高寿的生产得到一定程度的发展。1959 年 10 月，潘高寿药厂被相邻工场失火殃及，一夜之间变成了废墟。到 1960 年底，才又第三次“起死回生”，恢复传统产品“川贝枇杷露”的生产，到 1960 年，在克服了资金、药材、设备缺乏等重重困难之后，生产直线上升，质量也不断提高。川贝枇杷露于 1961 年荣获了“广州市一等名牌产品”称号，潘高寿产品再度扬名，畅销各地。

“文化大革命”期间，潘高寿药厂的生产也受到了不同程度的影响。1977 年，“文化大革命”结束，潘高寿药厂迎来了制药业的春天。1982 年 4 月，“潘高寿”商标获国家工商行政管理局批准。是年，新任厂长彭文协带来了西药厂较先进的生产工艺、技术和经营管理理念，大力倡导改革。次年，潘高寿引进全国第一条液体灌装自动线，一次完成理瓶、输瓶、计量灌装、塞内枳、拧盖、贴标签、印批号等工序，药液储灌及管道均采取密闭式，既保证产品质量，又使包装实现自动化，完成了作坊式生产向现代化中药企业生产的转变。1987 年，又购置先进的检测仪器，对川贝枇杷露、蛇胆川贝枇杷膏、蛇胆川贝液等产品的主要原料蛇胆、川贝等进行全面检测，为保证原材料和产品质量提供科学的依据，提高了产品竞争力。进入 90 年代，潘高寿有两个产品获国家中医药管理局优质产品称号，两个产品获第七届“羊城杯”质量奖，一个产品获省优秀儿童用品奖，并被市评为全面质量管理先进企业。1992 年，潘高寿药厂改制为广州潘高寿药业股份有限公司，建立起现代企业制度。1994 年，广州市政府为适应城市发展需要，决定兴建地铁，潘高寿公司也列入到征用拆迁范围。1995 年 10 月，潘高寿公司在番禺新工业区建起了一座占地面积 5000 平方米的现代化厂区。是年，公司工业总产值 13756 万元，税利 2400 万元，实现了搬迁、生产两不误。

一直以来，潘高寿的历任领导都致力于秉承“积功累德，济人济世”和“养肺治肺”的制药理念，“打造呼吸系统用药第一品牌”，与全公司员工一道付出了心血和汗水。进入新世纪，潘高寿把质量管理放置到前所未有的高度。为确保质量，抬高产品的防伪门槛，守住品牌尊严，引进了德国 B+S 高速全自动液体灌装生产线，成为国内相同剂型生产厂家中首家与国际先进设备接轨的企业。跟此设备相配套的包装材料，根据产品与罐装条件专门设计，杜绝了假冒的可能性。其“内塞密封”结构，防渗漏性好，不仅保证药液的有效成份不挥发，而且保证了药液无法置换或加入不良成分。国家发改委组织各方专家通过对潘高寿蛇胆川贝液的品牌、质量、疗效、原料用量等方面进行评定后，将其定位“优质优价”产品，成为国家政策保护对象。“潘高寿”成为了全国品牌。“潘高寿蛇胆川贝液”被广州市名牌产品认定推荐委员会确认为广州市名牌产品，“潘高寿牌蛇胆川贝枇杷膏”被省经委、省名牌产品认定委员会确认为广东省名牌产品，“潘高寿”商标被广州市人民政府认定为广州市著名商标、被省工商行政管理局认定为广东省著名商标。

潘高寿公司围绕“养肺治肺”的品牌核心，挖掘公司传统古方，开发天然保健食品作为品牌延伸，药品、食品“两翼齐飞”。

潘高寿产品销量，多年保持两位数增长，名列中国中药制药业50强前列。

2006年，潘高寿公司获商务部颁发的“中华老字号”称号；2007年，潘高寿凉茶秘方及其专用术语被评为“广东省非物质文化遗产”。“潘高寿”在中国品牌研究院公布的“中华老字号品牌价值百强榜”中，集“中华老字号”、“广州老字号”、“治咳老字号”、“广东省著名商标”、“广州市著名商标”等于一身，全国排名第28位，品牌价值4.65亿元。2007年，潘高寿凉茶（72号秘方及其专用术语）入选“国家级非物质文化遗产”；2008年，“潘高寿传统中药文化”通过国务院评定，入选“国家非物质文化遗产”。自1890年创号以来，“潘高寿”经历代制药人的保护和弘扬，如今已成为岭南中药文化的杰出代表和佼佼者，潘高寿已明确且做好了规划，将鼎力打造南药特色，传承、发展、光大中医药文化。

潘高寿品牌已在全国范围内树立起“治咳专家”的形象，成为全国品牌。它的营销遍及全国市场，它的产品出口范围逐渐拓宽，先后在澳洲、美国、新加坡、日本等地铺开了市场，增加出口创汇。

潘高寿人长期以来热心社会文化公益事业，每逢国家遭遇重大自然灾害，都会挺身而出，以大量人力物力扶贫济困，回馈社会。向宋庆龄基金会赞助支持第六届全国足球赛，向广州市残疾人福利基金、向广东省妇女儿童发展基金作出捐助，为女足世界杯赛捐资，给奥运冠军赠送产品和慰问金，资助中国民族民间艺术专业学校并与该校的“郭兰英艺术团”结为“精神文明共建单位”，通过广州慈善会向社会捐赠一批价值45万元的治疗“非典”药物，与从化市公路管理局资助从化城郊康村水利灌溉工程改造，向广州市慈善会捐赠价值达180万元药品，华东地区水灾、长江流域水灾、四川大地震都捐钱捐衣捐物支援灾区……2006年及2007年两个年度，潘高寿公司分别获由《羊城晚报》和《新快报》组织百姓投票评选出的“最具社会责任感企业”荣誉称号。

潘高寿人更没忘记潘高寿发祥地的乡亲们。1992年10月，斥资25万元在月山镇桥头乡潘氏族人发源地兴建“潘高寿大道”。2009年7月，公司领导带领100多名党员、干部到开平开展寻根活动，向家乡人民赠药，并开展产品义卖活动，将义卖所得款项全部捐献开平市政府的扶贫组织。2009年8月，公司纪委书记梁志平带队到开平参加“开平市十运会”开幕式，向“娘家人”送上一大批慰问品。在潘高寿创立120年庆典之际，公司党委书记郑楠率潘高寿第五代传人、副总工程师卢其福和记述潘高寿发展壮大历史的《生金记》一书作者林沃亮等回到家乡开平，将1200册《生金记》捐赠给部分学校和“农家书屋”，还举行了关于“养肺养生”的讲座，向家乡人民送上了一份精神生活的厚礼。“娘家人”对潘高寿的巨大成就和取得的荣誉感到欣慰，以潘高寿为荣，对潘高寿为家乡所作出的贡献深表谢意。2009年6月10日，潘高寿公司举办“国家级非物质文化遗产挂牌仪式”，开平市副市长黄婉慈带领市志办全体同志出席仪式；同年7月2日，在开平市的城市广场，由开平市委宣传部主办，开平市文化部门与潘高寿公司的企业文化艺术团联合举办了一场“开平潘高寿根连根，文化遗产手牵手”大型文艺晚会；在潘高寿公司举办成立120周年盛大庆典活动中，开平市政协副主席杜海英率市志办全体人员出席会议，杜海英代表开平市委、市政府以及开平60多万父老乡亲向潘高寿致以亲切问候和热烈祝贺，并希望潘高寿强化企业品牌意识，努力增强企业发展后劲，全力打造药品、健康食品多元发展的中国名牌企业、世界知名企业，生生不息，再续传奇。　（良戈）

创刊号
(2008-2009)

大事记

KAIPING NIAN JIAN

大 事 记

1993 年

1 月 5 日 经国务院批准，同意撤销开平县，设立开平市(县级)，由省直辖，委托江门市代管。以原开平县的行政区域为开平市的行政区域，不增加机构和编制。

3 月 10—12 日 中共开平市第八次代表大会在三埠召开。大会选出八届市委委员 37 名，候补委员 3 名，纪委委员 13 名。

3 月 28 日 举行撤县设市暨 38 项工程剪彩奠基庆典大会，参加庆典大会的有中央、省、市领导，华侨、港澳台同胞以及本市各级干部、群众、师生 1 万多人。

4 月 17—20 日 市政协八届委员会第一次会议在三埠召开， 选举产生了新的领导成员。

4 月 18—22 日 开平市十一届人大一次会议在三埠召开。会议讨论审议了《政府工作报告》等 6 个报告，选举产生市人大、市政府、市法院和市检察院新的领导班子。

8 月 15—19 日 省少年男、女子排球锦标赛分别在陆丰县和本市举行。经过激烈的循环角逐，本市男、女队双双获得冠军。

11 月 9 日 经省政府批准，开平市撤销原三埠镇、长沙镇，市区内设三埠区、长沙区、沙冈区 3 个办事处。当日分别举行了挂牌仪式。从此，开平市市区行政区域由原来的 22 平方公里扩大到 108.3 平方公里。

11 月 24 日 开平市被评为“中国明星县(市)”，在全国 101 个明星县（市）中名列第 59 位。这是江门市唯一获此项殊荣的县（市）。

1994 年

2 月 3 日 开平市新的机关办公大楼举行兴工典礼。该大楼位于三埠苍江河畔，主楼 13 层，建筑面积 25600 平方米，新行政区占地 200 亩。

4 月 26 日 由中国国际商会开平市商会、香港开平同乡会联合举办的“94 开平市香港商务联络会”在香港弥敦酒店三楼正式开幕。市党政主要领导出席茶话会。来自美国、加拿大等国家和港澳台地区的客商 417 人应邀出席盛会。

6 月 3 日 在省召开的双拥模范城命名大会上，开平市被省委、省政府、省军区命名为“双拥模范市”。

6 月 6—9 日 “开平市经济贸易洽谈会”在北京国际饭店隆重举行。中共中央政治局委员、国务院副总理邹家华，全国人大常委会副委员长雷洁琼，原中顾委常委李德生、刘澜涛，原国务委员张劲夫等领导，还有来自全国各地和港澳台地区的客商代表 820 多人出席盛会。

7 月 12 日 中共中央政治局委员、 广东省委书记谢非前来开平市视察，受到市领导黄广汉、关均溢、邝全新、张汝韶等热情接待。

10 月 14 日 开平市与美利坚合众国亚利桑那州美莎市正式缔结为友好城市签字仪式在侨园宾馆举行。市长关均溢与美莎市市长邓伟利签订了两市友好合作协议书。

11 月 7 日 国务委员陈俊生等一行，在副省长欧广源、江门市委书记古日新的陪同下，前来本市视察。黄广汉、关均溢、张汝韶等领导热情迎接，并向陈俊生等汇报了本市工农业生产和各项建设事业发展情况以及建市后发展的新构思、新蓝图。

1995 年

1 月 由国家科委、国家统计局等部门联合举办的首届全国县（市）科技实力擂台赛揭晓。全国 110 个县（市）获“科技实力强县”称号，广东省获此称号的县（市）共有 11 个，本市属其中之一。

4 月 14 日 市委召开组织工作会议，传达贯彻全国、全省组织工作会议精神，着重研究如何抓紧培养和选拔优秀年轻干部的有关问题。市委常委、组织部长周松镇在会上作了传达报告，并提出要求。江门市委常委、开平市委书记黄广汉在会上就新时期如何做好培养和选拔年轻优秀干部工作作了重要讲话。

7 月 14—17 日 中共中央政治局委员、广东省委书记谢非，省委副书记兼省长朱森林，省委副书记黄华华，分别到本市检查、指导工作。

8 月 11—12 日 全国人大常委会副委员长吴阶平到本市视察、指导工作。

8 月 30 日 世界著名生物学家牛满江教授及其夫人一行 10 人，在江门市委统战部部长陈瑞强等陪同下，到本市参观指导。

9 月 财政部根据 1994 年财政总决算资料，对全国财政收入百强县(市)进行了一次统计排列，开平市财政收入 22893 万元， 荣居全国百强县(市)前列，排列第 17 位，在广东省各县(市)中位居第 6 名。

10 月 30 日 经国家统计局中国农村评价中心评估确定，开平市被评为第三届“中国综合实力百强县（市）”，排名第 50 位。这是开平市首次跨入中国综合实力百强县（市）行列。

是年 开平市在全国城市卫生检查中被评为“全国卫生城市”。

1996 年

1 月 26 日 开平市被国家爱国卫生运动委员会评为卫生城市。

1 月 28 日 市新行政区正式启用，市委、市人大、市政府、市政协、市纪委以及市直机关喜迁新址挂牌办公。开平市新行政区座落在三埠苍江河畔的长沙光华路 1 号。

3 月 28 日 市委、市政府在市机关大院内隆重举行 38 项工程剪彩暨第二批荣誉市民授荣庆典大会。这次落成剪彩的 38 个项目，总投资达 18.6 亿元。

7 月 开平市被评为全国水利经济先进县（市）。

8 月 根据财政部 1995 年地方财政收支决算资料公布，1995 年开平市财政收入 25173 万元，再度荣居全国财政收入百强县（市）前列，排列第 26 位，并在广东省各县（市）中位居第 6 名。

10 月 25 日 市委、市政府在市行政机关大楼召开机构改革会议，部署全市党政机构改革和推行国家公务员制度的工作。

11 月 29 日 中共中央政治局候补委员、中央书记处书记温家宝，在省委副书记黄华华和市领导关均溢、邝全新、张汝韶的陪同下，先后考察了大沙河水库、龙胜镇大雄管理区的种养专业户、市金钱龟养殖场以及月山镇金村管理区的养鸡基地。

1997 年

1 月 13 日 市中心医院举行奠基典礼。该医院是市委、市政府兴建的一所大型现代化综合性医院，占地面积 150 亩，计划建筑面积 7 万平方米，总投资 1 亿元。香港知名人士利国伟认捐 3000 万元。

5 月 2 日 省文化厅厅长阎宪奇、副厅长陈中秋一行 5 人到开平市检查指导工作，对开平市在改革开放中坚持办好“四馆一站”以及活跃侨乡文化、送戏上山下乡等方面的工作给予充分的肯定。

5 月 9 日 是日为中国民间传统节日端午节。开平市 1997“中银杯”龙舟赛在三埠潭江河段举行。共有 58 个代表队 2000 多名运动员参赛。观看群众近 8 万人。

是年 开平市被评为“全省民政工作先进市”和“全国民政工作先进市”。

1998 年

6月16日 市委召开领导干部会议，宣布省委和江门市委关于本市主要领导同志职务变动的决定。江门市委常委谭思哲任开平市委书记，免去黄广汉兼任的开平市委书记、常委职务；施昭平任开平市委副书记，免去关均溢开平市委副书记、常委职务。

6月16日 市十一届人大常委会第四十二次会议召开。会议根据关均溢市长的提请，决定施昭平为开平市人民政府副市长。会议接受关均溢辞去开平市人民政府市长职务的请求，并通过了相应的决议。会议根据市人大主任邝全新提请，决定施昭平为开平市人民政府代理市长。

6月23日 中共开平市委八届十一次全体（扩大）会议召开。大会由施昭平副书记主持。会上，谭思哲书记要求各级党员干部团结一致向前看，全力以赴抓发展。强调要“十提倡、十反对”。

6月23—26日 全市各地普降暴雨到大暴雨，部分地区降了百年一遇的特大暴雨。由于暴雨成灾，加上处于本市上游的恩平市三大水库超量泄洪，使全市江河水位迅速猛涨（三埠25日珠基水位2.51米，比新中国成立以来最高水位的1981年7月1日的2.49米高出2厘米），给全市造成严重的经济损失。

市委、市政府多次召开紧急会议，研究和部署抗灾救灾工作。为迅速恢复灾后生产，帮助灾区重建家园，全市各级干部群众、华侨、港澳台同胞踊跃捐款，市政府在财政比较困难的情况下，尽力支持，全市共计筹集赈灾款1948.1万元，救助灾民1.7万户共3.8万人。

7月15—17日 中共开平市第九次代表大会在新人民会堂召开。中共江门市委常委、开平市委书记谭思哲代表中共开平市委八届委员会向大会作了题为《团结奋斗、开拓前进、共创侨乡现代化建设新局面》的报告，总结过去五年的工作，部署今后五年的任务，动员全市共产党员和干部群众为实现本市跨世纪宏伟目标，开创侨乡经济和社会发展新局面而奋斗。在九届一次全会上，选举谭思哲、施昭平、张汝韶、周松镇、李青亮、司徒启维、黄继烨、周大建、李宝贞、张星杰、梁毅民为市委常委，谭思哲为市委书记，施昭平、张汝韶为市委副书记。市纪律检查委员会同时举行第一次全委会议，选举周松镇为纪委书记，陈景超、胡治新为副书记。

7月20—23日 市政协九届一次会议召开。大会选举方华新为市政协主席，关荣均、司徒玉明、关仕儒、胡兆源、马本天、吴惠英、黄旭征、徐志杰为副主席。

7月21—24日 市第十二届人大一次会议召开。大会选举苏清香为市人大常委会主任，唐石生、谢文蔼、许松喜、周子义为副主任。选举施昭平为市长，周成辉、吴锦雅、梁树相、梁许赞、胡乃辉、苏树栋为副市长，关雪礼为法院院长，周振池为检察院检察长。

9月16日 市涤纶集团公司被国家绿委会评为“全国部门造林绿化400佳单位”。

10月17日 在全省水利工作会议上，本市被评为1998年度广东省水利水电工作先进县（市），获一等奖。至此，本市水利水电工作连续4年被评为先进县（市）。

12月 国家防汛抗旱总指挥部、中华人民共和国人事部、中国人民解放军总政治部联合授予开平市为“1998年全国抗洪先进单位”。

1999年

2月13日 开阳高速公路合同签订仪式在广州市举行。该项目由开平市与省高速公路公司共同投资，总投资达50亿元，这是开平市有史以来投资最大的项目。

3月6日 广东彼迪药业有限公司经省科委审查评审，被批准为省高新技术企业，成为开平市第一家省级的镇办高新技术企业。

3月15日 省军区政治部主任张喜云少将到开平市检查指导。

3月31日 政协九届二次会议闭幕。会议期间，政协常委吴荣治提议重修开元塔与金章阁，使其成为开平新景点，并率先捐款100万港元作为重修费用。

6月15日 举行开平市招商洽谈会暨“中银杯”龙舟锦标赛。招商洽谈会共签定合同协议意向51个项目（其中意向书23项，协议书6项，合同书22项），总投资额1.2亿美元，外资占7668万美元，利用外地资金2762万元。

10月22日 水井镇“万隆客栈”革命纪念馆重建落成。市领导、有关部门负责人和水井镇党政领导、原粤中纵队第六支队部分老战友以及当地师生近300人参加落成庆典活动。

12月 经文化部考核验收，市伟伦图书馆被列为国家一级图书馆。

2000年

1月3—6日 市召开1999年度工作会议，传达贯彻中央经济工作会议和省委、江门市委工作会议精神，总结开平市1999年的工作，研究部署2000年的任务。

1月 经建设部考评，开平市第三次被评为全国“城市环境综合整治优秀城市”。

2月 开平市人民武装部被评为1999年度广东省先进人武部，该部党委被评为先进人武部党委，该部部长李建军、政委黄继烨被评为“一对好主官”。

2月28日 市召开“三讲”教育动员大会。广东省委常委、常务副省长王岐山代表省委前来开平市进行“三讲”教育动员。

5月 开平市第12届人民代表大会常务委员会第17次、第18次会议通过，决定授予张仲文等54人“开平市荣誉市民”称号。

6月2日 中共开平市委、开平市人民政府决定授予胡耀坤等19位华侨、港澳台同胞和外商“特别贡献奖”。

6月18日 因所罗门国发生政变，局势混乱，116名华侨、华人在中国政府的大力帮助下，乘坐南方航空公司专机回到祖国。在这批侨胞中，开平籍有32人，其中男10人，女22人。他们都得到市政府的热情接待和妥善安置。

7月1日 市委、市政府发出紧急通知，要求吸取江门“6·30”事故教训，抓好安全生产工作。市成立了以施昭平市长为组长的安全生产检查组。

8月18日 市举行第八届体育运动会开幕仪式。来自各镇（办事处）、战线的29个代表团1300多人，参加足球、羽毛球、田径、武术等10个项目竞赛。

10月31日 市人民政府发文，把位于水口镇的黄氏大宗祠、龙冈古庙、溯源家塾和位于三埠区的风采堂、风采楼以及遍布全市各地的1833座碉楼，定为开平市第二批文物保护单位。

11月7日 中国科学院南京紫金山天文台在香港举行“何梁何利星”命名证书颁授仪式。香港名贤、开平市荣誉市民利国伟荣获命名殊荣。

11月28日 国家文物局局长张文彬及省文化厅、文物处领导到本市考察碉楼，要求坚持原状原貌，进行保护性开发。

12月8日 中国（水口）水暖卫浴展隆重开幕。在开幕典礼上签约项目10个，合计人民币4.78亿元。

2001年

2月8—9日 美国美莎市市长肯奴霍克及其子女一行到开平市作友好访问。美莎市于1994年10月与本市缔结为友好姐妹城市，在平等互利的原则下进行经济、文化等多方面的交流。

3月9日 市召开会议部署全市碉楼普查工作。

6月11日 《开平碉楼保护管理暂行规定》发布实施。该《规定》就碉楼的定义、保护职责、保护范围、奖励与惩罚等作了明确规定。

6月15日 2001年开平市招商洽谈会在潭江半岛酒店举行，共达成签约项目32项，利用外资总额1.13亿美元，签署贸易成交合同19项，成交总额4.31亿元。

6月 开平碉楼被国务院公布为第五批全国重点文物保护单位。

8月6日 中共开平市委九届六次全会召开。全会审议并通过了《中共开平市委关于进一步改善和优化投资环境，加快吸引外资民资投资发展的决定》和《中共开平市委关于贯彻落实〈中共广东省委关于大力推进农业产业化经营的决定〉的意见》。

10月15日 第九届全国运动会女子排球A组赛在市体育馆举行。

10月17—18日 市委、市政府和金融行业采取得力措施，及时化解了发生在本市中国银行储蓄网点的挤提风波。

12月12日 遵照公安部的指示，市公安机关协助省公安厅、江门市公安局将杀害中国留美学生杨建清夫妇的犯罪嫌疑人周文石（开平市百合镇人）抓获归案。

2002年

1月16、17日 中国曲艺家协会2002年工作会议暨“中国曲艺之乡”命名仪式在市举行。本市获得“中国曲艺之乡”殊荣。

2月1日 开平学宫文化研究会成立。开平学宫位于苍城镇东门街，占地6600多平方米，始建于1669年，是开平育才祀圣之基地。1982年被列为市第一批重点文物保护单位。

2月19日 中共中央政治局常委、全国人大常委会委员长李鹏到江门市视察期间，与广东省委书记李长春、江门市委书记蒋进等领导，会见了9名为江门经济和社会发展、为五邑大学的建设做出过贡献的华侨、港澳代表，与他们进行了座谈。市依利安达电子有限公司董事长谭锦豪、香港开平同乡会会长吴荣治受到接见并参加了座谈。

3月27日 全国人大常委会委员、著名经济学家厉以宁教授到本市考察，并在参观立园后即兴题词：“百树千花游子意，一亭一阁故园情。”

4月15—25日 第32期全国侨务干部培训班在本市金山渡假村宾馆举行。

6月14日 2002年开平招商洽谈会共达成签约项目48项，利用外资总额1.23亿美元，国内投资总额2.5亿元，签署贸易合同18项，成交总额4.78亿元。

6月14日 中共开平市委、市人民政府聘请梁祥彪等9位国内外著名人士、专家、学者为开平市经济发展顾问委员会高级顾问。

7月26日 省长卢瑞华签署命令，颁布《广东省开平碉楼文化遗产保护管理规定》。这是全国第一个以省长令的形式通过保护文化、自然遗产的专项法规。

8月22日 澳门特别行政区行政长官何厚铧到本市访问。

8月 新编《开平县志》印刷出版，国内外公开发行。该书记录了开平自1649年立县至1993年撤县设市近350年的历史，详叙了开平侨乡的形成、碉楼之乡的兴起、建筑之乡的变化和文化之乡的兴盛，是本市首部国内外公开发行的大型综合性志书。

9月6日 市召开新编《开平县志》征订发行工作会议。会议强调各单位要积极认真做好此项工作，广泛发动中小学校、厂矿、企事业单位、社会团体和个人踊跃订阅，兴起全民读志、用志热潮。

9月21日 市档案馆首次向社会开放馆藏档案，内容包括有民国时期档案、革命历史档案、开平县委1950—1970年的文书档案以及旧报纸、侨刊、开平大事记、组织沿革、照片、图书等。

9月22日—10月6日 市举办“2002年开平侨乡碉楼文化旅游节”。

11月7日 祖籍百合厚山著名水稻生态育种家、广东省农科院研究员、中国工程院院士黄耀祥回乡考察，决定在开平建立“超优势稻”培育基地。

11月9日 世界关氏宗亲总会第七届恳亲大会在本市召开。来自加拿大、美国、新加坡、越南、马来西亚等20多个国家和地区的华侨、港澳台同胞以及国内20多个市、县的嘉宾600多人齐聚开平与会。

12月5日 国务院副总理钱其琛在省委书记张德江等的陪同下，到本市考察。

12月11日 首届中国（开平）牛仔服装节在水口水暖卫浴展贸中心开幕，国家、省、江门市有关领导和国内外嘉宾近3000人参加盛会。开幕式上，中国纺织工业协会领导宣布开平市被命名为“中国纺织产业基地市”。

12月19日 傍晚17时55分左右，全市大部分地区电闪雷鸣并下大雨，塘口、赤坎和三埠的部分地区降下大小不一的冰雹，冰雹直径以1厘米居多，最大的有2厘米，降冰雹时间持续约15分钟。这种现象是开平市自1959年以来出现的第二次。

12月26日 省长卢瑞华到开平市考察。

2003年

1月上旬 国家旅游局公布2002年第四批国家AAAA级和AAA级旅游区（点）名单，开平立园名列在AAAA级旅游区（点）名单中。

1月3—4日 省委副书记、常务副省长黄华华到市考察。

3月6日 美国霍尼韦尔公司特种材料部门总裁南茜女士到本市访问，考察了开平霍尼韦尔公司的生产情况。

3月23日 下午3时40分，长沙影剧院突然起火，火势蔓延。公安局、消防大队官兵们奋力灭火，6时左右，大火被全面扑灭。此次大火没有造成人员伤亡。

4月3日 在北京人民大会堂召开的全国食品工业强县和优秀龙头食品企业表彰会上，开平市以及嘉士利集团、味事达、广合腐乳、嘉士利果子有限公司、罗赛洛（广东）明胶有限公司等5家企业受到表彰、奖励。江门市委常委、开平市委书记谭思哲代表受表彰的48个全国食品工业强县（市、区）在会上作发言。

4月中旬 中共江门市委决定：赵瑞彰同志任中共开平市委书记；谭思哲同志不再兼任中共开平市委书记、常委、委员职务。

4月 从2003年年初起，全国各地先后发现“非典型性肺炎”病例。至本月下旬，开平市共发现3个疑似“非典”病例，其中首例已康复出院，第二例为香港居民，已上送到江门治疗，第三例病人仍接受隔离治疗，病情正逐步好转。

5月14日上午—16日上午 中共开平市委第十次代表大会在市人民会堂举行。赵瑞彰代表第九届市委作报告，总结过去五年取得的成绩和经验，选出十届市委委员、候补委员和市纪委委员，并通过两项决议。

5月16日下午 中共开平市委十届一次全会在市行政大楼会议室举行，选出领导机构。赵瑞彰当选市委书记，施昭平、吴平超、温群湛、谭德荣当选市委副书记。全会通过了市纪委一次全会选出的领导机构，温群湛任市纪委书记。

5月28日 在市政协十届一次会议上，周松镇当选主席，关仕儒、吴惠英、关开宗、杜海英当选副主席。

5月31日 市十三届人大一次会议选举赵瑞彰为市人大常委会主任，唐石生、司徒振波、谭沃羡、黄旭征为副主任；施昭平为市人民政府市长，谢伯欣、张星杰、苏树栋、梁和平、李学明、黄婉慈为副市长；阮卫国为市人民法院院长；罗锦达为市人民检察院检察长。

6月5—6日 中国侨联主席林兆枢到市调研，首先参观了中国侨联爱国主义教育基地之一——南楼，随后又到著名爱国侨领司徒美堂故居参观。

10月11日 由中国致公党中央、广东省政协、江门市政府、开平市政府联合主办“纪念司徒美堂先生诞辰135周年”系列活动在开平举行。下午，“纪念司徒美堂先生诞辰135周年大会”在市人民会堂隆重举行。全国政协、省、江门、开平有关领导和海外嘉宾共350人出席大会。大会还举行了《司徒美堂》（再版）、《司徒美堂纪念画册》及司徒美堂诞辰纪念封的发行仪式。

10月12日 全国政协副主席、致公党中央主席罗豪才、中国侨联副主席唐闻生等领导在赤坎中股牛路里司徒美堂故居为司徒美堂铜像揭幕，并参加了南楼“中国侨联爱国主义教育基地”揭牌仪式。

10月21日 开平市被建设部授予“全国园林绿化先进城市”称号。

11月25日 国务院侨办主任陈玉杰到开平市视察，对市的侨务工作给予较高的评价，并提出今后侨务工作的方向。

12月9日 下午，市召开第八届归侨侨眷代表大会。省侨联秘书长、江门侨联主席、开平市四套班子成员、归侨侨眷代表和来自海内外、港澳地区的嘉宾，以及市有关单位负责人近400人参加会议。

2004年

1月8—11日 市长施昭平和市委副书记吴平超代表开平市参加在郑州召开的全国旅游工作会议，在会议的颁奖仪式上，施昭平从国务院副总理吴仪手上接过了“中国优秀旅游城市”牌匾和证书，开平市成为了广东省唯一拥有这一称号的县级市。

4月11日 上午，水口镇龙冈古庙举行修复六周年纪念活动，来自省内多个地区的刘、关、张、赵四姓群众代表，以及华侨和香港同胞共

1300 多人参加了这一盛会。龙冈古庙始建于清代，距今已有 300 多年历史。龙冈古庙为市文物保护单位。

5 月 25 日 开平市十三届人大常委会第八次会议通过关于授予林国波先生等 35 位人士开平市荣誉市民称号的决定。

5 月 29 日 香港同胞李秋发在工商局办理了营业执照，成为本市首位“港人个体户”。

6 月 18 日 开平市聘请杜钰洲先生等 12 位专家学者企业家为高级顾问。

6 月 18—19 日 市举行 2004 年招商洽谈会暨“电力杯”龙舟锦标赛。招商洽谈会上达成签约项目 472 项，现场签约 8 个投资项目。大会期间还举行了“中国纺织产业基地市”创新平台启动仪式、聘请高级经济发展顾问和荣誉市民授荣、“中国碉楼之乡”揭幕仪式等多项活动。

7 月上旬 开平碉楼申报“世遗”被世界遗产中心正式受理。

10 月 19 日 上午，第四届中国（水口）水暖卫浴设备展销洽谈会在水口卫展中心开幕。开幕式上安排了 12 个项目现场签约，其中贸易项目 6 个，贸易成交 4300 万美元；投资项目 6 个，投资总额 3130 万美元。是年，水口水暖卫浴产业的产值、销售额、出口额与去年同期相比，分别增长了 30%以上。

11 月 8 日 下午，全国人大常委会副委员长司马义·艾买提在江门市委书记陈继兴和江门市人大常委会副主任司徒捷陪同下到本市视察。

12 月 21 日 市获“全国文物工作先进县”荣誉称号。“全国文物工作先进县”评比活动由文化部、国家文物局联合举办，开始于 2003 年。本次获得表彰的县（市、区）有 31 个，开平市是广东省唯一获此荣誉的市（县）。

2005 年

1 月 6—7 日 本市首批 336 名“十百千万”下基层驻农村干部分两批进驻全市 16 个镇（办事处）226 个村委会，标志着开平市“十百千万”干部下基层驻农村工作进入实施阶段。

2 月 14 日下午 全国政协副主席、致公党中央主席罗豪才一行在省有关部门负责人及江门市人大副主任吴森、副市长李崴、政协副主席王曙星等陪同下，到本市进行旅游资源、经济文化发展方面的考察。

3 月 21 日 政协开平市第十届委员会第三次会议在人民会堂举行。来自各党派、团体、各界的 198 名政协委员参加了会议。会议审议通过了《政协开平市第十届委员会第三次会议决议》，会议同意《政协开平市第十届委员会常务委员会工作报告》，同意《政协开平市第十届委员会常务委员会关于市政协十届二次会议以来提案工作情况的报告》。会议于 3 月 23 日上午闭幕。

3 月 24 日 开平市第十三届人民代表大会第三次会议闭幕。会议期间，共收到代表 10 人以上联名提出的议案 57 件。会议以无记名投票表决方式，补选了吴平超为市人民政府市长、阮卫国为市人大常委会副主任、冯惠祥为市法院院长，并经大会主席团第四次会议依法确认当选结果。市委书记、市人大常委会主任、大会主席团常务主席赵瑞彰在会上分别向吴平超、阮卫国、冯惠祥颁发了当选证书。

4 月初 三埠街道办事处中山村被司法部、民政部评为“全国民主法治示范村”，苍城镇潭碧村被省司法厅、民政厅评为“广东省民主法治示范村”。

4 月 12 日 全国老龄工作委员会授予本市“全国老龄工作先进县（市）”荣誉称号，成为广东省六个获此殊荣的县（市）之一，更是江门五邑地区唯一上榜的市（区）。

4 月 21 日 国家主席胡锦涛在汶莱首都斯里巴加湾市接见工商界代表。开平市荣誉市民、著名侨领关英才获邀参加会见，与胡主席亲切交谈握手并合影。

4 月 24 日 旅居澳门的乡亲司徒眉生应印度尼西亚总统苏西洛的邀请，以贵宾身份出席在印尼万隆市举行的“亚非会议 50 周年纪念盛会”。司徒眉生是作为前印尼总统苏加诺的助理，50 年前曾为万隆会议筹备和召开做出贡献的元老而被邀请的。司徒眉生成了绝无仅有两次亲身经历万隆会议的开平人。

5 月 4 日 《革命烈士诗词·周文雍》特种邮资明信片发行集邮活动在开平市城市广场举行。2005 年是世界人民反法西斯斗争胜利 60 周年和中国人民抗日战争胜利 60 周年，也是中国工人运动先驱、开平籍革命烈士周文雍诞辰100周年纪念。

6月26日 是日晚上，在城市广场隆重举行主题为“团结慈善”捐款文艺晚会。市四套班子领导，各镇（办事处）及市直单位主要领导，来自香港、澳门等地的嘉宾、海外华侨，市的企业家代表及社会各界人士参加了晚会。当晚共筹得善款2126万元。

6月28日 省民政厅正式发出批复，同意撤销沙冈街道办事处，将其区域并入水口镇。新水口镇全镇总面积为80.5平方公里，总人口8.4万人，另有外来人口2万多人。

8月25日上午 中央第五巡回检查组在组长、中央候补委员、国家体育总局党组书记李志坚带领下，到市检查先进性教育活动开展情况。

8月31日 市委在市人民会堂隆重举行纪念周文雍烈士诞辰100周年大会。周文雍是广东早期工人运动领导人之一，1928年被捕，与陈铁军一起在广州黄花岗英勇就义，并给世人留下了“刑场上的婚礼”的爱的绝唱。

9月上旬 市委、市政府在金山度假村向全市25位抗战老战士、老同志颁发由中共中央、国务院、中央军委制发的中国人民抗日战争胜利60周年纪念章，褒扬抗战老战士、老同志为中华民族独立和解放事业作出的重大贡献。

9月10日 胡锦涛主席到访加拿大多伦多，开平籍旅加乡亲张哲旋与侨界代表前往机场迎接。当晚又获胡主席和夫人、国务委员唐家璇、外交部长李肇星等接见并共同照相留念。张哲旋现任多伦多东区华商会会长。

10月18日 第五届中国（水口）水暖卫浴设备展销洽谈会开幕，共2000多人出席了开幕式。

11月2日 应开平市人民政府的邀请，开平姐妹城市——美国亚利桑那州美莎市友好访问代表团一行18人在美莎市姐妹城市开平委员会主席罗纳德·内尔斯博士和美莎市两位议员瑞可斯·哥雷斯吴德、凯·琼斯的率领下，抵达开平进行为期4天的友好访问。

11月27日 中国摄影家协会在潭江半岛酒店举行授予开平市“中国摄影之乡”称号授牌仪式暨《沙飞摄影作品展览》开幕式。开平市是广东省首个获“中国摄影之乡”称号的市。

2006年

1月4日下午 中共开平市委召开十届六次全会，深入贯彻党的十六届五中全会、中央经济工作会议、省委九届八次全会、江门市委十届六次全会的精神，总结市委十届四次全会以来的工作，部署2006年工作。

1月5日上午 市召开全市第一批“十百千万”干部下基层驻农村总结表彰暨第二批动员大会。第一批336名下基层驻农村干部分别进驻全市226个村委会开展工作。

1月31日 美国司法部发表声明说，中国银行两名前管理者许超凡、许国俊及其同伙共5人被指控盗窃了超过4.85亿美元的资金，并通过拉斯维加斯赌场洗黑钱。许超凡、余振东、许国俊是中国银行广东开平支行先后三任行长，他们3人制造了盗窃、贪污、挪用7亿多美元的中国金融界惊天大案，且都潜逃到了美国。其中余振东已于2004年4月从美国递解回国。

3月8至10日 开平市第十三届人民代表大会第四次会议在市人民会堂召开。出席大会代表230多人。开幕式由赵瑞彰主持，吴平超作政府工作报告，会议通过了《政府工作报告》及《开平市国民经济和社会发展第十一个五年规划纲要》等决议。

4月18日 国家主席胡锦涛访问美国，在首站华盛顿州西雅图市期间，受到当地华侨华人的热情欢迎，负责此次迎接的总指挥是祖籍开平塘口旅美侨领方伟侠。方伟侠现任美国西雅图华源国际贸易集团有限公司总裁，是美中经济文化发展促进会会长、美国西雅图华人联合会主席。

4月20日 开平旅美著名侨领方创杰先生与夫人谢洁霞女士应邀前往美国首都华盛顿，出席布什总统欢迎胡锦涛主席的仪式。方创杰伉俪是受邀请出席欢迎仪式的三藩市5名华侨代表中的两位。

4月26日 受4月中旬所罗门群岛骚乱影响，共有90名开平籍侨胞在中国政府和省、市有关部门的大力帮助下，分多批回到了开平。省、江门市和开平市领导对此事高度重视，先后对他们进行亲切的慰问。是日上午，开平市领导赵瑞彰、谢超武与赤坎镇、三埠办事处、市外侨局等有关部门负责人一行，先后慰问居住在赤坎镇、三埠办事处的所罗门归侨，帮助他们解决生活困难。

5月9日下午 广东省省长黄华华一行在江门市委书记陈继兴、市长王南健等陪同下，到市检查指导开平碉楼与村落“申遗”工作。

5月14日上午 由全国人大常委会副委员长、全国妇联主席顾秀莲率领，全国人大华侨委副主任委员张帼英任组长的全国人大归侨侨眷权益保护法执法检查组，到本市开展执法检查。

5月17日上午 卫生部副部长兼国家中医药管理局局长余靖一行在江门市副市长陈杭的陪同下，前来开平市检查指导工作。

5月18日 国务院总理温家宝签署第467号国务院令，公布《地方志工作条例》。《地方志工作条例》共二十一条，对地方志书及地方综合年鉴的编纂、验收、出版等方面均作了具体规定，充分体现了党中央关于“加强文化法制建设”和“要重视哲学社会科学领域立法工作”的精神，使地方志事业的健康发展有法可依。

6月3日 市委、市政府在潭江半岛酒店举办开平市2006年招商洽谈会，共达成外商投资项目23项，其中签订合同书10项，签订意向和协议书13项，合同利用外资合计1.3亿美元。

6月3日上午 国家文物局副局长童明康、中国国际古迹遗址理事会副主席郭旃、广东省文化厅副厅长景李虎、省文物局局长苏桂芬、华南理工大学教授程建军等领导和专家在江门市副市长李崴的陪同下，到开平检查碉楼与村落“申遗”工作。

6月24日 占地面积126亩，建筑面积近9万平方米的开平市中心医院——伟伦医院举行剪彩仪式。利国伟伉俪的代表、伟伦基金有限公司行政总裁梁祥彪，广东省卫生厅副厅长廖新波，江门市副市长陈杭，开平市四套班子领导，市有关部门负责人及来自各地嘉宾500多人出席了剪彩仪式。

6月26日 2006年全国高考成绩放榜。开平市有5724名考生参加高考，各批次入围人数、尖子生和高分层人数都再创新高，在江门七市（区）中处于领先位置。开侨中学学生陈智发以两个满分（900分）的好成绩，成为广东省总分、数学单科“双料状元”。

7月13日 广东省副省长谢强华、省劳动保障厅厅长方潮贵、省财政厅副厅长蓝佛安等在江门市领导王南健、黄悦胜等陪同下，前来开平市调研基层劳动保障服务平台建设情况。谢强华充分肯定了市的劳保工作。

8月16—17日 普通中小学已完成新学期的注册工作，全市7.2万多名农村户口学生成为首批享受免费义务教育的学生。

10月11日下午 中国共产党开平市第十一届委员会第一次全体会议在市行政大楼举行。出席会议的市委委员56人，市委候补委员11人。市纪委委员列席会议。这次全会选举产生了中共开平市第十一届委员会常务委员会委员11名、书记1名、副书记2名。赵瑞彰当选市委书记，吴平超、薛卫东当选市委副书记。

10月18日上午 为期四天的第六届中国（水口）水暖卫浴设备展销洽谈会在水口展贸中心开幕。

11月13日 政协开平市十一届一次会议召开，选举产生新一届领导班子，谭德荣当选为市政协主席。

11月14~17日 开平市第十四届人民代表大会第一次会议在市人民会堂召开。选举产生新一届市人大常委会主任、副主任、委员，市长、副市长，市法院院长，市检察院检察长，以及开平出席江门市十三届人大代表。赵瑞彰当选为市人大主任，吴平超当选为市长。

12月21日 以中医泰斗邓铁涛近一个世纪与中医药依存的坎坷经历为主线的科学文化电视片《苍生大医、世纪苦旅》在广州市举行开机仪式。当天，科技部副部长程津培院士、副省长雷于蓝等出席了开机仪式。2002年8月，邓铁涛以其夫人林玉芹的名义，向开平月山镇中学捐款30万元，建设学生宿舍“林玉芹楼”。

2007年

1月8日 开平市老干部大学正式成立，该大学是市委、市政府专为离退休老干部而开办的非学历教育的学校。

3月9日下午 开平市人民检察院被中华人

民共和国最高人民检察院评为“全国先进基层检察院”，是江门地区唯一获此荣誉的单位。

3月28—29日 开平市第十四届人民代表大会第二次会议在人民大会堂举行。市长吴平超向大会作政府工作报告。会议听取了大会议案审查委员会主任委员司徒振波所作的代表议案处理的意见报告，并以举手表决方式通过了6项决议。

5月16日 开平泮村灯会成功申报广东省非物质文化遗产。

6月16日 市举行2007年招商洽谈会暨龙舟锦标赛。招商洽谈会上签定合同、协议和意向的外商投资项目40个，利用外资合作1.31亿美元。

6月28日8时35分 开平碉楼与村落申遗成功。在联合国教科文组织第31届世界遗产大会上，开平碉楼与村落只用11分钟就顺利通过表决，成为中国第35处世界遗产、第25处世界文化遗产，也是广东省第一处世界文化遗产。开平碉楼与村落申遗成功，填补了中国在华侨文化遗产方面的空白，也填补了世界遗产在近代中外文化交流史上的空白，使广东省实现世界文化遗产零的突破。同日晚上，“开平碉楼与村落申报世界文化遗产成功”晚会在城市南广场隆重举行。

9月 从是年9月起，凡享受农村义务教育阶段免缴交杂费的学生，均免缴课本费，免除的课本费总额预算为438万元。这是开平市继去年免收杂费的基础上实施的又一优惠政策。

10月20日 广东省“光明之行”慈善项目开平站启动仪式在市中心医院门诊大楼举行。省侨办纪检组长何炎芬、江门市外事侨务局副局长何柳英，开平市领导张星杰、黄婉慈等参加启动仪式。开平50名贫困白内障患者将接受免费治疗。

10月31日上午 广东省副省长李容根一行在江门市委常委、常务副市长聂党权等的陪同下到开平市调研。

11月2日 全美溯源堂第二十五届恳亲代表大会在开平市水口镇举行开幕式，来自多个国家和地区700多位雷、方、邝三姓宗亲，以及内地乡亲1000多人齐聚一堂，畅叙乡情。

11月9日 开平市三埠医院·获海余铨针医院新医务大楼落成启用。新的医务大楼占地面积1300多平方米，其中热心家乡公益事业的旅美华侨余铨针伉俪捐资103万元。

2008年

1月18日 市委、市政府在人民会堂召开开平市总结2007年工作和部署2008年工作会议。市委副书记、市长吴平超在会上强调要进一步解放思想，实现经济社会又好又快发展。与会领导为获得表彰的434个先进集体、601位先进生产（工作）者代表颁奖。

1月30日 市文物局暨碉楼研究所举行揭牌仪式。市文物局是广东省第一个在县级市成立的文物行政管理机构。

2月22日 从是年春季开学起，城乡免收义务教育阶段学杂费和课本费，惠及全市2.3万多名学生。

3月24日 开平市召开干部大会，宣布中共江门市委关于干部任命的决定，冯立坚任开平市委书记，并提名为开平市人大常委会主任候选人。

4月10日 开平市第十四届人民代表大会第三次会议闭幕，冯立坚当选开平市十四届人大常委会主任。

6月23日 水口镇的泮村灯会入选第二批国家级非物质文化遗产名录。

7月10日 广东省副省长雷于蓝到开平市调研碉楼与村落保护、开发工作和信访工作。

7月21日 市文化馆被文化部命名为国家一级文化馆。

7月28日 新型的农村合作医疗制度使农村千家万户得到实惠，得到了广大农民的拥护和支持，2008年参保人数427946人，覆盖率98.8%。城镇居民保险于本月开始登记，参保人年内最高报销限额累计为4万元。

8月8日 奥运会在北京开幕。为了保证所有新人都能如愿在这个特别有纪念意义的日子领到结婚证，市民政局婚姻登记处工作人员早上5时30分就开始上班，而且还增加了人手。这一天，有100多对男女青年领取了结婚证书。

10月26日 开平市在人民会堂举行2008开平碉楼文化旅游节文艺晚会暨开平市第五批荣誉市民授荣大会，为旅港名贤梁祥彪等22位荣誉市民授荣。江门市人民政府副市长谢日荣，开平市委书记、市人大常委会主任冯立坚，开平市政府市长吴平超，开平市政协主席谭德荣等市领导和开平各级干部群众、华侨港澳同胞1000多人参加了会议。

11月14日 由中国致公党中央和江门市人民政府、开平市人民政府共同主办的司徒美堂诞辰140周年纪念大会在开平市举行，来自海内外各界的领导嘉宾聚集一堂，共同缅怀司徒美堂伟大光辉的一生。全国政协副主席、中国致公党主席、科技部部长万钢，原全国政协副主席、中国致公党主席罗豪才，原致公党常务副主席、全国人大常委会委员杜宜瑾，中共中央统战部副部长楼志豪，广东省委常委、统战部长周镇宏等领导出席纪念大会和司徒美堂铜像（座落于城市广场南广场）揭幕仪式。

12月3日 由广东省人民政府侨务办公室，广东南方电视台、南方日报社联合主办的“2008华人慈善（南方）盛典”，近日为“改革开放30年，华人慈善30人”隆重颁奖。开平市旅港乡贤利国伟是“华人慈善奖”获奖者之一。改革开放以来，利国伟以“伟伦基金有限公司”的名义热心捐款，支持祖国和家乡的教育、医疗、科学及慈善等事业的发展，其中对家乡开平的捐款达1.5亿元。

12月24日下午 开平碉楼与村落申遗成功总结表彰大会在市人民会堂举行。省、江门市和开平市领导及有关部门负责人，受表彰奖励的单位、个人、海外侨胞、港澳台同胞，各界群众代表等1000多人出席会议。

2009年

1月29日 卫生部副部长、国家中医药管理局局长王国强到本市指导中医药事业的发展。

2月10日 上午，省政府召开全省依法修志工作暨2009年地方志工作电视电话会议，传达贯彻第四次全国地方志工作会议精神，进一步落实国务院《地方志工作条例》和省政府《广东省地方志工作规定》，研究部署广东省地方志工作。开平市主管地方志工作的市委常委李宝贞、市府办主任科员关瑞斌以及各单位、各镇（街道）分管领导共100多人在开平分会场收看收听了会议。

3月20日 “中国最美旅游胜地排行榜”出炉，开平碉楼和赤坎古镇两景区榜上有名。

5月26日 市立新水库除险加固工程顺利通过了江门市的验收，成为江门地区列入省城乡水利防灾减灾工程建设首个向省销号的市。立新水库除险加固工程经省审批于2004年2月开工，按计划于2008年10月完成，竣工前4个月，有效抵御了暴雨洪水，因此被评为优良等级工程。

6月10日 “‘潘高寿传统中药文化’获国家级非物质文化遗产”挂牌仪式在潘高寿药业股份有限公司隆重举行。受潘高寿公司的盛情邀请，开平市副市长黄婉慈带队前往祝贺。

6月12日上午 潭江大桥改造工程举行奠基仪式。改造的大桥总长328米，宽31.5米，双向6车道。新桥施工指标中标价约为5564万多元，计划在2011年上半年建成通车。

6月15日 凌晨3时30分左右，广西一艘400吨级货船经过荻龙桥时因暴雨水位上涨，船长对桥梁净空高度判断错误，造成船舶卡桥，桥孔一条横梁破裂损坏。市领导及有关部门立即开展救助，至7时20分，险情化解。

7月2日晚上 开平市委宣传部、广州潘高寿药业股份有限公司在开平市文化广场南广场主办了“开平潘高寿根连根，文化遗产手牵手”文艺晚会，庆祝开平碉楼与村落被列入《世界遗产名录》两周年暨潘高寿中药文化入选《中国非物质文化遗产名录》一周年。

7月16日 利国伟、胡耀坤获由中华慈善总会颁发的“中华慈善突出贡献人物奖”，司徒氏教伦中学校董会获“中华慈善突出贡献单位奖”，开平市中心医院获“中华慈善突出贡献项目奖”。

8月18日 下午，市第十届体育运动会开幕式在体育馆举行。本届运动会将于9月8日闭幕。

8月19日上午 在开平市领导干部大会上，中共江门市委常委、组织部部长邹家军代表江门市委宣布：“黄耀雄同志任中共开平市委委员、常委、副书记，免去吴平超同志中共开平市委副书记、常委职务，免去谢伯欣同志的中共开平市委常委、委员的职务；市委同意黄耀雄同志为开平市市长候选人，吴平超同志不再担任开平市市长职务，谢伯欣同志不再担任开平市副市长职务；市委同意吴平超同志为开平市政协主席候选人，谭德荣同志不再担任开平市政协主席职务。”

8 月 28 日 翠山湖新区工业园重要项目—国汇工业园举行奠基仪式。国汇工业园由市工业资产经营公司和交通集团共同投资兴建。

10 月 23 日 市第九次归侨侨眷代表大会召开。

10月24日 开平一中隆重举行建校90周年庆典活动。省、江门市和开平市有关领导和来自海内外嘉宾、校友及开平一中师生共4500多人参加了庆典大会。

10 月 28 日 “广东省农科集团博士后科研工作站开平科研基地”挂牌仪式在金鸡王禽业有限公司举行。省农科院副院长廖森泰、开平市副市长苏树栋及养鸡企业代表等80多人出席。养殖是市重点农业发展项目，这个基地的成立将带动养殖行业的科技创新和人才培养、有利于扩大市养殖业的品牌影响和竞争力。这是开平市农业行业首家博士后科研基地。

11 月 10 日 开平市中心医院获准建立中山大学博士后科研基地。

11 月 22 日 宝国寺完成重修工程举行开光仪式。韶关南华禅寺方丈传正大和尚、马来西亚文智大和尚等应邀出席。市领导黄佳、李宝贞、黄旭征、关位湛等及宗教局领导也应邀出席活动。宝国寺重修工程历时3年，耗资近500万元。

11 月 23 日 市政协十一届五次会议补选吴平超为政协主席。

创刊号

（2008-2009）

开平概况

KAIPING NIAN JIAN

开平概况

自然地理

【位置、面积】 开平市位于广东省中南部、珠江三角洲西南面，地跨东经 112° 13′ —112° 48′，北纬 21° 56′ —22° 39′；东北连新会，正北靠鹤山，东南近台山，西南接恩平，西北邻新兴。 全市总面积 1659 平方公里。

【气候】 开平属南亚热带季风气候区。濒临南海，受海洋风的影响，气候温和，雨量充沛。年平均气温 22℃。最冷月份是 1 月，月平均气温 13．4℃，极端最低气温为 1℃。最热月份是 7 月，月平均气温 28．4℃，极端最高气温 37．3℃。无霜期为 333 天。年降水量各地在 1700～2400 毫米之间，其中 4—9 月为雨季，其降水量占全年总降水量的 82．1%。境内季风十分明显，夏半年吹偏南风，气候温和而湿润；冬半年吹偏北风，气候干冷。

自然资源

【土地资源】 全市总面积 1659 平方公里，境内南北西部多低山丘陵，东、中部多丘陵平原，潭江自西向东横贯市腹，地势自南北两面向潭江河谷地带倾斜，海拔 50 米以下的平原面积占全市面积的 69%，丘陵面积占 29%，山地面积占 2%。

【矿产资源】 矿产资源种类丰富，有铁、锰、铜、锡、金、铀、独居石、锂云母、煤、耐火石、钾长石等 33 种。但储量贫瘠，且零星分散，除花岗岩、建筑用砂岩、陶瓷用石英砂、水泥用石灰岩和粘土外，其余矿产资源储量较少。大部分地区出露的岩层为白垩纪砂岩、泥质砂岩、页岩和第四纪粘性土，局部地段出露的岩层为寒武纪石英砂岩、变质砂岩，奥陶纪砂岩、砂砾岩，泥盆纪石灰岩。岩浆岩在龙胜、大沙、赤水镇有出露。

【水资源】 开平市河流密布，水道纵横，主要河流是潭江，全市面积 95%在潭江流域内。潭江干流发源于阳江市阳东县牛围岭山，流经恩平市（潭江干流恩平段又称为锦江），在开平市西部义兴蒲桥入境自西向东横贯本市中部，经茅冈、合山电站（梯级电站）、百合、赤坎、三埠、水口，在水口洋村流入新会市，并在双水附近折向南流，融入珠三角河网区（与江门河、西江连通），注入银洲湖在崖门入南海。干流全长 248 km，集雨面积 6026 km^2，河流平均坡降 0.45‰，其中在开平市境内河长 56 km，集雨面积 1580km^2。潭江上游多高山，植被良好，上游较陡，中下游地势平坦开阔，河道坡降平缓，较为弯曲，江心洲颇多。合山电站以下受南海潮汐影响，每天潮水两涨两落，潮型属混合不规则半日潮，每月大潮两次（农历初三、十八为大潮）。潭江地处暴雨区，汛期洪水峰高量大，每遇洪潮相碰，水位骤升，洪涝灾害比较严重；枯水期则径流量不大，河床逐年淤积，通航能力逐年降低。据设在义兴对岸的潢步头水文站 1956 年至 1979 年实测资料统计，多年平均径流量为 21.29 亿 m^3，最大洪峰流量 3870 m^3/s（1968 年 5 月），多年平均枯水流量 4.37 m^3/s，最高水位 9.88m（1968 年），最低水位 0.95m（1960 年 3 月）。三埠最高洪水位 2.67m（2008 年 6 月 6 日）。潭江在开平市境内集雨面积大于 100km^2 的二级支流有镇海水、白沙水、蚬冈水、新桥水、新昌水、址山水、莲塘水。镇海水为潭江最大的一条支流，发源于鹤山将军岭，上游段称宅梧水，在开平市北部苍城大罗村入境，流至上佛田村附近与北来的双桥水汇合，向南经联兴、苍城（此河段旧称东河），在苍城与另一西来的支流开平水（旧称西河）汇合，再向南经沙塘、狗咀、楼冈至交流渡，在交流渡分东、南两水道注入潭江干流。全河长 101km，集雨面积 1203km^2，河流平均坡降 0.81‰，其中在开平市境内河长 38km，流域面积 674km^2。镇海水流域图形似扇形，沙塘以下受潮汐影响。白沙水（又名赤水河）发源于开平市南部的三两银山，自南向北流经本市赤水镇，台山市白沙镇和本市蚬冈镇，在百足尾汇入潭江。全河长 49km，集雨面积 383km^2，河流平均坡降 0.77‰，其中在开平市境内河长 49km，集雨面积 241km^2，下游 15km 是开平市与台山市的界河。群丰鹤仔莇以下受潮汐影响。蚬冈水发源于恩平市五点梅花山，流向东北在开平市金鸡镇白善龙入境，经锦湖、大同、蚬冈急水礼、长乐、蚬冈圩，在茅莇汇入潭江干流。全河长 34km，集雨面积 185km^2，河流平均坡降 1.3‰，其中在开平市境内河长 29km，集雨面积 148km^2。企山海以下受潮汐影响。新桥水发源于鹤山市皂幕山南麓，向南流经本市水井圩、天湖、月山，在水口镇汇入潭江干流。全河长 34km，集雨面积 143km^2，河流平均坡降 3.24‰，其中在开平市境内河长 29km，集雨面积 130km^2。天湖以下受潮汐影响。新昌水（又名台城河）发源于台山市狮子尾山，向西北经台山市四九圩，至合水汇入五十水，过台城，北汇三合水经公义圩，在开平市三埠镇新昌簕冲汇入潭江干流(原在荻海与新昌之间的东河出口，1970 年 12 月由台山组织民工在本市河段裁弯取直疏河，新挖长 1300m、宽 120m 的新河改在下游簕冲出口)。全河长 52km，集雨面积 576km^2，河流平均坡降 1.81‰，其中在开平市境内河长 4km，集雨面积 8km^2。址山水发源于鹤山市皂幕山的横岗山，流经鹤城、禾谷、址山、新会司前，在开平市水口泮村附近汇入潭江干流。全河长 30km，集雨面积 204km^2，河流平均坡降 3.35‰，其中在开平市境内河长 4.8km，集雨面积 6km^2。1971 年在开平市出口河段曾进行过裁弯取直，长 800 多米。莲塘水发源于开平市大沙的天露山，流经岗坪、茶坑、虾山、急水田入恩平市西坑水库，再经牛江渡、沙湖圩，在本市蒲桥汇入潭江干流。莲塘水上游在本市境内又叫西水。全河长 44km，集雨面积 252km^2，河流平均坡降 4.77‰，其中在本市境内河长 15km，集雨面积 60km^2。三级支流有双桥水和开平水（均属镇海水支流）；四级支流有曲水（开平水支流）。

开平市境内属粤西沿海小河有：大隆洞河、那扶水和深井水。大隆洞河发源于台山市婆髻山，其在本市境内的支流又称虎爪河。流经赤水镇的横洞、高龙，汇松南的溪流向东北入台山市境，全河长 59.8km，集雨面积 709km^2，河流平均坡降 0.80‰，其中在本市境内河长 13km，集雨面积 37km^2。那扶水发源于本市金鸡镇的鱼潭山，流经盘村、石湾，经鲮鱼潭入台山禾雀陂，再经广海湾出南海。全河长 52.4km，集雨面积 684km^2，河流平均坡降 0.39‰，其中在本市境内河长 8km，集雨面积 11km^2。深井水发源于本市东山林场百子牙，最后流入深井水库。全河长 39km，集雨面积 226km^2，河流平均坡降 0.39‰，其中在本市境内河长 10km，集雨面积 18km^2。

开平市蓄水工程共 476 处，集雨面积共 569.74km^2，设计总库容 5.48 亿 m^3，正常库容 3.54 亿 m^3，蓄水工程的灌溉面积占 34.14 万亩，是全市的主要灌溉设施。其中大（2）型水库 2 处（大沙河水库、镇海水库），中型水库 3 处（狮山水库、立新水库、花身蚕水库），大中型水库集雨面积共 416km^2，设计总库容 4.4 亿 m^3，正常库容 2.82 亿 m^3，设计灌溉面积 26.50 万亩；小（1）型水库 35 处，集雨面积共 91.32km^2，设计总库容 7463 万 m^3，正常库容 5269 万 m^3，设计灌溉面积 6.1 万亩；小（2）型水库 103 处及山塘 333 处，设计总库容 3335 万 m^3。引水工程 168 处，流量 5.5m^3/s，灌溉面积 4.1 万亩。电动排水站 217 处 4501kw，灌溉面积 12.52 万亩（含重复灌溉面积）。江堤 104 条长 264km，捍卫面积 19.56 万亩。电动排水站 149 处，装机容量 15254kw，排涝面积 9.92 万亩。小水电站 39 座 1.36 万 kw，年发电 3050 万度。

市水资源较为丰富，多年平均降雨量 1970 mm，根据《广东省江门市水资源综合规划总报告》（2000—2030），多年平均水资源总量为 25.61 亿 m^3（未计过境水量），其中地表水为 19.70 亿 m^3，地下水为 5.91 亿 m^3。人均水资源占有量为 3766 m^3（按 68 万人计），高于全国和全省人均占有量。

随着社会经济高速发展，人口快速增长，工业化和城市化进程加快，加上降雨的时空和水源分布与需水地域匹配偏离，使开平市易出现洪涝和干旱，甚至出现水质性缺水的现象，水资源的供需矛盾会越来越大。

【植物资源】 开平市农作物年播种面积达 100 多万亩，水果面积 7 万亩。主要农作物有水稻、蔬菜、玉米、花生、薯类、大豆、甘蔗、木薯、花卉等。2009 年，水稻播种面积 60.6 万亩，蔬菜播种面积 21.3 万亩，花卉 1.6 万亩。稻谷、蔬菜、水果总产分别达 19.0 万吨、24.8 万吨、2.45 万吨。水稻是最大宗作物，也是主要粮食作物。除水稻外，粮食作物还有番薯、马铃薯、玉米、大豆等旱粮。蔬菜是重要经济作物，气候条件得天独厚，四季适宜种植的叶菜、瓜豆、水生蔬菜、薯葛类等各种蔬菜、产品终年不缺。花卉以园林绿化苗木、观赏苗木及盆栽年桔、盆花为主，品种繁多，特色品种有金钱树、发财树、苏铁、火炬花、玉桂树、睡莲等。水果主要有荔枝、龙眼、香大蕉、番石榴、柑、桔、橙、芒果及青梅、青枣、木瓜、杨桃、李子等。

【动物资源】 开平市山地资源丰富，地理环境和气候条件十分适合畜牧业的发展。改革开放后，不断深化农业结构调整，大力推广畜牧良种良法，积极发展畜牧产业化经营，畜牧养殖业得到迅猛发展，涌现出诸如金鸡养鸡、沙塘养猪、马冈养鹅、赤坎蛋鸭、苍城白鸽等一批畜牧养殖专业镇。2009 年，全市生猪上市量 44.7 万头，家禽上市量 3217 万只；肉类产量 6.88 万吨。市内水网交错，渔业资源丰富，全市有淡水养殖面积 10 万多亩，其中精养池塘近 7 万亩，捕捞渔船 300 多艘，全市水产品产量 3.38 万吨。水产养殖品种多元化趋势明显，形成以出口型优质杂交罗非鱼和大规格“四大家鱼”为主，中华鳖、鳗鱼、桂花鱼、南美白对虾、黄颡鱼、青蛙、乌龟、笋壳鱼、土塘虱等优质水产品种全面发展的格局。出口型的杂交罗非鱼年产量 3 万多吨，是水产养殖的主要当家良种。

行政建置

【立县经过】 明崇祯十一年（1638年），恩平县长居、静德二都（今苍城以西一带）经常受流寇侵扰，恩平县又无法制止，于是恩平知县宋应升向省宪建议，由新兴、恩平、新会三县割地建立开平县，但由于“时绌旋寝”。

崇祯十四年（1641年），首事生员张朝鼎等十多人约同到肇庆府，请建开平县。岭西道谭汝伟接受了张朝鼎等人的请求，呈文给两广总督，提请建开平县。两广总督收文后，发文要求广州府和肇庆府调查开平立县的可行性。肇庆府辖下的新兴、恩平两县无意见；而广州府辖下的新会县的乡绅则认为割去登名、古博、平康、得行四都（今泮村、址山、月山至蚬冈、赤水、东山、沙塘、赤坎一带），使新会县不再成为五大县之一，于是极力反对。新会知县李光熙力排众议，同意割地。

崇祯十五年（1642 年），岭西道谭汝伟委派肇庆知府张瑀到开平屯（今苍城）勘踏地形。张经过调查后，认为在开平屯建县城较好，遂回复两广总督。

崇祯十六年（1643 年），两广总督沈犹龙采纳了僚属意见，呈文给明朝廷户部，题请建开平县，获得户部批准。

崇祯十七年（1644 年）八月，恩平知县江大任接到批文，随即和乡绅张朝鼎等十多人择日上梁，兴建县衙。后因时局变化，且工程浩大，结果不了了之。

此后几年，由于明、清政权忙于战争，加上开平地方“奴反主”斗争兴起，社会局势动荡。南明永历三年（清顺治六年，1649 年）二月，举人张巨璘等人看到时局混乱，便约同到肇庆，向永历政权说明崇祯十六年（1643 年）批准立县而没有执行的原因，再次要求立县。随即得到永历政权的户部批准，并派出知县伍士昌来开平县治理。新兴、恩平、新会也随即割地、割户口给开平县。当时，因来不及建县署，便由乡绅谭虬捐出自己的房子权作县署。至此，开平县的政体正式确立。

【县名来由】 明朝时期，今大沙、马冈、龙胜、苍城、金鸡一带，地广人稀，山高林密，一些反抗官府的人以此为基地，开展活动，而官府又鞭长莫及。到明隆庆年间(1567—1572 年)，在今苍城一带又有陈金莺、林翠兰等率众造反，他们与新兴县的陈奇山和新会县的造反者联合起来，声势浩大。提督御史殷正茂派岭西兵备佥事李材督师镇压。到明朝万历元年(1573 年)，才将这一带反抗官府的人镇压下去。事后，李材为了维持这一带的治安，在今大沙、马冈、龙胜、苍城、金鸡一带，设置了 18 个屯，并从外地募兵来屯驻守。这些屯，有的用原地名来命名，有的则用原地名与命名者愿望相结合的名字来命名，而最多的是以命名者的愿望和带有歌功颂德性质的名字来命名。在仓步村设置的开平屯，有“开通敉平”之意，目的是希望经过这次镇压后，设置屯地，募兵耕守，使这一带从此太平。

明万历二年(1574 年)正月初二，新会县的平康、古博的都民入籍开平屯。万历八年(1580 年)，撤销屯制，原划归开平屯的平康、古博的都民仍归地方管辖。开平屯的百户被撤销，只设哨官 1 人，士兵增至 100 人，分立马冈、合水、苍步、土塘、水泉湾五个兵营，以维持这一带治安。

崇祯年间，在今开平一带，“土贼”蜂起，恩平、新兴、新会三县均感鞭长莫及，无法镇压。崇祯十一年(1638 年)，恩平知县宋应升建议割新兴县的双桥都，割恩平县的长静都，割新会县的平康、得行、登名、古博四都建置开平县。后几经波折，才于南明永历三年(清顺治六年、1649 年)建成。因当时是将原开平屯范围扩大为县，因而县名也沿用了“开平”之称，直至现在。

【境域变化】 南明永历三年(清顺治六年，1649 年)，割新会县的平康、得行、登名、古博四都，割新兴县的双桥都，割恩平县的长静都(由恩平县的长居都和静德都部分地方组成)建开平县。雍正十年(1732 年)，鹤山县立县，开平县割县属双桥都、古博都(半都)给鹤山县。

民国 19 年(1930 年)10 月，恩平县赤水墟划归开平县管辖。

1949 年 10 月，长沙埠、长沙东乡、长沙西乡和原属台山县的新昌埠以及近郊簕冲、旺北、石海，荻海埠以及近郊南山、三围、燕山、思始、迳头等地划归三埠镇(县级)管辖。1950 年，开平县鹤洲乡划归恩平县，恩平县松和乡、金鸡乡划归开平县。1952 年 7 月，三埠镇并入开平县。1958 年 11 月 1 日，鹤山县黎村乡划归开平县。1958 年 11 月 4 日开平与恩平合并为开恩县，1959 年 1 月 9 日改称开平县。1961 年 3 月 16 日，开平与恩平分县，原属恩平县的大沙公社和陂头咀、黄屋、白村、齐洞、蟠龙、黄村、联塘、塘头、岗咀大队划入开平县。

【行政隶属】 秦朝，秦始皇派兵攻取南越，在岭南设置南海、桂林、象郡，今开平地(以下简称开平)隶属南海郡番禺县。

汉武帝元封五年(公元前 106 年)，天下分为 13 州，开平隶属交州合浦郡临允县。

三国吴黄武五年(226 年)，从交州分出南海、苍梧、郁林、高凉 4 郡设立广州，开平分属广州苍梧郡临允县、南海郡平夷县。

晋武帝太康元年(280 年)，天下分为 19 州，开平分属广州新宁郡临允、新兴、新夷县，南海郡盆允、封平县。

南朝宋，设 22 州，开平分属广州新宁郡临允、新兴县，新会郡新夷、盆允、封平、封乐、义宁、初宾、始康县。南朝齐，设 23 州，开平分属广州新宁郡临允、新兴县，新会郡新夷、盆允、封平、封乐、义宁、初宾、始康县。南朝梁，割广州新宁一郡立新州，开平分属新州新宁郡新兴县，广州新会郡新夷、盆允、封平、封乐、义宁、初宾、始康县。南朝陈，开平行政隶属与南朝梁相同。

隋开皇三年(583 年)将诸郡改为州。大业三年(607 年)又改州为郡，开平分属信安郡新兴县，南海郡新会、义宁县。

唐贞观元年(627 年)设 10 道。开元二十一年(733 年)又分为 15 道，道下设州，开平分属岭南道新州新兴县，冈州新会、义宁县。

五代(汉南)，开平分属新州新兴县，兴王府新会、义宁县。

宋太宗至道三年(997 年)，设 15 道，开平分属广南东路新州新兴县、广州新会县。

元朝，开平分属江西等处新州路新兴县、行中书省广州路新会县。

明洪武九年(1376 年)，改行中书省为布政司，开平分属广东布政司肇庆府新兴县、恩平县，广州府新会县。

南明永历三年(清顺治六年，1649 年)，开平立县，隶属肇庆府。

民国初期，开平县仍按清制隶属肇庆府。民国3年(1914年)，隶属粤海道。民国9年(1920年)，撤销道制，只留省县级行政建制。民国17年(1928年)，隶属西江善后委员公署。民国25年(1936年)10月，隶属广东省第一行政督察区。民国38年(1949年)4月,改属广东省第十行政区。

1949年10月，隶属粤中专区。1952年5月，划入粤西行政区。1956年1月,撤销粤西行政区，开平县划归佛山专区。1958年12月，改属江门专区。1961年2月，属肇庆专区。1963年9月，再次划归佛山专区(1968年1月改专区为地区)。1983年5月，改属江门市。

【行政区划】 清顺治六年(1649年)开平立县，全县共分平康、得行、登名、古博、长静、双桥6都。清雍正十年(1732年)，将双桥全都14条村庄和古博都2条村庄割给鹤山县，全县实有5都90图。清宣统元年(1909年)，又将县境分为10个自治区，各设自治局一所，其时各乡只是就近设局，自署为一个区。

民国元年(1912年)，将全县10个区划定界线。是时，全县共有101个乡。此后，经多次分分合合，于民国36年(1947年)12月，全县调整为4个区，下设59个乡、2个镇。

1949年10月23日，开平县解放。开平县人民政府接管旧政权的4个区，59个乡，2个镇。随后，将全县划为4个区，99个乡。1950年12月，将恩平县的金鸡乡、松和乡划归开平县，开平县将鹤洲乡划归恩平县。到1951年1月，全县共有4个区101个乡。1952年7月1日，三埠镇与开平县合并，县城由赤坎迁至三埠。1952年8月，把原来的5个区、63个乡划分成11个区，147个乡，另3个镇。1958年9月，人民公社化，全县成立长沙、水口、赤坎、赤水、苍城、东河、三埠镇7个人民公社。同年11月，开平、恩平合县，合并后全县有15个人民公社。此后，经多次撤并、名称变更，到1992年末，全县共有17个镇，分别是三埠、赤坎、水口、长沙、月山、水井、沙塘、苍城、龙胜、马冈、大沙、塘口、百合、蚬冈、赤水、金鸡、东山。

1993年1月，开平撤县设市。同年11月9日，撤销原三埠镇、长沙镇，市区内设三埠区、长沙区、沙冈区（从水口镇分出）3个办事处。从此，开平市市区行政区域由原来的22平方公里扩大到108.3平方公里。2003年10月，水井镇与月山镇、东山镇与赤水镇合并，全市实有13个镇和3个办事处。2005年6月，沙冈办事处并入水口镇。

2009年，全市共辖三埠、长沙2个街道办事处，月山、水口、沙塘、苍城、大沙、马冈、龙胜、赤坎、塘口、百合、蚬冈、金鸡、赤水13个镇。全市有42个社区居民委员会，226个村民委员会。

人口·民族·语言

【人口】 2008年末户籍总人口68.51万人，其中男性34.26万人，人口密度为每平方公里413人，非农业人口24.49万人，占总人口的35.75%。全年出生人数6881人，出生率10.06‰。死亡人口5530人，死亡率8.08‰。自然增长率1.97‰。2009年末，户籍总人口68.72万人，其中男性34.33万人，人口密度为每平方公里414人，非农业人口24.26万人，占总人口的35.3%。全年出生人数6867人，出生率10.01‰。死亡人口4907人，死亡率7.15‰。自然增长率2.86‰。

【民族】 全市民族以汉族为主，占全市总人口98.18%(2000年人口普查数据)，其余为蒙古族、回族、藏族、苗族、布衣族、满族、瑶族、土家族、黎族、高山族。

【语言】 开平方言的分布，大体可分三个片：东北部的水井地区，属于客家话方言区；西北部大沙、龙胜等地因靠近新兴县，属于粤语方言区；其余地区基本上属于粤语方言四邑的一种次方言区。

除水井地区外，其余两个片的方言由于地域不同、姓氏不同，在语音上也千差万别，但基本上能沟通。沿潭江北岸，从东到西，分别有洋村话、沙冈话、长沙话、赤坎话、蚬冈话；从县城向西北方向而去，则有沙塘、苍城、马冈、张桥等话，随后联接大沙、龙胜等粤语方言区。而潭江南岸的荻海地区则讲台山话，金鸡讲蚬冈话，赤水、东山接近赤坎话。

由于赤坎镇位于开平市中部，研究开平方言的人士均以赤坎话为开平方言代表点。

社会经济发展概况

【2008 年全市社会经济发展】 2008 年是开平市经济社会发展经受严峻挑战的一年，但全市上下坚决执行中央宏观调控政策，加强土地检查整改工作，全面清理了违法违规用地，营造依法合理用地的良好氛围，有效化解了开平市违规用地的各种负面影响。切实抓好干部队伍的稳定工作。针对干部队伍中存在“怕难畏难、怕负责任”的突出问题，想方设法消除干部的顾虑，振奋干部的精神，在全市营造了干事创业氛围。建立科学考核机制，把全市经济社会发展 134 项考核目标，分解到市领导和各有关单位负责人。出台了《应对当前经济形势进一步减轻企业负担的意见》和制定 20 条扩内需、保增长的实施意见，力促经济平稳较快发展。

全市完成生产总值 170.4 亿元，比上年（下同）增长 10.2%；地方财政一般预算收入 8.19 亿元，增长 14.01%；固定资产投资 48.09 亿元，增长 13.05%；规模以上工业增加值 60.1 亿元，增长 12.55%；外贸出口总额 11.6 亿美元，下降 1.2%；吸收外商直接投资 1.28 亿美元，增长 11.45%；实际利用民资 9.66 亿元（新口径），增长 11.64%。金融机构人民币各项存款余额 240 亿元，比年初增长 14.95%；贷款余额 58.93 亿元，比年初增长 9.1%。

镇级经济持续发展。全年实现镇级财政一般预算收入 4.36 亿元，增长 21.9%。镇级财政占全市财政收入的比重达 53.3%，比上年提高 3.45 个百分点。水口镇财政收入突破 1 亿元，成为开平市首个亿元镇。

第三产业发展日益壮大。全年共接待国内外游客 297 万人次，增长 35.7%；实现旅游总收入 15.1 亿元，增长 37%。房地产业稳步发展，实现房地产业税收 1.3 亿元，增长 52.3%。全年实现第三产业增加值 65.17 亿元，增长 10.3%。

人民生活水平不断提高。城镇居民人均可支配收入 1.3 万元，增长 9%；农村居民人均收入 6013 元，增长 6%。城乡居民储蓄存款达 188 亿元，比年初增长 18.44%；人均存款余额 2.74 万元，比上年增加 4200 元。

其他社会事业全面发展。计划生育工作坚决执行“一票否决”制度和末位预警通报等制度，全市人口出生率和自然增长率分别控制在 9.6‰ 和 3.06‰以内。加强世界文化遗产、非物质文化遗产和文物的保护管理，深入发掘开平碉楼和华侨文化特色，初步打响侨乡文化品牌。全省第一个县级市人防应急指挥中心正式投入使用。

【2009 年全市社会经济发展】 2009 年是开平市战胜重重困难、夯实发展基础的一年。全市经济社会保持稳定向好的发展态势。全年完成生产总值 169.12 亿元，比上年增长 10.5%。全市实现规模以上工业总产值 277.25 亿元，增长 10.17%；规模以上工业增加值 60.23 亿元，增长 8.26%。地方财政一般预算收入 9.2 亿元，增长 12.28%。固定资产投资 58.29 亿元，增长 20.34%。进出口总额 12.16 亿美元，降幅由年初的 27.75%收窄至 19.6%。吸收外商直接投资 1.44 亿美元，增长 12.52%。第三产业增加值 71 亿元，增长 11.5%。全社会消费品零售总额 92.3 亿元，增长 17.56%。城镇职工人均工资收入 19020 元，增长 9.2%；农村居民人均纯收入 6562 元，增长 9.37%；城乡居民储蓄存款余额 205.25 亿元，比 2008 年初增长 9.16%。金融机构人民币各项存款余额 268.45 亿元，贷款余额 73.76 亿元，分别比 2008 年初增长 11.83%和 25.16%。

全年安排重点建设项目 74 项，总投资 78.6 亿元。把握中央扩大内需的机遇，积极争取中央、省投资项目 25 项，获得补助资金 5992 万元。翠山湖新区、潭江大桥重建工程、三个中心镇污水处理厂和教育强市建设等重点项目获金融机构授信额 18.98 亿元，已到位资金 5.74 亿元。落实家电、汽车、摩托车下乡优惠政策，销售下乡家电 4278 台，汽车、摩托车 7586 辆。公有资产管理运营有新进步。各资产经营公司都完成或超额完成资产占用费等各项考核任务。完成技改创新投资 6.82 亿元，增长 6.5%。全年基本完成国有企业改制 48 家，筹措资金 4147 万元，安置改制企业职工 2615 人。

翠山湖新区成功竞争成为广东省示范性产业转移工业园。全年投入 6000 多万元推进新区基础设施建设，已引进项目17个，投资额17亿元，其中国汇、海鸿、美逸等3个项目已动工建设，有20多个项目正在洽谈中。招商引资工作初见成效，全年新上或增资项目116个。实际利用民资11.3亿元，增长16.85%；合同利用外资增长20.3%，增幅居江门市第二位。

建筑房地产业发展加快。全市实现建安产值30.18亿元，增长102.4%；房地产完成投资5.25亿元，增长20.5%。建安和房地产实现地税收入2.79亿元，占全市地税收入比重35.2%。旅游产业持续增长，全年实现旅游总收入17.53亿元，增长16.02%。

优先发展教育事业，重点抓好教育创强工作，全年投入教育创强资金1.2亿元，创建省教育强镇9个，成功创建了省教育强市，进一步提高了教育质量和办学水平。落实中小学教师工资福利待遇“两相当”工作，妥善解决代课教师问题。

加大就业培训力度，深入开展“春风行动”、“南粤春暖行动”。举办劳务招聘会、集市65场，提供就业岗位1.25万个，达成就业意向7883人。建立高校毕业生见习基地，促进大学生就业。全市新增就业岗位8618个，安置城镇劳动力就业6629人，城镇登记失业率2.38%，就业形势保持稳定。

健全社会保障体系。全年参加企业养老保险缴费人数6.43万人，征收基金2.32亿元，增长12.7%。扩大城镇居民基本医疗保险覆盖面，参保人数达6.73万人；启动被征地农民养老保险试点工作，参保人数3123人，完成江门市下达任务。提高新型农村合作医疗补助标准，全市参合率达98.9%。做好扶贫济困工作，救助困难群众1.73万人次。实现41户水上居民上岸居住，解决103户城镇低收入家庭住房问题。

是年，开平市被评为“广东省科技进步先进市”、“中国商标发展百强县”、“广东省实施省人大水库移民议案工作先进集体”。

【国有集体企业改制工作】 2008－2009年，继续贯彻“改革促发展”的宗旨，坚持以“一企一策，统筹兼顾”为原则，进一步加快全市国有、集体企业改制步伐。两年间，完成改制工作的国有、集体企业共有192户，其中实现资产重组的企业8户，产权转让企业52户，破产清算企业7户，关闭停产企业125户；妥善安置企业在职职工5334人，退休人员4717人进入社区管理。

【工业兴市】 2008年，以三大传统优势产业为载体，以调整优化产品结构为主线，实施工业兴市战略。全年全市完成规模以上工业总产值272亿元，同比增长13.21%，完成工业增加值60.07亿元，同比增长12.55%。

2009年，大力培育发展新兴产业，力争形成规模、产生效益、提升竞争力。重点抓好新材料、生物医药、汽车摩托车零部件、装备制造业等若干领域，使其成为开平市新的经济增长点。继续做强做大传统优势产业纺织服装、水暖卫浴和食品工业三大产业。积极引导企业加大研发投入，更新工艺设计，培养具有自有核心技术、自主品牌、高附加值的产品，推动优势传统产业向品牌效益型转变，从而实现传统产业升级。同年6月，以开平市翠山湖工业园区和恩平市米仓工业园区组成的江门产业转移工业园被省正式认定为省级产业转移工业园，享受省产业转移政策和资金的双重扶持，7月被选为省示范性产业转移工业园，获得5亿元扶持资金的奖励。园区在基础设施建设、投资环境、招商引资等方面均取得可喜的成效，园区累计投入4.5178亿元，开发面积达2000多亩，已有17家企业落户开平园区，投资总额达21.2亿元。是年，全市完成规模以上工业总产值277.25亿元，同比增长10.17%，实现规模工业增加值60.23亿元，同比增长8.62%。

【减轻农民负担】 2008—2009年，市相关部门认真落实市委、市政府的工作部署，用科学发展观统领减轻农民负担工作。坚持“多予、少取、放活”的方针，围绕促进农民增收，维护农民合法权益为重点，依照法律规章监督涉农部门对农民的各种收费行为。在减轻农民负担方面，实行政府主要领导负总责和“谁主管、谁负责”的工作部门责任制。完善各有关部门分工协作、齐抓共管的工作机制，并完善法律、舆论、群众等各种监督机制，形成合力。各镇、办事处成立减负工作机构，指定专人负责，设立投诉电话。从体制上、源头上消除加重农民负担的隐患。

2009年，通过以免征免收或减免、补助等形式减轻农民负担，全年减免各类收费金额

6722.35 万元，按政策补贴金额达到 8397.58 万元。在减免收费方面，主要包括全面落实中小学“一费制”和免费义务教育政策，免收书杂费总额达 6028 万元；免收农田灌溉水费，由市财政转移支付 294.35 万元；政府支付动物防控疫苗补助费 180 万元；减免生猪检疫费 163 万元；减免渔业资源费等 9 万元；民政部门对农村困难户殡葬减免 48 万元。在政策补贴方面，主要包括种粮补贴 4253.9 万元；农机购置补贴 420.48 万元；农村泥砖危房改造补贴 125 户，72 万元；农村合作医疗参保补贴 3589 万元；农民劳动技能培训补助 62.2 万元。

创刊号
（2008-2009）

政治

KAIPING NIAN JIAN

中共开平市委员会

中共开平市委工作

【市委十一届六次全会】 2008年8月17—19日召开。市委十一届委员会全体委员、候补委员参加会议，各级有关领导列席会议。大会表决通过了《中国共产党开平市第十一届委员会第六次全体会议决议》。

全会提出，努力把开平建设成为江门新的经济增长极，珠三角生态宜居名城，广东旅游强市。坚持三年打基础，五年上台阶，十年大发展，到2010年，全市生产总值比2000年翻一番；到2012年，力争人均生产总值、人均财政收入、城乡居民收入比2007年翻一番；通过十年努力，在优化结构、提高质量、增加效益、降低消耗、保护环境的基础上，力争主要经济指标明显高于珠三角地区的平均增长水平。

全会强调，加快科学发展的前进步伐，开创开平科学发展的新局面，必须统筹全面，突出重点，科学规划空间布局，促进区域协调发展；以翠山湖为载体，打造制造业发达的现代化新区；加快产业结构优化升级，提升产业竞争力；擦亮碉楼金字招牌，做大做强旅游产业；建设生态宜居城乡，让人民群众生活更美好。

会上，开平市委书记、市人大常委会主任冯立坚代表全市党政领导班子成员宣读廉洁从政承诺书，郑重承诺：一，严格遵守党的政治纪律、正确行使人民赋予的权力；二，严格执行《党政领导干部选拔任用工作条例》，坚决抵制跑官要官之风；三，严格恪守领导干部廉洁自律各项规定，严于律已、干净干事；四，严格要求亲属和身边工作人员，决不允许他们利用领导干部的影响谋取私利；五，严格履行党风廉政建设责任制，带头与各种腐败现象和不正之风作坚决斗争。

开平市委副书记、市长吴平超代表市人民政府与各有关镇（街道办事处）、部门单位负责人签订24个市重点项目责任书。

【市委十一届七次全会】 2009年1月16日在市人民会堂召开。市委十一届委员会全体委员、候补委员参加会议，各级有关领导列席会议。会议认真学习贯彻党的十七届三中全会、中央经济工作会议和省委十届四次全会、江门市委十一届五次全会精神，总结开平2008年工作，部署2009年工作，进一步认清形势，明确任务，坚定信心，扎实工作，推动开平经济社会又好又快发展。

开平市委书记冯立坚代表市委常委会作工作报告。2008年，开平市全面贯彻落实科学发展观，解放思想，改革创新，迎难而上，沉着应对国际金融危机冲击等复杂局面，全市呈现经济较快增长、民生持续改善、社会和谐稳定、党建全面加强的良好发展局面。

全会强调，2009年是开平市推动经济社会全面转入科学发展轨道，实现“十一五”规划的关键之年。要深入贯彻落实科学发展观，以争当江门新的经济增长极为目标，围绕确保经济平稳较快发展这一首要任务，坚持“突出重点、确保增长，改善民生、促进和谐，注重创新、狠抓落实”的原则，确保今年各项目标任务的完成。

全会要求，全市各级要全力以赴抓2009年工作的落实。突出抓好翠山湖开发，营造经济发展新亮点；突出抓好扩大内需，拉动经济增长；突出抓好产业结构调整，推进发展方式转变；突出抓好旅游经济，加快发展现代服务业；突出抓好

“旺镇带村”，大力发展镇级经济。深化体制改革，增强科学发展动力；扩大对外开放，提高开放型经济发展水平。千方百计扩大就业，进一步健全社会保障体系，大力发展社会各项事业，着力维护社会稳定，加强民主法治建设，努力建设宜居城乡。开展深入学习实践科学发展观活动，加强领导班子和干部队伍建设，扎实推进固本强基工程，加强党风廉政建设和反腐败斗争。

全会号召，开平全市各级要团结一致，振奋精神，埋头苦干，迎难而上，不断开创开平科学发展的新局面，以优异的成绩迎接新中国成立60周年！

当天下午，开平市委十一届七次全会举行第二次全体会议，审议通过全会决议。

【“申遗”成功总结表彰大会】 2008年12月24日，广东省开平碉楼与村落“申遗”成功总结表彰大会在市人民会堂隆重举行。广东省和江门市以及开平市有关领导，市属各级有关部门负责人，受表彰奖励的单位、个人，海外侨胞、港澳台同胞，各界群众代表等近1000多人出席大会。国家文物局专门向大会发来贺电。

会上，公布广东省人民政府通报表彰的4个集体一等功、10名个人一等功，江门市人民政府通报表彰的立二等功和三等功的单位和个人；开平市人民政府通报表彰受到嘉奖和贡献奖的单位和个人。

副省长雷于蓝在会上发言表示，开平碉楼与村落成功“申遗”是广东省建设文化大省的一件大事喜事，是社会各界，特别是有关部门、领导、专家和华侨共同努力的结晶，充分展示了新时期广东人民顽强拼搏、自强不息的崇高品格和与时俱进、开拓创新的时代风貌。她希望有关部门以这次成功“申遗”为榜样，再为广东文化事业增添光彩。并希望以“申遗”成功为起点，继续发扬“申遗”过程中铸就的“团结、务实、开拓、创新”的“申遗”精神，进一步切实搞好世界文化遗产保护，推动文化资源优势尽快转化为经济资源优势，促进开平、江门、乃至全省扩大对外开放和经济文化交流，为建设文化大省、经济社会又快又好发展，做出新的更大的贡献。

省政府副秘书长江海燕宣读广东省人民政府《关于表彰开平碉楼与村落申报世界文化遗产工作先进集体和先进个人的通报》；省文化厅厅长方健宏宣读国家文物局贺电；江门市委书记陈继兴、开平市委书记冯立坚分别讲话。

江门市委书记陈继兴表示，开平碉楼与村落“申遗”成功，标志着碉楼从中国乡村一隅走向了世界，标志着广东实现了世界文化遗产“零的突破”，它为广东建设文化大省和江门文化名市写下了浓重的一笔。这对世界了解江门、扩大江门的历史文化影响力、推动江门五邑经济社会发展将产生十分重要的作用。他指出，要以这次总结表彰大会为契机，进一步发扬申遗精神，解放思想，坚定信心，攻坚克难，团结奋斗，扎实工作，努力开创侨乡改革发展的新局面，赢在科学发展的新起点上。

开平市委书记冯立坚汇报开平碉楼与村落“申遗”工作。他代表68万开平人民，对在申遗工作中关怀和支持开平的国家、省、江门市各级领导表示衷心感谢，对在申遗工作中做出突出贡献的同志们致以亲切的慰问和崇高的敬意。他指出，世界文化遗产是全人类的宝贵财富，作为遗产地，首先要按照《世界遗产公约》的各项条款把它妥善地保护好、管理好。要认真研究制定切实有效的法规制度和管理办法，依法进行管理和开发，坚决避免和克服“重申报、轻管理”，“重开发、轻保护”的问题。

【重要决定、意见】 2008年，市委常委会先后讨论通过《中共开平市委员会工作规则》、《中共开平市委 开平市人民政府关于加快发展高中阶段教育的决定》、《中共开平市委开平市人民政府关于推进旅游产业加快发展的决定》等决定。

2008年5月，为深入贯彻党的十七大精神，坚持民主集中制为根本，进一步完善市委领导班子工作机制，根据《中国共产党章程》、《中国共产党地方委员会工作条例（试行）》和《中共中央关于进一步完善地方党委领导班子配备改革后工作机制的意见》以及有关法律法规，结合开平实际，制定了《中共开平市委员会工作规则》。《规则》指出，中共开平市委员会是全市的领导核心，全面贯彻执行党的路线、方针、政策和国家的法律、法规，对全市经济建设、政治建设、文化建设、社会建设和党的建设等各方面工作实行全面的领导。《规则》在组织原则、议事和决策、市四套领导班子会议、重大问题决策、市委部门工作、会议审批、文件签发和公文处理以及思想作风和工作作风等方面都做了具体规定。

同年5月，为贯彻《中共广东省委广东省人民政府关于加快普及高中阶段教育的决定》和《中共江门市委江门市人民政府关于加快发展高中阶段教育的决定》，全面提高高中阶段教育普及水平和教育教学质量，加快教育强市建设，市委、市政府制定了《中共开平市委开平市人民政府关于加快发展高中阶段教育的决定》。《决定》对普通高中教育、中等职业技术教育、高中阶段教育体制机制创新、高中阶段教育保障能力建设等方面都做了详细而具体的规定。《决定》要求，加快推进高水平、高质量普及高中阶段教育，要坚持从实际出发，科学谋划，统筹安排，扎实推进，讲求实效，积极稳妥地做好各项工作，努力办好让人民群众满意的教育。

2008年6月，为深入贯彻落实科学发展观，进一步改善开平市旅游业的发展环境，加大旅游基础设施建设力度，做大做强开平市旅游产业，市委、市政府制定了《中共开平市委开平市人民政府关于推进旅游产业加快发展的决定》。《决定》阐述了推进旅游产业加快发展的重要性和必要性，提出了要从搞好宣传教育、培育旅游市场、强化人才开发、加大资金投入、加强旅游招商、开发旅游商品、完善配套设施、搞好交通设施、美化生态环境、推进市政建设、提供优质服务、抓好安全生产、确保社会治安、依法保障用地、加强文物保护、拉动第三产业等16方面推进旅游产业加快发展。《决定》最后还就加强对推进旅游产业加快发展工作的领导问题作出具体规定。

2009年6月，市委常委会讨论通过《关于进一步加强机关作风建设优化投资发展软环境的意见》并正式实施。《意见》指出，加强机关作风建设，是深入贯彻党的十七大精神，全面落实科学发展观，构建社会主义和谐社会的必然要求。近年来，开平市高度重视机关作风建设，全面建设服务型机关、服务型政府，紧紧围绕“三创建三促进”的主题深入开展机关作风建设满意年活动，积极加强机关和行业作风建设，进行作风建设考核和满意度测评，取得了明显成效。但是，全市机关作风建设与科学发展的要求相比，与人民群众的期望相比，还有较大差距，存在主动服务意识不够强、责任意识不够强、创新意识不够强等问题，影响了党和政府的形象，破坏了市投资发展的软环境，阻碍了市经济社会更好、更快发展。投资发展软环境的优劣，已成为影响本市发展至关重要的因素。市机关各部门一定要从深入贯彻落实科学发展观的高度，充分认识进一步加强机关作风建设，优化投资发展软环境的重要性和紧迫性，深入开展“执政为民，服务发展”的思想教育活动，以“五个一”为突破口，解决5个问题，即：以“第一道门槛”为着力点，解决服务窗口、重点岗位的服务质量问题；以“第一形象”为着眼点，解决影响机关形象的问题；以“第一呼声”为突破点，解决群众反映强烈的机关作风热点难点问题；以“第一要务”为落脚点，解决围绕发展中心、转变机关作风的问题；以“第一责任人”为关键点，解决机关作风建设亲力亲为、落实责任的问题，为实现经济社会又好又快发展提供有力保障。

【调研工作】 2008年，市委办以机关作风建设满意年活动为契机，加强调研工作。围绕金融危机对开平市影响、优化产业结构、加快发展旅游业、建设生态宜居城乡等课题，统一确立调研题目，由办公室分管领导带领调研小组深入基层开展调研，为市委决策提供一系列有思路、有措施的调研材料。其中，《当前世界经济形势对开平市化纤纺织产业的影响及对策》、《当前世界经济形势对开平市工业经济的影响及对策》等调研报告得到市委、市政府的充分肯定。

2009年，市委办领导带队，深入基层、企业28次，开展了推进“三促进一保持”、落实《珠江三角洲地区改革发展规划纲要》、化解国际金融危机对本市影响、重振建筑之乡雄风、翠山湖新区建设、招商引资工作、项目审批效率问题、企业用工问题等专题调研活动，为市委制定政策、解决难题提供参考，多项意见和建议得到市委的采纳。其中《加快省示范性产业转移工业园开发建设的调研报告》和《关于重振开平“建筑之乡”雄风的调查报告》，被江门市委办和江门市委政研室采用。

【办文办会】 2008年，市委办进一步强化科、局、室岗位职责，严格执行《办公室工作人员守则》和《办公室岗位责任制》，规范办事程序，使每个环节有相应制度要求，每个岗位有明确分工，每人肩上有指标、有责任、有压力，确保工作有条不紊地进行，促进工作到位。是年，市委办办理各镇上报文件 466 份，收发上级文件 1228 份，其中密件 626 份，收发电报 2290 份，印制文件、资料 528 份，办理市本级会议、大型活动 272 宗，实现零差错的目标。

2009 年，进一步强化综合文字工作的参谋作用。年中，先后撰写了市委十一届七次、八次全会报告，完成市委常委扩大会议、季度经济分析会、招商引资工作会议、学习实践科学发展观活动等一系列重要会议的领导讲话，“以文辅政”水平进一步提高。严把文件政策关。对市委准备出台的政策措施性文件，深入研究，全面审核，有针对性地提出意见建议，增强政策的科学性、指导性和可操作性。其中，对《关于进一步加强招商引资工作的意见》、《进一步加强机关作风建设优化投资发展软环境的意见》、翠山湖产业转移工业园投资优惠政策和项目准入标准等重要政策进行严格把关，多次修订完善，最大限度地发挥政策的导向作用。严把办文办会关，坚持少发文、发短文，少开会、开短会。是年共核发文件 80 份，办理会议 58 场次，分别比上年下降 15%和 12%。

【督查督办】 2008 年，市委办切实履行督促检查的职能，紧紧围绕市委工作中心，对全局性、宏观性问题开展全面督查，对重点、难点、热点问题进行专项督查。运用突击督查、现场督查、侧面督查、新闻督查等多种方式，对各镇（街）完成市政府目标考核任务、全市重点项目建设、市委十一届六次全会工作任务落实、奥运特别防护期信访维稳工作、土地执法检查、党报党刊发行等工作进行督促检查，推动市委决策和各项工作部署的落实。

2009 年，采取多项措施强化督查督办工作。一是创新督查督办机制。出台《关于进一步加强我市督查工作的意见》，健全和完善由市领导带队现场督查机制，规范督查工作程序。二是丰富督查督办内容。对全市 21 个重点项目实行季度督查，对经济社会发展热点、难点问题实行专项督查。其中，联合市机关工委、市监察局等单位，对全市机关作风建设开展两次重点督查，指出当前机关作风建设存在的突出问题，并有针对性地提出改进意见与建议，得到市委、市政府主要领导的肯定。三是提高督查督办成效。除常规督查督办方式外，还进一步加强现场调查研究。如对市重点项目的推进，组织部门现场办公，及时协调解决项目建设的困难问题。积极配合上级完成有关督查任务，全年共向江门市报送《督查专报》37 期，及时将开平市贯彻上级决策部署的情况反馈到江门市委、市政府。

【协调与服务】 2008 年，市委办深入开展“三创建三促进”（即创建学习型机关，促进解放思想有新突破；创建创新型机关，促进改革开放有新突破；创建服务型机关，促进科学发展有新局面）为主题的机关作风建设满意年活动，加深了对作风建设重要性的认识，为提高“三服务”意识打下坚实基础。加强协调与服务功能。在服务市中心工作的大局中，善于把上下、左右、内外的力量协调到一个点上，推进各项工作。主动加强与人大、政府、政协等办公室的联系，及时沟通市委的重大工作部署和工作思路，发挥和调动各方的积极性，形成思想联通、人员联动、行动联手的工作新格局。加强组织协调，认真抓好抗震救灾、市委书记大接访活动、司徒美堂诞辰 140 周年纪念活动、开平碉楼与村落申遗成功总结表彰大会等工作，确保各项重大活动顺利进行。同时，主动加强与上级、各镇（街）和单位办公室的联系，加强工作协调和指导，确保上情下达、下情上传，政令畅通，实现各项工作效率最高化、效能最佳化、成果最大化。

2009 年，创新和优化各项制度，推动各项工作的高效有序运转。进一步完善《办公室岗位责任制》，每个岗位有明确分工，每人肩上有指标、有责任、有压力，确保工作不越位、不缺位、不错位。落实《办公室工作人员守则》，从日常会风、生活作风、集体活动抓起，增强干部组织纪律性。完善《班子会议议事规则》、《信访举报工作责任制》、《请示报告和通报制度》、《首问责任制度》、《财务管理制度》等一系列规章制度。落实领导干部党风廉政建设岗位责任制，严格执行财务管理制度、车辆管理制度，加强对党员干部教育、管理和监督。市委办领导坚持做到艰苦奋斗，勤政廉政，树立榜样，作好表率。全年，市委办未发现违纪违规案件发生。健全办主任办公会议制度，严格执行民主集中制，对人、财、物等重大事项由办公室主任会议研究决定，强化班子成员在重大事项上的参与权和决策权。贯彻落实《关于进一步加强机关作风建设优化投资发展软环境的意见》，做到“五个不让”：不让领导安排的工作在自己手里延误，不让办理的文件事项在自己手里积压，不让来办事的同志在自己这里受冷落，不让市委和办公室的形象在自己这里受损害，做到热情服务、周到服务、优质服务。坚持“节约、廉洁、热情、真诚、周到”的原则，规范接待工作的规章和制度，确保接待工作不出错、不误事、不疏漏。年内共接待内外宾客1680多批次，接待大型、重要宾客10批次，接待工作井井有条。

【信息综合】　2008年，进一步加强信息综合和报送工作，利用《工作信息》平台，对全市各镇（街）、部门的重点工作进行报道，全年共出信息29期，其中上报江门市重要信息90篇，有效地增强全市各部门之间的沟通。

2009年，以《工作信息》为载体，以时效性、实用性为突破口，不断拓宽信息工作面，深入挖掘信息的内涵和外延。全年上报信息116篇，信息数量在江门排列第一，确保领导及时得到准确的参考信息。其中《开平市建筑房地产业逆势飘红》得到江门市委黄悦胜常委的表扬；《开平市成功化解部分参战退役人员酝酿到立园景区集体静坐的苗头》得到江门市委副书记谭继祖和常委黄悦胜的重要批示，充分肯定开平市的做法，并向江门地区各市区推广。

【保密工作】保密工作会议　分别于2008年4月下旬和2009年5月下旬，在市行政机关大楼，召开全市保密工作会议。市委保密委员会全体成员和各镇（街道）、重点涉密单位分管保密工作领导出席了会议。保密局局长周立仁主持会议，市委常委李宝贞（2008年）、副市长陈靖（2009年）在会上讲话。会议传达上级保密工作会议精神和领导讲话，通报全国2008年、2009年窃密泄密情况，分析保密工作形势，总结全市上一年保密工作情况，部署新一年保密工作任务。

保密业务培训　以市委党校为保密培训主要基地，每年1月与市委组织部拟定当年保密培训方案，由市委党校专职保密教员负责授课。2008年，保密培训班次有6期，参加培训有750人；2009年，保密培训班次有8期，参加培训有1280人。学习内容有：保密业务知识、保密政策法规，观看电教片和全国失泄密案例通报等，受训学员对象有：科级领导干部，中青年后备干部，镇、街道办事处党校教员，机关单位，镇党政办公室业务骨干，全市股级干部，机关党支部书记，新录用公务员等。

2008年9月18、19日，江门市保密局在开平市举办一期定密审核人、保密员培训班。全市各单位都派员参加。这次培训班参加人数近200人，参加培训人数在全江门各市区最多。

保密宣传教育　结合2008年和2009年“纪律教育学习月”活动积极开展保密宣传教育。根据江门市委保密委布置，要求各单位认真组织学习，深入贯彻落实，制定具体活动计划、方案，活动时间每年7月、8月两个月。2008年7月4—9日，组织市委办、市府办等重点涉密部门单位全体干部观看保密教育片《警钟长鸣》、《信息化条件下的主要技术窃密手段及其防范》等录像9场，观看人数1255人，其余130多个单位于不同时间组织观看电教片3000多人。2009年，组织干部群众深入学习新修订的《保密法》等法律法规制度，利用网络、宣传栏等平台开展保密宣传教育，发放宣传资料2200多份，方便干部群众学习。

保密工作检查　2008年8月中旬，开展信息安全和计算机及移动存储介质保密检查工作，根据省、江门市保密局的部署，明确指定包括党政部门、涉密单位在内37个单位为检查重点对象，要求认真做好自查工作。同时，联合公安局、信息产业局对13个重点涉密单位进行抽查，及时发现问题，提出整改意见，加强跟进督办，确保整改措施落到实处。

2009年6月中旬，按照省、江门市保密局工作部署，组织开展地方党政机关保密检查。保密局要求各单位先做好自查自纠，发现问题及时汇报。由保密局牵头，成立保密检查领导小组，成员单位有：保密局、机要局、公安局、国保大队、信息产业局、电信局等6个部门单位。检查前，先召开检查动员会并举办保密检查培训班。这次保密检查行动共抽查15个重点涉密单位、涉密计算机26台、非涉密计算机69台、涉密U盘10

个、非涉密U盘12个、领导干部计算机30台。

保密人员管理　2009年5月中旬，根据省委组织部、省保密局、省人事厅、省劳动和社会保障厅和江门市保密局通知精神，开展保密承诺书签订工作。这项工作涉及全市各单位涉密人员，人数众多，工作量大。联合开平市委组织部、人事局、劳动和社会保障局四部门转发《关于组织开展保密承诺书签订工作的通知》到全市各单位。签订范围包括全市副科级以上干部、各单位办公室主任、保密员以及相关涉密人员。通过不断发动，做深入细致的指导工作，全市有120个单位，1137人签订了保密承诺书，其中：处级干部40人，科级以下干部1052人，工勤人员45人；核心涉密人员7人，重要涉密人员316人，一般涉密人员814人。

考试保密工作　2008、2009年高考前，到教育局试卷保密室进行检查验收，实地察看保密制度、防盗报警、视频监控、密码柜的安全设置情况。高考期间，突击检查考试卷保密室安全、值班情况，全程协助教育局领取、交接、保管、交还高考试卷。两年来，高考工作安全顺利，均无失、泄密事故。

保密硬件建设　跟进各单位落实“三铁”（铁门、铁柜、铁窗）配置情况，指导新组建单位落实保密硬件设施。2008、2009年，全市党政部门以及重点涉密单位，基本配备电脑密码文件柜、涉密计算机等。

【党史工作】 中共开平市委党史办公室成立于1980年8月。经过历任党史工作同志的努力，完成了新民主主义时期和社会主义建设时期中共开平党组织历史资料的征集、研究、编纂、存史归档工作，先后编辑出版《开平党史研究资料》（1—10期）、《中共开平县党史》（基础资料）、《开平妇运史资料汇编》、《中共开平县党史简编》、《开平英烈传》、《丹心留开平》（第一辑）、《独鹤山壮歌》、《中共开平历史大事记》（初稿）、《开平市改革开放20年大事记》、《中国共产党开平历届党代会文件选编》等，共181.3万字。2008－2009年，按照市委、市委办和上级党史部门的工作部署，完成10万字的《开平市（县）抗战期间人口伤亡和财产损失课题调研成果》上报工作；编辑出版30万字的《中共开平历史大事记》和23万字的《中国共产党开平党史专题集》；摘录、整理了2008年和2009年开平市委及主要领导人活动的大事记资料近20万字。2009年，配合江门市党史研究室、江门电视台，拍摄以抗日战争为题材的开平抗日七勇士、大沙革命老区抗敌斗争等宣传片。

（王理阳　罗贤杰　谭伟文）

附：1. 中共开平市委正副书记、市委常委名录

书　记： 冯立坚（2008.03～）

副书记： 吴平超（～2009.08）

黄耀雄（2009.08～）　薛卫东

常　委： 冯立坚（2008.03～）

吴平超（～2009.08）

黄耀雄（2009.08～）　薛卫东

黄　佳（～2009.12）

谢伯欣（～2009.08）

黄继烨　李宝贞（女）　颜　强　范金棠

谢超武（2009.12～）

张清汉（～2009.12）

林露华（2008.04～2009.04）（女）

郑香元　莫健文（2009.12～）

侯永豪（2009.04～）

庄俊义（2009.11～）

陈伟成（2009.12～）

蔡　凌（2009.12～）

2. 市委办公室正、副主任名录

主　任： 薛卫东（～2009.12）

陈伟成（2009.12～）

副主任： 温家林（2009.03～）

关健敏（2009.12～）

伍德斌（2009.08～）

何焕明（～2009.12）

梁松友（～2009.08）

司徒锡光（～2009.06）

方悦进（～2009.08）

庞信明（2009.06～）（女）

3. 挂靠单位领导班子名录

机要局局长： 胡梓平

保密局局长： 周立仁

党史办主任： 梁炳添（～2009.08）

梁锦荣（2009.11～）

纪检监察工作

【监督检查上级和市委重大决策部署落实情况】 加强对翠山湖新区建设的监督检查，推动新区管委会建立健全相关制度，规范工程建设、财务管理等多方面工作，推进新区依法健康发展。加强对扩大内需项目落实情况、物价收费政策执行情况、专项资金管理使用情况、种粮补贴政策落实情况、违法违规用地整改情况、财经纪律执行情况的监督检查。加快推进工程建设领域突出问题专项治理工作。

【党风廉政建设责任制】 坚持"党委统一领导，党政齐抓共管，纪委组织协调，部门各负其责，依靠群众的支持和参与"的领导体制和工作机制，成立以市委书记为组长，市长、市纪委书记、组织部部长为副组长的责任制领导小组。责任分解做到"细"，实行党风廉政建设和反腐败工作任务分工，2008年共7大项55小项任务，突出营造廉洁高效的政治环境，2009年共6大项57小项任务，突出整治乱告诬告。责任考核做到"严"，制定《开平市领导班子和领导干部执行党风廉政建设责任制情况考核实施细则》实施严格考核，各分工单位能较好地完成党风廉政建设责任分工，群众评价"好"的得票率在80%以上。责任追究做到"准"，2008年重点对一些领导干部未能严格要求下属导致其收受贿赂、挪用公款赌博等情况进行责任追究；2009年重点对违规用车、设立小金库私分公款等情况进行责任追究。

【惩治和预防腐败体系建设】 学习宣传和贯彻落实《建立健全惩治和预防腐败体系2008—2012年工作规划》，制定《中共开平市委贯彻落实〈建立健全惩治和预防腐败体系2008—2012年工作规划〉实施方案》和《任务分工表》，加强对各单位落实惩防体系建设任务分工情况的监督检查，创建供电局和三埠三围村等2个惩防体系建设示范点并进行宣传推广。

反腐倡廉教育　2008年开展以"增强党性观念，推进科学发展"为主题的纪律教育学习月活动，2009年开展以"加强作风建设，保障科学发展"为主题的纪律教育学习月活动，纪委领导亲自授课，加强对全市党员干部的廉政教育和法纪教育。2008年，组织开展廉政文艺演出18场，7000多人观看。推进廉洁文化进农村工作，创建廉洁文化宣传教育基地暨开平市廉洁文化进农村示范单位——长沙街道办事处东乐村委会。开展反腐倡廉风范教育，创建江门市反腐倡廉风范教育基地——周文雍、陈铁军烈士纪念碑。2009年开展青年干部廉洁从政和预防职务犯罪教育系列活动，800多名青年干部参加启动仪式暨廉洁宣誓、签名活动。坚持反腐倡廉宣传教育联席会议制度，每年在各级媒体播发反腐倡廉宣传报道约200篇。2009年，长沙新民村"村头说村务"活动被《中国纪检监察报》、《中国监察》和《党风》刊登推广，青年干部廉洁宣誓、签名活动和"一把手道歉制"被《中国纪检监察报》宣传报道。

反腐倡廉法规制度建设　创建反腐倡廉基础性制度10多项，涉及工程建设领域突出问题专项整治、公有企业改制和重大事项审核备案、规范国家公务员津贴补贴等多方面内容。完善集体领导和分工负责、重要情况通报和报告、述职述廉、民主生活会、信访处理、谈话和诫勉谈话等党内监督制度。完善组织部门就选拔任用问题向纪检机关的函询制度。落实《领导干部廉政准则》、《领导干部报告个人重大事项》、公务用车配备和使用管理等廉洁从政制度。执行办案"双报告"制度。健全完善反腐败协调配合制度和工作通报制度。

监督制约　2008年，督促市党政领导班子成员公开作出廉政承诺。进行领导干部任前廉政谈话133次，领导干部述职述廉428人次，报告个人重大事项526人次。抓好廉政建设专项检查，查处廉洁自律违规行为，清理8个单位利用个人"小灵通"捆绑办公电话使用问题，清理"小金库"金额9.4万元，查处违规租赁小汽车行为1宗、领导干部从事有偿中介活动案件1宗。加强对重要领域和关键环节权力行使的监督制约，向市委、市政府及其部门提供关于建立规章制度的政策参考近20次，督促相关部门抓好闲置土地处理、国有企业转制、建设市场专项治理、党政机关非经营性资产转为经营性资产等多项全市性的重点工作。

体制机制制度改革　加强对规范公务员和教师津补贴工作的后续监督管理。推动制定《开平市直党政机关事业单位闲置、经营性资产管理实施细则》、《开平市行政事业单位闲置、经营性资产管理办法》等文件，加强对机关事业单位的经营性资产管理。督促出台《关于做好公有企业改制财务审计和资产评估工作的补充通知》，实现企业改制监督关口前移。督促加强、规范农村集体资金、资产、资源管理和财务、合同管理。

纠正损害群众利益的不正之风　开展对社保基金、住房公积金、扶贫救灾资金管理使用情况的监督检查。加强教育收费检查，查处中小学乱收费行为2宗，督促教育部门落实贫困家庭中小学生学杂费减免和困难补助，减免、补助贫困家庭学生6560人次136万多元。在房产局、劳保局、国土资源局和建设局开展民主评议政风行风活动，以上4个单位均被评为“满意单位”。

惩治腐败　2008－2009年，受理信访举报387件（含重复件），办结387件，办结率100%，处理群众上访事件11宗25人次，为70名干部澄清是非。立案查处违纪违法案件98宗，挽回经济损失1908.52万元，审结案件93宗，其中处分83人，免予处分10人，涉及党员91人，科级干部9人。2009年查办诽谤、乱举报行为2宗。加强镇级办案工作，2008、2009年镇级立案44宗，镇级办案率达100%。推进治理商业贿赂专项工作。通过监察建议、整改建议、学习会、谈话等多种形式，发挥查办案件的治本功能，达到“查处一个案件、教育一批干部、警示一个班子、完善一套制度、促进一方发展”的综合效果。2008、2009年发出监察建议书5份、整改建议书3份，进行回访谈话80人次。

【农村基层党风廉政建设】　巩固落实农村基层党风廉政建设工作联席会议制度。2008年，向镇（街）、市直涉农单位免费发放《农村基层党风廉政建设工作简易读本》1144份，组织各涉农部门对2006年以来强农惠农政策落实情况进行监督检查，敦促各单位抓好整改。2009年，开展农村党风廉政建设专项检查，督促落实强农惠农政策，加强村小组财务管理调研，规范农村资金、资产、资源管理，推动执行《广东省城乡基层干部廉洁自律若干规定》。创建长沙新民村为农村党风廉政建设示范基地，推广长沙新民村“村头说村务”活动经验。2008、2009年查办损害农民利益案件7宗。

【机关作风和行政效能建设】　推动出台《关于进一步加强机关作风建设优化投资软环境的意见》，把作风建设作为加强领导班子和干部队伍建设的重要任务，重点解决服务意识、责任意识、创新意识不强等问题。控制党政机关公用经费支出，达到中央“五个零增长”和“四个减半”的要求。控制车辆购置和运行费用支出，在近3年平均数的基础上降低15%；加强公车使用管理，明确公车被盗的责任追究规定。2008、2009年共受理行政效能投诉46宗，办结46宗，办结率100%；查处行政过错行为6宗，批评教育3人，通报批评3人，书面检查1人，调离工作岗位1人。2008年会同市直机关工委组织开展行政效能建设专项活动，对32个行政事业单位的行政效能和作风建设情况进行检查，督促全市各单位落实服务承诺制、限时办结制、一次说清制和首问责任制等四项制度。2009年，开展明察暗访专项活动，累计出动28次84人到42个单位进行暗访录像，制作暗访片2个；推进行政审批电子监察系统建设，截至2009年12月，实现对全市41个单位的165项网上行政审批工作开展实时在线监察。

【纪检监察干部队伍建设】　2009年，推行基层纪检监察派驻机构分片管理，设置纪工委、监察分局3个，分别负责指导、监督、检查市直单位和各镇（街）的纪检监察工作。深化干部选拔任用和轮岗交流，提拔科级干部9名、股级干部4名，调入干部13名，调出科级干部3名。加强学习型机关建设，组织机关集体业务学习24次，举办全市纪检监察干部业务培训班1次，选送干部参加上级业务培训20多人次。2009年，开展深入学习实践科学发展观活动。推进纪检机关作风建设，培养积极进取、勤奋好学、求真务实、廉洁奉献之风，完成调研课题近30个，召开全市纪检监察工作通报会2次、委局工作分析会8次，连续两年被评为全市机关作风建设先进单位。抓好制度建设，规范机关管理，巩固落实制度20多项，新制定制度4项。健全和完善党建工作，促进党务公开、组织工作、支部活动正常化，发展新党员4名。

【重要会议】十一届纪委三次全会　2008年2月19日在市行政大楼召开，会议传达贯彻十七届中央纪委二次全会、十届广东省纪委二次全会、十一届江门市纪委三次全会精神，总结2007年开平市反腐倡廉工作情况，部署2008年工作，并审议通过题为《开拓创新，落实科学发展观，全面推进党风廉政建设和反腐败工作》的工作报告和《中共开平市第十一届纪律检查委员会第三次全体会议决议》。参加会议的人员有市纪委委员，市四套班子领导成员，市人民法院、市人民检察院主要负责人，各镇（街道）党（工）委书记、纪（工）委书记，市有关单位纪委书记、纪检组长或分管纪检工作的领导，市特邀监察员，市纪委机关全体干部，共300多人。

十一届纪委四次全会　2009年3月13日在市行政大楼召开，会议传达贯彻十七届中央纪委四次全会、十届广东省纪委三次全会、十一届江门市纪委四次全会精神，总结2008年本市反腐倡廉工作情况，部署2009年工作，并审议通过题为《全面解放思想，坚持科学发展，努力开创我市反腐倡廉建设新局面》的工作报告和《中共开平市第十一届纪律检查委员会第四次全体会议决议》。参加会议的人员有市纪委委员，市四套班子领导成员，市人民法院、市人民检察院主要负责同志，各镇（街道）党（工）委书记、纪（工）委书记，市有关单位纪委书记、纪检组长或分管纪检工作的领导，市特邀监察员，市纪委机关全体干部，共300多人。

（张艳玲）

附：1. 中共开平市纪委正副书记、常委名录

书　记：黄　佳（～2009.12）
　　　　莫健文（2009.12～）
副书记：余照明
　　　　廖辉文（～2009.12）
　　　　梁民跃（2009.09～）
常　委：王　敏（～2009.12）
　　　　余英华
　　　　梁国汉
　　　　关华俊

2. 开平市监察局领导班子名录

局　长：廖辉文（～2009.08）
　　　　梁民跃（2009.08～）
副局长：梁国汉
　　　　甄健富（～2009.11）
　　　　班朝举（2009.12～）

组织工作

【简况】　两年来，组织部门以科学发展观统揽全局，紧贴中心，服务大局，抓重点、攻难点、塑亮点，以开拓创新的精神，求真务实的作风，不断增强服务科学发展的能力和水平，各项工作取得良好的成效，为开创开平科学发展新局面提供坚强的思想、政治和组织保证。

2008年，全市共有基层党组织1327个，其中党委28个，党总支55个，党支部1244个。全市2个行政街共有社区居委会17个，党总支11个，党支部166个；13个镇党委共有党总支16个，村（管区）党支部226个。全市共有党员29149名（含预备党员653名），其中：男党员23372名，女党员5777名；年龄35岁以下的5054名，36～45岁的4652名，46～54岁的5236名，55～59岁4666名，60岁及以上9541名；研究生学历71名，大学本科2748名、专科学历4425名，中专学历2487名、高中学历5298名，初中及以下14120名；少数民族党员51名。全年共发展新党员567名。

2009年，全市共有基层党组织1308个，其中党委28个，党总支52个，党支部1228个。全市2个行政街共有社区居委会17个，党总支13个，党支部169个；13个镇党委共有党总支16个，村（管区）党支部226个。全市共有党员29333名（含预备党员698名），其中：男党员23301名，女党员6032名；年龄35岁以下的5158名，36～45岁的4599名，46～54岁的4979名，55～59岁4445名，60岁及以上10152名；研究生学历78名，大学本科3071名，专科学历4503名，中专学历2477名，高中学历5352名，初中及以下学历13852名；少数民族党员50名。全年共发展新党员669名。

【学习实践科学发展观活动】　开平市深入学习实践科学发展观活动从2009年开始到2010年2月底基本结束，分两批进行，共1308个党组织、29300名党员参加。市委坚持把学习实践活动作为一号工程和首要政治任务抓紧抓好，牢牢把握中央“党员干部受教育、科学发展上水平、人民群众得实惠”的总要求，精心组织，加强领导，做到认识到位、组织到位和督查宣传到位。坚持做到虚实结合，点面结合。通过一年的努力，全市学习实践活动基本实现了市委提出的"六个新"的目标要求。一是党员干部认识有新提高。二是科学发展有新举措。三是体制机制有新突破。四是和谐稳定有新进展。五是干部作风有新转变。六是党的建设有新加强。通过测评数据显示，群众对活动的满意率达到100%。

【固本强基工程】 2008年，大力推进固本强基工程。1.继续组织第四批"十百千万"干部下基层驻农村，并在全市开展"结对共建"活动，共有省、江门市、江海区的69个单位党组织，开平市的81个部门单位党组织以及市属镇(街)机关、站所党组织，分别与全市226个村组织进行"一帮一"结对共建。派驻单位和驻村干部共筹措资金1100多万元，为挂钩村办好事实事1282件，其中帮助村发展集体经济项目79项，帮扶困难党员、群众、学生5000多户。2009年，组织"十百千万"干部下基层驻（联）农村工作，共为基层干好事实事1800件，投入资金843.63万元。2.扎实推进固本强基创新和落实工作，创造和形成一批具有鲜明特点的基层党建品牌，其中"党建工作责任制"项目被评为江门市"固本强基创新成果"。3.积极开展"党员群众议事学习日"试点工作，推进基层民主政治建设。4.顺利完成村、社区"两委"换届选举工作，积极推进村"两委"职数改革和党组织领导班子"双直选"试点工作，试行在编制内聘用村干部。5.扎实推进农村党员干部现代远程教育工作，投入资金250余万元完成241个农村党员干部现代远程教育网络终端点建设，实现全市镇(街)、村终端接收站点全覆盖。组织部摄制的电教片《供销舵手杨源想》荣获江门市金奖；协助摄制的纪录片《青春无悔》获全国大奖。6.汶川大地震后，全市有22867名党员交纳"特殊党费"共148.48万元支援抗震救灾。

2009年，全市农村新发展党员370名，为近年来之最。大幅度提高村（社区）干部的待遇，将村（社区）书记（主任）的工作补贴由每月385元提高到700元，其他委员（成员）由每月345元提高到600元。招录2名优秀村干部进入街道领导班子及公务员队伍，选聘64名高校毕业生到村任职工作。集中培训全市226名村党支部书记。创新基层党组织设置形式，新组建1家非公有制企业党委——广东金辉华集团有限公司党委，成立全市首家商会党支部——开平市浙江商会党支部。扎实推进现代远程教育工作，全面完成全市44个街道、社区终端站点建设。

【公开选拔和竞争上岗活动】 2008年，按照江门市联合公选办公室的统一部署和要求，经过公选职位调查、宣传公告、报名及资格审查、笔试面试、组织考察、酝酿讨论、公示任命等程序，圆满完成对市经贸局副局长、市信息产业局副局长、市旅游局副局长3个公选职位的任命工作。2009年，拿出市妇联副主席、市科技局副局长、开平一中副校长3个职位公开选拔女干部，其中科技局副局长职位还要求必须是非中共人士。

【年轻干部、妇女干部、党外干部培养选拔】 2008年11月，出台《开平市科级领导班子后备干部工作实施办法》，针对后备干部队伍的选拔、培养、锻炼、管理等环节，制定详细的工作办法。根据《江门市县处级领导班子后备干部工作实施办法》（江办发〔2008〕8号）的要求，选拔出10名副处级领导后备干部建议人选，学历都在大学以上，35岁以下的有4人，其中32岁以下的2人，女干部和党外干部也占一定比例。

2009年，在全市80个部门单位选拔出正科级领导后备干部80名、副科级领导后备干部161名。正科级领导后备干部年龄一般在40岁以下，其中妇女干部16名，占20%；党外干部2人，占2.5%。副科级领导后备干部年龄一般在35岁以下，其中妇女干部45名，占28%；党外干部17人，占10.6%。是年全市共提拔任用后备干部24人，占后备干部总数10%；共提拔女干部9名，并为3个单位配备了女正职领导。

【建立与党员干部谈话制度】 2008年，出台《关于建立市管干部谈话谈心制度（试行）的通知》，通过开展经常性的干部谈话谈心，搭建了组织部门与干部沟通的新平台，畅通干部思想交流渠道，使领导干部及时感受到组织上的关怀、帮助和教育，不断激发领导干部的责任感和进取心，振奋了干部干事创业、奋发向上的精神。

【干部队伍建设】　2008年，市委常委会讨论任免干部共9批117人，重点分批做好市公安局机构升格后领导干部调整配备工作。全年提拔63人中57人为市公安局机构升格后提拔的领导干部。2009年，首次将体现科学发展观要求的综合考核指标体系和评价办法运用在届中考核考察中，客观公正地量化考评领导班子和领导干部。共提拔科级领导干部123人，科级非领导职务干部83人，交流轮岗79人，改任非领导职务58人。继续深化干部人事制度改革，相继出台《关于加强和改进市管干部队伍建设若干问题的工作意见》、《关于规范公务员单位和参照公务员法管理单位的股级职务选任工作的意见》和《关于规范镇（街）机关、派出机构及事业单位干部任免工作的通知》3个文件，建立健全干部正常退出机制和股级干部选拔任用工作机制。

【干部监督工作】　为加强干部监督工作，2008年对57个市直单位和15个镇、街进行以“执行民主集中制情况、贯彻落实《条例》情况、领导干部出国（境）证照管理情况”为内容的“三项工作回头看”检查，推进领导班子工作的制度化和规范化，防止和纠正选人用人上的不正之风。建立健全干部监督工作制度，制定《关于规范我市领导干部在社会团体兼职问题的通知》、《开平市干部监督联席会议制度》和《开平市干部监督联络员工作制度》。为加强市管干部出国(境)管理，先后出台《关于加强对我市干部因私出国(境)证照管理的通知》、《关于进一步加强对我市国家工作人员因私出国（境）管理工作的通知》和《关于加强我市干部出国（境）管理的补充规定》，规范市属镇（街）“一把手”的出国（境）审批权限，加强出国（境）证件集中管理和领证审批手续，堵塞管理漏洞。委托审计部门对市属61个单位77名党政“一把手”作离任（任中）审计。实行领导干部提拔前个人重大事项报告制度，重点加强对配偶子女均已移居国（境）外的领导干部的监督管理。

【党员干部教育培训】　按照党的十七大关于“大规模培训干部，大幅度提高干部素质”的要求，2008—2009年培训各级各类干部1.5万多人次。其中共举办科级干部轮训和中青年后备干部培训等主体班次12期，培训各级干部1700多人次；选送各级干部387人次参加中央、广东省、江门市等上级各类调训共35期。以科级干部轮训班、高级专题研讨班、专题报告会、中青年干部培训班等为主，大力打造精品班次，初步建立现代干部教育培训课程体系，积极推行“体验式”、“研讨式”、“调研式”、“答辩式”等教学方式。先后到中国人民大学、中山大学等著名高校，举办两期高级专题研讨班；组织74名中青年后备干部到广东省委党校进行异地培训以及到增城、东莞等地考察学习，使干部教育培训的针对性和实效性显著提高。

【人才载体建设】　开平市大力加强博士后科研基地、行业人才培养基地等人才载体建设。2008—2009年，由市人才工作领导小组、市委组织部牵头，联合人事局、科技局等相关职能部门，采取扶持鼓励措施，与高校、科研院所合作，先后成立“中山大学－开平市旅游局博士后科研基地”、“广东省农科集团—金鸡王公司博士后科研基地”、“中山大学—开平市中心医院博士后科研基地”等3家高层次人才载体，吸纳多名博士后人才，成为引进高级人才和带动本土专业人才培养的重要平台。连续两年在全市开展“科技进步暨人才活动月”，编印《开平市优秀人才风采》宣传册。在人才载体建设中先行先试，2009年以来，联合全市企事业单位、技术创新中心、行业协会等先后成立纺织、水暖卫浴、旅游、养殖、建筑等7个行业人才培养基地，建立大学生毕业实习基地9个，通过建立覆盖面广、机制灵活的行业人才基地，推进人才引进培养和科技自主创新。（吴金才　胡少波　梁志伟　陶伟琴　刘国孟　阮耀森　林上金　谢小君　黎活涛）

附：市委组织部领导班子名录

部　长：颜　强

副部长：吴松安

陈健强（兼人事局局长）

劳蔼婵（～2009.08）

梁小耐（2009.08起兼老干部局局长）

张坚念（2009.08～2009.12）

宣传工作

【配合中心工作开展宣传】 2008年广泛深入开展市委十一届六次全会精神宣传，2009年开展市委十一届七次全会精神的宣传，精心组织各新闻媒体深入各镇（街）和有关单位进行跟踪报道，编印了市委全会精神宣传海报。2009年指导媒体做好纪念改革开放30周年、庆祝新中国成立60周年活动的宣传报道。两年来围绕学习实践科学发展观、招商引资、旅游强市、"两委"换届工作、计划生育、城镇居民医保、创建教育强市、新农村建设等重大主题和重要工作开展宣传，为开平经济社会发展营造良好的舆论氛围。2009年，以翠山湖申报省示范性产业转移工业园为契机，制订翠山湖新区宣传方案，在电台、电视台、信息网、开平明报等媒体开设新闻专栏，制作公益宣传广告，策划电视宣传片，编印《翠山湖新区招商宣传小册子》，掀起翠山湖新区宣传热潮。同时以"把握导向、掌握先机、适时适度"为原则，建立和完善新闻发言人制度，加强对社会热点问题的舆论引导。

【纪念改革开放30周年宣传活动】 2009年，采用多种形式开展纪念改革开放30周年活动。举办文艺晚会、图片展、文艺精品创作大赛、书法绘画图片展和座谈会，制作《跨越30年》宣传画册，组织媒体开展《辉煌30年》等大型专题报道，反映开平市改革开放30年取得的巨大成就，在广大干部群众中深入开展解放思想、开拓创新、爱国爱乡的宣传教育。

【对外宣传】 2009年，联合南方报业集团等单位在自力村举办第三届国际文化产业论坛世界遗产分论坛，共有国内外50多名专家和60多个网站参与，《南方都市报》等报刊头版刊登了活动盛况。2009年，举办"粤港澳千名导游共庆开平碉楼申遗成功两周年"活动，组织新浪、网易、广东电视台、南方电视台、中国旅游报等40多家新闻媒体进行集中报道，其中新浪、网易推出专门网页。两年来，全市对外宣传稿件多次被《南方日报》、《广州日报》、《深圳特区报》、《江门日报》采用。市广播电视台广播电视作品2008年获得江门市级奖励33篇、省级奖励16篇，2009年获得江门市级奖励37篇、省级奖励11篇。

【精神文明建设】 2008－2009年，开平市在精神文明建设方面主要开展5项工作 ：一是抓好文明村（单位）创建工作，推进全市精神文明建设更上一层楼；二是组织召开市净化社会文化环境工作会议，明确工作责任，定期开展督查；三是会同团市委、妇联、教育局等单位抓好未成年人教育工作；四是会同教育部门组织全市中小学生开展"向国旗敬礼、做一个有道德的人"活动；五是会同市卫生局、团市委抓好红十字志愿者、青年志愿者队伍建设，进一步完善社会志愿服务体系，积极培育文明风尚。至2009年底，全市已建成各级文明村（单位）511个，其中国家级"全国创建文明村镇工作先进村镇"1个，广东省文明村镇6条，江门市标兵文明村51条；广东省文明单位（窗口）9个，江门市文明单位86个。

【公民道德建设】2009年，发放由中央宣传部理论局组织编写《六个"为什么"——对几个重大问题的回答》一书（单行本）300本，该书全面准确地阐述了关于社会主义核心价值体系的6个问题，成为本市组织广大干部群众深入学习领会中国特色社会主义理论体系的重要读物；编印《开平市市民礼仪手册》发放到各单位、社区、企业和学校。开展以"爱国、守法、诚信、知礼"为主要内容的系列活动，发动党员团员、干部职工、师生、驻军官兵、社会热心人士为四川地震灾区捐款。

2008－2009年，加强未成年人思想道德教育。充分发挥学校主渠道、主阵地作用，将未成年人德育贯彻于教学育人的全过程，全力构建学校、社会、家庭三位一体的教育网络。发挥团委、妇联、公安、司法、文化、民政等部门的职能。其中，团市委通过电话、互联网等形式动员各镇（街）基层团组织积极参加整治和宣传活动；市公安局开展互联网站的清查行动，通过巡查、搜索等多项措施，对服务器在市内以及服务器在异地、内容关于本市的网站网页进行全面的清查，有效地对有害的信息进行封堵、拦截；市文广新局投入人力、物力、财力，积极开展净化文化市场工作，取得显著成效；市电信局做好互联网线路的维护工作，保证全市的互联网络畅通；市信息产业局做好开平政府网的建设工作，使政府网站继续成为市民与政府进行交流的平台；市广播电视台健全长效监管机制，做到净化声屏荧屏工作常态化、经常化，确保广播电视宣传导向正确，为庆祝新中国成立60周年营造良好的舆论氛围。开展“弘扬中华美德，争做现代公民”主题教育活动，举办“青年志愿者”、“扶贫助残”、“手拉手扶贫助学”、“定点接力照顾孤寡老人”等活动，培养未成年人团结、互助、友爱、助人为乐的精神。组织“远离毒品、珍惜生命”，“远离网吧”的宣誓、签名活动，培养未成年人良好的习惯行为。

【大型文艺活动】　2008—2009年，组织承办各类大、中型群众文化活动，主要活动有：春节大型焰火晚会、慈善公益大型文艺晚会、纪念改革开放30周年文艺大汇演、申遗成功一周年纪念文艺晚会、碉楼文化旅游节等，进一步丰富人民群众的文化生活。2008年11月，致公党中央、致公党广东省委、江门市人民政府、开平市人民政府联合举办纪念司徒美堂诞辰140周年活动，全国政协副主席、致公党中央主席万钢等中央领导和省、江门市领导以及海内外华侨300多人参加了纪念活动。2009年9月，举办庆祝新中国成立六十周年大型合唱晚会，全市12条战线（街道）近3000人参加合唱比赛，歌颂共产党好、社会主义好、改革开放好、伟大祖国好、各族人民好，营造了热烈喜庆、欢乐祥和的节日气氛。

【政工职称评审】　2008—2009年，举办政工人员岗位培训班2期，参加培训的有市机关、企事业单位政工人员约450人。2008年，经严格推荐和评审，获认定高级政工师资格3人，政工师4人，助理政工师11人。2009年，全市获认定高级政工师资格1人，政工师9人，助理政工师7人，政工员1人。

【解放思想学习讨论活动】　2008年1—5月，以科学发展为主题，在全市深入开展“继续解放思想，坚持改革开放，争当实践科学发展观的排头兵”学习讨论活动。市委宣传部做好各阶段学习讨论活动的协调指导工作，举办专题辅导课，开展专项督查活动，确保学习讨论活动正常有序进行。在学习讨论活动中，围绕市委十一届六次全会提出的“要努力把开平建设成为江门新的经济增长极，珠三角生态宜居名城，广东旅游强市”进行大学习、大宣讲、大讨论、大调研，促使全市广大干部进一步深化对科学发展观的认识，突破传统的思想观念，找准发展定位，明确发展思路。各单位还针对经济社会发展难题开展专题调研，撰写了一批调研文章，制订发展经济措施。

【理论中心组学习】　2008年，制订市委中心组学习计划，举办市委中心组（扩大）学习会，先后组织“解放思想，推动发展”学习讨论活动，举办解放思想专题调研成果交流会、台海局势与中国国防现代化建设辅导课、学习省委十届三次全会和江门市十一届四次全会精神辅导报告会、学习十七届三中全会精神专题辅导报告会等。2009年，在中心组学习活动中，举办学习贯彻《珠江三角洲地区改革发展纲要》宣讲报告、深入学习实践科学发展观专题辅导报告、“园区招商及发展”专题报告会。将中央党校高新民教授主讲的题为《开创作风建设和反腐倡廉建设新局面》的报告作为市委学习中心组(扩大)理论学习内容。

【潭江论坛】　是由市委宣传部与广播电视台于1999年4月起联合制作的电视专题节目。该节目以面向百姓、关注民生为宗旨，由观众、嘉宾和主持人共同参与，围绕市委、市政府近期的中心工作以及广大群众普遍关心的热点难点话题展开讨论。《潭江论坛》不仅为广大群众提供一个交流认识、探讨问题、沟通思想的平台，也成为市委、市政府了解民情、洞察社会状况的窗口。2008年，共制作播出5期9集专题节目，内容包括“保障公平就业 构建和谐劳动关系”、“共襄善举 扶贫济困”、“震灾无情 人间有情”、“未成年人的成长全社会的责任”和“城镇居民医保与你共享安康生活”。2009年，进一步改革《潭江论坛》节目录制形式，采用走出录播室面向普通市民，邀请行业专家精英参与讨论、答疑解难等多种方式。全年共完成5期10集节目的制作播出，内容有“树立信心，积极应对金融危机”、“落实纲要，推动开平科学发展”、“创业路——青年创业专题”、“落实科学发展观，迈向旅游强市”和“全力建设好翠山湖新区”。

（谭婷婷 余荣瑞 张小花 黄钊 王磊）

附：市委宣传部领导班子名录

市委常委、部长： 黄继烨

副　部　长： 李健明（～2009. 07）

关文荫（2009. 08～）

徐兆喜（2009. 08～）

统战工作

【多党合作与政治协商】 2008年，增补市政协委员11人，其中市政协常委2人；2009年，届中增补市政协常委2人，增补吴平超为市第十一届政协委员、常委、主席。是年，党外干部后备人选20名，其中副科级18名，科级2名。各民主党派推荐了后备领导班子成员。每年均举办党外人士培训班。每年新春期间，组织召开党外代表人士座谈会，为他们提供参政议政平台。两年来，各民主党派和党外人士就开平市经济发展、旅游开发和民生等问题献策出力，提交提案、建议近200件。

【海外联谊活动】 每年春节期间，在开平市举办的香港、澳门新年酒会上，市委统战部积极与有关社团开展联谊活动，宣传、推介开平市的投资环境。2008年，市委统战部先后组织两批统战干部到香港拜访开平同乡会、开平商会等社团，开展联谊活动。2009年10月，邀请4500多名海内外乡亲回乡参加开平一中建校90周年庆典活动。两年来，还先后接待香港谭氏宗亲会、香港新界狮子会等港澳社团二十多批次近2000人回乡参观访问，增进相互之间的交流。在2008年、2009年开平市慈善公益万人行活动中，邀请众多海外同胞回乡参加活动，收到来自港澳台海外捐资超过1400万元。

【对台工作】 2008年，市台办加大对台商企业的帮扶力度，协调组织16家台资企业与当地村委会结对扶持，解决企业“招工难”及农村富余劳动力转移就业问题。8月，开平市组团参加2008广州市台资企业转型升级和产业转移交流会暨广州市台资企业协会成立十六周年庆典，并与广州台协签订企业转移合作意向书。市领导多次到台资企业进行调研，帮助企业寻找应对金融危机的措施。是年，统战部妥善处理4宗涉台纠纷和20多件信访投诉，发动市台资企业参与抗震救灾，捐资赠物共计人民币35万元，捐助1万元用于扶困助残。

2009年，市政府无偿援助受2008年自然灾害影响的裕茂农业公司10吨复合肥料开展灾后自救，并协调市农信社给予700万元贷款以灾后重建。市委统战部、市台办先后接待广州荔湾区港澳侨政协委员、台协会越秀分会等考察、参观开平市投资环境。6月，市委统战部、市台办组织一批经贸考察团赴台考察交流。10月，组织台商50多人前往翠山湖工业园区实地考察。8月，市台办组织为受“莫拉克”袭击的台湾南部地区捐款捐物达10万元。2008—2009年，市台办、台协会每年举办开平市台商春节团拜会和中秋团聚会。

【民族宗教工作】 市民族宗教事务局依法做好民族宗教管理和服务工作，引导宗教人士与社会主义相适应。2008年9月，协调解决宝国寺牌楼砸伤四川民工的赔偿纠纷事件；10月，依法取缔步行街“念佛堂”的非法宗教活动场所，制止大沙镇马洞村非法乱建庙宇行为。年末，开展全市宗教活动场所安全大检查活动。2009年，对镇、村两级民族宗教管理工作人员进行重新登记造册；组织开展外国人宗教活动和五大宗教以外的宗教活动情况调研、全市较大规模的5座民间信仰寺庙调研及民族情况大调研活动。6月，开平市基督教召开第十二次代表会议，以差额选举方式选出“两会”新一届委员会和班子。

两年来，市民族宗教事务局举办民族宗教干部培训班2期，培训干部160多人次。接待港澳及海外友好人士200多人次。协助兰州拉面店办理证照，扶持其合法经营，并帮助其子女解决上学问题。全市宗教界为抗震救灾、扶困助学等社会慈善公益事业捐款捐物11.76万元。（陈月嫦　张敏恒）

附：市委统战部领导班子名录

部　长： 关位湛（兼市政协副主席）

副部长： 许卓尉（～2009. 08）

张吕抗（2009. 09～）　刘爱仲（女）

党校工作

【简况】 市委党校创办于1959年，是中共开平市委直接领导下，培养党员领导干部和理论干部的学校，是市委培训轮训党政干部和理论骨干的“主渠道”。党校的主要任务是为全市在职干部培训提供服务，是开平市宣传马克思列宁主义、毛泽东思想、邓小平理论、“三个代表”重要思想、科学发展观及党的路线方针政策的重要阵地和党性锻炼的“熔炉”。

开平市分别于1995年、1997年创办开平市行政学校和开平市社会主义学校。行政学校承担市级机关国家公务员和党群机关工作人员的任职培训、专门业务培训、更新知识培训及市属街、镇国家公务员和党群机关工作人员的任职培训。社会主义学校是开展党的统一战线工作的重要部门，是共产党领导的统一战线性质的政治学校，是培训民主党派、无党派人士和统一战线其他方面代表人士以及统战工作干部和理论研究人才的联合党校。市行政学校和社会主义学校与市委党校合署办公。

党校（行政学校、社会主义学校）有校级领导2人。内设职能股室4个，分别是：办公室、教务股、理论股和文史股。近几年，在市委、市政府直接领导和江门党校的指导下，结合本地实际，始终贯彻党的干部教育方针，充分发挥职能作用，为开平市培训轮训大批德才兼备的党政领导干部和统一战线干部，优化了公务员队伍建设，为推动本市社会经济发展做出重要贡献。

该校坚持“以教学为中心、以科研为基础”的办学指导思想，坚持科研为提高教学质量服务、为市委市政府决策服务，努力做大做强党校，为推动本市党的干部教育事业，为建设富裕文明和谐开平做出贡献。

【党校建设】 市委党校拥有一支力量较雄厚教研管理队伍。全校在编20人，其中硕士研究生2人、本科学历10人、大专学历7人。拥有配套较为完善的现代化教学设施，包括可容纳350人的礼堂、有各类藏书1万多册的图书馆、中央党校和省委党校卫星远程教学网站和计算机中心等。2009年，贯彻落实市委常委会决定，实施加强党校硬件建设的“三个一百工程”（即较高标准地改造建设一个可容纳100人上课的多媒体教室、一个可供100人同时就餐的食堂和能安排约100人同时住宿的以双人间为标准的学员宿舍），教学培训环境得到进一步改善。

【党员干部的教育培训】 按照《中国共产党党校工作暂行条例》和省委党校关于大规模培训干部的要求，紧紧围绕市委市政府的中心工作，充分发挥党校是培训各级领导干部的主渠道和主阵地作用，着眼于提高领导干部的综合素质，扎实办好干部教育的培训班、轮训班等主体班次。

2001—2009年，举办主体班 106期，培训轮训干部17842人次；派出教员到机关、企事业单位、镇（办事处）讲课184人次，参加听课人数达42324人次。

【学历教育】 由于十年动乱的耽误，党政干部文化程度普遍不高，在高等教育资源奇缺的情况下，为解决干部教育问题，适应干部制度改革的需要，加速实现干部的“革命化、专业化、知识化、年轻化”，党校于20世纪80年代开始举办学历教育。1985年11月5日，中共中央批转《全国党校工作座谈会纪要》和《关于中央党校培训对象问题的请示报告》。明确规定：“中央党校开办的函授学院和省级党校开展的函授教育，对于加快干部的培训是有利的，一定要保证教学质量，不断提高。”会议认为：“党校的学历和主要反映文化程度的国民教育学历不尽相同，它是一种包括理论文化水平、党性要求、领导素质和业务能力的综合性的学历。”

党校函授教育是党校教育的重要组成部分，党校函授教育的培养目标是造就高素质的党员领导干部和党员干部，使学员比较系统地掌握马列主义、毛泽东思想、邓小平理论、“三个代表”重要思想，树立科学的世界观、人生观、价值观，自觉地执行党的基本路线、基本纲领，坚定不移地走建设有中国特色社会义道路，具有适应新世纪需要的实际本领，具有高等教育文化程度。

从1985年9月到2007年底止，在省委党校的指导下开始招收函授大专、本科学员，开设政治、经济管理、文秘、现代企业管理等专业共38班次，共培养学员2000多人次。从2000年9月到2009年末，先后与南昌大学、广东农业干部管理学院、华南农业大学、广东商学院和广东教育学院等高等院校合作，联合举办行政管理、经济管理、法学等多个专业的大专和本科函授班共23班次，培养学员约1400人次。此外，还先后在1987年7月至1990年7月和1997年4月至1999年3月举办两期中专班。从党校毕业的学员，活跃在开平市内外各行各业，为推动社会经济发展发挥重要作用。

【教学改革】 按照胡锦涛总书记“联系实际创新路，加强培训求实效”的要求，不断深化教学改革，提高教学质量。

在教学内容上，一是加大科学发展观在党校教学中的地位和学习分量。把深入贯彻落实科学发展观作为重点教学内容，进教材、进课堂、进头脑。突出党的十七届二中、三中、四中全会精神这个重点，加强坚持和落实科学发展观、加强党的执政能力建设、构建社会主义和谐社会、加强党的先进性建设等一系列重要思想和理论的教学，使学员及时了解和掌握党的重大理论、方针和政策，不断提高理论和政策水平。二是紧紧围绕市委、市政府的中心工作，围绕干部的实际需求开展教学。其中，中青班的培训时间达一个月。培训班围绕“理论基础”、“党性修养”、“开平研究”、“实践能力”和“战略思维”等专题展开，使学员在学、思、行方面得到较大的提高。

在教学方法上，针对干部教育培训的自身规律和特点，以提高“讲授式”教学水平为基础，开展“研究式”、“案例式”、“模拟式”、“互动式”、“体验式”、“学员讲坛”等教学方法的实践，增强教学的真实性、吸引力和感染力，有效地激发学员的学习兴趣。同时，大力推进现代教学手段的运用，开展多媒体教学，改革原有“满堂灌”的被动式培训，激发学员参与培训的积极性和热情，活跃课堂气氛，提高培训质量。

【教学管理】 在教学管理上坚持从严管理，建立严格的培训管理制度，严格考勤、请销假制度，引导学员实现从干部到学员、从工作到学习的转变。实行班主任制度，每次举办培训班都配备综合素质较高的老师担任班主任。班主任跟班管理，督促学习，协调解决培训班中出现的问题。坚持民主管理，发挥好班委会的组织作用，创造民主宽松的学习氛围。

【干部队伍建设】 2008－2009年，党校把贯彻落实《中国共产党党校工作条例》(简称《条例》)作为工作的重点，将贯彻落实《条例》与党校教学科研、行政管理和后勤服务工作需要相结合，“三管齐下”努力建设一支素质优良、结构合理、适应新时期干部教育培训要求的干部队伍。通过加大教育培训力度，提高教师业务素质。通过“引进”人才，提升干部队伍整体水平，2009年通过招考公务员方式录用硕士研究生和“985”院校本科毕业生各1名。通过加强领导班子建设来带动整个队伍的建设，2009年9月市编制委员会同意该校成立校务委员会，实行校务委员会领导体制。校务委员会是党校领导班子，由6名校务委员组成，包括校长1名、常务副校长1名、副校长2名、校务委员2名。

附 表

2001—2009 年党校举办培训、派员授课情况表

年份	培训期数（期）	培训人数（人次）	派出教员讲课次数（次）	参训人数（人次）
2001	5	896	7	700
2002	15	2908	11	1630
2003	11	2520	27	6249
2004	5	454	9	1565
2005	22	4717	28	4700
2006	6	1214	22	3362

续上表

年份	培训期数（期）	培训人数（人次）	派出教员讲课次数（次）	参训人数（人次）
2007	13	1776	48	20000
2008	20	2136	10	1313
2009	9	1222	22	2805

（徐锦源）

附：党校领导班子名录

校　　长：薛卫东（～2008.06）

颜　强（2008.06～）

常务副校长：关文荫（～2009.08）

李健明（2009.08～）

副　校　长：潘伟雄

市直机关

【基层党组织建设】　2008年，机关工委把党建工作与市委中心工作相结合，加强基层党组织建设。一是抓好支部换届选举工作，进一步健全基层党组织。全年有52个党（总）支部完成换届改选，10个党支部进行缺额补选。二是抓好入党积极分子培训和教育。会同市委组织部和市委党校对320名入党积极分子进行培训。三是积极慎重地做好新党员发展工作，重点把好培养发展关、上报材料关和审批关，全年共发展新党员173名。四是抓好机关党务干部培训，分别举办党支部书记和党务干部的培训班，市直机关各部门、单位现职党支部书记和组织委员280多人参加培训，进一步提高机关党务干部的思想政治水平和党务工作能力。五是加强党费的收缴和党报党刊的征订工作。严格按照中组部、市委组织部“关于党费收缴、管理、使用”的文件新标准进行党费收缴，全年共收缴党费46.4万元，全部足额上缴市委组织部。同时做好党报党刊的宣传征订工作，发动市直各单位完成党报党刊征订任务4000余份。

【开展深入学习实践科学发展观活动】　2009年，在市直机关中开展深入学习实践科学发展观活动。成立由机关工委书记方彩仲任组长，副书记黄遇林、何振锋任副组长的学习实践活动领导小组，领导小组下设办公室，由黄勇志任办公室主任负责学习实践活动的日常工作，保证了学习实践活动有人抓、有人管，形成了一级抓一级，层层抓落实的工作格局。市直机关70多个单位参与此次活动。机关工委把查找存在问题、解决存在问题作为推动学习实践活动的有力手段，把整改贯穿于实践活动的全过程，实行边学边改，边查边改，使学习实践活动取得实实在在的成效。通过走访基层、座谈交流、问卷调查等形式，按照“五个对照”的要求广泛深入征求意见、查找问题，切实找准工委领导班子和自身建设存在的突出问题。同时按照“四明确一承诺”（明确整改落实项目、明确整改落实目标和时限要求、明确整改落实措施、明确整改落实责任，对各项整改落实工作做出承诺）的要求，认真制定整改落实方案台帐，把领导班子分析检查报告中提出的整改思路和措施具体化，明确每项任务的整改项目、措施、时限、责任领导和责任股室，并向全体党员干部公开，认真接受群众的监督，确保整改工作落到实处。

【党风廉政建设】　2008年，机关工委加强对市直机关的党风廉政建设，抓好党风廉政建设责任制的落实，督促各部门制订《党风廉政建设责任制》，定期分析党风廉政工作形势，发现腐败苗头及时抓，有针对性地制定防范措施。开展以“加强党性观念，推进科学发展”为主题的纪律教育学习月活动，采取领导辅导、集中学习和个人自学等方式相结合，学习《中国共产党章程》和《党的十七大报告》，组织观看《镜鉴》、《怀德之治》、《高山降龙》和《筑牢保密防线》等党风廉政教育专题片。按照从严治党的方针，积极协助市纪委对违反党纪、政纪的个别党员干部进行处理，共处理违法乱纪的党员5人。

2009年，机关工委采取多项措施，加强党风廉政建设：一是抓好党风廉政建设责任制的落实。认真学习贯彻市委关于党风廉政建设和反腐败工作的部署，督促各部门制订《党风廉政建设和反腐败工作责任制》，对领导干部的党风廉政建设和反腐败工作作了详细分工，明确了职责和任务。二是利用身边事例、案件抓好纪律教育学习月活动。各党组织在今年纪律教育学习月活动中，组织广大党员干部认真学习中纪委有关文件精神和观看了《贪之害》等正反两方面的电教片，通过谈体会、谈反思、谈教训，撰写心得，取得了比较好的警示教育效果。三是按章严肃处理违纪党员。按照从严治党的方针，积极协助市纪委对违反党纪、政纪的个别党员干部进行严肃处理。全年共对 7 名党员作出警告、严重警告或开除党籍的处分，对腐败分子起到了很好的震慑作用。此外，严格按照市委组织部和市纪委的要求，积极参加部门单位班子成员的民主生活会，加强党内监督。

【机关作风建设】 2008 年，开展机关作风建设满意年活动。成立了“机关作风建设满意年”活动领导小组，制定《关于 2008 年在市直机关开展以“三创建三促进”为主题的机关作风建设满意年活动工作意见》，修改和完善《开平市市直机关作风建设投诉工作评议办法》。5～11 月，机关工委协同市纪委、监察局组织特邀监察员及新闻媒体，对 30 多个部门单位的办事窗口、办公场所进行专项督查，重点检查政务公开、首问负责制、服务承诺制、限时办结制等行政效能和机关作风情况。召开机关作风建设考核座谈会，专门听取有关部门单位政工领导对开展机关作风考核的意见和建议，制定《2008 年度机关作风考核实施意见》。

2009 年，机关工委先后制定《服务承诺制》、《首办（首问）责任制》、《否办、退件把关制》、《涉企检查执罚把关知会制》、《明察暗访、责任追究制度》、《推行“一把手”道歉制度》和《实行机关作风建设“末位淘汰”制度》等七项制度，对行政机关及其工作人员的办事程序、办理时限、岗位职责等提出具体要求，拓展行政监督的手段，推动机关作风的进一步转变。9～10 月，市委办、机关工委牵头组成两个联合督查组，分别对发改局等 20 个部门单位的机关作风建设进行专项督查，重点实地检查服务承诺制、首办（首问）责任制、否办、退件把关制、涉企检查执罚把关知会制四项制度的建立和完善情况，编印 3 期《机关作风建设简报》。机关工委还配合市纪委（监察局）采取深入基层座谈、个别谈话了解、模拟办事等形式，对市直机关作风建设情况和各项制度落实情况进行明查暗访，全年共出动 60 人次，对 20 多个单位进行明察暗访，推动了全市机关作风建设的进一步转变。

【开展“结对共建”活动】 2008 年，机关工委把“结对共建”与“三创建三促进”主题活动结合起来，着力解决基层群众最关心、最直接、最现实的问题。机关工委与水口镇风采村委会四个贫困家庭结成对子，在“七一”和中秋佳节前夕组织全体党员到村委会开展扶贫帮困的“党日”活动，与村委会干部座谈、了解经济发展等情况，慰问困难党员。是年市直部门单位党组织结对帮扶群众 659 户 1890 人，慰问党员群众 1133 人次，帮扶困难党员 323 户，资助贫困学生 181 名，为群众办好事实事 201 件，累计投入资金约 76.8 万元。

2009 年，在“千名干部下基层、解难题、送温暖”活动中，机关工委认真组织中层以上的党员干部深入长沙东兴社区，与社区共同商定热点难点问题，落实好整改和帮扶措施。一是帮助社区做好环境卫生整治，在东兴小区内两块草皮绿地周围设置了六个垃圾箱。二是协助解决东兴社区人和东路 6 号住户下水道堵塞多年无法解决的问题。三是积极协助解决人和西小区内晚上车辆乱停乱放的整治问题。四是为该社区党员远程教育建设购置了一台 29 寸的彩色电视机。同时在“七一”前夕，组织全体党员干部深入到结对共建联系点水口镇风采村委会开展党日活动，慰问了四位困难党员和两名贫困学生，并为每户送上 200 元慰问金，以上共投入资金 5900 元，进一步密切了党群、干群关系，在人民群众中树立了党和政府的良好形象。

【开展抗震救灾活动】 2008 年四川汶川特大地震发生后，机关工委迅速组织市直机关党员干部为灾区捐款，3517 名党员交纳了“特殊党费”，总金额 639168.9 元。其中一次性交纳 1000 元以

上“特殊党费”的有198人。在这次抗震救灾捐款活动中，党员干部积极行动起来，捐款金额合计4800元。（林杰明）

附：市直机关工委领导班子名录

书　记：方彩仲

副书记：何振锋　黄遇林

老干部工作

【简况】 2008年，深入开展“讲党性、重品行、作表率”树组工干部新形象学习实践活动，开通了开平老干部工作网站，加强信息交流和宣传工作。“5·12”四川汶川特大地震发生后，全市的离退休干部积极开展募捐献爱心活动，向灾区共捐款20多万元。2009年，开展深入学习实践科学发展观活动，举办全市老干部工作联络员业务培训班，全市各部门单位、各镇（街道）的老干部工作联络员共100多人参加。印发《开平老干通讯》5期共1600多份。两年来，全市通过订阅报刊、解决医疗费、慰问老干部、完善老干部活动室设施等为老干部办实事好事，共投入资金1100多万元。接待来访老干部31人次，处理来信30件，来信来访处理回复率达100%。

【落实老干部的政治待遇】 2008—2009年，坚持和完善老干部参加重要会议、参观考察、走访慰问、情况通报等制度，通过办讲座、参观等形式，扎实开展老干部的思想教育和理论学习。每年均召开全市老干部工作总结会议，对先进的离退休干部党支部、优秀的离退休干部党支部书记和优秀的老干部党员进行表彰。每年举办一期全市老干部党支部书记培训班，两年共培训近300人次。在中秋节和春节期间，举办团拜会、通报会和联欢会，组织慰问和走访老干部，两年来走访慰问困难、生病住院、高龄老干部等7500多人次，送慰问金47.43万元。至2009年末，全市有离退休老干部党支部146个。

【落实老干部的生活待遇】 坚持抓好离休费保障机制、医药费保障机制、财政支持机制“三个机制”的有效运转。从2008年2月起，把企业离休干部医疗费纳入市财政预算，全部由市财政负责。2009年，按照有关政策落实离休干部的各项待遇，提高企业离休干部去世一次性抚恤金标准，参照机关同职级离休干部的20个月基本离休费计发；提高离休干部护理费标准，抗日时期参加工作的离休干部护理费由每月300元提高到400元，解放战争时期参加工作的离休干部护理费由每月200元提高到250元。规范离休干部生活补贴，实行企业离休干部与机关离休干部待遇持平，为全市抗日战争时期参加工作的15名离休干部按副司局级标准提高医疗待遇。

【举办文娱体育活动】 2008年，组织“银发飞扬耀五环——广东百万老年人迎奥运开平健身行”系列活动，包括老干部“迎奥运”门球赛、“庆七一、迎奥运”文艺汇演、“迎奥运”太极表演、“迎奥运”和庆改革开放30周年雅集等活动。2009年，围绕新中国成立60周年，组织老干部开展丰富多彩的文娱活动。举行了老干部庆祝建党88周年文艺汇演，参加江门市老干部庆国庆60周年文艺表演；组织两百多名老干部参加开平市庆祝祖国成立60周年“我和我的祖国”大型合唱比赛；举办全市离退休干部“贺国庆、迎老人节”游园联欢活动，并组织观看老干部文艺联欢表演，参加人数近4000人。音舞协会、书画学会、象棋协会、门球协会和妇女联谊会等5个老干部协会，在元旦、三八、五一、七一、国庆、老人节等节日期间组织会员举行文艺汇演、象棋赛，举办书画展和门球比赛等。

【老干部大学】 市老干部大学成立于2007年1月8日，是市委、市政府专为离退休老干部而开办的非学历教育学校。学校以“增长知识、丰富生活、陶冶情操、促进健康、服务社会”为办学宗旨，围绕构建和谐社会和“老有所学、老有所乐、老有所为”的目标，努力提高老干部的思想道德素质、科学文化素质、身心健康素质以及生活质量和生命质量，使他们成为健康快乐的现代老人。学校开设英语口语班、中医班、电脑初中高级班、电子琴班、曲艺班、书法班、交谊舞班、歌舞骨干班、太极拳班（科学养生班）等9个科目13个班。至2009年年底进入老干部大学学习的学员共有1890人次，其中2008—2009年入学学员 1293 人次。

【关心下一代工作】 2009 年，民营企业关工组织工作有新突破，市日兴药品公司、海鸿公司成立关工委。至年末，全市有关工委组织 58 个，关工小组 432 个，关心下一代工作志愿者队伍 353 个，宣传报道队伍人员 23 人。

两年来，各级关工组织加强未成年人思想道德建设工作。市关工委以庆祝新中国成立 60 周年为契机，到各中学宣讲"开放改革好"、"社会主义好"、"伟大祖国好"、"共产党好"、"各族人民好"等五个专题。全市各级关工组织利用爱国主义和革命传统教育基地对青少年进行教育；帮教失足青少年 702 人，其中涉毒 132 人；帮助青年就业 513 人，其中戒毒劳释人员 60 人。全市聘请"网吧"监督员 19 人，督促青少年自觉远离网吧和游戏机室。继续开展"大手牵小手"活动，参加活动的老同志共 6 千多人，青少年 1 万 2 千多人，结对子 3 千多对。全市建立帮教小组 359 个，小组成员 1 千多人，帮教对象 760 人。在扶困助学活动中，争取社会各方支持，扶助贫困大学生和中小学生 308 人（次），金额 14.95 万元。

（陈振坤）

附：老干局领导班子名录

局　长： 胡玉限（～2009. 08. 01）

　　　　梁小耐（2009. 08. 01～）

副局长： 谭荣清

开平市人大常委会

市人大工作

【市十四届人大三、四次会议】　2008年4月9—10日，市十四届人大三次会议在市人民会堂举行。实有代表256名，出席开幕大会代表252名，出席闭幕大会代表248名。会议听取和审议《政府工作报告》，审查和批准《开平市2007年国民经济和社会发展计划执行情况与2008年计划草案的报告》，审查《开平市2007年预算执行情况和2008年预算草案的报告》;听取和审议《开平市人大常委会工作报告》、《开平市人民法院工作报告》和《开平市人民检察院工作报告》，并作出相应决议。会议依法选举冯立坚为市十四届人大常委会主任，选举冯立本、林斌、罗瑞洪、周新健、颜海娜为市十四届人大常委会委员。

2009年3月10—11日，市十四届人大四次会议在市人民会堂举行。实有代表255名，出席开幕大会代表246名，出席闭幕大会代表245名。会议听取和审议《政府工作报告》，审查和批准《开平市2008年国民经济和社会发展计划执行情况与2009年计划草案的报告》，审查《开平市2008年预算执行情况和2009年预算草案的报告》；听取和审议《开平市人大常委会工作报告》、《开平市人民法院工作报告》和《开平市人民检察院工作报告》，并作出相应决议。会议依法选举卢树图为开平市人民检察院检察长。

【常委会会议】　两年来，市十四届人大常委会举行了从第八次至第二十二次共15次会议，主要听取和审议“一府两院”各项工作报告和贯彻实施法律、法规情况的报告，对“一府两院”及人大常委会办事机构工作人员进行职务任免，讨论、决定有关重大事项，补选江门市人大代表等。

2008年市人大常委会讨论、决定重大事项共3项：《关于召开开平市十四届人大三次会议的决定》,《关于批准开平市2007年本级财政决算的决议》,《关于授予梁祥彪等22位人士开平市荣誉市民称号的决定》。2009年市人大常委会讨论、决定重大事项共13项：《关于召开开平市十四届人大四次会议的决定》，《关于批准市政府与翠山湖投资发展有限公司签订〈广东省开平市叠翠大道项目投资建设与转让回购（BT）协议书〉的决议》，《关于开平市污水处理工程项目（一期）增加融资额的决议》,《关于开平市污水处理工程项目（二期）融资的决议》，《关于开平市潭江大桥改造项目融资的决议》，《关于开平市赤坎、苍城、水口镇污水处理项目融资的决议》，《关于批准开平市2008年市本级财政决算的决议》,《关于江门市产业转移工业园开平园区项目开发建设工程一期开发项目融资的决议》，《关于翠山湖产业转移工业园基础设施建设融资的决议》，《关于创建“广东省教育强镇”融资的决议》，《关于市机电中等职业技术学校等六所学校融资的决议》，《关于月山电镀集中区融资的决议》，《关于批准市政府与翠山湖投资发展有限公司签订〈关于江门产业转移工业园开平园区基础设施建设项目投资建设与回购（BT）协议书〉的决议》。

【人事任免】　2008年，市人大常委会共任命国家机关工作人员9人，免职12人，接受辞职2人，补选江门市十三届人大代表1人。市十四届人大常委会第八次会议补选黄日光为江门市人大代表。第九次会议接受赵瑞彰辞去市人大常委会主任职务的请求。第十一次会议决定免去吴学斌的市政府副市长职务。第十三次会议接受罗锦达辞去市检察院检察长职务的请求。

2009年，市人大常委会共任命国家机关工作人员46人，免职29人，接受辞职11人。市十四届人大常委会第十四次会议接受冯立本辞去市人大常委会委员职务的请求。第十五次会议决定任命彭立群为市政府副市长，任命卢树图为市检察院副检察长、检察委员会委员，决定卢树图为代理检察长。第十八次会议接受陈少峰、颜海娜辞去市人大常委会委员职务的请求。第十九次会议接受吴平超辞去市政府市长职务的请求，谢伯欣辞去市政府副市长职务的请求，梁民跃辞去市人大常委会委员职务的请求，决定任命黄耀雄为市政府副市长，决定黄耀雄为市政府代理市长。第二十二次会议接受张星杰、苏树栋辞去市政府副市长职务的请求，接受陈国标、吴平超辞去江门市人大代表职务的请求，接受谢颖岚辞去市人大代表职务的请求，决定任命谢超武、凌华威为市政府副市长。

【监督工作】 两年来，市人大常委会紧紧围绕全市中心工作和重点民生问题，组织常委会组成人员、部分人大代表，采取听取汇报、执法检查、视察和专题调研等方式，督促支持“一府两院”开展各项工作。共听取和审议“一府两院”专项工作报告14个，作出审议意见12篇。2008年，组织常委会组成人员、江门市人大代表共开展5次视察活动，包括环保工作和污水处理、农业综合开发和农村卫生饮用水建设、“碉楼保护月”工作情况、省人大水库移民议案办理及后期扶持工作、开平大道和潭江大桥改建工程、广东信达化纤有限公司、大沙河水源保护工作、部分省和县道公路建设、雅琪集团和朝阳卫浴有限公司等9个专题，充分肯定政府工作成效，针对存在问题提出改进意见，促进各项工作有效开展。开展《村委会组织法》、《居委会组织法》、《劳动合同法》、《广东省食品安全条例》等4项法律法规执法检查。跟踪督查三埠、沙塘、百合、塘口等4个镇创教育强镇活动，推动创建教育强市工作。2009年，组织常委会组成人员、江门市人大代表共开展6次视察活动，包括实施省人大农村机电排灌建设议案情况、梁金山山体滑坡复绿工程、农村饮用自来水工程、人口与计划生育工作、翠山湖新区开发建设、潭江大桥改建、饮用水安全情况、镇卫生院建设发展情况、广东彼迪药业有限公司和天虹电镀集中区等9个专题，充分肯定政府工作成绩，有针对性提出改进意见，推动有关工作取得更大成效。开展《行政处罚法》执法检查，督促各级有关部门落实措施减轻企业负担，组织《科技进步法》、《互联网上网服务营业场所管理条例》等法律法规执法检查。

【督办议案和建议】 每年市人大会议后，市人大常委会会同市政府召开人大代表建议交办会议，部署办理工作，明确办理要求，督促承办单位认真办理。2008年4月市十四届人大三次会议期间，代表提出建议121件（含议案转建议），市政府按分级负责、归口办理的原则，组织40多个部门参与办理工作。至2009年2月，已解决或基本解决38件，正在解决或列入计划逐步解决55件，受条件限制或其他原因暂时无法解决15件，所提问题留作参考13件。代表对办理答复工作的满意率为92%。2009年3月，市十四届人大四次会议期间，代表提出建议117件(含议案转建议)，市政府和市法院认真梳理和分类，按职能分工的原则，分发到有关部门承办。至2009年年底，已解决、基本解决和采纳吸收65件，正在解决或列入规划逐步解决33件，留作参考19件。第一次答复后收到不满意反馈9件，满意率为92.2%，重新办理答复后满意率提高到99.1%。

【依法治市工作】 2008年，加快法治政府建设步伐。修订完善《政府工作规则》，促进行政决策的科学化、民主化与法治化；健全规范性文件审查备案制度，规范行政执法行为；深化行政审批制度改革，财政投入200万元，推行电子政务。加强社会治安综合治理，抓源头抓苗头，开展6次大规模矛盾纠纷和隐患排查工作，抑制社会矛盾发生。全市信访总量与上一年基本持平，越级到省上访事件减少，奥运期间没发生上省进京案和群体性闹事事件。加大力度创建平安社区，全市226个村委会全面开展“创安”工作；城区新建安全小区9个，平安居委会示范点2个，组建五类群防群治队伍2223人。深化行政执法监督，加强司法监督。全面开展普法工作，举办以“弘扬法治精神，服务侨乡建设”为主题法律宣传咨询活动。组织全市中小学后进生500多人到江门监狱，让犯人现身说法，进行警示教育。全年建成1个国家级、4个省级“民主法治示范村”，全市“民主法治示范村”达标率一半以上。

2009年，重点抓好依法行政工作，市政府成立依法行政领导小组，先后制定政府常务会议学法、规范行政自由裁量权、依法行政定期报告等多项制度。启动法治城市创建活动，修改完善《开平市法治开平创建活动的实施意见》。把三埠中山居委会、水口红进村委会作为开展法治村（居）创建活动的试点单位，要求到年底全市50%以上行政村（居）达到“民主法治村（居）”标准。维护社会稳定工作取得新成效，在江门市率先完成15个镇街建成综治信访维稳中心的任务。加强农村治安联防队建设，全市226个村委会配备812名专职治安员。市镇村三级投入200多万元，创建平安社区（村）110多个，全市平安社区（村）增至340多个，其中有60多个实现零发案。

【信访工作】 2008年，共接待群众来访105批次，来访794人次，处理群众来信163件次。2009年，受理群众来信和上级部门转办来信共160多件，接待来访群众110批次。来信来访主要反映环境保护、农村土地承包合同纠纷、山林权纠纷等问题。常委会坚持做到理顺情绪、化解矛盾，引导群众以合法、理性的形式表达利益诉求，解决利益矛盾。并对信访件及时转办、督办，做到件件有答复，切实维护信访人的合法权益。

【宣传和理论研究】 2008年，全市各新闻单位共制作和报道人大宣传稿件313篇。市人大撰写宣传稿件65篇，报送依法治市信息53篇。参加江门市人大常委会举办的“中国移动杯”江门市人大制度理论研讨会，入选论文5篇，其中一等奖1篇，三等奖1篇，优秀奖3篇。2009年，全市各新闻单位制作和报道人大宣传稿件355篇。开平电台1篇作品获第19届广东人大新闻奖广播类二等奖。参加江门市人大常委会举办的纪念地方人大常委会设立30周年征文活动，全市入选作品6篇，其中一等奖1篇，三等奖1篇，优秀奖4篇。机关报送省、江门的人大工作信息和依法治市信息共122篇，获采用38篇，数量和采用率居江门各市区前列；市人大获江门市2009年度“人大信息工作先进集体”称号。

（方耀辉　梁勇赞）

附：1. 市人大常委会领导班子名录

主　任： 赵瑞彰（～2008. 04）
冯立坚（2008. 04～）

副主任： 司徒振波　阮卫国　黄旭征
司徒尧滚　吴年积　余荣深

委　员： 陈牧民　方耀辉　张伟邦　关美荣
吴松安　吴耀栋　谭美婵（女）
黄准良　张顺遂　张发林　周述思
林斌（女，2008. 04～）
罗瑞洪（2008. 04～）
周新健（2008. 04～）
陈少峰（～2009. 08）
梁民跃（～2009. 08）
冯立本（2008. 04～2009. 01）
颜海娜（女，2008. 04～2009. 08）

2. 市人大常委会办事机构正、副主任名录

办公室

主　任： 方耀辉

副主任： 周德胜

研究室

主　任： 梁勇赞

副主任： 邓娜(女)

选举联络任免工委：

主　任： 黄准良（～2009. 11）

副主任： 方锡洲　谭尚生

财经城建环保工委

主　任： 张伟邦

副主任： 方瑞芬（女）

法制工委

主　任： 罗瑞洪

副主任： 熊沃平　孙小剑

教科文卫工委

主　任： 关美荣

副主任： 丁友国

农村工委

副主任： 欧平伙

侨务工委

主　任： 周新健

开平市人民政府

市政府工作

【市政府常务会议】　2008 年，市政府先后召开十四届十五次至二十八次共 14 次常务会议，研究讨论议题 60 多个。主要研究讨论开平市专业镇建设的指导意见、2008 年公有企业改制的任务情况、市政府的工作报告、农村五保供养工作办法、村委会干部计生工作浮动奖的方案、人民政府主要考核目标、人民政府工作规则、水库移民后期扶持政策结合可行性的建议方案、补充耕地项目补助的标准、维稳信访工作、新修订非农建设闲置土地处置暂行办法、第五届中国（开平）牛仔服装节工作方案、廉租房和经济适用房建设规划的方案、新型农村合作医疗筹集资金和保障标准调整方案、被征地农民基本养老保险暂行办法、“村改居”户籍居民参加农村合作医疗问题、进一步减轻企业负担的意见、退役人员就业和社会保障的优待措施等。

2009 年，市政府先后召开十四届二十九次至四十六次共 18 次常务会议，研究讨论议题 90 多个。主要研究讨论完善本市城镇职工基本医疗保险的有关规定、水上居民安置的方案、《政府工作报告》、公有企业改制的目标任务、组建广东开平碉楼旅游发展有限公司的方案、提高城区居民住户卫生费标准的问题、创建国家卫生城市的问题、实行机关事业单位基本医疗保险的意见、加快开平市房地产市场发展的建议、进一步降低开平市投资成本的建议、解决集污管网项目存在的问题意见、规范公务员津补贴的方案、江门产业转移工业园开平园区总体规划方案、促进普通高等学校毕业生就业的工作意见、“十二五”规划前期研究课题的初步方案、提高开平市农村五保供养标准的方案、实施政策性农村住房保险工作的意见、实施开平市城乡最低生活保障分类施保实施办法、安排资金解决困难企业退休人员参加城镇职工基本医疗保险的问题、市中医院迁建选址和投资规模、市第三人民医院的拆迁重新选址问题等。

【市长办公会议】　2008 年，市政府先后召开十四届一次至七次共 7 次市长办公会议，会议研究讨论议题 40 多个。主要研究讨论进一步加强对因公出国管理的规定、龙舟赛招商会的建议方案、落实国控污染源在线监控系统建设经费问题、被征地农民基本养老保险暂行办法、新型农村合作医疗筹集资金和保障标准调整方案、潭江大桥改造工程初步设计文件的情况报告、城镇廉租住房申请审核及退出管理办法等议题。

2009 年，市政府先后召开十四届八次至二十二次共 15 次市长办公会议，会议研究讨论议题 60 多个。主要研究讨论 2008 年预算执行情况和 2009 年预算的草案、新一轮镇级财政管理体制实施方案、调整村（社区）“两委”干部工作报酬的建议意见、完善城镇职工基本医疗保险的有关规定、优待困难转复退军人等优抚对象参加社保享受财政补贴的有关问题、市政府重点督办项目、翠山湖新区投资项目优惠政策、减轻企业社保缴费负担问题、建设市电子监察视频监控系统的问题、文艺家之家更址及投资规模的问题、有线数字电视整体转换工作的实施意见、重大建设工程与重大政府采购项目工作联席会议制度、获海医院迁建工程项目的问题等议题。

【专项工作会议】　2008 年，市政府召开全市性专项工作会议主要有：2008年上半年全市经济形势分析联席会议、2008年防范较大以上安全事故工作会议、2008年农口线工作会议、2008年科技工作大会、2008年食品安全工作会议、2008年扶贫总结大会、2008年全市第三季度经济形势分析联席会议、全市人口和计划生育工作会议、全市安全工作会议。

2009年，市政府召开全市性专项工作会议主要有：全市2009年第一季度经济分析会全市经济分析暨招商引资工作会议、2009年科技工作大会、2009年全市安全工作会议、2009年防范较大以上安全事故工作会议、2009年农口线工作会议、2009年食品安全工作会议、全市纪律教育学习月活动动员大会、市政府召开全体会议、全市人口和计划生育工作会议。

【重大决策】 2008年，市政府先后印发《开平市异地招商实施细则》、《开平市农村五保供养工作办法》、《2008年开平市人民政府主要考核目标》、《2008年开平市重点项目责任分解及实施计划表》、《开平市创建广东省教育强市实施方案》、《开平市人民政府工作规则》、《开平市节能工作实施方案》、《开平被征地农民基本养老保险暂行办法》、《2008年开平市主要污染物总量减排计划》、《开平市直党政机关事业单位闲置、经营性资产管理实施细则（试行）》、《开平市贯彻落实国务院关于加强市县政府依法行政决定的工作方案》、《开平市应对当前经济形势进一步减轻企业负担的意见》、《关于切实解决城镇低收入家庭住房困难的实施意见》、《开平市经济适用住房管理实施办法》、《开平市城镇低收入住房困难家庭租赁住房补贴发放管理办法》和《开平市城镇廉租住房申请审核及退出管理办法》。

2009年，市政府先后印发《开平市建设用地与房屋申请改变用途暂行办法》、《地质灾害条例》、《开平市2009年度地质灾害防治方案》、《2009年开平市人民政府主要考核目标》、《2009年开平市重点项目责任分解及实施计划表》、《开平市粮食应急预案》、《关于完善开平市城镇职工基本医疗保险有关规定》、《开平市应对甲型H1N1流感应急预案（试行）》、《开平市应对甲型H1N1流感联防联控工作机制工作方案》、《开平市深入开展全民节能行动实施方案》、《关于促进开平市房地产市场发展若干意见》、《关于进一步加强机关作风建设优化投资发展软环境的意见》、《开平市机关事业单位基本医疗保险实施细则》、《开平市启动实施机关事业单位基本医疗保险制度工作方案》、《开平市促进扩大内需支持现代产业发展用地的意见》、《关于进一步降低开平市投资成本的意见》和《关于进一步加强招商引资工作的意见》、《开平市创建国家卫生城市工作实施方案》、《开平市建立企业欠薪垫付专项应急资金制度实施办法》、《江门产业转移工业园开平园区（开平市翠山湖产业转移工业园）投资优惠政策》、《江门产业转移工业园开平园区（开平市翠山湖产业转移工业园）项目准入标准》、《开平市招商项目专项资金扶持奖励办法》、《翠山湖产业转移工业园异地招商税收分成办法》、《开平市2010年度新型农村合作医疗宣传发动工作方案》、《开平市城乡最低生活保障分类施保实施办法》。

【建立健全应急机制】 2008－2009年，按照国家、省、市应急管理工作要求，围绕“无急可应，有急能应”目标，不断加强应急体系建设。制定市级总体应急预案1个、专项应急预案23个，镇（街）总体预案15个，还制定了部门预案、基层应急预案和重大活动应急预案；组建市级综合应急救援队伍1支，专业应急队伍17支，基层综合应急队伍15支，志愿者队伍2支；建立《开平市应急物资储备工作联席会议制度》，积极探索多元化的应急物资储备方式；加强避护场所建设，积极整合现有资源，拓展广场、绿地、公园等公共场所的应急避难功能；不断推进应急平台建设，组织开展应急管理宣教培训和进行应急处置演练。通过加强应急体系建设，基本形成“统一指挥、功能齐全、反应灵敏、运转高效”的应急机制。

【调研工作】 2008－2009年，市府办调研室围绕各项中心工作开展调研，撰写调研报告和供领导参考材料40多篇。其中包括土地排查、招商引资、国企改革、产业转移工业园建设、企业减负、计生工作、重点工程项目建设、教育事业、城乡建设、医疗保险、节能减排、旅游发展、市政建设等。通过调研，为市政府实施重大决策和部署重点工作提供参考，促进各项工作落实到位。

【12345政府服务热线】 12345政府服务热线在全市建立一级抓一级、责任到人、层层落实的工作机制，确保责任落实到位，工作落实到位。2008年，共接入市民网上和来电2289个，其中咨询类600宗，投诉类1200宗，建议类489宗；诉求事项办结率98.8%，群众满意度调查满意率98%以上。2009年，共接入市民网上和来电2048个，其中，咨询类380宗，投诉类1060宗，建议类608宗，诉求事项办结率98.9%，群众满意度调查满意率98%以上。

【信访工作】 2008年7—11月，开展为期4个月的市委书记大接访活动，市党政领导共接访群众230批798人次。是年，落实参战退役人员各项优抚政策，有关部门积极协调解决参战退役人员住房、生产生活和医疗等“三难”问题。根据江门市统一部署，建立了三级党政领导与转业复退军人户联系制度，全市联系户共859户，其中江门市领导联系2户，开平市党政领导联系48户，镇（街）党政领导联系809户。

2009年，出台《开平市重大事项社会稳定风险评估办法(试行)》，建立健全对企业的监管机制和对重大事项的科学民主决策机制，加强重大事项风险防范，防止因监管不力和决策不当引发重大社会矛盾。实行领导接访经常化，制定《关于领导干部定期接待群众来访的意见》和工作细则，把每月的5、15、25日定为市党政领导接访日，是年全市党政领导共接访63批177人次。落实领导包案制度，重要信访案及重复信访案均实行市和部门领导包案调处。2008—2009年，市信访局处理群众信访总数2419件次，做到件件有回音，其中来信1415件，来访1004批4756人次。

【人防工作】 2008年，完成开平市防空袭方案的修编工作，新预案落实了战时的各项应急保障，全面提高本市的战时整体抗毁能力。2009年，完成市101工程信息系统建设，并购置信息采集车一台，提高了人防信息系统的支撑能力。落实《开平市防空袭方案》，细化水口镇和月山镇镇级疏散地安置方案。结合防空警报试鸣，组织世界谭氏中学、苍江中学共400名师生进行防空袭疏散演练和防化演练。

【政府法制工作】 贯彻落实《全面推进依法行政实施纲要》和《行政许可法》加强执法人员培训教育，2008年5月举办一期行政执法人员综合法律知识培训班，培训执法人员近200人。市法制局按照《广东省〈行政执法证〉管理办法》的规定，做好行政执法证申领、年度审验工作，办理新证187个，换证124个。2008年9月，市法制局会同市监察局、市编办等部门，先后对市直40个部门的行政执法职权进行核准、界定，其中行政许可213项，行政审批56项，非行政许可审批15项，行政处罚1486项，其他具体行政行为365项，经市政府审核确认后在市政府公众网站予以公布，增加执法透明度，将执法活动置于社会的监督之下，促使行政机关进一步规范本单位的行政执法行为。2009年完善依法行政配套制度的建设，先后制定《依法行政工作报告制度》、《开平市规范性文件定期清理公布制度》和《开平市政府常务会议学法制度》。

审修规范性文件 2008—2009年，市法制局审查、修订《开平市网上行政审批系统管理办法》、《开平市非农建设闲置土地处理暂行办法》、《开平市落实部分军队退役人员劳动保障政策暂行办法》、《开平市加强再生资源回收管理工作的实施意见》等规范性文件近50件。

办理行政复议与行政应诉案件 2008—2009年，认真贯彻执行行政复议法及其实施条例，严格依法办理行政复议案件，充分发挥行政复议在行政监督、解决行政争议、化解人民内部矛盾和维护社会稳定方面的重要作用。两年中，市法制局共办理行政复议案件7宗，代理行政应诉案件5宗，取得良好的诉讼效果。协助做好信访事项处理，配合市政法委、信访、国土、林业、民政等有关部门调处赤水镇长塘上洞村山林纠纷、赤坎镇牛母湾村土地承包纠纷、镇海水库供水工程施工纠纷、瑞士雀巢公司诉市酱油生产企业侵权纠纷等群体性事件近50宗。

提供法律意见和建议 2008—2009年，在市委、市政府办理法制事务和开展重大招商引资活动中，市法制局出具《关于海军部队供电线路搬迁费用的意见》、《关于制定市旅游营销策划的意见》、《关于调整我市生活饮用水源保护区的意见》、《关于是否发还赤坎镇坚翁祖等铺业的意见》等法律意见近70件，为领导作出正确决策提供法

律意见和建议。（劳振宏 陈安元 周觉能 区广文 方南 邝银焕 黄素娴）

【地方志工作】机构沿革简况 1984年11月，中共开平县委、县人民政府根据中共广东省委、省人民政府有关通知精神，成立开平县地方志编纂委员会，负责组织新县志的编写规划、指导、审查、出版等工作。次年1月，成立“开平县地方志办公室”，负责编修《开平县志》。县志办成立时，定编为正科级单位，有人员编制5名。后因所承担的工作任务繁重，增加编制2名。此外，从1986年开始，聘请临时工参加修志工作，最多时为9人。1993年，开平撤县设市，“开平县地方志办公室”更名为“开平市地方志办公室”，人员编制仍保留为7人。

1997年，党政机关实行机构改革，市志办改由市府办管理，人员编制仍保留为7人。2004年，市志办列入市府办内设机构，人员编制减为4人，领导干部高配。

《开平年鉴（2008—2009·创刊号）》编纂组稿简况 为贯彻落实国务院《地方志工作条例》和省政府《广东省地方志工作规定》，开平市启动了《开平年鉴（2008—2009·创刊号）》编纂工作。全市有撰稿任务的118个单位都积极行动，参与年鉴组稿工作。中山市地方志办公室主任吴冉彬应邀前来为培训班上辅导课，具体指导年鉴撰稿、编纂工作。《开平年鉴（2008—2009创刊号）》主要记述全市各行各业2008－2009年发展情况，全书约60多万字，彩版90页。

新《开平县志》编修情况 县志办成立后，各单位、各镇（区）分别成立了部门专志、区域志写作的领导班子和编辑、写作班子。全县有了一支300多人的修志队伍。社会各界人士积极支持修志工作，纷纷提供资料。修志，成为了当时的一个热点。

县志办指导各部门、各镇（区）开展编修工作，审阅其初稿并提出修改补充意见；编印《开平县志编纂通讯》；召开镇（区）志稿评议会，提高作者写稿水平和修志质量，促进修志工作的进展。不少部门、镇（区），仅一年多时间，就编写出初稿。至1993年底，共审定、出版了部门专志71部，镇（区）志11部。

新《开平县志》的编写工作与各部门、各镇（区）的志书编写同时进行。每有专志和镇（区）志完成，即对其概括、提炼，按县志篇目要求重新编写。大量专志和镇（区）志的完成，给县志提供了丰富的资料。新编《开平县志》前后花了17年时间，七易其稿，于2002年由中华书局出版发行。全书共263万字，分上、下两册。

开平历代修志情况简介 开平于南明永历三年（清顺治六年，1649年）立县。立县后，共编修9次县志。

第一次修志是清康熙十一年（1672年）十二月，次年二月修成。当时清王朝命儒臣纂修一统志，要求各省、郡、邑都要修志，以便上达中央王朝，作为纂修一统志的参考。部文达县以后，县令薛璧马上聘请开平县沙塘的举人甄苣、沙冈的拔贡张国祚开局修志。由于开平立县仅23年，遗文遗献不多。所以，参加修志的人员就从新兴、恩平、新会三县的旧志中，摘录有关开平的内容，加上开平立县前后的情况，编成开平县第一部《开平县志》。这次修志，仅花3个月时间，未刻成书，只将手抄本上送朝廷。全志共13个专志，装订成两册。现北京图书馆仍存有上册，但下册已佚。

第二次修志是清康熙五十四年（1715年），距离第一次修志时间42年。当时，清王朝为了修好一统志，派遣舆图使者编绘南方九省地图。县令陈还一听到这消息，马上召集父老乡绅开会研究，征集资料，并参考薛志，“讹者待正，阙者待补”。陈还聘请东莞陈阿平为分辑、广西武林县曹克明为参订，并由其儿子、太学生陈绍矩为校编。陈还在退堂之后，也参与辑订。这部县志，用了5个月时间写成，并刻印成书，上送朝廷。该志共24卷，装订成四册。现北京图书馆仍有保存。

第三次修志是清道光三年（1823年），与第二次修志相隔108年。当时，山东省诸城县进士王文骧来开平县任知县。他一上任，就找旧志看。他看见陈志内容简陋，残缺不全，门类不清，便计划重修一次。过了两年，恰好清王朝又下令郡、县修志，于是王文骧聘请开平县举人张绶宗、岁贡张潮和当时任开平县训导的李科（新会人）组成修志班子，动手编纂。参与这次修志的还有拔贡张思浚、岁贡谭德章等17人。王文骧亲自修改润色。经过3个月的努力，终于把县志修好，并委托广州西湖街富文斋刻印成书，然后上送朝廷。全志分10卷18志，内容比较丰富。该书现存北京图书馆。

第四次修志是光绪二十一年（1895 年），距第三次修志时间 72 年。当时，云南省举人刘盛堂来开平县任知县，他一上任，也要看县志，但只有由王文骧主修的县志，而且残缺不全，于是决心重新编修。他聘请江苏举人吴翌寅为主笔。吴翌寅当时任开平县凤山书院院长。该书修好后，未刻成书。当时，刘盛堂捉获恩平县一个大盗，得罪了恩平知县钱莹，上司不作调查，将刘盛堂调走。因此，这部县志原稿，藏在凤山书院。后因动乱而散失。

第五次修志是清宣统元年（1909 年）。当时知县冯秉经奉命纂修乡土志，恰好学部规定小学要教乡土史，并颁发条例令州、县同时编修，于是冯秉经将两者结合起来一次编纂。行文规定要分沿革、政绩、兵事、耆旧、人类、户口、氏族、宗教、实业、地理、山水、道路、物产、商务等 14 门。当年四月，冯秉经聘请沙冈曾边村副贡张启琛为编辑员负责编修。第二年修好，没有刻印，现只存手抄本。

第六次修志是民国 8 年（1919 年）。当时北洋军阀政府内务部通令各地修志。同年 12 月，知事李介丞在长沙设局修志。第二年 1 月，李介丞调省，由虞同仁继任。虞同仁召开保卫团局会议，决定聘请张启琛为总纂编修。参加编修的人员还有冯渐逵、司徒茝、周鹤谱等 3 人，并采取创收山坟捐来解决经费问题。但修了几年，没有编成，所积累的资料、余稿，全部散失。

第七次修志是民国 21 年（1932 年）。当时国民政府发布《修志事例概要》22 条，要求各省建立通志馆，并对方志的编纂提出具体规定。2 月 22 日，县参事会召开第一次全体会议，决定成立修书局。由县长余棨谋任局长，另聘吴鼎新（在民）、黄汉光（棣山）为副局长，张启煌任总编纂，周钟岳、张鼎勋、许锡醴为驻局分纂员。此外，还有分修、参阅、采访、校对、誊写、测绘、庶务等共 35 人。2 月开局，7 月事成。经过修改后，于民国 22 年（1933 年）由香港荷李活道民声印书局印刷成书。全志共 45 卷 17 志，是开平县保存最完整、内容最丰富的旧县志。

第八次修志是 1959－1962 年。1959 年 6 月中旬，中共广东省委在海口市召开修志工作会议，布置全省开展修志工作。中共开平县委会根据会议精神从各单位抽调人员组成编写小组开展修志。参加编写小组的主要成员先后有李宝钿、劳尔峰、周广贵、司徒星、宋坚、陈华英、雷泽光、马民聪、张白虹等。该志于 1959 年 11 月写出初稿，共 4 卷。第一卷《富饶的开平》，第二卷《潭江风云》，第三卷《侨乡巨变》，第四卷《杂记》。1960 年对志稿进行修改。1961 年 3 月，开平县与恩平县恢复建制（1958 年 11 月，开平、恩平两县合并，县名改为开恩县）。随后又对志稿进行修改，主要将有关恩平县的情况删去。1962 年 1 月修改完毕，将原来的四卷改为三卷，删去《杂记》。志稿修改完毕后，没有付印，只存油印本。

第九次修志是 1984 年。1984 年 10 月，广东省召开全省地方志工作会议，布置修志工作。11 月，中共开平县委员会、开平县人民政府发文成立开平县地方志编纂委员会，各部、委、办、局主要领导担任编委会成员，并成立编委会办公室，正式开展修志工作。这次修志是根据省、市地方志办公室的部署和结合开平县的实际，有计划有步骤地进行。整个修志过程分两步走：首先指导各有关单位、部门编修本行业、本部门的专志，然后，在各专志的基础上编修县志。1996 年完成初稿，随后将初稿多次印发给各有关单位、部门征求意见。根据各部门反馈回来的意见，对志稿进行深加工。2000 年 3 月，将新编《开平县志》初稿上送广东省地方志编纂委员会审查。经过省地方志办公室的三审和中共开平市委、市人民政府的审查，终于定稿，并于 2002 年 5 月由中华书局印刷出版，国内外公开发行。

新编《开平县志》比较全面、完整地记述开平自 1649 年立县，到 1993 年开平撤县设市，跨明、清、民国、共和国几个时期，共 350 多年历史。全书分 38 篇 173 章，另概述、大事记和附录等，上、下两册，共 263 万字，还有珍贵史料图片 343 帧。全志内容丰富，资料翔实，从自然到社会，从政治到经济，从历史到现实，从人物到地方风貌，纵贯古今，横陈百业。记录了开平侨乡的形成、碉楼之乡的兴起、建筑之乡的变化和文化之乡的兴盛，为今人和后人研究开平历史的发展提供了翔实的资料，也为海内外人士认识开平提供了较为全面的资讯。此书印刷出版后，深受各界人士的欢迎和好评。

重印清朝道光三年《开平县志》　开平共编

纂9次《开平县志》，其中新中国成立前7次，新中国成立后2次。在新中国成立前的7次修志中，只有5次纂修的县志能刻印成书并存留下来，而且又以清朝道光三年（1823年）和民国二十一年（1932年）编纂的县志内容较为全面。

2007年，开平市地方志办公室重编了清朝道光三年编纂的县志。为方便读者阅读，重印本将繁体字换成了简体字，并加注了标点符号。全书共分18志25万字，分别是：星野志、气候志、沿革志、疆域志、风俗志、物产志、建置志、田赋志、学校志、秩祀志、典礼志、兵防志、职官志、选举志、事纪志、人物志、艺文志、外纪志。并配有当时的县境全图、县城全图、县署图、学宫图、南境图和北境图。

开平市地方志办公室从1990年已开始着手进行该书的整理工作。其间，因编纂新的《开平县志》任务较重，将这一工作暂时搁下。2002年，市志办重新组织人力，在编纂《开平市志》的同时，见缝插针，抓紧时间对该书进行全面的反复的修正、校核，终于印刷成书。

地情资料编研　搜集、研究、编写地情资料，是市志办的经常性工作之一。已编辑出版了《古代名人掌故》、《地名对联记趣》；编写了《开平市之最》。

部分镇（区）志和部门志简介

《开平县三埠镇志》　三埠镇最早建埠的长沙埠建于明洪武元年至十一年，已有400多年历史、荻海、新昌两埠相继建于清咸丰、光绪年间，地处潭江中游，水陆交通便利，更兼侨眷众多，清末已是名播华南、港澳及海外的商埠。该志记叙了它的兴衰，特别1978年之后，它作为开平政治、经济、文化中心、中国牛仔服装名镇的迅猛发展。

《开平县长沙镇志》　长沙镇环抱三埠，土地肥沃，河渠纵横，是开平粮食生产基地之一，又是经济开发区。该志追溯其发端，记述其演变，体现其今昔变革，地区特色与时代特色兼具。

《开平县水口镇志》　该志让人看到水口这个在清代就成为开平水陆交通发达、名播海内外的商埠和“手工业之城”，到20世纪90年代成为中国水龙头、水暖卫浴生产基地、开平首个专业镇和首个财政收入亿元镇的发端、发展的轨迹。

《开平县赤坎镇志》　该志记述了赤坎这个历史文化名镇赖以发端的地理、人口、经济、文化教育等因素，记述这个镇在历史长河中涌现的属于开平之最乃全省、全国之最的事物，例如全国重点文物保护单位的最古老的迓龙楼、省级文物保护单位司徒美堂故居、抗日旧址南楼、赤坎旧镇近代建筑群，以及众多的国家级名人。

《开平县苍城区志》　苍城是开平的古县城，有360多年历史，名胜古迹多，但屡遭匪患兵燹。该志记叙了它的缘起、演变、现状，既有浓厚的地区特色，也有鲜明的时代特征。

《开平县塘口区志》　世界文化遗产“开平碉楼与村落”的著名地、全国历史文化名村自力村，就在塘口镇。国家AAAA级旅游点、颇具世外桃源神韵的立园，也在这里。该志的人口、民族、姓氏的记叙较详细，且有各自然村村史，为其他镇志所不及。

《开平县大沙区志》　大沙“八山一水一分田”，山区自然资源丰富；远在四五千年前已有人类居住，文化积淀深厚；地理环境独特，群众纯朴忠厚，是革命老区。该志记述详尽，其民间传奇故事、艺文、兵燹匪患、人物等章节尤为突出。

《开平县文物志》　这是开平唯一一部公开出版发行的部门专志。1989年11月由广东人民出版社出版，全书25万字。它记述了开平历史建置沿革、地理概况、文物分布概况、古代文物、民主革命时期文物、华侨文物及文物博物工作等。当时广东省文物志编辑室副主任杨式挺在为该志所写的序中说：“在我看过的已出版和尚未刊印的许多市县文物志中，开平文物志具有它自身的鲜明特点，这就是华侨文物在该志中占有很大的比重和显著的位置。”该志第四章第四节对开平碉楼的兴建、类别和建筑艺术的记述，其意义的重大，恐怕为付出了艰辛劳动和心血的主编人始料未及，它是21世纪初开平碉楼研究和“申遗”的开山之作、基础和路标。

《开平县文化志》　该志时间跨度大，内容包罗广，每个历史时期的重大事件、重点人物、大型活动等都作了如实记述。开平是一块哺育文化名人的沃土，古代出了梅花诗人李江，现代出了司徒乔、沙飞、司徒慧敏、梁寒光、司徒汉、司徒兴城、关文清、关金鳌、司徒奇、罗工柳、关曼青、罗荣巨、红线女等等。这些人物的传略或经历介绍，使得该志厚重而光彩夺目。

《开平县城乡建设志》　开平是全国重点侨乡之一。该志记述了华侨和港澳台同胞在各个历史时期对家乡建设作出的贡献。开平又是建筑之乡，建筑事业源远流长。从学宫、风采楼、碉楼、立园、合山铁桥到城镇的酒店宾馆、办公大楼、居民住宅、别墅式民房、工企业厂房、商店，该志以翔实的史料、数据，记述了城乡建设的壮观图景。该志还记述了建筑企业集团、三万多人的建筑大军为城乡建设、经济发展作出的贡献。

《开平县乡镇企业志》　重点记述中共十一届三中全会以来开平县乡镇企业，从过去简单的传统手工业迅速发展成为工业、建筑、交通运输、商业以及服务业等五大行业，成为农村经济的重要主柱，成为出口创汇的生力军的史实，体现开平县乡镇企业发展历史和现状及其发展规律。

《开平县军事志》　记述开平立县以来军事方面的历史和现状。对于开平县的军事机构、军事地理、驻军、地方武装、民兵、征兵、军事要事、军事人物等方面情况都作全面、详细地记述。其中共和国成立前的军事要事，如明末清初的"奴反主"斗争、余守踞和余富彦抗清、红巾军起义、土客之争、清末民国初民军的演变、民国时期的剿匪、抗日的几个战役，解放战争时期近三十次重要战斗，以及新中国成立后的民兵工作、兵役工作，记述更为全面、系统、详尽。

《开平县教育志》　该志全面记述开平建县300 多年来各个历史时期教育的本来面貌，反映了教育的变革、发展，特别是1982年中共十二次全国代表大会把教育列为发展国民经济的三大战略重点之一以后，改革教育，振兴教育的状况。开平教育的发展，离不开华侨港澳同胞和单位、群众的捐资、赞助、支持，该志第十七章集资办学（附图表）记述了这个方面，凸显著名侨乡的特色。

《开平县卫生志》　共和国建立前的清朝、民国政府对医疗卫生事业不重视，几本旧《开平县志》甚少对这个方面的记载。该志坚持实事求是的原则，对从清光绪年间地方人士及华侨献捐倡办爱善堂至民国时期的公立平民医院，从 20 世纪共和国建立初期的联诊所到 80 年代的县、区、乡三级医疗、预防、卫生保健网络，近一百年来开平卫生事业发展状况，作了详细记述，恰当使用图表，数据，资料翔实。

《开平县体育运动志》　开平建县之初，县内只有划龙舟、武术、舞狮等民间体育活动，从建县（1649）到民国10年（1921）的二百七十余年间，县政府未设立任何行政机构管理体育工作，所有体育活动都是由民间（武馆、学校、某团体或个人）自筹经费举办。民国10年9月，体育才由教育局兼管。那时，篮球排球运动早已在县内兴起并趋于普及，在广大华侨支持下各地纷纷建球场、办比赛，而至后来被广东省体委会誉为"排球之乡"。新中国成立后，中共开平县委和县政府重视公共体育运动，成立专管体育工作的机构和体育辅导中心积极开展各项体育运动，华侨、港澳同胞一如既往捐资和回乡办体育事业，特别是中共十一届三中全会以后，为故乡办体育事业的人越来越多，体育事业蓬勃发展，成为全国的体育先进县。该志全面记述开平体育运动的历史与现状，体现了上述时代特点和地方特色。

《开平县二轻工业志》　该志的编写人员为充分搜集资料，阅读了清朝和民国时期的《开平县志》、《开平乡土志》，民国时期开平的报纸、侨刊以及不少族谱；访问了有关单位二百多次，召开座谈会十多次，走访老工人九十多次；还到台山档案馆查阅资料三次。他们在大量资料的基础上整理、编写，记、传、志、图、表、录齐全，如实记述本地区手工业发展的历史和现状，重点反映新中国成立三十六年来二轻工业生产建设的成就和经验。

《开平市第一人民医院志》　是以1988年编写的《开平县第一人民医院志》为基础续写并重新编纂而成，1999 年出版。该志叙述了医院从1950年建院至1998年的发展历程，重点记述1978年改革开放后医院发生的重大变化，尤其体现了港澳同胞和海外华侨热心捐助家乡医疗事业的特色。全书共11章39节50万字。该志是开平撤县设市以来新编的第一本部门志，为开平市续修部门志起到了排头兵作用。

《开平市水利志》　2005年出版，它承接《开平县水利志》的下限时间（1987年）及其基本门类，以1988—2003年为叙事范围，重点记叙改革开放以来的重大水事活动和依法治水重大决策及重要举措，诸如水、旱、风灾害与"三防"、灌溉与供水、水土保持、水利工程建设与管理、科技与教育等，突出了新时期水利工作的特色，保持了历史的连贯性，反映了水利活动的全貌。全书　　16 章 57 节，约 32 万字。

附表 1：

开平市（县）已出版的镇（区）志一览表

序号	书名	编纂单位	上限	下限	始修时间	终审定稿时间	出版时间	字数（万字）
1	开平县三埠镇志	三埠镇	1638	1986	1985	1989	1989	36
2	开平县长沙镇志	长沙镇	1638	1983	1985	1991	1991	23
3	开平县水口镇志	水口镇	1638	1985	1985	1987	1988	24
4	开平县赤坎镇志	赤坎镇	1662	1988	1988	1989	1989	23
5	开平县水井镇志	水井镇	有文字记载	1987	1988	1989	1989	13
6	开平县沙塘镇志	沙塘镇	1673	1988	1985	1990	1990	23
7	开平县塘口区志	塘口区	有文字记载	1987	1987	1988	1988	24
8	开平县马冈镇志	马冈镇	1573	1985	1986	1990	1990	18
9	开平县苍城区志	苍城区	1638	1985	1986	1987	1987	21
10	开平县赤水区志	赤水区	鸦片战争	1985	1985	1987	1987	21
11	开平县大沙区志	大沙区	有文字记载	1993	1988	1994	1994	31

附表 2:

开平市（县）已出版的部门志一览表

序号	书名	编纂单位	上限	下限	始修时间	终审定稿时间	出版时间	字数（万字）
1	开平县公安志	《开平县公安志》编写组	1638	1985	1986	1987	1987.12	37
2	开平县统计志	《开平县统计志》编写组	1953	1985	1986	1988	1988	33
3	开平县军事志	《开平县军事志》编写组	明代中叶	1986	1987	1988	1989	30
4	开平县轻工纺织工业志	《开平县轻工纺织工业志》编纂办公室	1912	1985	1984	1987	1987	25
5	开平县乡镇企业志	《开平县乡镇企业志》编写组	1955	1988	1988	1989	1989	38
6	开平县卫生志	《开平县卫生志》编写组	1885	1985	1985	1988	1988	37
7	开平县侨务志	《开平县侨务志》编写组	1648	1988	1988	1991	1991	14
8	开平县统一战线志	《开平县统一战线志》编写组	1638	1988	1989	1994	1988	25
9	开平县教育志	《开平县教育志》编写组	1638	1986	1985	1987	1987	35
10	开平县二轻工业志	《开平县二轻工业志》编写办公室	1912	1985	1985	1986	1986	18
11	开平县氮肥厂志	《开平县氮肥厂志》编写组	1963	1988	1985	1988	1988	10
12	开平县自来水公司志	开平县自来水公司	1971	1987	1986	1988	1988	3
13	开平县物资管理志	开平县物资局	1959	1986	1986	1988	1988	6
14	开平县水利志	《开平县水利志》编写组	1733	1985	1985	1992	1992	13
15	开平县民政志	《开平县民政志》编纂组	1574	1990	1990	1996	1996	40
16	开平县青年运动志	《开平县青年运动志》编写组	1919	1988	1986	1992	1992	15

续上表

序号	书名	编纂单位	上限	下限	始修时间	终审定稿时间	出版时间	字数（万字）
17	开平县体育运动志	《开平县体育运动志》编写组	1907	1990	1986	1990	1990	18
18	开平县广播电视志	《开平县广播电视志》编写组	1952	1987	1987	1987	1987	7
19	中共开平县委党校志	《中共开平县委党校志》编写组	1959	1989	1985	1989	1989	9
20	开平县城乡建设志	《开平县城乡建设志》编写组	有文字记载	1988	1986	1991	1991	34
21	开平县交通志	开平县交通局编志办公室	明末清初	1988	1988	1989	1989	28
22	开平县邮电志	《开平县邮电志》编写组	1368	1985	1985	1988	1992	21
23	开平农村金融志	《开平农村金融志》编写组	有文字记载	1985	1986	1988	1988	12
24	开平县工人运动志	《开平县工人运动志》编写组	1925	1986	1986	1988	1988	13
25	中国人民银行开平县支行志	《中国人民银行开平县支行志》编写组	1898	1985	1986	1988	1988	17
26	中国银行开平支行志	《中国银行开平支行志》编写组	1898	1988	1988	1990	1990	14
27	开平县法院志	《法院志》编写组	1638	1985	1986	1987	1987	22
28	开平县政协志	《开平县政协志》编写组	1956	1988	1989	1990	1990	13
29	开平县糖饼厂志	开平县糖饼厂	1915	1985	1985	1986	1986	6
30	开平县水泥厂志	《开平县水泥厂志》编写组	1969	1985	1985	1987	1987	5
31	开平县磷肥厂志	《开平县磷肥厂志》编写组	1960	1985	1986	1987	1987	7
32	开平县检察志	开平县人民检察院编志组	1922	1988	1989	1990	1990	14

续上表

序号	书名	编纂单位	上限	下限	始修时间	终审定稿时间	出版时间	字数（万字）
33	开平县外经贸志	《开平县外经贸志》编写组	有文字记载	1985	1985	1987	1987	4
34	开平县粮食志	《开平县粮食志》编写组	1938	1988	1986	1989	1989	32
35	开平县司法志	《开平县司法志》编写组	1912	1988	1987	1990	1991	22
36	开平县文化志	《开平县文化志》编写组	1649	1989	1985	1990	1990	34
37	开平县机械厂志	《开平县机械厂志》编写组	1937	1985	1986	1987	1987	4
38	开平县印刷厂志	《开平县印刷厂志》编写组	有文字记载	1985	1986	1987	1987	6
39	开平县人事志	《开平县人事志》编写组	1949	1988	1989	1990	1990	14
40	开平县电业志	《开平县电业志》编写组	1914	1985	1985	1987	1987	5
41	开平县文物志	开平县华侨博物馆	先秦时代	1949	1985	1986	1989	25
42	开平县计划生育志	《开平县计划生育志》编写组	明末清初	1988	1987	1989	1990	17
43	开平县劳动志	《开平县劳动志》编写组	1949	1985	1986	1987	1987	9
44	开平县档案志	《开平县档案志》编志组	有文字记载	1988	1986	1989	1989	12
45	开平县林业志	《开平县林业志》编写组	1823	1988	1986	1989	1989	24
46	开平县商业志	《开平县商业志》编写组	1912	1985	1985	1987	1987	35
47	开平县妇女运动志	《开平县妇女运动志》编写组	民国	1988	1985	1989	1989	11
48	开平县水运志	《开平县水运志》编写组	1940	1985	1986	1986	1986	9

续上表

序号	书名	编纂单位	上限	下限	始修时间	终审定稿时间	出版时间	字数（万字）
49	开平县农业机械志	《开平县农业机械志》编写组	1823	1988	1985	1988	1988	10
50	开平县农业志	《开平县农业志》编写组	1649	1985	1986	1987	1987	13
51	开平县畜牧志	《开平县畜牧志》编写组	1823	1988	1987	1990	1990	15
52	开平县燃化建材机电工业志	《开平县燃化建材机电工业志》编写组	1649	1985	1987	1988	1988	14
53	开平县渔业志	《开平县渔业志》编写组	1493	1988	1985	1990	1990	14
54	开平县旅游志	《开平县旅游志》编写组	1956	1986	1987	1987	1987	5
55	开平县明胶厂志	《开平县明胶厂志》编写组	1911	1985	1986	1987	1987	8
56	开平县计划志	《开平县计划志》编写组	1955	1988	1988	1992	1992	16
57	开平县供销合作社志	《开平县供销合作社志》编纂组	1951	1985	1985	1987	1987	19
58	开平县糖厂志	《开平县糖厂志》编写组	1909	1985	1986	1987	1987	4
59	中国共产党开平县组织志	《中国共产党开平县组织志》编纂组	1925	1988	1986	1989	1989	15
60	广合腐乳厂志	《广合腐乳厂志》编写组	1893	1985	1985	1987	1987	4
61	制胶厂志	《制胶厂志》编写组	1911	1985	1986	1986	1986	5
62	橡胶厂志	《橡胶厂志》编志组	1946	1985	1985	1986	1986	6
63	开平县外贸志	《开平县外贸志》编写组	1922	1985	1985	1987	1987	5
64	开平县公路志	《开平县公路志》编写组	1924	1985	1986	1987	1987	5
65	开平县税务志	《开平县税务志》编志组	1649	1985	1985	1987	1987	17
66	开平县行政区域志	开平县档案馆	有文字记载	1989	1985	1989	1989	16

续上表

序号	书名	编纂单位	上限	下限	始修时间	终审定稿时间	出版时间	字数（万字）
67	地名志	开平县国土局 、开平县地方志办公室	1638	1986	1985	1987	1988	14
68	开平汽车运输站发展史	《开平汽车运输站发展史》编写组	1924	1985	1985	1986	1986	5
69	政治制度志	《政治制度志》编写组	1912	1986	1986	1987	1987	20
70	开平市人物志	开平市地方志办公室	明朝初年	1993	1985	1993	1993	22
71	开平市第一人民医院志	《开平市第一人民医院志》编写组	1950	1998	1985	1999	1999	50
72	开平市林业志	《开平市林业志》编写组	1823	2001	1999	2001	2001	84
73	开平市水利志	《开平市水利志》编纂领导小组	1988	2003	2004	2005	2005	32

（谭月园　刘水莲　方良顺）

附：1. 市长、副市长名录

市　　长：吴平超（～2009. 08）
黄耀雄（2009. 08～）

常务副市长：谢伯欣（～2009. 08）
谢超武（2009. 12～）　梁和平

副　市　长：张星杰　苏树栋　黄婉慈（女）
陈　靖　彭立群（～2009. 03）
凌华威（2009. 12～）

2. 市府办领导班子名录

主　任：陈伟成

副主任：黎仲穗　梁志洪　冯国荣
劳明海（～2009. 08）
胡明俊（2009. 11～）
安　超（2009. 11～）
张健东（2009. 11～）　梁寿泮

3. 挂靠单位领导班子名录

市法制局局长：谢文广

副局长：张耀辉

市信访局局长：司徒锡光（～2009. 08）
庞信明（2009. 09～）

副局长：张文仰　郑子晖（～2009. 07）

市人防办主任：陈伟成

副主任：蔡华茂　邓文汉

市地方志办公室主任：朱柏林（～2009. 08）
邓健强（2009. 11～）

人事编制工作

【简况】　开平市人事局是市政府综合管理全市人事工作的职能部门。开平市机构编制委员会办公室挂靠人事局，是市机构编制委员会的常设办事机构，负责全市行政管理体制、机构改革和机关事业单位机构编制日常管理工作。人事局内设8个职能股：办公室、公务员管理股、工资福利与退休干部管理股、专业技术人员管理股、培训考核股、军转办、人才开发管理股、人才资源开发中心。开平市人才资源开发中心是人事局下属参照公务员管理的事业单位，负责接待、登记、推荐就业和办理商调、聘用、借用等手续，办理毕业生报到和人事代理业务。

【公务员招录及培训】 2008年公务员招录首次采用网上报名、现场确认缴费的方法进行。设招录职位18个，共有711人符合报考条件。2009年公务员招录采用网上报名、现场和网上确认缴费的方法进行，设招录职位46个，共有1389人符合报考条件。在面试环节中，首次采用异地考官交流的方式进行，面试考官由原来的每组7人增加到每组9人，每天上、下午均用“考生抽签”和“考官抽签”进行双抽签的方式，确定每个面试组的9个面试考官，且每个考官组中至少有2名是异地交流考官。采用这种做法，最大限度地保证了面试的公平性。

2008年举办的培训班包括：专业技术人员职业道德与创新能力培训班4期，共招收1972人；计算机模块考试2期，参加考试共857人次；公务员初任培训班1期，参加培训54人；全市公务员《突发事件应对法》，培训时间为1天；《行政机关公务员处分条例》和《中华人民共和国政府信息公开条例》2天，参加培训3267人。

2009年举办的培训班有：专业技术人员职业道德与创新能力培训班3期，共招收1476人；计算机模块考试2期，参加考试共831人次；公务员初任培训班1期，参加培训100人。

【工资调整和管理】 根据粤人发[2007]55号文件精神，公务员年度考核称职及以上的，一般每5年可在所任职务对应的级别内晋升一个级别，一般每2年可在所任级别对应的工资标准内晋升一个工资档次。（1）公务员按套改办法重新确定级别后，自2007年1月1日至2010年12月31日，凡年度考核称职及以上达到级别工资套改表规定年限的，可从达到规定年限当年的1月1日起晋升一个级别（简称为“滚动升级”）。在2008年1月1日，全市符合条件“滚动升级”的有614人，月增加工资额合计1.22万元，人平月增加工资19.9元。（2）从2006年7月1日起，公务员年度考核累计2年称职及以上的，从次年1月1日起在所任级别对应工资标准内晋升一个工资档次。在2008年1月1日，全市符合条件正常晋升工资档次的有2618人，月增加工资合计9.69万元，人平月增加工资37.4元。

根据粤人发〔2007〕56号文件精神，从2006年7月1日起，年度考核结果为合格及以上等次的工作人员，每年增加一级薪级工资，并从第二年的1月起执行。在2008年1月1日，全市符合条件正常晋升薪级工资的有1.1601万人，月增加工资合计26.12万元，人平月增加工资22.5元。

根据粤人发〔2008〕182号文件精神，机关事业单位2007年12月31日前已办理离退休手续和已到达离退休年龄的人员(按国家有关规定经批准留任的除外)，以及按国家规定办理退职的人员，从2008年1月起增加离退休费和退职生活费6185人，月增加离退休费、退职生活费合计2.47万元，人平月增40元。

根据粤人发〔2007〕55号文件精神，在2009年1月1日，全市符合条件“滚动升级”的有423人，月增加工资额合计0.84万元，人平月增加工资19.7元。在2009年1月1日，全市符合条件正常晋升工资档次的有43人，月增加工资合计0.11万元，人平月增加工资25.4元。

根据粤人发〔2007〕56号文件精神，在2009年1月1日，全市符合条件正常晋升薪级工资的有1.2183万人，月增加工资合计27.66万元，人平月增加工资22.7元。

根据《开平市规范国家公务员津贴补贴实施方案》、《开平市市直机关规范公务员津贴补贴实施办法》和《开平市镇（街）规范公务员津贴补贴实施办法》的文件精神，从2009年7月1日起，为全市市直机关和镇（街）机关国家公务员实施规范津贴补贴，其中在职人员3024人，离退休人员1380人。

根据《开平市义务教育学校绩效工资实施办法》的文件精神，从2009年9月1日起，为全市中小学工作人员实施绩效工资和分步实施“两相当”(即县域内中小学教师平均工资水平与当地公务员平均工资水平大体相当，县域内农村中小学教师平均工资水平与城镇中小学教师平均工资水平大体相当。)政策，其中在职工作人员7034人，离退休人员2898人。

【专业技术职务评定】 2008年，经广东省评定的卫生系列高级专业技术资格15人、会计高级专业技术资格2人、教师高级专业技术资格128人；经江门市评定的小学高级专业技术资格376人、中学一级教师资格215人、中级专业技术资格35人，通过开平市认（评）定和经过考试确认初级专业技术资格人员有667人。

2009年，经广东省评定教师高级专业技术资格57人；经江门市评定的小学高级专业技术资格258人、中学一级教师资格339人、中级专业技术资格59人，通过开平市认（评）定和经过考试确认初级专业技术资格人员有563人。

【军转安置】 2008年全市军转安置任务8人，其中副团职1人，安排到市交警大队任副大队长（副科级）；技术9级1人，自主择业；正营职3人，分别安排到公安局、水口镇政府和市档案局，任正股级职务；副营职2人，分别安排到市检察院和三埠镇政府，任副股级职务；1名正营职干部由于家庭原因放弃安置，档案退回原部队。全市企业军转干部共223人，其中在岗40人，下岗失业21人，离退休162人，其中纳入解困范围177人，全年共发放生活困难补助金89万元；当年共为62名企业军转干部解决了医疗保险费。

2009年开平市军转安置任务6人，其中副团职2人，分别安排到公安局和安监局，任副科职务（正科级）；技术9级1人，安排到市人防办任副主任科员；技术10级1人，安排到药监局任科员；副营职1人，安排到检察院任科员；随调家属1人，安排到市劳动就业训练中心。7名历年安排到机关事业单位的技术9级军转干部，重新落实安排了副主任科员职务。制定了机关在职和退休军转干部津补贴方案，并核定了全市机关军转干部的享受职级。全市企业军转干部219人，其中在职27人，下岗失业24人，离退休168人，纳入解困范围195人，全年共发放生活困难补助金112万元；因违法违纪受处分的原企业军转干部于当年纳入了解困范围。全市自主择业军转干部共5人，当年均落实了差额补贴待遇，并按机关标准参加了社会医疗保险，两项所需经费均由市财政解决，自主择业军转干部创业典范黄战香被评为省模范军转干部。

【人才开发】 2008年全市事业单位共529个，职工总数1.2万人，有1.176万人和用人单位签订了聘用合同，其中签订长期合同1176人，占10%；签订中短期合同1.0584万人，占90%。不签和缓签240人。设置领导岗位588个，占5%；设置管理人员岗位1764个，占15%；设置技术人员岗位9173个，占78%。2008—2009年，共引进各层次人才98名，其中高级人才6名，“985工程”全国重点大学的学生30名，中初级及技能型人才62名。60多名优秀人才，分别获得市政府人才工作专项资金1000—30000元不等的政策性奖励。

早在2005年，开平市便制定并实施《人才工作决定》，明确提出加强对技能人才，特别是纺织、卫浴、机械等高技能人才的培养，对取得技师、高级技师证书的奖励1000元。在2008年的全市优秀人才奖励大会上，广东建成机械公司就有7名技师获得市政府每人1000元的技能提升政策性奖励。该项措施为实施“产业强市”策略，推进培养更多高素质技能人才，起到激励作用。

2009年，开平市制定并实施《关于进一步加强人才工作的决定》，市人事局协同市委组织部人才股认真抓好新一期拔尖人才的选拔工作，以进一步发挥拔尖人才在各行各业的带动作用，扩大拔尖人才队伍的影响力。同年经过各单位和行业协会推荐及个人自荐、组织考察、市人才工作领导小组讨论审定和公示等各项严格的程序，最终有15人被评为开平市优秀中青年拔尖人才。至此，拔尖人才队伍在年龄结构和专业结构上更加优化，平均年龄40.1岁，最年轻的仅31岁，其中具有硕士以上学历或高级专业技术职称的人员占相当高的比例；特别是，所入选人才中有3名博士，这大大提升了拔尖人才队伍的层次。在行业分布上，除传统的工农业外，市内的纺织、水暖卫浴、食品等三大产业和建筑、文化等重点行业都有人才入选，使拔尖人才队伍更适合全市产业发展的需要。

开平市近年人才开发状况有以下特点：

人才资源总量增加、实力增强 2009年全市人才总量3.7464万人，其中党政人才2843人、专业技术人才3.2621万人，农村实用人才2000人，其中博士生3人、研究生155人，本科学历3999人，大专学历8933人，中专学历2.4374万人。每万人中拥有人才数551人，其中高级人才有666人，占总数的1.7%；中级人才有5887人，占总数的15.7%；初级人才有3.0911万人，占总数的82.5%。近两年新增的人才当中，主要包

括专业技术人才、引进的高校毕业生和农村实用人才。

引进人才数量不断增加　近年来，市人事局在市委、市政府的领导和重视以及各部门、各单位的支持下，积极开展人才的引进和开发工作。通过制定各种优惠政策和措施的实施，吸引了不少科技人才到市工作，2004—2009年，共从市外调进345名科技人才，其中高级人才32名，研究生18名；接收大中专毕业生9346人，为企业生产发展聘用紧缺人才755名（其中高级职称147名，中级职称533名）。

人才制度建设得到完善　2008－2009年，开平市制定并实施一系列人才政策。先后出台《开平市关于进一步加强人才工作决定》、《开平市引进人才的若干规定》、《关于紧缺人才引进的实施意见》等政策文件，加强人才工作的规范化、制度化建设。针对开平发展实际，市委研究决定每年人才工作专项资金由原来的100万元增加到150万元，并与市财政收入同步增长。该项资金用于全市人才的培养教育、高层次人才的引进、优秀人才和有突出贡献人才的奖励、优秀专业技能拔尖人才的奖励等。2008年选拔拔尖人才18名，每人每月享受500元特殊津贴和外出休假、科研项目优先立项、出版经费资助等待遇。另外还对包括新引进的高层次人才、突出贡献的人才等100多名优秀人才，每人发放最高3万元的政策性奖励。

人才队伍整体素质不断提升　各类人才队伍学历层次逐步提高。2009年底，全市中专以上学历人才达3.7464万人。

全市有博士3名，硕士155名，大多数人才集中在党政机关和事业单位。这与其他市相比，企业人才数量偏少，特别是高层次人才和研发机构较少。近两年，开平市本科生和大专生人数总量不断攀升，2009年，通过各类人才市场共引进硕士生12人，本科生268人，大专生200人。两年中，市每年举办一次人才市场大型招聘会，先后有2000多名大学毕业生现场签约，800多人达成就职意向。

人才队伍整体结构趋于合理　全市各类人才队伍在总量逐年提升的同时，结构也趋于合理。2005年，全市第一、二、三产业人员比例为1∶1∶0.8，到2009年，全市第一、二、三产业人员比为1∶1.5∶1.3，这表明，全市第二、三产业从业人员比例上升，服务业特别是旅游业从业人员比例明显上升。

农村实用人才数量合理上升　十一五规划要求，启动农村实用人才队伍的培养和利用，并逐渐加大力度。到2009年底，全市农村实用人才已达2000多人，其中生产能手1500人、经营能人100人、能工巧匠400人。全市农业人员队伍稳定，向着规模化养殖、现代高效农业的方向转化。

2008年，开平市成立了2家博士后科研基地，即中山大学—开平市旅游局博士后科研基地和广东省农科院——开平金鸡王禽业有限公司博士后科研基地。成立了建筑、养殖等7家行业人才培养基地以及2家企业人才培养示范点。

2009年，继上年中山大学—开平市旅游局博士后科研基地、广东省农科院——开平金鸡王禽业有限公司博士后科研基地挂牌成立以后，中山大学——开平市中心医院博士后科研基地挂牌成立。同时又新增人力资源、卫生2家人才培养基地。

【人才中心】　主要服务功能有：（1）设有大量的电脑人才信息库，负责人才流动中各类人员登记、存档、推荐、介绍、洽谈等方面的服务。（2）实行办公自动化，建立企业招聘系统、人才求职系统、现场招聘系统、人才推荐系统。（3）实现信息网络化，与广州南方人才市场、省人才交流服务中心、江门市人才交流服务中心联网，做到人才信息和招聘信息共享。（4）协调现场招聘，设有招聘大厅1个，配有大型LED电子显示屏，可为招聘单位和求职人员的洽谈提供方便。

每年每季度28日，开平市均举办一场大中专毕业生暨人才招聘会。

【大中专毕业生接收、推荐就业】　2008年，到开平市报到、登记的大中专毕业生2028人，其中师范类毕业生121人，非师范类毕业生1907人；硕士生4人，本科生721人，大专生1271人，中专生32人。已就业的1467人。

2009年，到市报到、登记的大中专毕业生有2151人，其中师范类毕业生56人，非师范类毕业生2095人；硕士生11人，本科生736人，大专生1370人，中专生34人。已就业的1437人。

根据广东省人事厅关于《广东省2009年高校毕业生“三支一扶”工作实施方案》(粤人发〔2009〕93号)和江门市人事局《关于“三支一扶”大学生派遣和岗位培训有关问题通知》(江人发〔2009〕116号)的文件要求，2009年7月15日，全市接收安置在各镇、街道办事处的“三支一扶”大学毕业生共41人（其中：支教11人，支医12人，支农15人，扶贫3人）。他们在镇、街道办事处基层服务期限为两年。

【党政机构改革】 根据省和江门市的部署，开平市于2001年7月10日和11月13日，分别召开镇级机关和市直党政机关机构改革动员大会，部署市镇级机关和市直党政机关机构改革工作。这两项改革分别于当年9月底和12月底完成。这次改革是市第四次行政体制和机构改革。镇级机构保留15个镇和3个街道办事处，镇级机关行政编制按总体精简15%的要求，工作人员由原785名精简至667名，精简118名。市党政机构由原来41个（党委工作部门8个，政府工作部门33个）精简为34个（党委工作部门8个，政府工作部门26个），精简幅度达17%。行政编制按总体精简23%的要求，工作人员由865名精简至667名，精简198名。

2008年，稳妥推进环保、交通等领域的综合行政执法机构改革工作，其中环境保护综合行政执法机构执法专项编制9名，国土资源管理所行政执法专项编制55名，交通综合行政执法机构执法专项编制62名；重新核实森林公安机构执法专项编制17名。规范公安机构改革设置工作，重新制定市公安局“三定”规定，做好公安的执法勤务机构、综合管理机构和监所机构的升格工作。

2009年，增加政法系统专项编制74名，其中检察院系统7名、法院系统10名、公安系统53名，基层司法所4名。深化纪检监察机构管理体制改革，组建3个纪工委、监察分局，属纪委、监察局派出机构。制定《开平市机构编制管理规定》，积极开展调研工作，为全面开展政府机构改革做准备。

【事业单位机构改革】 市事业单位机构改革于2003年10月25日铺开，至2003年12月底完成。这次改革涉及的事业单位377个、人员编制9914名；通过改革，设事业单位308个，核定人员编制8911名。事业单位撤销8个，合并52个；转为企业化管理的8个，转制为企业的9个。各项事业经费占地方财政一般预算的42.93%，比改革前的47.76%减少4.83个百分点。

2008－2009年，进一步深化事业单位体制改革，做好专项改革工作。优化整合学校资源，按教育强市要求，2008年全市撤并中小学128所。2008年1月，成立市人防应急指挥中心和市农产品质量监督检测站。同年12月，成立市安全生产应急救援中心，提高预防和处置各类突发公共事件的能力。加快理顺兽医管理体制，制定了《开平市兽医管理体制改革实施方案》。2009年9月，组建开平市人民政府行政服务中心，成立市劳动争议仲裁院。

附表：

2009年开平市人才分布及结构表

（单位：人）

人才类别	研究生以上	本科	大专	中专
党政人才	42	788	1970	43
企业	16	1000	2000	18361
农村人才		11	38	1951
事业单位专业技术人员	97	2000	4925	4022
合计	155	3999	8933	37464

（黄雪莹 黄秀娟）

附：1. 市人事局领导班子名录

党组书记、局　长：陈健强

党组成员、副局长：崔志跃　甄磊富

党　组　成　员：张伯良

2. 市编办领导班子名录

主　任：陈健强

副主任：张伯良

政协开平市委员会

市政协工作

【市政协全体委员会议】 2008年4月8—10日召开市政协十一届三次会议，出席委员210人。市委书记冯立坚在开幕大会上讲话，政协主席谭德荣代表常委会作工作报告，副主席余明达作提案工作情况的报告。会上有3位委员分别代表有关专委会和民主党派作书面发言。与会人员列席了市十四届人大三次会议，听取和讨论了市政府工作报告及有关报告。会上通过了会议决议并充分肯定了十一届常委会过去一年的工作，对今后的工作提出意见并作出安排；对先进专委会、联络组、优秀政协委员、优秀提案、办理提案先进单位和先进工作者进行表彰。

2009年3月9—10日召开市政协十一届四次会议，出席委员220人。市委书记冯立坚在开幕大会上讲话。与会人员听取和讨论了政协主席谭德荣代表常委会作的工作报告，副主席余明达作的提案工作情况的报告。有4位专委和民主党派委员作书面发言。会议对先进专委会、联络组、优秀政协委员、优秀提案、办理提案先进单位和先进工作者进行了表彰。会上宣读了部分政协常委的请辞，投票补选部分政协常委及通过会议决议。

【市政协常委会议】 2008年，市政协十一届委员会常务委员会召开了5次会议（第8—12次），主要研究决定《关于评选2007年先进专委会、联络组和优秀政协委员的事项》，审议通过《市政协常委会工作报告》、《市政协十一届三次会议议程和有关事项》、《开平市政协2008年工作要点》和《开平市政协关于2008年的学习意见》；审议《市政协关于解放思想学习讨论活动第二阶段调研专题》，协商通过增补7名十一届政协委员，通报市政协十一届三次会议跟踪督办重点提案的分工，及各专委会开展专题调研的综合情况。

2009年，十一届委员会常务委员会召开了4次会议（第13—16次），主要协调通过增补3名政协委员；总结市政协2008年工作，讨论通过市政协十一届四次会议议程及有关事项，研究决定评选2008年度先进联络组、专委会和优秀政协委员事项；审议补选政协常委候选人名单，审议通过新增政协委员编组活动事项、《市政协2009年工作要点》、《市政协2009年学习意见》、《市政协常委会工作报告》及报告人名单、市政协常委会《关于十一届三次会议以来提案工作情况的报告》及决定报告人名单，审议港澳委员回乡视察的事项。

【专题视察和调研】 2008年，市政协常委会围绕发展旅游产业、城区建设与管理，及进一步发挥侨乡优势，推动开平市社会经济和谐发展等主题，先后组织4次专题调研，形成了《舞动碉楼品牌龙头　加快旅游产业发展》、《市政协常委视察城区建设与管理 提出抓好整治建议意见》、《进一步发挥五邑侨乡优势 加快江门经济社会发展》专题报告和调研报告，提交市委、市政府。是年，市政协各专委会、联络组结合实际，围绕重点、热点问题，积极开展调研献策活动，编写了《关于大力发展中等职业教育的调研报告》8份，供有关部门决策参考。

2009年，围绕实施《珠江三角洲地区改革发展规划纲要》、解决农村饮用卫生自来水问题、加快城市建设与管理和翠山湖发展等主题开展3次专题调研和视察，形成了《抓紧机遇对接〈纲要〉促进我市科学发展》、《加强领导采取措施　确保完成改水任务》和《港澳委员为城市建设与管理和翠山湖发展建言献策》专题调研报告报送市委、市政府。

【提案工作】 2008年，市政协十一届三次会议共收到提案189件，立案181件；其中经济建设5件，城市建设23件，农村建设12件，交通28件，旅游12件，政务法规20件，文教体育14件，医疗保障10件，水质环境治理18件，环境卫生15件，治安4件，社区9件，福利待遇8件，其它3件。这些提案紧紧围绕市委、市政府的中心工作和人民群众关心的热点问题建言献策，各承办部门高度重视和认真办理，办复率为100%。对未立案的提案均转作委员意见，送有关部门研究处理。全年还收集社情民意信息83条，提供市领导参考。是年，《坚持科学发展观，谋划开平的发展战略》等12件提案被评为优秀提案。

2009年，市政协十一届四次会议共收到提案126件，立案124件；其中经济建设16件，城市建设17件，农村建设12件，交通26件，旅游15件，政务法规13件，文教卫体11件，环保6件，社区及福利6件，其它2件。这些提案送市政府按归口办理原则，分别转交50个承办单位办理，办复率100%。未立案的2件提案转作委员意见，送有关部门研究处理。全年共收集社情民意信息36条，提供市领导参考。是年，《以金融创新解决我市中小企业贷款难题》等10件提案被评为优秀提案。

【海内外联谊活动】 2008年，市政协领导赴香港、澳门参加港澳联络组活动，向港澳委员通报开平市上半年经济社会发展情况和市政协的主要工作情况，听取港澳委员的意见。联合市文联和澳门特区文联、澳门开平同乡联谊会，分别在开平和澳门举办“开平、澳门世遗风采书画展”。走访在内地办企业的部分港澳委员、民营企业主政协委员、政协常委和各镇（街）联络组，了解委员们的生产、工作情况，听取意见。组织政协机关工作人员赴阳江、阳西、台山等市县政协进行联谊交往，交流工作经验。

2009年，政协领导通过参加香港和澳门同乡会、政协港澳联络组等活动及走访在内地办企业的部分港澳委员等，加强与港澳委员的联系。组织政协常委、专委会主任到佛山市、增城市参观学习。组织各镇（街）联络组长到连山、连州、清远等地参观学习。组织政协机关干部赴中山和珠海香洲区参观学习，加强沟通与联系。

【文史工作】 2008年，市政协协同文联组成编辑组，精选出版了《开平澳门世遗风采书画集》，展示了两地遗产特色文化和人文景观，促进两地友谊。2009年，市政协文史资料编委会编辑出版了《开平文史》庆祝中国人民政治协商会议成立60周年专辑，该书以图文并茂的形式，再现了开平市（县）政协自1956年成立以来不断发展的光辉历程。（谭健雄　梁凤英）

附：1. 市政协正副主席、正副秘书长、常委名录

主　　席： 谭德荣（～2009.11.10）
吴平超（2009.11.10～）

副 主 席： 冯润深　余明达　关位湛　关开宗
杜海英（女）　吉　喆（女）

秘 书 长： 甄文威

副秘书长： 张树进　谭健民

常　　委： 方君学　司徒灿　冯国荣　卢锐权
关思勇　余焯源　何健邦　陈国勇
许卓尉　劳德明　吴荣治
吴婉娜（女）　张仲文　张振驹
张树操　杨彩琼（女）　周杰男
周珠花（女）　周润赏　罗德明
胡保山　郭仕柱　黄力奔（女）
黄永强　黄业宏　黄健伟　戚泽群
梁子源　梁汉洽　梁松友　谢明伟
谢解论　雷策雄　谭天成　谭炳立
颜海娜（女，2008年）
邝卫民（2009年）　谭鹏发
薛明林（2008年）　郑勇（2009年）

2. 市政协机构设置及负责人名录

提案委员会主任： 张树进

农村委员会主任： 谢明伟

教育文化委员会主任：戚泽群
卫生体育委员会主任：雷进强
社会法制文史委员会主任：梁松友
经贸委员会主任：罗佳联
科技委员会主任：周勤礼
“三胞”联络委员会主任：谢解论

政协机关
办公室主任：甄文威
办公室副主任：张树进　谭健民
秘书科副科长：谭健雄　卢健锐
综合科科长：谢世明　**副科长：**梁凤英
联络科科长：胡杏娟　**副科长：**伍志平

民主党派和工商联

民盟开平市委员会

【简况】 中国民主同盟（简称“民盟”），主要由从事文化教育以及卫生、科学技术工作的高、中级知识分子组成。截至2009年底，全市共有盟员135人，共10个基层支部。其中127人具有大专或以上文化程度，高级职称人员53人，中级职称人员127人。

【参政议政】 两年来，民盟开平市委主要领导参加市委市政府及相关部门召开的情况通报会、民主协商会、座谈会、征求意见会共35次，就开平市重大政务、人事安排、经济和社会发展等问题发表意见，提出建议。在市人代会、政协会议上，共提交议案、提案21件，这些议案、提案涉及经济、民生、教育、卫生、交通、旅游、治安等多个方面，得到了会议的重视。其中《关于交通管理的几点建议》、《借申遗即将成功为契机让开平走向世界，让世界了解开平》、《关于中医药发展规划的提议》被评为优秀提案，有5人获评为开平市优秀政协委员。民盟成员中担任各级人大代表1人，政协委员9人；有5人被市监察局、市检察院、市审计局、市教育局聘为“特邀监察员”、“人民监督员”、“特邀审计员”、“教育督导员”。

【自身建设】 2008年，加强自身组织机构建设，成立了民盟忠源中学支部。2009年3月，民盟开平市委组织盟员认真学习民盟中央及民盟省委“两会”精神。7月，组织全体市委委员及15名优秀年轻盟员参加市委组织部、统战部和党校联合举办的“开平市党外中青年干部培训班”，通过学习增强对中国共产党领导的多党合作和政治协商制度的认识，进一步提高抵御各种错误思想的能力。严格把好盟员发展关，不断优化盟员队伍。2008、2009年，共发展新盟员7人，全部具有大学学历，其中有高级职称2人，平均年龄为40岁。

【社会服务】 2008年，响应市教育局的号召，有4名盟员主动请缨分别前往蚬岗中学和开平四中支教。“5·12”四川汶川大地震后，民盟市委会积极响应民盟中央的号召，发扬“一方有难、八方支援”的精神，组织全市盟员为灾区人民捐款共16220元，支援灾区抗震救灾和灾后重建工作。风采中学支部每月定期安排盟员教师到市残联残疾人联合教育中心支教。余本廉等多位盟员积极发动海外侨胞捐款建桥修路支持公益事业，合计20万元。（周万球　邝彩兰）

附：民盟领导班子名录

主　委： 关开宗

副主委： 谭美婵（女）　梁子源

民建开平市委员会

【参政议政】 2008—2009年，民建开平市委会围绕市委市政府的中心工作，认真履行参政议政职能。共有6名会员担任江门市政协委员、开平市政协委员和开平市人大代表。两年来，共向市政协提交提案13份、社情民意3份，都得到有关部门的答复和采纳。其中2008年在市政协十一届三次大会上关于《整治城区占道经营　确保道路安全畅通》的提案，引起市政协的高度重视，并列为2008年重点督办的提案之一。同年9月，市政协组织了常委对全市城区占道经营现象、污水处理等问题进行现场视察，并邀请市有关领导和有关部门参加座谈会，共商对策。2009年，民建开平市委会关于《加强对旅游购物街龙头占道现象的整治》被评为优秀提案。全年参加市委和市府召开的民主协商会、座谈会、情况通报会共有48人次，会上就市委市政府的中心工作、机关作风建设、招商引资、稳定团结等方面问题积极参与讨论和协商，做到肝胆相照，坦诚进言，提出合理的意见和建议。还参与市监察局和纠风办组织的民主评议行风工作，以及市委组织部和市直机关工委组织的机关作风考核活动。

【自身建设】　一直以来，民建都有健全的组织活动，市委会定期召开领导班子会议商讨有关事情；基层支部每二三月活动一次，加强与会员的联络沟通；为开阔会员视野，提高参政议政水平，每年都组织全体会员外出参观学习，以增强会员的凝聚力。2008年，结合开展纪念中共发布“五一口号”60周年和改革开放30周年系列活动，加强对会员进行爱国主义教育和光荣传统教育。2008年和2009年，先后组织民建开平市委委员和新会员参加市委统战部在市社会主义学院举办党外中青年干部培训班，进一步提高干部队伍的综合素质。至2009年末，民建共有75人，分3个支部，1个小组。

【社会服务】　2008年，民建开平市委会与统战部联合开展台资企业调研，编写了《我市台资企业调查报告》，为推进开平市台资企业产业升级和发展转型积极建言献策。“5·12”汶川大地震发生后，会员们积极参与抗震救灾捐赠活动，通过各种渠道踊跃捐款9551元。2009年1月，有2名会员前往四川省汶川县雁门乡参加援建灾区工作。同年4月，在学习贯彻科学发展观系列活动中，开展“问计于民”活动；针对中小企业融资难问题，召开有关会员座谈会，配合江门民建进行专项调研，编写了《促进民间投资　引导全民创业》的调研材料，为推动市经济发展建言献策。

（关思勇）

附：民建领导班子名录

主　委：黄旭征

副主委：郭仕柱　关思勇

致公党开平市委员会

【参政议政】　市致公党党员担任市政协委员7人，其中副主席1人，常委2人；担任市人大代表2人，其中常委1人；担任江门市政协委员1人。两年中，致公党开平市委会积极履行参政议政职能，在开平市人大、政协“两会”期间，提交政协提案48件，人大议案3件，其中被定为重点提、议案4件，被评为优秀提案4件，有6人被评为优秀政协委员。2009年，主委杜海英代表市委会在政协大会上作《发挥侨乡特色做好新形势下的侨务工作》的发言。是年有2人参加市监察局纠风办组织的行风评议工作。

【自身建设】　两年中，致公党开平市委会不断加强队伍建设，选派35名中青年骨干新党员参加市委组织部和统战部在市社会主义学院举办的党外干部培训班，选派4名党员参加省举办的中青年骨干和基层组织领导班子成员培训班，提高他们的政治思想和理论水平。2009年10月，通过民主测评，推选市委会主委后备人选2名，市委会副主委后备人选4名。市委会加强党员素质教育，组织支部主委学习本党中央及省有关文件，结合地方中心工作，开展学习，并要求各支部在支部生活会把会议精神传达，使全体党员达成共识，为地方经济发展社会和谐发挥作用。第七届市委会期中（2006年6月至2009年12月），党组织发展党员12人，全部本科以上学历，平均年龄42岁，加强了党的战斗力。至2009年末，致公党开平市委会属下有5个支部，党员共63人。

【社会服务】　1998－1999年，致公党开平市委会发扬“致力为公”的优良传统，加强对外联系与沟通，为市社会经济发展服务。有6位党员分别担任开平市《光裕月报》、《潭溪月报》、《小海月报》、《楼冈月刊》、《新民月报》、《长塘月刊》等侨刊乡讯的主编、编委工作，以侨刊乡讯为媒介，密切联系广大海外侨胞，港、澳、台同胞，沟通乡情，传递信息，为市招商引资，公益事业架桥铺路，穿针引线。两年中，接待“三胞”80人次，发动“三胞”为家乡捐资人民币88万元；港币7万元；美元6千元。（张卓雄）

附：致公党领导班子名录

主　委：杜海英（女）

副主委：司徒灿　梁汉洽

市工商联

【简况】　2008－2009年，开平市工商联围绕市政府的中心工作，发挥商会的桥梁、纽带、助手作用，服务大局，服务会员，服务经济发展，参政议政。实施“企业家素质再造工程”，举行各种培训，提高企业家的经营管理水平和综合素质。各基层商会举办涉及经济、法律法规、国家政策、经济形势、企业管理、税务、知识产权、安全生产、劳动保护等内容的培训、讲座和研讨会，促进企业适时调整经营思路，转变经营方式。市工商联与各级商会联合市委组织部、金融等有关部门举办学习会、座谈会和专项培训班等19场，参加人数达800多人次；开展为会员服务活动，参加人数达1600多人次。2008年末，市工商联召开大会，表彰市内经济发展成绩显著的50家会员企业、2个基层商会和4个先进会务工作者。2009年，协助15个会员企业在申报民营科技企业、申请进出口权、申请广东省著名商标等方面的服务工作，为会员企业的18名技术人员申报专业技术资格评审。

【商会组织建设】　2008年1月，增补开平奔达公司董事长张仲尧等4人为商会副主席。12月，长沙分会完成换届。2009年9月，成立开平市首个异地商会——开平工商联浙江商会，成为开平浙江两地工商界人士增进友谊、加强合作、强化交流的平台和联系纽带。是年发展新企业会员200多家，至年底，市工商联会员近1100家（人）。

【建言献策】　两年中，市工商联积极参政议政，在市人大、政协会议上提出议案40份。其中《坚持科学发展观，谋划开平的发展战略》被评为政协优秀提案。此外，各基层分会还向当地党政机关报送调研材料、情况反映或建议共23份，其中获采纳17份。

【非公有企业党建工作】　市工商联贯彻落实省委、省政府关于加强行业协会、商会党的建设的精神，配合有关部门引导行业商会和非公企业建立党组织。2009年11月，市工商联浙江商会党支部委员会成立，是开平市第一个基层商会党支部。至年末，全市共有26家会员企业建立了党组织。

【开展商贸交流活动】　市工商联积极组织会员企业开展联谊交往和各种商贸等活动，为会员企业商务交流搭建平台。2008年8月，组织民营企业家40多人赴南海、顺德、中山等地参观学习。2009年，各基层商会先后组织参观学习团4个37人次，到经济发达地区学习先进典型，吸取经济发达地区先进企业的成长经验，增强企业自我发展的信心。两年来共组织会员参加商务考察、贸易洽谈、参加展销会等162人次。2009年，市工商联协助市政府招商引资引进项目11个，资金1.59亿元。

【参与社会公益事业】　市工商联引导和发动会员企业自觉承担社会责任，参与社会公益事业。2008年初特大冰雪灾害期间，发动会员筹集救灾款2万多元购买御寒物品送往灾区。“5·12”四川汶川大地震后，各个基层商会发动会员参与抗震救灾活动。月山商会举办了“万众同心，支援四川”募捐活动，筹得赈灾善款568475元及价值30万元的药品一批送往灾区。据不完全统计，全市会员企业向汶川地震灾区捐款达1100万元。总商会和各基层商会还积极参加2008、2009年市慈善万人行活动。苍城商会向苍城卫生院捐赠救护车一辆。会员企业大力支持创建教育强市，为当地办学捐款208万元；会员给其他社会公益捐赠金额70多万元。（罗仕荣）

附：市工商联领导班子名录

党组书记：许卓尉（～2009.08）

张吕抗（2009.09～）

主　　席：劳德明

副 主 席：谭国强

人民团体

市总工会

【简况】 2008－2009年，加大工会组建力度，强化源头参与，完善帮扶机制，积极参与支持四川抗震救灾工作。充分发挥工会在构建社会主义和谐社会中组织职工、引导职工、服务职工和维护职工合法权益的作用，团结动员广大职工共建共享和谐社会。不断探索“党建带工建、工建服务党建”的经验，切实抓好新建企业工会组建和改制企业工会重建工作。两年共组建工会68个，发展会员9132人。至2009年末，全市共有工会工作委员会33个，独立基层工会517个，工联会95个，基层工会涵盖单位1840个，工会会员65438人。

【维护职工合法权益】 两年来，抓好厂务公开工作，全市开展厂务公开工作的企业共357家。继续推进工资集体协商工作，签订工资专项集体合同7份，覆盖企业15家、职工2192人。参与7家企业的破产、改制工作。开展企业劳动保护法律法规政策执行情况检查，到16个单位慰问高温作业职工3000多人。妥善处理来信来访96件，涉及职工985人。还组织108家企事业单位的2万多名职工开展“安康杯”竞赛活动。

【劳模评选工作】 两年来评出省、部级劳动模范2名，江门市劳动模范9名和先进集体4个，开平市劳动模范10名和先进集体30个，开平市优秀务工人员26名。在评选过程中坚持“自下而上、民主评议、择优筛选、严格把关”的原则，即由企业职代会推荐，主管部门把关，纪检、监察、财政、税务、计生等多个部门审核，劳动竞赛委员会审议，并在媒体公示一周。2008年6月成立了开平市劳模协会。市总工会联合市电视台以《工人伟大 劳动光荣》为题摄制了劳模先进事迹专题片，在电视台黄金时段播放。

【实施送温暖工程】 两年来，市总工会实施送温暖工程，给全市1325户困难职工家庭送去71.9万元帮扶慰问金。免费培训困难职工151人。核实享受低保待遇的职工101户次，核发低保金和医疗救助金共38.6万元。发动职工参加女职工安康保障和职工医疗互助保障共6243份，理赔16宗，理赔金额为19.5万元。联合市妇联、市妇幼保健院组织全市47家企业近4000名女职工进行妇科免费健康检查。联合有关单位开展慈善义卖活动，所得款项全部用于慈善事业。做好支援四川抗震救灾工作，动员全市工会会员为四川地震灾区捐款近15万元。

【开展文娱体育活动】 两年来，市总工会积极开展文娱体育工作，丰富职工业余文化生活。联合有关单位先后举办“医护行业职业技能竞赛”、“侨乡职工展风采”文艺晚会、贺新春“风雪同心”文艺联欢晚会、庆“三八”羽毛球赛、市第六、七届“国税杯”乒乓球公开赛、“阳光体育与奥运同行”万人环城跑、市第五届“奔达杯•魅力员工”才艺表演大赛、市教工篮球赛和“纪念改革开放30周年”文艺晚会等各种职工喜闻乐见的文娱体育活动10场。多次组织退休职工代表到翠山湖新区等地参观。 （詹文宇）

附：市总工会领导班子名录
主　席：冯立本（～2009.01）
副主席：谭文业（2009.08～）
　　　　王春雯(～2009.12)
　　　　卢锐权

团市委

【简况】　2008－2009年，全市各级团组织围绕"我为开平共青团事业科学发展建言献策"的主题，结合机关作风和党风廉政教育，深入开展学习实践科学发展观活动。建立青年就业创业见习基地11个，还举办青年创业就业研讨会、大型青年创业论坛和技能培训班。每年均与市委组织部联合举办优秀青年人才联谊活动。开展"信息直通车"行动，建立省、江门市和开平市三级示范点20个，青年中心9个。组织大型祭扫革命烈士墓、观看爱国教育电影《南京大屠杀》、"12355"江门市青少年维权与心理服务热线宣传推广、"青少年新世纪读书计划"和全市青年廉洁从政及预防职务犯罪教育等一系列青少年思想道德主题教育活动，加强青少年思想道德建设。大力开展农村青年科技文化活动月活动，送书、电影、电脑下乡，举办农村青年职业技术培训班。不断完善开平青少网，开平义工网等团属网站。大力弘扬"奉献、友爱、互助、进步"的志愿精神，开展"民政暖流—开平青年志愿者送温暖月"活动，共筹集资金物资近10万元，慰问农村80多户困难户、180多位孤寡老人和180多位特困学生。继续在各个行业开展创建"青年文明号"活动，全市有10个服务窗口被评为开平市2008年"青年文明号"，5个服务窗口被评为2009年度江门市"示范青年文明号"。

【共青团固本强基工程】　2008年，成立华通电脑培训学校团支部和百事通电脑公司团支部2家"非公"团组织，开展基层团支部直选试点工作。2009年，坚持"眼睛向下，重心下移"的工作思路，组织开平市"百日团建"活动，加快推进基层"双直选"工作；以开平供电局推优入党为示范，加强推优入党工作。是年通过联合建团、协会建团等创新团建模式，使规模以上"两新"组织即新经济组织和新社会组织建团覆盖率达到30%。建立了团建创新评比制度和团市委机关干部挂钩联系基层制度，创新干部培训方式，以理论课、拓展训练、考察交流等方式相结合，确保不走过场，全面提升团干素质，全年共培训团干部300多人次。是年争取团省委支持，募集书籍近30000册，送到创建强镇的7个基层镇（街）和9个农村青年中心。

【信息直通车行动】　2008年，加强"信息直通车"技能培训，举办了农村信息化工作现场会和信息员培训班。新建成全市第二批"信息直通车"示范点4个，至年底已建立省、江门市和开平市三级示范点20个，"信息直通车"服务面逐步扩大。2009年，"农村信息直通车"工作被列入市政府年度目标考核任务。至年底，在全市选拔出226个村委会和15个镇（街）的信息员，并建成青年中心6个。

【学校团队工作】　两年中，全市各级共青团和少先队组织坚持"全团带队"，广泛开展"十八岁成人仪式"、"青少年素质拓展夏令营"、"青少年现代公民教育活动"、"雏鹰争章"、"少年儿童平安回家"、"红领巾与文明同行"、"'手拉手'城乡结对活动"、"暑期社会实践调研活动"、"学校团队工作与德育教育"征文比赛等活动。积极推动全市各少先队组织成立"红领巾义工预备队"。2008年，开平长师附小成功创建"广东省红领巾示范校"，西郊小学被评为"江门市红领巾示范校"。同年，团市委、市少工委联合多个部门举办有史以来规模最大的学校少先队特色巡游比赛，参加比赛的共有34支代表队3000多人。

【对外交流活动】　两年中，团市委、市青联积极开展对外交流活动，加强与市外团组织及港澳同胞的沟通联系。组团到鹤山、新兴、四川等共青团工作先进地区考察交流近10次，接待港澳地区、邻近市区等来访的友好人士、义工和青年企业家20多批次共700多人。与香港小童群益会、香港游乐场协会等港澳社团建立了良好的交流合作关系。协助参加团省委主办的"中国心·粤澳情"活动的澳门青年近70人到开平参观考察。

【农村青年科学文化活动】 2008年，在第二届“开平市农村青年科技文化活动月”期间，团市委与基层团组织联合举办“中国移动·新农村杯”侨乡男子青年篮球赛、农村青年科普文化知识讲座、外来青工嘉年华活动、送优秀电影下乡、送书下乡、农村青年职业技能培训班等一系列活动。2009年，团市委联合市劳动局、人事局建立青年就业创业见习基地11个，联合相关职能部门举办青年创业就业研讨会、大型青年创业论坛、技能培训班，还举办返粤民工服务活动，受惠民工近1000人。联合蓝之星电脑公司开展送电脑下乡活动，在长沙新民村委会成立“惠普电脑之家”，加快推进信息技术在农村生活、农业生产中的普及应用。

【五四系列活动】 2008年，纪念“五四运动”89周年，团市委组织举办了“阳光体育与奥运同行”万人环城跑活动、“唱响青春 喜迎奥运”庆“五四”大型文艺晚会、“迎奥运、讲文明、树新风”——争当侨乡文明市民主题大型晚会、开平市“和谐杯”青年羽毛球邀请赛等一系列大型文娱体育活动。2009年，承办市祭扫烈士墓活动，市领导、机关干部、团员青年、少先队员代表等近1000人参加了活动。是年举办“我是光荣的共青团员”新老团员宣誓活动、开平市学校团队干部“科学发展·青春畅想”演讲比赛、“五四”教育宣传展、“红段子·国家爱”短信创作及传播大赛、青年创业论坛，“青春奉献·创先争优”庆“五四”青年节专题报道，编印出版了《青春足迹—开平青年工作巡礼（2007—2009)》一书。

【青联工作】 2008年，召开开平市第四届青年联合会，完成青年联合会换届工作。举办了“科学发展·青春畅想”交流座谈会，协助举办“江门青企五邑行暨开平市投资环境考察活动”，先后接待广州市青年企业家协会、香港小童群益会、澳门开平同乡会青年部等青年团体，增进开平青年与各地青年的情谊。是年编辑出版《开平青年》3期。2009年，市青联继续加强与港澳同胞和其他市区的沟通联系，积极宣传开平市丰富的旅游资源和优质的投资环境，为市招商引资建立广泛的交流平台，巩固爱国青年统一战线。

【义工联工作】 2008年，成立开平市义工联合会，召开义工联合会第一次代表大会。2009年，义工联联合市直机关工委组织发动市直机关干部参与义工服务，共组建义工分会5个，义工服务组5个，组成机关、企事业单位义工服务队9支，学校义工服务队24支，义工注册人数达2287人；累计组织活动200余次，打造了38项特色义工服务活动品牌，超过8000人次参加义工服务，累计总服务时间达10000小时，服务对象达800人次，扶困助学金额达9万多元。是年成立长沙青年中心义工服务站。

2009年，市义工联举办理念培训班和骨干培训班各1期，邀请专家教授和资深义工授课，共有400人参加培训。还开展“青春与慈善同行”—开平市青年志愿者慈善公益便民服务活动，及开平市各界情牵灾区赈灾文艺义演活动，筹款近20万元。“青苗成长护卫行动”被授予2009年度“江门市义工服务优秀项目奖”。

（陈炳钦　李建军）

附：团市委领导班子名录

书　记：颜海娜（～2009. 08）
　　　　邝卫民（2009. 08～）
副书记：邝卫民（～2009. 07）
　　　　苏耀均

市妇联

【组织建设】 市妇联内设办公室、权益部（挂靠市妇儿工委办公室）及儿童部3部室，落实行政编制6名，共有在职干部7人。至2009年年底，全市共有镇（街）妇联15个，村（社区）妇代会265个；团体会员1个（市离退休妇女干部联谊会）；市直机关、企事业单位以及个体私营协会等已建妇委会12个。其中，镇（街）妇联主席100%进班子；2008年村级换届选举以后，“一把手”女村官从原来的5名增加至13名，女干部进“两委”比例达97%。2008年9月，组织举办为期两天的基层妇女干部培训班；表彰伍秋影等10名优秀基层妇女干部。2009年下半年，推选林斌等4名妇女代表参加省第十一次妇代会；杨彩琼等23名正式代表、李宝贞等2名特邀代表参加江门市第十二次妇代会。

【妇女维权】　实施《开平市妇联系统开展法制宣传教育第五个五年规划（2006—2010年）》，启动妇联系统“法制宣传年”以及法制宣传“三行”（妇女法制宣传乡村行、工厂行和社区行）活动。以“三八”维权月、“12·4”法制宣传日等为契机，上下联动开展“百万妇女学法律，家庭平安促和谐”等宣教活动，举办法律法规知识讲座以及街头咨询活动30多场次，发放资料2.5万份。通过向人大、政协提交议案，狠抓源头维权，促请政府将女干部（职工）卫生费补贴标准由原来每月5元提高至15元。充分发挥维权联席会议的作用，推动农村出嫁女权益保障工作列入政府主要考核目标。依托市妇女儿童法律服务中心、基层妇女维权站以及家庭暴力投诉点等阵地，排查、调处涉及妇女儿童利益的隐患和纠纷，接待、处理群众来信来访908宗，处理率达100%。

【双学双比】　以创建“示范妇女学校”为抓手，结合“三下乡”、“绿证班”及“科技直通车”等活动，加强与劳动、科技、教育部门的合作，争取政府资源共享，突出抓好农村妇女培训工作，共创建各级“示范妇女学校”38所，其中江门级7所，省星级1所。表彰开平市“妇女学校办学先进个人”8人，培训妇女近2万人次。利用人部分村（居）妇代会主任担任“千企扶千村”工程就业联络员的优势，推动4千多名富余女劳动力实现有序、有效转移。培育、创建江门市“巾帼农业示范基地”4个，表彰开平市“巾帼科技兴农带头人”15人。通过基地辐射及女能手带动，推动农村妇女增收致富。争取上级妇联支持，赠送全市270个村（社区）2008年全年《农家女》杂志。组织女能手参加农博会1次，开展大型联谊交流活动2次。争取1.2万元经费，扶持40名妇女参加大中专学历培训。按照每人1000元的标准，支持48名外来女工参加技术培训并获得初级职业资格证书。

【巾帼建功】　开展妇女“岗位成才”及“岗位建功”活动，强化动态管理，举办“巾帼文明岗”现场观摩推进会议，全面提升“巾帼文明岗”创建质量和服务水平。进一步拓展创建范围，新创市旅游资源开发中心等服务窗口为文明岗。创建各级文明岗14个，其中江门市级5个，广东省级2个；表彰“巾帼建功先进个人”7人。继续开展“千岗联千村，共建新农村”活动，推进市直单位、各级文明岗依托“十百千万”干部下基层驻村点，开展妇女工作帮扶行动，促进城乡妇女共同发展。海关通关科等8个单位获江门市“三八”红旗集体等荣誉称号；林斌等16人获江门市“三八”红旗手等荣誉称号；徐娜等2人获广东省“南粤巾帼十杰”等荣誉称号；李卫群被评为全国“城乡妇女岗位建功先进个人”。

【家庭文明建设】　丰富和创新文明、平安家庭创建内涵，统筹、整合资源，开展“禁毒、防艾、反拐，创建平安家庭”活动。联合综治办在长沙东乐村召开“平安家庭”创建活动推进会，推进普法宣传进家庭、文化科学进家庭、道德教育进家庭、安全知识进家庭。配合纪检部门开展“家庭助廉”教育活动，推进家庭廉政建设。配合计生部门开展“婚育新风进万家”活动，组织机关未婚女青年深入开新海军基地举办军民联欢晚会。广泛发动妇女参与全国妇联举办的“妇女健康知识100问”竞赛活动，启动“节能减排家庭行动”，向全市妇女倡议健康文明、绿色节约的生活方式，自觉参与生态宜居名城建设。表彰市级“平安和谐家庭”15户，推荐江门市“文明家庭”2户、全国“五好文明家庭”1户。市妇联于2009年被全国妇联宣传部评为“妇女舆论宣传阵地建设县（市）级先进单位”，并连续两年被广东省妇联评为“妇女报刊宣传推广工作”一等奖。

【儿童工作】　全面推进未成年人思想道德建设，广泛开展“净化网络、护卫孩子”全市家长网络护卫大行动、“青苗成长护卫行动”、“给青少年儿童家长的一封信”倡议行动以及“儿童安全成长行动”，积极配合有关部门清理整治网吧、规范文化经营场所，净化未成年人成长环境。加强家庭教育讲师团队伍建设，组织开展“家庭道德教育宣传实践月”活动，举办家庭教育讲座7场，受教育家长4000人次，推动家长掌握科学家教方法。启动“农村儿童流动图书室”项目，为边远山区的孩子配送2辆图书车及2400本儿童读物。强化对示范家长学校的指导，探索建立帮扶流动、留守儿童工作的长效机制，2008 年 1 月在国家级“流动人口子女、农村留守儿童示范家长学校”达德小学举办特色教育推广活动。

【扶贫助困】 加强调查研究，争取政府、部门以及社会各界人士资金支持，持续开展“爱心父母”牵手困境儿童活动和单亲特困母亲家庭“四援助”活动。自 2007 年以来，全市各级妇联组织共发动 349 名“爱心父母”援助困境儿童 2600 人次，帮扶资金达 80 多万元。2008—2009 年，牵头援建三户单亲特困母亲安居房；发放第七、八批单亲特困母亲援助金 6.26 万元，援助单亲特困母亲 125 人；发放助学金 3.06 万元，帮扶困难学生 66 人；慰问妇女儿童 60 人，送上慰问金 1.65 万元，并为其中一位重病儿童筹集社会捐款 9700 元。争取省儿童福利基金会及市“一元爱心日”活动资源，帮助全市 15 名困难家庭心脏病患儿成功接受手术治疗。开展调查摸底活动，初步完成全市困难妇女儿童的数据录入工作，实行规范管理。2008 年初，联合举办赈灾筹款音乐会，慰藉因雪灾无法返乡滞留市内过年的外来女工。汶川大地震发生以后，组织本单位干部及亲属捐款 2850 元，上交特殊党费 1200 元，发动女私营业主捐赠抗震救灾物资价值 1.66 万元，并为灾区筹建春蕾幼儿园筹款 4.3 万元。

【百万妇女健康行】 2009 年 4—10 月，联合市妇幼保健院、市总工会开展女性健康普查活动，共为 2 万多名妇女进行免费检查，并对患病妇女进行跟踪服务。充分利用市妇儿工委办设在市妇联的优势，推动政府于 2009 年 8 月开始试行免费婚前孕前医学检查。依托卫生部门、妇女学校举办生殖健康、卫生医疗、生活保健等讲座和宣传咨询活动，提高妇女群众的卫生保健意识。

【特色宣传活动】 联合电视台录制、播放“侨乡巾帼风采”系列专题片（一年一度），对各战线上的先进个人以及全市妇女儿童工作的进步和发展进行宣传报道。“三八”期间举办巾帼与奥运同行趣味运动会、羽毛球比赛以及文艺汇演。“六一”期间举办“金山宝宝”大赛、少儿艺术大赛暨儿童欢乐节活动。这样，既活跃节日气氛，又丰富群众的文体生活，妇联工作触角得到有效延伸。

【离退休妇女干部联谊会】 开平市离退休妇女干部联谊会于 1989 年 9 月成立，现有会员 453 人。20 年来，该会团结带领离退休妇女干部关心开平建设，服务开平发展，共举办自编自演“三八”汇演、“六一”青少年演讲比赛等文艺活动 100 多场次，调解家庭矛盾 70 多宗。为了引导青少年健康成长，2003 年，该会还成立关心下一代志愿者大队，并自发筹集资金开展关心下一代工作，为促进社会和谐作出了积极贡献。（黄巧娜）

附：市妇联领导班子名录

主　席： 林　斌

副主席： 杨彩琼（～2009.12）

　　　　罗雪芳（2009. 08～）

地方军事

中国人民解放军开平人民武装部

【简况】 中国人民解放军广东省开平市人民武装部（简称“人武部”），其前身是中国人民解放军粤中军分区开平县大队，1949 年 10 月由粤中纵队六支队第三独立营与渤海大队合并改编而成。人武部在土地革命战争时期、抗日战争时期、解放战争时期都有着光荣的革命历史。1986 年 6 月，人武部改为地方建制，名称也相应更改为广东省开平县人民武装部。1993 年 1 月，开平撤县设市，人武部改称为广东省开平市人民武装部。1996 年，开平市人民武装部收归军队建制。

一直以来，人武部在上级军事机关和开平市委、市政府的正确领导下，坚决贯彻执行党中央、中央军委关于加强国防和军队建设的一系列重要指示，坚持以邓小平理论和“三个代表”重要思想为指导，深入贯彻落实科学发展观，大力弘扬人民军队听党指挥、服务人民、英勇善战的优良传统，坚持与时俱进，勇于改革创新，大力加强人武部和民兵预备役全面建设，圆满完成了上级赋予的各项工作任务。自人武部收归军队建制后，至 2007 年，人武部党委先后 11 次被广东省军区评为“先进人武部党委”，人武部连续 4 年被广东省军区树为“标兵人武部”，双拥工作连续 6 届被广东省委、省政府、省军区命名为“双拥模范市”，2 任主官被广东省军区评为“一对好主官”，8 名干部荣立三等功。

2008 年，人武部被省军区评为先进人武部和标兵人武部；2009 年，人武部又被省军区评为先进人武部和标兵人武部，人武部党委被省军区评为先进党委。

【军事训练】 军事训练主要是围绕提高打赢能力，认真贯彻落实《军事训练大纲》和《军区部队按纲正规施训有关规定》，抓好人武干部、专武干部以及民兵预备役的军事训练落实。把人武干部和专武干部的军事训练和学习纳入年度民兵预备役工作的重要议事日程。加强干部现代科学知识学习和军事学术研究，提高自身综合素质。通过集训和在职学习、组织函授、听讲座、网上辅导等多种形式，学习自然科学、思维科学、战役战术理论，进行多课题的作业，研究新的训练内容和手段，以及现代科学技术在训练、作战、指挥上的应用技能，不断更新知识，开拓视野，提高人武干部和广大预备役人员军事思想理论水平，提高工作效率，两年各组织民兵应急分队、森林防火分队、轻舟分队、伪装防护分队训练，12 期，共 2264 人。

【征兵工作】 人武部是开平市人民政府的兵役机关，担负着辖区内的征兵工作任务。征兵工作，在地方党委、政府的领导下，根据中华人民共和国《兵役法》，每年的 9 月份，对年龄在 18—22 周岁的男女公民，除患有疾病，不适宜服兵役外，都要进行兵役登记，征兵工作从动员、组织体检、政审、送兵，全过程至 11 月底结束。每年的征兵工作，征兵工作领导小组严把应征青年体检和政治审查关，确保把最优秀的青年送到部队去。新兵到部队后，征兵工作领导小组又及时组织力量对这些刚入伍的新兵进行跟踪教育，掌握新兵的思想动态和现实表现。本市分赴到祖国各地的应征青年吃苦耐劳的精神、刻苦训练的劲头受到各级领导的表扬。同时，这些素质优秀的青年也把开平的风土人情、人文精神带到了祖国的四面八方，为进一步弘扬侨乡文化作出了自己的贡献。本市的征兵工作连续27年被评为全优单位。

【抢险救灾】 一直以来，人武部和全体民兵预备役人员充分发扬中国人民解放军优良传统，积极参加地方“四个文明”建设，参加地方抢险救灾工作，每逢重大水、旱、风、火等灾情，当人民生命财产受到严重威胁时，全体官兵和民兵预备役人员都能紧急出动，冲锋在前，奋不顾身地参与救护行动。而且，本市民兵还按照上级部署参与支援阳江、韶关、台山等周边市（县）的抗险救灾。2008年6月6日，本市赤水镇发生严重洪涝灾害，人民群众生命财产受到严重威胁，人武部立即组织200多名民兵，出动车辆16台次，冲锋舟6艘，经3天3夜连续奋战，解救被困群众1154人，抢救物资3000余件，受到了人民群众的高度赞扬。《广州日报》、《广东武装》均对此作了报道。2009年6月份，本市赤水镇发生严重江涝灾害，人武部迅速组织30多名轻舟分队队员，冲锋舟5艘，车辆6台次，在第一时间奔赴灾情现场，解救被困群众976人，转移物资578件，把灾害带给人民群众的损失减少到最低限度。

【拥政爱民】 人武部官兵积极参与拥政爱民活动，以实际行动支援地方建设。2008年，共植树1000多棵，献血12000毫升。在抗雨雪冰冻灾害和抗震救灾中，全体官兵慷慨解囊，向灾区捐款5万多元，捐衣物40件（套）。2009年，共组织协调驻军和民兵积极参加各种义务劳动8000多人次、植树2000多株、义务献血17000多毫升、捐款捐物价值共计8万余元，受到人民群众的高度赞扬。 （程　武）

附：人武部领导班子名录

党委第一书记： 冯立坚
党　委　书　记： 刘伯明（～2009.01）
蔡　凌（2009.01～）
党　委　副书记： 张清汉
党　委　委　员： 郑　勇　孙仁好（～2008.05）
张　军（2008.05～）
叶石健（～2009.03）
闫士安（2009.03～）

武警开平中队

【简况】 武警江门市支队开平市中队，前身为中国人民公安部队开平县公安队，组建于1949年11月，1976年1月改称为中国人民武装警察开平县中队（民警中队），1983年1月，归属武警广东省总队佛山地区支队，同年6月武警江门市支队组建，隶属江门支队建制领导（1993年3月，开平撤县改市称为开平市中队）。中队驻开平市幕村管理区，主要担负开平市看守所看守和处置突发事件等任务，支援地方经济建设，维护社会稳定，保护人民群众生命财产安全。中队隶属武警部队后，在上级党委的正确领导下，以马列主义、毛泽东思想、邓小平理论和“三个代表”重要思想为指导，按照科学发展观要求统领抓建，连续多年被上级评为“基层建设标兵中队”和“基层建设先进中队”。2009年，中队党支部被中共武警广东省总队党委表彰为“先进基层党组织”并被武警广东省总队评为“基层建设先进中队”。

【执勤工作】 为高标准实现“两个确保”，中队干部采取带勤上哨、跟班查哨等措施，加强一线组织领导；严格落实值班执勤制度，全力推进“四防一体化”建设，与目标单位联合对照标准、排查整治隐患，有效提高了目标安全系数。中队更是担负了广州亚运会安全保卫工作，抽调了一部分优秀官兵深入一线执勤，采取领导负责、层层管控、定人定位的措施，重点加强了部队的管理，坚持依法、正规、文明执勤，确保“不出大小事”。坚持严格管控，正规秩序，严明纪律，展示武警部队威武之师、文明之师良好形象。

【军事训练】 认真抓好上级精神的贯彻落实，按照考战士先考干部的要求加强军事训练，每月对干部进行全面考核，不断提高部队遂行多样化任务的能力。在江门支队开展建制中队应急班大比武中，中队官兵频频勇创佳绩，提高了部队军事训练整体水平。严密组织“迎亚运百日强化大练兵”活动，扎实抓好专勤专训、合成训练和实战演练，训出标准，训出素质，打牢遂行任务能力基础。

【政治教育】　以深入学习实践科学发展观活动为牵引，用党的最新理论创新成果武装官兵头脑，紧紧围绕学习贯彻十七大和十七届四中全会精神这条主线，在部队深入开展“坚定理想信念，忠实履行使命，永远做党和人民的忠诚卫士”主题教育，打牢官兵思想政治基础，提高了官兵的思想政治觉悟和工作热情。狠抓经常性基础性政治工作落实，拟制了组织生活计划，建立起“年计划、月安排、周统筹、日落实”的思想教育机制并加强检查督导落实。及时开展形势战备教育，保持了部队的稳定和战斗力。依托武警信息化指挥平台建立哨位小广播做好遂行任务中思想政治工作。广泛开展“南粤卫士展风采，平安亚运做贡献”主题实践活动，结合任务实际，搞好“服务亚运、保卫亚运、奉献亚运”为主题的系列教育，确保官兵在思想上绝对忠诚，在行动上献身使命，圆满实现“三个确保，一个展示”的目标。

【警民共建】　为加强社会主义精神文明建设，探索新形势下军民共建新途径、新方法，推动双方共同发展，2008—2009年，中队与开平市金山中学、开平市文化馆、开平市三同电脑有限公司、开平市吴汉良理工学校等进行了警民共建，双方共同学习、共同提高。　（代　宇）

附：武警中队领导班子名录

中 队 长：霍　强（上尉）

指 导 员：代　宇（中尉）

副中队长：张延平（中尉）

创刊号
（2008-2009）

KAIPING NIAN JIAN

法制

政法司法

政法委工作

【简况】 2008－2009年，开平市政法工作在市委、市政府的领导下，坚持以“三个代表”重要思想和党的十七届三中全会精神为指导，深入学习实践科学发展观，进一步解放思想，与时俱进，不断提高执法水平和队伍素质，推动政法工作全面健康发展，维护政治大局稳定，为全市经济建设提供强有力的保障。

【维护社会稳定】 两年中，全面部署和贯彻落实上级关于维稳工作的要求，落实维稳领导小组责任。市委领导调整分工，由市委副书记薛卫东分管维稳和信访工作。市信访维稳协调领导小组、市维稳领导小组成员均由镇委书记、行政局长担任。落实“一把手”维稳责任。市委书记与15个镇（街）党委书记，市长与29个行政局长分别签订了维稳工作目标管理责任书。各镇（街）分别与村委会及维稳成员单位签订了维稳工作责任书，明确责任，分工负责。市、镇两级划拨维稳专项资金57万元，加强经费保障。制定开平市《关于预防和处置群体性事件应急预案》，规范和提高处置群体性事件等突发事件的应对能力。调整反恐领导小组成员，成立200人的防暴队和20人的特警队。积极开展矛盾纠纷排查，两年中，先后开展9次大规模的对矛盾纠纷和隐患问题的排查，全市共排查欠薪、欠租金企业60多家，预防拖欠工人工资、工人滋事等事件发生。做好重点矛盾纠纷的调处和重点人员的稳控工作。落实领导接访责任和包案责任。市党政领导接访134批373人次，其中信访问题128宗，办结93宗，办结率72.6%；市党政领导包案的案件24宗，调处结案10宗。落实复退军人联系户制度。全市共859户，其中市党政领导联系48户，镇党政领导联系809户。公安部门加大打击违法犯罪力度，对全市“5个重点”（重点人员、重点物品、重点行业、重点场所、重点目标）反复检查，进一步落实措施；启动奥运会和国庆60周年特别防护期反恐怖工作预案，对全市10个重点反恐防护目标、金融行业等重点单位、4个危爆物品存储点等重点部位，开展全面的安全检查；开展以治爆缉枪和剧毒危险品安全隐患排查治理为重点的专项行动；加强信息报送和信息研判工作；全市52个部门单位严格实行零报告制度和重大信息报告制度。通过以上措施，确保奥运和国庆60周年期间全市大局稳定，没有群众到省、进京上访，没有出现群众大规模到市政府上访事件，没有出现恶性群众事件，没有出现恶性治安案件，刑事案件和治安案件同比下降，群体事件均得到妥善处置。

【社会治安综合治理】 社会治安综合治理工作机构健全，逐步完善各项措施，并落实责任制。各镇（街）落实综治办，配备专职干部，建立15个基层综治工作中心，有效发挥基层综治工作的作用。全市建成平安社区13个。城区和中心圩镇平安社区覆盖率达77%。在全市226个村委会配备专职治安员812名，负责各乡村治安巡逻和安全防范工作。同时，根据实际需要，规划建设警务室33个，共配备民警46人。其中社区警务室10个，配备民警12人；驻村警务室23个，配备民警34人。重视和加强娱乐场所和流动人口、出租屋的治安管理。至2009年底，全市所有镇

（街）都建立了综治信访维稳中心，进度在江门市前列。综治维稳中心的建立，为基层维稳发挥了重要作用。落实综治工作责任制方面，做到一级抓一级，层层抓落实，养成综治领导干部的自觉性。市综治委坚持每两年对全市综治工作检查考核和总结表彰，综治“一票否决权制”、“领导责任查究制”得到健全和落实。两年中，本市组织开展“粤安 08”、“粤安 09”，重点整治利用电子游戏机赌博的禁赌行动，和“创平安，迎国庆”、“打盗抢、抓逃犯”、打黑除恶等一系列专项斗争，侦破一大批大案要案。如成功侦破“2·28”持枪入室抢劫特大案件、“4·12”持自制火药枪打死 2 人案、“5·14”互联网视频传播青少年轮奸案及“6·14”特大入室盗窃 23 万元等大要案。

【禁毒工作】 两年中，结合国家禁毒委部署开展的“禁毒人民战争”，加大投入，狠抓禁毒基础建设和预防教育宣传，严厉打击、遏制毒品犯罪，推进全市禁毒工作向纵深发展。以“国际禁毒日”为契机，广泛开展一系列禁毒宣传教育，进一步提高全民的拒毒、防毒、禁毒意识。全市共创建“无毒社区”6 个，“减毒社区”17 个。长沙街道办事处“千人戒毒帮教工程”示范点成效显著，受到上级表扬，其经验在全省推广。破获“3·22”贩卖毒品麻古 2000 粒案和“7·12”贩卖海洛因 107 克、摇头丸 72 粒和麻古 121 粒等大案。全市共破获贩卖毒品案件 184 宗，缴获海洛因 456 克、麻古 4056 粒，其他毒品 87 克。抓获贩毒嫌疑人 97 人，送劳教戒毒 89 人，强制戒毒 247 人。

【防范邪教工作】 2008－2009 年，反邪教工作取得较好成绩。以确保北京奥运会和国庆 60 周年安全为重点，切实加强对 9 名涉邪教重点人员的管理控制，抓专群结合，全力做好社会面防范控制。推进教育转化。两年中集中办学习班 1 次，接受教育 20 人。依法严厉打击邪教传播有害气功、组织违法犯罪活动的行为。两年内共破获邪教犯罪活动 2 宗，缴获宣传资料 500 份，光碟 30 盘，取缔有害气功组织 3 宗。深入开展反邪教宣传教育。继续抓好农村反邪教警示教育的工作，把警示教育同“五五”普法教育、创建平安和谐社区、农村基层党员教育、镇级综治信访维稳中心建设等活动结合起来，进一步提高教育效果。

【加强基层基础建设】 加大投入，从人、财、物等方面向基层倾斜，为基层单位配置交通工具，改善装备，大力推进信息化建设，改善基层办公条件，有力地保障基层执法部门维护社会治安稳定，促进当地经济发展。公安机关稳步推进“三基”工程建设，成功改革机构设置。改革后内设机构由原来的 17 个缩减为 12 个，内设机构和 21 个派出所全部为副科级建制。110 开通使用信息查询服务台、吸毒人员动态管控拓展平台系统；2008 年 11 月份顺利通过江门市“三基”工程的检查验收。检察院以加强信息化建设为契机，相继建立检务公开大厅、案件办理情况查询系统等，大力推进阳光检务建设，在江门地区驻所检察系统中率先安装驻所微机监控系统。

【政法队伍建设】 全市政法机关深入开展继续解放思想，坚持改革开放，争当实践科学发展观排头兵的大学习大讨论活动，认真学习党的十七届三中全会精神和胡锦涛同志在全国大法官、大检察官座谈会上的重要讲话。政法各部门把大学习大讨论活动热情和成果转化为实践科学发展观、争当政法工作排头兵的强大思想动力，推动政法各项工作深入开展。同时，政法机关贯彻落实党的十七届四中全会精神，坚持以党建带队建、抓班子带队伍，充分发挥党组织的战斗堡垒作用和党员干警的先锋模范作用，深入开展中国特色社会主义理论体系教育、社会主义法治理念教育、职业道德教育、纪律作风教育和廉洁从政教育。完善、落实党风廉政建设责任制和责任追究制度，严格执行廉洁从政各项规定和各项禁令，严肃查处违法违纪行为。 建立健全警务、检务、审务、狱（所）务督察机制，加强对关键岗位、重点环节违纪违法问题的专项督察，健全举报网络，对群众投诉、涉法涉诉信访反映的突出问题，组织专门力量核查。严格执行从严治警的各项规定。公安机关结合“三基”工程建设，部署开展“两规划两整顿”、“三创新三推进”等活动，切实抓好行政效能建设、民警信息化技能培训考核和“战训合一”培训工作。市检察院深入开展阳光检务工作，举办“检察开放日”活动，全方位展示检察工作情况。全市涌现出一大批立警为公、执法为民的先进典型。全市政法部门共有 17 个集体、29 名个人立功受奖，其中获得全国荣誉称号 3 个

（集体 2 个、个人 1 个），获得全省荣誉称号 5 个。（张东斌）

附：市政法委领导班子名录

书　记：范金棠

副书记：胡治新（～2009.11）　吕永秋　刘伟明　郑启荣（2009.12～）

审　判

【简况】 开平市人民法院 2008 年有干警 106 人，2009 年有 108 人。内设机构：政工科、办公室、司法行政装备管理科、立案庭、审判监督庭、刑事审判庭、民事审判一庭、民事审判二庭、民事审判三庭、民事审判四庭、行政审判庭、执行局、法警大队、书记员管理办公室；5 个中心法庭：水口人民法庭、苍城人民法庭、马冈人民法庭、赤坎人民法庭、赤水人民法庭。

2008－2009 年，全面加强审判和执行工作，深化内部各项改革，狠抓法官队伍建设，按照“党的事业至上、人民利益至上、宪法法律至上”指导思想，结合“人民法官为人民”主题实践活动和“五个年”创建活动，全面履行宪法和法律赋予的职责，各项工作取得进展。2008 年共受理一审各类案件 3464 件（含旧存），审结 3274 件，解决诉讼标的 54569.95 万元；受理执行案件 2414 件，执结 1865 件。2009 年共受理一审各类案件 3036 件（含旧存），审结 2837 件，解决诉讼标的 25616.95 万元；受理执行案件 2805 件，执结 2266 件。

【刑事审判】 2008年共受理刑事案件502件838人，审结 500 件 831 人。2009 年共受理刑事案件 443 件 688 人，审结 441 件 684 人。其中，2008 年，审结破坏电力设备等危害公共安全罪案件 65 件，占刑事案件审理总数 13%；故意伤害等侵犯公民人身权利、民主权利罪案件 77 件，占刑事案件审理总数 15.4%；抢劫等侵犯财产罪案件 233 件，占刑事案件审理总数 46.6%；妨害公务等妨害社会管理秩序罪案件 111 件，占刑事案件审理总数 22.2%；其他案 14 件，占刑事案件审理总数 2.8%。2009 年，审结破坏电力设备等危害公共安全罪案件 42 件，占刑事案件审理总数 9.5%；故意伤害等侵犯公民人身权利、民主权利罪案件 62 件，占刑事案件审理总数 14.1%；抢劫等侵犯财产罪案件 218 件，占刑事案件审理总数 49.4%；妨害公务等妨害社会管理秩序罪案件 107 件，占刑事案件审理总数 24.3%；其他案 12 件，占刑事案件审理总数 2.7%。

做法有：一是突出对“两抢一盗”等暴力性、多发性犯罪的打击力度，着力保障公民人身和财产安全。二是认真贯彻“宽严相济”刑事政策，通过惩罚犯罪与保障人权的审判活动营造良好的社会治安环境。三是坚持“教育、感化、挽救”相结合的方针，继续抓好未成年人犯罪案件审理工作。从有利于挽救未成年人角度出发，为未成年被告人指定辩护律师，对具有初犯、偶犯等情节的未成年被告人判处缓刑。积极探索对未成年人犯罪的教育模式，推进少年刑事审判工作的改革，设立相对固定的少年刑事审判合议庭，专门开展对未成年人犯罪案件的审判。同时，深入学校开展法制教育课、举办模拟法庭等活动，推动法制宣传，扩大、延伸案件审判的社会效果。

【民商事审判】 2008 年共受理各类民商事案件 2945 件，审结 2760 件，解决诉讼标的 54356.11 万元。2009 年共受理各类民商事案件 2576 件，审结 2385 件，解决诉讼标的 25450.40 万元。其中，2008 年，审结婚姻家庭案件 594 件，占民商事案件审理总数 21.5%；借款合同纠纷案件 1119 件，占民商事案件审理总数 41%；道路交通事故人身损害赔偿案件 200 件，占民商事案件审理总数 7.2%；劳动争议案件 287 件，占民商事案件审理总数 10%；农村土地承包案件 21 件，占民商事案件审理总数 0.8%；其他案件 539 件，占民商事案件审理总数 19.5%。2009 年，审理婚姻家庭案件 652 件，占民商案件审理总数 27%；借款合同纠纷案件 823 件，占民商案件受理总数 35%；道路交通事故人身损害赔偿案件 312 件，占民商案件受理总数 13%；劳动争议案件 51 件，占民商案件受理总数 2.1%；农村土地承包案件 22 件，占民商案件受理总数 0.9%；其他案件 525 件，占民商事案件审理总数 22%。

做法有：一是贯彻和谐主题，妥善审理婚姻

家庭案件，切实保护妇女、儿童、老人和无过错方的合法权益。二是强化诚信意识，灵活审理合同纠纷案件，维护社会信用和市场经济秩序。三是制裁侵权行为，依法审理侵权纠纷案件。通过及时审理因交通肇事、医疗事故等引发的人身、财产损害赔偿纠纷，切实保护当事人的人身权和财产权。四是强化维稳意识，稳妥审理群体纠纷案件，针对涉及土地纠纷案件及劳动争议案件导致集体上访的问题，不断加强案件审理力度。五是配合政府改制，审理好各类破产案件。六是突出调解功能，全力疏导和化解社会矛盾。如在审理广东省石化开平机械厂退休工人追讨统筹外补贴劳动争议案中，由于2005年该厂改制，其上级主管部门广东省广业轻化工业集团有限公司对该厂退休人员停止发放每个月统筹外生活补贴。该案到法院后，为及时维护退休工人合法权益，法院将其优先排期开庭审理，书记员放弃中午休息时间，加班加点将123份诉讼材料及时制作完毕，于2天内分别送达给了居住在广州、佛山、湛江、信宜、四会、开平等地的全部退休人员，通过法官的积极疏导和辨法析理，最终使案件以调解结案，123名退休工人一次性领到被拖欠3年多的统筹外补贴款54万余元，取得了良好的法律效果和社会效果。

【行政审判】 2008年共受理行政案件9件，审结9件；受理各类非诉行政执行案件共195件，其中裁定准予执行169件，不予执行26件。2009年共受理行政案件12件，审结10件；受理各类非诉行政执行案件共276件，其中裁定准予执行261件，裁定不准予执行15件。

行政审判中，按照“监督、维护、协调有机统一”的原则，坚持维护与监督并举，支持与保护并重的方针，通过行政案件的审理，保护公民、法人和其他组织的合法权益，维护行政机关依法行政的权威。同时，还积极探索建立行政诉讼和解制度，按照“诉前沟通、诉中协调、诉外交流”方式，加强协调，促成和解，增进当事人与行政机关之间的理解与信任，充分发挥行政审判在促进社会和谐中的重要作用。

【审判监督】 2008年，坚持有错必纠的原则，认真审理好各类申诉和再审案件，加强审判监督工作。全年共审结再审案件5件。2009年共审结再审案件1件。同时，严格按照该院《案件质量标准及评查办法》，对办结的各类案件质量进行评查，量化打分，及时通报和反馈案件中存在的问题。

【执行工作】 2008年，进一步加强案件执行工作，不断加大执行力度，取得一定成效。全年受理执行案件2414件，执结1865件，执结标的金额为16411.73万元。全年依法搜查21次，对5人实施边控，对7案共罚款11万元，司法拘留14人，上报曝光案件13件。2009年共受理执行案件2805件，执结2266件，解决诉讼标的2463.48万元。全年依法搜查9次，对3人实施边控，对3案共罚款3.6万元，司法拘留25人。

做法有：一是启动法院执行工作联动机制，优化执行工作环境。与12家单位共同形成“党委领导、人大监督、政府参与、政协支持、各界配合、法院主办”的执行工作新格局，解决执行工作中遇到的困难和问题，切实破解执行难题。二是建立执行警力下沉机制，合理优化配置资源。本院充分发挥人民法庭熟悉农村工作、了解案件当事人基本情况的特点，2008年6月始，由执行局分别向5个中心法庭派出执行人员常驻法庭，法庭派专人负责协助执行工作，这样，既加大执行力度，又节约了诉讼成本。同时为方便执行，还加大对执行工作的硬件配置，为每个法庭专门配备一辆警车。三是加强涉及民生案件、矛盾易激化案件以及信访热点案件的执行。充分利用各种方式和途径积极疏导、协调，促使当事人和解或自觉履行。四是在非诉行政案件执行中，尤其是涉及计生、城建、土地等矛盾尖锐的案件，注重加强与有关部门联系，争取党委、人大与政府支持，改善执行环境，既保障行政行为的顺利实施，又切实维护人民群众的合法权益。五是强化关爱效应，由于有部分案件被执行人下落不明或确实无财产可供执行，针对该类情况，建立起执行救助资金机制，对确有困难的申请执行自然人实施执行救助。六是开通执行“绿色通道”，对涉及工人追索工资等民生执行案件优先办理。如在开平市永佳制衣有限公司工人追讨被拖欠工资案中，由于该公司经营不善停产，被劳动仲裁委员会及法院生效法律文书确认的总债务额达140万多元，其中与82家公司和个人发生有债务关系，同时还拖欠了69名工人的劳动报酬。因为被执行人已停止生产经营，且经营者去向不明，被欠薪的工人群情激愤，在向开平市劳动争议仲裁委员会提申诉后，来到法院申请执行，法院为其开通了“绿色通道”，优先办理相关手续，并抽调精干力量对此案进行跟踪。最终于当年中秋节前将被执行人拖欠工人的工资全额发放到69名工人的手中，其余债权人的债权也按照相应比例进行了分配。

【司法为民】　按照“公正司法，一心为民”的指导方针，在法院工作的各个环节推行便民、利民措施，切实维护好人民群众的合法权益。

做法有：一是广开立案“绿色通道”，推行预约立案、双休日立案和上门立案，方便群众办理有关诉讼手续。二是做好对当事人的立案指导和诉讼风险告知，努力营造便民的诉讼环境，使“打官司难”问题得到进一步解决。三是加强司法救助工作，进一步完善诉讼费缓、减、免的审批程序和监督机制，共对1507件民商事案件的当事人实行诉讼费缓、减、免，金额达132.18万元，有力保障经济确有困难的当事人也打得起官司。四是重视涉诉信访工作，在坚持“院长接待日制度”前提下，建立由信访办公室全面负责，各部门支持配合的法院内部信访工作机制，建立与市委、人大和政府信访部门经常性联系的外部工作机制，确保信访案件的处理效果。两年中，共接待群众来访80次147人，处理各类来信163封。五是进一步加强诉调对接工作。积极构建诉讼调解与人民调解衔接工作机制，联合司法局制定《关于进一步加强诉讼调解与人民调解衔接工作的具体意见》，启动“人民调解进法庭”工作，充分利用诉前调解、委托调解和协助调解，努力实现息诉止争、案结事了。人民调解委员会已在该院机关立案庭、水口法庭和赤水法庭派驻“人民调解工作室”。

【司法改革】　坚持改革创新的精神，力戒因循守旧，深入贯彻科学发展观，立足于司法规律和本院实际，不断探索，建立多种制度，力求以改革促发展，使法院工作逐步走上良性循环发展轨道。

做法有：一是建立中层汇报制度。2008年开始实施“部门负责人向党组汇报工作”制度，由各部门就工作中的新情况、存在的困难及工作新思路向党组作定期汇报，通过积极互动，使党组及时了解队伍、审判、执行情况，从而做出科学、合理的决策。二是推行速录员测试制度。按照《速录员专业技能测试及晋升准则》，组织全院速录员进行不定期测试4次，确保速录员业务技能进一步适应审判工作需要。三是推行“阳光审判、执行”制度。将立案条件、收费办法等内容上墙、上网、上触摸屏；将立案、庭审（法律规定不公开的除外）至宣判全程公开；并推行公开听证、判后答疑制度，对当事人不明白之处，做好解释工作，使司法公正成为人民群众“看得见的公正”，更方便群众对干警监督。

【调研与宣传】　不断强化调研、宣传工作，采取有效措施大兴调研之风，并加大宣传力度，全面反映了法院的改革与工作动态、宣传法院的各项工作，为法院工作深入开展创造良好的社会环境。

两年来编发信息简报70余期，撰写各类文章59篇，发表在各级媒体上的宣传稿件50余篇。其中，2009年，周长安的《开平法院：六十年沧桑与求索》，余小红的《邑城》，潘丽芳的《建筑物区分所有权强制剥夺法律问题研究》，何芳的《迷途中的行进——关于我国缓刑制度的思考》4篇征文分获省级奖励，取得本院学术方面的历史最好成绩。

【队伍建设】　在队伍建设方面，始终围绕“内强素质、外塑形象”的工作重点，抓班子、带队伍，不断提高队伍的整体素质。做法有：一是以专题教育活动为抓手，通过认真组织学习贯彻十七大精神，开展解放思想、“大学习、大讨论”、深入开展学习实践科学发展观和“人民法官为人民”等活动，大力加强干警队伍的思想政治意识。二是围绕“建设学习型法院、造就职业和复合型法官”的思路，根据本院实际工作特点和需要，继续推进“学习型”法院建设，通过积极开展形式多样的学习活动，大力提高队伍的综合素质。三是以抓班子、带队伍、促审判的思路，不断加强领导班子建设。按照开拓创新、勤政廉政、团结协作的要求，进一步加强队伍建设。采取多种形式增强队伍凝聚力，院党组分别召开与中层干部及与一般干警的座谈会，听取对法院工作的意见和建议，增强干警的主人翁意识。四是切实加强反腐倡廉建设。结合“廉政警示教育年”、“作风建设年”和“纪律教育月”等活动，以最高人民法院“五个严禁”规定为切入点，全面落实党风廉政建设责任制，树立廉洁司法风尚。通过层层签订《党风廉政建设责任书》、干部述职述廉、观看警示片、集中学习、专题讨论等形式，增强干警拒腐防变能力。　（何芳　陈苑瑜）

附：市人民法院领导班子名录

党组书记、院长：冯惠祥

党组副书记、副院长：温洁莺　麦喜权

党组成员、副院长：邝玖瑜

党组成员、政工科长：杨建华

党组成员、纪检组长：司徒国巨

检　察

【简况】　2008－2009年，开平市检察院在市委和上级检察机关领导下，在人大监督、政府支持和有关部门配合下，坚持以“三个代表”重要思想和党的十七大、十七届三中全会、十七届四中全会精神以及全国检察机关第五次政治工作会议精神指导检察工作，深入学习实践科学发展观，坚持检察工作主题和总体要求，围绕党组关于“打造五型机关，不断创新发展”的工作思路和新一届党组关于“二个主动、三个自觉”的工作思路，进一步解放思想，忠实履行宪法和法律赋予的法律监督职责，提高执法水平和队伍素质，推动检察工作全面健康发展。

【反贪污贿赂工作】　2008年，市检察院认真贯彻“全国检察机关深入查办涉农职务犯罪，保障社会主义新农村建设工作”会议精神，制定了《开平市人民检察院开展深入查办涉农职务犯罪专项工作实施方案》，重点查办涉农职务犯罪案件，全年立案侦查涉农职务犯罪案件2件3人。是年，共受理贪污、贿赂等犯罪案件24件35人，立案7件8人，大要案率达86%；移送审查起诉6件7人，移送审查不起诉1件1人。通过办案，追缴赃款赃物及为国家挽回经济损失258万多元。2009年，共受理贪污、贿赂等职务犯罪案件线索17件18人，初查后立案侦查7件9人，大要案率85.7%，全部移送公诉部门审查起诉。通过办案，追缴赃款赃物及为国家挽回经济损失279万多元。

【刑事检察】　依法开展“严打”斗争，对严重刑事犯罪、严重暴力犯罪、严重影响群众安全感的多发性侵财犯罪、毒品犯罪保持高压态势。加快办案节奏，提高办案效率，坚持重点督办、提前介入、引导侦查，严把事实关、证据关、程序关和适用法律关，确保办案质量。2008年，提前介入案件33件100人，受理各类提请批准逮捕案件476件798人，经审查办结案件487件818人，其中批准逮捕467件768人，批捕率为93.9%；共受理各类移送审查起诉案件521件886人，经审查办结案件501件831人，其中向法院提起公诉499件825人，起诉率为99.6%。2009年共受理各类提请批准逮捕案件476件670人，经审查办结案件478件673人，其中批准逮捕445件614人，批捕率为91.3%；共受理各类移送审查起诉案件461件672人，经审查办结案件437件642人，其中向法院提起公诉428件632人，起诉率为97.94%。

【职务犯罪预防】　贯彻标本兼治、综合治理、惩防并举、注重预防的反腐倡廉战略方针，结合办案形成检察建议推动有关单位、行业建立内控机制。关注热点问题，配合有关部门开展专项预防和系统预防。前移预防关口，主动参与梁开公路、潭江桥改建等大型建设项目招投标活动的职务犯罪预防工作，在建设工程的发包、承包、设计、监理等方面提出预防措施。每年春节前联合市纪委、市预委会向全市党员干部包括农村干部发放预防职务犯罪警示卡。2009年，加强廉政教育，市检察院联合市纪委、预委会、组织部、宣传部、团市委等部门在青年干部中开展廉洁宣誓签名活动、廉政警句电脑设计比赛、警示教育、案例教育等一系列活动。

【维稳工作】　市检察院坚持检察长接访日制度，

严格落实首办责任制，积极开展矛盾纠纷排查调处活动和涉法涉诉等专项治理工作，热情办理群众来信来访，依法探索在办案环节预防申诉上访，全力维护群众利益和社会稳定，2000年以来一直保持“零重复上访、零越级上访、零上访老户”纪录。2008年，为做好奥运会、残奥会安全稳定工作，对越级进京上访人员进行排查摸底，引导其通过法律途径解决问题。2009年，与市人大常委会、纪委、政法委、法院、信访局等单位签订了民商事和行政审判、执行案件多头申诉、上访问题联席会议纪要，初步完善了涉法涉诉信访案的调处机制。做好新中国成立60周年，及涉嫌少数民族犯罪等维稳工作。启动维护社会稳定工作专报机制，严格排查敏感案件和越级集体上访等不稳定因素，落实跟踪工作和上访群众的释法析理工作，做到“小事不出村、大事不出镇”。

【队伍建设】　2008年，组织干警学习讨论党的十七大和十七届三中、四中全会报告精神，开展学习实践科学发展观活动、纪律教育学习月活动、“作风建设年”活动等，着力解决与检察工作要求不相符合的问题，进一步端正执法思想，改进执法作风，树立良好的执法形象。举行了以“全面推进阳光检务，携手共建和谐开平”为主题的“检察开放日”启动仪式。“5·12”四川汶川地震发生后，全院干警为灾区捐款共达7万多元，其中特殊党费2.17万元。是年，市检察院被评为“广东省文明单位”、“江门市文明单位”、“开平市固本强基创新成果奖”。2009年，推行“廉政监督卡”，进一步扩大监督面。对有经济联系的单位发送“廉政监督卡”，自觉接受社会和群众的监督，同时继续加强八小时以外检察队伍的监督管理。是年，在人民群众对开展学习实践活动的情况及取得的实效进行满意度测评中，市检察院满意率达100%，被市委、市政府评为机关作风建设先进集体。

（王洪平）

附：市人民检察院领导班子名录

检 察 长：罗锦达（～2008.11）
卢树图（2009.03～）

副检察长：麦喜权（～2009.11）　徐宏康
梁咏红（女）　伦杰文（2009.12～）

党组副书记：罗立明（2009.11～）

党组成员：吕诗耀　张兆存（2009.12～）

公　安

【简况】　2008—2009年，市公安机关围绕“建为民公安、保开平平安”目标任务，开展救灾、赈灾“平安奥运”、公安机关“三基”工程和国庆60周年安保等中心工作，着力加强队伍建设，全面推进综合治理，较好地完成了各项工作任务。刑事案件下降，破案率有所上升，治安案件查处率大幅提高，道路交通、消防等事故明显下降，社会治安局势平稳，为全市经济和社会发展创造了稳定和谐的治安环境。2008年7月，根据开平市编委〔2008〕35号通知的精神，公安局职能配置、内设机构和人员编制规定，设置指挥中心和潭江派出所等36个副科级单位。

【维护社会稳定】　落实层级维稳工作责任制，强化预警机制，加强与相关部门的联系。开展对金融危机影响下企业经营状况和农村土地、山林纠纷等调查工作，及时发现和处置不稳定苗头事件119起，其中群体性事件55起。处理群众来信210件，受理63件；接访416人次；办理市长和政府热线243宗。

【110接处警与巡警】　继续完善“三台合一”（110、119、122）系统，报警服务台受理、处置各类报警电话364160起，有效报警122387起，其中涉及刑事6664起、治安3996起、交通16956起、火警869起、纠纷2808起、求助5949起。指挥调度直接破获刑事案件161起，抓获犯罪嫌疑人208名。通过巡逻预伏，破获刑事案件493起，查处治安案件847起，抓获违法犯罪嫌疑人1919人，其中刑事拘留414人。

【打击刑事犯罪】　先后实施“粤安08”、“粤安09”、打黑除恶、命案侦破、打盗抢、抓逃犯、围剿街面犯罪等专项行动，不断加大打击各类刑事犯罪活动力度。全市共立刑事案件6077起，其中破获案件3273起，抓获刑事犯罪嫌疑人6783人，其中刑事拘留2430人、批准逮捕1392人。

【打击经济犯罪】　认真履行公安机关打击各类

经济犯罪职能，维护市场经济管理秩序。协调工商、税务、药监、烟草等部门，建立健全打假协作机制，严厉打击侵害人民群众切身利益、涉案金额巨大、社会影响恶劣的经济犯罪及其他系列性、多发性经济犯罪。受理经济案件65起，其中立案48起、涉案金额2565万元，破获案件35宗，破案率72.9%，抓获各类违法犯罪嫌疑人38人，挽回经济损失折合人民币1181万元。与工商、税务、药监、烟草、盐业等部门联合执法行动87次，出警296人次。

【禁毒工作】 以实施《禁毒法》为契机，巩固禁毒成果，强化易制毒化学品、公共娱乐场所、重点地区和部位涉毒问题的管理与整治，严厉打击走私、利用物流业和人体非法贩运以及加工、制造新型毒品犯罪，切断制贩毒渠道，建立禁毒工作“大情报”系统，提高发现毒品犯罪能力。破获各种毒品案件177起，抓获贩毒犯罪嫌疑人206人、吸毒人员1624人，强制戒毒人员1073人，缴获毒品海洛因755克、冰毒121克、K粉1045克、麻古10128粒、其他毒品746克。

【治安管理】 全面推进治安管理工作的规范化、信息化、法制化建设，开展打击非法传销、涉黄、“六合彩“和网络赌博活动，集中整治爆炸物品、枪支弹药、管制刀具和校园周边治安秩序等专项行动。受理治安案件9287起，其中查处9233起，查处率99.4%；抓获各类违法犯罪人员13953人次、治安处罚12602人次，其中赌博案件2740起8508人；查处收缴非法枪支19支；收缴非法音像制品65130张、非法出版物66560册。受理审批各类户口资料29890份，办理第二代身份证45876张，办理暂住证144592张。

【警卫和安保】 认真组织“平安奥运”和“创平安、迎国庆”等专项行动，建立健全反恐、处置突发事件应急预案，圆满完成18次较大的警卫任务，以及开平市第十届运动会、开平市庆祝新中国成立60周年、中国（水口）卫浴展、开平牛仔服装节等大型文体活动56场保卫任务。

【消防管理】 加强消防基础建设，投入110万元购买一台消防车和抢险救援装备。在全市范围内大力开展消防安全大检查和消防专项整治行动，狠抓防火监督和灭火救援工作，有效遏制了重、特大火灾事故的发生。共接火警922起，发生火灾事故21宗，直接经济损失49.7万元，没有发生致人死伤的火灾事故。

【道路交通管理】 强化交通安全教育，狠抓交通事故预防工作，以“降事故、保安全、严管理、保畅通”为中心，推进“平安畅通县区”创建活动，持续开展各项交通秩序专项整治行动。全市发生道路交通事故7854宗，其中立案819宗、受伤997人、死亡151人、经济损失265万元。办理新车注册登记37890辆，其中小汽车6109辆；办理机动车年审203356辆，办理驾驶证52950个。

【出入境管理】 继续推进创建全国文明窗口活动，提高管理与服务水平。完善协调机制，严厉打击非法入境、非法居留、非法就业等外国人违法犯罪活动，加大出入境违法违规案件的查处。2008年，市公安局出入境办证窗口审批签发中国公民因私出国护照19813个、港澳通行证239902个、台湾通行证2556个，被评为“全国公安机关出入境管理部门文明窗口”。

【公共信息网络安全监察】 进一步推进互联网公开管理和安全监察网络工程建设，督促互联网服务单位落实安全管理制度。全市现有经营性上网服务场所44家、非经营性上网服务场所30家、专线用户276家，均落实安全技术措施，并已联网。强化网络安全教育活动，54个重点网络设置报警岗亭和“虚拟警察”。接报警信息138条，并全部查处，协助破案12起，抓获违法犯罪嫌疑人14人，检验违法嫌疑人电脑141台。

【公安法制】 积极应对人民群众对社会平安、公平正义、公共服务的新期待、新要求，努力提高民警执法水平和案件审核质量与效率。开展执法质量考评工作，经上级法制部门的考核，连续3年保持良好成绩。共审理案件9517宗，其中刑事案件5614宗、劳教案件345宗。

【公安监管】 开展“迎奥运、防事故、保安全、促破案”和“春雷”监所安全隐患整治专项行动，狠抓等级化管理、深挖犯罪，努力实现全年无事故目标。收押各类违法犯罪人员1956人，深挖犯罪线索173条，破获案件88宗。

【公安队伍建设】 组织深入学习实践科学发展观和机关作风建设等教育活动，抓好岗位练兵和业务培训，积极推进机构设置改革，内设机构由原来的17个减编为12个，办理副科级和股级干部职务任免112人次。举办培训班10期，受训民警292人。加大公安宣传力度，坚持在开平电视台办好《开平警讯》和《交警视窗》栏目，每年36期。先后有7个单位和23名民警被评为省、部级先进，有1个单位和1名民警立二等功，24个单位和 122名民警立三等功。开展各类警务督察行动51次，出动警力236人次，现场处置11件，提出督察建议12条，受理群众投诉举报190起，并已全部查处。

【公安“三基”工程建设】 2008年是公安机关“三基”工程建设的验收年。全市公安机关强力推进，深化落实，取得较好成绩，局机关和全市21个派出所均达标。两年来，先后从机关、部门调配117名民警充实基层派出所，派出所警力占总警力的40.5%，达到公安部规定的比例。投资2700万元用于派出所、交警中队硬件建设和办公楼改建以及外观统一标识；投资870万完成治安视频监控系统一期工程；机构改革按照广东省公安厅规定的“9+3”模式设置；刑事技术室达到全国一级标准；在江门市率先实现 110、119、122“三台合一”。市公安局被省公安厅评为全省公安“三基”工程建设先进集体。

【打击拐卖儿童专项行动】 2008年7月，开平市长沙、三埠街道和水口镇陆续有6名儿童失踪，在社会上造成了负面影响。案发后，公安局迅速开展侦查、布控工作，掌握犯罪嫌疑人的基本特征、活动规律、作案手段等，并将有关信息传递给相关部门，在周边县市进行查缉布控。2009年2月11日，在上级公安机关业务部门的大力支持和恩平市公安局的协助下，经过缜密侦查，循线追踪，抓获犯罪嫌疑人薛炳慧等9人，成功打掉一个拐卖儿童团伙，破获拐卖儿童系列案11宗。为了尽快解救被拐卖儿童，专案组民警日夜兼程，辗转于广东、广西和福建3省区7县市，行程9000多公里，解救出被拐卖儿童7名。

【救灾赈灾】 “5·12”汶川特大地震发生后，开平市公安机关发扬“一方有难、八方支援”的精神，开展以“送温暖、献爱心”为主题的捐款赠衣活动和交纳特殊党费等，全体民警、消防官兵、辅警、职工和临工共捐款34.3万元、警用大衣（全新）等35件。同时，抽调10名民警和保安人员派驻广东省重大援建项目之一的汶川县第一中学工地执行安全保卫工作。2009年6月6日，赤水镇连降大暴雨，雨量达410毫米，赤水墟水位升至2米，大部分街道被淹。公安局接到紧急救援电话后，派出民警30人赶赴现场，迅速帮助危房户转移90多人，协助滞留在赤水圩口的学生和群众30多人安全接送回家。

【开平公安改革开放30年回顾】 党的十一届三中全会以来，随着全党工作重点的转移，公安机关着力做好保卫社会主义现代化建设和加强民主法制建设。市公安局认真贯彻中央〔1979〕5号文件精神，抓好对四类分子摘帽、地富子女定成分和平反冤假错案等工作。1981年，社会主义经济建设飞跃发展，公安工作以服从、服务于经济建设大局为指导思想，在继续拨乱反正的同时，集中力量整顿社会治安秩序，打击境内外敌对势力的破坏活动，严惩聚众斗殴、打砸抢流氓分子。为了适应公安工作的需要，将全县16个公社公安办公室改称派出所，成立开平县公安局三埠分局，并相应增设内部机构，同时吸收90多名民警，进一步加强公安保卫力量。

1983年8月，中共中央决定开展一场为期3年的严厉打击刑事犯罪的战役。在县委领导下，公安机关严格执行“从重从快，坚决打击，一网打尽”的方针，以打总体战的战术，集中警力、发动群众，严惩严重危害社会治安的犯罪分子。至 1986 年 12 月，抓获各种违法犯罪分子 3744人，破获刑事案件2463宗。在“严打”的同时，全面落实社会治安综合治理的各项措施，大力推进农村治安承包责任制和机关、企事业单位安全保卫责任制，大型林场、水库、企事业和银行成立派出所或经济民警队，实行巡逻、设卡、值守和联防，构建多形式、多层次、多渠道的安全防范网络。同时，做好居民身份证和流动人口暂住证的颁发工作。

1986－1988 年，遵照中共中央有关指示精神，坚持打击、预防、管理、建设相结合原则，开展打击盗窃自行车、制作传播淫秽物品和卖淫嫖娼专项活动。1989—1991 年，根据上级公安机关的有关指示精神，开展打击制贩吸毒品、拐卖妇女儿童、赌博、利用封建迷信骗财害人和带黑社会性质的犯罪团伙以及车匪路霸等专项斗争，成功破获“东北虎”特大车匪路霸案件。同时，针对严重影响社会治安秩序的流窜犯罪活动的特点，加强外来人口及出租屋管理，狠狠打击流窜犯罪活动。

1993 年，开平撤县设市，开平县公安局改称为开平市公安局，内设机构相应调整，先后成立刑事警察大队、巡逻警察大队、刑事警察二大队、长沙分局、沙冈分局、林业分局、报警中心、收审所和戒毒所以及中山、楼冈、寺前派出所等。1996 年，持续开展打击盗窃机动车、打黑除恶等刑事犯罪专项斗争。同时，以整顿治安问题为突破口，积极开展扫除“黄、赌、毒”等社会丑恶现象。

1997－1999 年，紧紧围绕党的“十五大”召开、香港和澳门回归以及新中国成立五十周年庆典等四件大事，以维护政治稳定为中心，实施“严打、严防、严管、严治”并举的措施，预防和处置各类群体性事件，积极化解人民内部矛盾，消除不稳定因素。

2000 年以来，紧紧围绕改革、发展、稳定这个中心，贯彻执行公安部“五条禁令”，积极实施“严打整治行动”和“禁毒工程”，破获广东省最大冰毒案，抓获廖植等 8 名犯罪嫌疑人，缴获冰毒 729.9 千克。全面实施抓基层、打基础、苦练基本功的“三基”工程建设。新建 110 指挥中心、交警办公大楼和特警训练基地。

2008 年 7 月，启动市县级公安机关机构设置“9+3”模式，公安局内设 12 个室队和下设 21 个派出所，均为副科级单位。　（李志雄）

附：市公安局领导班子名录：

局　　长：范金棠

政　　委：陈百浓

纪委书记：胡敏湛（～2008. 11）

副 局 长：吴年进　吴艺平

黄国富（～2008. 11）

黄惠能（2008. 11～）

梁全广（～2008. 11）

司　　法

【简况】　开平市司法局成立于 1981 年 2 月 12 日，内设政工办、办公室、基层工作管理股、法制宣传教育股、法律援助处、公证律师管理股 6 个科室。直接管理公证处、公职律师事务所 2 个事业单位，与镇区共同管理 15 个基层司法所。主要职能为普法宣传教育、基层司法行政、人民调解、安置帮教、社区矫正、基层法律服务、法律援助、公证律师管理、公职律师、公证业务等。

【公证工作】　两年来，开平市公证处结合行政效能建设活动的开展，推行首问责任制、限时办结制等六项制度，提高办事效率和服务质量。改进公证资料核查方式，由公证员下乡核查改为委托各镇（街）司法所对其辖区内的公证业务进行核查，节约办案成本，缩短出证时间。2008 年共办理公证事务 10649 件，其中涉外民事类公证 8566 件，比上年减少 2223 件。2009 年，公证处不断大力开拓公证领域，公证业务量较去年有所增加。全年共办结各类公证 12833 件，其中国内民事公证 1359 件，涉外公证 10318 件，涉港澳台公证 1156 件。

【普法宣传工作】　2008－2009 年，加强领导干部学法用法工作，坚持和完善干部每年一次学法考试制度，全市 120 多个单位共 8230 名干部、职工参加学法考试。组织协调全市各中小学后进生到江门监狱接受教育，由干警作法制报告，让犯人现身说法；兼职法制副校长进校园讲法。开展送法下乡和法律进社区活动，举办各类型的法制教育课 70 场，学法人数达 61500 人次。配合各镇（办事处），做好村、社区两委换届选举法制宣传工作，共发放宣传海报 3500 张，宣传小册子 6500 份，出宣传栏 3 期，发送手机短信 5 次，受教育人数 22000 人次。在“3 · 15”、“12 · 4”等专题活动日，举办一系列法制宣传活动，宣传相关法律法规。在江门地区首创利用数字政府信息平台开设“每周一法”的手机短信普法方式，发送普法短信98期，受教育人数39.20万人次。开展以“提高农民法律素质，促进农村改革发展”为主题的宣传活动，共发放宣传海报3500张，宣传小册子4500份，悬挂宣传横额11条，提供礼品共3800元，发送手机短信22000多人次。普法新闻报道24次，在报（月）刊刊登文章52篇，播放法制电影4场，观影人员1850人次。开展法治开平与创建民主法治村（居）工作，至2009年末，全市有“全国民主法治示范村（居）”1个，省级民主法治示范村4个。

【法律援助工作】 2008－2009年，健全市、镇两级法律援助网络，15个司法所成立法律援助工作站，拓宽援助案件受理渠道。制作法律援助“便民卡” 3500张，派发给全市低保户，为困难家庭开通无障碍法律援助通道。与法院联合制定《开平市人民法院、开平市司法局关于民事诉讼司法救助和法律援助工作的具体规定》，规范法援案件的诉讼费减免以及司法救助程序。创新引入调解机制，按照“调解优先、调援结合”原则解决纠纷，调解成功率达90%以上。建立健全的值班制度、案件讨论制度、定期会议制度、档案管理制度、案件审批制度等，以制度建设推进队伍建设。与市总工会联合成立开平市职工法律维权中心，由律师轮流值班，为职工解答法律问题。每周三安排法律工作者到开平市妇女儿童法律维权中心值班，为妇女儿童等弱势群体排忧解难。两年来共办理法律援助案件218宗，其中承办民事法律援助案件145件，代理两级法院指定的刑事辩护案73件。接待当事人咨询1789人次，电话来访3136次，代写法律文书560份。

【律师工作】 完善律师代理重大、敏感案件备案报告制度，对律师代理涉及重大、敏感案件提出具体要求和指导意见。加强实习律师、律师和律师事务所的管理，开展经常性的执业监督检查活动，注重投诉查处工作，规范法律服务市场秩序。公职律师服务政府部门依法行政的作用日益凸显，承办中银（香港）有限公司诉开平市人民政府借款合同纠纷案、广西藤县货船撞桥案等社会影响较大的案件，挽回各种经济损失5百多万元。配合市政府成功调解多宗群体性突发事件，维护社会的和谐稳定。2009年，成立江门市维护社会稳定律师团开平分团，一年以来共承办维稳案件15宗。开展法律服务与法律援助工作，为构建和谐社会服务。两年来律师事务所担任常年律师法律顾问285家，办理各类案件801宗。至2009年末，全市有合伙制律师事务所5家，公职律师事务所1家，律师24人，律师助理14人。

【基层司法工作】 两年来，全市建成13个司法所，改造2个城区司法所，办公用房面积达3580平方米，电脑配备率100%，2008年被省厅确定为全省司法所办公用房建设验收样板单位。2008年，省司法厅向开平市基层司法所赠送15台专用摩托车，改善市司法所硬件设施。2009年，以基层司法所为基础，全市15个镇建立了综治信访维稳中心，全力维护市镇社会稳定。2009年11月启动“人民调解进法庭”工作，把人民调解室搬进法院，将诉讼调解和人民调解无缝对接，至年末成功调解婚姻家庭纠纷等案件15件。积极开展人民调解进企业活动，在广东彼迪药业有限公司、开平市信迪整染厂有限公司成立人民调解委员会，实现了人民调解进企业零的突破。两年来，司法所和人民调解组织共调解各种矛盾纠纷3252宗，成为维护社会稳定的“第一道防线”。全市基层法律服务所办理诉讼代理案件195宗，办理非诉讼代理案件40宗，担任常年法律顾问27家，办理见证1120宗，协办公证720宗。

安置帮教工作稳步开展。基本形成三级帮教组织网络，落实帮教措施。建立安置帮教人员档案，做好安置帮教人员回归衔接工作，减少发生脱管漏管现象。积极推动刑释解教人员就业和社会保障工作，加强与企业联系，拓宽安置帮教渠道。两年来。共接收刑释解教人员454人，其中刑满释放232人，解除劳教193人，吸毒29人，安置帮教率两年均保持100%。

社区矫正工作日趋规范。完善档案管理制度，专人负责制度，请销假制度，报到制度，定期学习和劳动制度，规范社区矫正工作。开发社区矫正试点工作软件，实行网络化管理，2009年该软件在江门各市区司法局、镇（街）司法所启用。社区矫正试点工作开展顺利，获得省司法厅、江门市司法局和市社区矫正试点工作领导小组的一致好评。2008年省司法厅邀请我局分管基层工作的领导到省社区矫正试点工作会议上介绍开平市开展社区矫正试点工作的成功经验。2008年，全市社区服刑在册人员221人，其中缓刑150人，假释11人，监外执行4人，剥夺政治权利56人，期满解除矫正82人。2009年在册人员194人，其中缓刑134人，假释13人，暂予监外执行3人，剥夺政治权利44人，期满解除矫正126人。

【队伍建设】 开平市司法局以党的十七大精神为指导，围绕学习实践科学发展观，通过育人、用人、管人，走“内强素质、外树形象”之路。一是增加了6名政治素质过硬、法律知识扎实的优秀大学毕业生，其中3人通过了国家司法考试。二是重视对人才的培养和选拔，两年来共提拔科级干部4人、股级干部5人，推进领导干部年轻化进程。三是加强制度建设，实行用制度管人，推行政务公示制、挂牌上岗制、服务承诺制、首问责任制、一次性告知制、限时办结制，按照“更快更优”的要求修改服务承诺书，进一步完善首办（首问）责任制和否办、退件把关制，队伍业务能力和服务水平明显提高。四是采取多样化的教育学习形式，加强理论学习与岗位培训，抓好队伍的思想、组织、纪律、作风建设，2008－2009年共开展人员培训292人次，其中初任培训3人次，专门业务培训28人次，在职岗位培训261人次。两年来，全市司法部门和工作人员在维护社会和谐稳定、促进经济发展等方面发挥了积极的作用，涌现出一大批先进单位和先进个人。其中，获评为江门市司法系统集体三等功2个，江门市人民调解工作先进集体8个，开平市申遗工作集体嘉奖1次；省“五五”普法中期先进个人1人，省年轻干部到农村任职锻炼先进个人1人，省年轻干部到农村任职锻炼征文优秀奖1人，江门市司法系统个人三等功3人，江门市干部下基层征文二等奖1人，江门市未成年人思想道德建设工作先进个人1人，江门市司法系统先进信息工作者1人，江门市人民调解先进个人7人。

附表：

2009年开平市律师事务所一览表

单位名称	地　址	成立时间	律师人数
开平市公职律师事务所	开平市长沙东郊新村25幢	2003年6月	1人
风采新纪元律师事务所	开平市长沙沿江东路93号8幢银庭花园	1997年5月	6人
星辉律师事务所	开平市长沙东路26号	2000年4月	3人
潭江律师事务所	开平市长沙虹桥路49号二楼	2001年3月	6人
维盛律师事务所	开平市长沙凤阳路1号101铺	2007年4月	4人
泉胜律师事务所	开平市水口镇大福东路95号	2008年8月	3人

（梁艳洁　周燕娜）

附：市司法局领导班子名录

党组书记：梁天荣

党组成员：梁浩林　郑启荣（～2009.11.18）
付　雷　区翠燕（女）

局　　长：梁天荣

副 局 长：梁浩林　郑启荣（～2009.12.14）
付　雷

纪检组长：区翠燕（女）

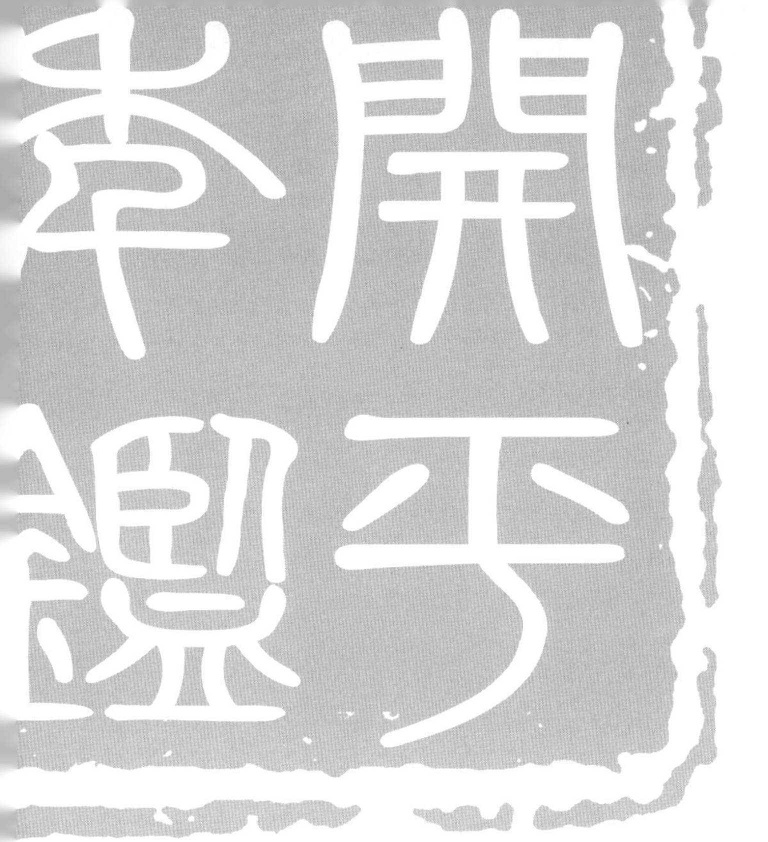

创刊号

（2008-2009）

KAIPING NIAN JIAN

经济

综合经济管理

计划管理

【编制规划】　2008－2009年，编制《2008年开平市国民经济和社会发展计划》、《2009年开平市国民经济和社会发展计划》，经市人大会议审议后分解下达基层组织实施。拟定《大力推进产业优化升级发展现代产业体系的意见》，完成市主体功能区规划编制前期工作和市“十一五”规划实施情况中期评估工作。

【国民经济和社会发展计划执行情况】　2008年，全市生产总值164.37亿元，同比（下同）增长10.10%，人均生产总值24872元。三大产业增加值的比重为10.4 . 51.3 : 38.3；规模以上工业总产值272亿元，比上年增长13.21%；农业总产值33.19亿元，增长2.22%，实现社会消费品零售总额78.52亿元，增长18.19%；旅游总收入15.1亿元，增长37.02%。地方财政一般预算收入8.19亿元，增长14.01%。全市金融机构存款余额240.06亿元，增长14.95%，其中城乡居民储蓄存款余额188.03亿元，增长18.44%；城镇居民人均可支配收入1.3万元，增长9.00 %；农村人均纯收入6013元，增长6.03%。

2009年，全市生产总值168.13亿元，同比增长9.28%，人均生产总值26114元；三大产业增加值的比重为 10.98 : 47.04 : 41.98；规模以上工业总产值277.25亿元，增长10.17%；农业总产值33.63亿元，增长7.39%；实现社会消费品零售总额92.3亿元，增长17.56%；实际利用外资1.46亿美元，增长9.94%；旅游总收入17.53亿元，增长16.02%。地方财政一般预算收入9.2亿元，增长12.28%，全市金融机构存款余额268.45亿元，增长11.83%，其中城乡居民储蓄存款余额205.25亿元，增长9.16%；城镇职工人均工资19020元，增长9.2 %；农村人均纯收入6562元，增长9.37%。

【固定资产投资管理】　2008年，全市固定资产投资总额48.09亿元，比上年增长13.05%。其中：基本建设完成16.75亿元，增长17.02%；更新改造完成投资10.15亿元，增长23.85%；房地产完成投资4亿元，减少6.49%；其他项目完成投资14.19亿元，增长10.09%。全年实现外商直接投资1.28亿美元，增长11.45%。实现利用民资9.66亿元，增长11.64%。

2009年，全市固定资产完成投资总额58.29亿元，比上年增长20.34%。其中：基本建设完成投资29.78亿元，增长77.82%；更新改造完成投资12.81亿元，增长26.13%；房地产完成投资5.25亿元，增长20.49%；其他项目完成投资7.23亿元，减少49.05%。全年实现外商直接投资1.44亿美元，增长12.52%，实现利用民资11.3亿元，增长16.85%。

【重点建设项目安排】　2008年，全市列入重点协调项目23个，包括交通、市政、房地产、工业等10个大类，其中翠山湖产业转移工业园通过省政府审批享受产业转移政策。全年新上和续建技改项目累计完成投资10.15亿元，增长23.85%。

2009年，全市争取到中央、省投资项目25项，获得资金支持5992万元。16个项目列入江门市重点项目。本市重点项目74项，包括交通、市政、房地产、工业等13个大类，其中新增中央投资项目总投资 6609 万元，列入江门市重点建设项目总投资额 37.91 亿元，本市重点项目总投资额 78.6 亿元。

【经济体制改革】 两年来，认真抓好全市 354 家规模以上企业动员潜力的调查登记和数据调整工作。完成本市经济动员综合及物资保障等经济动员预案编制前的基础情况及数据调查和城区防空袭物资装备保障方案的基础情况调查及方案编制工作。

【专题调研】 坚持每季度到各镇和市直部门对全市国民经济和社会发展计划执行情况进行调查研究，并向市人大和政府作经济运行情况报告。根据各时期经济运行中出现的新情况、新问题，组织参与全市各项专项调研工作，为市委、市政府科学决策提供依据和参考。2008 年完成上级发改部门布置的专项调查资料 31 项，市专项调查资料 14 项。2009 年完成 19 项专项调研报告。

（吴远志）

附：市发改局领导班子名录

局　长： 陈武华

副局长： 张振驹

张瑞球

国土资源管理

【简况】 开平市国土资源局是负责全市国土资源管理和监督工作的行政职能部门，依法履行国有土地使用权划拨、出让、转让、出租、抵押，土地利用规划管理、建设用地管理、土地权属管理、土地市场管理、矿产资源管理以及国土资源执法监察等职责。2008－2009 年，围绕市委、市政府的中心工作，坚持以科学发展观为指导，按照“积极主动服务，严格规范管理”的总体要求，切实履行职责，圆满完成上级下达的目标任务，为促进开平经济社会和谐发展作出积极贡献。

【土地规划】 全力抓好本市 2006－2020 年土地利用总体规划修编工作。2008－2009 年，先后完成公开招标、实地调研、资料收集、规划大纲（征求意见稿）的编写、召开全市规划修编领导小组研究讨论会，广泛征求各部门单位和社会各界的意见建议等系列工作，规划大纲（送审稿）通过市政府十四届第 26 次常务会议审核。2009 年 3 月，本市土地利用总体规划大纲经省厅审核通过，是全省第一个获得审批的县级市。同年 5 月，石榴塘农场土地利用总体规划也得到省厅审批，并由江门市批准实施。全市镇级土地利用总体规划修编于 2009 年 7 月全面铺开。

【建设用地】 两年来，规范建设用地报批和供应工作，全力保障用地需求，促进全市经济又好又快发展。（1）抓好建设用地转征用报批工作，突出重点，全力配合翠山湖新区成功获得省政府批准为省级产业转移园，保障园区签约项目的用地需求，确保我市经济持续发展。（2）严格落实经营性用地和工业用地公开出让制度，共供地 75.87809 公顷，其中通过公开“招标、拍卖、挂牌”方式出让 65.35613 公顷。

【耕地保护与农地开发】 加大耕地保护力度，以市府办名义印发《开平市耕地保护责任目标履行情况考核实施方案》（开府办〔2009〕54 号），明确对各镇（街）耕地保有量、基本农田保护面积、耕地占补平衡、基本农田占用补划等情况进行全面考核，作为领导干部的年度考核、升留降免、奖惩等提供依据，从而更加有效地对耕地进行保护，全面开展园地山坡地开发工作，完成《开平市园地山坡地开发专项规划（2008－2020 年）》的制定并付诸实施，以市政府名义出台《开平市利用园地山坡地补充耕地工作方案》（开府办〔2009〕63 号），与市财政局联合制定《开平市利用园地山坡地补充耕地项目新增耕地指标收购及奖励资金管理暂行办法》。2009 年全市园地山坡地开发任务为 300 公顷，实际开发项目 16 个，共新增耕地面积 395 公顷。

【地籍管理】 贯彻落实《土地管理法》和《土地登记办法》，加强土地登记和地籍管理规范化建设。（1）两年间全市发出土地使用证 14614 宗，其中国有土地使用权发证 11742 宗，集体土地使用权发证 2872 宗。（2）开展全国第二次土地调查工作，顺利完成全市 1657 平方公里土地利用现状调查，农村土地调查数据库1个和1：1万土地利用现状图92幅；施测一、二级GPS点测量223个（其中二级GPS点80个），完成15个镇（街）土地权属调查21121宗，1:500数字化地形图测量16.46平方公里，地籍调查41.04平方公里，地形地籍一体化空间数据库1个，成果合格率100%，达到项目的预期目标。（3）抓好地籍档案规范化管理工作，实现由过去地籍档案以年份管理的方式向以宗地为单位管理的方式的转变。

【测绘管理】 加强测绘宣传教育工作和测绘市场统一监管，以及对测绘成果保密工作的检查监督，完善保密制度，使基础测绘成果既满足经济建设需要，又维护社会安全和利益。共完成测绘业务326宗，面积698.1333公顷。

【土地执法监察】 建立土地管理长效机制，全面落实违法用地预防和查处工作，维护国土资源管理秩序。制定与实施土地管理共同责任制，于2009年初以市政府名义印发《关于建立土地管理共同责任制的意见》（开府〔2009〕5号），明确相关部门在土地管理中的职责和分工，使土地管理由国土资源部门“一家管”转变为相关职能部门“大家管”，切实加大对土地违法行为的制止和查处力度。科学规范与落实土地动态巡查工作，严厉打击和查处国土资源违法用地案件。严格实行“责任到人、定期巡查”的土地执法动态巡查工作机制，在2009年10月对各镇国土所印发《开平市国土资源动态巡查制度实施细则》，建立各镇国土所的巡查责任制和考核办法，充分调动所员土地动态巡查的积极性，坚决将违法用地行为制止在萌芽状态。两年间通过土地动态巡查共发现违法用地43宗，全部已依法查处到位。在全省第三和第四次土地卫片执法检查中，将违法用地查处整改工作作为全市经济社会发展大局的一项重要工作来抓，取得明显成效，共拆除违法用地建筑面积38910.13平方米，做到该拆除的拆除，该复耕复绿的复耕复绿，顺利通过省和江门市的检查验收。

【矿产资源管理】 制定和落实矿山企业生产责任制，与全市各矿山企业签订安全生产责任书，健全安全生产定期巡查制度，确保矿山企业健康有序发展，两年没有发生重大安全事故。严厉打击矿产资源违法行为，对采矿许可证已到期或无证开采等违法行为进行严厉打击，有效制止矿产资源违法开采行为10宗。制定并实施《开平市突发性地质灾害应急预案》和《开平市地质灾害防治方案》，在地质灾害隐患点设立安全水泥警示牌，发放地质灾害防治明白卡，以及加强定期和不定期巡查，切实加强地质灾害防治和地质环境保护工作，确保人民群众生命财产安全。

【国土宣传与行风建设】 紧紧围绕全市社会经济发展大局，大力宣传国土资源管理的方针和政策要求，切实加强民主政风行风建设。2008年，积极组织开展村级干部国土资源法律知识宣传教育培训活动，全市村（居）委会党支部书记、主任共271名参加培训。组织编写《开平市国土资源管理宣传手册》，印发至镇（街）、村委会和自然村的干部群众，以及通过电视台播放国土资源管理宣传标语等方式，大力宣传国土资源管理法律法规，营造良好的国土资源管理氛围。自2009年4月评议工作开展以来，国土资源局把评议工作与业务工作、与建章立制、与提高干部队伍素质相结合起来，成立民主评议政风行风工作领导小组，制定具体工作方案，认真抓好自查自纠、助评和整改等各个阶段的工作，取得明显成效，被评为2009年市政府政风行风满意单位。

（梁杰钊）

附：市国土资源局领导班子名录

局　长： 邓健洪

副局长： 周日亮　梁　毅

执法监察队长： 劳海源（2008.05～2009.12）

物价管理

【价格和收费管理】 2008年，加强市场价格监控。在南方雪灾期间和四川汶川大地震后，市物价部门加强市场价格巡查和监控，防止发生价格异动风潮，采取发放《告诫书》等形式，提醒广大生产者和经营者加强自律。同时按上级要求及时启动临时价格干预措施，将成品粮及粮食制品、食用植物油、猪肉及其制品、乳品、鸡蛋、瓶装液化气等居民生活必须品纳入调价备案范围，有效地维护了市场价格秩序和市场价格的基本稳定。贯彻收费管理政策，从2008年春季学期起，全面免收城镇中小学校学生“书杂费”和“课本费”，教育经费由市政府财政拨付，每年为城镇学生家长减负1900万元。9月1日起停止工商部门收取个体工商户“个体户管理费”和“市场管理费”，年减负额3200万元。2009年6月起，按政策取消和降低涉企收费39项，每年减轻企业负担369.6万元。

2008－2009年，在严格依法定程序举行听证会后，先后调整城区污水处理费和城区居民住户卫生费。城区污水处理费从2008年4月1日起由每立方米0.256元调整为0.60元，2009年1月1日起调整为0.80元。同年7月1日，水口、赤坎、苍城三个中心镇同时开征、调整污水处理费；是日始，城区居民住户卫生费标准由原来每户每月7元提高到11元。

【物价监督检查】 2008－2009年，全市共查处各类价格违法案件25宗，查处违法所得金额8.13万元，经济制裁总额8.55万元。其中：没收非法所得7.88万元，罚款0.42万元；退还用户0.25万元，上缴财政8.30万元。受理各类价格举报、咨询75件，退回多收金额0.28万元，罚款0.07万元。在物价检查监督工作中，坚持专项检查与经常性检查、重点检查与全面检查相结合的工作原则。两年间，先后开展了教育和医疗收费、农资价格和涉农收费、公路客运和旅游景点票价、成品油和液化石油气价格等13个专项检查。同时加强节日期间市场价格的监管，重点检查和监控与民生密切相关的商品价格，坚决打击各种价格违法行为。

【价格评估鉴证】 2008－2009年，共受理各类价格鉴定、价格认证和价格服务2284宗，评估鉴定价值3529万多元。其中，涉刑事案件财产价格鉴定1042宗，鉴定价值547万多元；民事案件财产价格鉴定40宗，价格鉴定价值2336万元；交通事故车物定损1202宗，鉴定价值646万多元。通过价格评估鉴证，为市司法机关、行政执法和纪检监察机关办理各类案件提供准确、有效的价格依据。

（关健文）

附：市物价局领导班子名录

局　长：周启宽（～2009.08）

副局长：张锦浓　张新源

审计工作

【审计成果】 2008—2009年，市审计局共完成审计项目58个，审计调查单位147个。其中指令性任务8项，经济责任审计37项，专项审计13项。查出违规金额1426万元，其中上交财政19万元，查出管理不规范金额55140万元，提出审计建议105条。

【财政税收审计】 两年来，对8个本级预算执行单位的财政收支情况进行审计，查出管理不规范金额7644万元，提出建议15条。其中查出财政管理方面存在部分财政周转金回收率低，本级工商税收收入及行政性收费收入未能按预算完成等问题。税收征管方面存在对房地产、建筑安装行业核定征收审批不严；缺乏有效的催缴措施，存在纳税人少缴税费等问题；部门预算执行方面存在预算执行不够严谨和资金未发挥效益等问题。针对审计发现的问题，及时提出整改意见，帮助被审计单位进一步健全完善财务管理制度，加强资金管理。

【经济责任审计】 两年来，共对36人进行经济责任审计，查出违规金额1426万元和管理不规范金额33249万元。期间，在全市推行任中审计，并把审计重点由查错纠弊转移到内部控制的测试和财务制度的管理规范上，前移监督关口，及时发现问题，帮助被审计单位整改，充分发挥审计在经济社会运行过程的预防、揭示和抵御作用。同时加强审计宣传教育，给市青年后备干部、副科级以上干部和一些部门干部授课。通过服务内审机构，宣传内审政策，指导内审工作，促进全市行政企事业单位规范内部管理。

【专项审计】 两年来，市审计部门围绕地方党委、政府的中心工作和人民群众关心的热点、难点问题，加大专项资金的审计监督力度。共审计调查了55个单位，审计总金额10.5亿元。还对社保基金的收支、管理情况进行审计，促使有关部门完善和规范社保基金征收和管理制度。2009年，对汶川地震救灾资金和物资、特殊党费、特殊团费进行跟踪审计，派人前往汶川开展灾后重建和对口援建专项审计，主要审计江门市重建资金（地方财政重建基金、社会捐赠资金、特殊党费等）投资的项目，确保项目资金规范使用和发挥最大效益。当年，又配合上级部门开展珠江水环境综合整治专项审计和政府投资保障性住房专项审计，深入多个部门和企业进行调查审计，监督有关资金落到实处，确保专款专用。

【效益审计】 两年来，通过深化效益审计，初步实现了审计工作由传统的财政财务收支审计向现代效益审计转变，更多地关注被审计单位在资金使用效益情况，为提高资金的使用效益发挥了积极作用。同时加大对政府重大投资项目的审计，在对国家扩大内需投入资金的审计中，分别对蚬冈安全饮水工程170万元，及海鸿变压器厂立体三角形卷心配电变压器项目 5600 万元财政补助资金进行跟踪监督审计，及时指出其账务的不完整性，督促其整改。到2009年底，没有发现被挤占、截留、挪用和铺张浪费等现象，资金能专款专用。

（谭晞崑）

附：市审计局领导班子名录

局 长：谭文汉

副 局 长：梁强星

傅丹秋（～2009.09）

统计工作

【统计服务】 每年发布《开平市国民经济和社会发展统计公报》，2003年开始编辑出版《21世纪开平》统计年鉴；每月收集开平市、江门各市（区）和珠三角部分地区的主要经济指标，编印《开平统计月报》；不定期编印《开平统计》，收录统计局各专业撰写的统计分析28篇，其中《开平市地方财政一般预算收入占 GDP 比重问题浅析》在2007—2008年度江门市各市、区优秀统计分析报告评选中，获得二等奖；《浅谈基层统计工作存在的问题及其对策》和《开平市2008至2009第一季度畜禽监测报告》，在2008—2009年度江门市各市、区优秀统计分析报告评选中，均获得三等奖。为加强对镇级领导班子和领导班子成员的考核，建立一套符合科学发展观评价指标体系，统计局积极协助组织部和发改局等部门，做好考核指标的设计以及考评办法的制定工作，经多次讨论修改，制定一套既符合实际，又能反映基层工作成效的方案，整个过程统计局都积极参与，发挥了参谋作用。

【统计法制建设】 行政执法实现零的突破。《中华人民共和国统计法》颁布已经20多年，但仍有个别企业统计法律意识不强，存在拒报、迟报统计报表等违法行为。统计局始终坚持以教育为主，处罚为辅的原则贯彻相关法规。2008年，统计局对拒报、迟报企业发《催报书》12份，市某织布有限公司因拒报统计报表，经多次教育、催报和查询仍无答复，决定立案处罚，经过合法的程序，对该企业给予处罚5000元，这成为市的统计工作的又一次重大突破。积极发动未持证上岗的统计人员参加从业资格考试，2008、 2009年共有49人参加培训考试。组织统计专业技术资格考试和培训14人。

【统计基础建设】 加强基层统计基础建设。2008年，经请示市政府同意在镇级设立统计办公室（简称统计办），由市府办发出通知，要求各镇统计办配备3—6人，市统计局统一制作统计办的牌子，分发到各镇。统计办的成立，进一步加强了镇级统计的地位，有效促进全市基层统计工作。2009年经市编办同意成立开平市城乡社会经济调查队，批准事业编制5人，人员全部到位，有力地加强了统计队伍的建设。

【农业普查】 2008年上半年，市统计局根据上级业务主管部门的安排，完成农业普查收尾工作。为加快农业普查后期工作，年初，在认真分析形势的基础上，确立以又好又快的指导思想来做好农业普查的后期工作。实行全局总动员，责任到人，分工协作。一是做好农业普查资料归档；二是根据农业普查资料对农业专业的数据修正；三是农业普查资料开发应用，部署农业普查业务骨干撰写农业普查分析8篇；四是第二次全国农业普查总结表彰，对在农业普查工作中作出贡献的11个先进集体和55名先进个人给予表彰和奖励，其中市农业普查办、长沙农业普查办和百合农业普查办被评为国家级先进集体，周灼烈等7人被评为国家级先进个人；月山、苍城、赤坎3个镇的农普办被评为省级先进集体，省级先进个人有15人。

【经济普查】 2008年初，成立了第二次全国经济普查领导小组和办公室，指导和协调全市的经济普查工作。各镇（街道办事处）也相应成立普查机构。10月9日，市召开第二次全国经济普查动员会。制定并实施《开平市第二次全国经济普查实施方案》。利用各种宣传媒体大造舆论，使社会各界认识、支持、配合经济普查工作。抓好小区划分和单位清查个体户普查培训，培训对象主要是各镇（街道）经济普查办的负责人和业务骨干、居委会业务骨干近120人，村（居）委会普查员共300多人；另一批组织培训行政企事业单位100多人。2009年，推进普查登记、报表审核、数据处理和资料开发等工作。经济普查资料显示，2008年年末，开平市共有从事第二、三产业的法人单位2410个，其中，企业法人单位1654个，机关、事业法人单位420个，社会团体法人单位16个，其他法人单位320个。撰写经济普查资料分析5篇。经过全体普查人员的努力，圆满完成我市第二次全国经济普查工作，得到上级普查机构的肯定和表彰。水口镇经济普查办公室被评为国家级先进集体，陈伟成等6位同志被评为国家级先进个人，市普查办、三埠普查办和月山普查办被评为省级先进集体，方健宏等6位同志被评为省级先进个人，长沙办事处经济普查办公室等7个单位被评为江门市级先进集体，欧天进等14位同志被评为江门市级先进个人。

【专项调查】 两年中，完成人口与劳动力变动抽样调查，农村收入抽样调查，禽畜监测抽样调查，限额以下批发零售贸易、住宿餐饮业抽样调查，规模以下工业抽样调查，企业景气调查，企业用工抽样调查，组织工作满意度抽样调查，群众安全感抽样调查等专项调查，做好有关资料的上报工作。

【人民生活】 2008年，城镇居民人均可支配收入1.3万元，比上年增长9%；农村居民人均收入6013元，增长6%。城乡居民储蓄存款188亿元，比年初增长18.44%；人均存款余额2.74万元，比上年增加4200元。2009年，城镇职工人均工资收入1.9万元，增长9.2%；农村居民人均纯收入6562元，增长9.37%。城乡居民储蓄存款余额205.25亿元，比去年初增长9.16%。创建省级卫生村3条，江门市卫生村2条。全面完成7宗省人大农村机电排灌议案工程。全年完成39宗农村饮水安全工程，受惠群众15万人。免费培训农村劳动力9538人，培训后就业率达72%。安置城镇劳动力就业6629人，城镇登记失业率2.38%。扩大城镇居民基本医疗保险覆盖面，参保人数达6.73万人；启动被征地农民养老保险试点工作。新型农村合作医疗保险参合率达98.9%。

附表：

开平市2008—2009年主要经济指标

指标名称	计量单位	2008年	2009年
户籍总人口	人	685075	687189
其中：男	人	342579	343300
女	人	342496	343889
其中：非农业人口	人	244858	242599
生产总值	亿元	164.37	168.13

续上表

指 标 名 称	计量单位	2008 年	2009 年
人均生产总值（按户籍人口计）	元	23993	24467
地方财政一般预算收入	亿元	8.19	9.20
地方财政一般预算支出	亿元	9.39	11.96
金融机构存款余额	亿元	240.06	268.45
城乡居民储蓄存款余额	亿元	188.03	205.25
各项贷款余额	亿元	58.93	73.76
农业总产值	亿元	33.19	33.63
粮食总产量	万吨	18.50	20.60
稻谷总产量	万吨	17.00	19.00
规模以上工业增加值	亿元	60.07	74.29
固定资产完成投资总额	亿元	48.09	58.29
商品房销售面积	万平方米	20.74	26.14
汽车拥有量	辆	36661	39909
其中：小汽车	辆	32504	35813
社会消费品零售总额	亿元	79.15	90.41
进出口总值	亿美元	15.13	12.16
其中：外贸出口总值	亿美元	11.60	9.50
进口总值	亿美元	3.54	2.67
外商直接投资	亿美元	1.28	1.45
实际利用外资	亿美元	1.33	1.46

（胡健华）

附：市统计局领导班子名录

局　长：周灼烈

副局长：邓国锋　司徒卓勋

工商行政管理

【简况】　2008、2009 年，开平市工商系统深入学习实践科学发展观，贯彻落实市委、市政府和省、市工商局的重大决策与工作部署，紧紧围绕中心工作，转变作风抓落实，切实履行工商职能，加快服务转型升级，促进全市经济社会平稳较快发展。全面实施“一个窗口许可”，实行“城区集中登记”并将企业登记注册、食品流通许可、户外广告登记等行政许可业务纳入登记注册大厅，提供“一站式”服务。推进“一支队伍办案”，以列入省工商局执法办案体制机制创新工作试点为契机，大胆改革创新，整合基层执法资源和机关执法职能，科学划分执法事权，有力促进法制化、规范化和专业化建设，提升行政执法水平。制定服务科学发展的各项工作措施，鼓励企业创新，服务农村改革。以翠山湖新区产业转移工业园区为重点，不断提高服务水平，放宽准入限制，优化投资创业环境，扶持市场主体快速发展和壮大，促进创业带动就业工作取得明显成效。至 2009 年末，全市共有内资企业 1270 家，外商投资企业 564 家，私营企业 1865 家，个体工商户 23402 户。

【工商登记注册】 进一步增强服务意识，创新服务举措，优化服务环境，提高服务水平，全力促进经济社会又好又快发展，个体私营经济发展势头良好，经济结构不断优化，全市各类市场主体实现稳步增长。至 2009 年末，全市内资企业 1270 户，其中：国有企业 156 户、注册资金 6.118858 亿元，集体企业 717 户、注册资金 10.269375 亿元，股份合作企业 56 户、注册资金 1.111511 亿元，公司 339 户、注册资金 14.530046 亿元，其他企业 2 户。私营企业 1865 户、注册资本 28.062757 亿元，个体工商户 23402 户、注册资金 4.654319 亿元。实有外商投资企业 564 户。全市新发展市场主体 3897 户，其中内资企业 94 户，外资企业 27 户，私营企业 265 户，个体工商户 3511 户，带动就业人数 8.42 万人。

【企业监督管理】 积极开展日常企业监督检查，实施网格化监管，努力转变市场监管方式和提高市场监管效能。查处取缔无照经营方面，积极发挥工商职能作用，深入贯彻落实省府办公厅《关于进一步完善查处取缔无证无照经营行为工作机制的意见》（粤府办〔2007〕8 号），依据《无照经营查处取缔办法》和《广东省查处无照经营行为条例》，共开展各类查无专项整治行动 57 次，出动执法人员 6570 人次，执法车辆 2076 台次，检查经营主体 13440 户，查处取缔无照经营 1219 户，引导规范经营户 2308 户。年检验照工作方面，2007 年度各类市场主体应检户数 26201 户，实检户数 17895 户，年检验照率为 68.29%；2008 年度应检户数 25896 户，实检户数 19472 户，年检验照率为 75.19%。其中，个体工商户应检 22029 户，实检 16487 户，验照率 74.84%；内资私营企业应检 3308 户，实检 2539 户，年检率 86.47%；外资企业应检 559 户，实检 446 户，年检率 79.78%，全市年检验照率上升 6.9%，个体工商户、私营企业逐步实施网上年检，外资企业网上年检率 100%，全市各类市场主体网上年检率稳步提高。在查处企业违反工商行政管理法律法规方面，2008－2009 年全系统共立案查处内资企业案件 168 宗，同比下降 57.14%，查处个体工商户案件 218 宗，同比下降 65.43%，外商投资企业案件 11 宗，依法吊销营业执照 2892 户，农民专业合作社无因违反登记管理条例被查处。

【市场管理】 至 2009 年末，全市登记各类集贸市场 47 个，其中大型综合批发市场 1 个，禽类专业批发市场 1 个，水产专业批发市场 1 个，其他各类肉菜市场 44 个。2008－2009 年，全市工商系统创新市场监管方式，推行商品交易市场信用分类监管，建立健全市场管理制度，督促市场开办者落实责任，推进市场监管关口前移。实施市场信用分类监管的集贸市场 42 个，其中 A 类市场 2 个、B 类市场 18 个、C 类市场 11 个、D 类市场 11 个。突出生猪、禽类、农资、粮食等重点市场监管，采取严厉措施打击销售私宰、注水、病死猪肉等肉类、制售假冒伪劣食品以及违法经营农资商品等行为；推进禽类宰杀分区制度，全力防控禽流感等疫情取得实效。加大市场、超市“限塑令”监管力度，提倡绿色环保理念，促进市场秩序稳定，总体情况向好，没有发生较大影响的市场突发事件。深入开展“红盾护农”行动，开展农资市场专项整治，打击坑农害农违法经营活动。全面应用农资监管信息化系统，倡导农资市场诚信经营氛围，全市创建 23 家江门市农资放心店。推进红盾服务维权进农村（社区）活动，维护农民群众利益，促进农民创收增收，维护农村稳定发展。全市创建红盾服务维权工作站 231 个，基本覆盖全市乡镇村（居）委会，受理农民群众投诉 50 余宗，为农民挽回直接经济损失 15 万多元。大力培育、扶持农村经纪人队伍发展，活跃农村市场，畅通农副产品供销信息，两年来共发展农村经纪人 50 余名，新发展农村专业合作社 13 家，全市农村经纪人业务量达到 1500 多万元。

【合同管理】 加强经济合同监管服务力度，全面推广《水产品养殖订购合同》、《禽畜委托养殖合同》、《土地承包经营权流转合同》等农业合同示范文本，落实农业订单合同的“最低保护价”政策。在月山、金鸡、蚬冈等镇试点实行农业合同审查备案制，加强合同规范，监督履约行为，保护农民合法权益，全力服务新农村建设。全市 6 家涉农龙头企业与农户签订订单农业合同 1300

多份，金额达1.5多亿元，有力促进农村农业发展。改革动产抵押登记办法，依法扩大抵押登记的主体资格范围，允许个体工商户、农业生产经营合作者等单位办理动产抵押，依法扩大抵押物登记范围，准许企业用成品、半成品、原材料等进行浮动抵押。两年共办理抵押登记206宗，主债权金额达32.02亿元，其中个体工商户15宗，主债权金额2116.51万元，有效的盘活企业资产，扩大企业融资渠道。推动“守合同重信用企业”公示活动改革，扩大征询意见的范围，增强社会公信力，大力倡导诚实守信的社会风尚，逐步形成良好信用观念。2008—2009年度，共公示168家“守合同重信用”企业，涉及工业生产、农产品生产加工、商业批发、房地产开发、中介服务、旅游服务、酒店服务等各个领域。

【商标管理】 认真制定落实商标发展三年规划，实施商标带动战略。着眼整体发展全局，扶持中小企业发展、培育商标，规范注册、使用商标，扩大自主创新基础。以食品、卫浴、纺织服装三大支柱产业和上规模企业为重点，及早启动、做好推荐、全力帮扶，主动指导企业争创驰名商标、著名商标，提高市场核心竞争力。至2009年末，本市争创驰名、著名商标工作成绩卓著，取得历史性突破，共有注册商标1582件，新增“平丰”、“S.W”、“圆点”、“吕鑫”、“黑凤”5件广东省著名商标，累计达到19件；新增“味事达”、“嘉士利”、“朝阳”3件全国驰名商标，实现了开平市全国驰名商标零的突破。深入开展保护注册商标专用权专项行动，打击商标侵权违法行为，全力推进商标维权，构建异地维权机制。共查处商标违法案件46宗，有力维护注册商标专用权和消费者合法权益，营造良好的市场经济秩序和投资创业环境，取得显著的工作成效和社会效益。2009年，开平市入选全国商标发展百强县，获得中华商标协会表彰；市工商局被评为全国工商行政管理系统商标工作先进集体。

【广告管理】 继续深入开展虚假违法广告整治工作，加强医疗服务、药品、食品、保健食品和化妆品等广告监督管理，加大网上非法广告和医疗广告日常监测力度。突出户外广告日常检查监管，严格户外广告审查登记和广告经营许可，建立广告监管联席会议制度和媒体广告监测制度。加大虚假违法广告查处力度。共查处广告违法案件34宗，有效维护全市广告市场经营秩序。指导广告行业协会开展工作，引导广告经营户合法诚信经营，规范广告经营，打击违法广告，促进全市广告行业加快健康发展。据统计，全市共有广告经营单位93家，广告从业人员458人，广告经营额5126万元，登记发布户外广告762件。

【经济检查】 坚持以维护公平竞争的市场环境和创造安全健康消费环境为目的，深入整顿和规范市场经济秩序，重点突出食品安全和商品质量监管。多次组织开展查处三聚氰胺“问题奶粉”、打击假冒伪劣、走私贩私和打击传销、扫黄打非等专项检查行动。加大反不正当竞争执法力度，查处商业贿赂、虚假宣传等违法行为，促进市场经济秩序和营商环境有进一步好转。两年来，共查处各类经济违法违章案件1566宗，案值14458.5万元。查处假冒伪劣主要商品物资有：化肥71750公斤，农药138公斤，食品1082公斤，酒类1454瓶，服装619件，化妆品100瓶，计算机186台，侵权商标标识2.4万套。切实履行流通环节商品质量和食品安全监管职责，加大流通环节商品质量监测和食品安全监管力度，组织开展流通环节各类商品、食品抽样检测257批次，共查处制售假冒伪劣食品案件83件，案值50.52万元。责令退市下架、查缴销毁假冒伪劣食品1.24吨。继续保持打击传销高压态势，深入开展打击传销统一行动，检查各类场所985间次，取缔传销窝点103个，公安部门刑事拘留42人，法院判刑传销头目39人，教育遣散传销分子355人次，发放宣传资料1.5万多份，群众赠送锦旗2面。全市共创建“无传销社区”248个，有组织、成规模、公开化的传销活动得到有效遏制。

【保护消费者合法权益】 建立健全“12315”消费维权网络和消费维权工作机制，加强“一会两站”建设，大力推进“12315”进商场、进超市、进市场、进企业、进学校，形成覆盖城乡的消费维权网络。全市共设立“12315”消费投诉现场处理工作站42个，有效维护广大消费者和经营者的合法权益。市消委会紧扣“消费与责任”、“消费与发展”年主题，联合多个职能部门举办“3·15”

国际消费者权益日宣传咨询活动，加大宣传和指导力度，进一步提高消费者的自我保护意识，引导消费者科学消费，促进企业改进服务态度，提高服务质量。市消委会共接受消费者来电、来访咨询1.79万人次，受理消费者投诉651宗，为消费者挽回经济损失88.8万元，收到消费者赠送锦旗2面，感谢信3封。2009年，潭江、蚬冈、龙胜3个投诉站被江门市消委会评为“2008年度消费维权先进单位”。

【队伍建设】 全市工商系统坚持以科学发展观为统领，按照市委市政府和上级工商部门的工作部署，强化“三大理念”，扎实推进“基层规范化建设”，全面加强队伍建设。一是强化队伍学习培训，提高队伍能力素质。以“六精”（精监管、精办案、精服务、精维权、精协调、精电脑）、“六善”（善调查研究、善出谋划策、善撰写公文、善组织统筹、善指导落实、善执行创新）为目标，通过开展学法考试、全员培训、业务岗位大练兵等活动，分类别、分层次、分专题地抓好学习培训教育。共举办各类培训47期，培训人员1452人（次），全面提升队伍素质。二是完善管理机制，提高科学管理水平。建立和完善绩效考核机制，研发绩效考核软件，实现“考核方式信息化，考核内容格式化，考核结果公开化，考核管理科学化”。自主研发的绩效考核系统获得开平市科学技术三等奖。三是加强干部管理，优化基层班子建设。先后对任职试用期满的10名副科级工商所所长和21名正股级工商所副所长进行组织考察任用，对25名提任股级干部、挂职干部进行考察任用，进一步增强基层领导班子的凝聚力和战斗力。四是落实准军事化管理，加强基层规范建设。按照省、市局的有关加强基层规范化建设的部署和要求，通过抓好学习贯彻，加强领导，周密部署，示范带动，不断完善制度，扎实推动基层规范化建设活动深入开展，确保全市系统13个工商所“分期分批、全面达标”。同时，结合实际需要，拟定、上报招录公务员计划，两年来共录取新公务员24名。

【廉政文化】 以深入开展学习实践科学发展观、政风行风评议和纪律作风建设年活动为契机，大力推进党风廉政建设，不断拓宽反腐倡廉教育领域，积极转变作风，加强源头防腐。党风廉政建设责任制进一步落实：每年，根据构建惩防体系工作要求，召开全系统党风廉政建设工作会议，部署全市系统反腐倡廉工作。制定《开平市工商系统落实党风廉政建设和反腐败工作部署分工意见》，将惩防体系建设任务进行分解，并层级组织签订责任书，使“一岗双责”责任更加明确，措施更加有力。反腐倡廉教育进一步加强：围绕深入开展实践科学发展观、纪律作风建设年和纪律教育学习月等主题活动，扎实抓好示范和警示教育，共举办专题辅导讲座6场次。打造本部门廉政文化特色品牌，通过“墙上饰廉、桌上明廉、网上传廉、台上宣廉、版上学廉和厅上展廉”六大载体，努力营造“以廉为荣、以贪为耻”的良好氛围。认真落实廉政谈话制度，全市系统共开展任前廉政谈话近50人次。监督制约力度进一步加大：强化明查暗访力度，先后组织开展专项督察检查7次，日常督察检查184次，回访经营主体和被处罚的当事人745户（人）。在全系统14个注册大厅安装电子监察视频监控设备，覆盖率达100%，共进行视频监控980次，动态监察工商业务526笔。开展基层工商所行政执法人员向监管服务对象述职述廉活动，共有13个工商所51名（次）正副所长进行述职述廉，160名（次）基层执法人员接受评议，514名（次）监管服务对象和特邀代表听取基层行政执法人员述职述廉并参加评议，有力地促进了工商队伍的廉政建设。

附表 1:

开平市驰名、著名商标名录

著名商标					
序号	注册商标	单位名称	类别	核定商品	认定时间
1	龙心	广东龙心医疗器械有限公司	5	医用针	2003 年
2	味事达	开平味事达调味品有限公司	30	酱油	2003 年
3	嘉士利	广东嘉士利食品集团有限公司	30	饼干	1998 年
4	广合	开平广合腐乳有限公司	29	腐乳	1999 年
5	海鸿升	开平海鸿变压器有限公司	9	变压器	2004 年
6	广中皇	开平广中皇食品有限公司	29	腐乳	2005 年
7	图形	开平开德利实业有限公司	24	无纺布	2005 年
8	华艺	广东华艺卫浴实业有限公司	11	水龙头	2004 年
9	红荔	广东开平铝业集团股份有限公司	6	铝合金型材	2005 年
10	久远	广东建成机械设备有限公司	6	液化气汽车槽车	2005 年
11	优赢	开平市优赢金属制品有限公司	6	脚手架	2006 年
12	HONGKEE	广东雄业卫浴有限公司	11	水龙头	2006 年
13	彼迪	广东彼迪药业有限公司	5	人用药	2007 年
14	朝阳	广东朝阳卫浴有限公司	11	水管龙头	2008 年
15	圆点	开平富琳纺织制衣有限公司	25	服装	2008 年
16	S.W	开平市三威微电机有限公司	7	分马力电机	2008 年
17	图形	开平市平丰纺织有限公司	24	纺织物、布、纺织的弹性布料	2008 年
18	黑凤	开平市合民养殖发展有限公司	31	活家禽	2009 年
19	吕鑫	开平市沙塘镇吕鑫铝材厂	6	金属板条	2009 年
驰名商标					
序号	注册商标	单位名称	类别	核定商品	认定时间
1	味事达	开平味事达调味品有限公司	30	酱油	2008 年
2	朝阳	广东朝阳卫浴有限公司	11	水管龙头	2009 年
3	嘉士利	广东嘉士利食品集团有限公司	30	饼干	2009 年

附表 2：

2008—2009 年开平市个体工商户发展情况表

行业代码	项　目	2009 年	2008 年	增减变化情况	
				绝对数	增减%
	户数（户）	23402	23093	309	1.34%
	从业人数（人）	52459	52140	319	0.61%
	资金数额（万元）	46543.19	44808.04	1735.15	3.87%
按 2009 年新行业分类（户）					
A	农林牧渔业	64	49	15	30.61%
B	采矿业	12	19	-7	-36.84%
C	制造业	3762	3473	289	8.32%
D	电力、燃气及水的生产和供应业	16	13	3	23.08%
E	建筑业	93	73	20	27.40%
F	交通运输、仓储和邮政业	72	63	9	14.29%
G	信息传输、计算机服务和软件业	124	151	-27	-17.88%
H	批发和零售业	14653	14705	-52	-0.35%
I	住宿和餐饮业	1730	1751	-21	-1.20%
J	金融业	8	9	-1	-11.11%
K	房地产业	28	13	15	115.38%
L	租赁和商务服务业	169	141	28	19.86%
M	科学研究、技术服务和地质勘查业	3	2	1	50.00%
N	水利、环境和公共设施管理业	3	2	1	50.00%
O	居民服务和其他服务业	2477	2451	26	1.06%
P	教育	9	8	1	12.50%
Q	卫生、社会保障和社会福利业	1	1	0	0.00%
R	文化、体育和娱乐业	166	162	4	2.47%
	其他行业	12	7	5	71.43%

附表 3:

2008—2009 年开平市私营企业发展情况表

行业代码	项目	2009 年	2008 年	增减变化情况	
				绝对数	增减%
	户数（户）	1865	1750	115	6.57%
	从业人数（人）	22224	21098	1126	5.34%
	注册资本（万元）	280627.6	235986.3	44641.25	18.92%
按 2009 年新行业分类（户）					
A	农林牧渔业	28	23	5	21.74%
B	采矿业	22	24	-2	-8.33%
C	制造业	944	882	62	7.03%
D	电力、燃气及水的生产和供应业	9	8	1	12.50%
E	建筑业	85	93	-8	-8.60%
F	交通运输、仓储和邮政业	41	35	6	17.14%
G	信息传输、计算机服务和软件业	54	56	-2	-3.57%
H	批发和零售业	457	426	31	7.28%
I	住宿和餐饮业	10	13	-3	-23.08%
J	金融业	3	3	0	0.00%
K	房地产业	71	53	18	33.96%
L	租赁和商务服务业	97	88	9	10.23%
M	科学研究、技术服务和地质勘查业	8	9	-1	-11.11%
N	水利、环境和公共设施管理业	5	5	0	0.00%
O	居民服务和其他服务业	26	28	-2	-7.14%
P	教育	0	0	0	0.00%
Q	卫生、社会保障和社会福利业	0	0	0	0.00%
R	文化、体育和娱乐业	4	4	0	0.00%
	其他行业	1	0	1	0.00%

附表 4：

连锁经营邓老凉茶分店情况表

企业名称	负责人/法定代表人/首席代表/经营者	地 址	企业类型	注册资本（万元）	经营范围	成立日期
三埠区邓老凉茶新昌分店	司徒周国	开平市三埠区新昌新安路 38 号 101 铺	个体户	3	凉茶零售（按“卫生许可证”经营）。	2005-04-12
长沙区邓老凉茶分店	司徒周国	开平市长沙区幕沙路 51 号第一幢 103	个体户	3	凉茶（按“卫生许可证”经营）零售。	2003-10-21
长沙区邓老凉茶幸福分店	司徒周国	开平市长沙区幸福路 23 号 107 铺	个体户	3	凉茶零售。	2005-04-08
三埠区邓老凉茶祥龙分店	司徒周国	开平市三埠区祥龙祥荻路 57 号 101 铺位	个体户	3	凉茶零售（持有效的“食品卫生许可证”经营）。	2005-04-12

（冯旭东 周凤英 陈平 石龙生 关秀琼 朱国员 甄增斌 邝健勋）

附：市工商行政管理局领导班子名录

党组书记、局　长：刘炳炼

党组成员、副局长：张永健　周卫根　冯贵庆

党组成员、主任科员：林华镇

质量技术监督

【简况】 开平市质量技术监督局(简称“开平质监局”)是省属下的垂直机构，负责管理生产区域内的质量技术监督和行政执法工作。根据职能设置 7 股（室）1 大队，即：办公室（与纪检、监察室合署办公）、政策法规宣教股、质量股、标准化股、计量股、特种设备安全监察股、人事劳动股，开平市质量技术监督稽查大队。

近年来，该局紧紧围绕全市经济发展大局，以努力提高市经济运行质量，提高整体产品质量水平为己任，认真履行综合管理、行政执法和安全监察三大职能。为进一步优化市场经济秩序，优化投资环境，维护企业和消费者的合法权益，促进市经济发展作出积极贡献。

【产品质量监督】 根据产品质量监督抽查后处理规范，对省级监督抽查和江门局定期监督抽查的 143 家不合格企业进行后处理工作，帮助企业制订整改措施，指导企业建立和完善质量管理体系。

加强对产品安全、卫生、节能、环保等强制性标准要求项目的监督抽查，共抽样 30 批次，合格 20 批次，不合格 10 批次，合格率为 67%，对不合格的企业督促限期改正。

加强对食品监督抽样工作，由江门市质量计量监督检测所负责，完成开平地区定期监督检验 627 批次，其中，合格 536 批次，合格率 85.5%。发出《产品质量监督检查不合格企业整改通知书》91 份。

【计量标准化工作】 按照《广东省企业二级计量保证体系确认规范》的要求，积极推动企业计量检测体系的建立工作，提高企业的计量检测水平，共协助 5 家企业通过二级计量保证体系确认。2009 年，开平市二级计量保证体系确认的完成数占当年全江门地区完成数的 50%，为企业申报中国名牌、广东省名牌打下扎实的基础。

按照国家局关于《定量包装商品生产企业计量保证能力评价规定》的要求，2008—2009 年共协助 4 家企业 37 个品种通过了定量包装商品生产企业计量保证能力评定，帮助企业建立、完善各

项计量管理制度，保证定量包装商品净含量的准确性，提高企业的计量保证能力和定量包装商品的计量信誉。

加大采标工作宣传力度，促进企业提高产品档次，增强国际竞争力。2009年，协助3家企业5种产品办理采用国际标准，采标工作取得较大突破。

发动本地工企业单位参与国家标准、行业标准的制修订。有广东朝阳卫浴有限公司正在参与《温控阀芯》行业标准的立项，罗赛洛（广东）明胶有限公司正在协助《水解胶原蛋白》国家标准的制定。2009年7月，在江门质监局及开平质监局的协助下，广东朝阳卫浴有限公司获省质监局和省财厅批准，获得技术标准战略专项资金资助3万元。此次资助是自2007年5月实施《广东省实施技术标准战略专项资金管理办法（试行）》以来，江门市企业首次获得国家标准、行业标准制修订方面的政府财政资助，大大提高了企业参与技术标准战略的积极性，为推动本市标准化战略的实施打下良好基础。该专项资金资助的项目是2008年发布实施、由该公司作为主要起草单位参与制定的行业标准QB 2948—2008《小便冲洗阀》。

【名牌战略】　大力推动名牌战略工作，帮助2家企业申办生产许可证，帮扶广东省华艺卫浴实业有限公司、广东希恩卫浴实业有限公司、开平市开德利实业有限公司、广东海鸿变压器有限公司和广东开平春晖股份有限公司共5家企业相关产品获得广东省名牌产品称号。

2009年3月24日、4月1日，开展质量咨询活动，分别召开水泥生产企业和水暖卫浴企业座谈会，指出两个行业存在的问题，倾听企业的意见，提出具体的要求。结合水暖卫浴产品质量不稳定和ISO质量管理体系换版升级需求，2009年6月25日召开水暖卫浴质量分析会，并于6月29至30日举办ISO换版培训班，聘请有关专业技术人员为企业进行授课，共免费培训技术人员180人次。

免费为企业举办生产许可证宣贯、3C认证宣贯、产品质量不合格企业、名牌产品培育等培训班8个。

【行政执法与打假治劣】　开展产品质量安全、食品安全、特种设备安全、生产许可、标准、计量等专项执法，共出动执法人员2565人次，立案查处案件112宗，其中质量违法案件56宗、生产许可违法案件3宗、标准违法案件4宗、计量违法案件9宗，其它违法案件40宗，无提起行政诉讼、复议案件，累计涉案货值达295.9万元。

先后完成了家具、玩具、服装、油漆涂料、仿真饰品等“五类”重点产品的专项监督整治，并结合本地产业特点，开展水暖产品质量专项整治行动。共出动执法人员1086人次，检查企业208家（其中水龙头生产企业34家），立案29宗（其中查办的服装案件9宗）。

加大食品安全监督管理的行政执法力度，共查处食品违法案件28宗，查处食品包括纯净水、面包、糕点、蛋制品、酱油、酒、糖果、饼干等。2008年，组织开展食品生产加工企业的专项整治行动，共检查食品生产加工小企业小作坊54家，销售企业3家。对4家无证生产和销售无认证或无生产许可证产品的违法行为依法进行查处。“三鹿奶粉”事件发生后，本局立即在全市范围内全面开展涉奶企业专项整治，对市内的1家含乳饮料和16家饼干、巧克力等用乳制品生产加工食品企业进行全面检查，加大对食品添加剂的查处力度。同时充分发挥12365热线电话的作用，接受群众咨询与投诉。经10天搜索式的检查，未发现市内的17家用奶粉生产食品企业的内销产品含有“三聚氰胺”。2009年3月湖南白酒事件发生后，本局启动联动机制，联合多个职能部门开展专项整治，及时查封了月山镇7家无证无照的米酒小作坊，保证了消费者的生命财产安全。

坚持“安全第一，预防为主”的工作方针，稽查队与安全监察股建立联合行动长效机制，加强特种设备安全监管力度，依法查处特种设备违法行为，共检查特种设备使用企业105家，立案查处案件9起。

切实履行综合执法监管职能。一是从严把好产品质量综合监管，把好认证、许可关。大力开展强制性认证、生产许可管理两个专项执法，对无证生产的行为坚决予以打击，决不手软。二是继续深入推进民生计量工程，加强对加油站、液化石油气充装站、水泥生产企业、批发市场、超市、酒楼贸易结算用的计量器具等计量监管工作，对发现问题的企业及时责令整改。三是深入开展打假治劣，以抓源头打击假冒伪劣产品为重点，开展农资、食品、汽车和摩托车零配件、建材产品等专项整治和打假保名优活动，先后完成了牛仔裤、电脑耗材、蓄电池、饮料等名优产品的打假工作。四是紧紧围绕社会关注的焦点、老百姓关心的热点，开展各类专项执法监督整治活动，如“打假保春耕”、“节前应节食品专项检查”、“絮用纤维制品专项检查”等。

【组织机构代码工作】 两年内，本局代码中心共办理组织机构代码证年检 8025 家、新证 2186 家、换证 2414 家、变更 1410 家。2009 年，本局被评为“省组织机构代码工作先进集体”。

【特种设备安全监察】 加强特种设备安全监管力度，共出动检查人员 1508 人次，发出现场检查记录共 587 份，发出特种设备安全监察指令书 285 份，排查事故隐患 235 项，实施整改 202 项，受理各类告知 141 份，共办理设备注册登记 288 台，对安装、维修单位现场监督检查并发出检查记录 36 份。

2008 年初对土制设备进行整治，共查封 6 家违规使用土制锅炉和 2 家违规使用土制电梯的单位。4 月，对直接火焰加热的脱硫罐进行整治。共检查单位 21 家，对存在特种设备安全隐患的单位发出安全监察指令书 20 份。10 月，开展对学校、桑拿场所和酒楼使用的蒸汽锅炉进行专项检查，共检查 19 所中学、20 多家桑拿场所的 40 多台锅炉。

两年中，加强特种设备法律法规的宣传。通过翻印小册本，张贴标语、横额等形式广泛宣传《特种设备安全监察条例》和《广东省特种设备安全监察规定》。配合市安监局组织的安全生产月活动，参加上街摆摊和广播宣传。会同市教育局开展特种设备安全宣传进校园活动，将 10 多份光盘发送到相关学校。在开展元旦、春节、“五一”节、六一节和国庆节等节假日检查时，在现场向广大人民群众进行特种设备法律法规的宣传，共发放宣传资料 2100 多份。新修订的《特种设备安全监察条例》于 2009 年施行前，结合学习实践科学发展观活动，联合市人大开展送法下乡、送法进企业活动，派送资料 60 多份；召集特种设备生产单位、重点使用单位负责人，在本局参加省局举办的《特种设备安全监察条例》视频宣贯会。

加强重点监控设备安全监察，对全市重点监控的 41 台设备（涉及单位 15 家）定期检查，确保设备的注册登记率、操作人员持证上岗率和定期检验率达 100%。

共举办考核班 12 期，新考核操作人员共 739 人，参加复审考核共 979 人，通过加强操作人员管理，有效提高作业人员的安全意识和技术水平。

2009 年，开展气瓶专项整治。对市两家石油气公司下属供气点进行每周抽样检查，规范管理，防止过期瓶和短斤缺两行为发生。6 月份对 8 家气瓶充装和检测单位开展法律法规宣传，并提出要重点加强报废瓶监督。9 月下旬联合市检查组对充装站、销售点检查，未发现充装过期瓶和非自有瓶，现场监督报废近 3000 只钢瓶，做到报废一个监督一个，报废一批监督一批。

开展起重机械、压力管道元件专项整治。检查起重机械使用单位 46 家，检查起重机械 77 台，发现存在隐患设备 3 台，落实整改 3 台，立案查处违法案件 1 宗。在冶金起重机专项整治中，所有吊运熔融金属的使用单位已按要求使用冶金起重机。在压力管道和压力管道元件整治中，逐一到相关的安装单位和管道元件销售单位进行检查，宣传有关的法律法规。

开展简易电梯强制报废整治工作。全市在册的简易电梯有 209 台， 2009 年经过整治，拆除简易电梯 157 台，企业停产停用 34 台。

2009 年 6 月份指导景万石油气公司组织特种设备事故应急救援演练。

【食品安全监督】 认真做好食品质量安全市场准入工作。全市有食品加工企业普查建档 185 家，获得食品生产许可证企业 105 家。开展食品生产许可证年审工作，全市食品企业参加年审 105 家。为 9 家企业办理了委托加工备案手续。

对全市食品生产加工企业和小作坊建立档案，并及时更新相关信息，动态掌握食品企业生产加工和管理状况。在对企业分类分级的基础上，对企业进行动态巡查，巡查频次则按产品类别和企业级别确定。2008 年食品巡查组共出动 234 人次，巡查企业 402 家次；2009 年共出动 522 人次，巡查企业 678 家次。先后开展了中秋、国庆节等重大节日的食品安全检查活动和供奥食品、毒奶粉、食品添加剂生产和使用等专项整治活动。加强对食品小作坊的监管，督促其不断改善条件。全力扶持经过改造能达到申领食品生产许可证条件的小作坊，至年末，扶持小作坊取得食品生产许可证的有11家。

2009年3月12日协助市政府召开打击在食品生产加工添加非食用物质和滥用食品添加剂的违法行为专项整治会议，到会食品生产加工企业共140多家，发放资料共180多份。

开展食品安全接待日工作。从2009年4月开始，逢每月的15日，分别在该局大堂、益华超市等处，举办“食品安全接待日”，共接待来访群众89人次，受理群众举报投诉、反映问题和意见建议91宗，现场处理解答91宗，累计现场派发食品安全法律法规、食品安全知识等资料480多份。另邀请江门市质量计量监督检测所技术人员现场为群众免费检测珠宝玉器，受到市民的赞许。

附表：

2008—2009年开平市产品列入广东名牌产品一览表

序号	企业名称	产品名称	商标名称
1	开平市开德利实业有限公司	无纺布	华士达
2	广东开平春晖股份有限公司	涤纶长丝	诚辉
3	广东华艺卫浴实业有限公司	陶瓷阀芯水龙头	华艺
4	广东海鸿变压器有限公司	变压器（110kVA及以下油浸式）	海鸿升
5	广东希恩卫浴实业有限公司	陶瓷阀芯水龙头	

（余林阳）

附：市质量技术监督局领导班子名录

局　长：龚卫军

副局长：陈祖苏

梁金荣

食品药品监督管理

【简况】 2008年，开平市食品药品监督管理局整顿和规范全市食品药品市场秩序，提高全市食品药品生产经营规范化水平，解决损害群众利益的突出问题，实现了食品药品安全“零事故”，进一步促进全市食品医药经济又好又快发展。年末，全市共有药品生产企业6家，药品批发企业12家，药品零售企业251家；医疗器械生产企业9家，医疗器械批发企业9家，医疗器械零售企业98家；保健食品生产企业1家，保健食品批发企业10家，保健食品零售企业304家。

2009年，深入开展机关作风建设，优化投资发展软环境，整顿和规范药品、医疗器械、保健食品、化妆品（简称“三品一械”）市场秩序，扎实做好食品安全综合监督。全年没有发生重大食品药品安全事故，有力促进全市医药经济发展上新台阶。年末，全市共有药品生产企业6家；药品批发企业11家；药品零售企业250家；医疗器械生产企业10家；医疗器械批发公司10家；医疗器械经营门店110家；保健食品生产企业1家；保健食品批发企业17家；保健食品零售专营兼营企业300家。全市“三品一械”生产经营企业平稳较快发展，其中生产企业总值6亿元，经营企业（包括批发、零售）销售总额19亿元，生产经营企业利税总额约0.5亿元，相关从业人员2627

人。

【法律法规宣传】 采取拉横额、出版报、贴标语、广播电视、召开专题讲座、“3 • 15”国际消费者权益日举办大型食品安全宣传咨询活动等形式，宣传《药品管理法》、《医疗器械监督管理条例》、《食品安全法》、《广东省食品安全条例》等。举办集中销毁假劣药品现场会、手机短信平台等发布有关食品药品安全信息。全面开展食品安全进企业、进农村、进学校、进社区活动，向广大群众宣传相关法律法规知识和食品健康知识。2008 年，全市拉宣传横额 800 多条，出版报 300 多期，举办各种形式的学习班讲座 68 场次，派送宣传资料 7300 多份。2009 年，全市共制作宣传短片 3 个在电视台、电台播放，印发宣传资料 2.16 万份，张贴、悬挂宣传标语 150 条，企业设立宣传栏 300 个，食品安全街头宣传 150 次，科普下乡宣传 30 次。

【食品安全综合监管】 2008 年，强化政府抓手作用，综合监管，协调得力，监管到位。开展校园食品安全专项整治，确保师生饮食安全。3 月份，迅速行动清查“大亨牌”问题牛奶，全市未发生因饮用该饮品引起的病例。北京奥运期间，成立专门的协调小组，全力保障供奥食品安全。9 月份，快速处置三鹿奶粉应急事件，各职能部门全面开展问题奶粉清查行动，收集和报告全市清查工作进展，整顿和规范乳制品市场秩序。10 月份，全面开展“五小”专项整治，确保公众身体健康和人身财产安全。做好食品中毒的预防工作，全市未发生过重大食品中毒事件，得到上级好评。建立健全食品安全综合监管长效机制。镇级食品安全综合监管工作进一步加强，建立和落实各项长效监管制度。

2009 年，市政府与各镇（办事处）及相关职能部门签订《开平市 2009 年食品安全工作责任书》，把食品安全工作纳入政府责任目标考核。完善各项监管制度，制定印发《开平市食品安全监管责任制和责任追究制》、《开平市食品安全综合评价办法》及《开平市镇级食品安全综合监管评价考核细则》等文件。开展食品安全专项整治，及时转发《广东省食品安全整顿工作实施方案》，用两年时间集中进行食品安全整顿。各部门在专项整治中，共出动执法人员 6910 人次，出动车辆 1727 台次，开展专项检查 95 次，检查食品生产、经营、消费单位 6910 家次，查处违法违规行为 292 起，罚款 66.1 万多元。明确职责分工，确保机构改革期间食品安全。及时向上级部门和市政府有关领导汇报，加强与相关部门沟通，当好“抓手”，切实履行食品安全综合监管职能。

【药品监管】 2008 年，完善与企业负责人和质量负责人约谈制度，有效防范出现“挂靠质量负责人”、“挂靠处方审核员”的现象。加强 GSP(药品经营质量管理规范)跟踪检查和日常监督检查，现场检查 293 家“三品一械”企业。深化药品“两网”建设，药品监管实现市、镇街、村居三级监管全覆盖，药品供应实现农村药店、城镇药店、大型批发自由发展的新格局。推进药品安全信用体系建设，开展企业诚信经营评选活动，公布首批因经营质量管理不规范而被列入年度重点检查的药品经营企业。加大对药品、医疗器械和保健食品广告的监测力度，发现违法广告 30 多件，移交工商行政管理部门查处的有 2 件，发出责令改正通知书 6 份。

2009 年，日常监管日益加强。对 600 多家“三品一械”企业进行现场检查，其它的进行资料检查。继续监督药品、医疗器械和保健食品违法广告，发现 3 起违法广告，并依法移交工商行政管理部门处理。加强对计生药品的监督检查。联合计生局对全市药品批发企业的计生药品进行专项检查，共出动执法人员 10 人次，主要检查用于终止妊娠的米非司酮片和米索前列醇片等药品的购进和销售情况。加强技术监督，全面完成监督性药品抽样 62 批次、评价性抽样 60 批次、保健食品抽样 3 批次等任务。

【医疗器械监管】 2008 年，加强对医疗机构使用医疗器械的监督检查，对一次性使用无菌医疗器械、植入材料、手术室设备及工具等高风险医疗器械产品及体外诊断试剂进行重点检查。共出动 135 人次，检查全市镇以上医疗机构 27 间。

2009 年，开展使用医疗器械、医用口罩等专项检查，对高风险医疗器械、橡胶避孕套和医用口罩的进货渠道、购进验收记录、存储条件等进行重点检查。共出动 135 人次，对全市镇以上医疗机构27间、医疗器械经营企业110家，实施全面检查。

【保健食品、化妆品监管】 2008年，加强日常监督检查，建立保健食品、化妆品生产经营企业的日常检查档案。开展保健食品安全专项清查行动，排查保健食品40余品种，发现涉嫌无证产品2个，按照“五不放过”原则，追根溯源，一查到底。共出动执法人员70人次，检查保健食品专营（兼营）单位65家。开展化妆品标签标识专项检查工作，发放《关于规范我省化妆品标签标识有关问题通知》30多份，加强化妆品有关法律法规宣传。开展食品、化妆品和消毒产品仿冒药品生产经营行为专项检查，对化妆品、保健食品的标签标识、说明书和宣传资料等进行重点检查，共出动80人次，检查药店、超市等共71间次。

2009年，加强对化妆品的日常监管力度，严查销售无特殊用途化妆品卫生许可批件的特殊化妆品的违法行为。对辖区内的药店、保健食品、化妆品经营单位和超市进行一次全面的专项检查，并重点检查染发类化妆品的标签标识、说明书和宣传资料等，共出动执法人员48人次，检查全市药店、超市、化妆品经营店等共39间次。

【行政执法】 2008年，“三品一械”市场整治秩序成效明显。先后重点开展春节、“五一”、国庆黄金周期间“三品一械”市场整治行动；打击无证经营、挂靠经营、超方式和超范围经营药品等违法违规行为的专项行动；与公安、卫生、工商等部门联合开展打击制售假冒国内外知名品牌药品、制售假劣血液制品和疫苗类药品、擅自添加药物活性成份药品、无证义齿加工等行为，以及兴奋剂专项治理工作等。全年出动监督检查人员1018人次，检查单位815间次，查处违法案件立案58宗，其中药品47宗，医疗器械7宗，保健食品2宗，化妆品2宗。涉案货值21.92万元；警告21宗，罚款47宗，移送司法机关刑事处理1宗，追究刑事责任2人；取缔无证经营19间，发出责令改正通知书43份。零行政诉讼、零行政复议。

2009年，加大执法力度，先后重点开展节假日联合打假行动、整治非药品冒充药品专项行动、含可待因复方口服溶液的专项检查、打击非法销售盐酸曲马多片的专项检查和化妆品卫生监督管理工作等专项行动。全年共出动监督检查人员760人次，检查单位692间次；查处违法案件39宗，其中药品37宗，保健食品2宗；警告21宗，罚款18宗；涉案货值6.47万元；发出责令改正通知书27份。案件查处率100%、案件结案率100%、罚没款到帐率100%。妥善处理群众举报投诉13件。

【服务医药经济】 2008年，正确处理好监管与促发展的关系，以监管促发展。简政提速，上门帮助指导企业规范经营，促使企业强化“企业是药品安全第一责任人”认识，做大做强。医药经济总量由2002年不足4亿元发展到该年超过20亿元，并保持健康持续增长的势头。全市的药品配送业务的集群效应已经显现，成为江门地区最大、全省前列的药品流通集散地。

2009年，多措并举，加大帮促力度。出台并贯彻落实《开平市食品药品监管局贯彻〈珠三角发展纲要〉促进食品医药化妆品企业平稳较快发展的十三项便民措施》，帮扶企业渡过难关，让企业得到实惠。强化政务公开，把“三品一械”行政许可申办程序、申办条件及需提交的材料在办公场所及公众信息网上公开，方便群众随时查阅。简化行政许可审批受理程序，做到一岗受理、分岗审查、同步发证，为当事人提供高效便捷的“一站式”服务。对同时申领“药品经营许可证”、“保健食品经营企业卫生许可证”及“医疗器械经营企业许可证”的，只进行一次现场检查验收，合共减少约360家次。开办零售药店筹建申请审查时限由原来30个工作日压缩为5个工作日；零售企业变更许可证审查材料由15个工作日缩为5个工作日；“保健食品经营企业卫生许可证”的许可时限由原来20个工作日缩为5个工作日。帮助指导企业做好“药品经营许可证”换证和新一轮GSP认证。年末，全市共有160多家药品零售企业通过GSP认证现场验收。广东日兴药品有限公司为感谢该局的大力支持，专门送去锦旗表示嘉许。

（林 静）

附：市食品药品监督管理局领导班子名录

局 长：黄启贤

副局长：李超波 梁健宇

工业资产管理

【简况】 按照开平市人民政府关于全市公有资产管理的战略部署，2001年底组建成立开平市工业资产经营公司（简称“工业资产公司”）。工业资产公司成立以来，坚持把改革与发展放在首位，以“保证国有资产保值增值”为目标，对开平市资产管理委员会授权经营范围的工业企业切实履行“投资、管理、监督、服务”四大职能。

【资产经营管理】 *做好经营绩效考核管理* 努力提高资产营运效益，确保公有资产保值增值，做好授权营运公有资产经营绩效考核管理。2008和2009年绩效考核的9项指标中，折旧、资本税累率、资产占用费和安全4项指标达到预期目标，尤其是资产占用费一项，在企业户数不断减少，但上缴任务保持不变的情况下，经过该公司努力，争取各企业的支持与配合，两年都分别完成1000万元的上缴任务。而且，多数企业主要经济指标完成较好，两年共上缴税金19633.6万元、投资收益2186.8万元。在上缴税金中，罗赛洛超过5000万元，嘉士利超过6800万元，依利安达超过1200万元，开德利超过650万元，红荔铝材超过550万元。这些企业为发展税源经济作出了贡献。另外，两年实现销售收入39.3亿元、工业总产值40亿元、销售产值39.6亿元、工业产品销售率99%、工业产品出口交货值18亿元。通过绩效考核，有效地调动企业经营者的积极性。

招商引资促进工业经济发展 通过建设工业园，形成优质的国有工业资产。围绕全市的发展战略，“筑巢引凤”，在新美工业园建成10万平方米标准工业厂房，培育一批民营企业。

该公司还与市交通集团合作投资2亿多元，在翠山湖新区兴建国汇工业园，通过建设标准厂房，招商引资，带动园区发展。该建设项目于2009年8月28日举行奠基典礼。

【国企改革】 公司坚持“发展是第一要务”的理念，通过对国有企业的情况调查、分析，稳步推进国企改革。对产品无市场、扭亏无望的劣势企业依法实施关、停、破产处理，从源头上减少国有资产流失；对有发展前景但经营上有潜在困难的企业实行产权转让。2008年1月嘉士利面制品厂申请破产还债，2008年5月发电厂关停，2009年3月完成平丰纺织有限公司产权全额转让。

【解决遗留问题】 针对国有企业职工及退休人员多，负担重等问题，做好职工安置补偿工作，为社会稳定提供保障。公司自成立以来共安置改制企业人数5000多人，支付安置补偿费约1.6亿多元。其中2008、2009年，嘉士利面制品厂破产，安置员工185人，支付安置费458万元；发电厂关停，安置员工91人，支付安置费453万元；平丰纺织有限公司产权全额转让，安置员工459人，支付安置费1198万元。全公司每年还需支付改制企业退休人员地方性生活补贴委付费300多万元。

（徐润霞）

附：市工业资产公司领导班子名录

党委书记、董事长、总经理：张永裕
党委副书记：黄永红
党委副书记、纪委书记、副总经理：张竹源
党委委员、副总经理：张惟果
党委委员、副总经理：周卫文
副总经理：祁锦雄（2009.12～）
党委委员：周海华

农业 林业 渔业

农 业

【简况】 2008年，全市农业总产值32.34亿元，增长16.4%，农村经济总收入191.1亿元，增长9.5%；农村居民人均纯收入6000元，同比增长6%。2009年，“三农”投入力度进一步加大。在“扩内需，保增长”工作中，农业局共争取到项目14项，总投资2539万元，其中农田基础建设项目9项，总投资2147万元，建设农田总面积1.835万亩。全年实现农业总产值33.6亿元，增长4%；农村经济总收入202.7亿元，增长6.1%；农民人均纯收入6562元，同比增长9%。

【农业机械】 结合省农业机械化议案实施，市政府无偿划拨土地37.92亩，总投入2000多万元，建成全省唯一一家农机专业市场。该市场于2008年3月投入运营，是我省重要的农机具集散地。同时，通过举办农机推广现场演示会、农机科技下乡咨询现场会、开展农机培训、落实农机补贴等多管齐下的宣传推广措施，有效促进了全市农业机械化的发展。2009年，全市农机总动力达29.95万千瓦，拖拉机拥有量7500台，机耕率达96%；联合收割机保有量510台，水稻机收率83%；水稻插秧机86台，机插率2.8%。手扶拖拉机、水稻联合收割机、机械插秧机、粮食加工设备、自动控制栏舍设备等先进适用的农机具和农业设施得到推广应用。农机作业组织化、专业化水平不断提升，跨区机耕、机收、机插作业成为普遍。全市农机机械化综合水平达66%，高于全省平均水平二十多个百分点。

【农业产业化】 市政府农业部门高度重视农业产业化发展，切实加大农业龙头企业和农民专业合作组织扶持力度。2008年，新增江门市级农业龙头企业、江门市级扶贫农业龙头企业各1家(分别是开平市开兰面粉有限公司、开平市绿皇农牧发展有限公司)，新增开平市级重点农业龙头企业2家（开兰面粉有限公司、开平市金鸡镇联兴养殖场），新组建农民专业合作组织2家（梅岭农业开发专业合作社、慧佳农业专业合作社）。2009年，新增省级龙头企业、江门市级扶贫农业龙头企业、县级龙头企业各1家（分别是开平市开兰面粉有限公司、开平市金鸡镇联兴养殖场、赤水镇顺祥养殖场）。全市共有农业龙头企业15家，年销售总收入11.15亿元。其中省级农业龙头企业2家，年销售额4.55亿元；江门市级12家（含省级2家），年销售额7.66亿元。农民专业合作社23家，年销售额1019万元。

【优质产品推广】 2008年，在市委市政府的高度重视和大力支持下，按照“四个一流”(一流展场、一流产品、一流服务、一流效果)的标准，顺利完成江门首届农博会的参展工作，较好地展示了开平市改革开放三十年来农业农村的发展成果，以及名、优、特农产品，推介本市农业发展、营商的良好环境。这次农博会该市组织参展的名优特色农产品共80多个，展销企业28家，展位35个，落实农业招商项目9个，投资额3.08亿元，其中参加农博会签约项目5个，签约额共2.03亿元，得到各级领导的高度评价和充分肯定。

2008—2009年，共引进示范推广水稻新品种9个，蔬菜品种18个，全市水稻良种覆盖率达98%；其中黄华占、美香占2号、华航丝苗3个水稻新品种推广面积较大，累计推广面积37万亩次，累计节本增收 4800 万元；累计推广水稻抛秧技术120万亩次，覆盖率达100%；推广测土配方施肥技术42.5万亩，累计推广水稻病虫综合防控技术460多万亩次，覆盖率达98%。共引进推广畜禽、水产新品种9个，全面推行全价配合饲料等标准化配套养殖技术12项。畜禽良种覆盖率达到97%，生猪年出栏率达到1.92，家禽出栏率达到3.16，处于国内行业领先水平。

【种植业】 2008年，是开平市农业生产相当严峻的一年，自然灾害频发，先后受年初的低温冷害、6至7月暴雨洪涝灾害和8至9月台风“北冕”、“黑格比”吹袭，早造稻谷、香大蕉、荔枝等减产幅度较大。晚造生产形势比早造好，季节正常，无秋旱，水稻长势大面积平衡，产量增加。全年粮食面积、总产增加，单产略减。全年粮食播种面积67.8万亩，亩产273公斤，总产18.5万吨。其中水稻面积60.68万亩，亩产280公斤，总产17万吨。全年蔬菜播种面积17.81万亩，亩产 1354 公斤，总产 24.12 万吨；全年水果总产2.56万吨。

2009年，种植业方面克服早造局部暴雨洪涝灾害，及晚造稻纵卷叶螟大发生的影响，全市农作物获得较好收成。全年粮食单产、总产增加。全年粮食播种面积67.8万亩，总产20.6万吨增2.1万吨。其中水稻面积60.6万亩，总产19万吨增2万吨；玉米面积2万亩增7278亩，总产5583吨增2201吨；薯类面积4.96万亩增2347亩，总产9638吨减509吨；大豆面积1.02万亩增2569亩，总产1514吨增372吨。2009年江门市下达的粮食考评指标为:总面积67.83万亩、总产20.58万吨，开平市实际分别完成101.9%和100.6%。蔬菜收获面积21.3万亩，增3.5万亩，总产24.76万吨，增0.64万吨；花生面积4.08万亩减1923亩，总产6041吨减288吨；甘蔗0.83万亩增2256亩，总产2.68万吨减4685吨。全年水果总产2.65万吨，比上年增900吨，增3.5%。其中香大蕉增1200吨，荔枝减400吨，龙眼减500吨，芒果增80吨，柑桔橙增120吨，番石榴增350吨。

【畜牧业】 2008年，市相关部门切实加大动物防疫工作力度，克服动物疫情带来的负面影响，较好地保障全市畜牧业安全健康发展，畜牧生产保持良好的增长势头。全年上市生猪36.69万头；上市家禽（含白鸽）2109 万只。年末生猪存栏22.38万头，存栏家禽（含白鸽）1202万只。

2009年，继续加大动物防疫工作力度，保障全市畜牧业安全健康发展，畜牧生产保持良好的增长势头。全年上市生猪44.7万头；上市家禽3217万只。年末生猪存栏33.3万头，存栏家禽1392.8万只。规模化养殖成为该市畜牧业发展的主要特点，全市存栏100头以上的规模猪场298个，存栏1000只以上（蛋禽500只以上）的规模鸡场1263个，鹅场253个，鸭场320个，存栏1000对以上规模白鸽场76个。

【落实强农惠农政策】 2008年，落实到农户的种粮补贴资金达4190.3万元，比上年增2190万元（其中农资综合直补资金2951.4万元、水稻良种补贴资金 756.5 万元、广东省种粮直补资金482.4万元），受益农户7.8万户；落实农机购机补贴资金161.7万元，比上年增加66.54万元，共有 152 户农户享受购机补贴，比上年增加 99户；落实能繁母猪补贴资金495.4万元，比上年增加317万元，补贴能繁母猪49541头(3315户)，增加1.4万头。落实能繁母猪保险26454头，财政补贴126.98万元。

2009年，支农惠农政策力度继续加大，落实种粮补贴资金4253.9万元(其中农资综合直补资金2985万元、农作物良种补贴资金780.1万元、广东省种粮直补资金 488.8 万元)，受益农户 8万多户；落实农机购机补贴资金420.48万元，共有838户农户享受购机补贴，比去年增加686户。

【减免农业税】 近年，政府相继出台免征农业税费、免收水田水费、种粮补贴、农机购置补贴、能繁母猪补贴等惠农政策，对农民减负增收发挥重要作用。我市2004年已全面取消农业税、屠宰税、农业特产税等； 2006年又取消农田水利费，减免的税费达到2000多万元（其中农业税1100多万元，农田水费300万元）。加上种粮补贴、农机补贴等政策力度逐年加大，这样一减一补，农民每年可得实惠约7000万元。

【救灾复产】 2008年，农业自然灾害频发，对农业生产造成很大影响。为减少灾害造成的损失，市各级农业部门急农民所急，第一时间深入受灾一线，指导抗灾救灾和灾后复产工作，全力将灾害损失程度控制到最低。在年初的抗冰冻灾害中，广泛发动群众开展清园消毒、补种改种工作，共补播、补种、改种面积7000多亩，较好完成当年的春种任务。在6月抗暴雨洪涝灾害中，及时组织群众开展排洪排涝工作，迅速缓解洪涝灾情，同时切实加强灾后复产和病虫害防治工作，市政府还在财政资金不充裕的情况下，拨出救灾复产专项资金120万元，及时帮助受灾严重的农户尽快恢复生产，有效降低灾害损失。

2009年，时年较好，未发生严重自然灾害。

【农业科技的推广与促进】 2009年共引进农作物新品种12个，组织农业适用新技术示范4项，全市共设立新品种新技术试验示范点10多个，面积1000多亩。共举办“绿色证书”培训班15班，培训人数700人；举办“一事一训”的各种实用技术培训300多期次，培训农民3.3万人次；培训农村富余劳动力1220人；全市农作物良种覆盖率达到96%以上，畜禽良种覆盖率达到97%；农业机械化推广工作得到全面加强，农业机械化应用水平不断提高，全市水稻生产综合机械化水平达到66%，其中机耕率达96%，机收率达83%，机械化插秧逐步得到推广应用，今年机插率为2.8%。 （郁长青 黄伟龙）

附：市农业局领导班子名录

局　长：关璀利（～2009.08）
　　　　张天锡（2009.08～）
副局长：李澄波　吴万和
　　　　张瑞荣（～2009.08）
　　　　谢明伟（～2009.11）
　　　　陈家颁（2009.07～）
　　　　邝潮基（2009.12～）
　　　　伍伟鹏（2009.12～）

林 业

【简况】 开平市林业系统所辖有1局2场，包括市林业局，市属国营镇海林场、东山林场，并有15个基层林业站。市林业局于1973年正式设立，属市政府部门之一，负责组织、指导、管理全市造林绿化、森林防火、林业生态建设等工作，担负保护、管理森林资源和野生动物资源以及生态环境等职责，还承担管理林地、木材流通及其加工等行政职能。

近年来，市政府认真贯彻执行党和国家的各项林业方针政策，动员和组织全市人民开展造林绿化，实施依法治林、科技兴林，大力培育森林资源，致力于侨乡绿色事业。至2009年末，全市林业用地面积101.36万亩，其中有林地面积87.6万亩；森林活立木蓄积量231.47万立方米，林木总生长量15.12万立方米，森林覆盖率39%，林木绿化率40.3%。全市生态环境初步进入良性循环，现代园林式的文明都市初具规模。先后获得“绿化达标县（市）”、“全国平原绿化先进单位”、“全国造林绿化百佳（县）市”、“全国义务植树示范基地”（广东省唯一一个）、“广东省林业生态县”等多项荣誉，进一步推动侨乡生态建设上新台阶。2008年，市林业局代表江门市接受省林业局林政工作专项检查和省人大《关于生物防火林带工程建设议案》结案验收，并顺利通过。

2008年，原金山发展集团公司办公楼划归市林业局使用，改善了办公条件。

【管理机构】 市林业局内设机构有公安森林分局、办公室、林政股、营林科技股和防火办，在编工作人员（含森林分局、派出所）40名，其中副科级以上干部8名，股级7名，副股级4名。

【林业产业结构】 林业产业是以培育、加工、利用森林资源为主的基础产业，是国民经济的重要组成部分。2008年，全市林业产业总产值56804万元，其中第一产业产值21504万元，第二产业产值34900万元，第三产业产值400万元。2009年，全市林业产业总产值93926万元，其中第一产业产值20584万元，第二产业产值72942万元，第三产业产值400万元。

第一产业：切实抓好造林绿化工作，着力培育森林资源，提高森林资源质量。2008年，全市造林总面积3.5万亩，其中非公有制造林3.1万亩，占全市造林总面积的88.4%；培育良种壮苗

1030万株，其中桉树组培苗500万株，无系性扦插苗530万株；中幼林施肥抚育3.1万亩。2009年，全市造林总面积4.2万亩，其中非公有制造林3.8万亩，占全市造林总面积的90.5%；大田育苗1200亩，营养器育苗尾桉800万株，其中桉树组培苗500万株，无系性扦插苗300万株；封山育林3万亩，面积核实率、作业设计率、检查验收率、造林成活率、档案建立率、管护率和抚育率均达到100%；幼林施肥抚育4.8万亩，较好地完成上级下达的任务。

第二产业：探索有利于森林资源开发利用和林业生态产业发展的市场机制，充分利用丽冠、五联、福纤等林产龙头企业落户开平的有利条件，大力扶持林产品深加工发展。全市有各类木材加工经营企业300多家。其中，家具制造企业80多家，生产锯材的企业90多家，生产其他木制品企业120多家。2008年木材加工业产值3.42亿元，其中人造板加工2.47亿元，锯材、木片加工6300万元，木制品制造3200万元。2009年木材加工业产值约3.3亿元，其中人造板加工2.47亿元，锯材、木片加工2140万元，木制品制造4020万元，竹木藤家具制造2100万元。这些企业直接带动了林业经济的发展和兴旺，促进本市林业产业链的形成和延伸，提高全市林业产业化水平。

第三产业：森林旅游资源丰富，生态环境维护较好，森林旅游业持续发展。开平碉楼与村落成功申报为世界文化遗产，为拓展森林旅游事业提供了重要机遇，创造了良好条件。林业局充分利用开平碉楼与村落申遗成功的契机，探索和实践发展新思维，挖掘森林生态旅游潜力。加强森林旅游景区、景点的基础设施建设，不断完善服务功能；以镇海林场和大沙河水库、梁金山风景区为核心，建设森林公园，发展园林旅游业；以江门市定期举办“侨乡旅游文化节”为契机，积极开发旅游产品，加快旅游品牌建设。

2008年，市属镇海林场紧跟开平旅游发展步伐，加大投资力度，大力开发旅游资源。其所辖的潜龙湾森林公园于2004年建成为开平市第一个省级森林公园，园区建有仙樵休闲度假区、镇海湖滨观光区、虎山森林保护区、仙泉生态茶果区、名优苗木科普展示区，别墅、餐厅、沙滩游泳场、篮球场及特产商场等设施，逐步显现社会效益和经济效益，成为本市林业建设的新亮点。开平人的虫草——“中春”牌人工虫草生产经营形势良好，第一、二、三期生产线全面投入生产，年产量达25吨，产值达1000万元。镇海林场还积极参加江门市首届农博会，进一步提高虫草和茶叶这两大拳头产品的知名度和美誉度。

2009年，为积极应对金融危机，镇海林场所属的潜龙湾生物技术研究开发中心冠上省名，注册资金增加到300万元，严格按照省级企业的标准进行运作，规模和层次更上一层楼，并对“中春”牌人工虫草进行产品深加工，使该品牌的生产经营保持稳步发展，全年销售收入达395万元，有望成为森林旅游的支柱产业。茶场的厂房、设备、包装等方面经全面改进后，产品质量和效益有大提升。并着手将“潜龙湾绿茶”打造为侨乡又一著名绿色旅游产品。

【林业生态】 按省林业局的部署，开展“万村绿”活动。本着绿色、生态、环保、富民的宗旨，以绿化美化村庄、建立绿色生态林业、增加农民收入为契机，从2009年起，每年选择20个村，培育优良苗木送苗下乡，组织农民群众造林护绿，推行农村绿化美化新模式，争取每年建设示范面积500亩以上，普及面积1300亩以上，力争5年内完成“万村绿”工程建设。2009年圆满完成“万村绿”工作任务，20个示范点的苗木生长稳定、生势良好，村庄林业生态建设掀起热潮，符合生态文明要求的侨乡农村人居环境初步形成。

非公有制造林。切实贯彻《中共江门市委 江门市人民政府关于加快建设林业生态市的意见》精神，制订一系列优惠政策，采取有效措施，扶持非公有制林业发展。非公有制造林成为本市造林绿化的主力军，总面积约50万亩，占全市商品林面积近七成。全市个体造林有300户，其中造林面积超过1千亩的个体户有70户，1万亩以上的有7户，大大促进了该市非公有制林业发展。

梁金山复绿工程。2006年5月的一场暴雨致使梁金山出现大面积山体滑坡和泥石流灾害，受灾总面积达1000多亩。本局邀请中国林业科学院有关专家，对灾情进行考察研究，制订梁金山山体滑坡治理工作方案，组织200人的专业施工队，分成4个小组实施分期复绿。第一、二期复绿工程已顺利完成，种植荷木、黎蒴等乡土树种2万多株，苗木生长良好。

义务植树活动。作为广东省唯一一个“全国义务植树示范基地”，本市把开展全民义务植树运动作为落实科学发展观，创建现代绿色文明、和谐开平的重要工作来抓。以“植树节”为契机，在“植树节”前后，大力开展形式多样的义务植树活动，广泛深入宣传全民义务植树的重大意义，进一步提高适龄公民依法履行义务植树的责任意识，倡导和培养公民的绿化意识、环保意识和参与意识。各级领导干部带头植树，干部群众踊跃参与，由此形成制度，有效地推动春季造林绿化工作的进程。2008、2009 年，分别开展以“共创绿色家园，建设生态文明侨乡”、“植绿护绿爱绿，共建生态文明”为主题的大规模义务植树活动。据统计，全市每年组织 39.5 万人参加义务植树活动或交纳绿化费形式完成义务植树任务，尽责率为 92%，保存率 96.4%，建立义务植树基地及各类义务植树点 97 个，为侨乡增翠添绿，并以“城乡到处都是郁郁葱葱，所见皆绿，并能做到经济发展与环保统一，人与自然和谐相处”的显著成效，得到省人大的肯定。

饮水安全工作。严格执行开平市府《关于印发〈开平市大沙河水库饮用水源水质保护规定〉的通知》（开府〔2006〕16 号），切实履行职责，坚持适地适树和林业分类经营原则，根据林业“十一五”发展规划和自然气候、土壤条件，进行合理布局规划，对饮用水源涵养林、水土保持林等生态公益林加强管理和保护，使饮用水源水库水质逐步得到改善。

【山界林权调处】 把山林纠纷调处工作作为维护社会安定团结、加强基层平安建设的一项重要工作来抓，实施领导挂帅、专人负责的信访工作责任制，对全市涉及林业信访的突出问题进行全面排查。认真学习宣传《调处办法》，调动基层干部调解积极性，以法律手段对难以调解的山林纠纷实行裁决，并针对纠纷具体原因开展调处工作，进一步维护投资者的合法权益，促进农村社会稳定。据统计，2005 年以来调处解决山林纠纷案件 76 宗，面积 4320 亩；解决山林纠纷群体性事件和集体上访事件 6 宗。其中 2008、2009 年共依法调处山林纠纷 8 宗，面积 1520 亩。

【速生丰产林】 近年来，以建设优质、速生、丰产、高效的用材林产业体系为目标，以科技进步为手段，以吸纳社会投入为主，政府大力扶持，优化造林机制，加强无性系桉树苗圃基地建设，着力推广良种加良法造林，使速生丰产林建设呈现出良好的发展态势。随着林业产业化进程的发展，已形成了苍城、月山、沙塘、百合、赤水桉树速生丰产林基地和金鸡、蚬冈、龙胜、大沙松脂生产基地。5 年生速生丰产林每公顷蓄积量达到 80 立方米左右，好的林分更达到 120 立方米以上。其中改良化湿地松和加勒比松生势较好。2003—2009 年，在全市完成的 46.23 万亩的造林面积中，集约化、规模化营造的速生丰产林面积达到近 35 万亩，占造林总面积的 75%。

【“三防”“两保”】 “三防”即是防山火、防止乱砍滥伐、防治森林病虫害；“两保”是保障生态公益林的成效和相对稳定、保护野生动物和珍稀植物。防山火方面，2008 年成功举办本市有史以来人数最多、规模最大、档次最高、专业性最强的森林防火业务培训和实战演练，增强了全市各级领导森林防火意识，进一步提高组织、指挥和协调扑救森林火灾的能力，增强扑火专业队伍快速反应能力和综合作战水平。同时充分展示和检阅了全市森林防火队伍建设所取得的成绩，推动全市森林防火工作上新台阶。扎实做好生物防火林带迎验工作，顺利通过省人大《关于生物防火林带工程建设议案》结案验收，省检查组对本市生物防火林带建设这样评价：“开平的防火林带建设为全省树立一个成功典范，为今后森林防火打下坚实基础”。据统计，全市现有专业扑火队伍 5 支共 140 人、半专业队伍 16 支共 470 人。

防止乱砍滥伐（林政管理）方面，切实贯彻执行《广东省森林采伐管理办法》，规范林木采伐审批制度，进一步发挥林木采伐审批小组和林木采伐踏查设计小组的作用，认真做好伐区“三查”（即伐前踏查、伐中检查，伐后核查），严防乱砍滥伐林木现象发生，加大林木采伐透明度，自觉接受群众的监督，确保资源管理工作公平、公正，使林木采伐审核审批和调查设计工作走上规范化、科学化的管理轨道。2008、2009 年的森林采伐消耗量分别为 21.87 和 16.69 万立方米，控制在上级主管部门下达的限额内。认真履行职责，全力配合全市经济发展，积极争取省林业局的支持，2009 年依法抓好石榴塘征占用林地 2 宗，面积 110 公顷。在办理征占林地审批过程中，仅一个工作日就完成江门市级和省级的特批。并且森林植被恢复费从需缴纳的698万元减到325万元，为政府节支 373 万元，为翠山湖新区成功竞争省示范性产业转移工业园和促进全市招商引资工作作出贡献，被市人民政府评为“成功竞争省示范性产业转移工业园有功单位”。

防治森林病虫害方面，坚持发展与保护并重，推进森林健康理念，把林业有害生物防治工作列入营林生产全过程，实施科学防控，进一步建立健全森防目标管理责任制，大力推进检疫工作规范化，不断提高防治成效，使病虫害危害损失降到最低水平，有效保护侨乡森林资源。2009 年防治森林病虫害面积 2.188 万亩，产地检疫率 92%，测报准确率 85%。

保障生态公益林的成效和相对稳定方面，2003 年，本市重新核定 26.35 万亩的生态公益林地域，并实行统一规划、科学经营、严格管护。除设立专职护林员队伍、落实生态公益林建设管理和效益补偿层级责任制以外，还把开阳高速公路绿色通道等重点生态公益林区 2 万多亩山地全部租赁，有效地解决农民拥用山地与国家绿化用地、农民经济效益与国家生态效益、农民短期经济利益与国家生态建设长期利益的矛盾。开阳高速公路绿色通道初步形成红橙黄绿多色彩、春夏秋冬多景观、阔叶针叶多层次的生态体系，并以“在全国率先采取租地经营生态林办法”和“全路打造风景线、有效改善保护沿线生态环境”受到省林业局的高度好评。在理顺生态公益林用地管理体制的基础上，加大管护力度，健全机构，完善制度，加强对生态公益林建设的宣传工作，提高群众对生态公益林建设的认识，并认真做好每年生态公益林补偿款、生态护林款的发放工作，确保生态公益林面积不减少。并加大生态公益林改造力度，努力实现人与自然的和谐协调发展。高度重视水源涵养林和水土保持林等防护林建设，2009 年，市林业局对生态林管护工作作全面总结，在深入各生态林区调查的基础上撰写了有关报告和整治方案，为今后生态公益林的管理和保护提供科学决策。

保护野生动物和珍稀植物方面，按照上级部门的统一部署，先后开展“护绿行动”、“飞鹰行动”、“林区禁毒专项行动”“林业系统奥运安保工作”和“保护野生鸟类专项打击行动”等专项行动。2009 年成功侦破省森林公安局督办的盗伐林木案件，有效地控制盗伐滥伐林木和非法经营野生动物的现象发生，保护了森林资源和野生动物资源。举办野生动物保护周、宣传月等活动，宣传保护野生动物的重要意义和相关法律法规，弘扬健康向上的生态文化。

【山林火灾统计】 紧紧围绕“广泛宣传、提高认识、落实措施、狠抓重点、层级负责、防治结合”的原则，加强业务培训和实战演练，优化专业队伍建设，不断提高森林防火防控水平。2008 年发生一般山林火灾 2 次，过火面积 315 亩，森林受害率为 0.29‰。2009 年发生一般山林火灾 2 次，过火面积 320.85 亩，森林受害率为 0.29‰。

（吴雪华）

附：市林业局领导班子名录

局长、局党组书记：谭永雄

副局长：谭练宏　卢炳忠（2009.08～）

谭树昂（～2009.08）

主要林场简介

大沙林场

【简况】 大沙林场属江门市直属国有林场，始建于 1964 年，位于开平市大沙镇境内，科级编制。林场属下设办公室、计划财务股、生产经营股、资源管护股等 4 个股室和 13 个工区。经营总面积 8.2 万亩，其中生态公益林 2.3 万亩，商品用材林 5.9 万亩。全场总人数 143 人，其中在职 29 人，退休 111 人，抚恤供养 3 人。

【招商引资】 1994 年至 1996 年期间，该场利用自身资源作后盾，在开平市区新建工业厂房两幢，面积 1.2 万平方米，商铺 1200 平方米。2008 年以来，由于原租用老板生产线搬迁，造成祥龙工业厂房空置，租金收入锐减。为此，场领导班子主动出击，利用一切机会向外界推介厂房，经过努力，厂房现已重新出租，租金收取正常，有效保持物业收入稳定，收到以房养场，以屋养人的效果。

【林业工作】　本场根据形势发展需要以及“适地适树”的原则，以科学发展观为指导，加大资金投入，大力培育速生丰产林。2008 年至 2009 年，共完成更新造林 3500 亩，其中营造桉树速生丰产林 3100 亩，加勒比松 400 亩；累计完成中幼林抚育追肥 14000 亩。

深入贯彻江门市林业局提出的“以科学发展观为统领，认真调整林业工作思想，坚持以生态建设为重点，加快建设林业生态市的步伐”，将榄坑工区 1000 亩林分质量较差、生态功能等级较低的林分进行改造，套改种藜蒴、荷木、火力楠、红锥等乡土阔叶树种，以逐步提高林分质量和生态功能等级，充分发挥其保持水土和涵养水源的效能。

以科学发展观为指导，创造性的开展森林防火工作：加强领导，成立森林防火工作领导机构，成立专业森林防火扑救队伍；落实工作责任制，与职工层层签订《江门市大沙林场森林防火工作责任书》；在森林防火戒严期间，充分利用张贴标语、树立固定防火警示牌、出动宣传车等多种形式宣传森林防火知识；加大资金投入，购置各种防火设施设备，加大林区公路维护力度和生物防火林带建设，确保森林防火工作落到实处。本场连续 24 年无森林火灾事故发生。

【林场管理】　完成内部分配制度改革，提高干部职工的福利待遇。2006 年以前，一直以档案工资为依据发放干部职工的工资，人均月收入不到 1000 元，并形成了吃大锅饭的局面。为了打破这种局面，充分调动全体干部职工的积极性，于 2006 年进行内部工资分配制度改革，实行岗位目标责任制。工资改革后，干部职工的人均收入比改革前翻了 1 倍。退休干部职工的退休金，按照上级的有关文件规定，足额发放各种补贴。

逐步完善各项规章制度。2008 年至 2009 年，针对林场在管理建设、财务开支及工作作风等方面存在的不足，开展了深入了解和研究讨论，修订了《财务管理制度》、《领导班子成员职责分工和各股室工作责任制》、《工资发放管理规定》、《考勤规定》等各项规章制度，以制度管人管事，促进了工作作风的进一步转变，激发干部职工求发展的信心和热情，确保林场的各项工作有效地开展。

【公路改扩建工程】　2009 年 11 月，投资 95 万元，将场部至河洞工区哨所 3.2 公里林区公路进行改扩建，并进行水泥硬底化。工程完成后，大大改善了林区交通落后的状况，切实解决干部职工和周边群众行路难的问题，而且对推动周边农村的经济发展发挥了巨大作用。

【工区房屋重建】　场部及各工区的房屋都是建于 20 世纪六七十年代的，经历几十年，普遍比较残旧，且存在较大的安全隐患。近几年来，本场大力投入资金进行房屋改造及翻新加固。2009 年，投入资金 12 万元将横山工区和茶坑工区白石护林站房屋进行重建，面积是 60 平方米，设 1 厅 2 房 1 厨 1 卫，配备了水电设施，改善了干部职工的工作和生活环境，消除了安全隐患。

（李锦红）

附：大沙林场领导班子名录

党支部书记、场长： 梁庆长
党支部副书记、副场长： 周健林
党支部委员、副场长： 殷秀芳

镇海林场

镇海林场位于开平市西北部，距市区 38 公里，建于 1960 年。现为副科级编制，内设机构有办公室、生产股、企业管理股、森林资源管理股（挂广东潜龙湾森林公园管理处牌子）；属下单位有广东潜龙湾生物技术创新中心（“中春”虫草生产基地）和松香厂。2009 年，林场在职干部职工 41 人，退休职工 57 人。林场设场部工区、白石工区、新工区、白水郎工区 4 大工区。林场最高海拔 185 米。辖山地面积 5.8 万亩，林业用地面积 4.8 万亩，其中生态公益林占 55%，商品用材林占 45%。2008 年实现销售总产值 1534.31 万元，实现利润 270 万元。2009 年实现销售总产值 928.01 万元，上缴税收 35.16 万元。

2009 年 12 月，林场生产股造林班组被广东省总工会授予“工人先锋号”称号。（劳联威）

附：镇海林场领导班子名录
场　长：梁称利
副场长：劳联威　龙友深

东山林场

开平市国营东山林场成立于1975年，是本市林业局下属的正科级事业单位。位于开平市赤水镇东山合水塘，与台山市、恩平市接壤。有林地面积3997公顷，其中生态公益林2598公顷，商品林1399公顷。辖有场部及茅滩、牛皮山、西坑、白云石等4个工区。林场场部设有1个党支部及工会组织。内设机构有办公室、生产股、森林资源管理股和企业管理股。有干部职工38人，退休职工76人。

林场主要任务是抓好林业增植生产。2008年和2009年抚育幼林分别为4800亩和6500亩。所属的楼冈名秀苗圃场、龙胜苗圃场、金鸡苗圃场等苗地，基本保证市内外需求单位的供给。认真落实护林防火工作，保证山林安全。2008、2009两年，保持无山火发生。

不断改善干部职工的工作、生活环境和福利。2009年，斥资20多万元重建篮球场，增加灯光设备和绿化带；全体在职人员和退休人员都加入医疗保险；继续提高干部职工住房公积金的比例。

注重鼓励干部职工进修学习，提高文化素质。对参加进修学习的人员，每学期每人补助300元，并提供足够的时间让员工参加进修学习。两年来参加进修的有6人。　（谭健龙）

附：东山林场领导班子名录
场　长：劳福安
副场长：彭卫国　梁树坤

渔　业

【简况】　2008年，开平市渔业发展快速，效益显著。全市共有淡水养殖面积12.1万亩，其中精养池塘面积6.8万亩；是年水产品总产量3.16万吨，总产值3.14亿元，占农业总产值的9.5%。2009年，水产养殖业以调整养殖品种结构为手段，以渔业创优、农民增收为目标，以科技兴农为方向，大力发展水产养殖业，使渔业经济快速平稳地发展。全市共有淡水养殖面积12.2万亩，其中精养池塘面积6.9万亩；水产品年总产量3.4万吨，总产值2.66亿元，占农业总产值7.9%。渔业已成为市农业的支柱产业之一。

【渔业执法】　市水产局进一步加强渔业监督管理职能，保护渔业资源，严格执行渔业法律法规，做到文明执法，严禁潭江渔场电、毒、炸鱼等违法行为。2008年出动快艇80艘次，检查渔船461艘，查获违规渔船83艘。2009年出动快艇77艘次，检查渔船560艘，查获违规渔船138艘。做好渔船签证工作，督促船主配齐消防、救生、航行等设备，做好安全生产工作。加强渔船安全监督管理，严禁超载营运，严查其他渔船非法载客。严格水产品质量安全管理工作，确保全体市民吃上放心鱼，确保市民身体健康。

【淡水养殖】　由于开平的地理位置不靠近海岸，所以水产养殖均为淡水养殖，其中又以四大家鱼及罗非鱼为主。全市2008年养殖水产品总产量2.95万吨，其中池塘2.60万吨，山塘、水库0.35万吨。2009年养殖水产品总产量3.12万吨，其中池塘2.74万吨，山塘、水库0.38万吨。高值水产品养殖可观，如养殖中华鳖年产量达420吨，产值达2520万元。其他品种鱼类也具增长的趋势，而且朝多品种的方向发展，表明市水产养殖业正向结构调整的阶段发展。

【科技兴渔】　2008年，开展渔业科技培训、协助各镇举办水产健康养殖培训班共10期，培训1100多人次。组织水产养殖人员及水产品流通大户市内外参观学习共3批，100多人次。2009年，举办培训班共12期，培训1500多人次。组织水产养殖人员及水产品流通大户市内外参观学习共3批，100多人次。加强水质管理工作，指导养殖户管理好水质，根据不同的鱼类，做好消毒和增氧等工作，保持水清、水活，透明度在30厘米左右。继续推广“一条鱼”工程，从2000年起，更是把罗非鱼作为当家水产养殖优良品种进行全面推广。近几年，由于罗非鱼加工出口贸易的迅猛发展，罗非鱼作为“一条鱼”工程在本市大力推广，至今养殖面积已经达3万多亩，年产量1.8万吨，产值2亿元，取得了可观的经济效益和社会效益。仅罗非鱼一个品种，已经分别占全市渔业总产量和总产值的60%。

【低产鱼塘改造】 低科技、低效能、低产值的养殖鱼塘一直制约着本市渔业的发展，因此，市水产局将低产鱼塘改造作为一项长期的工作目标。2008年和2009年，全市每年改造低产鱼塘2000亩。综合整治过后的鱼塘达到塘宽水深，每亩增加养殖水体约50%，以致提高效益，大幅度提高养殖同一鱼品种的亩产量；同时鱼塘环境得以改善，病害减少，成活率提高，养殖过程甚少使用渔药，降低了生产成本，水产品质量也有提高。养殖户通过整治鱼塘得到实惠，由以前的“等靠要”变为众多主动参与，热情高涨。（吴江洲）

附：市水产局领导班子名录

局　长：邝海行

副局长：谭健良　朱雪浓

水利　气象

水利水电建设

【简况】 2008年度全市完成水利投资10773.35万元，其中中央资金1496.48万元，省级资金723.96万元，江门市级资金520.11万元，县级资金2417.41万元，镇级及群众自筹5616万元，完成工程量土方66.6万m^3、石方1.45万m^3、砼方0.15万m^3。2009年度全市完成水利投资6136.28万元，其中中央资金2341.48万元，省级资金967万元，江门市级资金277.69万元，县级资金2472万元，镇级及群众自筹78.11万元，完成工程量土方59.66万m^3、石方0.53万m^3、砼方0.149万m^3。

2008－2009年度全市列入省城乡水利防灾减灾工程项目1项（立新水库除险加固工程）；2008年小水电期末发电量3100万度，2009年末发电量3354万度。加固维修江堤堤长14.42km，维修主干渠道136.7km，其中维修大中型水库主干渠道80km，改善灌溉面积20万亩；完成《广东省小型农田水利工程建设规划（2006—2015年）》的修编，完成《广东省开平市小流域综合治理规划》和《广东省开平市农业综合开发重点中型灌区节水配套改造建设规划》。较好完成各项水利建设年度计划任务。

【小型农田水利重点县建设工程】 2009年，本市列入中央财政小型农田水利建设重点县，工程项目为：九雅塘水库灌区、小娘潭水库灌区和大沙河水库灌区末级渠系的苟山支渠、獭塘支渠、大布支渠等5个配套改造工程，共需开挖疏浚渠道总长114.67km，衬砌防渗总长75.67km，新建渠系建设物354座，改造渠系建筑物1251座，需完成土石方开挖回填13.76万m^3，浆砌石0.4万m^3，砼1.13万m^3，砌砖2.01万m^3，计划总投资2026.64万元，其中中央补助800万元，省级补助800万元，其余款项地方自筹解决。该项目实施后，可恢复灌溉面积0.31万亩，改造灌溉面积2.74万亩，渠道水利用系数由0.50提高到0.70，年可节约水量1186万m^3。为确保本市中央财政小型农田水利重点县建设的顺利进行，市政府成立2009中央财政开平市小型农田水利重点县建设领导小组，切实加强领导；批准成立开平市小型农田水利重点县建设项目经理部，负责该项目的建设管理。

【病险水库除险加固工程】 立新水库2003年列入省城乡水利防灾减灾工程。此工程完成投资1267.47万元，完成土方16.09万m^3，石方1.578万m^3，其中浆砌石0.62万m^3，砼0.67万m^3。该工程于2008年10月20日完工，2009年4月26日省水利厅以粤水建〔2010〕97号批复验收销号。2009年，沙塘镇挪双坑水库列入省小型病险水库除险加固计划，总投资195万元，其中省级补助39万元，江门市补助25.35万元，本市补助76万元，其余镇以下自筹。

【人大水利议案】 关于解决小型水库安全隐患问题议案（2003－2007年）。全市列入省人大关于解决小型水库安全隐患问题议案项目共69宗，其中小（1）型水库6宗，小（2）型水库63宗。至2008年3月，69宗工程全部完成，累计完成工程量土方108.76万m^3，石方7.85万m^3，砼方1.83万m^3，实际完成投资3904.27万元，其中省补助

1069万元，江门市补助543.48万元，本市配套806.7万元，镇、村和群众自筹1485.04万元。2008年5月，通过省人大组织的检查验收，顺利结案。列入本市人大关于小型水库安全隐患问题议案项目的11宗小型水库除险加固工程同时完成，通过验收结案。完成工程量土方12.16m³，石方3.36万m³，砼0.33万m³，投资455.76万元，其中本市级386.17万元，镇、村和群众自筹69.59万元。

关于继续解决水库移民遗留问题议案（2003—2006年上半年）　本市列入省九届人大常委会第三十八次会议通过的《关于继续解决水库移民遗留问题的决议》2003年至2006年上半年计划的28条自然村，至2008年10月全部完成。在实施中，针对本市水库移民人数多，普遍存在住房差、土地缺、饮水难等突出问题，采取有效措施，加大扶持力度，实行“一村一策”的方针解决水库移民遗留问题。共投入资金8544.239万元，其中省补助2654.867万元，江门市配套670.572万元，本市自筹968.02万元，镇群自筹4020.78万元，其他部门投入230万元。完成建房176880m²，修房666m²，食水22宗，其他工程（四通一平）23宗，扶持生产（种植龙眼、荔枝）933亩，小水利1宗，受益人口1608户5892人。

关于加强贫困地区农村机电排灌工程建设议案（2004—2008年）　全市列入省人大《关于加强贫困地区农村机电排灌工程建设议案》项目有龙胜镇蟠龙、大沙镇富食、三埠办事处石海、长沙办事处平冈牛路坻、赤坎镇江南一、江南二和沙塘镇洪庙共7宗电排站，总装机容量2625kw，保护农田24840亩，受益人口25600人，工程项目以技改为主，以恢复效益为目标，更新改造老化机电设备及厂房。工程已全部按时完成并通过验收，投入使用，取得了良好的社会效益。完成总投资1297.91万元，其中省789.36万元，江门市233.29万元，本市级配套资金256.75万元。

农村饮水安全工程　本市列入江门市人大农村饮水安全议案和中央及省农村饮水不安全的规划人数有2.5779万人，涉及8个镇共9宗工程，分别是蚬冈镇春一村委会、大沙镇、马冈镇、赤水镇、龙胜镇、三埠办界岐村、赤坎镇、蚬冈镇蚬北村和塘口镇农村饮水安全工程，设计供水能力合计3628吨/日，工程总投资估算为1508.79万元。其中2008－2009年已完成4宗工程（蚬冈镇春一村委会、大沙镇、马冈镇、赤水镇），设计供水能力2298吨/日，解决农村1.516万人饮水不安全问题，工程投资992.95万元，其中中央补助121万元，省补助118万元，江门市补助45.68万元，开平市补助318.49万元管材实物。余下5宗工程（龙胜镇、三埠办界岐村、赤坎镇、蚬冈镇蚬北村和塘口镇）已全部完成立项批复和初设批复。

【水库移民工作】　根据国务院国发〔2006〕17号文件《国务院关于完善大中型水库移民后期扶持政策的意见》，全市纳入后期扶持的移民人口24308人，自2006年7月1日起，对纳入扶持范围的移民每人每年补助600元再扶持20年，后期扶持资金主要用于移民生产生活补助和解决移民村群众生产生活中存在的突出问题。2008—2009年共有180条村1900户7778人的水库移民列入后期扶持计划，省下达本市后期扶持资金共2188.44万元，其中，项目扶持41条村413户1707人；直补到人139村1487户6071人，期间改造建房面积34140m²，四通一平9宗。在贯彻国务院水库移民后期扶持政策中，按照“建设社会主义新农村的要求和完善省人大水库移民议案项目，促进移民工作再上一个新台阶”的工作思路，在实施原项目扶持的基础上，争取上级主管部门支持，完善大沙镇沃江新村、马冈镇松柏新村、苍城镇新村等试点村的基础设施建设，为本市水库移民村改造建设提供较好的示范效果。

【水利工程管理】　水管体制改革工作全面完成。2007年12月29日，开平市人民政府办公室《关于印发开平市水利工程管理体制改革实施方案的通知》，将大沙河水库、镇海水库、狮山水库、立新水库这四个单位纳入水管体改单位，定性为准公益性事业单位，人员编制重新核定。人员经费和日常公用经费由财政核补，工程维修养护经费按审核后的年度计划下拨。2008年4月8日，通过江门市水利工程管理体制改革验收小组验收。加强对河道及水利工程管理范围内建设项目的管理，2008年度完成9宗、2009年度完成2宗河道及水利工程管理范围内建设项目的审查、审批工作。加快中型水闸除险加固工作。2009年2月，委托中水珠江规划勘测设计有限公司对交流渡水闸（中型）重建进行可行性研究设计工作。完成全市水闸基本情况普查及注册登记工作。

【水资源管理】 2008年12月完成换发新版“取水许可证”，共办理取水许可申请书220份，核发“取水许可证”215套；继续推进取水许可计量安装，新安装取水计量设施10宗；积极落实水资源论证管理，开平供水集团股份有限公司建设项目通过了专家评审；开展地表水水功能区划管理，配合省水文局江门分局完成水功能区实地调查，对全市14条主要河流、五大中型水库、35宗小（1）型水库进行水功能区划，其中潭江干流、五大中型水库完成确界立碑。

从2009年5月1日起，按上级有关文件精神，调整水资源费征收标准。取水许可管理工作稳步推进，2009年度共核发取水许可证34套，其中规模以上畜禽养殖取水20套，小水电取水14套；开展入河排污口设置申请和登记，2009年度共办理入河排污口设置申请和登记共65宗。大沙河供水公司在大沙河水库灯山取水口实施控藻工程，水库水质明显改善。

【“三防”工作】 2008年影响本市的热带风暴有6次，洪涝风灾害直接经济损失0.876亿元。2009年影响本市的热带风暴5次，潭江（长沙水位站）共3次超警戒水位，全年洪涝灾害直接经济损失1.33907亿元。其中农林牧渔业损失1.24亿元，工业交通运输损失0.0132亿元，水利工程设施损失0.09267亿元。

“三防”水利部门落实各项防汛防风措施，最大限度减少灾害损失。各镇、办事处和水利工程管理单位认真落实以行政首长负责制为核心的三防工作岗位责任制，根据人员变动情况及时健全三防组织机构；全市大中小型水库、重点堤围水闸、水电站落实防汛行政责任人和技术责任人，逐宗签订《水利工程防汛安全责任书》，并在媒体上公布责任人名单，接受社会监督。汛前开展全市性防汛安全专项检查，对检查出来的隐患问题，提出相应的整改措施，落实责任，限期处理。汛期坚持24小时值班制度，密切注意雨情、水情、风情的变化及趋向。落实各项防洪非工程措施，全市大中小型水库全面按省定标准储备防汛砂石，大大提高了水库工程防汛抗洪能力；市防汛物资中心仓库建成投入使用，提高了防汛物资统一储备、统一调度的能力；落实防汛抢险队伍，市常设有一支50人的防汛抢险队伍和一支民兵轻舟分队，各镇办事处都落实抢险队伍；修订、完善水库工程《防御特大洪水工作预案》。2008年、2009年，全市共启动防风应急响应Ⅲ级4次、Ⅳ级1次，最大限度减少了灾害损失。加强与水文、气象部门和宣传传媒联系，建立信息互通快速通道，提高防汛信息传送效率。大力开展三防水利信息化建设，加强对大中型水库已建水情通信遥测设施检查维护，确保运行正常；分批完成124宗小型水库动态监管系统建设，有效解决小型水库水情观测设施陈旧、手段落后的难题，为防汛调度和应急指挥决策提供了有力的支持和保障。在防御台风暴雨的关键时刻，各级党委、政府和三防部门坚持以人为本，科学防御，上下联动，密切配合，措施得力，实现了全市无一水库工程出险、无一防汛安全责任事故发生，确保了人民群众生命财产安全。

【水行政执法】 2008年3月22—28日，以“发展水利，改善民生”为主题，开展“世界水日”“中国水周”宣传活动。2009年3月22—28日，以“落实科学发展观，节约保护水资源”为主题，开展“世界水日”、“中国水周”宣传活动。出动宣传车到各镇办事处及取水单位开展水法宣传活动，全市悬挂宣传横幅80条，张贴宣传标语1200多条，收到良好的宣传效果。

加强河道采砂管理。2008年3月26日，成立了由政府牵头，水利局、公安局、国土局、海事处、航道站、水产局等职能部门共同参与的河道采砂管理工作领导小组。同年9月12日组织本市第二次河道采砂权公开竞投会，经过激烈的竞投，最后有6个可采河段成功拍出，发放“河道采砂许可证”共6个。

加大水利违法案件的处理力度。水政监察执法队伍采取水陆两路出勤相结合，定期或不定期对全市河道、水工程设施加强巡查，出动巡查次数125次，查处河道违法采砂案15宗，立案处理3宗，办理水事纠纷案件4宗，加强巡查及执法，对违法乱采、偷采份子起到了一定的震慑作用，确保河道采砂有序进行，防止超采、滥采、乱采

等行为发生，创建和谐河砂开采新秩序。(李志权)

附：市水利局领导班子名录

局　　长：胡　震

副 局 长：周荫罗（～2009.11）

梁绍良

杨惠炽

陈永康(2009.12～)

党组书记：吴岳灵(2009.12～)

纪检组长：司徒美杏

主要水库简介

大沙河水库

位于本市西北部，属潭江支流镇海水开平水上游大沙河，库区地处开平、恩平、新兴的交汇处。1958年11月28日动工兴建，1960年2月基本建成并发挥效益。水库集雨面积217km^2，总库容2.58亿m^3，正常库容1.568亿m^3，是一宗大（2）型水库。库区主要建筑物有土坝14座，总长3963m，最大坝高24m，其中主坝长167m；输水涵管5座，其中主坝输水涵管最大流量为40 m^3/s；泄洪闸2座，最大下泄量为228 m^3/s；坝后电站3座，装机容量2140kw，年发电量近400万度，灌区主干渠长42km，支渠总长399km，灌溉本市龙胜、马冈、塘口、赤坎、百合、沙塘和恩平市沙湖等7个镇的13.55万亩农田。水库的主要功能是灌溉、防洪、供水、发电和养鱼等。水库集雨区内宜林面积约22万亩，属水库管理3850亩，以种植松树为主，2007年划为生态公益林2600亩。大沙河水库安全加固工程于1993年纳入省水利基建工程，总投资2259.9万元，分3年实施，工程质量等级评为优良工程，水库经安全加固后，达到100年一遇洪水设计，2000年一遇洪水校核的部颁标准，捍卫下游25万人口、农田10多万亩。灌区整治于2003年列入国家农业综合开发水利骨干工程，总投资2205.26万元，2004年6月开工，2006年6月完工，同年8月通过省级验收，工程质量等级为优良，灌区经整治，全渠通水时间由过去8天左右缩短为5天，渠道水利用系数由0.5提高到0.65，年节约用水量3813万m^3。为解决开平市区及沿途35万人食用水和工业用水，1991年12月大沙河供水工程动工兴建，第一期工程于1993年3月完成供水，第二期工程于1995年1月完成供水，第三期工程于2006年4月完成供水，主管道沿线设10个供水口，供原水到各镇水厂，通过制水再供水到户，设计年供水能力4550万m^3，水质经过检验完全符合国家规定的生活饮用水标准。

大沙河水库为全民所有制股级事业单位（准公益性事业单位），人员编制102人，设领导职数4名，其中主任1名，副主任3名。经费形式原为自收自支，2007年12月重新核定为财政核补。1996年12月被水利部水利管理司授予“全国水利系统水利管理先进集体”称号。2000年5月8日被省水利厅命名为“广东省水利系统文明单位”，2004年12月10日经复审获省水利厅命名为“广东省水利系统文明单位”。　（张景校）

附：大沙河水库领导班子名录

主　任：张景校

副主任：方灿权　潘振双　甄清惠

镇海水库

位于本市北部，属潭江支流镇海水上游侨乡水，库区地处开平市、新兴市交汇处。1958年动工兴建，1960年春基本建成并发挥效益。水库集雨面积128km^2，总库容1.14亿m^3，正常库容7670万m^3。库区主要建筑物有土坝4座，其中主坝长163.5m，输水涵管2座，最大放水流量12 m^3/s，泄洪闸1座，最大下泄量180 m^3/s，非常溢洪道1座，最大泄量80 m^3/s，坝后电站1座，装机容量640kw，年发电量约200万度。该水库安全加固工程1997年列入广东省水利基建计划，总投资1984.36万元，2003年9月经省水利厅和江门市水利局联合竣工验收委员会进行竣工验收，工程质量等级评定优良。水库经安全加固达到100年一遇洪水设计，2000年一遇洪水校核的部颁标准，对捍卫下游30万人口、8万亩农田及325国道、省道274线和275线、开阳高速开平段发挥重要作用。

水库养鱼面积16000亩，2008年渔业总产量达15万多斤，产值62万元。2009年全年渔业总产量达16.97万斤，产值76万元。2009年，结合水利工程管理体制改革，在水库现有的水电建筑二分公司的基础上，成立具有独立法人的水利工程养护公司，当年承接的工程项目有：大沙富食电排站，赤坎江南二电排站技改扩容工程、赤坎江南一电排站重建工程、南楼应急抢险工程以及水库的冬修工程等，总产值达700多万元。2009年7月，水库度假村成功承租。同年10月，丰源供水公司水厂在水库一工区建成投产，解决本市水口、月山等镇居民生活用水。

镇海水库为全民所有制股级单位（准公益事业单位）人员编制73人（含花身蚕水库），设领导职数3名，其中主任1名，副主任2名，经费来源原为自收自支，2007年12月重新核定为财政核补。（李祖华）

附：镇海水库领导班子名录

主　任：李祖华

副主任：劳俊枢　梁锦强

气象事业

【简况】 2008－2009年，开平市气象局深入开展学习实践科学发展观活动，以提高气象业务科技水平和服务能力为核心目标，按照"一年四季不放松，每个过程不放过"的工作要求，结合开平实际，推进现代气象业务体系建设，全力做好气象预报服务、防灾减灾工作，当好地方政府的气象参谋，为开平的经济建设和社会发展作出贡献。

落实开委办〔2008〕12号文精神，开展结对共建活动。2008年，购买电视机、DVD机、生活用品和学习用品等，扶助龙胜镇官渡党支部及村委会的困难党员、困难学生各1名和困难农户3户，同时送上慰问金。2009年，根据市委实践办的要求，为侨园社区解难题送温暖，购买复印打印机和传真机送到社区，并就社区供水问题和增设老人活动场所，分别与供水集团、园林局沟通协商解决。

2008年11月，被评为江门市"青年文明号"。

【气候概况】 2008年，开平市平均气温21.9℃，较常年平均偏低0.3℃，年最高气温37.2℃，年最低气温4.3℃；年总雨量2212.0mm，较常年平均偏多近2成；年日照时数1758.9小时，与常年持平；年蒸发量1516.1mm。

受强冷空气持续影响，从1月25日到2月14日，连续21天日平均气温在10℃以下，这是自1959年开平市（县）有资料记录以来没有出现过的长冷；这次持续寒冷天气，致种植业、养殖业遭受巨大损失，其中农作物损失2688万元，水产养殖业损失1.72亿元，禽畜养殖业损失2.15万元，林业损失110万元。

该年降水偏多，气温偏低，灾害天气多，主要是低温阴雨严重，热带气旋影响多，暴雨多。年高温日数9天，暴雨10天，大暴雨1天，大风10天，无倒春寒；6月总雨量800.1mm是常年同期的2.7倍，刷新了2001年6月589.5mm的历史同期最大值。

6月29日上午9时40分左右，沙塘镇遭受龙卷风袭击，强旋风持续时间短暂，但破坏力极强，损失巨大：开阳高速公路收费站上盖被掀翻整体变形，导致出入口需要封闭；周围建筑物、器械、农作物、树木、高压电线等不同程度损毁，合计损失300多万元；受轻伤4人。

2008年开平市共受5个热带气旋影响，分别是0801号"浣熊"、0806号"风神"、0809号"北冕"、0812号"鹦鹉"和0814号"黑格比"，其中"浣熊"是有记录以来最早影响本地的台风；9月24日强台风"黑格比"带来风暴潮，导致城区和各镇区多处水浸，同时遭遇大风，最大风速19.7m/s，极大风速34.2m/s，共造成直接经济损失约1802万元。6月6日由于受低槽和南海暖湿气流共同影响，出现204.0mm的大暴雨，当日适逢天文大潮期，大暴雨加上潮水顶托，造成城区和各镇区严重大面积洪涝。

2009年，平均气温22.7℃，较常年平均偏高0.5℃，年最高气温36.8℃，年最低气温2.7℃；年总雨量2067.6mm，较常年平均偏多1成；年日照时数1838.1小时，与常年基本持平；年蒸发量1647.4mm。7月22日开平出现日偏食，08时12分逐渐进入日偏食，9时23分进入最大食甚，到10时43分太阳完全复原。

该年降水偏多，气温偏高，灾害天气多，主要是热带气旋影响严重，大暴雨多。年高温日数21天，其中8月出现高温天气12天；暴雨8天，大暴雨有6天，大风8天。

2009年开平市共受4个热带气旋直接影响，分别是0904号“浪卡”、0906号“莫拉菲”、0907号“天鹅”和0915号“巨爵”。受0907号“天鹅”影响，直接经济损失3764.55万元，市内城区低洼地带大面积水浸；0915号“巨爵”登陆台山，出现暴雨和大风天气，极大风速达30.0m/s，总直接经济损失5771.2万元。受低槽影响，5月22日20时至25日08时，全市普降大暴雨，局部特大暴雨，市气象站录得降水356.9mm，辖区各自动站累积降水量均在250mm以上，最大为金鸡镇606.7mm；据统计，此次大暴雨造成6.05万人受灾，直接经济损失4092.39万元。

【气象现代化建设】 2008年1月1日，开平气象站的楼顶观测场正式搬迁到5公里外的开平大道北黄竹坑新观测站，结束了17年来在楼顶观测气象的历史。

两年来完成8个镇的自动气象站建设，至2009年底，实现了一镇一站的目标，全市有自动气象站16个。

2009年起开展电子显示屏的安装，增加气象信息的发布渠道。

【气象预报和测报】 逢市里举办重大活动，或春节、“五一”、国庆等重大节假日前夕，向市委、市政府及有关部门提供天气预报服务，当好气象参谋。每年高考和中考前，也向招生委员会以手机短信的方式及时提供天气预报，确保考试顺利进行。

2008年，预报质量达标的7项，其中晴雨准确率93.1%，暴雨24及48小时分别为61.4%和78.0%，低温100%，高温97.3%，台风过程84.6%，大风54.3%，登陆点97.8%，霜冻未出现。

2009年1—7月（8月起业务体制改革，由江门市局作预报）9项预报质量都达标，其中晴雨准确率93%，高温78%，低温81.3%，霜冻100%，暴雨24及48小时分别为41.4%和55.4%，台风过程、大风、登陆点均为100%，霜冻未出现。

这两年中，测报工作没有出现人为责任事故和错情。

【防雷减灾工作】 根据《中华人民共和国气象法》、《国务院办公厅关于进一步做好防雷减灾工作的通知》和《广东省防御雷电灾害管理规定》和中国气象局的《防雷减灾管理办法》等法规和文件精神，由气象局属下的开平市防雷设施检测所（简称“防雷所”），负责审核全市新建、扩建、改建的建（构）筑物和其它设施的防雷装置的设计和工程竣工验收，投入使用后的定期检测，管理防雷工程施工等。

2008年，防雷所开展防雷设计审核87宗，竣工验收97宗，雷击风险评估6宗，定期检测单位356个，发出隐患整改通知书28份。

联合市安委会、教育局，调查全市各中、小学校的防雷隐患情况，查出209所学校存在有防雷隐患问题。气象局按市政府的要求制定整改方案并督促付诸实施。截至2009年底，已整改楼房112幢。

2009年，开展防雷装置设计审核100宗，新建筑物竣工验收90宗，雷击风险评估5宗，定期检测单位352个，雷电灾害调查7宗，发出隐患整改通知书21份。

每年都结合安全生产百日督查活动、“安全生产月”的宣传活动，开展防雷知识宣传，发放小册子等宣传材料，接待群众咨询，指导公众防范雷电灾害。（余江华）

附：市气象局领导班子名录

局　长： 盘晓东（～2009.03）
邓　明（2009.12～）

副局长： 邓　明（～2009.12。2009.04～2009.11主持全面工作）
伍　星（2009.08～）

工业　商贸

经贸局领导到企业调研

经贸管理

【简况】 2008－2009年，全市商品供应充足，耐用消费品价格稳定，部分生活必需品价格上升。除部分节日大量需求的商品，如黄金、首饰、大米、面粉、猪肉、牛肉、三鸟、鲜鸡蛋、花生油、绿豆等由于节日消费量大而出现短期供不应求外，其余时间都保持供应充足。耐用消费品市场价格稳定，但部分生活必需品如农产品的价格因天气、供求关系等因素影响而持续上升。市场销售平稳增长，2008年，全市消费品零售总额78.52亿元，同比增长18.19%；其中城市消费品零售额43.39亿元，增长21.50%，农村消费品零售额35.13亿元，增长14.34%。2009年，全市实现消费品零售总额90.4亿元，同比增14.23%；其中城市消费品零售额50.94亿元，增长15.62%，农村消费品零售额39.46亿元，增长12.48%。2009年，落实国家家电下乡、家电以旧换新及汽车、摩托车下乡政策，全市销售有关各类家电产品3796台，销售总金额772.46万元，销售有关汽车、摩托车6881台，销售额5836万元。

【工业企业改制】 2008年5月，按照国家“十一五”规划的工作部署和江门市人民政府《转发省府办公厅印发广东省小火电机组关停实施方案的通知》精神，开平市发电厂全面关停柴油发电机组，完成企业关闭、职工安置工作。

2009 年 3 月 13 日，开平市平丰织布有限公司整体产权在开平市产权交易中心挂牌拍卖，最终以 4480 万元的价格成交，实现溢价 1617 万元。同年 9 月 3 日，开平三埠假日酒店以 2000 万元价格成功拍卖转让，理顺了开平三埠假日酒店复杂的债权债务。

【化纤纺织服装业】 纺织服装产业是开平市的第一大支柱产业，产业基础良好，产业链条较完备，已形成了从棉纺纱、织布、整染到时装设计、制衣的一条较完整的纺织服装产业链，拥有春晖、信达、平丰、华士达、奔达、富琳、爱颖等一批竞争力较强的规模企业。其中奔达、富琳等大型纺织企业具备了从棉花进厂到成衣出厂的一条龙生产能力，工业产出的附加值较高。春晖股份公司、开平奔达集团、开平富琳纺织制衣有限公司被中国纺织工业协会评为 2007－2008 年度中国纺织服装企业竞争力 500 强企业。 2002 年，开平市被中国纺织协会授予“中国纺织产业基地市”称号，2003 年，三埠办事处获“全国牛仔服装名镇”称号。2004 年 6 月，中国纺织工业协会与开平市共建“中国纺织产业基地市”。

2008 年，全市化学纤维年产量 38 万吨，纱年产量 6 万吨，牛仔布年产量达 2.3 亿米，牛仔服装年产近 1.1 亿件，印染布 6400 万米，无纺布年产量 6800 吨。全市纺织规模以上工业总产值 108.12 亿元，占全市规模以上工业总产值 39.75%，销售收入 102.7 亿元。2009 年，全市有纺织服装企业 420 家，其中规模以上纺织服装企业 145 家，从业人员 3.8 万多人。年产化学纤维 36 万吨，纱年产量 5.7 万吨，牛仔布 2.2 亿米，印染布 5900 万米，无纺布 6400 吨，牛仔服装近 1 亿件，产品出口到世界近 60 多个国家和地区。全市纺织规模以上工业总产值 100.65 亿元，占全市规模以上工业总产值 36.30%，销售收入 96.6 亿元。

【食品工业】 一直以来，食品工业是开平市工业三大支柱产业之一。食品企业主要集中在三埠、长沙、水口，其中罗赛洛（广东）明胶有限公司是东南亚地区最大的明胶生产企业，其食用明胶的产质量居亚洲首位。嘉士利集团公司、味事达调味品公司、广合腐乳有限公司、罗赛洛（广东）明胶有限公司、广中皇食品有限公司先后被中国食品协会授予“全国食品工业优秀龙头食品企业”称号。全市食品工业的主要产品有饼干、酱油、腐乳、花生、朱古力、淀粉、面制品、糖果、食用明胶等，其中“嘉士利”饼干、“味事达”酱油、“广合”腐乳被评为“中国名牌产品”，“味事达”酱油、“嘉士利”饼干还获评为“中国驰名商标”；此外还有“广中皇”、“家常用”、“冠奇”、“华喜天”腐乳、酱油、糖果等一系列名牌产品。

2008 年，全市生产饼干 48932 吨，酱油 61616 吨，面制品 6763 吨，糖果 736 吨，食用明胶 6577 吨。食品工业总产值 15.33 亿元，占规模以上工业总产值的 5.64%。2009 年，全市约有食品工业企业 130 家，其中年销售超亿元的企业有 5 家；从业人员 1.3 万人。全年全市生产饼干 48441 吨，酱油 87795 吨，糖果 778.54 吨，食用明胶 6434 吨。食品工业总产值 21.31 亿元，占规模以上工业总产值的 7.69%。

【乡镇企业】 2008 年，全市 15 个镇（办事处）所属企业完成现价总产值 273.19 亿元，同比增长 8.32%，完成工业增加值 55.21 亿元，同比增长 15.42%。出口交货值 60.26 亿元，同比增长 9.69%，上交税金 9.79 亿元，同比增长 14.12%。

2009 年，全市 15 个镇（办事处）所属企业完成现价总产值 306.13 亿元，同比增长 9.04%，完成工业增加值 69.10 亿元，同比增长 7.89%。出口交货值 65.77 亿元，同比增长 1.19%，上交税金 9.99 亿元，同比增长 2.75%。

【支柱产业推介会】 2008 年，开平市经贸局成功承办第五届中国（开平）牛仔服装节，为本市纺织企业提供交流平台，在整个牛仔节期间达成投资项目 25 项，总投资 7.3 亿元，贸易合同双项成交额 8.5 亿元。同时协助举办第五届中国（开平）牛仔服装节高层论坛，邀请中纺协领导对本市纺织企业作出针对性的指导，进一步提高开平牛仔服装知名度，增强产业集群综合竞争力。

积极支持本市中小企业发展，充分利用会展平台展示和推介本地区产业。2008－2009 年期间，组织全市的重点纺织企业以特装形式统一策划参展第五、第六届的中国中小企业博览会，重点展示本地区纺织服装产业，其中第六届中博会还重点宣传本市“翠山湖”省级转移工业园区，取得良好的成效。

【产业结构调整和科技创新】 2008—2009年，按照“发展低碳经济、建设绿色江门”的要求，通过技术创新、制度创新、产业转型、新能源开发等多种途径，积极促进传统产业升级。加大结构调整力度，着力提高自主创新能力。引导企业加大技改投入，完善技术创新机制，大力开发具有自主知识产权的新技术、新工艺、新产品、新材料。建立完善激励高新技术产业发展、科技创新、人才队伍建设等科技进步政策体系。利用国家扶持企业发展优惠政策，积极为工业企业向上级争取扶持资金。支持企业融资，缓解资金困难，拉动企业融资贷款，充分发挥财政资金的放大效应。2008年，组织海鸿公司等多家企业申报上级财政资金扶持，共获405万元扶持资金。2009年，共有35家企业获国家和省专项资金扶持金额1848万元，包括技改创新、政银企、中小企业贷款贴息、服务体系、担保体系等项目，促进中小企业发展。

【商业网点和市场建设】 2008—2009年，先后有国美电器有限公司广州公司、江门华通（丰田）进口汽车销售服务有限公司和江门广本汽车销售有限公司等多家著名连锁商业企业进驻三埠城区设店并相继开业。至2009年底，全市从事商品批发、零售业务的商业企业和个体商户共14270家（户），其中商业企业725家，个体商户13545户。全市商业企业中，经营面积达500平方米以上的商场超市328个，其中经营面积超过3000平方米的有华润万家生活超市、千惠西郊超市、盛丰曙光路超市、开平购书中心、丽新商贸有限公司和雅新商贸有限分司、雅新商贸有限分司中外电器广场、海城摩托车行等商场超市。全市从事商品交易的大小商品市场55个，其中专业批发市场4个，较大型的农贸市场39个。全市商品市场中，其中百汇副食品批发市场的经营面积为20万平方米、水口水暖卫浴市场为8万平方米、农机市场3万平方米、绿皇家禽批发市场为1.8万平方米。（颜剑超 张娉婷 温影帆 何瑞源）

附：市经贸局领导班子名录

局　长： 方振颖

副局长： 区长风　梁志忠　罗佳联　崔红莉

电　力

【简况】 广东电网公司江门开平供电局是国家中二型供电企业，担负开平市2个办事处、12个镇的供用电管理任务，供电面积1659平方公里，供电人口近70万人，直接抄表用户近35万。2008年，供电局内设办公室、安全监察部、生产技术部、人事部、财务部、市场部、规划建设部7个职能部门，政工部、监察审计部、工会3个党群部门，变电部、输电部、配电营业部、物流中心、计量部、调度中心6个二级管理机构，管辖14个供电所。2009年7月起，调整内设机构，设综合部、安全监察部、配电部、计划建设部、营业部、党群工作部6大部门，管辖2个营业所、12个供电所，负责管辖区内10kV及以下配网、营业优质服务和属地电网建设，110kV及以上线路由江门供电局直管，开平供电局协助管理。

2008—2009年，开平供电局先后获得全国安康杯竞赛广东省优胜企业、2008年广东省安全文化示范企业、广东电网公司2008年度明星营业窗口、2009年广东省电力应急技能竞赛组织奖、“广东省五四红旗团委”称号、“全国群众体育先进单位”称号、“广东省模范职工之家”称号、“广东省模范职工之家”等省级荣誉。

【输电】 开平区域内电网现有500千伏变电站1座，主变容量75万kVA；220kV变电站3座，主变容量共87万kVA；110kV变电站15座，全部实现无人值班，主变容量共90.15万kVA；110kV输电线路29回，共250.872公里。

【配电】 开平辖区内共有10kV线路215回，其中公用线路163条，专用52条。10kV馈线长度为2206.71公里，其中架空线路1921.67km，电缆线路285.05km。低压线路5256.25km。公用配变共1968台，总容量为429140千伏安；专用配变为2039台，总容量为676213千伏安。

2008年，开平城市用户供电可靠率为99.86%；农村用户供电可靠率为99.63%。2009年，开平城市用户供电可靠率为99.91%；农村用户供电可靠率为99.75%。

【供电】 2008年全市总供电量达203612万千瓦时，同比减少1.30%。售电总量193233万千瓦时，同比减少0.34%。其中大工业用电量117858万千瓦时，同比减少5.43%；非、普工业用电量31272万千瓦时，同比增长4.54%；农业用电量3133万千瓦时，同比增长31.31%；商业用电量16537万千瓦时，同比增长12.40%；居民住宅用电量24156万千瓦时，同比增长9.98%；稻田排灌等用电量277万千瓦时，同比减少4.73%。

2009年1—12月全市总供电210514万千瓦时，同比增加3.39%。售电总量205680万千瓦时，同比增加6.44%。其中大工业用电量122901万千瓦时，同比增加4.28%；非、普工业用电量33229万千瓦时，同比增加6.26%；农业用电量3873万千瓦时，同比增长23.62%；商业用电量17560万千瓦时，同比增加6.19%；居民住宅用电量27758万千瓦时，同比增长14.91%；稻田排灌等用电量359万千瓦时，同比增加29.81%。

【电网改造】 2008年，开平电网建设改造完成220kV百合输变电工程及配网工程，其中220kV百合输变电工程获得了广东省电力优质工程奖；开展500kV五邑输变电工程、220kV水口站扩建主变工程、110kV沙塘站扩建第二台主变工程、110kV苍城站扩建第二台主变工程、110kV新美站扩建第二台主变工程及110kV大沙输变电工程的建设。

2009年，开平电网建设改造完成500kV五邑输变电工程、220kV水口站扩建主变工程、110kV沙塘站扩建第二台主变工程、110kV苍城站扩建第二台主变工程、110kV新美站扩建第二台主变工程及配网工程，其中500kV五邑输变电工程获得了南方电网公司电网建设优质工程奖；开展了110kV大沙输变电工程、110kV翠山（开元）输变电工程及110kV骑龙（赤水）输变电工程的建设。

（李明星）

附：市供电局领导班子名录

局　长、党委书记： 欧郁强

副局长： 周强兴　方永康（～2008.11）
徐健雄　麦伟辉（2009.03～）

党委副书记： 司徒梓安

粮食商业

【简况】 开平粮食局成立于1951年3月。1997年4月8日改称“开平市粮食管理储备局”。2001年，根据上级有关机构改革文件精神，开平市粮食管理储备局改称开平市粮食局，为市政府直属事业单位。主要负责全市粮食购、销、调、存、加和地区粮食总量平衡以及辖区内的军需民用、市场供应。2004年后，经过清产核资和调查摸底，制定《开平市国有粮食企业改革方案》。至2007年底，全系统企业实现资产的优化合理配置，全市独立核算企业精简为2家（开平市粮食集团公司、开平市粮食局直属库），全面解决了困扰企业多年的“老人、老粮、老帐”问题。市粮食局坚持“收储与销售并举，一业为主，多种经营”的方针，各项工作取得长足发展。主要生产和经营的项目有开平著名的“开穗”牌小农粘、齐粒丝苗等系列优质大米。2009年，全市纳入粮食流通统计范围的粮食经营企业有50家，其中国有粮食经营企业2家，非国有粮食经营企业48家。2008—2009年，粮食总收入364044吨（贸易粮，下同），其中国有粮食经营企业收入为31729吨；粮食总支出362081吨，其中国有粮食经营企业支出为32874吨。

【中心粮库重建】 赤坎中心粮库重建工程从2008年10月开始动工，共投入1325万元，至2009年6月中旬主体工程竣工验收，7月初投入使用。新粮库由6座粮仓及其他配套设施组成，建筑面积4300多平方米，可储存粮食11000吨，比旧粮库仓容增加了5000吨。新粮库配有数字智能粮情测控系统、100吨电子地磅、电动仓储通风系统、叠堆输送带、自动升降架等自动化设备，并安装有防洪、防雷、防火等设施，其中防洪围墙高逾3米。另对库区内粮食应急大米加工厂的米、糠仓也进行重建并扩大，建筑面积195平方米，投入资金 56 万元。新粮库建成后，有效解决本市地方储备粮储存难的问题，稳定了粮食市场，确保储备粮安全。

【粮食储存安全】 2008－2009 年，均开展春、秋两季的粮食储存安全普查。普查对象为粮食局属下的直属粮库和开平市粮食集团公司，共 14 个库点，44 座仓库，各级储备粮 81474 吨。按照普查的各项标准，对企业的各类帐目、实际库存、储粮的质量情况、库区环境卫生、仓储制度的落实、库区药剂及防汛防火等情况进行了检查。经普查鉴定，库存粮食全部达标，数量真实，质量良好，符合储备粮“一符、三专、四落实”（账实相符；专仓储存、专人保管、专帐记载；数量落实、质量落实、品种落实、地点落实）的管理要求，两个储粮单位“一符四无”（账实相符，无害虫、无变质、无鼠雀、无事故）粮仓率达到 100%，保持本市“一符四无”粮仓光荣称号。

【粮食收购】 按照粮食市场行情，制定合理的收购价格。在粮食收购入库前夕，主动与邻近市县互相沟通，收集各市县的收购价格情况，结合本市实际，拟定粮食收购价格，确保各项储备粮任务的落实。2008 年全市粮食经营企业收购稻谷 40246 吨，其中国有粮食经营企业收购 25591 吨，占总收购量的 63.6%。2009 年全市粮食经营企业收购稻谷 40654 吨，其中国有粮食经营企业收购 15690 吨，占总收购量的 38.6%。

【粮食销售】 粮食流通体制改革后，本市仅保留两个国有粮食购销企业，分别是粮食局属下的直属粮库和开平市粮食集团公司。主要负责各级储备粮的管理和对粮食市场进行调控，社会上从事粮食销售活动的基本是个体和民营企业，国有粮食企业的销售份额较少。2008 年，全市粮食总销售（贸易粮）为 94826 吨，其中国有粮食经营企业销售 17633 吨，非国有粮食经营企业销售 77193 吨，国有粮食经营企业占总销售的 18.6%。2009 年，全市粮食总销售（贸易粮）为 111405 吨，其中国有粮食经营企业销售 11495 吨，非国有粮食经营企业销售 99910 吨，国有粮食经营企业占总销售的 10.3%。

【依法管粮】 按照《粮食流通管理条例》、《粮食流通监督检查暂行办法》等法律法规的要求，全面推进粮油市场监督检查工作的开展，切实履行粮食流通监督管理职能，维护正常的粮食流通秩序，保证粮食生产者和消费者合法权益。2008 年，全市按照法规办理粮食收购许可证 9 个（国有企业 2 个，个体 7 个）。经省、市有关部门培训考试，获监督检查行政执法资格的 10 人。是年，共出动 300 人次，对 70 家粮食加工、经营、转化企业的粮食收购、库存、质量、流通统计制度等进行监督检查。2009 年，全市按照法规办理粮食收购许可证 11 个（国有企业 3 个，个体 8 个）。经省、市有关部门培训考试，获监督检查行政执法资格的 8 人。是年，共出动 242 人次，对 68 家粮食加工、经营、转化企业的粮食收购、库存、质量、流通统计制度等进行监督检查，维护良好的粮食市场秩序。

（司徒若慧 关永就 周亮 李杏想 余达明）

附：市粮食局领导班子名录

局　　长：李荣兴

副 局 长：黄建华　李振亮

纪检组长：李启钿

供销社商业

【简况】 开平市供销合作社联合社（简称开平市供销社）成立于 1951 年 4 月，2001 年核定编制 19 人，内设秘书股、业务综合股、财会股、政工股 4 个机构。2006 年全系统基层企业完成改革转制后，共管辖 6 个基层中心社，5 家基层中心社股份有限公司，16 个基层分社，3 家直属公司和停办企业管理中心、社有资产管理中心各 1 个。主要职能是按照政府授权对重要农业生产资料、农副产品、烟花爆竹、废旧物资回收经营进行组织、协调和管理。全系统企业主要从事农业生产资料配送、废旧物资回收、烟花爆竹经营。2009 年全系统共有从业人员 126 人，经营网点（含挂靠）550 个。

20 世纪 60 年代至 80 年代中，供销社承担着国家物资的调拨职能，掌握相当规模的资源，形成一定的规模效益。转入市场经济后，由于职能与经销不适应，供销社系统经营开始滑坡。1992年4月，16个基层社下放各镇管理。2002年3月市供销社对直属公司改制，将“三无”（无资产、无人员、无办公场地）企业实行“关、停、并、转”，保留生产资料、烟花爆竹、废旧回收3家有市场指导、管理职能和效益的企业，直属公司开始减负运行。2005年10月，基层社重新归口管理，市供销社将全系统帐面负债8亿、历史债务沉重、濒临倒闭的16个基层社进行改革、转制，并于2006年7月全面完成。改革转制后，供销系统按新的机制模式运行，并根据服务“三农”（农村、农业、农民）的宗旨，搭建各类为农服务平台、组建新的农村经济合作组织，致力抓发展。至2009年底，共设立专业合作社21个，农村综合服务社（或称为农服务中心）7家，行业协会5个。2008－2009年，供销社系统在巩固改革成果的基础上，成功化解历史债务5.2亿元，全系统逐步摆脱困境，重现生机。2009年，全系统商品购进总额42020万元，比上年增长8%；销售总额47542万元，比上年增长13%，主要经济指标连续7年实现逐年增长，连续6年实现盈利。全系统所有者权益1亿元，比2008年增长20%；资产负债率69.5%，比2008年下降8%。

【供销中心社】　1992年4月，市供销社16个基层社全部下放各镇管理。由于长期下放，大部分基层社经营出现亏损，个别基层社已处于失管失控状态。2005年底，基层社帐面总负债1.85亿元，欠缴养老、失业、工伤、女工生育四项社保费667万元，欠职工集资款116万元。95%以上基层社严重资不抵债。2005年11月，市政府正式将基层社重新归口市供销社管理，结束基层社下放镇管长达13年零7个月历史。2006年1月，市供销社以市府办〔2005〕195号文为依据，结合基层社人、财、物状况，按照“一社一策”原则，全面推行基层社的改制。2006年7月，通过整合资源，16个基层社按行政区域组建起长沙、水口、苍城、赤坎、金鸡、马冈6个基层供销中心社，其中5个中心社又分别成立股份有限公司。2008－2009年，各个中心社紧紧围绕市供销社制定的“一社（公司）一特色”发展思路，以组建和完善农产品种植专业合作社、综合服务社、为农服务中心等农村经济合作组织作为服务平台，带动农民种植增收、致富，促进社有经济的发展。在此期间，马冈中心社以春种黑皮冬瓜，金鸡中心社以冬种马铃薯，苍城中心社以秋种反季节西瓜、冬种马铃薯、辣椒、粉马蹄，常年种台湾木瓜等种植项目，为当地农民增收致富和拉动社有经济发展闯出了好的路子。此外，长沙供销中心社推广良种水稻、赤坎供销中心社培育香蕉二级苗、水口批发新型农药等业务也成为基层中心社拓宽为农服务领域，促进社有经济发展新的亮点。

附表1：

供销中心社情况一览表

中心社名称	设立时间	设立的股份有限公司名称	负责人	地　　址	编号	下辖基层社
水口供销中心社	2006年4月	东荣供销中心社股份有限公司	劳永欢	水口中山路150号	1	水口供销社
					2	月山供销社
					3	水井供销社
长沙供销中心社	2006年4月		梁欢明	长沙杜澄开发区林峰村北侧	4	长沙供销社

续上表

中心社名称	设立时间	设立的股份有限公司名称	负责人	地　　址	编号	下辖基层社
赤坎供销中心社	2006年4月	达荣供销中心社股份有限公司	周仍普	赤坎堤东路65号	5	赤坎供销社
					6	塘口供销社
					7	百合供销社
金鸡供销中心社	2006年4月	西南供销中心社股份有限公司	刘国明	金鸡镇银龙路82号后座	8	金鸡供销社
					9	蚬冈供销社
					10	赤水供销社
					11	东山供销社
苍城供销中心社	2006年4月	沙苍龙供销中心社股份有限公司	张活强	苍城镇南门街南园地下	12	苍城供销社
					13	沙塘供销社
					14	龙胜供销社
马冈供销中心社	2006年4月	马大供销中心社股份有限公司	黎均洪	马冈镇永宁街8号	15	马冈供销社
					16	大沙供销社

附表2：

基层分社情况表

名　　称	设立时间	申请营业执照时间	负责人	社　址
金鸡供销社	1951年4月	1986年4月	刘国明	金鸡镇银龙路82号后座
蚬冈供销社	1951年4月	1986年4月	黄国安	蚬冈镇沿江一路17号
赤水供销社	1951年4月	1986年4月	谭平章	赤水镇永华路79号
东山供销社	1951年4月	1986年4月	林华兴	赤水镇东山路42号
沙塘供销社	1951年4月	1986年4月	张振兴	沙塘镇南后街11号
苍城供销社	1951年4月	1986年4月	张活强	苍城南门街南园地下
龙胜供销社	1951年4月	1986年4月	杨作胜	龙胜墟大新街7号
马冈供销社	1951年4月	1986年4月	黎均洪	马冈镇永宁街7号首层之二
大沙供销社	1951年4月	1986年4月	梁沃湛	大沙镇头地
水口供销社	1951年4月	1986年4月	周超文	水口镇中山路150号
月山供销社	1951年4月	1986年4月	黄俊斌	月山镇月东街7号之一
水井供销社	1951年4月	1986年4月	黄国本	月山镇东城路26号

续上表

名 称	设立时间	申请营业执照时间	负责人	社 址
赤坎供销社	1951 年 4 月	1986 年 4 月	李仲旋	赤坎堤东路 65 号
长沙供销社	1951 年 4 月	1986 年 4 月	梁欢明	长沙杜澄开发区林峰村北侧
百合供销社	1951 年 4 月	1986 年 4 月	邓明星	百合镇商业街 38 号
塘口供销社	1951 年 4 月	1989 年 12 月	谢子帮	塘口四九冈陵村委会办公室楼下一号地下

【凯达农资连锁总店】 开平市供销社凯达农资连锁总店(原开平市凯达实业发展公司)，改制之前为开平市农业生产资料公司，始建于 1952 年。主要经营化肥、农药、农膜等农业生产资料。总店拥有仓库面积 5000 多平方米，复合肥厂 1 间，水运码头 2 个，设备齐全。2007 年以来，为重树农业生产资料流通的中坚地位，总店利用现代经营方式和新型流通业态，将原有分散、传统的经营网点改造、整合和提升为现代流通网络，目前，覆盖全市农资连锁配送服务网络已基本建成。总店下设农资配送中心 1 个，发展连锁经营网点 124 个（其中镇级 14 个，村级 110 个）。推行统一标识，统一进货、统一配送、统一价格、统一管理、统一服务规范。网点遍布全市乡镇，配送覆盖率达 80%，并辐射粤西及邻近市县。总店年销售额达 8000 多万元。

2008 年 3 月，总店被广东省供销合作社综合评审认定为“2007 年省供销社系统连锁经营龙头企业”。

【农民专业合作社】 2008—2009 年，由开平市供销社系统领办或参办的专业合作社 21 个，其中农资专业合作社 12 个，农民种植专业合作社 9 个。农资专业合作社入社社员 66 户（人）。农产品种植专业合作社入社社员 300 多户，带动农户 1000 余户。每年创(领)办农产品种植示范基地 10 多个，种植农产品有马铃薯、黑皮冬瓜、木瓜、白瓜、西瓜、兰豆、玉米、辣椒、茄瓜、粉马蹄等 10 多个品种，基地种植总面积 1500 亩，每年辐射带动农民种植 3500 多亩。平均每年助农增收达 400 多万元。

随着服务“三农”工作的深入开展和综合服务效能的提高，供销社组建的各类农民专业合作社发展规模越来越大，已成为助农增收的有效载体。2009 年，苍城联光农产品种植专业合作社、金鸡金农蔬果种植专业合作社和马冈马大蔬果种植专业合作社被省供销合作社系统综合评审确认为“2007 年度省级示范专业合作社”。

附表 3：

种植专业合作社一览表

名 称	设立时间	负责人	入社社员（户）	社 址
金鸡镇金农蔬果种植专业合作社	2006.10	刘国明	40	金鸡镇银龙路 82 号后座
沙塘镇联光农产品种植专业合作社	2007.09	张活强	46	沙塘镇镇西路

续上表

名　　称	设立时间	负责人	入社社员（户）	社 址
马冈镇马大蔬果种植专业合作社	2007.03	黎均洪	60	马冈镇永宁街7号首层之二
苍城东河辣椒种植专业合作社	2008.11	张活强	60	苍城镇联兴墟联兴村委会
苍城农发果蔬种植专业合作社	2006.08	张活强	7	苍城镇南门街南园首层
赤坎兴塘果蔬种植专业合作社	2006.11	谢子帮	9	赤坎堤东路64-65号铺位
长沙镇长裕蔬果种植专业合作社	2007.03	梁欢明	6	长沙幕桥东路32号2幢地下
月山镇荣东蔬果种植专业合作社	2008.08	余伟健	15	月山镇月东街7号之一
塘口兴陵果蔬种植专业合作社	2007.08	李仲旋	8	塘口四九冈陵村委会办公室楼下二号铺位

附表4：　农资专业合作社一览表

名　　称	设立时间	负责人	入社社员（户）	社 址
金鸡农资专业合作社	2006.03	刘国明	8	金鸡镇银龙路82号后座
苍城农资专业合作社	2006.03	张活强	6	苍城南门街南园地下
马冈农资专业合作社	2006.03	黎均洪	10	马冈镇永宁街7号首层之二
大沙农资专业合作社	2006.03	梁沃湛	3	大沙镇头地
龙胜农资专业合作社	2006.03	杨作胜		龙胜墟大新街7号
塘口农资专业合作社	2006.03	谢子帮	7	塘口四九冈陵村委会办公室楼下一号地下
水口农资专业合作社	2006.03	关绍洪	10	水口镇中山路150号
月山农资专业合作社	2006.03	余伟健	8	月山镇月东街7号之一
百合农资专业合作社	2006.03	邓明星	3	百合镇商业街38号
蚬冈农资专业合作社	2006.03	黄国安	5	蚬冈镇沿江一路17号

续上表

名　称	设立时间	负责人	入社社员(户)	社　址
水井农资专业合作社	2006.03	黄国本	9	月山镇东城路 26 号
赤水农资专业合作社	2006.03	谭平章	4	赤水镇永华路 79 号
注：至 2009 年，开平市工商局还没有对农资专业合作社进行工商登记的先例，因此，12 家农资专业合作社没有在工商局注册备案。				

【农村综合服务社】　农村综合服务社，也称为农服务中心，是供销合作社为农业、农村和农民服务的前沿阵地，是开拓农村市场的基本环节和直接载体。2008 年以来，先后组建起 7 家综合服务社（为农服务中心）。为了规范综合服务社的建设，提升服务效能，供销社着力从以下四个方面抓：一是服务功能齐全。按照集农民生活、农业生产资料供应、技术咨询、科技书籍参阅以及文体娱乐活动于一体、服务功能齐全的标准组建。二是选址布局合理。各个服务点都选择在人口集中、耕地密集、以方便农民为宗旨的地点设立，积极为当地的农业生产提供各类贴身服务。三是多种形式的运作机制。服务社充分整合资源，吸纳社会资本，引进经营能人、科技专才，开展多种形式运作，多方面满足“三农”（农村、农民、农业）的需求。四是争取上级扶持。市供销社在做好业务指导的同时，每年向上级争取对综合服务社（为农服务中心）的扶持，助力推进综合服务社服务功能的提升。两年来，七个服务点在搞活农村商品流通，统筹城乡经济，建设农村社会化服务体系，助农消费，净化农村市场等方面发挥了重要作用。

附表 5：　　农村综合服务社一览表

名　称	设立时间	负责人	社　址
沙塘镇丽洞综合服务社	2008.07	劳炎桓	沙塘镇丽洞泰山村委会
苍城石桥综合服务社	2009.03	陈伟达	石桥墟水楼园胜桥村委会
马冈大厂综合服务社	2008.03	黎均洪	马冈镇大厂管理区马路边
长沙为农服务中心	2009.05	梁欢明	长沙杜澄大道南林峰北侧
月山二七为农服务中心	2009.04	何长伟	月山镇二七墟
金鸡为农服务中心	2009.06	关达添	金鸡镇银龙路 82 号后座
赤水为农服务中心	2009.07	吴德祥	赤水镇永华路 79 号

【行业协会】　全系统先后成立了农副产品流通经纪人、生产资料流通、烟花爆竹销售、再生资源和酒类行业共 5 个协会。通过协会的形式，发挥服务、自律、协调和监督作用，沟通政府和行业的联系，加强各行业产、购、销过程的信息、技术、营销的管理和指导，把小生产接入大市场。为推动各个行业向产业化、规范化、规模化发展和繁荣侨乡经济发展起到了较大的作用。

附表 6:　　行业协会一览表

名　称	设立时间	负责人	会员数（人）	地　址
开平市再生资源行业协会	2007．03．06	利英伟	360	开平市三埠获海风采路 96、98 号
开平市农业生产资料流通协会	2006．10．11	张常辉	123	开平市三埠区新昌大兴街 7 号
开平市农副产品流通经纪人协会	2007．09．11	劳永欢	70	开平市三埠区新昌大兴街 7 号
开平市酒类行业协会	2008．01．04	何明安	186	开平市三埠区新昌大兴街 7 号
开平市烟花爆竹销售协会	2006．10．11	梁祥湛	58	开平市三埠区新昌大兴街 7 号

主要协会简介：

农副产品流通经纪人协会　成立于 2007 年 9 月，现有会员 70 人，其中团体会员 6 个，个体会员 64 个。在这 70 个会员中，本地会员 54 个，外地（省、市、县）会员 16 个。业务涵盖了种植业、养殖业、流通运输、中介服务等多个方面。协会成立以来，共为农民推销农副产品马铃薯、大青冬瓜及各类疏果 1 万多吨，金额接近 1000 万元。

再生资源行业协会　成立于 2005 年 7 月。

2008－2009 年，两年来，以物资回收公司为龙头，充分利用行业协会的作用，推进系统内外的回收网点进行合作，并以“专业市场+流动收购人员”的模式规范完善 3 条收购街，整合再生资源网点 265 个，流动收购人员 300 多人，为巩固发展再生资源回收利用网络奠定了基础。

【供销舵手杨源想】　杨源想，1953 年 6 月出生，汉族，中共党员，大学本科学历，开平市供销合作社联合社党组书记、主任。2001 年 11 月从市财办调任市供销社。上任以来，他锐意改革，开创了供销社工作新局面。2002 年，对供销系统 16 个直属公司进行改革； 2006 年 7 月，提前 5 个月完成市委市府在 2005 年下达市供销社的对 16 个基层社的改革任务。全面完成改革工作后，他带领全体人员一心一意谋发展。至 2008 年，供销系统成功化解历史债务 5.2 亿元。至 2009 年，共组建起 21 个农民专业合作社、6 家农村综合服务社、4 个行业协会、10 多个农产品种植示范基地，并筹款 576 万元为供销系统困难企业的 1400 多名退休人员办理了职工基本医疗保险。供销系统重获新生。

2002－2008 年，杨源想连续 7 年被评为开平市经济工作先进工作者。 2007 年 5 月，被广东省人事厅、省供销社授予“广东省供销社系统先进工作者”。同年 6 月，被江门市人事局、江门市供销社授予“江门市供销社系统改革发展先进工作者”。2008 年 12 月，由中共开平市委组织部、开平电视台、开平供销社联合摄制的专题片《供销舵手杨源想》，由于事迹感人，在江门市首届农村党员干部现代远程教育优秀教学课件观摩评比会议上获得金奖。　（梁祥湛　甄劲夫　崔少红）

附：市供销合作社联合社领导班子名录

主　任： 杨源想

副主任： 张常辉

黄文溢

二轻联社

【简况】　2001 年 10 月，根据开平市党政机构改革工作部署，设置开平市二轻集体企业联社。

此前，曾先后沿用开平县手工业科、开平县手工业联社、开平县手工业局、开平县第二工业局、开平县二轻合作联社、开平市二轻工业局牌子。20世纪70－90年代初，拥有企业53家，职工人数近5000人，为社会解决不少人员就业，是当时开平市(县)经济的三大支柱行业，对开平市(县)的经济发展起举足轻重的作用，作出了历史性贡献。随着开放改革，手工业作坊式的生产模式已经不适合时代发展要求，其中大部分被机械化、自动化生产取代。2005年，原有22家企业相继停产、关闭、拍卖、破产，先后有1663名干部职工下岗。其中列入市改制企业9家，已完成改制工作5家，未完成改制企业4家（在册职工53人)，正在梳理产权和在资产处置阶段 。

【资产运营】 二轻联社现只是服务型机关单位，没有行政事业性收费，前几年主要是靠行政办公大楼商铺出租收入，后因涉及担保诉讼被中院依法强制拍卖处理，现仅靠其他少数物业和部分商铺短期合约出租，单位运营唯有加强稳定物业管理，保障基本经济来源，做好节支，降低费用开支。

至2009年末，仍有4家有厂房的企业，由于厂房破旧，属危房，产权界定不清，无国土证或房地产权证；而且，由于资产质量差，价值不高，资产变现非常困难，企业改制工作一直无法突破。联社重点抓好理顺内部关系和外部关系，争取上级有关部门支持和企业职工的理解，认真掌握企业资产的资值和资产变现工作，尽快完成企业改制工作。

【债权债务清理】 属下企业因历史原因，债务官司多，资金运作困难，相继停产、关闭。因担保或抵押，联社也涉及诉讼，被法院查封拍卖有关资产。联社根据市政府的改制政策，实行一企一策的安置办法，对企业资产状况进行清产盘查，划清债权债务的具体情况，进行计划安置费用等，理顺对资产变现的资金，重点解决好企业在册职工的欠缴社保费和退休职工个人代单位垫支的社保费、医疗费。另外积极筹集资金解决15家企业708名退休职工的社区管理费，将退休职工移交社区管理。

【二轻企业管理】 积极履行“指导、维护、协同、服务”的管理职能，努力为企业服务，为构建健康辖区，保障企业改制过程的和谐稳定。至2009年12月，为企业职工及时办理信访事项9件，为企业职工解决合理诉求7宗，162人次。

二轻企业资产状况复杂，二轻联社认真执行企改工作的规范化运作，整合资源，盘活残存资产，组织资金，增强化解历史问题的实力，稳妥地解决问题。

【企业改制、人员分流】 全力保障辖区原二轻企业职工在失业期间领到失业救济金，并提供再就业机会。2008年筹集资金446.05万元安置3家企业（木器厂、服装厂、皮鞋厂）105名职工和解决职工退休代缴单位欠缴社保费。

2009年11月，筹集资金7.1万元，一次性发放4家企业（潭江五金厂、电镀五金厂、物资公司、钟表行）47名退休职工的企业委付款。

至2009年末，为全市二轻系统包括14个综合社企业的680名职工，落实关于《开平市早期离开国有和县以上集体企业人员一次性缴纳养老保险处理意见》，协同查找档案资料和核实工龄的工作。

落实《关于开平市困难企业退休人员参加城镇职工基本医疗保险工作方案的通知》，协助办理15家企业的退休职工226人免费参加医疗保险。实现他们老有所养，保障基本生活的愿望，促进社会和谐，体现政府以人为本、执政为民的宗旨。

【其他工作】 2009年按开平市实施和参照公务员法管理单位（财政供给自供），筹集75万元一次性解缴落实联社机关工作人员在岗干部、职工和退休干部39人的基本医疗保险、职级津贴及补贴的福利待遇。

（余东照）

附：市二轻联社领导班子名录

主　任：谢健庵

副主任：吴锦洪

烟草专卖

【简况】 开平市烟草专卖局、广东烟草开平市有限公司是开平市烟草行业的政企合一单位。开平市烟草专卖局是行政执法部门，负责对烟草的生产经营实行统一管理，规范卷烟流通秩序，打击烟草市场的违法经营活动，保护合法经营，维护国家利益和广大消费者的权益。广东烟草开平市有限公司是开平市唯一合法的卷烟批发企业，负责全市的卷烟货源组织供应。现内设6个部门，有员工159人。

【卷烟营销】 坚持“心系零售客户、服务千家万户、满意创造价值”的服务理念，增强服务意识，努力为顾客提供优质服务。两年来，克服卷烟价格倒挂的压力，推行“按客户订单组织货源”营销模式，着力提升市场服务水平和服务质量。2008年，共购进卷烟43720箱，销售卷烟43852箱，实现税利18679万元，比2007年增长20.98%。2009年，共购进卷烟43191箱，销售卷烟43288箱，实现税利18115万元，比2008年下降3.02%（如剔除国家调整税利政策的因素，同比增长10%）。

【专卖打假】 本着“属地管理、守土有责”的高度责任感，切实履行职责，高压打击开平卷烟市场“假、私、非”经营行为，严格规范卷烟市场秩序，成效显著。2008年，立案查处涉烟案件47宗，先行登记保存违法卷烟255.98万支，上缴国库罚没款7.2万元。2009年，立案查处涉烟案件65宗，先行登记保存违法卷烟299万支，上缴国库罚没款4万元。

【基础管理与精神文明】 2008—2009年，相继引入质量及职业健康安全管理体系、对标管理等先进管理模式，开展基层创优活动，强化安全管理和现场管理，提升了基础管理水平；开展学习实践科学发展观、学习实践“两个至上（即国家利益至上、消费者利益至上）”和企业文化建设等活动，营造积极向上的良好气氛。

【开平烟草改革发展20年】 *烟草专卖管理* 1994年1月，烟草专卖局（公司）正式从商业局脱离出来，独立办公。90年代是烟草市场蓬勃发展的时期，烟草专卖局积极履行职责，全面打击制售假冒伪劣卷烟、走私卷烟以及非法渠道购销卷烟等行为。1999年以后，随着烟草商业体制变更、行业治理整顿持续深入，烟草行业强化专卖执法职能，实施户籍化分类管理，逐步加强烟草专卖行政许可工作，严厉打击制售假冒卷烟活动，至2009年底，全市辖区内持有“烟草专卖零售许可证”的卷烟零售户2818户。

卷烟经营与网点 烟草专卖局（公司）组建的初期，主销品牌有地产烟广州双喜、羊城、椰树、金驼等；省外烟品牌有云南的云烟、红塔山、红梅等；国外进口卷烟有“555”、“万宝路”、“健牌”等。随着国内烟草市场的发展，开平烟草经营顺应全国行业形势，将经营重点重新向省产烟转移，从争货源转向做市场。自1998年开始，逐步规范烟草销售网络建设，设有市区长沙、新昌、东兴、沙冈和乡镇的水口、赤坎、苍城、金鸡等下伸网点8个。2000年后，全市卷烟市场供求在总量上趋于平衡。2003年后，随着卷烟生产企业调升产品档次，造成部分畅销品牌卷烟脱销，卷烟经营户货源有效供应不足，公司大力推广国产名优及新牌号卷烟，引导消费，形成以中高档卷烟为主，结构合理，供求对接的总体局面，卷烟品牌由分散走向集中。多年来，十几辆送货车每天穿梭于全市各个镇（区）的大街小巷，为全市卷烟零售客户提供免费送货服务。

2003年，广东省烟草专卖局(公司)实施“一体两翼、多个支点”的发展战略，把管理健全、经营规范、各项工作协调发展、经济效益显著的8个单位评定为“支点”。开平市烟草专卖局（公司）以优异的业绩成为全省3个县级“支点”之一。

在全省烟草行业实行工商管理体制分开后，开平烟草销售网络建设的重点进一步向建设现代流通体系转移。从2008年开始，开展“按客户订单组织货源”工作，把握市场真实需求，改善有效供应，促使市场供需从总量和结构上相互对接。

（敖宝嫦）

附：市烟草专卖局（公司）领导班子名录

局长（总经理）：雷民照

副局长：关夏敏

副局长（副总经理）：苏健荣（～2008.07）

副局长（副总经理）：谭力更

副局长（副总经理）：司徒子安（2008.11～）

盐　业

【简况】 广东省江门盐业总公司三埠分公司(广东省江门市盐务局开平分局）为国有盐业管理机构，负责开平市、恩平市和鹤山市（五个镇）200多万人口的盐业行政管理和供应，是国家食盐定点生产企业和食盐批发AA级企业。

2008年，公司盐产品总销量28454吨，其中食品加工用盐14428吨，小工业盐8804吨，小包装食盐5222吨；碘盐出仓合格率为100%，碘盐覆盖率为98.3%。2009年盐产品总销量30967吨，其中食品加工用盐17479吨，小工业盐7582吨，小包装食盐5906吨；碘盐出仓合格率为100%，碘盐覆盖率为98.8%。

【食盐专营】 按照国家食盐专营政策的规定，实行“定点生产许可证”、“运输准运证”、“批发、零售许可证”的“三证”管理制度。同时建立健全顺畅的、方便群众的食盐销售网络。至2009年末，在三埠分公司管辖销区内设置食盐批发网点22个，发放食盐零售许可证2495个。形成覆盖城乡、具有食盐专营自成体系特点的销售网络，方便群众，确保供应。

坚持依法治盐，整顿和规范盐业市场秩序，强化市场监管，严肃查处盐业制假、贩假、走私、贩私等涉盐违法行为，净化盐业市场，确保人民群众吃上合格碘盐，形成“政府行为，部门职责，社会参与”的管理机制。2008年共查处盐业违法案件49宗，查获各类违法盐产品10.45吨，罚款人民币6450元；2009年共查处盐业违法案件16宗，查获各类违法盐产品40.51吨，罚款人民币8950.00元。

【盐业生产】 2004年，公司配备两条自动生产线，年生产能力达10000多吨。严格按照国家和行业相关质量标准进行盐产品的生产分装，并定期接受卫生、技监等部门对盐产品的抽样检验，确保食盐安全。2008年购置了一套电子监控设备，对碘盐生产车间的生产线进行全方位监控，为食盐安全提供保障。2008年生产分装小包盐达9000吨，2009年生产分装小包盐9400多吨。

（彭丽娅）

附：江门市盐务局开平分局领导班子名录

经理（局长）： 甄国基（～2008.04）
麦灼华（2008.05～）

副经理（副局长）： 陈志强　陈树均

交通　邮政

交通行政管理

【简况】 至2009年底，全市公路通车总里程达到1702.1公里，其中境内高速公路28.6公里，一级公路144.3公里，二级公路134.4公里，三级公路 242.4公里，四级公路595.6公里，公路密度每百平方公里102.57公里，有大、中、小公路桥梁394座11143.3延米。全年客运量2657.3万人，客运周转量108947.4万人公里。全市航运通航里程105公里，港口泊位36个，全年港口货物吞吐量240.22万吨。

【基础设施建设】 2008年，全市交通基础设施建设完成投资 4887 万元，完成公路改建工程共18.29 公里。开平大道建设工程全年完成投资3293万元，全面完成路面工程，开工累计完成投资1.48亿元。赤马线二期改建工程开平立园路口至塘口四九段7.89公里按二级公路标准改造，全年完成投资645万元，年底全面完工通车。地养公路建设全年完成投资1167万元，完成县道月沙线改建工程、县道马稔线改建工程共5公里和乡道联蒲线改建工程、乡道赤三线改建工程共 5.4公里；完成大圣线联兴圩口渡槽桥、义二线人民桥和水电站桥、赤三线西和桥、新宅线洞口桥、苍城潭碧桥、高墩线水浸村二桥等中小桥梁共 7座120延米。农村客运候车亭建设方面：完成赤水镇五星村候车亭、高龙村候车亭等20个农村客运候车亭建设。位于苍城镇新区、总投资500万元、按三级客运站标准建设的苍城客运站土建工程于12月18日通过竣工验收。2009年，全市交通基础设施建设完成投资6454万元，完成新建、改建公路工程共22.61公里。开平大道全面完成绿化工程、标志标线、红绿灯、路灯等配套设施的建设，全年完成投资2244万元，开工累计完成投资1.71亿元。省地养公路改建工程全年共完成投资1304万元，完成赤三线、马稔线、义二线等项目改建工程共15.3公里，其中赤三线5.3公里、马稔线3公里、义二线4.5公里和蟠龙公路2.5公里，并完成县道大圣线新村桥、丰梧线塘角口桥等危桥危涵的改造工程。

【开平大道工程】 开平市在开阳高速公路建成通车之后，为提高市区与开阳高速公路之间的交通连接效率和促进市区经济发展而兴建该重点工程。它连接开阳高速公路、省道稔广线、国道325线，起点在开阳高速公路梁金山全互通立交出口，途经翠山湖新区、梁金山、鳅鱼潭水库、梁金山垃圾处理场和长沙街道办事处的新民、爱民、西安、东乐、杜冈、三江等村委会，终点在国道325线三江平交路口，全长7.31公里。按一级公路技术标准设计，设计行车速度100公里/小时，双向六车道，路基宽33.5米，路面为沥青混凝土路面，行车道宽22.5米，桥涵与路基同宽。2005年12月开工建设，2007年12月全面完成路基桥涵工程并通过交工验收，质量评定优良率达 100%；2007年11月路面工程正式施工，2009年2月全面完工并通过交工验收，2009年2月28日正式通车。

【公路管理养护】 2008 年，省养公路里程298.28公里，其中国道43.7公里，省道121.58公里，县道60.59公里，乡道72.4公里。全年省养公路养护平均好路率为 86%，优良路况里程

256.7 公里，其中国省道平均好路率为 99.2%，优良路况里程 163.6 公里。地养公路里程 472.63 公里，其中省道 19.5 公里，县道 84.42 公里，乡道 258.38 公里，村道 110.33 公里，常年保持省县道好路率为 88.12%，乡道好路率为 87.24%。2009 年，省养公路里程 290.37 公里，其中水泥路面 234.87 公里，沥青路面 55.5 公里。全年公路养护平均好路率为 87.08%，优良路况里程 259.73，其中国省道年均好路率为 98.49%，优良路况里程 162.78 公里。地养公路里程 469.43 公里，其中二级公路 43.19 公里，三级公路 157.43 公里，四级及以下公路 268.81 公里，省县道年末好路率为 92%，乡道年末好路率为 91%。

【路政执法管理】 2008—2009 年，通过依法加强公路路政管理和治理车辆超限超载工作，全市公路桥梁等路产得到有效保护，车辆超限超载违章行为得到有效遏制。省养公路路政方面：依法查处损坏公路路产案件 57 宗，发出交通违法行为通知书 28 份，清除路障 1326 立方米，拆除违章建筑 253 平方米，拆除广告招牌 73 块。地养公路路政方面：共处理毁坏路产、违规建筑、违法占用路肩等路政案件共 108 宗，清理路障 2020 立方米。治理车辆超限超载方面：依法查处超限超载车辆共 572 辆，卸载货物 12761.6 吨。

【运输行业发展】 至 2009 年底，全市营运客、货车辆共 6677 辆，其中营运货车 6009 辆，跨省客运车辆 18 辆，跨市客运车辆 232 辆，农村客运车辆 98 辆，公共汽车 130 辆，出租小汽车 190 辆。全市货运船舶 91 艘。全市道路旅客运输企业 9 家，水路旅客运输企业 1 家。全市有汽车客运站 7 个，其中一级客运站场 1 个，二级客运站场 1 个，三级客运站场 1 个，五级客运站场 1 个，简易客运站场 3 个，客运站场总面积 6.1 万平方米。全市汽车、摩托车维修业户 633 家，其中一、二类汽车维修业户 43 家，三类汽车维修业户 300 家，二类摩托车维修业户 290 家。运输行业从业人员 1.17 万人。

【交通规费征收】 2008 年，全年完成 11.3 万辆摩托车养路费征收工作，完成 6300 辆汽车运输管理费征收，征收汽车养路费 6085 万元，征收客运附加费 608.74 万元，征收水路运输管理费 31 万元，收缴港口码头货物港务费共 62.3 万元，较好地完成各项规费征收。根据《国务院关于实施成品油价格和税费改革的通知》，自 2009 年 1 月 1 日起实施成品油税费改革，取消原在成品油价外征收的公路养路费、航道养护费、公路运输管理费、公路客货运附加费、水路运输管理费、水运客货运附加费等六项收费。全市从 2009 年 1 月 1 日起停止征收以上各项交通规费。

【道路运政执法】 2008—2009 年，全市依法查处道路交通运输违章案件共 822 宗，其中“非法营运”案件 422 宗、不按核定站点上落客案件 179 宗、其他案件 221 宗。市交通部门与公安交警部门积极开展道路运输市场联合整治专项行动，重点查处参与非法营运的小轿车、微型小货车、“面的”和其他从事非法营运的车辆的违章行为，有效地维护全市道路运输市场的健康有序发展。

【综合执法局】 开平市交通局综合行政执法局于 2008 年 12 月 19 日挂牌成立。该局为开平市交通局内设机构，以交通局名义实施交通综合行政执法，正股级建制，下设综合办公室和 4 个执法中队。职能是实行交通综合行政执法，整合全市道路运政、水路运政、地方公路路政、港口行政等方面的监督检查、行政强制、行政处罚，实现行政许可、行政执法和监督的“三分离”，有利于建立统一、协调、高效的交通管理体制。

【安全生产管理】 2008—2009 年，在抓好交通行业安全生产宣传教育和落实企业安全生产责任制的基础上，切实加强交通行业安全生产监管工作，重点抓好节假日的安全生产大检查，尤其是在北京奥运会和残奥会举办期间，加大监督检查力度，确保奥运期间全市交通行业安全和谐稳定。与此同时，切实抓好交通行业安全生产事故隐患整改，查出客运行业安全隐患并落实整改 12 处，落实危运企业安全隐患整改 22 处，落实机动车维修企业安全隐患整改 45 处，落实道路桥涵安全隐患整改 7 处，全市交通行业安全生产形势保持稳定。

【精神文明建设】 在抓好交通基础设施建设和

运输行业管理的基础上，切实加强交通行业精神文明建设。2008－2009 年，开平市交通局荣获“江门市农村公路建设一等奖”、“开平市纪念改革开放 30 周年文艺汇演金奖”、“开平市改革开放三十周年图片展一等奖”、“开平碉楼与村落成功申报世界文化遗产集体贡献奖”等奖项。

（张怀远　张镇泳）

附：市交通局领导班子名录

党组书记、局长：麦沃坤（～2009.08）

张龙昌（2009.08～）

党组副书记、副局长：黄炳炎（～2009.08）

党组副书记：陈少峰（2009.08～）

党组成员、副局长：黄天赐（～2009.08）

梁伟东

周伍仪

公路建设与管理

【简况】　2008－2009 年，开平公路局发挥“建、养、征、管”四大职能作用，深化公路养护体制改革，依法行政，强化路政管理，开展行业作风建设，加大公路规费征收宣传力度，较好地完成各项工作任务。被评为 2008 年度开平市交通建设先进单位，被省公路局、江门市公路局评为 2008 年度两个文明建设先进公路局。蚬冈养护中心、沙塘养护中心分别被江门市公路局评为 2008 年度先进养护中心、2009 年度先进养护中心。

2009 年末，江门市开平公路局内设办公室、人事监察股、计划财务股、工程管理股、养护管理股、路政管理股、收费管理股（对外称公路规费征稽所）、安全股、工会等 9 个股、室，下设水口、百合、蚬冈、沙塘 4 个养护中心；共有干部职工 385 人，其中在职 246 人，退休 139 人。辖区管养线路 298.275 公里，其中国道 1 条 43.7 公里（G325 广南线）；省道 5 条 121.58 公里；县道 7 条 60.594 公里；乡道 29 条 72.401 公里。

【路政管理】　2008－2009 年，开平公路局加大路政管理和执法的力度，打击各种侵占和破坏路产路权的不法行为。共查处损坏公路路产案件 57 宗，收取赔偿费 8.99 万元；签订《路政许可协议书》56 份，收取占用公路路产补偿费 24.02 万元；发出《交通违法行为通知书》28 份。清除路障 1326 立方米，拆除违章建筑 5 宗 253 平方米，拆除广告招牌 73 块。依法开展超限超载运输专项治理工作，共查获超限超载车辆 572 辆，卸载货物 1.28 万吨，罚款 149.88 万元。两年来，路政案件同比下降 88%，其中违章建筑同比下降 5.5%。

【公路养护】　2008－2009 年，开平公路局加强公路养护和管理，对稔广线、高铜线、百大线和蚬东公路等路段进行水泥路面灌缝，疏通排水边沟，修复台蚬线沙洲至瓦片坑段、赤坎支线、江四线等被水毁坏的路面，保持路面平整畅通。每月组织对管养路段的危桥、危涵和危险路段进行检查，每逢雨天安排专人巡查，保障交通安全。还投资 17 万多元对赤马线立园至四九路段旅游公路进行绿化，种植紫荆、樟树、葵树、红棉、细叶榕和凤凰树等 3900 多棵。2008 年，全市省养公路养护平均好路率为 86%，优良路况里程 256.7 公里，其中国省道平均好路率为 99.2%，优良路况里程 163.6 公里。2009 年，全市省养公路养护平均好路率为 87.08%，优良路况里程 259.73 公里，其中国省道年均好路率为 98.49%，优良路况里程 162.78 公里。

【公路规费征收】　2008 年，采取向欠费车主发催缴通知书和电话催缴等方法追缴养路费，确保车辆实征率。全年征收养路费 6085 万元，完成年计划的 108.5%；完成征收客运附加费 608.74 万元。2009 年 1 月起，由于国家实行费改税政策，采取征收燃油税的方法征收交通、公路规费，原公路规费征收办法取消。开平公路规费征稽所人员暂时保留，继续追缴上年度的欠费。

【公路工程建设】　2008－2009 年，完成省养公路建设投资共 2572 万元。其中投资 2008 万元进行赤马线二期（长 7.8 公里）改建工程；还完成楼冈支线、赤坎支线改建工程，获白线路面挖补工程，高铜线水井路段危险斜坡整治工程，G325 线水口至振华段大修保质期缺陷维修工程，及稔广线路面灌缝、标志标线补缺和沙塘至义祠段挖补工程、合山桥伸缩缝更换工程。

【援川工作】 2008 年“5·12”汶川大地震发生后，开平公路局组织职工为灾区捐款 2.50 万多元，交纳“特殊党费”5600 多元；并组织职工自愿报名参加援川工作，先后有 2 人加入江门市援川工作组，赴四川省汶川县雁门镇参加灾后公路重建工作。 （谭炎民 张奕初）

附：市公路局领导班子名录

党组书记：钟毅文（～2009.12）
梁柏明（2009.12～）

党组副书记：鲍业森（～2009.12）、
邓炳新

党组成员：黄扬水、杨炳深

局 长：鲍业森（～2009.12）
梁柏明（2009.12～）

副 局 长：钟毅文（～2009.12）
黄扬水
杨炳深

交通集团运输工作

【简况】 开平市交通集团公司成立于 1993 年，2002 年 2 月实行资产重组后成为市五大资产经营（集团）公司之一，隶属市资产管理委员会办公室（简称市资产办）管理。主要业务有公路建设、道路运输、站场经营、厂房租赁、车辆检测“五大板块”；由市资产办授权经营企业 14 家。2006—2007 年，除交通集团公司（本部）、交通建设总公司、公路实业开发公司、公路发展有限公司、交通发展有限公司外，其余 9 家企业先后实施改制。至 2009 年，由市资产办授权经营的企业有交通集团公司（本部）、恒量汽车检测站、公共汽车总公司和运输总公司；投资经营的企业有交通建设总公司、公路实业开发公司和义祠客运有限公司；新成立的企业有梁开工程建设有限公司、新路达道路养护有限公司和国汇投资有限公司。交通集团公司坚持以经济建设为中心，深化改革，开拓创新，各项工作迈上新台阶，企业规模不断壮大。至 2009 年底，全公司在职员工共 312 人，企业净资产 1.46 亿元，比 2002 年增长 305%。

【运输服务】 交通集团公司把服务工作作为各项工作的重中之重，不断完善“安全、诚信、优质”的管理制度，将每年 8 月定为“优质服务月”，在全公司开展以“优质服务”为中心的活动，通过各种措施，提高企业的服务水平，树立优质服务品牌形象。2008 年被评为“江门市文明单位”，2009 年 6 月经省交通厅客运企业质量信誉考核小组考核确认，成为开平市唯一一家获得客运企业质量信誉 AAA 级（优秀）称号的公司。公司在抓好软件管理的同时，加强硬件的建设，2008－2009 年，公共汽车总公司共投入 50 多万元在公交车上安装监控摄影设备，对驾驶员及车厢情况进行录像备查；重点整治部分车龄较长、废气较大、车容车貌差的公交车辆，新购置 22 台豪华空调公交车，逐步淘汰部分残旧车辆，进一步提高公交的整体形象。义祠客运有限公司继 2007 年底完成义祠客运总站的票房扩建和票务系统升级改造后，对水口客运站售票系统进行升级改造，并于 2008 年 12 月 20 日切换投入运作，提升了站场的综合服务功能，使客运服务在整体上呈现出优质、高效、方便、快捷的特色。

【客运经营】 2008 年，交通集团公司积极开发和挖掘有潜力的新线路，使之成为新的经济增长点。运输总公司整合了广州、珠海两条线路，通过回收原个体经营的广州线路车辆，与广州市第二公共汽车公司联合投放 8 台大型高级豪华客车，开设开平市义祠客运总站至广州市流花客运站直达班车。义祠客运总站开通了珠海信禾直达专线，并将广州天河客运站直达线延伸至广州火车东站，扩大了运输网络覆盖面。

2009 年，交通集团公司属下从事客运经营的企业有公共汽车总公司、运输总公司以及义祠客运有限公司。公共汽车总公司主要负责市区及部分乡镇公共交通，公交线路 13 条，公交车辆 133 台；运输总公司主要负责乡镇及跨市客运，有 9 个车队、18 条专线，营运车辆 136 台；义祠客运有限公司属下有义祠客运总站（一级汽车客运站）、水口客运站、大沙客运站等站场，开通省内外线路 89 条。

【春运工作】 每年春运前夕，各有关企业都成立春运领导机构，召开动员大会，制定工作方案，全力做好春运服务，确保安全有序完成春运任务。

2008年春运期，义祠客运有限公司各客运站共发班车5万班次，运送旅客34.3万人次；公共汽车总公司共发班车3.12万班次，运送旅客168万人次；运输总公司共发班车3.8万班次，运送旅客73.6万人次。2009年春运期，义祠客运有限公司各客运站共发班车6万班次，运送旅客35万人次；公共汽车总公司共发班车3.33万班次，运送旅客173万人次；运输总公司共发班车3.81万班次，运送旅客69.9万人次。春运期间无重大责任交通事故和治安事件发生。

【公路建设】 2001年10月起对稔广线开平段扩建改造，该路段是连接开平市长沙、沙塘、苍城、龙胜的交通主干线，起于开平市与新兴县交界处，终点与325国道相接，全长52.6公里，总投资5.18亿元，于2004年9月建成通车，2005年5月整体转让给江门市公路局，2009年4月顺利通过竣工验收，质量达到优良。

开平大道是市重点工程项目，是开平市城区连接开阳高速公路梁金山出口的重要道路，全长7.31公里，双向六车道，概算造价1.76亿元，工程于2005年9月开工。交通建设总公司作为主要建设单位，按照市委市政府的要求，积极做好工程的管理工作，克服各种困难，科学制订工作计划，认真组织现场施工，严格抓好工程质量和进度，确保了工程项目于2009年初顺利完工，并于同年2月28日正式通车。

（余卫雄　谢彩红）

附：1. 市交通集团公司领导班子名录

党委书记： 陈少峰（～2009.08）
谭永照（2009.08～）
党委副书记： 谭永照（～2009.08）
龚润贤
党委委员： 黄世洪
梁春亮
张宇池（～2009.11）
张伟雄（～2009.11）
董事长： 陈少峰（～2009.08）
谭永照（2009.08～）
总经理： 谭永照
常务副总经理： 龚润贤
副总经理： 黄世洪
梁春亮
张宇池（～2009.11）

2. 市义祠客运有限公司领导班子名录

董事长： 谭永照
经　理： 张坚和
副经理： 蔡仕平
周景现

汽车总站运输工作

【简况】 广东省江门市汽运集团有限公司开平汽车总站是广东省江门市汽运集团有限公司的核心成员之一。广东省江门市汽运集团有限公司是广东省6家全国道路旅客运输一级企业之一，是交通运输部和广东省交通运输厅重点联系道路运输企业，是广东省道路运输质量信誉AAA级企业，2004－2009年连续6年入选“中国道路运输百强诚信企业”。至2009年，开平汽车总站在职员工480多人，拥有营运客车175辆，日发客运班次468班，营运线路62条，班线覆盖广东各市及主要县、镇，并开通广西、湖南、海南、江西、福建等跨省班车。该站以道路运输为主，发展多元化经济，经营范围包括：旅客运输、旅游客运、出租的士和快客货运。

近年来，开平汽车总站坚持科学发展观，着力自主创新，努力提高企业信息化管理水平和车辆技术等级，不断改善站场环境，加强安全管理，努力提高服务质量。以保安全、创优质、树品牌，构建和谐企业为目标；以干实事、讲实效的工作作风，致力于企业的改革、创新和发展，赢得了社会公众的认可。2004年1月，通过ISO9001：2000国际质量管理体系认证，企业的管理和服务迈上新的台阶。

【经营情况】 2008年，完成客运量610.12万人，完成客运周转量35002.38万人公里，完成货运量0.464万吨，完成货运周转量21.00万吨公里。2009年，完成客运量616.35万人，完成客运周转量35303.81万人公里，完成货运量0.4689万吨，完成货运周转量21.20万吨公里。

【春运工作】 认真贯彻落实上级交通部门提出

的“安全、便利、快捷、有序”的春运工作总目标，坚持“以人为本，安全服务做足一百分”的安全质量方针，成立春运工作领导小组，制订周密的总体方案和应急预案，精心部署各项工作。春运前对驾驶员进行培训和考核，并签订《春运安全行车、服务质量承诺保证书》；严格执行车辆一、二级维护保养和“回场必检，合格放行”制度，对参加春运的营运车辆进行一次全面彻底的车辆技术状况和车上安全设施配备情况的检查，从源头上把好车辆的技术关。同时还充分利用GPS监控系统对车辆进行实时监控，全方位杜绝安全隐患，确保行车安全。抓好站场管理，确保站内秩序良好；采用人防和技防相结合的方法，加强对“三品”的检查，确保旅客人身安全；领导小组成员保持通讯通畅，及时处理突发问题和掌握客源流时、流向和流量，保证安全、快捷运送旅客。

【直达专线】 近年来，开平汽车总站先后开通了多条直达班线，并投入大型高一级客车运行，其中“开平至广州省站、广佛站、海珠站”班线累计日发班次70班，“开平至佛山”班线日发班次12班，“开平至东莞”班线日发班次12班，“开平至深圳”班线日发班次18班，“开平至珠海拱北”班线日发班次20班，“开平至江门总站”班线日发班次24班等，满足了广大旅客出行的需求。

【新增和更新车辆】 为了适应市场的需要，开平汽车总站大力发展豪华直达车、区间密集型无人售票专线车。2008—2009年，先后购置大型中级豪华客车和大型高一级豪华客车投入使用，为广大旅客提供优美的乘车环境，不断提高社会效益和经济效益。

【站场配置】 为树立文明窗口形象，2008—2009年，投入资金改装总站消防供水系统，同时实行站场封闭管理，实现了人车分流，为旅客提供了安全、快捷、舒适的乘车环境。购置了新一代安检机投入使用，并于使用前聘请技术专家对工作人员进行岗前专业培训，消除旅客行李安全隐患。为严格执行道路客运站质量信誉考核标准和道路客运“三优”、“三化”，总站采用了电子IC卡报班系统，一车一卡，IC卡能对班线的不同排班方式进行选择，大大提高了工作效率。候车厅采用语音播报系统，通过语音把班车运行班次和时刻进行广播，提醒旅客按时乘车，进一步提升了站场服务水平。

【精神文明建设】 致力于提高员工的现代文明素质，将之摆在精神文明建设活动的首要位置，贯穿于业务工作的全过程中。设立精神文明宣传栏，对全体员工进行文明优质服务、安全行车、职业道德、企业文化等知识的宣传教育。举办庆国庆、迎新春文艺晚会，积极参加集团公司举办的文艺汇演、业务知识竞赛、演讲比赛、体育比赛等多种寓教于乐、寓教于理的活动。组织员工外出参观学习，开阔视野，增进知识。与此同时，还开展为驻军部队办实事、送温暖以及扶贫帮困等活动，使员工素质在教育中培养，在实践中提升，在管理中强化，在环境中熏陶。两年来，总站先后被开平市总工会评为“2007—2008年度模范职工之家”、被开平市税务局评为“2008年度纳税模范单位”、被共青团开平市委会评为“2009年度开平市先进基层团支部”、被江门市总工会评为“江门市星级职工之家”、被广东省总工会评为“广东省模范职工小家”。

开平汽车总站倡导员工发扬“团结、求实、奋发、自强”的企业精神，贯彻“做足一百分，服务为大家”的质量方针，努力打造企业品牌，与时俱进，诚信经营，把握机遇，发挥优势，为侨乡交通运输事业的可持续发展，为创造更大的社会效益和经济效益以及实现企业的跨越式发展作出新贡献。 （谢镜溪）

附：开平汽车总站领导班子名录

总站长：吴柏胜

党总支书记：陈玉玲

副总站长：罗长稳　陈健东

工会主席：谭林伟

海事管理

【简况】 江门三埠海事处是中华人民共和国江门海事局辖下的一个正科级派出机构，管辖潭江自新会港对外开放水域西界线及北界线以上至开平与恩平交界处水道，以及开平市其他河流、水库等水域。2006年起，原由该处负责的船员管理、船舶检验业务已移交江门海事局。

2008－2009年，三埠海事处紧紧围绕“三个服务”，树立“服务、创新、管理、发展、和谐”的理念，突出“水上交通安全管理和口岸海事管理”工作重点，深化排头兵实践活动和品牌支部创建活动，加强班子建设、队伍建设、环境建设，完善内部规范化管理，依法行政，秉公执法，保障辖区水上交通安全和防止船舶污染水域，为开平市经济社会发展作出了贡献。2009年被开平市委、市政府授予“2008年开平市标兵文明单位”称号。

【水上交通安全监督管理】 2008－2009年，全力开展“隐患治理年、砂石运输船施工船安全管理专项整治、防船舶碰撞防泄漏专项整治回头看、渡口渡船安全管理专项整治回头看、安全生产年、船舶吨位丈量专项检查和航运公司的安全与防污染监督检查等专项活动，全面排查、整治安全隐患。整治水库自用船非法载客、潭江水道通航环境以及半封闭水域采砂船、运砂船等，解决潭江上游船舶触碰桥梁安全隐患。严把船舶签证以及危险品运输船舶进出港审批关，从源头上加强船舶污染防治，确保进出港船舶符合要求；同时加大现场巡查和监管力度，严查船舶防污染设备的配备和使用、操作人员对防污染设备性能和使用方法的了解以及污染应急处置能力等，发现隐患尽早排除，防止辖区发生船舶和码头作业污染水域事故。加强日常巡查工作，重点巡查港区、码头和潭江主航道，依法查处各种违法违章行为。两年来巡航里程15401海里，检查船舶6556艘次，纠正违章船舶282艘次。安全检查内河船舶342艘次，查出缺陷1741项；安检滞留河船10艘次。安全检查沿海船舶21艘次，查出缺陷149项；安检滞留海船2艘次。在台风、洪水、雷雨大风等危险天气来临前，利用签证窗口提醒、手机短信宣传、现场巡查等办法，督促相关单位和船舶落实防御措施，在“浣熊”、“黑格比”、“莫拉菲”、“天鹅”、“巨爵”等台风以及多次洪水和雷雨大风袭击期间，防范措施得当，辖区没有发生水上交通安全事故。

【船舶进出港及口岸管理】 2008－2009年，办理船舶进出港签证27462艘次，其中内河船舶25529艘次，沿海船舶1933艘次，船舶总吨位8595016，货物吞吐量5571355吨。办理港澳航线船舶进出口岸审批1542艘次，船舶总吨位1138275吨，货物吞吐量327850吨，集装箱吞吐量39550个标准箱。（周时誉）

附：三埠海事处领导班子名录

处　长：陈汉林

副处长：黄坚强（2008.10～）

邮政工作

【简况】 2008－2009年，市邮政局坚持“人民邮政为人民”的服务宗旨，不断强化内部管理，提高企业综合能力，全力做好服务工作。2008年3月，全市提供普遍服务的邮政营业点由19个增至20个。是年全市共有邮路100条，全长7058.81公里，服务总人口73.13万人，其中乡镇邮路56条，全长4899.50公里。全年信函业务量783.22万件，报纸投递量645.59万份，杂志投递量22.33万份；全年业务总量为5072.16万元，同比增长7.86%。2009年，对全市邮路进行优化整合，邮路总数98条，里程不变。全年信函业务量733.93万件，报纸投递量692.33万份，杂志投递量25.30万份；全年业务总量为5422.49万元，同比增长6.91%。

【邮政体制改革】 继2007年12月29日中国邮政储蓄银行开平市支行挂牌成立后，2008年1月30－31日，中国邮政储蓄银行长沙、祥苑、新昌、祥龙、水口、沙塘支行6家二级支行相继成立，邮政储蓄银行架构基本形成。该行以零售和中间业务为主，面向城市社区和农村居民，提供基础金融服务；按广东省邮政公司速递物流省市县一体化专业经营改革要求，2008年12月正式启动开平邮政速递物流专业化经营改革工作。2009年，市邮政局调整邮政速递内设机构，稳步推进专业化经营改革各项工作。

【基础建设】 两年来，市邮政局围绕营业网、投

邮政局办公楼

递网、信息网三大网络夯实基础建设。在营业网方面，除了不断加强辖下各网点 ATM、自动打折机等设备投放外，还先后完成龙头营业点原西联旗舰店的改造以及蚬冈镇网点营业楼的重建工程。2008 年 3 月在幕桥新增一网点，以满足群众用邮需要。在投递网方面，着力加快投递网的标准化建设，结合业务量及邮路里程的情况，连续两年对市内普邮投递邮路进行优化整合。加快公共信报箱安装，2008 年在市区和水口镇为群众免费安装公共信报箱 2700 个，为赤坎等重点镇配备速递揽收车辆，提高速递邮件揽投速度；2009 年整合速递投递和配送业务，实施揽投合一。信息网建设方面，完成各个业务系统的上线工作和强化金融网的监控。其中 2009 年的投递管理系统正式上线，基本实现邮政生产作业信息化。两年来，全市各种邮政设备正常运行率达到 98%以上，两网系统及设备未出现过重大故障。

【邮政业务】 2008－2009 年，逐步增加邮政业务。除原有的函件、集邮报刊、包裹、电子商务等邮政基础业务，存取款、汇兑、信贷、收代付等邮政金融业务以及国内外特快专递业务、鲜花礼仪、次晨达、代收货款等邮政速递业务外，2008 年新开办商易通、绿卡通、结售汇等业务。2009 年新开办信用卡、个人理财、二手楼按揭贷款等业务。同年，还成功开办农信社票据配送、考试合格证特快专递服务、省际中邮快货代收货款、短信办理港澳再次签注双向特快专递等业务，并进一步扩大移动卡配送范围。

【服务“三农”和中小企业】 两年来，市邮政部门主动提供具有申请贷款条件低、贷款速度快等特点的小额信贷、商户联保贷款等业务，帮助农户扩大生产规模和解决中小企业资金短缺问题。2008 年向农户和中小企业发放贷款 882.25 万元，2009 年累计发放贷款 3200 多万元。此外，还给予中小企业适当的速递业务资费优惠政策，减轻其经营成本负担。同时，结合邮政网络优势，利用数据库商函帮助中小企业拓展市场，增强中小企业市场竞争力，并主动加强与市有关部门及商家联系，以数据库商函为载体将家电下乡、税务减免等政策送至农户和中小企业等对象手中。

【集邮文化】 2008 年，市邮政局积极开发地方文化经济题材集邮业务，在促进集邮文化事业发展的同时，发挥集邮在建设“文化名市”中的作用。先后联合江门市邮政局举行“开平碉楼与村落”申遗成功一周年纪念邮品发布会，联合市教育局、美术馆举办以“奥运·集邮·侨乡·碉楼”为题的开平市第22届“集邮杯”中小学生书画展。2009年，市邮政局联合各中学开展“学校邮政齐联手　书香校园齐共建”系列活动，通过举办讲座、展览会等形式促进集邮文化和读书文化在校园的孕育，助力市教育强市创建工作。

2008年，市邮政局被中国邮政集团公司授予“2007年度函集业务发展百强县局”称号。

（周锦辉）

附：市邮政局领导班子名录

局　长：翁美沛

副局长：李群辅（～2008.02）

黄健宁（2008.02～）

陈国荣

信息化和信息产业

信息化建设

【网站建设】　2008－2009年，完成多部门的网站建设工作，制作了水产局、中医院、马冈镇、人大常委会、公路局、工商行政管理局、粮食局、水利局等政务网站及开平青少年网站、开平市翠山湖新区网站等。为组织部、宣传部、机关工委、信息局、总工会等10多家机关部门政务网站增加党务公开专栏，在中国开平网建设开平市深入学习实践科学发展观活动专栏网站，做好全市部门网站的备份工作。加强网站安全检查、弱密码检查，防范黑客攻击。2009年，对中国开平网进行全面改版，在网站增加政府信息公开栏目，整合网站资源，进一步提高网站的信息量。提高网站安全机制，初步达到网站防篡改的要求。

【数字政府建设】　2009年，对数字政府办公系统进行优化改版工作。“数字政府”办公系统增加公文查询子系统、知识管理子系统、公文信息统计子系统、应急备份子系统、内部计划管理子系统、政务交流子系统等新功能模块。同时结合实际，多次优化“数字政府”办公系统，大幅度提高接收和发送公文的速度。全面更新办公系统和交流平台的用户资料。

【网络建设】　开平市数字政府工程始于2001年，至2008年初，网络已经连通市内114个行政、事业单位和镇、办事处等。教育网络已经连通了83个学校，2008年开通党员远程教育网，网络连通15个镇和226个村委会。2009年底，农村信息直通车工程，将15个镇、226个村委会和29个居委会连接到开平市数字政府网络，完善农村信息化网络基础设施。

【信息化培训】　2008－2009年，在OA办公系统、政务交流平台、网上行政审批系统和电脑的日常使用等方面，信息产业局接受全市各部门的疑难咨询，通过电话或者面对面的方式，对个别人员进行了信息化培训，解决他们的难题，提升政府部门人员的信息能力。

【无线电监测管理】　2008－2009年，在普通高考以及成人高考期间，工作小组共出动54人次，对全市3个考场周边区域的无线电信号进行分段监听监测，圆满完成无线电安全保障工作任务。2008年，在全市范围开展无线电对讲机专项检查活动，通过无线电监测、测向等技术手段，发现可疑无线电信号，联合公安、工商等部门共出动48人次，检查工厂、餐饮娱乐、物业管理等单位21家，查出擅自设置、使用无线电对讲机190多台，发出限期整改通知书18份。例行定期与不定期监测全市公众通信和“公安、三防、广播电视”等无线电频率，及时排除有害干扰，确保重要无线电通信安全。　（伍健锋　余伟彦　张卓华）

附：市信息产业局领导班子名录

党组书记：方景新
局　　长：黎伟桥
副 局 长：伍荣辉　劳均明　叶朝锐

中国电信开平分公司

【简况】 2008 年，中国电信集团公司收购中国联通 CDMA 网络，10 月 1 日起正式开展移动业务，12 月向市场强力推出 189 手机，定位为“互联网手机”，开始进入全业务运营。2009 年是中国电信开展全业务运营真正意义上的首年，开平分公司认真落实上级公司的工作部署，强化执行力，打好“捆绑牌”与“融合牌”，坚持差异化经营策略，以超常规的发展速度，打响“天翼”移动业务新品牌。4 月 16 日作为第一家运营商正式大规模推出 3G 商用，打造现代信息生活新方式。11 月 24 日与开平市翠山湖管委会成功签订《“翠山湖新区”信息化建设框架协议》，合作构建“数字园区”、“无线园区”。持续扩大全业务用户规模和收入规模，促进企业价值稳步增长，助力地方经济社会加快发展。

2008 年，开平分公司在“开平碉楼与村落”成功申报世界文化遗产工作中做出较大贡献，被江门市人民政府授予集体三等功。水口营销服务中心获 2008 年度广东电信营销服务中心先进绩效单位一等奖。2009 年，开平分公司荣获“中国电信广东公司先进绩效单位一等奖”、“江门分公司宽带业务发展先进奖”、“固网话音保存先进奖和互联网视听业务发展示范奖”等荣誉称号，水口、长沙两营销服务中心分获广东公司先进绩效单位一等奖、三等奖。

【全业务运营服务】 2008 年 10 月 1 日正式开展移动业务，12 月向市场首推 189 手机，定位为“互联网手机”，开始进入全业务运营。2009 年，强力推出面向企业客户的“商务领航”全业务套餐、企业总机服务，面向家庭客户的“我的 e 家”全业务套餐，面向个人客户的商旅套餐、“天翼华夏风”以及“互联网视听”、“天翼 LIVE”、“189 邮箱”、“爱音乐”、“号码百事通”、“全球眼”等多种增值业务。重点转型业务取得全面进展：ICT 业务有新突破，企智通超额完成任务，“我的 E 店”发展迅速，酒店“互联网视听”发展富有成效，成为江门全区首个成功开展该项业务的电信分公司，发展数全区第一。通过融合、捆绑、差异化等经营方式，市场潜力得到了有效的激发，“天翼移动”和宽带业务出现大幅度增长。

【通信基础设施】 2008 年完成铜缆、管道和光缆投资 1713 万元。完成开平城域网骨干层、接入层扩容工程；构建提供 920 个千兆光口的接入平台。配合 NGN、宽带数据网、C 网实现全江门本地联调，完成城域波分扩容工程，建设 2.5G 传输骨干网环和 622M 传输汇聚网环。2009 年全力打造开平“星级网络”。全面实施 CDMA 移动网络改造工程，建设宏基站、室内分布基站和 WLAN（WIFI）热点 100 多个点，升级原有宏基站和室内分布微蜂窝站，实现开平市区及各乡镇镇区 3G 覆盖。优化网络，提升宽带质量，扩容 ADSL 15000 线，完成开平城域网骨干层、接入层及优化扩容工程。加速“光进铜退”EPON 工程，新建龙头、曙光等 OLT 汇聚节点，完成海伦堡、天富豪庭等大型小区的 EPON 工程及大力推进“光进铜退”P2P 工程。

【综合信息化时代】 2008 年实现 226 个村委会“村村通宽带”，开通农村党员干部现代远程教育点 266 个，在全市建立“信息田园服务站”206 个，大力推进农村信息化建设。两年来，积极推行“光进铜退”战略行动，全市共建光缆 5.85 万纤芯公里，100%到达开平市全部行政村和较大的自然村，智能网覆盖全市。2009 年 4 月 16 日作为第一家运营商正式大规模推出 3G 商用，至 2009 年底，3G 无线宽带网络已基本覆盖开平所有区域，包括市区、乡镇、行政村、商务区、工业园区、道路等，构建了服务城乡的、有线和无线一体化的信息与通信网络。2009 年 11 月 24 日与开平市翠山湖管委会成功签订《“翠山湖新区”信息化建设框架协议》，未来三年在翠山湖工业园区完成“数字园区”、“无线园区”建设，提供高速优质宽带一体化网络服务，在 2012 年实现开平市的“数字园区”迈入世界先进行列。

【优质服务】 2008—2009 年，开平电信以“聚焦客户的信息化创新战略”为指引，以科学发展观为指导，努力实现企业经营与社会责任的高度统一，致力于实现企业在经济、社会与环境方面的全面、协调、可持续发展。在长期的运营服务中形成“用户至上，用心服务”的服务理念，并在发展中不断赋予其新的内涵，构建“追求企业价值与客户价值共同成长”的企业文化。根据用户感知需求，修订服务标准、优化业务流程，进一步完善了以客户为导向的服务管理体系，使前后台资源更加聚集客户，协调运行。规范经营、诚信服务的观念深入人心，努力营造诚信经营、放心消费的和谐服务环境。2009年，根据企业全业务经营的新形势，开展基础服务能力提升的“攻坚行动”和服务满意的“冲刺活动”，推进服务能力提升；加强与客户的沟通交流，推动相关消费者反映问题的及时解决，保障用户的咨询、投诉、障碍申告在最短时间内得到解决，提高用户满意度。坚持实施社会监督员制度，召开一年一度的社会监督员会议，听取社会各界意见和建议，持续改进服务工作，被评为2008年度开平市党政机关和行业作风建设表扬单位，2009年度开平市党政机关和行业作风建设先进单位。

【精神文明创建活动】 坚持爱国主义、集体主义、社会主义教育，加强社会公德、职业道德、家庭美德建设，引导员工树立建设中国特色社会主义的共同理想和正确的世界观、人生观、价值观。深入开展“三创建三促进”、“学习贯彻科学发展观”等主题实践活动，组织以“继续解放思想，加快推进企业转型”为主题的学习讨论活动，深入查找企业转型发展中不适应科学发展的突出问题，深入剖析原因，提出解决问题的对策和办法，为企业转型发展献计献策。加强干部员工队伍建设，加强廉政建设和纪律教育，增强企业的凝聚力、创造力和战斗力，制定实施2008、2009年度《廉洁谈话方案》，打造一支廉洁高效的员工队伍。以人为本，营造和谐企业氛围。坚持开展送温暖活动，不断完善制度，创新形式，充实内容。春节、重阳等重大节日组织离退休工人座谈会和外出活动。帮助1名单亲家庭员工争取到市总工会发放的助学金，帮助2名困难员工申请广东电信工会的济难解困教育资助金达1.09万元。探访生病住院的员工共60多人次，家访慰问共12次。暑天组织开展对一线员工的“送清凉”慰问活动，做好防暑降温工作。每年由单位免费为全体员工进行身体检查，为女工定期做专项体检。建立健全员工生日慰问制度，传达企业的问候。以文体活动为载体，丰富企业文化内涵。每年春节组织全体员工参加“团年饭”联欢晚会，节目异彩纷呈，深受员工欢迎。举办“庆五一”员工篮球赛、员工“迎奥运”登山健身活动，组建6个体育锻炼兴趣小组，提高员工身体素质、丰富员工业余生活。组织员工代表交通系统参加开平市第10届运动会，取得团体总分第三名。在开平庆国庆60周年合唱晚会中合唱《亚洲雄风》获得优秀奖。热心公益，践行企业公民职责。积极参与地方政府和上级公司组织的各种慈善捐款以及无偿献血等公益活动，向社会奉献电信员工的一片爱心。2008年汶川大地震员工捐款高达52458元，其中捐献“特殊党费”达16015元。积极支持开平市义工联开展活动，2009年获颁“热心公益，共建和谐”奖碟一座。连续两年被评为开平市无偿献血先进单位。（李巧慧）

附：中国电信开平分公司领导班子名录

总 经 理： 司徒惠敏

副总经理： 吴永强

邓海斌

中国移动广东公司开平分公司

【简况】 中国移动广东公司开平分公司是中国移动广东公司江门分公司属下的县级分公司，自1999年1月从开平市邮电局分离出来后成立，是开平地区主导移动通信网络运营商。公司主营移动通信业务，网络覆盖开平市所有城镇、乡村，全市信号覆盖率达到99.95%，高速公路、三星级以上酒店、电梯和地下车库覆盖率高达100%，基本实现了无缝覆盖。2009年有员工201人，通信客户数49.35万户，运营收入3.15亿元，市场占有率79.1%。公司下设四部两中心，有“沟通100”服务厅17个，销售服务网点达360多个。

【通信网络建设】 2009年开始，着手TD－SCDMA基站的建设改造工程，至当年末，基本完成开平城区TD信号覆盖，实现TD网络和2G网络的自动切换，网络服务正式进入3G时代，为全市近50万的用户提供更优质的网络服务，为实现城市数字信息化打下坚实的基础。

【全球通优质服务】 为了缓解客户在高峰期排

队办业务的压力，2008－2009年，大力推进电子渠道建设，拓展业务受理渠道，逐渐完成固化空中充值业务模式，并借力于社会渠道和电子渠道，延伸服营厅各项业务的受理渠道。例如，前台充分借助网站、WAP和自助终端，重点宣传与引导客户在网上营业厅和自助端办理相关业务，培养客户的自助使用习惯，让客户享受更方便快捷的自助化电子服务。

【业务拓展】 2008年是集团客户大发展的关键年。在数据业务方面以实施“精品业务”战略为主导方向，重点推广个人数据业务、集团数据业务和本地信息化及特色项目为主。个人数据业务方面，通过在自有渠道服营厅、社会渠道、网吧、电台主题节目等多媒体进行推广，并引入渠道积分制，个人数据业务产品有大量发展。集团信息化产品方面，通过举办“跨越07，飞跃08”、“跨越300万，牵手迎奥运”、“为奥运喝彩，为企业添‘机’加‘邮’”信息动力百日冲刺等主题营销活动，集团产品的开通率明显提高。2008年，开平信息化建设的项目主要有“电力通”、银行电费划扣提醒系统、开平供水集团水压检测系统。与电台合作开办的“彩铃主打榜”节目，通过电台的无线电波和每天的主打歌曲，有效提高中央音乐平台在年轻人中的知名度，并通过飞信与DJ现场的互动，进一步提高了飞信的全使用客户数量。

2009年，通过各阶段优惠措施吸引、稳住用户和拓展综合集群网，围绕“保、增”的运营策略，坚持以拓展综合集群网方式为主要推广方式，通过拓展区域龙头企业在行业中树立标杆。如成功开通伟强实业有限公司及其旗下4间分公司的综合集群网，为综合集群网的深度拓展树立信心，为行业树立榜样；充分利用存量VOIP专线集团发展综合集群网，成功转化“开平瑞华家具配件有限公司”、“开平百健制衣有限公司”两家A级集团；加强与铁通合作，以高价值铁通集团为目标，具体分析其话费构成，突出优惠面，成功拓展“开平安迪卫浴有限公司”和“润华集团（开平）食品饮料有限公司”的集群网业务。同时服务跟进工作，结合集团统付的推广，提出集团统一账单的需求，提升客户对综合集群网的满意度。2009年，共发展综合集群网11个，其中完成建设并已正式收费7个，在建中4个。通过对重要集团的综合集群网的拓展，连带发展数据专线11条，既提高集团业务稳定性，又成功抢占市场份额。

【公益活动】 2008春节前夕，国内南方遭受几十年一遇的严重雪灾，粤北交通中断阻塞，大量外来务工人员无法返乡之时，各级党委政府动员外来务工人员在当地过春节，全面做好支援抗灾工作。在春节期间大力开展“我爱我家”免费亲情电话活动，自2月3日起至2月10日，一共开放沟通100服营厅、车站和工业园区等近30个服务点，免费为留在侨乡过年的外来务工人员提供茶水、手机充电以及每人每次15分钟的免费国内电话服务，让他们与家人尽情互递关心与爱。赢得了开平市社会各界的高度赞誉，体现了中国移动关注外来务工群体，主动回馈社会、承担社会责任的优秀企业公民形象。

2008年5月，四川省汶川县发生7.8级强烈地震后的17日晚上，在开平益华广场举办“众志成城，抗震救灾”爱心义卖活动，活动持续5个多小时，共筹集义卖款23677元，全部捐赠给中国红十字会用作救灾之用。全体员工还纷纷踊跃捐款，共21270元，以实际行动为灾区人民送去祝福和希望。

2009年2月11日，积极响应开平市府办发出的关于慈善公益活动的通知，全体员工在领导的带领下纷纷行动，共筹得善款5154元。

【文明窗口创建】 自1999年1月28日挂牌成立以来，坚持“增强企业活力，建家就是建企业”的原则，以经营发展为中心，把建“家”工作始终摆在企业发展同等重要的位置，并作为增强企业向心力、凝聚力的重要工作来抓，在经营业绩年年攀升的同时，先后获得“广东移动模范职工小家”、“江门市标兵文明单位”、“江门公司先进党支部”、“省公司先进党支部”等荣誉称号。2008年4月，公司的工会获中华全国总工会授予“全国模范职工小家”荣誉称号，2009年8月获由中国移动集团工会表彰的中国移动“工人先锋号”称号。此外，2009年2月20日，在共青团开平市十三届三次全委(扩大)会议上，公司水口服务厅被授予“江门市青年文明号”的荣誉称号，成为公司第5家获此荣誉的“沟通100”服务厅。

【投诉受理】　根据中国移动通信集团以“客户为根、服务为本”的整体工作思路，围绕省公司“服务升级”年度服务提升主题，做好业务管理和服务改善工作，营造良好服务环境，确保业务系统故障“零发生”。2008－2009年，共收到群众投诉705宗，其中市场营销类投诉167宗、自有业务类投诉58宗、基础通信类投诉36宗、梦网业务类投诉294宗、其他类投诉150宗。对于所有的投诉都做到在48小时内首次回复，并及时对投诉进行转办、督办，做到每宗投诉都有回音，加强对有责投诉的处置，并采取有效措施妥善处理。通过重点攻坚提升、服务价值创新，全面提升了客户的满意度。（关穗怀）

附：中国移动通信集团广东有限公司开平分公司负责人名录

总经理：王涛涛

副总经理：吴志勇

中国联通开平分公司

【简况】　中国联合网络通信有限公司（简称“中国联通”）于2008年由中国网通集团有限公司和中国联合网络通信有限公司（前称中国联通有限公司）合并而成。合并重组后的中国联通，是中国唯一一家通过其控股公司分别在纽约、香港、上海三地上市的综合性电信运营企业。

中国联通拥有覆盖全国、通达世界的现代通信网络，主要经营移动通信业务、国内和国际固定电话通信、宽带多媒体通信与增值业务、IP电话业务，以及与通信信息业务相关的系统集成等业务。2009年1月6日，获得了WCDMA制式的3G牌照。

现正在加快建设完善现有移动通信网络及3G网络的步伐，进一步加大固网宽带建设力度，积极推进固定和移动网络的宽带化，为广大用户提供全方位宽带通信和综合信息服务。坚持以用户为中心，积极推动技术、业务、应用和产品创新，以满足广大用户日趋多元化、个性化的通信需求。

面向未来，将坚持以发展为第一要务，紧紧依靠亿万用户的支持和厚爱，以宽带移动互联网业务为重点，进一步拓宽发展领域，进一步加快发展步伐，进一步提升服务水平，全面提升公司的综合竞争力和可持续发展能力，力争建设成为国际领先的宽带通信和信息服务提供商。

【通信网络】　坚持以市场和客户需求为导向，确保网络规划科学有效。2009年江门地区网络建设投入2.94亿元，其中固网1.49亿元，移动网1.45亿元。截至2009年12月，完成建设基站716个，累计GSM基站893个，WCDMA基站307个，室外直放站25个，室内覆盖系统近600个，无线容量10600ERL，交换容量53万门，无线利用率40%，光缆长度4550皮长公里。其中：开平地区已建成基站141个、室外直放站5个、室内分布覆盖系统102个。

公司注重落实精确化投资理念，在根据业务规划建设接入网的同时，兼顾可持续发展的城域网建设。坚持落实“密度开发、密度经营”的措施，对于业务密集的区域，在投资方面给予有力度的支持，确保业务健康发展。2009年江门地区接入网投资共5383.47万元，城域网投资406.7万元，投资总额达5790.17万元。

在提高网络效益的同时，积极进行网络基础建设，2009年江门地区新建成通信管道35.5管孔公里。坚持“宽带战略”的指导方针，积极建设、优化本地IP互联网络，建成了覆盖五邑地区的IP网，提供宽带接入端口89850个。为满足未来通信网的发展，将扩增江门的IP城域网出口带宽，整个出口带宽达到20G，建设并优化独立的覆盖五邑地区的NGN网络；积极、循序渐进地推动“光进铜退”战略，适时发展FTTx技术，完善光缆网络的建设，提升未来网络的带宽，已建有光缆网635.717皮长公里。

同时，强化网络维护和优化，使网络质量明显提升。通过W1、G19期以及室分工程建设，配合建网以来规模最大的全网翻频和频率优化，重点区域覆盖得到极大改善。全网在2009年平稳运行，无重大安全责任事故发生。

【业务拓展】　2009年，江门地区全业务营业收入实现27886万；通信业务收入实现27505万，完成预算86.28%；实现全业务利润为578万。2009年12月劳动生产率达到4.4万元/人，同比增长 30.6%，EBDTA 率为 39.68%；其中 GSM 通信服务收入 18040 万元，3G 通信服务收入 221 万元，固网收入 9245 万元，同比增长 5%；集团业务收入 4200 万元，同比增长 9%。

在高起点、高速度、高质量推进 3G 网络建设工作的同时。全面开展了 3G 专属团队建设和培训，启动宣传演示营销、成立 iPhone 俱乐部等系列工作，利用广东联通与市政府签订战略框架协议、“7·19”3G 业务试商用新闻发布会和 iPhone 手机上市之机，加大宣传力度，提升了联通的社会形象与品牌影响力，为发展创造了良好的政治、社会和舆论环境，开局良好。2009 年，全年江门地区共建设 3G 自有营业渠道和各级社会渠道 86 家，发展 3G 用户 20243 户。

【公益活动】 中国联通公司时刻关注社会、关注江门地区的经济发展和和谐建设工作，服务开平市经济和社会的发展，致力解决偏远农村通信难的问题，积极培养和开发乡镇市场，通过信息化建设，带动乡镇经济的发展。

同时，积极参与社会公益事业，通过开展服务社会、回馈社会活动，培养员工的社会责任感。积极开展“献爱心捐赠救助”活动，用真情回报社会，积极为灾区募捐，向玉树灾区捐款共计 17928.7 元，向汶村灾区捐款共计 40443.3 元；积极参加义工活动，向弱势团体送温暖，弘扬了“奉献、友爱、互助、进步”的志愿精神；参加“百万空巢老人关爱义工服务”、“走进社区，保障儿童绿色上网”等关爱儿童和老人活动等，在公司内、社会上形成“我为人人、人人为我”的和谐氛围。（谭璐珍）

附：中国联通开平分公司负责人名录

总 经 理：林　汇

副总经理：黄钊华

城乡建设

城乡规划与管理

【简况】 改革开放以来，开平市的城市建设在市委、市政府的直接领导下，成绩显著，城市面貌焕然一新。随着城市的发展，全市干群的“城市意识”和“规划意识”得到空前提高，城市规划日益显示出“建设龙头”和“第一生产力”的作用。1992年、2000年和2006年，市规划局先后对全市总体规划进行3次高标准规划修编，使其更具科学性和可操作性。在总体规划的指导下，高质量地完成了政府新办公大楼、五星级潭江半岛酒店、东兴大道、三江大道、325国道扩建改建、“世纪之舟”广场、城市文化广场、商业旅游步行街、幕沙路新昌路改造、电力大厦、中心医院、金山中学、义祠车站、工商大楼、税务大楼、水口卫展中心、修建立园、开元塔公园、海伦堡住宅小区、天富豪庭住宅小区等一系列城市建设项目，并借助“创国家旅游城市、创国家园林城市和碉楼申报世界文化遗产”的“两创一申报”活动，有效提高了开平市的城市形象和扩大本市的城市品牌效应。

【城乡规划编制】 2008年，市规划局组织修编《开平市城市总体规划(2006—2020)纲要》，先后3次征求有关部门的意见，反复修改完善。委托江门市规划勘察设计研究院编制《开平市翠山湖新区总体规划》及《翠山湖新区核心区控制性详细规划》。是年市政府下拨专项经费，用于开展镇级控制性详细规划工作。水口镇政府委托中山大学，按照《广东省控制性详细规划条例》和《广东省中心镇规划指引》等规范要求，以水口镇总体规划为基础，编制了水口镇滨江片区控制性详细规划，当年8月获得市规划委员会全体会议审议通过。是年还开展村庄规划编制工作，在各镇、办事处大力支持下，市规划局委托规划设计单位完成15条村委会的规划编制。

2009年， 加速推进“三规合一”。市国土局组织编制的土地利用总体规划的大纲获省审批通过；市域主体功能区规划完成第二稿，并征询各职能部门意见。根据这两项规划，进一步完善《开平市城市总体规划(2006—2020)纲要》，实行“三规合一”。是年，根据开平市总体规划，委托江门市规划勘察设计研究院修编《江门产业转移工业园总体规划（开平翠山湖园区）》及《江门产业转移工业园近期发展区控制性详细规划（开平翠山湖园区）》，引导及完善产业规划。结合村庄整治进行规划编制，争取江门财政支持编制资金26万元，开展42个村委会的规划编制。

【建设工程规划管理】 2008年，加强建设工程规划管理工作，依法核发“建设用地规划许可证”(含补办)78宗，建筑物基底红线图98份，“建设过程规划许可证”副本185宗，换发“建设过程规划许可证”正本143宗，累计建筑报建面积73.77万平方米。同时还加强临时建筑和户外广告牌管理，严格审批新建、补办、续期的建筑物和构筑物。全年临时建筑类报建22宗；续期40宗；补办报建8宗；户外广告牌类报建2宗。认真抓好建设项目竣工验收，全年共验收规划区内竣工建筑物198幢。

2009年，加强临时建筑和户外广告牌管理，严格审批新建、补办、续期的建筑物、构筑物和广告牌。全年临时建筑类新报建28宗，总建筑面积为 1.55 万平方米；续期 14 宗，总建筑面积为 6587 平方米；补办报建 16 宗，总建筑面积为 9528 平方米；广告牌新报建 1 宗，面积 144 平方米；阅报栏续期 1 宗 11 个。严格要求申请单位或个人按临时建筑及广告牌规定施工要求做好图纸设计、施工，工程完成后由规划部门进行验收。对在城区内申办“六类行业”（饮食、五金加工、建材加工、娱乐行业、机动车维修、废品回收）从规划布局上进行是否给予准入的把关审核，并出具书面证明 41 份。

【规划服务】 2008 年，市规划局积极为企业提供规划服务，组织完成凯旋雅苑小区项目、骏贤居小区规划建筑设计优化方案，长沙区冲澄柏丽花园住宅小区规划方案，开平市宝源坊小区 A、D 区规划建设方案，新美富琳厂地块间规划城市道路调整方案，三江大道两侧用地控制方案，侨园宾馆地块改造规划方案，市石油气公司地块及其周边地块控制性详细规划，凯龙湾居住小区二期规划调整方案，宝源坊置业公司地块建设项目。2008 年，规划区范围内共核发“建设用地规划许可证”（含补办）78 宗，建筑物基底红线图 98 份，“建设过程规划许可证”副本 185 宗，换发“建设过程规划许可证”正本 143 宗，累计的建筑报建为 73.77 万平方米。认真开展建设项目竣工验收。是年全市规划区内共竣工验收 198 幢建筑物。

2009 年，市规划局组织完成长沙区长青路 6 号住宅项目、东兴大道 A5 地块居住小区项目、城区与中心镇商业网点规划、市电力专项规划、开平碉楼文化遗产旅游开发总体规划、调整金山度假村地块土地用途项目、长沙湾住宅小区项目、东方明珠花园住宅小区项目、柏丽花园住宅小区项目、开平三埠区迳头 2 号地块住宅小区项目、谭逢敬艺术院设计方案、开平城市南广场商住楼规划设计方案、开平富景花园规划建筑方案、开平恒达地产迳头项目方案、人民公园改造规划方案、渔政码头选址、开平澳园规划设计方案及振华工业开发区华中路 3 号 B 区 1 幢、2 幢项目方案的审议工作。为房地产项目提供测量服务、电子信息服务，完成工程验收 137 幢、工程验线 139 幢，总测量面积 209.73 万平方米，提供电子图 142 份。

【规划执法】 2008 年，强化规划执法监察，全市共查处各类违法建设工程 47 起。2009 年，加大对违法建筑的执法力度，联合城市管理综合执法部门，按照相关法律、法规对违法建筑予以查处，全年共查处违法建筑 50 宗。（许青云）

附：市规划局领导班子名录

党委书记： 梁孟斌
局　　长： 劳沈川（2009. 08～　）
　　　　　吴进进（　～2009. 07）
副 局 长： 张卓雄（2009. 08～　）
　　　　　劳沈川（　～2009. 07）
　　　　　唐建安（　～2008. 10）
纪检组长： 刘廷标

市政建设

【简况】 2008—2009 年，共完成（基本完成）市政工程 12 项，完成投资 3100 多万元。重点开展了潭江桥扩建改造工程和经济适用房和廉租房建设工程的建设，完成西宁路、长青路（左幅）、义祠路路面的改造，开展污水管网一期完善工程和生活垃圾处理场无害化扩容改造工程建设的准备工作，完善市内小区休闲设施。共完成市政维修工程 1060 处，完成工程总额 960 多万元，共 8 万平方米。其中主路面约 24000 多平方米，次路面约 4800 多平方米，小区支路约 5 万多平方米，人行道及石堤维修约 1650 多平方米。

【路灯管理】 市政府积极推行路灯管理体制改革，加大路灯经费投入，路灯管养水平上了新的台阶。两年期间累计投入 935 余万元，实施了 2008 年、2009 年春节灯笼灯饰安装工程，新建、改建开平大道、西宁路、天富路、风采路等路灯照明工程，修复了中和路前段，迳头啤酒街，盘山路，获龙桥，城市广场，失窃 1、2、3 期等失窃路灯线路。城区新增路灯 850 支，新增线路 20.14 千米，累计城区有路灯 16518 头，线路总长 230 千米，亮灯率 90%，设备完好率 90%。

【城市监察】 城监大队认真创建生态宜居城市，积极开展城区市容环境和交通秩序综合整治行动，开展城市管理专项整治行动，继续加强对升平路和武溪路流动摊贩乱摆乱卖的整治，规范西郊路夜市摊档的管理，市容环境整洁有序。完成2008年和2009年迎春花市工作，分别划定花位332个和611个，安排率达97%。两年共处理各类违章5267宗。

【潭江大桥改造工程】 新潭江大桥设计新颖，全长328米，桥宽31.5米，双向6车道，共15跨，主跨为60米，通航孔净高5米，净宽46米，大大提升了桥梁的通航能力。项目总投资约6400万元。于2009年6月正式进场施工，2009年年底已完成工程量的28%。将于2011年上半年完工通车。

【市廉租房和经济适用房建设工程】 位于新昌中山大道花蕾幼儿园侧，住宅建筑面积14317平方米（21.7亩），计划兴建6幢廉租房和经济适用房，其中4幢长42米，2幢长26.4米。每栋楼高七层，6幢总户数共224户。工程总投资约1950万元。计划分五期建设，第一期建设2幢42米长的房屋，于2009年10月初进场施工，2009年年底基本完成土建工程。

【环卫管理】 2008－2009年，按照科学化、规范化、精细化、长效化的管理理念，以"目标责任制管理"为统领，实行层级管理责任制和部门负责制，进一步完善环卫工作管理制度，健全工人、管理人员工作岗位操作规程和岗位责任制，全力实施评比检查奖罚制度，环卫整体工作质量实现了新跨越。新建、改建东方厂、武溪路、城市北广场地下等4座公共厕所、垃圾中转站，启动垃圾处理场无害化改造及扩容项目和新建垃圾处理场工程，增设垃圾桶400多个，新筑排水管道30多公里。共清运处理生活垃圾18.2万吨，清擦和粉刷乱张贴广告80万张（处），打捞海上漂浮物3528吨，清理化粪池330多个，清理卫生死角60处，处理违反市容环境卫生的行为85宗。

【污水管理】 污水处理服务中心完善管理制度，建立运营体系，完成截污水闸工程、泵站配套工程建设，启动一期管网完善工程和二期工程建设，完成污水处理费的调整工作。两年共完成污水收集总量2600万吨，日均3.5万吨，满足污水处理厂设计标准的70%的运营要求，污水处理率达43%，且运行水质良好，出水达标。

【污水处理系统项目】 项目建设分厂区和管网两部分。迳头污水处理厂位于三埠办事处迳头凤朝村侧，用地约5.7公顷（约86亩），主要收集新昌、祥龙、荻海、长沙东、长沙西、幸福等已建成地区共24平方公里内的生活污水，近期服务人口约23万人。项目总投资为16468.43万元，其中厂区投资6177.89万元，管网投资10290.54万元。工程分两期进行，首期5万吨，远期10万吨。首期工程已于2007年2月建成5万立方米/日处理。管网项目按近期5万立方米/日的规模设计，采用地下铺设D300—D1350集污干管10818米，地面建设泵站4座，将城市污水输送至迳头污水处理系统集中处理。现已完成全部工程并开始试运行，缓解河涌及潭江的水污染状况，改善水环境。

【开平市垃圾处理场】 开平市生活垃圾处理场1989年5月建成投产，累计投资约1000万元。场址位于长沙新民村委会大汪山（梁金山），距城区13公里，占地面积约330亩，有效总库容为176.9万立方米，可填埋生活垃圾105万吨。服务区域为开平市城区和本市水口、赤坎、沙塘三镇，服务人口约27万。日处理垃圾量约350吨，预计使用年限到2013年。

【环卫处】 公用事业局下属的副科级事业单位，负责城区市容环境卫生工作，设有3个大站 9个分处，约有环卫工人1050人。负责清扫面积570万平方米，服务居民约10万户，管理公厕32座（旅游公厕18座），垃圾中转站10座，压缩站1座，垃圾处理场（含污水处理厂）1个。现有垃圾车17辆，铲车、扫路车、压缩车、疏通车等16辆。2000年起全面实施清扫、收集、清运、处理"一条龙"的管理模式，为开平市的创建园林城市、创建旅游城市、"申遗"等活动的成功做出了积极的贡献。（梁伟汉）

附：市公用事业管理局领导班子名录

局　长：何伟硕

副局长： 谢广生　查海岩（　～2009.11）
罗健华（2009.11～　）

供　水

【简况】 开平市供水集团有限公司是一家具有国家“城市供水企业资质证书”的集团企业，主营自来水生产、供应，兼营给排水、供水消防设计安装工程等业务。公司下设：计划财务部、行政办公室、营业部、客服中心、管网部、生产技术部、市建安工程有限公司等7个二级部门，共计有员工270多人，注册资金12750万元。在开平市城区拥有龙山、振华、南楼等三家水厂，镇区拥有赤坎、沙塘、狮山、塘口等四家水厂。目前城区总体设计生产能力为27万立方米/日，供水范围达26平方公里，为30多万人提供供水服务。

开平市供水集团有限公司始建于1971年5月，前身是开平县三埠自来水厂，1981年3月更名为开平县自来水公司。1993年3月，经广东省人民政府批准组建为广东开平供水集团股份有限公司。2007年5月进行转制，改名为开平市供水集团有限公司。公司由深圳市水务投资有限公司控股60%，开平市公用实业资产经营公司参股40%。

【供水设施】 在供水生产工艺中，主力水厂（南楼、振华）均采用了PLC自控新技术，拥有一系列先进的水质分析检验仪器和机械化、自动化的生产设备，具有先进的生产技术水平；水质分析开展了日检验项目10个、月检验项目32个和年检验项目106个。

城区水厂均配备化验室，其中南楼水厂配备以国家二类水司为标准的中心化验室，配备了101—I型电热鼓风干燥箱、752型紫外可见光栅分光光度计、LRH—150B生化培养箱、DK—S26电热恒温水浴锅、AUY220型岛津电子分析天平、AFS3100原子荧光光度计、HACH2100AN浊度计等先进化验设备。供水调度配备了管网水压监控系统，对城区水厂供水和管网运行情况实行24小时实时监控，确保供水安全。

【城区供水】 城区有龙山水厂、振华水厂和南楼水厂等3家水厂，设计日供水生产能力为27万立方米。（祥龙水厂位于祥龙洲西端，设计日供水能力6万立方米，使用大沙河水库水和潭江河水两种水源，目前处于备用状态，仅在南楼水厂发生供水安全事故时作为应急设施启用。）

龙山水厂位于开平梁金山龙山水库侧，使用龙山水库为原水，设计日供水能力1万立方米，配置1台75KW送水机组、1台55KW送水机组和2台30KW送水机组。1981年投入生产运行，主要供水区域包括翠山湖新区、梁金山管理区以及省道275公路沿线，并与城区DN800管道连通并网供水。2000年3月，通过净水生产工艺改造，建设反应池，改造脉冲澄清池为气浮池，进一步提高供水能力和供水水质。

振华水厂位于开平市沙冈区红进广场，占地面积33亩，使用大沙河水库原水，设计日供水能力6万立方米，配置4台220KW送水机组和1台132KW送水机组。1994年12月投产运行，承担着向城区长沙、沙冈等地供水任务，同时与南楼水厂、龙山水厂实现并网供水。1999年5月，振华水厂进行自动化技术改造，引进德国西门子PLC自动化系统，实现中央控制室集中监测、PLC系统分散控制和现场电控箱手动三级控制，进一步提高供水水质和供水安全性。

南楼水厂是“十五”期间开平市城市建设的重点工程项目，位于赤坎镇南楼管区，占地面积120亩。工程总规模为40万立方米/日，首期工程设计日供水能力20万立方米，总投资约2亿元。配置10KV高压的2台1000KW送水机组和3台450KW送水机组。主水源为大沙河水库水，备用水源为潭江河水。南楼水厂于2001年4月开始动工，2006年4月投入试产运行，作为供水主力水厂，承担着开平整个城区和部分镇区的供水任务，同时与城区水厂实现并网供水，为保障城市居民用水安全，促进经济发展和社会进步作出了贡献。南楼水厂设计中采用新技术、新工艺、新材料和新设备，如平流沉淀池后段采用气浮工艺，是广东省同行业首家，配套输水工程采用水力性能良好的大口径玻璃钢管道，减少了能耗，避免了水质二次污染。采用全自动化技术装备供水工程系统，配备众多进口在线自动检测仪表和过程控制设备，采用法国施耐德电气公司（Schneider

Electric）成套PLC控制系统，实现中央控制室集中控制、PLC系统分散控制和现场电控柜手动控制共三级控制，大大减少人员配备，减少人工操作的误差，提高供水安全性，降低供水成本。南楼水厂综合大楼还设立“中心化验室”，完全采用国家生活饮用水标准，对水厂水质情况进行监控化验，保证市民饮水合格安全。

目前城区供水主管道为DN1600管道，通常日供水量约12万立方米，最高日供水量已突破14万立方米。

城区供水管网布置东至325国道水口桥南连接水口镇大福供水厂；南至迳头开发区、簕冲开发区；西到325国道八一管区连接南楼水厂；北至翠山湖新区连接龙山水厂；西北经楼冈至沙塘镇墟和新塘口镇周边，供水覆盖城区及近郊。

【镇区供水】 镇区现有赤坎水厂、狮山水厂、沙塘水厂和塘口水厂等4家镇区水厂，设计日供水生产能力为2.57万立方米。

赤坎水厂设计日供水能力2万立方米（赤坎水厂的特许经营权25年，于2006年3月起已转让给开平市泓源供水有限公司），主要供水区域包括赤坎镇、百合镇、蚬冈镇以及塘口镇南部。

狮山水厂设计日供水能力0.25万立方米，主要供水区域包括东山镇、赤水和台山市康桥温泉。供水主管最大为Φ400，全长12公里。

沙塘水厂设计日供水能力0.2万立方米，主要供水区域包括沙塘镇墟大部分，沙塘镇西北部。另外，城区水厂主要供往沙塘镇东南部工业园，沙塘镇墟小部分。供水主管最大为Φ300～Φ400，全长15公里。

塘口水厂设计日供水能力0.12万立方米，主要供水区域包括塘口镇北部。另外，城区水厂主要供往塘口新镇府一带；赤坎水厂主要供往塘口立园、旧镇府一带。供水主管最大为Φ300，全长8公里。

近几年来，公司积极响应市关于着力解决农民关心的“饮水难”问题，全面实施农村饮用卫生清洁水工程。

【收费】 水价标准是：居民生活用水1.5元/立方米，工业用水2.15元/立方米，行政事业用水1.95元/立方米，经营服务用水2.47元/立方米，特别行业用水4.5元/立方米。收费根据用户水表行度计算，每月18～25日为正常抄表时间。抄表员在营业收费系统录入用户的抄表数据并生成用户水费数据，水费结算科将银行代扣用户的水费数据送农村信用社、建设银行和农业银行，大客户服务科将银行托收用户的水费托收凭证和发票送各银行，由银行在已签约代扣水费用户的存折或银行卡扣取水费，用户也可直接持用水户管理卡或预交水费到供水公司营业厅交现金或预存水费。

【开平市供水建安工程有限公司】 成立于1987年，是持有中华人民共和国建设部颁发的建安工程总承包及管道专业承包资格证书和广东省建设厅颁发消防设施专业承包资格及消防设计乙级的独立核算工程公司。现有中高级技术人员40多人，具备建筑、水消防系统、泡沫消防系统、气体灭火系统、消防防排烟系统、火灾自动报警系统、高低压配电自动控制、大型电气设备安装等项目及管道工程的施工能力。拥有与承担工程任务相适应的资金、人力、设备，长期承接建筑、机电设备安装、给排水及消防工程的施工安装等业务。

【供水客户服务中心】 组建于2009年9月，现有人数20人，下设：用水报装、呼叫中心、供水监察三个对外综合性服务部门，它在业务报装、业务咨询、业务投诉、协调关系、化解矛盾、对内督察，对外稽查、树立公司形象、诚信度等方面发挥着重要作用。这些部门积极升级呼叫系统和用水报装系统，特别是呼叫系统的建立，系统扩容量为数百条电话进线，数据容量能满足未来10多年的业务发展需要，大大地提升了企业的服务质素、服务水平和服务品牌。（谭广辉）

附：市供水集团有限公司领导班子名录

董事长：雷　霆

总经理：钟　诚

监事长：陈牧民

党总支书记、工会主席：李兆基

常务副总经理：张愿海

副总经理：曾祥发　杨锐清　谭锐铭

总工程师：吕跃进

供水单位简介

【大沙河供水公司】一直以来，开平三埠城区及邻近村民均以潭江水为饮用水源。随着社会的不断发展，特别是改革开放后，厂矿企业数量增多，潭江水质受到了越来越严重的污染。

开平县人大于1987年11月作出“关于保护潭江意见”的决定，并建议由水利部门研究，利用位于开平西北部的大沙河水库供水到三埠城区，解决人民群众饮用水卫生和安全的可行性。经水利部门考察、勘测设计，大沙河水库供水枢纽工程立项，上报省水利厅，1992年4月获广东省计划委员会批准，列为开平县“八五”计划和广东省“九五”规划主要供水工程项目。

大沙河水库供水枢纽工程分三期实施。第一期工程于1991年12月动工，1993年3月完工，同年6月向市供水集团的祥龙水厂供应原水，输水管道经马冈、塘口、长沙到祥龙，长31.9公里。第二期工程于1994年2月动工，同年11月竣工，1995年1月向市供水集团的振华水厂供应原水，输水管道长6.5公里。第三期工程于2002年12月动工，2006年3月竣工，同年4月向市供水集团新建的南楼水厂供应原水，管道长29.11公里。

该工程历时15年全部竣工，设计日供水能力20万立方米，水质经过检测完全符合国家规定的生活饮用水标准，满足三埠城区和沿途乡镇约35万人民群众和二、三产业的卫生、安全用水，而且略有超前。

该工程是开平市委、市政府牵头，开平市水资源开发管理中心、广东省供水工程管理总局、珠海经济特区珠江实业发展总公司、江门市水资源开发利用管理中心四家单位合资兴建，工程总投资为9552.6万元。由1992年成立的开平市大沙河供水公司管理。

自2000年后，大沙河水库集雨区内出现炼山、打坎、种植速生桉，违法砍伐等行为，破坏了原有生态植被、涵养林，再加上畜牧业的发展增加了水中的富营养，刺激了蓝藻生长，产生水华，水质受污产生异味，影响饮水的卫生、安全。大沙河供水公司得到珠江水利委员会、广东省水利厅、江门水利局、开平水利局的支持，邀请了暨南大学水生生物研究所所长韩博平带领专家组来水库调研，于2006年5月在灯山取水口实施“絮凝沉淀工程”，起到了应急治标的作用。2008年在灯山取水口设立广东省水利厅水华控制技术研究基地、暨南大学水生生物（国家重点学科）水库实验基地。经过多年的治理实践、不断探索改进，检测显示：水中富营养下降较快，蓝藻水华明显减少，水体透明度明显增加，水质不断提高，基本保持在中华人民共和国地表水GB3838—2002 Ⅲ—Ⅱ类之间，保障了用水的卫生、安全。

公司制定了管道检查护养办法、设施维修措施、水源安全保护、水质化验检测等具体制度，实行以制度办事，以制度管人，使各项工作正常有序地进行，效果较好。

2008年，公司供水总量4680万立方米，年产值1970万元，营业利润170万元。2009年，公司供水总量4159万立方米，年产值1661万元，营业利润97万元。固定资产9943.8万元。

大沙河供水公司1992年成立后，定为副科级集体企业单位，隶属开平市水利局领导。2009年，公司内设机构有生产组、财务组、后勤组、抄表组、灯山（取水口）管理站和南楼供水管理站，共有员工29人。（司徒惠琴）

附：大沙河供水公司领导班子名录

经　理、支部书记：李颂平

副经理、工会主席：杨荣立

副经理：吴林准

城市绿化建设

【城市绿化规划与管理】　近年来，以《开平市城市绿地系统规划》为依据，按照“一心，两环、三江”（一心：潭江大桥至半岛酒店、风采中学的水面及其沿岸一带，是开平最可贵的开敞空间，城市的构图中心；二环：近期用现325国道，三江大道，拓宽的新昌路和东兴大道构成城市景观干道系统的内环；远期用在其外圈相距约1～2千米的规划干道再形成一个景观干道外环；三江：开平河道由三江汇合而成，江的两岸原则上全部实行绿带化，故而笼统用三江称之）的绿地系统总体结构（从景观角度分析）进行城市绿化规划，取得较好的效果。2008－2009年，加强城市绿化规划，对城区部分空地、道路和不能满足市民休闲娱乐的绿地进行了规划设计或重新改造设计，开展老干部门球场侧空地绿化、东胜路24号前空地绿化、西宁路道路绿化、港口公园和祥龙公园改造工程设计等20多项规划设计。同时，加强城市绿化管理和监察，大力打击破坏绿化的行为。以《开平市城市园林绿化管理规定》、《开平市城市绿线管理办法》为依据，推行绿地分片责任制，分级养护管理，加强工作人员专业技术培训，组织绿化管理评比奖惩，提高城市绿化管理水平。严格执法，加强日常绿化巡查，两年共依法处理绿化违章案20多宗，保护了园林绿化成果。

【国家园林城市建设】 自2003年被评为“国家园林城市”后，继续加强城市绿化建设。2008－2009年，继续加强公园绿地、道路绿化等绿化建设，如祥龙公园门楼和围墙建设、西宁路道路绿化、天富豪庭西侧（谭氏中学）道路绿化、良园路天富路口段道路绿化、百汇市场五街道路绿化等。至2009年底，建成区绿地总面积增加到1086公顷，绿化覆盖总面积增加到1233公顷，建成区绿化覆盖率41%；公园绿地总面积增加到197公顷，人均公园绿地面积9.4平方米。一个以梁金山生态风景园林为龙头、道路绿化为骨架、众多公园绿地为依托的城市绿化网络已基本形成，2009年2月获得国家园林城市复查组的充分肯定，顺利通过了“国家园林城市”复查组复查。

【古树名木保护】 严格执行《开平市城区古树名木保护管理办法》，加强古树名木的保护和管理，严禁擅自迁移、砍伐、转让、买卖古树名木，并做好古树名木的复壮及宣传保护工作，古树名木保护情况良好。至2009年，全市有百年以上树龄的古树40株，其中一级古树3株，二级古树37株。 （曾志宏）

附：市园林局领导班子名录

局　长、党组书记：朱　锋

副局长、党组成员：李红梅　阮永恒

建筑业

【简况】 2008年，开平市建筑业完成产值15.99亿元，同比增长25.61%；共接工程89项，造价9.7亿元，同比增长31.45%；在建工程116项，造价6.28亿元，同比增长65.50%。建安房地产行业完成地税收入2.59亿元，占全市地税总收入的33.70%，其中建安地税收入1.54亿元，房地产地税收入1.05亿元。

2009年，全市建筑业完成产值32.08亿元，同比增长100.56%；共接工程155项，造价16.11亿元，同比增长66.57%；在建工程139项，造价9.18亿元，同比增长46.18%。建安房地产行业完成地税收入2.78亿元，占全市地税总收入的35.22%，其中建安完成地税收入1.20亿元，房地产完成地税收入1.58亿元。至2009年末，全市共有建筑企业41家，其中一级企业8家，二级企业7家，三级企业17家，劳务分包企业6家，商品混凝土企业2家，混凝土预制构件企业1家。

【勘察设计市场管理】 全市勘察设计单位乙级3家，电力设计单位乙级1家，施工图审查机构丙级1家。市建设部门积极引导勘察设计单位提高勘察设计质量，增强服务意识，提升企业市场信誉和竞争实力；加大检查监督力度，严格审查备案手续，及时受理和严肃处理无证挂靠、越级进行勘察设计等行为，规范勘察设计行业秩序，全市勘察设计行业发展稳定。2008－2009年，办理勘察设计合同备案和施工图文件审查备案共201项，办理建筑施工图审查文件备案共201项。

【质量安全管理】 加强对建筑工程质量与安全生产的教育培训，认真开展安全检查和专项整治、隐患排查和百日督查专项行动，2008－2009年，全市建筑工程质量和施工安全管理水平稳步提升，建筑工程竣工验收合格率为100%，没有发生建筑施工安全事故。2009年获全国建筑业先进企业称号1家，四川省优良样板工程1项，四川结构优质工程3项，广东省建设工程金匠奖1项，广东省双优工程2项，广东省优良样板工程4项，广东省安全生产文明施工优良样板工地6项，广东省AA级安全文明标准化诚信工地2项，广州市

建筑装饰优质工程 2 项，江门市建设工程安全生产文明施工优良样板工地 3 项，江门市优良样板工程 4 项。

【建筑工程招标投标】 2008 年，列入开平市建设工程交易中心工程共 22 项，其中公开招标 14 项，邀请招标 8 项，工程总预算价为 9913 万元，总中标价为 9586 万元，平均下浮率为 3.3%，节约工程投资 327.56 万元；直接发包工程共 136 项，工程总造价 7.14 亿元。2009 年，列入建设工程交易中心招投标的工程项目共 51 项，其中公开招标 49 项，邀请招标 2 项，工程总预算价为 34999.42 万元，总中标价为 34601.24 万元，平均下浮率为 1.14%。

【建筑行业技术培训】 2008 年，举办建筑施工企业主要负责人、项目负责人和专职安全生产管理人员（简称“三类人员”）安全培训 1500 人，“平安卡”培训 421 人，农民工培训 280 人。2009 年，“三类人员”继续教育培训 237 人，建设工程造价员继续教育 141 人，特种作业人员、物料提升机起重司机共 110 人，资料员、施工员、质检员、安全员、材料员（简称“建筑五大员”）继续教育 1157 人。

【建筑工程执法监管】 开展全市建筑工程管理监督执法检查，整治在建工程项目的质量安全隐患，依法打击各种违法违规行为，建筑市场秩序进一步规范。2008－2009 年，共开展建筑施工安全大检查 8 次，专项检查 12 次，不定期抽查 16 次，巡查 20 次，检查工程 1290 项（次），发出整改通知书 1236 份，实施行政处罚 31 宗。

【村镇建设管理】 2008－2009 年，共对 275 条村庄开展整治工作。通过整治后，村庄的“脏乱差”现象得到改进，生活文体娱乐设施日益齐全，村容村貌明显改善。加快镇级污水处理厂的建设，水口镇污水处理厂于 2007 年 7 月正式动工兴建，2009 年 12 月投入试运行；赤坎、苍城镇污水处理厂于 2009 年 9 月动工兴建，计划 2010 年 6 月底完成验收。

【燃气安全监督管理】 加强燃气行业安全生产宣传教育，落实安全生产责任制，积极开展安全生产大检查、专项整治和“安全生产月”活动，将隐患消灭于萌芽状态。2008 年，组织执法行动 16 次共 190 人次，抓获非法经营 19 宗、车辆 13 辆、收缴钢瓶 820 个。2009 年，组织执法行动 5 次共 68 人次，共查获跨区经营 1 宗、收缴 50Kg 气瓶 23 个，非法经营 4 宗、收缴 15kg 气瓶 110 个，有效地维护燃气企业和消费者的合法权益。2008－2009 年，全市燃气行业没有发生安全生产事故，安全生产形势稳定。

【建筑学会】 开平市建筑学会成立于 1990 年。2008 年，自行组织和参加省、市组织举办的各种类型学术专题报告会、学术交流会、专业技术培训班，共 12 场 2230 多人次。其中举办三类人员安全生产考核合格证延期继续学习班 3 期共 420 人，举办 4 期建设系统平安卡培训考核共 1500 人，组织学会会员和有关技术人员参加深圳、惠州建筑节能示范小区参观学习活动共 150 人，参加建筑节能有关技术研讨会和培训班共 115 人，参观学习江门市新型墙体材料生产厂家和轻质节能新型墙体材料在建筑工程应用中的工程实例共 75 人。推荐 20 多名有关勘察设计、桥梁、市政工程等方面的专家加入“江门市初步设计审查专家库”。鼓励会员单位和会员订阅科技和专业报刊杂志，积极鼓励和收集各类建筑专业论文，向市科协、江门土木建筑学发表专业论文共 12 篇、参加人数 35 人。2007 年 12 月，开平市建设商会、江门市建筑业协会开平办事处、江门市房地产业协会开平办事处、开平市建筑学会联合发文，由建设商会牵头合署办公，因此 2009 年建筑学会有关通知和活动均由建设商会代为办理。

主要建筑设计单位简介

【开平市建筑设计院有限公司】 始建于 1985 年 5 月，由原开平县设计室、第二设计室合并为开平县设计公司，1993 年 12 月改名为开平市建筑设计院，2007 年 7 月改制为开平市建筑设计院有限公司。公司主要从事工程设计和工程勘察业务，1985 年取得工程设计资质乙级，工程勘察资质乙级。2009 年，全公司拥有建筑、结构、给排水、电气、暖通、钻探等专业技术人员，中级以上专业技术人员26人，其中注册建筑师和注册结构工程师各4人。1987－2009年，被江门市评为优秀工程设计共15项，其中较大工程有开平市电力通讯大楼、中心医院、城市广场、立园、卫浴展贸中心等。2001年被江门市建设局评为先进单位，2002年、2006年分别被评为开平市城建、经济工作先进单位。

【开平市现代建筑设计研究院】 始建于1986年，名为开平市第二勘察设计室，1993年12月改名为开平市现代建筑设计研究院。2002年9月取得建筑工程设计乙级、岩土工程乙级、工程钻探乙级等资质。2009年，全公司共有各类工程设计技术人员30多人。2003年获“广东省优秀工程设计”二等奖、三等奖各1项，1996－2009年获“江门市优秀工程设计”一等奖2项、二等奖1项、三等奖5项。

【开平市腾达建筑设计有限公司】 前身为开平市腾达建筑设计院，始建于1984年，2009年11月改名为开平市腾达建筑有限公司，1984年取得建筑工程乙级资质，主要从事建筑工程设计、监理、工程勘察和专业技术咨询等业务。1990年通过TQC验收，2002年通过ISO9001国际验证。2009年，全公司共有职工51人，专业技术人员45人，其中具有高级职称9人，中级职称24人，初级职称12人。1990—2009年，公司设计的开平市府办公大楼、开平市广播电视中心、开平客运总站等22项项目获得省、市优秀工程一等、二等、三等和表扬奖。

主要建筑企业简介

【广东金辉华集团有限公司】 成立于1999年4月，主要业务有房地产开发、建筑设计和施工、电力工程、水利水电工程、物业管理和酒店旅业管理等。2007年2月成立的企业技术中心被认定为广东省省级企业技术中心；2007年4月与江门五邑大学合作，成立了产学研基地和研发基地、专业的检测研究中心和开平市建筑人才培养基地。2009年，公司下设5个专业职能管理中心、10家直属驻外机构及多家成员企业；有员工1800多人，工程技术和经济管理人员418人，其中博士、硕士5人，高、中级职称人员252人，建造师102人；有专利14项，其中发明专利1项，省级工法6项，并主持编写了3部国家行业标准的相关书籍。2008年、2009年总产值分别为28000万元、77514万元。2002－2009年连续获“守合同重信用”企业称号，2009年获“纳税大户”称号。2007－2009年，获中建协AAA级安全文明标准化诚信工地2项，广东省建设工程金匠奖1项，广东省优良样板工程9项，广东省安全文明施工样板工地8项，广东省建筑业新技术应用示范工程3项，广州市安全文明施工优良样板工地6项，广州市优良样板工程3项，开平市科技进步一等奖1项。

【广东建邦兴业集团有限公司】 1996年4月成立，2003年6月改为民营企业。具有房屋建筑工程施工总承包、市政公用工程施工总承包、建筑装修装饰工程专业总承包等一级资质，机电设备安装工程专业承包、土石方工程专业承包等二级资质，地基与基础工程专业承包、建筑智能化工程专业承包、城市及道路照明工程专业承包等三级资质。2008年8月通过ISO9001、ISO14001、GB/T28001质量、职业健康安全、环境管理体系认证。2009年全公司共有工程技术人员262人，2008年、2009年总产值分别为36034万元、78336万元。2002－2009年，获广东省优良样板工程4项、广州市优良样板工程8项，1998－2009年被广东省工商局评为“连续十二年守合同、重信用企业”，2007－2009年被广东省工商银行授予“连续三年中国质量信用评价AAA级企业”荣誉称号。

【广东耀南建筑工程有限公司】 成立于1998年，是一家股份制企业，具有房屋建筑工程施工总承包、机电安装工程施工总承包、建筑装修装饰工程专业承包、钢结构工程专业承包等一级资质，市政公用工程施工总承包、园林古建筑工程专业承包、地基与基础工程专业承包、消防设施工程专业承包等二级资质。2008年、2009年总产值分别为7746万元、53669万元。2009年，公司承建的广东援川最大项目——汶川县第一中学重建工程被评为四川省优良样板工程、广东优良样板工程；恩平供电大楼被评为2009年度广东省双优工程。公司创造的“外墙饰面砖工法”和“钢筋混凝土框架节点模板工法”分别被批准为广东省省级工法和国家级工法。2001－2009年，先后通过ISO9001、ISO14001、GB/T28001质量、环境、职业健康安全管理体系认证，并获中国建筑业协会颁发的“全国建筑业先进企业”、广东省建设厅颁发“优秀企业”、“安全生产先进单位”等奖项，连续多年被市工商行政管理部门及税务部门评为“守合同重信用企业”和“纳税模范单位”。

【广东开平建安集团有限公司】 成立于1970年1月，2003年12月改为民营企业。具有房屋建筑工程施工总承包、机场目视助航工程专业承包、建筑装修装饰工程专业承包、消防设施工程专业承包等一级资质，机电安装工程施工总承包、市政公用工程施工总承包、建筑幕墙工程专业承包、公路路基工程专业承包等二级资质，公路路面工程专业承包、钢结构工程专业承包、建筑智能化工程专业承包等三级资质。2005年8月通过ISO9001、ISO14001、GB/T28001质量、职业健康安全、环境管理体系认证。2009年，公司有专业技术职称的工程技术人员共327人。1991－2009年，共获“中国建筑工程鲁班奖”1项，“建设部优良样板工程”1项，“交通部优良工程”1项，广东省优良样板工程 12 项，广州“五羊杯”和地级市优良样板工程 10 多项。1995—2009年，被评为“连续十五年守合同、重信用企业”，2007－2009年，获得“连续三年中国质量信用评价AAA^{+}极企业“等荣誉称号。2008年、2009年总产值分别为30178万元、51200万元。

【广东开平二建集团股份有限公司】 成立于1978年12月，1994年公司完成股份制改组，具有房屋建筑工程施工总承包、机电安装工程施工总承包、地基与基础工程专业承包等一级资质、市政公用工程施工总承包二级、房地产开发三级资质；有专业技术职称的工程技术人员共550人，拥有与承包工程适应的各类先进施工机械设备。曾获“中国建筑工程鲁班奖”1项，广东省、市优良样板工程30多项，广州市“五羊杯”1项，安全生产和文明施工样板工地20多项；先后被评为：全国先进集体建筑企业，广东省“五一”劳动奖状，广东省模范集体，第二届全国先进建筑施工企业，全国500家城镇集体建筑企业综合经济效益第一名，全国500家最大规模和最佳经济效益建筑企业。2008年、2009年总产值分别为10799万元、6371万元。

【广东开平市三建集团有限公司】 成立于1985年，是集建筑施工、机电安装、房地产开发、装饰装修、钢结构施工、经贸发展为一体的大型企业集团。下设19个专业公司，建筑工程施工为企业的龙头产业。1993年取得国家一级资质，1999年成功通过ISO－9002国际质量体系认证。2009年，公司拥有固定资产2亿多元，职员5200多人，其中有工程技术职称的500多人，包括高级职称11人、中级职称54人。1989年11月荣获全国建筑工程最高荣誉——鲁班奖，1997年获广州市建筑工程首届“五羊杯”。此外，还分别获得“全国工程质量管理先进企业”、“全国先进集体建筑企业”、“中国500家最佳经济效益建筑企业”、“中国500家最大经营规模建筑企业”、“全国城镇集体建筑企业综合经济效益500家”等称号。2008年、2009年总产值分别为3545万元、5144万元。

【开平市住宅建筑工程集团公司】 成立于1975年1月，以土建、装修、水电安装工程为主，兼建筑设计、汽车修配、电子化工、建材供应、商品房开发、建筑监理等，于2009年开始实施企业改制。2008年、2009年总产值分别为6100万元、6313万元。公司成立以来，先后被国家级管理部门评为“全国500家最佳经济效益建筑企业”、“全国城镇集体建筑企业综合效益500强企业”、“全国500家最大经营规模建筑业企业”，2000－2008年连续九年被工商行政管理部门评为“守合同、重信用”企业；承接的工程施工项目获得省、市级优良工程、优良样板工程、施工文明工地等奖项300多项。

附表：　开平市建筑企业一览表

企业类别	企业名称
一级施工企业（8家）	广东金辉华工程有限公司
	广东开平市三建集团有限公司
	广东开平二建集团股份有限公司
	广东二建集团装饰工程有限公司
	广东建邦兴业集团有限公司
	开平市建安集团有限公司
	开平市住宅建筑工程集团公司
	广东耀南建筑工程有限公司
二级施工企业（7家）	开平市水口建筑集团有限公司
	开平市第一建筑集团有限公司
	广东开平骏建有限公司
	开平市第四建筑集团公司
	开平市第五建筑集团公司
	广东优赢钢结构网架工程有限公司
	开平市供水消防工程有限公司
三级施工企业（17家）	开平市龙辉建筑工程有限公司
	开平市长实市政建筑有限公司
	开平市聚源建筑工程有限公司
	开平市赤辉建筑工程有限公司
	开平市劲达建筑市政工程有限公司
	开平市供水建安工程有限公司
	开平市新环球建筑工程有限公司
	开平市林兴建筑工程有限公司
	开平市电力工程有限公司
	广东泰和建筑集团有限公司

续上表

企业类别	企业名称
三级施工企业（17家）	开平市均安建筑工程有限公司
	开平市华立新工程有限公司
	开平市辉航电力工程有限公司
	开平市任象机电工程有限公司
	开平市建乐无热瓦钢结构建筑工程有限公司
	开平市金辉钢结构工程有限公司
	开平市中成信息工程有限公司
劳务分包企业（6家）	开平市安富建筑劳务有限公司
	开平市开建劳务有限公司
	开平市顺安建筑劳务有限公司
	开平市泰和建筑劳务有限公司
	开平市安辉建筑劳务有限公司
	开平市耀南建筑劳务有限公司
商品混凝土企业（2家）	开平市中泽混凝土有限公司
	开平市扬帆混凝土制品有限公司
混凝土预制构件企业（1家）	开平市建腾混凝土制品有限公司

（罗琼珠）

附：市建设局领导班子名录

局　　长： 冯润深（　～2009. 08）
吴进进（2009. 08～　）

党组书记： 谭鸿杰（　～2009. 05）
何焕明（2009. 08～　）

副 局 长： 梁柏瑞　张春发　甄朝阳

纪检组长： 邓育文

房地产业

【简况】 2008年，开平市建筑企业共接工程89项，工程造价9.7亿元，同比增长31.45%，建筑企业在建工程116项，造价6.28亿元。全年商品房销售2384套，销售面积29.2万平方米，同比下降11.5%，销售金额6.4亿元，同比增长12.5%。2009年，在市出台促进房地产开发政策的刺激下，房地产市场稳步发展，开发加快，投资加大，销售增长。全年房地产完成投资5.13亿元，同比增长91.63%，新开工面积78.88万平方米，同比增长202.80%，商品房销售2618套，销售面积36.95万平方米，同比增长26.23%，销售金额8.38亿元，同比增长15.43%。

【房地产交易】 2008年，全市办理房屋登记21904宗，比上年增加2610宗。其中办理房地产交易12000宗，比上年增加1096宗。2009年，全市办理房屋登记21249宗，比上年减少655宗。其中办理房地产交易11198宗，比上年减少802宗。

【房地产中介服务管理】 2008年，加大《物权法》、《物业管理条例》等法律法规的宣传力度，加强对房地产中介机构的监督管理。协助天富豪庭、海伦堡两个小区争创"广东省绿色住区"和"江门市示范物业管理住宅小区"。2009年，全市物业管理企业9家，管辖面积130万平方米，从业人员420人，中介服务进一步规范。

【住房公积金归集】 2008年，全市住房公积金缴存单位462个，职工29013人，住房公积金缴存总额为15629万元，共发放贷款3547万元。2009年，住房公积金缴存单位504个，职工28981人，住房公积金缴存总额为18352万元，共发放贷款6814万元。

【直管公房经营管理】 2008年，加大空置直管公房出租力度，循序渐进实行公开招租，采取措施做好房租收缴工作，全年房租总收入1298万元，比2007年增收137万元。2009年，首次实行直管公房非住宅（商铺）公开招租，同时通过多种渠道出租空置房。全年房租总收入1361万元，比上年增收63万元，实现国有资产经营效益最大化。

【廉租住房建设与分配】 2008年，对全市城镇低收入家庭的住房情况进行全面调查摸底并建立档案，制定并实施《开平市经济适用住房管理实施办法》、《2008年度开平市城镇低收入家庭住房困难租赁住房补贴方案》、《开平市城镇廉租住房申请审核及退出管理细则》、《开平市城镇低收入住房困难家庭租赁住房补贴发放管理办法》。2009年，解决廉租房家庭103户，其中实物配租30户，住房租赁补贴73户。廉租住房和经济适用住房建设方面，落实建设用地1.4317公顷，已开工建设混合楼2幢，建设面积5856平方米，其中廉租房56套，经济适用住房28套。

【城市问题楼盘整治】 按"一楼一策"的办法，2008年解决了16幢498户房屋办证难的问题；2009年解决了31幢514户房屋办证难的问题。

（胡锦贺）

附：市房产局领导班子名录

党组书记、局长：张伟能（　～2008）
梁忠彬（2009～　）

党组副书记：周艺科

副局长：伍润生　麦发溢

党组成员、副主任科员：冯思行

环境保护

【简况】 2008－2009年，市环保部门加大环境监察力度，强化环境监管与执法，全力抓好污染减排工作，全市环境基础设施建设上新台阶。完成水口镇、苍城镇、赤坎镇三个中心镇污水处理厂的主体工程。2008、2009年完成上级下达的主要污染物总量减排任务，全市环境质量有所改善。

【建设项目管理】 2008－2009年，市环保部门认真执行《中华人民共和国环境影响评价法》和《建设项目环境保护管理条例》，严把审批关，控制新污染源的产生。2008年，审批项目130项，验收项目35项；重大项目100%上报江门市环保局和省环保厅审批；全年否批不符合环保要求的项目19项，有效地控制污染物排放总量。2009年，审批环评文件179项，其中报告书建设项目11项，报告表建设项目65项，登记表建设项目103项。在所有报批的项目中，环评和"三同时"的执行率均达到100%。

【环境监督管理】 2008－2009年，继续开展整治违法排污企业、保障群众健康专项行动。在专项行动中，全市共出动3870人次，检查企业910

家次，依法作出行政处罚 11 宗，发出限期整改通知书 155 份。两年间共受理群众反映环境问题的来电、来访 721 次，来信 241 件，处理回复率 100%。共承办人大代表建议、政协委员提案（环保类）24 件，按时完成办理任务。

2009 年，开展镇海水流域污染整治工作，制订了《开平市镇海水流域污染整治工作方案》，责令 2 家企业限期治理，3 家企业限期整改。到 11 月底，5 家企业均完成治理整改任务，配套安装了 COD 在线监控设施；各企业的废水处理设施运行正常，废水稳定达标排放，镇海流域水质状况得到有效改善。

【污染减排】 2008－2009 年，大力淘汰落后产能，关停小发电厂 1 家、立窑水泥厂 2 家、污染企业 3 家、红砖厂 11 家。大力推进工业企业减排，完成化学需氧量减排工程 8 家，完成二氧化硫减排工程 5 家。加强污染源在线监测设施建设，强制性清洁生产企业 2 家（依利安达电子公司、罗赛洛明胶公司），省控、国控企业 14 家，全部安装在线监控设备，控制污染物排放。2009 年，按时完成上级下达本市主要污染物总量减排任务：COD（化学需氧量）250 吨、SO_2（二氧化硫）500 吨。

【水环境综合整治】 2008－2009 年，重点抓好饮用水源保护工作，全方位对全市生活饮用水源吸水点进行布控监测。开平市大沙河供水集团公司和暨南大学开展技术合作，在大沙河水库生活饮用水源保护区设立实验基地，实时实地对藻类等水生生物进行监测和控制。市农业局、国土资源局、环境保护局联合印发了《关于印发开平市生猪生产发展总体规划和区域布局(2008—2020)的通知》，加强畜禽养殖业污染的监督管理。2009 年，开展饮用水源地及重点江、河、湖（库）流域污染整治专项行动，排查风险源，发出限期治理决定书 8 份，发出限期整改通知书 50 份。

【环境监测】 2008－2009 年，按照《全国环境监测管理条例》的规定和要求，对辖区内的地表水、空气、噪声等环境要素进行监测。每年定期对潭江及潭江流域的镇海水、新桥水等河流水质，以及城市环境空气质量、区域环境噪声和交通干线噪声进行监测；每月对城市生活饮用水水源大沙河水库及龙山水库水质进行监测，对主要污染源实行不定期监测。还开展环境污染纠纷仲裁监测、污染事故应急监测、建设项目环评现状监测、工程竣工验收环境监测及部分科研课题的环境现状调查与监测工作。

2008 年，按计划完成 6 次地表水环境质量监测，以及 2 个市级和 12 个镇级饮用水源地的水质监测。全年获得环境监测数据 9637 个，其中城市空气监测数据 1683 个，地面水及饮用水源监测数据 7588 个，噪声监测数据 366 个。完成 4 家国控和 16 家省控重点污染源的废水或废气监督性监测任务；完成 4 家国控重点污染源在线监测设施全年比对监测任务。开展污染源委托性监测 547 厂次，完成竣工验收调查监测及各种监督监测 150 次。

2009 年，按计划完成 6 次共九个段面的地表水环境质量监测，以及 2 个市级和 12 个镇级饮用水源地的水质监测。全年获得环境监测数据 9583 个，其中城市空气监测数据 1629 个，地面水及饮用水源监测数据 7588 个，噪声监测数据 366 个。完成 8 家国控和 10 家省控重点污染源全年废水或废气监督性监测任务；完成 4 家国控重点污染源在线监测设施全年比对监测任务。开展 500 厂次的污染源委托性监测，13 个项目环评报告书现状监测和资料收集工作，完成 120 个建设项目竣工验收调查监测，以及各种监督监测 100 多次。

【环保宣传教育】 2008－2009 年，市环保部门每年围绕“六·五世界环境日”开展形式多样的宣传活动，倡导科学、健康、环保的 生活方式。2008 年，组织有关企业人员学习《中华人民共和国水污染防治法》，组织部分幼儿园和绿色学校开展以“绿色奥运”为主题的绘画比赛，在中小学校开展环保征文活动等。2009 年，与市教育局联合举办以“与绿色同行”为主题的中小学文艺晚会。世界环境日活动期间，与多家单位联合举办一期以“低碳生活、你我参与”为主题的潭江论坛节目，在开平电视台播放。

（许华炼 区新兴 殷亦文 陈洁琳）

附：市环保局领导班子名录

局　长：谢梓枢（　~2009.08）

梁洪乐（2009.08～　）

副局长：张国成　吴长振　刘倬仁

市场物业管理

【简况】　开平市市场物业管理公司（总站）是2001年12月从开平市工商行政管理局脱钩分离出来的正局级事业单位，是开平市政府辖下五大集团公司之一。2005年经市政府同意进行资产重组后，设有办公室、人事部、审计部、财务部、工程部、物业部、发改部、保卫部及机关服务中心共9个部室（中心）和新昌、东星、银海、开华、幸福、百汇、水口、水口展贸中心及步行街共9个物业管理站，有干部职工235人，负责对全市13个肉菜市场（含合作市场）和水口展贸中心的管理。

【干部职工管理】　公司成立以来，相继制订《人事管理制度汇编》、《财务审计管理制度》、《工程建设审批和监管规定》和《关于建设工程招标投标的管理制度》等文件，并成立审计监察部门，积极开展劳动纪律检查和效能监察，对公司的管理、工程建设、财务管理等方面实行全方位的监察，取得了一定的成绩。建立激励和约束机制，对中层干部进行严格的考核，制订《中层干部管理责任制考核细则》，明确了每个中层干部的责、权、利，每年签订责任书，依章考核、奖罚分明。又出台《经营管理责任制方案》，将考核结果严格与奖金挂钩，引入竞争机制，实行动态管理，有效地提高中层干部的工作积极性。重视提高党员干部队伍的素质。建立党风廉政建设责任制，并纳入年度考核，抓好落实。要求被考核单位制订相应的制度和规定，从源头抓起，从具体工作抓起，使这项工作制度化、日常化。2008、2009年共处理来信来访49件，处理违章违纪人员3人次，为公司挽回经济损失2万多元。

【食品准入市场管理】　食品安全关乎广大人民群众的切身利益。公司领导从贯彻落实十七大精神，落实科学发展观，构建和谐社会，保障人民群众生命财产安全的高度出发，以认真负责的态度，积极配合工商部门做好产品质量和食品安全专项整治行动工作，把食品安全整治当作当前工作的中心任务来抓，成立了流通环节产品质量和食品安全专项整治工作领导小组。实行食品准入机制，在属下的幸福、银海、东郊、百汇、新昌、开华及水口等市场均设置食品检测室，配备检测员2人，每天对进入市场的蔬菜、水果等食品进行抽检，并实时公示；对不符合质量安全标准的农产品或存在其他安全隐患的产品，责令停止销售、强制退市，并送交执法部门处理，确保市民吃上放心肉（菜）。目前，各市场食品经营店铺基本建立了进货索证索票制度。蔬菜农药残留抽检达标水平普遍达到95%以上。充分发挥新闻舆论的导向作用，通过广播、宣传栏、标语、横额、板报以及印发宣传单张等途径，大力宣传专项整治行动的目的、意义和目标要求，力求宣传到各基层、各市场，努力在全社会营造齐抓共管，共同参与的良好舆论工作氛围，让群众知道，经营者清楚，使专项整治活动成为全民的共同行动。各市场业户基本建立了经营台帐，部分市场与业户签订质量安全承诺保证书。通过健全蔬菜农药残留检测制度，要求各猪肉档实行场档挂钩制度，与定点屠宰企业签订准入协议，100%建立进货索票索证制度。通过加强对食品准入机制，有效净化了食品消费市场，各市场产品质量总体水平稳步提升，食品等产品生产经营行为逐步规范，广大人民群众的满意度进一步提高。　（赖永中）

附：市场物业管理公司领导班子名录

党委书记、总经理：冯松永

党委副书记、纪委书记、副总经理：梁仕卓

党委成员、副总经理：张颖琳

党委成员、副总经理：陈志华

党委成员、物业部主任：黄绍钦

对外经济贸易

对外贸易

【简况】　2008年，全市进出口贸易总额15.13亿美元，同比下降2.05%，其中出口11.6亿美元，同比下降1.15%。进口3.54亿美元，同比下降4.9%。在全市外贸出口总额中，按贸易性质分：一般贸易出口56776万美元，同比增长10.37%，加工贸易出口59207万美元，同比下降10.13%；按企业性质分：国有企业出口12005万美元，同比下降1.94%，三资企业出口79507万美元，同比下降3.59%，民营企业出口24472万美元，同比增长8.21%。三资企业出口额占全市出口总额的68.5%。是年，全市机电产品出口54527万美元，同比下降6.6%；水暖卫浴产品出口22164万美元，同比增长38.19%；服装纺织品出口48343万美元，同比增长3.3%。

全市出口额超1000万美元以上的企业有34家；开平市中贸进出口有限公司、开平市利德信进出口贸易有限公司、开平欧标水暖器材有限公司、开平市外经商贸发展有限公司获江门市政府授予外贸出口贡献奖。

2009年，全市进出口贸易总额12.16亿美元，同比下降19.63%，其中出口9.5亿美元，同比下降18.11%，进口2.67亿美元，同比下降24.63%。在全市外贸出口中，按贸易性质分：一般贸易出口48773万美元，同比下降14.1%，加工贸易出口46211万美元，同比下降21.95%；按企业性质分：国有企业出口9822万美元，同比下降18.18%，三资企业出口61804万美元，同比下降22.27%，民营企业出口23357万美元，同比下降4.55%。三资企业出口额占全市出口总额的65%。是年，全市产品中，机电产品出口42187万美元，同比下降21.5%；水暖卫浴产品出口16600万美元，同比下降25.1%；服装纺织品出口40560万美元，同比下降16.1%。全市出口值超1000万美元以上的企业有27家；开平市中贸进出口有限公司、开平市利德信进出口贸易有限公司、开平依利安达电子有限公司获江门市政府授予外贸出口贡献奖。

【投资环境建设】　2008年，翠山湖新区申报省产业转移工业园，翠山湖的建设能及时得到上级的指导，确立了园区的初步产业规划，为园区的申报成功工作打下基础。此外，积极做好闲置土地的整合工作，进一步加快月山电镀工业区开发建设工作，加大力度落实服务企业的联动机制，加强与有关企业的联系和沟通，全面提高行政服务的水平和效率。

2009年，结合本市实际，继续深入落实载体建设、行政服务中心建设等系列措施，较好地优化投资软硬环境；为应对国际金融海啸，结合区域经济发展的实际情况，出台一系列配套优惠政策，降低开平市投资成本、提高对大项目的吸引力。市主要领导亲自挂帅上阵，力促翠山湖新区正式获省认定为省示范性产业转移园，使开平市招商工作迎来历史性的突破，抢抓翠山湖新区启动发展的良好机遇。

【招商引资工作】　2008年，继续加强与中国外资投资企业协会、香港工业总会、香港广东社团总会、香港鞋业总会等商会机构的交流，依托行业协会优质平台实施以商引商。市领导率队先后赴香港、北京推介开平市优质载体资源，多次邀请有关商会领导前来开平考察投资环境，取得预期效果。此外，加大“零用地”招商力度，鼓励企业加大科技投入，实现增资扩产，提高资源的集约利用率。全年共有18家外资企业实现增资扩产，增资额4670万美元；其中奔达纺织有限公司增资1250万美元，威技电器有限公司增资500万美元，扩大生产规模，完善整体配套。全市各级深入开展招商引资工作，相继引进投资额500万美元的开平港电电器有限公司、投资额1180万美元的开平市庆狮汽车配件有限公司等一批高科技含量的优质项目。是年，全市新批外资项目25个，合同外资3753万美元，吸收外商直接投资12845万美元。

2009年，制定了一系列配套优惠政策，营造出良好政策效应。成功引进品牌、科技含量较高的多个新项目，包括成功引进投资总额达1500万美元（其中外资总额1000万美元）的百里傲实业有限公司；香港上市公司绿色能源科技集团到金鸡镇投资500万美元，兴办开平市富茂能源有限公司；中捷厨卫股份有限公司落实投资5亿元项目。是年，全市新批外资项目17个，合同外资4515万美元，吸收外商直接投资14453万美元。

【外贸体制改革】　2008年，继续深化全市外贸体制改革，宝源制衣厂等5家企业关停，土出公司、外贸开发公司等17家企业移交市公有资产经营公司，余下轻出公司、达通报关行、纺出公司3家企业，全市外贸企业改制工作完成96%。2009年，纺出公司完成改制，全市外贸企业改制工作完成98%。

【“三资”企业管理与服务】　2008年，市外经贸局多次联合海关、商检局等职能部门深入企业现场办公，了解企业开展外经贸工作遇到的问题，结合开平市的实际情况提出对策建议；举办外贸实际业务操作培训，邀请江门和省外贸专家授课，提高了外贸企业的业务水平；主动应对形势发展，召开多次政策宣讲会，及时为企业分析当前外经贸发展形势，积极宣传国家、省和地方出台一系列帮扶政策，获得企业的肯定和赞许。2009年，配合市政府制定《关于进一步加强机关作风建设优化投资发展软环境的意见》，全面落实各级部门责任，建立健全一系列的明确措施和机制，为进一步优化外经贸发展软环境提供良好的政策保证。继续推进外经贸相关职能部门间的联合办公机制，通过多部门联合现场办公，加强管理，优化服务。此外，为更好地推进翠山湖新区加快发展，结合外经贸职能工作实际，制订优化新区行政服务的工作措施，建立专人挂钩联系翠山湖新区制度，推行审批服务“零距离”、服务“一条龙”、企业办事“零投诉”等系列配套措施，打造新区项目审批、服务的“绿色通道”。良好的服务，进一步增强了企业增资扩产，增强壮大发展的信心。

【翠山湖新区】　2009年，重点抓好翠山湖新区招商工作。优化新区行政服务工作，制定专人挂钩联系翠山湖新区制度，实行审批服务“零距离”、服务“一条龙”、企业办事“零投诉”等措施。至2009年底，新区共引进已挂牌项目3个，投资总额4.5亿元；在办挂牌手续项目7个，投资总额8.33亿元；待挂牌项目7个，投资总额9.4亿元。翠山湖新区成为全市招商新平台。翠山湖新区位于开平市市区北部，距市中心仅8公里，总规划面积38.9平方公里，可建设用地面积25平方公里，自2009年7月成功申报为省示范性产业转移园后至2009年年底，园区两条主干道已建成通车，其他道路完成了路基建设，部分铺设了水泥路面，首期开发区内的道路网已形成；南区土方工程已完成2000多亩土地的土方平整；污水处理厂已动工建设。　（余卓杰　刘永强　方莉莉）

附：1. 市外经贸局领导班子名录

局　长：方澄江（　～2009.08）
　　　　何武健（2009.08～　）

副局长：周伯良　司徒卫铮

2. 招商局领导班子名录

党组书记：谭国仰（2008.01～2008.11）
　　　　　何武健（2008.11～2009.12）

局长：何武健（兼）

党组副书记、副局长：郑树良

党组成员、副局长：梁卫民

党组成员、纪检组长：徐祥希

党组成员：黄兆旋

口岸综合管理

【简况】 1981 年 5 月 31 日，成立开平县口岸办公室，负责水口口岸的管理工作。该机构设在县对外经济工作委员会内，由委员会的正、副主任兼任口岸办公室正、副主任。1988 年 4 月开平县口岸办公室划归县人民政府直接管理，改名为开平县人民政府口岸办公室。1993 年撤县设市，开平县人民政府口岸办公室改名为开平市人民政府口岸办公室，2001 年挂靠开平市人民政府办公室，是开平市人民政府主管口岸工作的办事机构，对全市口岸工作进行“协调、管理、监督、仲裁”，负责组织口岸单位开展共建文明口岸活动，确保口岸安全畅通、文明高效。

开平市共有一类口岸 1 个，即三埠港客运口岸；二类口岸 2 个，即三埠港装卸点和水口装卸点，水口装卸点于 2008 年暂停对外运作；纳入二类口岸管理的来往港澳货运车辆检查场一个，即三埠港货柜车检查场。

【口岸通关环境】 继续推行风险管理和动态管理，对质量诚信企业落实直通式报检、快速核放、绿色通道制度等便利通关验放措施。结合学习实践科学发展观活动，综合采用发放调查问卷、实地考察、召开座谈会、个别访谈、查阅文献资料等方式，对全市口岸的基本情况、口岸大通关建设取得的成就、存在的突出困难和问题等情况进行调研。形成了《以科学发展观为指导　优化通关环境　提高通关效率——开平口岸大通关建设调查》调查报告。针对口岸大通关建设存在的突出困难和问题，结合实际，提出口岸各单位要以科学发展观统揽口岸工作全局，围绕服务和促进地方经济平稳较快发展，继续解放思想，锐意改革创新，理顺口岸管理体制，加强政策法规的宣传、主动作为帮助企业渡难关等七个方面的建议和对策。继推广“属地申报、口岸验放”、“水转水”等便捷通关模式后，积极采取政策辅导、贴身跟踪服务和实行预约通关服务等措施，全力营造大通关环境；积极落实加工贸易纸质手册电子化推广工作以及单耗申报系统和深加工结转管理系统的推广应用工作，基本实现加工贸易手册无纸化。

【查验监管方式】 利用现代化监管手段，完善电子监管视频监控，推进检验检疫全申报制度和通关单联网核查工作；严格实施“三固定”（即航员固定、航线固定、船舶固定）信誉船舶通行制度，给予不登轮检查、优先办理手续等便利，承诺 24 小时随到随检等。

【文明口岸建设】 制定共建活动计划及调整充实共建领导机构建设；根据口岸单位的意见和建议，参照《广东省共建文明口岸活动考核评比实施办法》及结合开平口岸实际，制定了《参加江门市共建文明口岸活动考核评比推荐方案》；举办“庆八一、迎奥运”第七届口岸杯男子篮球赛。2009 年 3 月 26 日，组织口岸各单位 通关现场所有科室相互结成 5 对共建对子，互相签订了共建结对协议书。国庆 60 周年前后，各结对子单位联合参加了“迎国庆讲文明树新风”活动，美化绿化环境。

【口岸安全生产和管理】 切实做好奥运安保工作，成立以口岸办主要领导为组长、口岸各查验及经营单位有关领导为成员的奥运安保领导小组，并在各口岸单位设立奥运安保联系人，制定口岸突发事件的应急预案，及时召开奥运安保暨反恐工作会议，动员和部署口岸奥运安保工作。在国庆 60 周年安保期间，加强对安保工作的协调、检查和督促。每逢重大节假日，做好工作安排和节前安全检查工作，坚持值班制度，及时掌握口岸动态，落实口岸安全防范措施，有效防止事故的发生。

【应对金融危机】 积极牵头各查验部门，深入口岸现场、企业调研，全力帮扶企业应对金融危机中遇到的困难和问题。根据上级部署，口岸各查验单位相继出台便利通关措施、取消行政性收费项目或降低收费标准、从轻或减轻经济处罚、转变机关作风，提高服务水平等一系列政策或措施。为减轻港口经营公司负担，帮扶企业应对金融危机，积极做好江门海关、开平海关的沟通协调工作，成功争取海关总署为码头提供一台价值 40 多万元的电子地磅，解决了港口经营公司的燃眉之急。

【海关总署171号令落实工作】　根据海关总署171号令要求，加强与口岸查验、经营单位的沟通协调，统一口岸各单位和人员的思想，明确三埠港码头必须克服困难，务必按期通过验收。经过多次反复修改研究，制订了整改方案，明确了5大整改项目。该方案既能满足海关监管要求，又符合三埠港码头实际。通过整改，三埠港码头的海关监管场所设施均达到海关总署171号令的要求，并顺利通过海关验收。

【对外客运】　1984年4月开平市唯一的一类口岸——三埠港客运口岸对外开放。至90年代初，每天有3～4个航班，节假日另加1～2个航班；旅客量年均约14万人次，最多的一年达25万人次。2007年9月起，取消直航航班，与中山港合作推广“三埠—中山—香港”的水陆联运模式。2009年11月，终止水陆联运业务，只代理中港客运售票业务。

【对外货运】　1984年4月三埠港装卸点对外开放，1985年7月以前货物经水口起运点进出口，7月以后原经水口起运点进出口的货物大部分改经三埠港货运码头进出口。1984－1992年，经三埠港货运码头进出口货物共735932吨，其中进口317841吨，出口418091吨。2008年1月起，暂停水口装卸点所有进出口业务。受国际金融危机的影响，2008年经三埠港货运码头进出口货物284084吨，比上年同期减少37.7%。其中进出口集装箱运输25549标箱，减少21.8%；进出境货运车辆4841车辆次，减少22.0%。2009年，进出口货物258064吨，减少9.2%。其中进出口集装箱运输23738标箱，减少7.1%；进出境货运车辆3583车辆次，减少26.0%。　（关瑞婵）

附：市口岸办领导班子名录

主　任：黄齐悦

副主任：麦文初

开平海关

【简况】　坚持以人为本，深入学习实践科学发展观，坚持综合治税统筹、优化海关监管与服务，强化队伍管理，积极防范两大风险，全面推进和谐海关的各项工作，努力建设“让党中央放心、让人民满意海关”。2008年，共监管进出口货物28.4万吨，货值95691万美元；监管进出境船舶748艘次，车辆6344辆；征收关税及进口环节税9736万元；查获违规案件7宗，案值86.16万元。2009年，共监管进出口货物25.8万吨，货值82278万美元；监管进出境船舶789艘次，车辆3966辆；征收关税及进口环节税12172万元；查获违规案件8宗，案值346.94万元。

2008年，设科室8个，干部职工87人。2009年，设科室8个，干部职工83人。

【关税征管】　2008年，坚持量质并举，提高税收征管水平。对乙二醇、线路板、棉纱等主要税源的商品加强事前、事后和进口环节的跟踪和后续管理，利用价格协调机制，加强税收、归类、审价、减免税等各类业务制度的落实，确保税收应收尽收。全年税收入库9736万元。

2009年，开平海关加强综合治税，加强对商品和企业的异动分析监控，提高对税收的掌控能力。积极向企业推广关区价格预审、预归类、“网上支付、银行担保”等业务，以优质服务涵养税源。对一般贸易、加工贸易、减免税等三个涉税渠道企业开展常规稽查，通过中介自聘模式开展联网监管企业保税核查。全年税收入库12172万元。

【打击走私】　2008年，做好反走私工作的调研，深入开展情报工作，与当地公安、检察院、法院、工商、税务等部门密切联系配合，形成反走私工作合力，齐抓共管，提高打私综合治理能力。组织开展元旦、春节、中秋、国庆等节日以及关于氰化物、粮食、钢铁等的专项打私行动。查获违规案件7宗，案值86.16万元。

2009年，保持打私高压态势，组织开展打击成品油走私、“扫黄打非”、“大地女神”、“以打促税”以及打击走私旧服装等专项行动。同时加大对反政治渗透、反恐等非传统领域的打击力度，维护社会和谐稳定。查获违规案件8宗，案值346.94万元。

【监管工作】　2008年，抓紧抓实奥运安保工作，开展教育培训、实战演练，加强情报分析，实施重点布控，提高奥运安保工作预警、防控和处置能力，确保奥运安保工作的万无一失，圆满完成奥运安保任务。以“流程再造”为重点，稳步推进加工贸易工作，辖下开设电子化手册企业达106 家。全年监管进出口货物、货值，监管进出境船舶、车辆等，均比上年有降幅。

2009 年，推广“分类通关”、“属地申报，口岸验放”、“水运转关”等各项便利的通关措施，简化业务程序，提高通关速度，降低企业通关成本。9 月，分类通关改革试点工作正式启动。7 月，开平首家公用型保税仓库正式投入运营，海关在电子帐册备案环节、货物进出仓环节、中期核查环节及后期管理环节，规范保税仓库及所存货物的管理，促进保税物流业健康有序发展。年内首次通过招标会的形式确定参与保税核查中介机构的名单。全年监管进出口货物、货值量比上年略降；监管进出境船舶量比上年略升，车辆数比上年减少 37%。

【外贸进出口】 2008 年，开展“暖冬”行动，深入企业开展调研，宣传《海关总署关于支持扩大内需促进经济增长的十项措施》，向企业提供各种便利通关措施，支持企业发展和渡过难关。派员参加开平市水暖卫浴、服装业等有关项目的招商谈判和论证会。开展本口岸物流调研，及时向地方政府及有关部门反馈。采取政策辅导、贴身跟踪服务和实行预约通关服务等措施，加快通关效率，切实提高服务质量和服务水平。

2009 年，先后到多家开平地区大中型企业进行实地调研，了解企业的发展需求，解答企业在办理海关手续方面遇到的问题，针对企业具体情况给予政策指引，并提供个性化服务措施。根据加工贸易企业因政策调整所带来的影响，通过现场办公、召开政策宣讲会等形式，及时送“利好消息”上门，引导企业用好用足国家、海关的政策。全力支持翠山湖双转移工业园区工作。主动向地方政府通报关于设立海关特殊监管区域的政策，整理出新近有关海关特殊监管区域和保税监管场所的功能特点、审批权限、允许开展业务和出口退税政策等资料，为市委、市政府决策提供参考。 （梅悦敏）

附：开平海关领导班子名录

关　长： 郑炳方（ ～2009. 06）
赵兆洪（2009. 06～ ）

副关长： 吴雄杰（ ～2008. 11）
张铁民（2008. 03～ ）
陈　贤（ ～2008. 11）
陈万齐（2008. 11～ ）

出入境检验检疫

【简况】 2008－2009 年，开平出入境检验检疫局加强队伍建设，强化内部管理，严格依法行政，不断提高执法把关和服务水平，为确保出入境人员健康，防止疫情和有毒有害物质的传入传出，保障经济安全，促进地方外向型经济的发展作出了新的贡献。2008 年，被江门市政府授予“江门市共建社会主义精神文明口岸活动先进集体”称号，被开平市委、市政府授予“开平市 2008 年度经济工作先进单位”称号；2009 年，被开平市委、市政府授予开平市 2009 年度经济工作先进单位称号。

【商品检验】 两年间共检验检疫出入境货物 3.87 万批，货值 16.9 亿美元。其中出境货物 3.43 万批，货值 14.5 亿美元；入境货物 0.44 万批，货值 2.4 亿美元。发现不合格出入境货物 33 批，货值 10 万美元。签发普惠制产地证 8419 份，签证商品金额 3.0 亿美元；签发一般产地证 7279 份，签证商品金额 2.6 亿美元。

【动植物检疫】 落实各项措施，严防疫病疫情和有毒有害物质传入传出。构建禽流感防控长效机制，采取有效措施，严防禽流感疫情的传入。加强对进出境旅客、货物、集装箱及木质包装的检验检疫工作，防范外来有害生物的传入。2008—2009 年，从进境货物及木质包装材料中检出植物性有害生物 43 批，对不符合要求的木质包装，均按规定处理。

【卫生检疫】 2008－2009 年，检疫出入境交通工具 7245 架（辆、艘）次。检疫出入境集装箱 32861 标箱次。监测体检出入境人员 4277 人次，检出各类传染病818例，预防接种718人次（含口岸从业人员和交通员工）。从出入境人员中检出性病14例，HBsAg阳性386例，其他传染病17例，非传染性疾病401例。

【重点出口产品专项整治】 2008年，成立第一工作小组、第二工作小组、第三工作小组等3个专项工作小组，开展专项整治工作。召开专项整治工作企业宣贯会4场次，150多家企业负责人、质量管理员共180多人参加。制定了《开平检验检疫局重点产品和食品安全专项整治行动实施方案》，抓好组织领导、督促指导和整改落实工作。深入辖区内家具、玩具、服装、油漆涂料、仿真饰品、家电等6类产品出口生产企业和出口食品生产加工企业、出口农产品注册种植养殖场、备案原料基地进行排查，清理整治产品质量问题，限期整改处理企业38家，取消注册备案企业2家，签订《产品质量安全承诺书》生产企业165家，建立出口质量档案的法检目录内商品生产企业168家；对备案原料基地实行100%拉网清查，进口产品安全健康、环保项目不合格的100%退货或作销毁处理。

【“质量和安全年”活动】 2009年，开展“质量和安全年”活动。多次召开出口企业宣贯会，利用各种新闻媒体开展宣传，制定《开平检验检疫局进出口食品专项整顿工作实施方案》，召开动员大会。与开平市政府签订确保食品安全责任书，与5家出口食品生产企业签订检、企共同确保进出口食品质量安全责任书。组织企业开展自查，对9家企业卫生质量体系运行情况进行监督检查，查出不符合项目40多项，督促企业及时整改。组织开展进出口农产品安全及种植、养殖基地的专项整顿工作。在企业自查的基础上，对企业的质量管理体系、各生产环节进行全面检查，针对日常监管发现的问题结合国际贸易案例，引导企业正视问题，督促和指导企业制定整改措施，及时整改。对出口小家电产品、玩具产品、与食品接触材料产品、服装尤其是儿童服装进行质量安全整顿，调查了解这些出口产品生产企业的质量管理、原材料检测、成品检测、监管档案、分类管理等情况，督促企业对存在问题及时整改，确保产品质量安全。

【帮扶企业应对国际金融危机】 2009年，推出支持外贸出口的一系列措施，积极帮扶外经贸企业应对金融危机。一是加大政策宣传力度，组织辖区35家企业负责人参加国家质检总局在江门举办的“质检总局服务外贸企业检验检疫知识巡讲会”；举办服务外贸检验检疫知识宣讲会，市有关部门和150多家企业参加。开展走访企业活动，帮助外贸企业解决实际困难。二是全力助推开平市“双转移”工作，把它作为应对国际金融危机的重要措施。主动配合产业转移工业园翠山湖新区等重点工程、重点项目建设招商引资工作，做到“三早”、“三到位”，即对产业转移重点项目做到早了解，对涉及检验检疫工作的产业转移早介入，对实施产业转移的企业早指导，确保产业转移区所需的检验检疫机构和人员到位，对产业转移项目监管到位，配套服务措施到位。对重点工程、重点项目涉及检验检疫业务的，实行优先报检、优先检验检疫、“全天候”预约检验工作制度，提供贴心服务，开通“绿色通道”，对相关出入境原辅材料、仪器设备，从前期设备采购、货物到岸检验、进厂安装调试等实行“一条龙”全过程跟踪服务。三是发挥检验检疫在政策、信息、人才、技术等方面的优势，积极帮扶出口电气生产企业应对欧盟环保ROHS和WEEE“双指令”，减轻“双指令”对电气产品出口企业的影响。加大对开平市特色、名牌产品出口生产企业的扶持力度，帮助企业应对国外技术壁垒，解决生产、质量管理中的疑难问题。四是全面推行24小时预约报检制度，进一步健全“检企”联席制度。对大宗商品出口生产企业、受国际金融危机冲击比较大的中小型外贸企业，组织开展“危机服务”，指导和帮助企业应对国外技术壁垒，妥善处理贸易纠纷，不断巩固和扩大出口产品国际市场份额。

（梁小恩）

附：开平检验检疫局领导班子名录

党组书记、局长：许克林

党组成员、调研员、纪检组长：黄日汉

党组成员、副局长：赵　群

边防检查

【简况】 开平边防检查站是国务院批准设立在广东省开平市的出入境边防检查机关，现役制武装警察部队，隶属广东省公安边防总队。1983 年 12 月成立，时称三埠边防检查站，2007 年 9 月改名为开平边防检查站，正团级编制。主要担负开平市三埠客运港一类口岸、三埠货运港和水口货运港两个二类口岸的出入境边防检查任务。

【边检工作】 2008 年，扎实推进提高边检服务水平工作，完成三埠货运港执勤现场视频监控系统改造；按照《对外开放口岸边防检查现场标志》，改造三埠货运港边防检查现场标志，正式启用“中国边检职业标志”；实行“三固定”往来港澳小型船舶信誉检查制度；积极倡议口岸单位共建文明口岸创一流，增强执法透明度，优化服务措施，高起点打造现代物流通关报检平台，使报检通关环境更加友好和谐。规范口岸限定区域管理，加强与口岸联检单位业务合作，推进“一体式”口岸管理模式，圆满完成平安奥运、和谐奥运工作。

2009 年，继续深化提高边检服务水平工作，细化二类口岸货运边防检查监护、手续办理等岗位工作流程，组织官兵到中山、南海、高明等边检站交流学习，与阳江边检站结对开展业务竞赛，开展“边检服务大家评”和“感同身受”优质服务体验活动，不断提升官兵业务素质。与联检单位签订共建文明口岸协议，推动口岸大通关建设和“一站式”服务，加强侨乡文明窗口建设。针对金融危机的不良影响，主动走访、办公前移，为驻地企业献计献策，帮助节约成本或避免亏损。大力开展国庆安保工作，联动各方构筑群防体系，确保开平口岸始终平安畅通。两年共检查出入境服务员工 11658 人次，往来港澳小船舶 1541 艘次。

【爱民固边和“双拥”工作】 2008 年，与开平第一楼——瑞石楼楼主达成共建协议，参与碉楼的保护管理，助力侨乡世界文化遗产保护工作。积极参与驻地社会主义新农村建设，与 4 个乡镇、12 个社区、10 家非公有制企业签订了警民共建协议，通过开展送法下乡、义务劳动、义诊、慰问贫困户等活动，促进文明乡风培育。积极参与慈善公益活动，与长沙敬老院达成长期帮扶协议；站党委成员、各科队均与一名困境儿童结成长期帮扶对子，实现“一对一”帮扶对象 27 人，义务献血 6400 毫升，军训学生、公务员和企业员工 1.28 万多人。年内，为开平市慈善总会、抗冰抗震、特殊党费等共捐款 4.68 万元。该站被评为“开平市现代公民教育先进单位”、“开平市爱国主义教育基地”等。

2009 年，与驻地困境儿童实现“一对一”共建帮扶累计达 44 人，为帮扶对象举行军事日，建立困难学生个人档案，定期给予物质、精神等方面的帮扶。制定“边检大走访”爱民实践活动方案，实现走访机制化、常态化；全年义务献血 4500 毫升，军训学生 2000 多人，被开平市确立为三埠中小学军民共建教育基地，被江门市评为警民共建标兵单位。

【队伍建设】 2008 年，站党委本着基层第一的思路，按照精简机关、充实基层的总体要求，最大限度地优化科队班子，配齐配强基层主官。紧紧围绕奥运安保、抗冰抗震等新形势的需要，狠抓处置突发事件技能训练、实战演练以及岗位技能练兵，不断强化官兵履职尽责能力。狠抓日常管理，严格官兵八小时以外管理，定期组织内务卫生检查评比活动，确保部队执勤、训练、学习、生活秩序的正规化。制定《干部驾驶机动车辆管理规定》，加强干部自驾车辆管理，消除安全隐患。全年共有 2 人荣立个人二等功、4 人荣立个人三等功，1 人荣获广东省三八红旗手荣誉称号，4 人分别被广东省公安边防总队评为“三基”工程建设先进个人、“红旗车驾驶员”、优秀党务工作者和优秀党员。

2009 年，实施站主官下基层当兵制度，实行站领导与科队挂钩联系制度。建立健全《加强部队管理严格制度落实规定》、《指挥中心建设若干规定》等，建立督察讲评制度，坚持定期不定期开展安全卫生大检查、网络保密安全大检查等，实现连续 12 年无事故、17 年无案件，连续 6 年（2004－2009 年）被广东省公安边防总队评为安全工作先进单位。深入开展“知兵、爱兵、育兵”活动，以“真知、深爱、善育”为目标，灵活教育形式，积极跟进宣传，全面开展“当代革命军人核心价值观”主题教育，强化官兵对党忠诚的信念；抓好考核评价体系、相应奖惩机制的完善和落实，实行“工作执法一网考”制度，充分调动官兵的积极性和创造性；完善多媒体教室、警营网吧、图书室等学习培训平台的软硬件建设，队伍素质得到全面提高。全年，共有4人荣立个人三等功，3人分别被广东省公安边防总队评为优秀带兵人、优秀共产党员和优秀团职干部。

（郑生和）

附：边检站领导班子名录

站　长： 罗煦春（　～2009.03）
梁芳红（2009.03～　）

政　委： 高　洋

副站长： 曹　锐（　～2008.03）
江　山（2008.03～　）
李春明（2009.03～　）

副政委： 唐晓阳（2009.03～　）

参谋长： 杨　飘（　～2009.03）
杨海波（2009.03～　）

主　任： 唐晓阳（　～2009.03）
杨建辉（2009.03～　）

处　长： 张光智（　～2009.03）
黄顺合（2009.03～　）

财政　税务

财　政

【简况】 开平市财政局主管财政收支、财政政策、财务会计、财政监督和行政事业单位国有资产监督管理工作。内设16个职能股室，设直属行政机构开平市农业税收征收分局，国库集中支付中心、开平市政府采购中心、投资评审中心、会计函授站4个下属事业单位。

该局认真履行财政职能，努力争收节支，积极开拓创新，各项工作顺利推进并取得突破，圆满完成预算收支计划，全市经济保持平稳较快发展，民生状况持续改善。2008年，全市地方财政一般预算收入实现81925万元，完成年度预算的101.79%，比上年增加10067万元，增长14.01%，其中：市本级一般预算收入实现38250万元，完成年度预算的102.19 %，增长6.17 %。2009年，全市地方财政一般预算收入实现91986万元，完成年度预算的102.07%，比上年增加10061万元，增长12.28%，其中：市本级一般预算收入实现48768万元，完成年度预算的123.92%，增长27.5%。

【深化部门预算改革】 2008年，进一步深化预算编制工作，按“五个零增长”(指公务用车经费、会议经费、公务接待费用、党政机关出国费用、办公经费实现零增长）要求编制部门预算。严格遵循《2009年政府收支分类科目》。预算收入按收入分类科目列至“类、款、项、目”编制；支出预算分别按“支出功能分类科目”和“支出经济分类科目”编制；采用科学的编制方法。将部门预算支出划分为基本支出和项目支出两部分。基本支出预算实行定员定额的方法编制，项目支出预算实行项目库的方法编制。基本支出进一步划分为人员经费和公用经费两部分，人员经费按照市编委和人事局有关规定计算编制，公用经费按照市级行政事业单位的公用经费四类标准编制。

2009年，进一步推进部门预算编制科学化、精细化，以“以支定收”、“以支促收”为原则，编制《2010年开平市本级财政综合预算草案》。将市本级财政预算分为五部分，即：一般预算、基金预算、财政专项收费收支预算、非税收入预算（财政专户管理的经营服务性收入等)、银行融资及债权回收预算。进一步提高财政资金使用透明度和使用效率，增强政府理财调控能力。

【国库管理】 2008年，按照建立国库单一账户体系的要求，对市直预算单位银行账户实行了财政审批、备案制度，对纳入市直财政国库管理制度改革的单位进行了银行账户清理，共清理银行账户329个，撤销重复开设的账户83个，撤销率达25%，整治了预算单位多头开户行为。

2009年，贯彻落实《财政部关于加强与规范财政资金专户管理的通知》要求，将财政资金专户纳入国库统一管理，逐步完善国库单一账户体系。

【国库集中支付制度改革】 2008年1月，市财政国库集中支付执行系统正式上线运行，从预算指标下达、报送用款计划、财政部门审批、预算单位办理资金支付、代理银行支付和结算等整个支付流程实现网络化操作，基本形成事前、事中、事后相结合的动态监控机制。10月，开平市符合条件的各级次预算单位已全部实施改革，改革面达100%。2009年，开平市进一步扩大财政国库集中支付项目，将市级行政事业单位的水费、电费、电话费分批实行国库直接支付；另一方面实行公务车定点维修和投保。国库集中支付中心全年共办理支付资金118162万元，比上年增长74%，其中直接支付79668万元，授权支付38494万元，分别增长110%和30%。

【非税收入管理】 严格执行行政事业性收费和罚没收入“票款分离、罚缴分离”的规定，全面推行委托银行代收，从源头上规范行政事业性收费和罚没收入收缴行为；进一步加强基金管理，将国有土地使用权出让金、国有土地收益基金、农业土地开发资金、福利彩票公益金、体育彩票公益金、育林基金、残疾人就业保障金由财政专户纳入基金预算统一管理，2009年基金缴入国库共2.74亿元；严格落实国家、省、市有关取消和停征多项行政事业性收费、政府性基金的政策。会同物价局及时转发有关文件，加强监督检查。

2009年，进一步加强政府非税收入管理，拟订《开平市关于加强政府非税收入管理的若干规定》、《开平市政府非税收入管理工作实施意见》和《政府非税收入征管绩效考核方案（试行）》，建立非税收入年度计划编报制度、非税收入征管绩效考核与激励机制及规范政府非税收入管理承诺制度。印发《关于开平市政府非税收入收缴管理有关问题的通知》和《关于行政事业单位非税收入汇缴结算账户管理有关问题的通知》，对非税收入收缴管理和账户管理作出明确规定。

【财会管理】 2009年1月1日起，实施第四轮镇级财政管理体制。按照“保工资、保运转、保民生”的要求，实行“核定工商税收收入基数、体制上解基数和体制补助基数，实行分类定率分成，分级管理，增支自负”的财政管理体制，实现事权与财权的统一，促进镇级经济持续健康发展。

2009年12月，为进一步深化镇级财政管理体制改革，充分调动市镇发展经济、培植财源、增收节支的积极性，该局充分听取各镇、国税局、地税局对实行工商税收属地征管改革的意见，联系实际进行调研。以“属地征管、税收共享、确保利益、激励增收”为主要内容，初步制定出第五轮《开平市镇级财政管理体制改革实施方案》（征求意见稿）报市政府审批，计划于2010年正式实施。

【财政监督检查】 不断完善财政监督体系，将中央扩大内需资金纳入重点监管范围，深入项目单位了解工程进度和资金使用情况，印发《关于进一步加强扩大内需项目申报中有关财政配套资金及相关融资管理工作的通知》文件，加强对项目建设执行情况的信息统计和分析工作，实行动态监控管理，及时掌握和反馈项目资金的拨付、使用情况。

开展党政机关和事业单位“小金库”专项治理工作，制定《开平市在党政机关和事业单位开展“小金库”专项治理工作的实施方案》。主要治理是否存在违反法律法规及其他有关规定，应列入而未列入符合规定的单位账簿的各项资金（含有价证券）及其形成的资产，对违纪违规单位作出处理处罚决定。

履行财务总监管理职责，委派4位具有中级职称的财务专业人员分别担任集污管网、开平大道、翠山湖大道、叠翠大道和潭江大桥等5项政府投资重点工程项目的财务总监。

稳步推进财政投资评审工作。2008年共完成工程预结算审核932项，送审造价3.53亿元，审定造价2.64亿元，核减8892万元，核减率25.2%。2009年共完成工程预结算审核853项，送审造价6.83亿元，审定造价5.78亿元，核减1.05亿元，核减率15.39%。

【落实各项民生支出】 *进一步完善城乡居民医疗保障体系* 2008年7月开始，对城镇居民实行基本医疗保险，以家庭缴费为主，财政给予适当补助，其中，中央、江门市和开平市财政分别按4元、2元、58元，共64元标准（每人每年），实行补助。全市城镇居民参保对象是13.23万人。2009年该市提高城镇居民基本医疗保险财政补助。个人缴费标准保持不变，政府补助标准由原来每人每年64元，提高至每人每年90元。另外，提高城镇居民基本医疗保险待遇。全市城镇居民基本医疗保险年度内基金最高支付限额由累计4万元提高为累计6万元；基金支付比例在2008年社保年度基础上分别提高5%，个人自负比例在原基础上分别下调 5%；全市参加农村合作医疗 45.42 万人，筹资总额 4997 万元。其中开平市本级财政补助 2044 万元，镇级财政补助 1271 万元，筹集的资金统一纳入财政专户管理，专款专用。

规范公务员统一津补贴 2009 年 7 月 1 日起规范公务员津补贴。按照江门市教师福利待遇“两相当”（即县域内中小学教师平均工资水平与当地公务员平均工资水平大体相当，县域内农村中小学教师平均工资水平与城镇中小学教师平均工资水平大体相当）工作部署，从 9 月 1 日起实施义务教育学校绩效工资政策。统一行政事业单位的住房公积金、社保费的缴费基数和缴费比例，防止公务员津补贴规范后出现新的福利待遇不公的现象，并相应调整离退休人员的生活补贴。

不断加大支农投入力度 2009 年，全年一般预算安排支农资金 8711 万元，比去年增长 10.6%。从 2009 年 4 月 1 日起村委会和社区居委会支部书记、主任报酬每人每月由 385 元调整为 700 元，增长 82%；一般干部报酬每人每月由 345 元调整为 600 元，增长 74%。落实惠农政策拨付资金 6972.8 万元，包括危房改造、能繁母猪补贴、种粮直补、农资综合直补、良种补贴、水库移民村基建项目以及家电汽车摩托车下乡补贴等。

支持教育事业发展 2009 年，全市享受免费义务教育的学生人数为 85334 人，免收杂费和书费总额 6099.78 万元，其中省财政负担 1520.22 万元，市本级财政负担 4579.56 万元。

完善社会保障和就业服务 认真抓好城乡居民最低生活保障工作，继续扩大低保覆盖面。并根据经济增长与近年来物价指数变动，适当调整低保标准提标。提高低保标准后市镇两级财政年增加补助共 185 万元，其中市财政负担 115 万元、镇财政负担 70 万元。全市享受补贴涉及 3439 户、10171 人。落实再就业各项优惠政策。2009 年，市财政安排再就业专项资金共 200 万元，用于解决下岗失业人员再就业享受社保、岗位补贴、自谋职业扶持金、小额担保贷款、职业技能免费培训。

【会计管理】 2008—2009 年，组织会计从业资格考试培训，报名人数 2805 人；审核并发放会计从业资格证书 9375 个。落实会计从业人员的继续教育，共举办继续教育培训班 84 期共 7748 人次，其中初级会计电算化培训班 22 期共 947 人，中级会计电算化培训班 22 期共 993 人。

2009 年，依据《中华人民共和国会计法》和《村集体经济组织会计制度》及国家有关财务法律、法规的规定，结合开平市实际情况，研究制定《开平市村财务管理办法》。12 月，举办农村财会人员财政支农政策培训班，宣传讲解财政支农政策与涉农法律法规、财经基础知识、财会基本技能、村财务管理等内容。培训对象包括全市村级会计委托代理机构中，从事村账镇代理工作的会计（出纳）、行政村的报账员、出纳员和村委会书记。

【财政队伍建设】 把加强机关作风建设与深入学习实践科学发展观活动、纪律教育月活动有机结合，坚持以人为本，不断加强对干部职工的思想教育，努力建设“事业型、学习型、创新型、服务型”的财政干部队伍。通过全面建立管理制度，制定《关于进一步加强机关作风建设的若干规定》，特别是财政国库支付中心、政府采购中心、会计股等窗口单位，严格执行行政效能专项活动的服务承诺制、限时办结制、一次说清制、首问负责制等 4 项办事制度；通过开展预防职务犯罪教育和相关法制教育，切实提高人员的遵纪守法、依法理财、勤政廉政的自觉性；通过切实查找本单位和个人在制度建设、工作作风等方面的薄弱环节和存在问题，特别要针对群众反映强烈的热点难点问题，认真进行专题分析研究，提出切实可行的整改措施，促进广大财政干部职工业务素质和服务水平的不断提高。在财政队伍建设中做了大量工作，树立起“为民、务实、清廉”良好形象，被江门市精神文明建设委员会授予“江门市文明单位”称号。

【深化政府采购改革】 不断深化政府采购改革，在原来采购工作的基础上进一步扩大采购的范围。2008 年，政府采购中心共组织政府采购 82 次，市场预算金额为 9866.9 万元，实现合同金额为 8295.98 万元，节约 1570.92 万元，节约率为 15.9%，采购规模比去年增长 69%。政府采购中心着重推进政府采购信息化建设，简化和规范市直行政事业单位一般办公用品（20 万元以下）采购网上询价的程序和步骤，对20万元以上的招标项目的招标信息、中标结果等信息实行网上公示，接受社会各界的监督。2009年，共组织招标采购70次，完成网上询价、采购卡等采购业务534次，市场预算金额为10443.67万元，实现合同金额为9018.55万元，节约1425.12万元，节约率为13.65%，采购规模比去年同期增长11.5%。

【国有资产管理】 2008年，完成市行政事业单位资产清查核实工作。逐一核实200个单位的盘盈、盘亏资产，核实盘盈资产3314.58万元，盘亏资产4267.95万元，形成《关于行政事业单位资产清查的资产损失情况分析》。联合市监察局，发出《关于对行政事业单位资产清查存在问题整改的通知》，对于资产损失中资产未处置部分，由市资产办监督，以公开竞价的形式处置，处置收益缴入资产收益专户。另外，联合市监察局、审计局、资产办，检查全市177个行政事业单位固定资产、“非转经”收益的管理情况，针对存在问题发出整改通知。

2009年，继续强化国有资产的监管营运，确保国有资本的保值增值。在对市直资产经营公司实行授权经营、投资收益、资本营运业务分块考核的基础上，新增重大资产项目和重大工作任务完成情况的考核，制定《2009年度市直资产经营公司（集团）绩效考核办法》，达到既加强考核又提高企业经济效益的目的。针对公有企业发展后劲不足的问题，以增强企业发展后劲，加快市直公司资源整合发展为目标，研究拟定包括翠山湖新区的国汇工业城、受让苍城自来水有限公司75%股权、东兴大厦整合和受让等18项重大资产项目和重大工作任务。（沈 薇）

附：市财政局领导班子名录

局 长： 沈 恒（～2009.07）
熊天恩（2009.08～）

副局长： 张天富 罗志雄 林培进

国家税务

【简况】 始终坚持“聚财为国、执法为民”的工作宗旨，始终把“保增长、促发展、惠民生”作为首要前提，局党组发挥核心作用，组织带领全体干部职工自觉服从经济发展大局，同心同德，群策群力，有效发挥国税的职能作用，较好地完成各项税收工作任务。2008年，共组织工商税收收入114408万元（含海关代征7632万元），同比增收7494万元，增长7.01%；2009年，共组织工商税收收入115727万元（含海关代征9356万元），同比增收1318万元，增长1.15%。2008年，共办理出口货物退增值税46000万元，同比增退2808万元，增长6.50%；办理免抵调增增值税23000万元，同比增调3000万元，增幅15%。2009年，共办理出口货物退增值税61192万元，同比增退15192万元，增幅33.03%；办理免抵调增增值税25000万元，同比增长2000万元，增幅8.7%。

【依法治税】 坚持依法治税，贯穿于税收工作的始终，严格落实国家税收政策以及重大税务案件审理制度，加强与公安机关协作检查，完成税务总局督办的“边城行动”专案检查任务；扎实开展税收执法检查和各类专项检查，整顿和规范税收秩序。据统计，2008－2009年通过稽查，查补税款、罚款、滞纳金共2490多万元，堵塞了征管漏洞，规范了税收秩序。密切配合有关部门开展打击发票违法犯罪活动，有效净化税收环境。建立报刊、电视、广播、公益广告、互联网和纳税资料等固定的立体税收宣传网络，深入持久地开展税法宣传教育活动。

【税收征管】 国税局负责全市1.7万多户纳税户的税收征管工作。为准确把握经济税收形势，扎实做好组织收入工作，有计划、有重点地推进各税种、各环节的税收管理，并坚持月、季、年税收收入分析预测制度。加强与有关部门的沟通协调，及时将税源分析预测情况向地方党委、政府汇报，为地方政府了解经济运行趋势和税收情况提供有价值的信息资料。切实抓好一系列税收管理制度的落实，并采取措施强化税收征管基础管理和薄弱环节的管理，提升税收征管质量和效率。通过落实税收管理员制度，严格征管指标考核，有效推进税收管理精细化。切实从税收政策咨询服务、税源的涵养等方面做好调研，积极配合市委、市府做好省级产业转移示范园开平翠山湖新区的招商引资工作。

【纳税服务】 结合实际，不断充实和改进为纳税人服务的内容，不断提高纳税服务工作的质量和效率。处理好促进经济发展与扶持企业之间的关系，切实落实税收优惠政策。坚持开展全民税法宣传普及教育，每年都与总工会联合举办开平市“国税杯”乒乓球公开赛，通过这种群众喜闻乐见的活动，在潜移默化中教育和促进公民税法遵从度进一步提高。以纳税人合理需求为导向，认真查找纳税服务工作中存在的薄弱和不足，并研究制定《办税服务厅考核与激励办法》，规范和加强办税服务厅管理，促进纳税服务进一步优化。充分利用现代科技成果，不断完善纳税服务功能，如：强化申报纳税“一窗式”管理、使用财税库银横向联网电子缴税系统、广泛推行电话申报，为纳税人提供便捷服务。加强纳税信用等级评定管理，推进信用体系建设，促进征纳关系和谐。

【税务管理信息化建设】 加大对信息化的投入，配置和更换落后计算机设备300多台次，并对全市国税系统的局域网和广域网进行升级改造，更新优化硬件配置，使之更好地适应国税局信息化应用和发展。期间，成功上线运行总局综合征管软件CTAIS2.0，先后推广应用金税工程系统、增值税防伪税控“一机多票”系统、车辆购置税征收管理系统、税收执法管理信息系统V2.0、税收征管辅助系统、决策支持系统、执法考核系统以及出口退税系统等一系列操作系统，逐步实现涉税电子数据在总局、省局两级的集中存储、集中处理和集中管理，提升了征管的科技含量，促进了征管工作的规范化，使国税局税收管理现代化迈上新台阶。

【队伍建设】 局党组按照“内强高素质，外树好形象”的工作思路，发挥领导班子的核心作用，始终坚持以人为本，全面提高队伍素质。加强领导班子建设，坚持用党的路线方针和科学发展观指导税收实践，解决税收工作中实际问题。注重各类型的学习和业务培训，提高干部职工的业务水平和岗位技能，营造良好的廉政文化氛围，如：建立健全党风廉政建设责任制、特邀监察员和兼职监察员制度、信访举报制度以及政务公开制度等，提升党风廉政建设水平，不断增强干部职工拒腐防变的能力和廉洁自律的自觉性。抓好各项改革，加强内部管理，促进和谐国税建设。2008—2009年，国税局干部职工获得省级以上表彰或授予荣誉称号的个人 2人次；获得江门市级以上表彰的个人 25 人次，开平市级以上表彰的个人203人次。

附表：

2008—2009年开平市国家税务局税收情况表

单位：万元

项　目	2008年	与上一年同比增长（%）	2009年	与上一年同比增长(%）
税收收入合计	114408	7.01	115727	1.15
一、国内税收收入	106776	9.91	106371	-0.38
收入按税种划分				
（一）国内增值税、消费税“两税”收入	87187	10.58	90270	3.54
1. 增值税	87052	10.57	88226	1.35
2. 消费税	135	20.54	2044	1414.07
（二）其他税种收入	19589	7.03	16101	-17.81

续上表

项　目	2008 年	与上一年同比增长（%）	2009 年	与上一年同比增长(%)
1. 企业所得税	15511	35.21	14013	-9.66
2. 储蓄存款利息所得个人所得税	3487	-43.97	1428	-59.05
3. 车辆购置税	591	-2.48	660	11.68
按预算级次划分				
（一）中央级收入	77414	9.98	78138	0.94
（二）省级收入	4694	-6.70	3707	-21.03
（三）市级收入	24668	13.52	24526	-0.58
二、海关代征	7632	-21.85	9356	22.59

（莫红冰　周绮文）

附：市国家税务局领导班子名录

党组书记、局长：关仕晃

副局长：甄国平

谭东强

曾健汉

曹德荣（2009.11～　）

周美强（2009.07～　）

谢明哲（2009.11～　）

李峻青（挂职）（2009.09～　）

纪检组长：曹德荣（　～2009.10）

吴健华（2009.12～　）

总经济师：周美强（　～2009.06）

谢明哲（2009.07～2009.10）

地方税务

【简况】　2008－2009 年，开平市地方税务局以组织收入为中心，以“四个更加满意”为标准，以数字化、标准化、责任化为目标，以大力推进税收征管的科学化、规范化和精细化为重点，稳妥地深化各项税收管理改革，进一步推进依法治税，对党风廉政建设常抓不懈，纳税服务不断优化，队伍的素质普遍提高，各项工作取得良好的成绩，为实现社会的和谐稳定做出新的贡献。2008 年，全系统税费收入总量突破 12.8 亿元的历史新高，其中组织税收收入 76851 万元，同比增长 15.66%，增收 10406 万元，完成年度计划的 108.21%。其中：省级共享收入 15856 万元，同比增长 15.51%，完成年度计划的 111.82%；市县级收入 42437 万元，同比增长 27.68%，完成年度计划的 117.55%。组织社保费收入 43889 万元，同比增长 21.32%，增收 7713 万元。2009 年，全系统共组织税费收入 136225 万元，其中组织税收收入 79144 万元，同比增长 2.98%，增收 2293 万元。其中：中央级收入 18694 万元，同比增长 20.40%，增收 3168 万元；省级收入 17272 万元，市（县）级收入 43168 万元。共组织社保费收入 50396 万元，比上年同期增长 14.83%，增收 6507 万元。

【税收管理】　一是加强税收管理。做好税源调查摸底，加强对重点税种、重点行业、重点税源大户的监督管理。抓好建安行业的管理和企业自建厂房税收检查，加大欠税清缴力度，督促企业开展自查，对有偷税嫌疑的企业开展质疑约谈和重点纳税检查。二是夯实征管基础建设。不断完善“以申报纳税和优化服务为基础，以计算机网络为依托，统一登记，集中征收，属地管理，重点稽查”的新征管模式。三是应用纳税评估。在2009年5月中旬成立纳税评估办公室。对建安、房地产、服务、餐饮等行业开展全面评估，取得不错的成效。四是推广税源管理新模式。采取机构“内分离”的管理模式，按照以“抓大、控中、规范小”的税收管理原则，对不同规模的税源实行专门管理。成功推行“三业”专业化管理模式，成为江门应用“两业”（建安、房地产两业）税控系统试点单位，率先开展对税收管理员和纳税户进行税控系统操作培训。五是顺利完成机构优化调整。上半年顺利完成机构优化调整工作，协助江门市局按照程序完成5名科级干部的选拔，并按要求完成对股级干部的重新任命及岗位调整。

【社保费征收】 深化社保费征管改革。加快社保费地税全责征收工作步伐，社保费全责征收信息系统推广应用取得突破性进展。规范税费同征同管同查，全面清理欠费，促进社保费收入稳定增长。加大社保费扩面工作力度，落实机关事业单位医疗保险上线和全责征收的社保登记上线工作。

【依法治税】 坚持以组织税收收入为中心，紧紧围绕“转型、创新、提效”的工作方针，充分发挥“以查促收、以查促管、以查促查”的职能作用，严厉打击税收违法犯罪活动。2008年，共检查各类型业户313户，查补税费2078万元、滞纳金55.46万元，罚款3.65万元，合计2137万元，入库率达100%。

【税收信息化】 完善“以申报纳税和优化服务为基础，以计算机网络为依托，统一登记，集中征收，属地管理，重点稽查”的新征管模式，构建信息化支持下的专业化征管格局。先后完成了征管业务重组和流程优化、财务会计报表电子数据采集应用模块上线推广；顺利完成了机构调整后“大集中”信息系统、税收管理员平台、税收分析系统、效能监测系统、办公自动化系统、3.0系统等业务的调整和切换；推广应用POS机征收车船税；做好日常网络的安全维护。

【税收宣传】 税收宣传月（每年4月）期间，协助团市委举办开展“阳光体育与奥运同行”万人环城跑活动、“唱响青春·喜迎奥运”的“五·四”文艺晚会，举办“税宣电影周”，联合市邮政局印制发行“所得税法系列知识”有奖问答抽奖卡，发出5万多份问答卷，加大“网送税法”的力度。举办首届“地税杯”羽毛球团体邀请赛、送税法进校园。

【规范化建设】 一是推行服务型税收征管模式。将服务关口前移，变被动服务为主动服务。二是加强制度建设，培养优良作风。制定《关于进一步加强上班着装要求和办公电脑使用管理的通知》和《开平市地方税务局惩防体系信息管理系统预警信息处理暂行办法补充规定》，对轻度、中度、重度三级预警信息的问责分别作出明确的处罚规定。三是实施政务公开，拓宽民意表达渠道，自觉接受社会监督。向社会公开纳税服务和投诉电话，设热线电话、局长信箱，在全系统各征收单位装有意见箱，方便群众表达意见。建立一支社会兼职监察员队伍，延伸监督广度、深度。在办税服务厅安装智能排队叫号系统和纳税满意度测评器，增强社会监督力度，规范办税秩序。

【队伍建设】 选拔配置三埠、长沙、水口、苍城、城区这5个税务分局的5名分局局长。制定《开平市地方税务系统能级管理暂行办法》，开展深入学习实践科学发展观活动，被开平市评为先进单位，并在开平市召开的深入学习科学发展观活动转段大会上作经验介绍。加强廉政教育，开展“五·五”普法活动，增强法纪观念。

【精神文明建设】 广大干部职工为汶川灾区捐款3.359万元、党员缴纳特殊党费1.2万元。以俱乐部为平台，开展群众性的文体活动。2009年国庆期间组队参加开平市“歌唱祖国歌唱党”群众性歌咏活动，组织开展系统内篮球比赛。实施助学接力活动，连续3年，共赞助学费3万元。开展争创“青年文明号”、“巾帼文明岗”活动，城区税务分局服务厅荣获省“巾帼文明岗”称号。

【基层建设】 根据广东省机构编制委员会办公室、广东省地方税务局《关于重新印发江门等市区地方税务局能配置、内设机构和人员编制规定的通知》，设置开平市地方税务局，为江门市地方税务局领导的直属机构，正科级，增加社会保险费全责征收职能。内设5个职能部门，即办公室、税政股、征收管理股、人事教育股、监察室，撤销信息股、计划财务股；设直属行政单位稽查局、纳税人服务中心各1个；撤销全部税务所，重新设置7个基层税务分局，即三埠税务分局、长沙税务分局、水口税务分局、赤坎税务分局、金鸡税务分局、苍城税务分局、城区税务分局。核定编制数238人，其中机关行政编制54名，后勤服务人员编制8名；直属行政单位行政编制5名，行政执法专项编制15名；基层税务机构行政编制138名，后勤服务人员编制18名。设局长1名，副局长3名（不含纪检组长），总经济师1名，总会计师1名；内设机构正副股长（主任）10名；直属行政单位正副局长3名；稽查局内设机构正副股长（主任）8名；基层税务分局正副局长21名。非领导职务职数按有关规定执行。探索税源管理新模式，在水口税务分局试点，按照现代企业管理理念，将原来的专管员管理方式，改变为按业务流程，设纳税评估、征收管理组和催报、催缴组。从而实现管理与服务两分离，有效杜绝专管员集征、管、查于一体的弊端，有利于干部队伍的廉政建设。

【纳税服务】 通过税收服务热线、召开税收政策活动座谈、重点业户点对点辅导、开通中小企业涉税服务“绿色通道”等方式，帮助纳税人解决实际问题。2008年，接受纳税人来访和来电咨询共899人次，网上回复共53人次，接受上门咨询87人次，有效投诉率为0。启用排队叫号机、满意度评价器，提高服务水平，构建和谐征纳关系。

（关立敏）

附：市地税局领导班子名录

党组书记： 关月传（　～2009.05）
　　　　　钟维强（2009.07～　）
局　　长： 关月传（　～2008.09）
　　　　　钟维强（2008.09～　）
副 局 长： 黄建化　吴育球　龚汝活
纪检组长： 张　鸿
总会计师： 甄坚卓
总经济师： 周文岳

金融　保险　证券

中国人民银行开平市支行

【简况】　中国人民银行开平县（市）支行（简称“开平人行”）成立于1950年2月11日。1979年前的开平人行既行使管理金融的职能，又办理信贷、结算、外汇和储蓄等业务。1979年以后，开平人行先后分设中国农业银行开平县支行、中国银行开平支行、中国人民保险公司开平县支公司和中国工商银行开平县支行。1984年，根据国务院指示,中国人民银行行使中央银行职能。1985年1月1日，开平人行开始独立履行中央银行赋予的职能，同日，国家外汇管理局开平支局成立，并与开平人行合署办公。2004年，人民银行与银监会分设，宏观调控职能进一步加强。新修改后的《中国人民银行法》，赋予人民银行三项基本职能，即：制定执行货币政策、维护金融稳定和提供金融服务。

2008－2009年，开平人行贯彻执行从紧及转向适度宽松的货币政策，加强窗口指导，提高货币政策传导效率。推进金融稳定工作，农信社专项票据兑付工作顺利完成。加强征信管理工作，推进社会信用环境建设。积极开展金融创新，推广开平市国库业务集中代收付业务。辖区金融运行平稳。

【贯彻货币政策】　因应货币政策取向的调整，加强货币政策效应监测。强化窗口指导，加强对货币政策的宣传和解释，提高货币政策的透明度和影响力。完善金融联席会议制度，加强信息沟通，向银行机构传达货币信贷政策新意向，向地方政府通报开平市金融运行态势，并提出适度宽松货币政策下的政策建议，推动地方经济健康发展，有效发挥了基层人民银行的金融参谋作用。加强辖区利率管理，切实做好辖区人民币贷款利率浮动情况、存款利率执行情况等的监测工作，受理利率政策咨询，维护辖区正常利率秩序。截至2009年12月底，开平市全金融机构人民币各项存款余额 268.45 亿元，比年初增加28.39 亿元，增长11.83 %；市辖人民币账面贷款余额为73.76 亿元，比年初增加 14.82 亿元，增长25.16%。

【维护金融稳定】　关注金融危机影响下辖区金融运行动态，完善金融稳定报告制度，落实金融机构对重大事项的报告制度，及时掌握辖区金融稳定状况。加强对农信社改革进展情况的动态监测和督促检查，于2008年12月4日将专项票据本息4.6亿元划入开平农信社账户，农信社专项票据兑付工作顺利完成。加强对辖区金融机构现金管理，设立投诉电话，对群众投诉问题进行了解、及时处理，解决存在问题；对群众有争议没收的假币进行鉴别并做好解释工作。强化与公安执法部门的协作，开展联合整治银行卡违法犯罪专项行动工作，为奥运营造良好的支付环境。加大信用体系建设力度，环境违法信息、拖欠工资信息被纳入征信系统。继续深入开展打击空头支票工作，维护辖区支付结算秩序。

【提升金融服务水平】　加强金融宣传，向全社会普及金融知识。一是每年定期联合公安部门在市区繁华地区开展反假币、银行卡知识宣传等“金融知识进社区”活动；二是定期组织业务部门到基层乡镇开展全方位的“送金融知识下乡”宣传活动，宣传内容包括反假币、国库、银行卡、征信、外汇政策等人民银行各种金融服务，提高广大群众的金融风险防范意识和受益金融服务的能力。

开展国库创新业务，推动支库办理直接支付业务，进一步提高国库服务水平。2009年，针对当前的经济、金融形势，结合本地国库工作的实际情况，开展国库办理直接支付资金业务，成功办理水利工程款等业务的国库直接支付，取得良好效果，实现以国库服务民生和支持地方经济发展。2009年，开平支库共直接办理支付“机电排灌”工程款55笔，金额923万元。通过国库办理直接支付业务，大大加快了资金到账速度，加速了财政资金运转效率。有效防范财政支付资金被截留、挪用等现象发生，提高了财政资金使用的透明度，保障了国家扶持“三农”政策资金的安全。

【维护外汇市场稳定和安全】　提高服务水平，以科技手段支持企业进出口业务发展，促进贸易便利化。推广网上联合年检，进一步提高政务电子化程度，节约企业的参检成本。加大对辖区商业银行的外汇检查力度，对违反外汇登记管理规定的外资企业实施行政处罚，协助公安部门捣毁地下钱庄，规范辖区外汇市场秩序，维护辖区外汇市场的稳定和安全。　（张子汉）

附：中国人民银行开平市支行领导班子名录

行　长：李源新

副行长：黄若虹　梁添胜

纪检组长兼总稽核：关艳冰

银行业监督管理

【简况】　中国银行业监督管理委员会（简称“中国银监会”）是国务院根据第十届全国人民代表大会第一次会议通过的《关于国务院机构改革方案的决定》设立的。中国银行业监督管理委员会根据第十届全国人大常委会第二次会议通过的《关于中国银行业监督管理委员会履行原由中国人民银行履行的监督管理职责的决定》，统一监督管理银行、金融资产管理公司、信托投资公司及其他存款类金融机构，维护银行业的合法、稳健运行。中国银行业监督管理委员会自2003年4月28日起正式履行职责。2003年12月27日第十届全国人民代表大会常务委员会第六次会议通过《中华人民共和国银行业监督管理法》，并于2004年2月1日起施行，为中国银行业监督管理委员会依法履行监督管理职责奠定了法律基础。

2004年7月5日，中国银行业监督管理委员会广东监管局批复设立中国银行业监督管理委员会江门监管分局开平办事处（简称“江门银监分局开平监管办事处”），江门银监分局开平监管办事处于2004年7月28日正式挂牌，并开始履行其职责。

【主要职责】　江门银监分局开平监管办事处的主要职责：贯彻执行国家有关金融工作的方针政策和法律、法规，根据广东银监局或江门银监分局的授权，负责管辖范围内有关银行业金融机构的监管，重点是对农村信用合作联社和邮政储蓄机构的非现场监管和现场检查；配合上级监管机构和当地党政防范和化解金融风险，根据银监分局委托，参与当地经济金融活动，加强与当地党委、政府、金融机构的工作联系，促进和支持地方经济健康发展；关注当地金融机构日常业务经营情况，监测当地金融风险状况，落实重大事项报告制度，收集辖区有关金融风险的信息并向上级机构报告；完成广东银监局或江门银监分局交办的其他工作任务。

【银行业金融机构】　中国银行业监督管理委员会江门监管分局开平办事处负责监管开平辖区银行业金融机构。2008年及2009年配置工作人员均为6人。

2008年，开平市银行业金融机构有8个，机构网点150个；从业1537人。2009年，全市银行业金融机构有8个，机构网点135个；从业1527人。

附表：

开平市银行业金融机构（网点）、人员情况表

机构类别	2008年12月		2009年12月	
	网点（个）	从业（人）	网点（个）	从业（人）
工行	11	140	11	141
农行	20	253	20	253
中行	15	217	15	214
建行	11	167	11	158
农发行	1	12	1	11
广发行	2	46	2	46
邮政储蓄	19	156	19	153
农信社	71	546	56	551
合计	150	1537	135	1527

【银行业案件专项治理】 从2005年起，江门银监分局开平监管办事处按上级部署，在辖区开展银行业案件专项治理工作，组成5人的督查组，督促辖区银行业金融机构落实治理措施：一是加强内控制度建设，堵塞漏洞，认真落实银监会防范操作风险的“13条意见”。二是按照《关于印发〈江门银监分局重大突发事件报告制度实施细则〉及有关事宜的通知》文件要求，结合实际，制定和完善重大突发事件报告制度和问责制度。三是严格落实岗位轮换、强制休假制度，在实施轮岗、休假制度时将稽核审计工作落实到位。四是将案件专项治理工作作为一项长期工作来抓，群策群力群防，构建案件防控长效机制。

2008年，江门银监分局开平监管办事处按照上级要求，督导辖区银行业金融机构开展案件防控“百日大清查”专项活动。辖区银行业金融机构层层签订责任书和承诺书，落实案防工作责任；根据自身实际，开展对重点业务、重点岗位及重点人员的排查，通过加强对重点环节管理和风险点控制，不断建立和完善案件查防的长效机制。

【文化建设】 2006年起广东银监局开展“广东银行业合规建设年”系列活动，全面推动辖内银行业金融机构开展合规建设活动。根据上级局的工作部署，江门银监分局开平监管办事处负责督促和指导辖区银行业金融机构开展合规建设活动，通过召开全市银行业合规建设工作会议、走访银行基层网点、约见银行高管人员谈话、开展“合规建设大讨论”等形式，分阶段、按步骤推进合规建设活动。

辖区银行业金融机构从强化合规意识入手，加强合规文化建设，从高层做起，培养员工的合规意识，树立“合规人人有责”的观念；从建立健全合规管理架构入手，提升合规风险管理水平，合理设置合规部门，确立合规责任体系。

【治理商业贿赂专项工作】 2006年以来，在江门银监分局开平监管办事处成立开平辖区银行业治理商业贿赂专项工作协调小组，负责对辖区银行业治理商业贿赂工作进行指导、协调；督促检查辖区落实银行业治理商业贿赂各项工作；每月收集、综合辖区银行业治理商业贿赂工作情况。

江门银监分局开平监管办事处督促辖区银行业金融机构落实相关措施：一是加大宣传力度，

运用典型案例开展法制宣传和警示教育。二是推进不正当交易行为自查自纠，建立和健全有效防范不正当交易行为和商业贿赂的长效机制。三是加大查处商业贿赂案件力度，落实项目责任制、跟踪促（督）办制度、外部监督管理制度及业务操作流程等公开制度。四是重点对现行内部规章制度进行清理，废止其中隐含许诺、诱导商业贿赂的内容。

辖区银行业金融机构认真抓好治理商业贿赂专项工作，通过加强宣传教育，层层签定责任书，落实工作责任制度；通过发放自查表格、召开座谈会、书面回顾检查等形式进行摸底，在全面调查摸底基础上，有针对性地对容易发生不正当交易行为的部门及员工开展自查自纠。通过个人自查和内部排查，使辖区银行业金融机构查漏补缺，自我完善，逐步形成长效治理的管理机制。

（司徒其锐 谢武儒 苏志雄 吴慧莹）

附：银监办负责人名录

主　任：余文海

中国工商银行股份有限公司开平支行

【简况】 中国工商银行股份有限公司开平支行(简称工商银行开平支行)下设营业网点11个，员工140多人。该行坚持用科学发展理念获取新的成长动力，着力通过改善经营结构、加强内部管理，推进创新发展。至2009年末，实现各项存款余额40亿元，贷款余额8.5亿元。

【业务发展】 2008－2009年，加强全产品营销，促进资产、负债和中间业务的协调发展。创新融资品种，拓宽融资渠道，支持地方经济建设。累计办理大、中企业各类融资5.6亿元，办理小企业各类融资5.8亿元；做好客户结算服务工作，大力开展账户营销活动，新开户800多户；大力促进中间业务的多元化发展，努力发展结售汇、国际结算等外汇业务，拓展电子银行、理财业务、信用卡等业务。在为客户增值服务的同时，不断增加银行收益，两年共实现利润1.2亿元。

【渠道建设】 坚持“以客户为中心”，致力以先进的技术、适合的产品、有效率和有价值的服务满足客户。通过深入开展渠道建设，重新调整网点布局、加强网点装修改造、科学设置网点功能分区、加大对自助设备投入，不断优化网点的服务环境，提升网点的综合服务能力，竭力为广大客户提供全方位的金融服务。

【内控管理】 以构建完善的组织机构和良好的内部控制文化为基础，以准确的风险识别和全面有效的监测评估体系为前提，以健全的内部控制制度和提高执行力为核心，以改进检查监督和评价为保障，以完善和畅通的信息系统与沟通渠道为依托，构建稳健有效的内部控制体系。

【队伍建设】 工商银行开平支行坚持以人为本这一科学发展观的核心，近年来，注重加大人才队伍建设，实施干部选拔竞争上岗、干部交流、岗位轮换等制度，坚持以班子带队伍，倡导“共创共建共享”的企业文化，切实履行社会责任，努力实现员工与企业发展的和谐共进。在日常工作中，除了不断加强人才培训，开通网络远程教育系统，制定分层次、系统性人才培训制度之外，还实行从业人员资格认证，培养造就了一支素质优良、结构合理、可持续发展的人才队伍。

【考核机制】 实行“凭绩效拿奖金，按表现定去留”的薪酬改革，建立起一套“员工能进能出、干部能上能下、待遇能高能低”的符合现代商业银行经营管理需求的人事管理制度，不断完善各种机制包括岗位体系、绩效体系和薪酬分配体系等，营造积极向上的工作氛围。（李秀芳）

附：中国工商银行股份有限公司开平支行领导班子名录

行　长：陈俊雄

副行长：谭伟志　周艳芬

中国农业银行开平市支行

【简况】 中国农业银行开平市支行位于开平市长沙西郊路25号，是中国农业银行总行辖属的一级支行，直属农业银行江门分行管辖。2009年年末，开平市支行辖下有营业网点20家，其中分布在三埠、长沙城区营业网点14家，分布在水口镇、月山镇、苍城镇、马冈镇和赤坎镇等乡镇营业网点6家；全行员工251人，其中营业网点员工184人。

【业务发展】 开平市支行近年业务发展迅猛，资产业务、负债业务、中间业务齐头并进。至2009年底，本外币存款余额达62亿元，贷款余额达10亿元，比上年增长4.3亿元，在四大商业银行中占比30.01%，存、贷款市场占有率均居开平市金融同业前列。

近年来，支行在业务快速发展的同时，不断加大对地方重点基础设施建设和骨干企业的信贷支持力度，大力扶持开平市传统优势产业和新兴产业的发展，为翠山湖开发区基础设施等建设项目，以及联新（开平）高性能纤维有限公司、广东春晖股份有限公司、开平奔达纺织有限公司、广东海鸿变压器有限公司等企业投放了巨额信贷资金，同时积极支持中小企业发展，为地方经济的持续健康协调发展提供资金保障。

【内控管理】 2008－2009年，树立“安全是第一责任”的理念，在内控管理上坚持“业务发展、合规为先”，加强辖内员工的监督管理。采取多种形式开展合规文化宣传，组织全员学习规章制度和业务技能。强化各项案防措施，落实层级安全责任制和员工管理制度，定期组织安全防暴演练。健全的内控监督体系，在经营管理上实行各职能部门监督与审计、监察、保卫、内控合规等部门的专职监督相结合，形成检查监督合力。两年来，通过发挥全行系统合力，全行实现了安全营运无事故、无案件发生。

【网点转型】 2008－2009年，开平农行投入资金1000多万元，完成了大部分网点的统一改造，打造出一批功能齐全的综合性精品网点，提升了网点的服务效率与质量。同时加强营业网点的延伸建设，在全市城乡开设24小时服务的自助银行20个，每个自助银行均配置自动存取款一体机、转账及自助打折机、汇款易等设备，为广大城乡居民提供便捷的存款、取款、转账和汇款等服务。

（许松波）

附：中国农业银行开平市支行领导班子名录

行　长：谢国辉

副行长：汤伟雄

郑松峰

刘海峰

中国银行股份有限公司开平支行

【简况】 中国银行开平支行于1979年成立，建行初期主要经营国家外汇管理局的外汇管理业务。2004年改制为国有控股银行，全称为“中国银行股份有限公司江门开平支行”（简称“开平中行”）。开平中行自30年前，从主要办理国际结算业务，发展到既办理国际结算业务，又经营各类外汇和人民币贷款、存款、投资、租赁、信托、咨询、中间等多种业务的多功能商业银行。特别在统一经营国家和银行的外汇资金、办理贸易和非贸易结算、组织和筹集本外汇资金、支持外贸出口创汇、支持企业技术改造、能源交通事业的发展及支持“三资”企业的发展、支持旅游事业以及对外承包工程和劳务合作的发展等方面发挥着积极的作用。2009年末，开平中行有干部职工213人，内设营业部、业务发展部、结算业务部3部门，辖下15个经营性机构。2008－2009年，开平中行认真贯彻落实广东省分行“跑赢大市”和“争创百亿利润”的战略部署，努力推进经营体制改革和创新，以加强内控合规管理为基础，以狠抓业务发展和市占为目标，切实提高金融服务水平，努力创建区域内卓越银行，积极推进银政企合作，大力支持地方经济发展，发挥了地方金融机构积极作用。

【业务发展】 开平中行强化股份制企业公司治理机制，加强产品创新和专业指导，中间业务的战略性地位更加突出，为客户群众提供更丰富的理财增值服务，2008－2009年中间业务市场占有率在开平四大商业银行中排名第一；充分发挥2008年北京奥运会唯一银行合作伙伴优势，强化品牌形象建设，通过加快网点转型步伐和电子银行硬件设施的投入，完善网点服务渠道建设、强化营销队伍建设和客户结构优化，负债业务基础性地位不断增强，各项存款稳步增长，至2009

年末各项存款规模达 52.97 亿元，特别发挥中国银行外汇专业银行和国际结算优势，外汇存款规模和国际结算业务量市场占有率领跑同业，平均达到 58%；资产业务规模和盈利结构持续优化，大力扶持政府主导投资背景的项目及市府“加强发展民营经济，推动内外源经济并举”的产业结构方向，积极支持开平大型企业和中小企业贷款，为开平经济建设发挥金融主力军作用，其他对公授信和零售贷款项目储备丰富，经营效益稳健提高。

【夯实内控合规基础】 针对金融行业的风险特性，在上级行的统一部署下，以技防和人防紧密结合的方式，全方位进行 IT 蓝图建设和实施，2008－2009 年，以“严密内控、精细管理、高效执行”为管理目标，认真落实“一岗两职”的要求和反馈机制，切实提高全行员工内控责任意识，加强职务犯罪预防和反洗钱、反商业贿赂的执行落实，杜绝金融案件隐患根源。在内控制度建设方面，推行派驻业务经理制度和创新激励约束机制，将内控建设和风险控制延伸到每个业务领域、产品条线和流程，以一道防线为基础，以二道防线为关键，以三道防线为保证，通过创新思维、精细化管理、多策并举、突出重点，主动预防，积极探索内部控制与业务发展协调共进的可持续发展之路，形成内控有制度、部门有制约、岗位有职责、操作有程序、过程有监控、风险有监测、工作有评价、责任有追究的良好局面，推进合规文化的长效机制建设。对外落实各种应急预案和安全管理，加强与 110 指挥中心的联防联动，全天候加强营业场所金融活动的监控；深入开展对金融诈骗、ATM 安全等违法犯罪活动的宣传和布控，保障金融稳定和群众生命财产安全，连续多年实现无金融事件、无安全事故。

【强化竞争力】 坚持因势而变，顺势而为，建立岗位竞聘机制和人才准入退出机制，做到人尽其才、能者居之。关注员工成长，持续开展员工“40 小时培训”和技能考核，全行持专业资格岗位证书人员达 95%，国家 AFP 金融理财师资格 13 人。建立分层分类的人力资源管理体系，实现绩效管理与各职能模块的相互衔接，通过建立任职资格体系、薪酬与福利制度、员工职业生涯规划体系、培训与开发体系等各项与之相适应的人力资源管理机制，设计了从绩效目标计划的制定、绩效监控、绩效反馈、结果应用之间的一系列的路径与联接，使绩效考核实现系统性的循环。

（龚宝珍）

附：中国银行股份有限公司开平支行领导班子名录

行　　长：梁健军
副 行 长：洪　文　李振巨
中级经理：王卫玲（女）

中国建设银行股份有限公司开平支行

【简况】 近年来，建设银行开平支行按照上级行“铁腕抓管理，铁腕抓发展”的工作思路和要求，严格按照监管部门核准的经营范围和工作职能开展业务。支行辖下 3 个部门 11 个营业网点，共有在岗员工 170 人。2009 年年末，全支行全口径存款 47 亿多元，各项贷款余额近 14 亿元。

【业务发展】 2008－2009 年，该支行坚持以安全、存款、中间业务为工作重点，以贷款和产品为手段，致力于与地方政府和当地企业维持良好的关系，并以此促进业务快速发展。根据国家宏观政策和地方企业的金融需求，积极为地方企业特别是中小企业提供优质的融资和金融服务。两年间，实施走进企业、走进社区共举办各类金融理财讲座和金融产品推介会近 50 场次，新发放中小企业贷款 1.6 亿元，为中小企业克服金融危机影响提供有力的金融支持。投放个人贷款 9800 多万元，支持 500 多户家庭圆了住房梦和改善居住环境。至 2009 年末，支行全口径存款余额达 47.09 亿元，比 2007 年新增 12.10 亿元；各项贷款余额达 13.98 亿元，比 2007 年新增 3.66 亿元。

【内控管理】 在大力发展业务的同时，下大力气抓好内部基础管理工作，内控管理水平和资产质量明显提高。支行通过建立健全内控问责制度，加强合规管理，强化检查、督促和整改工作。严格执行《中国建设银行工作人员违规失职行为处理办法》和《轻微违规行为积分管理办法》，对违规违纪行为坚决严厉查处，充分发挥积分对违规行为的警示作用。因措施得力，支行已连续实现九个安全年，为确保地方金融稳定作出应有贡献。

【规范化管理】 2008年，支行制订了《关于开展推进网点服务文化建设和培养员工良好行为习惯活动实施方案》，全力推进网点服务文化和员工行为规范化管理，重点从网点负责人、会计主管、客户经理、大堂经理和柜员5个岗位人员的行为进行严格规范，这些岗位员工行为得到了有效规范。

2009年，支行顺利完成网点优质服务的两次转型，通过加强员工服务培训，规范员工服务行为，优化网点服务流程，提高网点服务效率，使支行整体服务水平再次实现飞跃。客户轮候时间大大缩短，满意度得到较大提高。其中支行代办的全市公务员和离退休人员统发工资业务开展顺利，连续多年实现“双零”（零差错，零投诉）目标。

【产品营销】 按照上级行的工作思路和发展要求，全力开展产品营销和业务拓展。通过对广大市民和地方企业提供优质服务为立足点，想客户所想，力求以金融产品满足不同企业和客户需求。2008年金融海啸后，支行争取上级行额度支持，举办50多场金融理财讲座，新发放中小企业贷款1.6亿元，有力地支持地方企业渡过难关，并取得自身业务的较快发展。

【企业文化】 坚持以“创建和谐宽松的工作氛围、员工有良好的晋升机会、员工收入有较大提高”为企业文化建设的出发点和立足点，通过加强企业文化建设，不断开创企业文化建设新局面。支行积极实施“人才兴行”战略，通过创新员工培养和锻炼模式，结合员工素质和特长进行针对性的培养，不断完善员工职业生涯成长之路考评办法，借助“优胜劣汰”的人才选拔机制，重点培养一批营销业绩好、管理能力强的核心人才，带动团队成长。此外，支行全面落实员工关怀活动，培育和谐的人文环境。每年都举办员工联欢晚会和各项文体活动，缓解员工工作压力。

（薛子光）

附：中国建设银行股份有限公司开平支行领导班子名录

行　长：陈维兴（ ~2009.02）
　　　　吴建芬（2009.02~ ）

副行长：张超鹏　龙　波

纪检监察特派员：余兆俊

广发银行股份有限公司开平支行

广发银行股份有限公司开平支行成立于1993年。现辖下有2个营业网点，分别位于东兴大道人和东路1号6幢的开平支行和幕桥西路金都花苑金都东区6号第七幢102—103的开平幕沙支行，在册员工46人。多年来，广发银行勇于创新，敢为天下先，在业务快速发展的过程中，创下了多项同业第一，如：第一家办理按揭贷款的银行；首批开办离岸业务的股份制商业银行；在国内首家推出先消费、后还款的贷记卡，同时首家发行美元和港币信用卡，使广发信用卡走出了国门的银行；首家实施全国通存通兑的银行；第一家推出可置换动产质押业务的银行；第一家推出企业财务顾问业务的银行；首家推出出口退税贷款业务的银行等。2006年，广发银行成功重组，引入了花旗集团、中国人寿、国家电网、中信信托等世界一流的知名企业作为战略投资者。重组后，广发银行紧紧围绕“建设一流商业银行”的战略目标，注重战略规划的执行，坚持“调结构、打基础、抓创新、促发展”，强化风险控制，坚持又好又快可持续发展，取得了良好的经营业绩。2008年，本外币存款余额52194万元，比上年增长4642万元。2009年，本外币存款余额61516万元，比上年增长9322万元。　（黄绮倩）

附：广发银行股份有限公司开平支行领导班子名录

行　长：申启光

副行长：李振胜

行长助理兼办公室主任：梁庆强

中国农业发展银行开平市支行

【简况】 中国农业发展银行（简称农发行）是直属国务院领导的国内唯一的一家农业政策性银

行，主要职责是按照国家的法律、法规和方针、政策，以国家信用为基础，筹集资金，承担国家规定的农业政策性金融业务，代理财政支农资金的拨付，为农业和农村经济发展服务。中国农业发展银行按照国务院第57次常务会议要求，坚持服务“三农”的办行宗旨，努力打造“建设社会主义新农村的银行”品牌。主要业务范围是：办理粮棉油和糖、肉、烟叶等收购、储备、调销贷款，粮食加工企业贷款，仓储设施贷款，农林牧副渔产业化龙头企业贷款，办理开户企事业单位的存款与结算，办理同业存款业务，办理各级政府粮食风险基金及财政支农资金的代理拨付，办理保险代理等中间业务。

农发行开平市支行成立于1996年11月，是开平市唯一的一家政策性银行。内设办公室（保卫部）、会计结算部（营业室）、客户业务部。

2008－2009年，以科学发展观为指导，坚决服从和服务于国家宏观调控，全面落实国家各项强农惠农政策，把实现良好的社会效益作为最重要的价值追求。在追求社会效益的同时，按照打造现代银行的要求，谋战略、定规划，抓改革、求发展，强管理、促和谐，一年一大步，三年三大步，初步建立现代银行框架，经营业绩实现重大跨越，有效发挥该行业务在农村金融中的骨干和支柱作用。随着社会主义新农村建设的全面推进和农村金融体制改革的不断深化，将继续坚持以支持国家粮棉购销储业务为主体，以支持农业产业化经营、农业农村基础设施建设和生态农业建设为重点，努力培育“建设新农村的银行”的品牌形象，做支持新农村建设的银行。

【信贷管理】 按照上级要求，根据体制改革出现的新变化，积极推进精细化管理。按照“明确职责、落实制度，统一标准、规范流程、岗位管理、分工到人”的精细化管理思路，进一步明确县级支行经营前台以及信贷前后台管理职能，强化岗位职责和流程，提高经营管理效率。根据业务发展实际，坚持落实全面风险管理。开展信贷评级授信；严格把握贷款准入关，强化落实多种风险防范措施。同时，坚持实行贷款出账前审核制，制定贷款管理实施办法，明确贷后管理的岗位职责，加强贷后管理检查和指导，有效保证各项考核指标的顺利完成。

【内控管理】 切实加强班子建设和干部队伍建设：一是进一步统一思想，提高认识，即政治责任意识、发展意识、合规经营意识。二是加强专业素质教育。三是结合开展治理商业贿赂专项工作，加强廉政建设。特别是组织学习“四个处理办法”《违反信贷和资金管理规章制度行为处理暂行办法》、《违反财务会计规章制度行为处理暂行办法》、《违反人事管理规章制度行为处理暂行办法》、《违反安全保卫规章制度行为处理暂行办法》，增强干部职工遵纪守法的自觉性，促进了依法合规经营，有效地防止各种违法违规行为的发生。

（周亦能）

附：中国农业发展银行开平市支行领导班子名录

行长、党支部书记： 谢德森

副行长、党支部委员： 黄健城

办公室主任、党支部委员： 周亦能

开平市农村信用合作联社

【简况】 开平市农村信用合作联社（简称农信社）创建于20世纪50年代初。近年来，农信社抓住改革发展机遇，转变经营理念，进行一系列体制、机制改革，进一步弘扬“信合万事兴”的企业文化，加快自身经营管理机制的转换和完善，全面提升服务水平和核心竞争力。通过现代化管理推动各项业务的稳健发展，金融服务能力持续大幅提升，推出农信品牌银行卡——“珠江平安卡”、林权抵押、应收账款质押、担保公司担保贷款等系列产品，迅速赢得市场的赞誉和客户的认可；服务和管理手段实现电脑信息化处理，电子化网络覆盖城乡所有营业网点，自动柜员机、POS远程终端得到快速发展；通过96138客户服务热线，全面推广电话银行等电子银行业务应用；结算方式不断完善，开通农信银、大小额实时支付系统等支付结算的“高速公路”，可跨社、跨行、跨省实时汇划资金，为广大客户提供快捷、安全、高效的金融服务。

作为支持县域经济发展的金融主力，农信社坚持“服务地方经济建设”宗旨，致力为“三农”（农业、农村、农民）及中小企业提供全方位金

融服务，发挥自身优势，锐意改革创新，配合开平市政府的发展思路，加强银政、银企互动互信，突出“良性合作、和谐双赢”，创新贷款方式，以农信特色的“贴身”服务，促进镇级经济和县域经济发展，实现了“多赢”，为新农村建设和地方经济发展作出突出贡献。农信社本身也伴随开平经济发展而不断壮大：至2009年末，各项存、贷款余额均位居开平市金融机构首位，已发展成为规模大、功能齐、形象好、效益高、竞争力强、可持续发展的现代金融企业，成为全市机构网点最多、辐射面最广、资金实力最雄厚的金融机构，深得社会各界的信赖和支持。是年末，农信社共有56个营业网点，职工555人，社员(股东)人数3112人。

【深化改革】 加强经营管理，不断增强经营实力，票据兑付的各项关键指标持续好转，2008年12月4日，随着4.61亿央行专项票据资金的顺利到账，农信社票据兑付成功，深化改革工作取得阶段性成果。为进一步深化改革，明晰产权关系，完善法人治理，降低经营、管理成本，提高管理效率，进一步提高抗御风险的能力，农信社紧紧围绕“统一法人，授权经营，分级核算，单独考核”的改革目标，结合自身实际，不断完善“三会一层”运行机制，形成全面规范的考核和监督约束机制，顺利完成联社法人统一工作，于2009年8月19日顺利召开开平市农村信用合作联社创立大会暨第一届社员代表大会，选举产生了第一届理事会、监事会，聘任了高级管理层；2009年11月18日，举行统一法人开业挂牌典礼。统一法人工作的顺利完成，进一步完善法人治理结构，显示出深化改革工作又向前迈进一大步。

【存、贷款业务】 至2009年12月末，开平联社各项存款余额达61.94亿元，比年初增加5.30亿元，增长9.36%，市场份额位居全市金融机构之首；各项贷款余额达40.80亿元，比年初增加8.73亿元，增长27.22%，约占全市金融机构贷款市场份额的55.31%，位居全市各金融机构之首。

【新农村建设】 一是立足“三农”，加大支农贷款的发放力度，有效地支持当地农业和农村经济结构战略性调整，挖掘农业内部的增收潜力，合理调整授信期限、放宽授信额度、扩大授信范围，灵活确定利率水平；同时，采取“公司+基地+农户+技术+资金”的方式，更好地支持农业龙头企业和农业产业化发展，带动农民致富，2008－2009年农信社净增贷款11.57亿元，其中净增涉农贷款10.76亿元。二是在满足支农资金需求的基础上，采取更加灵活、有效的措施，大力支持地方中小企业，特别是镇级民营企业发展，创造更多的就业机会，加快农村劳动力向非农产业转移，拓宽致富渠道，为新形势下的农民增收多想办法，多出实效。2008－2009年，农信社累计支持当地民营企业1408家，净增贷款金额10.23亿元，以农信特色的“贴身”服务，帮助辖内中小企业解决“融资难”问题。三是支持林权改革，进一步解放林业生产力，积极发展林业经济，提高农民经济收入。四是根据农村地域的实际情况，因地制宜，宜农则农，宜工则工，发展农村经济，通过支持农村经济发展，广大农民收入得到切实提高，开平联社的信贷业务也得到不断发展和壮大，至2009年末，农信社涉农及中小企业贷款余额37.53亿元，占贷款余额的92%，有效地支持了辖区“三农”经济和县域经济的健康发展。

【不良贷款】 把清收转化和处置不良贷款作为“重点工程”来抓，坚持用清收、盘活、重组的多种方式压降不良贷款，创新清收理念，规范操作流程，全社上下整体联动，全力清收。通过加大业务发展进一步化解、消化不良贷款，成效十分显著，不良贷款余额、占比“双口径”持续双降，资产质量持续好转。

【内控管理】 2008－2009年内，严格按照省联社及银监部门对案件专项治理工作的总体部署，强化内控管理，将案件专项治理工作与深化改革、强化内控管理制度有机结合，防范经营漏洞，杜绝各类案件的发生，实现深化改革工作与安全经营管理工作和谐发展的局面，确保全辖区农信社安全、稳定、健康发展。一是健全内控管治架构，完善法人治理机制。二是建立清晰的组织结构。设立10个专业的职能部门，并根据业务发展，不断进行调整和优化，务求达到最佳管治效果。三是加强浓厚的内控文化培育。建立“合规守信”

为核心的企业文化保障机制，有效将合规文化教育贯穿于经营和管理的所有领域，牢固筑起思想防线。每年有组织、有计划地组织全体干部职工进行政治思想教育、职业道德教育、法制和案例警示教育，从思想上构筑起防范道德风险和操作风险的长效机制。四是建立完善的制度流程体系，实现内控监督的全面覆盖。五是完善有效的执行监督机制。

【人事改革】　贯彻落实党的“十六大”对干部人事制度改革的总体部署，努力形成广纳群贤、人尽其才、能上能下、充满活力的用人机制，把优秀人才集聚到农信社事业中来。不断深化干部、职工人事制度改革，形成正确的用人导向，促使各级领导班子和职工进一步树立和落实科学发展观、人才观和正确政绩观，带头身体力行求真务实之风，进一步把心思凝聚到经营管理中去，把精力集中到开拓创新中去，扎扎实实地推进农信社改革和社会主义新农村建设事业。一是加强岗位培训工作，大力开展业务竞赛活动，提高干部、职工业务水平。二是加强薪酬管理，建立科学、规范、合理的薪酬制度。三是多措并举优化员工队伍结构，提高农信社市场竞争力。四是加强干部、职工管理，防范案件风险发生。五是以党建工作为保障，进一步提高党的执政能力和领导水平。六是继续解放思想，发挥工会组织的桥梁和纽带作用。（周鸿接）

附：开平市农村信用合作联社领导班子名录

理事长：周远强（2009.10～）

主　任：周远强（～2009.10）

梁新全（2009.10～）

监事长：张健雄（2009.10～）

副主任：梁新全（～2009.10）

卢基花（2009.10～）

中国人民财产保险股份有限公司开平支公司

【中国人民财产保险股份有限公司开平支公司】是中国人民财产保险股份有限公司设在开平市的派出机构。2009年，在开平地区设有营业网点6个，在编员工14人，保险代理人员60多名。经营险种主要有机动车辆保险、企业财产保险、家庭财产保险、船舶保险、货物运输保险、农业保险、产品责任保险、雇主责任保险、公众责任保险及多种附加保险等120多个险种。2008年，全公司保费收入4869万元，同比增收546万元，赔案金额3122万元。2009年，全公司保费收入5471万元，同比增长12.64%；赔案赔付率为50.01%。公司做到合规经营，打造品牌形象，提升理赔服务质量，坚持“求实、诚信、拼搏、创新”的企业精神和“以市场为导向，以客户为中心”经营理念，确立“信誉一流、管理一流、服务一流、效益一流”的发展方向，全面拓展公司业务。

（温尚杰）

附：中国人民财产保险股份有限公司开平支公司领导班子名录

经　理：梁武威

副经理：余耀林

广发证券开平营业部

【简况】　广发证券股份有限公司是全国十大券商之一，素以“稳健经营，规范发展”见称于同行，开平曙光西路证券营业部是其分支机构。广发证券股份有限公司开平曙光西路证券营业部于1993年9月成立，前身为广东发展银行开平支行证券营业部，地址设开平市新昌新市路2号。1996年10月，按国家“分业经营，分业管理”的政策要求，改由广发证券有限责任公司归口管理，更名为“广发证券有限责任公司开平营业部”。1999年5月，迁址于开平市长沙曙光西路62—64号二、四楼。同年9月因公司股份改制，更名为“广发证券股份有限公司开平营业部”，后规范用名为“广发证券股份有限公司开平曙光西路证券营业部”并一直沿用。营业部所在开平市最繁华的商业街曙光西路，营业面积3570平方米，设有大中户室60间，营业大厅面积300平方米。共有员工40人，大学专科以上学历100%，全部具有证券从业资格。

2008、2009年度，营业部成交量总额折合人民币分别为131.23亿元和256亿元，营业收入分别为3865.7万元和5882万元，利润总额分别为2986.13万元和4689万元；累计开户总数分别为2.5042万户和2.7338万户。

【网络设施】　开平曙光西路证券营业部技术服务设备、设施达同期同类先进水平，包括：开通深、沪双向高速卫星系统及点对点通讯，委托和行情均实现多通道备份；建立了先进、高效的千兆电脑网络系统，每分钟传送成交回报8～12笔；电话委托功能完善，新增开通“95575”全国特服号，除电话委托、查询、转账外，还具备传真交割对账单、个股走势K线图等多项功能，提供自助委托、柜台委托、手机上网委托、网上交易等多种并存的交易方式；同时，广发网、VIP、IPTV、CRM系统以及股民学校为客户提供投资个性化服务；开通与工行、农行、中行、建行、发展行的三方存管、转账业务。

【交易系统】　配备完善可靠的交易软件及咨询系统，拥有大智慧、钱龙等多套分析软件，在咨询方面选用了广发内参等多种信息源，并有专业投资顾问现场指导；交易品种齐全，除包括A股、基金、B股、权证、代理期货等业务外，还有国债现货、国债回购、企业债券、开放式基金、货币基金、理财产品等低风险投资品种，满足各类客户的投资需求。

【内部管理】　公司一贯坚持“知识图强、求实奉献”的核心理念以及“稳健经营、规范管理”的经营原则。公司高度重视健全内部管理体制，完善风险防范机制，初步形成具有自身特色的合规管理体系，经受住了多次市场重大变化的考验。营业部内设总经理室、综合部、财务部、电脑部、客户服务部和营销拓展部进行日常管理。

【服务质量】　“广发金管家”是广发证券全新推出的投资顾问服务品牌。本着以客户为中心的服务理念，凭借行业领先的研发实力及丰富的投资管理经验，贴心为客户量身定制最适合的服务平台。根据资产量及需求的不同，分为金管家财经汇、金管家财智汇和金管家财富汇3个服务级别，可为客户提供一站式专属综合投资顾问服务。

营业部开设的“金管家投资宝典”、“金管家VIP服务系统”、“金管家e对壹短信定制”“金管家财富频道”、“金管家手机证券”、“金管家专线95575”等专项服务，极大地方便了投资者。

【投资者教育园地】　客观揭示市场风险、普及证券基础知识，作为公司面向投资者教育一如既往、常抓不懈的工作宗旨。分布全国各地223个营业网点的投资者教育园地是加强公司与投资者之间沟通交流的重要窗口；还有股民学校、股市沙龙、专题讲座等投资者教育活动是引导客户树立正确投资理念的重要渠道。　（胡立新）

附：广发证券开平营业部负责人名录
副总经理：方志权（主持全面工作）

华林证券开平营业部

【简况】　华林证券开平营业部于1993年7月成立，前身是江门证券开平营业部，是开平市开业最早的证券营业部。址设长沙东兴大道人和东路3号人保大厦七、八、九、十楼，营业面积2000多平方米。设有31间大中户室，营业大厅面积120多平方米。内设运行部、客服部和营销部等部门。有员工43人，大学专科以上学历的超过90%，全部取得证券从业资格。证券交易品种齐全，包括有深沪A股、B股、权证、创业板、基金、国债、国债回购等。2009年累计成交金额折合人民币300亿元，营业收入4433万元，累计开户总数达41316户。

【网络设施】　场内大厅安装有电子屏幕显示行情。营业部采用先进的卫星传输网、两兆光纤传送技术，1000兆网络交换运行技术，交易数据大集中，已实现全国的通买通卖。交易系统安全可靠，达到中国证监会规定的C2级要求。配置完善可靠的交易软件和咨询系统，提供最新的宏汇分析系统和维赛特咨询系统。

【网上交易】　委托方式采用电话委托、柜台委托、网上交易、手机炒股等。近年来，顺应社会的发展，营业部大力发展网上交易，现在营业部网上交易量占全营业部交易量的90%以上，高于全国同行业的平均水平。并开通了近300路的数字电话线路电话委托，使操作语音更清淅，操作更快捷。逐步实现交易方式从现场交易向非现场交易的转变。华林证券网站为股民提供更可靠、快捷的综合性咨询和投资个性化服务。

【内部管理】　加强内控管理，防范金融风险。营业部严格遵守证券行业相关法律、法规，严格执行总公司相关内控规章制度，秉承“诚信、稳健、创新”的经营理念，合规经营，切实保障投资者的利益。

【服务质量】　营业部信托总公司集合强大的资讯信息网络和吸纳资深的研究力量，包括华林证券研究所、华林智造、华林IQ系统及多名业内知名证券分析师，为广大投资者提供多品种、多功能、个性化、全方位的优质服务。通过开展多种客户服务项目，如资讯类项目“开平股经论坛”、“华林VIP”，休闲生活类项目“开平绿野行”和参观上市公司等，打造华林证券独特的品牌客户服务。华林证券新近推出“金苹果”理财，意在为广大投资者提供精细化、个性化的服务。华林“IQ机”更为投资者提供了一个安全、快捷的掌上股市服务，客户可以通过IQ机，享受到我们为之提供的专业资讯和在线客服。华林IQ因此荣获《证券时报》评为“年度十大IT创新案例”奖。

（张德雄）

附：华林证券开平营业部领导班子名录

总经理：张永强（2008年）

　　　　李　斌（2009年）

副总经理：周活林

旅　游　业

旅游新发展

【简况】 2008年，全市共接待国内外游客297.1万人次，同比增长35.72%；实现旅游总收入15.1亿元，同比增长37.02%。2009年，全市主要旅游景点有5个（立园、自力村碉楼群、马降龙碉楼群、赤坎影视城、南楼）；星级旅游饭店5家、床位1100多张；酒店10多家，社会旅馆131家，餐馆200多家。经营旅游的企业共14家，其中旅行社5家，营业部9家（见附录）。市区到各景点均设有专线车，2009年12月，开通开平碉楼——澳门世界文化遗产旅游专线车。全年共接待国内外游客328.82万人次，同比增长10.68%；实现旅游总收入17.53亿元，同比增长16.02%。

【旅游宣传促销】 2008－2009年，通过开展一系列的旅游宣传、评比、促销活动，碉楼旅游的知名度和美誉度大大提高。一是积极开展旅游宣传推介。在高速公路旁新建2块大型的“开平碉楼与村落”广告牌，扩展省内及周边自驾游市场。开通《开平碉楼旅游网》，扩大旅游营销宣传面。积极参加港澳、广东等旅游专题推介会，大力推介碉楼资源和旅游景点。二是积极参与旅游评比活动。是年，“开平碉楼与村落”被省旅游局、省旅游协会评为“广东旅游十大首创之星”，被省旅游局、省自驾游协会评为“广东自驾游十佳线路”，同年，在省旅游局指导、广州日报、广州电台主办的“选美广东”活动中，赤坎古镇荣获“我最喜欢的乡镇”称号，并融入了“大珠三角精品旅游线”。国内影视作品包括《醉拳Ⅱ》、《花样年华》、《2046》、《孙中山》、《东山飘雨西关晴》、《秋喜》等50余部均选定赤坎古镇为外景拍摄地。三是积极拓展客源市场。针对香港市场，加强与香港、澳门、丹霞山的区域合作，打造“港澳——开平碉楼——丹霞山”金三角线路；针对国内市场，加强与邻近地区的旅游合作，抓住“海边的碉楼”这一卖点，与台山上、下川岛一起联合促销，成功开拓了湖南、湖北、四川、重庆、江西等省市场；针对台湾市场，全力推进“开门见山”（开平、金门、厦门、江门、澳门、中山）线路；针对华侨市场，加大力度打造华侨寻根之旅。

【优化旅游环境】 2008－2009年，立足全市旅游资源分布情况和开发潜力，全面进行资源区域整合，立足自力村碉楼群、立园、三门里碉楼群、赤坎古镇、马降龙村碉楼群、周文雍陈铁军烈士陵园、锦江里碉楼群、南楼、获海风采堂等旅游优势，串联打造开平碉楼旅游黄金线路。突出发展休闲旅游，重点发展乡村游、生态游。在立园建设“开平碉楼文化展示区”，打造一个集游客服务、文化展示、旅游购物、交通中转四大功能于一身的展示区，进一步完善旅游配套。协调市各有关部门配合做好旅游行业安全、求援、保险、交通、卫生管理工作，旅游环境更加和谐，旅游业的竞争力不断提高。

【旅游市场管理】 2008－2009年，建立健全旅游监管体系，督促各旅游企业完善服务标准，加强旅游服务质量监督管理和旅游投诉处理。完善旅游服务质量管理，促进旅游市场循序规范化。加强旅游业精神文明建设和行风建设，制订旅游培训教育工作规划，着力培育高质素旅游企业、高质量旅游产品和高水平旅游服务人员。两年来，积极推选旅游行业中高层管理人员参加上级举办的各类岗位培训班、学习论坛、讲座。加大力度开展旅游星级饭店品牌建设，协助和引导星级酒店提高管理水平。

【举办节庆活动】 2008年10月24—26日，首次举办开平碉楼文化旅游节。省、江门、市领导以及海外社团代表、开平市第五批荣誉市民、境内外旅游客商、新闻记者共1000多人出席开幕式。旅游节期间，先后举办了碉楼旅游博客大赛、旅游饭店技能大赛、侨乡文化艺术展演、华侨发展史展览、碉楼万人游、嘉年华大巡游、旅游美食节等多项活动，累计参加活动的游客共6.1万人次。

2009年9月23—30日，又一次举办开平碉楼文化旅游节。江门市旅游局副局长张华，开平市领导黄继烨、黄旭征、杜海英，有关单位负责人以及各地游客共1000多人出席开幕式。旅游节以 “游世界遗产，品开平碉楼” 为主题，期间举行星级饭店旅游美食节、广东开平碉楼与村落导游词大赛、开平碉楼博文（帖子、图片）比赛活动、万人游开平等一系列活动，累计参加活动的游客共12.5万人次。（许朝辉　谭晓华　许惠华　许源景　张妙燕　张小彬　方俊敏）

附：市旅游局领导班子名录

局　长：邝积康（ ～2009.12）
　　　　许永锋（2009.12～ ）

副局长：许朝辉　许永锋（ ～2009.12）　周洽强

部分景区、景点简介

【开平碉楼与村落】 2007年6月28日，在新西兰举行的第31届联合国世界遗产大会审议通过，将“开平碉楼与村落”列入《世界遗产名录》，成为广东省首个世界文化遗产项目。

开平碉楼产生于明代后期（16世纪），于20世纪二三十年代大量兴建，分布在开平市各乡村，最多时达3000多座。其时社会治安混乱，土匪猖獗，加上洪涝灾害频发，村民兴建碉楼用于避匪防洪。抗日战争期间，碉楼成为抗日的堡垒，较为闻名的有“南楼七壮士”。开平碉楼由侨胞筹资兴建，一般高3～5层，最高9层，其建筑特色是中西合璧，楼顶建筑形式有中国传统的硬山顶式、古罗马的碉堡式、中世纪的英国式、土耳其的伊斯兰教堂式等。碉楼装有铁门（闸）、铁窗（柱），楼的顶层四边均设有形状不同的枪眼，有的还设有了望台、探照灯、报警器、铜钟、铜锣等防范报警装置。2001年6月25日，开平碉楼作为近现代重要史迹及代表性建筑，被国务院批准列入第五批全国重点文物保护单位名单。

【马降龙碉楼群】 马降龙村落被联合国专家称为“世界最美丽的村落”，是人与自然和谐共处的典范，是世界文化遗产地之一。马降龙村落位于开平市百合镇东南面，东北距开平市区20公里，由永安、南安、河东、庆临、龙江5条自然村组成，为黄、关两姓家族于清朝末年和民国初年兴建。现有村民171户、506人，80%为侨户。海外侨胞主要分布在美国、加拿大、澳大利亚等国。

马降龙村落有13座造型别致、保存完好的碉楼，掩映在茂密的翠竹丛中，与周围民居、自然环境融为一体。马降龙碉楼群建于20世纪二三十年代，多为2～7层建筑物，本土传统的人居环境融汇了西方先进的建筑工艺和文化内涵，有中国硬山顶式，英、德古堡式和欧美别墅式等，墙体结构有泥木结构、砖木结构、混凝土钢筋结构，门窗钢板厚实坚固。这些碉楼有私楼和众楼之分，由华侨、港澳同胞或乡民独资兴建的属私楼，集资建造的是众楼。其中最具代表性的众楼为天禄楼，是民国十四年(1925年)由29户村民集资兴建，该楼高7层 21米，钢筋混凝土结构，第1～5层共有29个房间，每个集资户各1间，第6层为公共活动空间，第7层为瞭望亭；其时每到傍晚，集资户男丁均入住楼里以防匪盗绑架。马降龙碉楼群在防洪方面也发挥显著的作用，1963年、1965年、1968年曾发生3次大水灾，洪水漫过民居屋顶，村民登上碉楼得以避难。马降龙碉楼群于2001年6月被国务院定为全国重点文物保护单位，2006年4月被《环球游报》评为“中国最值得外国人去的50个地方”金奖。

【自力村碉楼群】 自力村隶属开平市塘口镇，东距开平市区 12 公里，是由安和里、合安里和永安里3条方姓自然村组成。村内有龙胜楼、养闲别墅、球安居庐、云幻楼、居安楼、耀光别墅、竹林楼、振安楼、铭石楼、安庐、逸农楼、叶生居庐、官生居庐、澜生居庐、湛庐等15座碉楼。这些碉楼建于20世纪20年代，由华侨、港澳同胞兴建，一般以始建人的名字或其意愿而命名。碉楼多为4～5层，其中标准层2～3层。墙体结构有钢筋混凝土，也有混凝土包青砖，门、窗皆为较厚铁板所造。建筑材料除开平楼冈产的青砖外，铁枝、铁板、水泥等都是从外国进口。碉楼的上部结构有四面悬挑、四角悬挑、正面悬挑、后面悬挑。建筑风格多带有外国的建筑特色，有柱廊式、平台式、城堡式，也有混合式。为了防御土匪劫掠，碉楼一般都设有枪眼。自力村碉楼建筑精美，保存完好，布局和谐，错落有致。其中，最精美的是铭石楼，楼高6层，首层为厅房，2—4层为居室，第5层为祭祖场所和柱廊、四角悬挑塔楼，第6层平台正中有一中西合璧的六角形瞭望亭。楼内保存着完整的家具、生活设施、生产用具和日常生活用品。

【迎龙楼】 迎龙楼坐落在开平市赤坎镇三门里村，东距开平市区6公里，是开平市现存最早的碉楼，为明朝嘉靖年间（1522－1566年）关氏十七世祖关圣徒夫妇兴建。迎龙楼坐西北向东南，占地面积152平方米，建筑面积456平方米，砖木结构，楼高3层共11.4米，为全村制高点。第1～2层为明朝大型红泥砖砌筑，墙厚93厘米；民国九年（1920年）用青砖加建第3层，楼面为木梁板结构。楼的四角各有一个落地式塔楼，塔楼的第2、3层开设射击孔，楼顶为传统硬山顶式，风格拙朴，造型简洁。楼名为“迎龙”，原名“迓龙”，迓迎同义，是期望它给村民带来平安、好运、幸福。迎龙楼方形的建筑形体没有受到外来因素的影响，是开平碉楼最原始的模式。

【方氏灯楼】 方氏灯楼坐落在开平市塘口镇塘口墟北面的山坡上，民国九年（1920年）由今宅群、强亚两村的方氏家族共同集资兴建。方氏灯楼原名“古溪楼”，以方氏家族聚居的古宅地名和原来流经楼旁的小溪命名。楼高5层18.43米，钢筋混凝土结构，第3层以下为值班人员食宿之处，第4层为挑台敞廊，第5层为西洋式穹窿顶的亭阁，楼内配备值班预警的西方早期发电机、探照灯、枪械等，是典型的更楼。方氏灯楼历史上为古宅乡的方氏民众防备北面马冈一带的土匪袭击起到预警防卫作用。

【锦江里瑞石楼】 坐落在开平市蚬冈镇锦江里，建于1921年，因楼主黄壁秀号瑞石而得名，是中西建筑风格完好结合的典型，也是开平现存最高、最美的碉楼，有“开平第一楼”之称。瑞石楼高9层25米，占地90多平方米，钢筋混凝土结构，所有建材都是从国外进口；外部总体造型是西式风格，有罗马穹窿顶、拜占庭穹窿顶等充满异国风格的建筑造型，内部用具则是岭南传统的样式，门窗上均雕龙附凤，有“富贵吉祥”、“延年益寿”等中国传统的祝福字眼，充分体现楼主对西方文化所表现出的从容、自信，以及洋为中用、兼容并蓄的心态。

【立园】 位于塘口镇北义乡赓华村，是20世纪初由旅美华侨谢维立创建的花园别墅，在中国华侨园林享盛名。建园历时十载，全部工程于1936年告竣。该园巧妙地将中国园林古典建筑艺术与欧美别墅的建筑特色糅合在一起，既有当时西方最流行的建筑风格，又有中国园林最传统的亭、台、楼、阁，其独特的建筑艺术风格在中国园林中独树一帜，拥有“小观园”的美誉。

立园的意境是“小桥、流水、人家”，园内布局分为别墅区和大花园、小花园三个区域，彼此以人工河或围墙分隔，又用桥亭或通天回廊连成一体，园中有园，景中有景。别墅区有泮文、泮立等融汇中西建筑风格的六幢别墅和一座碉楼，其外部黄墙绿瓦，飞檐斗拱，气势磅礴，别具中国殿堂古风；室内设计高雅舒适，古色古香，厅堂装饰屏风壁画，配有红木台椅、水晶宫灯、花架书橱、洋盆浴缸、西方壁炉和湘绣潮雕，凿井引水，手摇供水。大花园主要以“立园”大牌坊和“本立道生”牌楼为轴心进行布局，牌坊前方两端雄峙着两根钢铁制的打虎鞭，蔚为壮观；沿牌坊拾级而上有放生池、百鸟园，皇冠花藤亭点缀其间，位于西北角的毓培别墅是园主为纪念爱妾而建。小花园为“川”字形，园内以“兀”字形运河分隔，又由“长春亭”、“共乐亭”、“挹翠亭”连结，构思巧妙，布局严谨，极具观赏价值。1957年，广东省人民政府领导人陶铸等曾到立园参观，并指示对其一草一木要加以保护。

1983 年 3 月，立园被列为第一批县级文物保护名单。1999 年 10 月，园主夫人谢余瑶琼在美国修书将立园委托开平市人民政府无偿代管 50 年。立园经全面修葺后，于 2000 年 10 月 1 日正式对外开放，2002 年 12 月被评为国家 AAAA 级旅游景区。

【赤坎古镇 】位于开平市中部，面积 61 平方公里，距市区 14 公里。赤坎古镇有 350 多年历史，是具有浓郁岭南特色和深厚文化底蕴的岭南名镇， 2007 年 6 月，荣获“中国历史文化名镇”称号。

赤坎古镇华侨众多，20 世纪二三十年代，华侨不仅带回外汇，还有西方建筑师绘制的图纸，融合开平当地的建筑艺术，建成了大批商铺式的楼房。这些融中西建筑文化精华的骑楼建筑绵延数公里长，沧桑厚重的鹅卵石街，斑驳缕空的窗花，精雕雅致的灰塑，形成侨乡独具韵味的欧陆风情街。同时，赤坎又是著名的影视拍摄基地，《三家巷》、《风雨西关》、《孙中山》、《大军南下》、《阮爱国在香港》、《廖仲恺》、《醉拳Ⅱ》等 30 多部著名影视剧集在此取镜录制而成。赤坎是个人才辈出、商贸繁荣的地方，一代著名侨领司徒美堂诞生于此，粤剧艺术家关德兴、关国华，书画家司徒乔、司徒奇，高胡演奏家余其伟，摄影家沙飞，曲艺相声演员杨达等历史文化名人都是这个百年古镇的时代巨匠，其中高胡演奏家余其伟在 2007 年 9 月获评为中国岭南 50 个当代文化名人之一。

赤坎古镇著名旅游景区有世界文化遗产地——三门里村落，该村落有开平乃至珠三角地区现存最古老的“回字形”碉楼“始祖”——迎龙楼；还有加拿大村落（耀华坊），赤坎影视城，欧陆风情街，古镇旧街，南楼纪念公园，司徒族、关族图书馆，司徒美堂故居等。当地著名风味地道小食有黄鳝饭、煲仔饭、牛腩粉、豆腐角、鸭粥，河鲜、烧鹅。

【赤水香江温泉度假村】 位于开平市赤水镇，占地面积 1000 多亩。香江温泉度假村的温泉水为偏硅酸型温矿泉，经地矿部门检测含有多种人体必需的微量元素，水质清澈透明。度假区四面环山，林木苍翠，空气清新，环境幽雅。区内设有大小多功能池 60 多个，配置大型激光喷泉舞台和小桥流水，建有激情冲浪、人造沙滩、浪漫漂流、刺激的高空温泉滑道等大型水上乐园。度假区依山而建，错落有致兼具欧陆风情特色的别墅群 68 幢，每单元拥有独立温泉池，室内配有功能齐全卡拉 OK 房和麻将娱乐厅。度假区还有现代化的网球场、羽毛球馆、乒乓球馆等。

【周文雍、陈铁军烈士陵园 】 位于开平市百合镇茅冈圩广湛公路（325 国道）旁边，建于 1958 年，1963 年、1985 年先后 2 次扩建，1998 年开始，在现址征地 45 亩重建周文雍陈铁军烈士陵园，1999 年底完成第一期工程。陵园大门台阶中央镌刻“浩气长存”四个大字，台阶上的纪念碑高 10.55 米，正面刻着“周文雍、陈铁军烈士永垂不朽”。纪念碑底座正背两边雕刻着两位烈士生平事迹的碑文和花环缎带图案，左右两边雕刻着他们生前写下的“头可断，肢可折，革命精神不可灭；壮士头颅为党落，好汉身躯为群裂”。周文雍、陈铁军烈士陵园被定为广东省重点烈士纪念建筑物保护单位、开平市重点文物保护单位。2006 年 7 月，被江门市委命名为第一批“江门市中共党史教育基地”。

【司徒美堂故居】 位于开平赤坎镇中股村牛路里，建于清末，是一座三廊二房一厅的青砖墙、瓦顶建筑，建筑面积 86.78 平方米。1868 年 4 月 3 日司徒美堂出生于此屋，其 14 岁赴美国旧金山谋生，1908 年从美洲返乡结婚，与原配夫人方春女婚后在此住了约半年时间。1989 年 6 月，广东省人民政府将司徒美堂故居定为重点文物保护单位。

创刊号

(2008-2009)

KAIPING NIAN JIAN

教科文卫体

教育　科技　文化

教　育

【简况】　2008年，全市有中小学197所，其中普通完（高）中9所，职业中学5所，初中26所，小学152所，九年一贯制学校5所；电视大学1所。在校中小学生共129555人，其中小学生67255人，初中生37274人，高中阶段在校生25026人（普通高中生15473人，中职学生9553人）。幼儿园66所，其中公办幼儿园4所，社会力量办幼儿园62所；在园幼儿21545人。

2009年，全市有中小学92所，其中普通完（高）中9所，职业中学4所，初中19所，小学56所，九年一贯制学校4所；电视大学1所。在校中小学生共123992人，其中小学生62832人，初中生36320人，高中阶段在校生24840人（普通高中生15249人，中职学生9591人）。幼儿园69所，其中公办幼儿园3所，社会力量办幼儿园66所；在园幼儿22305人。

【创建广东省教育强镇】　2008年，三埠街道办事处继长沙街道办事处之后，顺利通过广东省教育强镇（街）督导验收。全市共有2个广东省教育强镇（街）。

2009年，塘口镇、沙塘镇、百合镇、蚬冈镇、马冈镇、苍城镇、赤坎镇等7个镇顺利通过广东省教育强镇（街）督导验收。全市有9个广东省教育强镇（街）。

【创建优质学校】　2008年，开平一中、开侨中学等2所学校顺利通过广东省普通高中教学水平评估和国家级示范性普通高中确认验收。三埠街道办事处思始小学、春华小学等2所学校顺利通过江门市一级学校综合督导验收。

2009年，塘口镇文林小学、裡讴小学，蚬冈镇蚬冈学校，苍城镇中心小学，水口镇泮村小学、红花小学，开平市第四中学等7所学校顺利通过江门市一级学校综合督导验收。至是年年底，全市有等级学校87所，占全市中小学总数的98.8%，其中省一级学校10所(其中国家级示范性普通高中2所)、江门市一级学校49所、开平市一级学校28所。

【九年义务教育】　2008年，全市小学适龄儿童入学率100%，辍学率为0；小学毕业率100%，初中毛入学率99.8%，辍学率0.53%；“普九”五率连续十九年达到国家和省规定的标准要求。初中毕业生升学率达95.8%，普及高中阶段教育。从2008年春学期起，全市全面实施九年免费义务教育，享受免费义务教育的学生有174064人次，省市按比例负担杂费总额5035万元，其中市财政负担4645万元、省财政负担390万元；免收课本费总额1138万元，其中市财政负担302万元，省财政负担836万元。所有资金均按有关规定按时、足额拨给相关学校。

2009年，全市小学适龄儿童入学率100%，辍学率为0，小学毕业率100%，初中毛入学率100%，辍学率0.44%，实现“普九”五率连续二十年达到国家和省规定的标准要求。初中毕业生升学率为96.8%，普及高中阶段教育。全市享受免费义务教育的学生有166404人次，省市按比例负担杂费总额4932万元，其中市财政负担4252万元、省财政负担680万元；免收课本费总额为1097万元，其中市财政负担294万元，省财政负担 803 万元。所有资金均按有关规定按时、足额拨给相关学校。

【普通高中教育】 实施“扩容促优工程”，不断扩大办学规模，强化学校管理，着力提高教育教学质量，努力实现规模扩张和质量提高相统一，坚持以质为先，质中求优，坚定不移走高中教育优质化之路。2008 年 4 月，开平一中和开侨中学被确认为国家级示范性普通高中，同时被评为“广东省普通高中教学水平优秀学校”。至 2009 年底，全市有普通高中 9 所，其中国家级示范性普通高中 2 所，广东省一级学校 4 所，江门市一级学校 3 所；普通高中优质学位达 100%。

2008 年，全市有 5314 人参加普通高考，第一批（重点本科）入围人数 239 人，第二批（本科）以上入围人数 1527 人，前三批入围人数 3709 人。其中开侨中学司徒浩中成为江门市理科高考总分和数学单科“双料”状元，开平一中关素华文科总分位列江门市第二。2009 年，全市有 5699 人参加普通高考，第一批（重点本科）入围人数 247 人，第二批（本科）以上入围人数 1706 人，前三批入围人数 4197 人，首次突破四千大关。其中开侨中学陈雨沛以 670 分名列江门市理科总分第二名，开侨中学方健彬以 655 分名列江门市文科总分第二名。

【职业高中教育】 多年来，坚持以服务当地经济发展为办学目标，根据开平市的主要产业结构开设和调整专业。2008 年，全市职业学校共开设了 25 个专业，基本形成了机电一体化、信息技术、旅游餐饮等特色鲜明的专业群。是年全市有中等职业学校 5 所，其中国家级 2 所，地市级 3 所，省级重点建设专业 2 个和实训中心 2 个；在校生 9553 人。优质学位达 100%。2009 年，全市有中等职业学校 4 所，其中国家级 2 所，地市级 2 所，省级重点建设专业 2 个和实训中心 2 个；在校生 9591 人。优质学位达 100%。

【学前教育】 2008 年有幼儿园 66 所，幼儿入园率 86%，优质幼儿园 5 所。2009 年有幼儿园 69 所，幼儿入园率为 90%，优质幼儿园 13 所。改建、扩建农村规范幼儿园 12 所。

【成人教育】 2008 年，全市 15 个镇（办事处）办有成人文化技术学校，教学点 115 个，办学面积达 100%。其中有 2 个镇的成人文化技术学校被评为省级示范性学校，3 个镇的成人文化技术学校被评为江门市示范性学校。2009 年，有 13 个镇的成人文化技术学校被评为江门市示范性学校。全市成人文化技术学校全部达到优质办学水平。

【扶困助学】 两年来，各级有关部门认真做好扶困助学工作，全市没有发生因家庭经济困难而失学的事件。2008 年，全市获省市专项资金补助减免书杂费的中小学生共 2000 人。是年对持特困证和无特困证而家庭经济困难的学生均给予减免，全市获减免书（学）杂费学生共 2418 人次，减免总额 116 万元。江门及开平市、学校对高中困难学生资助 9.14 万元，受助学生 268 人(次)；省及开平市对中职学生发放助学金 765.72 万元，受助学生 4254 人；省对中职学生临时生活补贴 15.93 万元，受助学生 7585 人；对考上高等院校应届贫困高中毕业生 12 人发放慰问金共 2.40 万元。全市师生和社会各界捐出扶困助学款 13.57 万多元，受助学生 400 多人；向市慈善会申请资金，解决了高中学生拖欠学费问题。

2009 年，全市获省市专项资金补助减免书杂费的中小学生 2000 人。是年对持特困证和无特困证而家庭经济困难的学生均给予减免，全市获减免书(学)杂费学生共 2907 人次，减免总额 220.36 万元。江门及开平市、学校对高中困难学生资助 11.50 万元，受助学生 193 人；省及开平市对中职学生发放助学金上 619 万元，受助学生 41947 人次。落实困难转业退伍军人子女读书补助 223 人次，共 18.88 万元。对考上高等院校应届贫困高中毕业生 13 人发放慰问金共 3.9 万元。向市慈善会申请资金，对就读普通高中的 120 位困难学生给予生活费补助共 9.22 万元。

【教育经费】 两年来，市政府依法落实教育经费的“三个增长”。即教育财政拨款的增长比例高于财政经常性收入的增长比例，在校学生人均教育经费逐步增长，学生人均公用经费逐步增长。2008 年，全市教育财政拨款 34254 万元，比上年增长 17.09%。2009 年，全市教育财政拨款 41453

万元，比上年增长21.01%。

【校舍建设与改造】 2008年，全市投入资金3246万元，其中市财政拨款940万元，学校自筹1421万元，社会热心人士、华侨港澳台同胞捐资885万元；改建、扩建、新建学校23所，新增校舍面积4.39万平方米。

2009年，全市投入资金8631万元，其中市财政拨款3824万元，学校自筹3487万元，社会热心人士、华侨港澳台同胞捐资1320万元；改建、扩建、新建学校29所，新增校舍面积6.98万平方米。是年9月开始，按省“校安办”统一部署，全面实施中小学校舍安全工程，完成全市115所中小学（含39个分教点）校舍安全排查和鉴定任务，共排查和鉴定单体建筑群682幢，建筑总面积100.44万平方米。至年底，完成拆除、撤并、改变用途三项工程的校舍建筑总面积为1.14万平方米，占总工程量的31.23%，达到省的任务要求。

【教学设施与设备】 2008年，全市中小学教学设备、设施建设投入1610.4万元，其中实验室建设240万元，常规教学仪器配备160万元，音乐美术教学配置92.6万元，图书资料配备95.5万元，电脑及电脑室建设383.5万元，电教平台配置401.3万元，其他设备配套237.5万元。

2009年，全市教学设备、设施建设投入3470.2万元，其中实验室建设787.9万元，常规教学仪器配备188万元，音乐美术教学配置162.4万元，图书资料配备173.2万元，电脑及电脑室建设892.3万元，电教平台配置987.4万元，其它设备配套279万元。全市中学有理化生实验室265间，小学科学实验室72间，美术、音乐等教学专用室299间；计算机室166间，学生用电脑10510台，平均人机比11.8∶1，教师用计算机4115台，平均人机比1.8∶1，多媒体电教室125间，多媒体电教平台1237个；学生人均图书高中42册、初中30册、小学26册。

【教师队伍建设】 2008年，全市中小学教职工7417人，其中小学3195人，初中2352人，普通高中1228人，中职学校642人。小学专任教师学历达标率100 %，大专率84.6 %；初中专任教师学历达标率98.96%，本科率60.48%；高中专任教师本科率60.48%，中职专任教师本科率84.22%。全年新聘教师244人，学历全部达标。是年有299位教师和50位班主任获市委市政府授予“开平市优秀教师”、“优秀班主任”称号，有26位教师成为江门市首批“名班主任”培养对象。有312名教师考取心理健康教育C证。

2009年，按学历要求新聘教师321人。至年末，全市中小学教职工共7163人，其中小学3096人，初中2285人，普通高中1211人，中职学校571人。小学专任教师学历达标率100%，大专率87.21%；初中专任教师学历达标率99.12%，本科率72.6%；高中专任教师本科率97.03%，研究生学历5.28%；中职专任教师本科率90%。2009年全面实施全员聘用制，至8月，顺利完成第二轮教职工全员聘任工作。进一步完善校长负责制和任期目标制，及教师聘期内岗位责任制。加快解决代课教师问题，通过考试录用、转岗和辞退等途径，至11月初，全面解决代课教师的问题。其中考试录用137人，转为后勤人员8人，按政策辞去127人。是年，月山中学罗国俊被评为全国优秀教师，有6名教师被评为南粤优秀教师、南粤优秀教育工作者，有30名教师被评为江门市优秀教师、优秀教育工作者，有10名校长被授予“开平市优秀校长”荣誉称号，有10名教师被授予“开平市十佳教师”荣誉称号，有349人次被评为开平市优秀教师、优秀班主任。教育科研成绩显著，有169名和712名教师分别考取心理健康教育B证和C证。

【德育工作】 2008年，全市有104名学生加入中国共产党，有9382名学生加入共青团，有466位学生分别获得广东省、江门市、开平市授予的荣誉称号。有32所中小学保持“开平市中小学校园文化（环境）建设暨日常行为规范教育标兵单位”称号，有12所中小学保持广东省级、江门市级“绿色学校”称号。

2009年，全市有88名学生光荣地加入中国共产党，有9191名学生加入共青团，有676位学生获得广东省、江门市、开平市授予的荣誉称号。有44所中小学保持“开平市中小学校园文化（环境）建设暨日常行为规范教育标兵单位”称号。开侨中学被评为第二批“广东省安全文明校园”，开平市机电中等职业技术学校、沙冈初级中学、三埠新安小学等三所学校被评为第二批“江门市安全文明校园”。制定并实施《开平市中小学德育工作五项要求》和《开平市中小学安全教育十八句》。德育工作主要有：(1)加强学校内部环境整治，宿舍内务管理，提高学校管理档次。(2)教育学生不要携带手机、mp3、mp4 等回校。(3)重视师生仪表、衣装建设；(4)大力开展文明礼貌教育活动。(5）加强课堂管理，提高课堂效率。

【教研工作】 全市各学校进一步加强新课程改革实验、研究，提高学生自主学习能力、合作学习能力、动手能力和创新意识。2008 年，中国教育学会在开平市举办中国民间和乡土文化资源与美术教育研讨会，全国各地教育部门的领导、专家及校长、教师共 100 多人出席研讨会。是年全市教育科研立项 21 项，其中国家级 6 项，省级 7 项，地市级 8 项；教师撰写教育教学论文 3100 篇，其中发表 206 篇，获国家级奖 121 篇、省级奖 130 篇、江门市级奖 164 篇、开平市级奖 2479 篇。2009 年，教师撰写教育教学论文 2922 篇，其中发表 210 篇，获国家级奖 125 篇、省级奖 135 篇、江门市级奖 170 篇、开平市级奖 2282 篇。两年来，教师参加优质课、说课、课件比赛，获国家级奖 251 人，获省级奖 109 人；学生参加各级各类比赛，国家级奖励 2623 人次，获省级奖 778 人次，获江门市级奖 1919 人次。

主要学校简介

【开平市第一中学】 坐落在赤坎镇东郊的潭江北岸，创办于 1919 年，是开平建校最早的中学。建校以来一直都是开平的重点中学，2008 年被定为“广东省国家级示范性普通高中”。至 2009 年秋季，学校校园面积 180 亩，教学班 60 个，学生 3100 多人，教职员工 240 多人。2009 年末，教学设备设施进一步完善，各类功能室配置齐全。60 个课室全部设置多媒体电教平台、校园广播系统和校园听力系统；有物理、化学、生物实验室 31 个；学生宿舍 5 座，足球场 3 个，篮球场 20 个，排球场 8 个，羽毛球场 8 个。图书馆面积 1743 平方米，内设师生阅览室、电子阅览室，还有美术室、舞蹈室和音乐室。

两年来，学校在抓好常规管理的同时，结合当代中学生的心智特点，采取多种形式对学生进行励志教育和理想前途教育，培养学生自主学习、刻苦学习的精神。2008 年和 2009 年，全校学生德育合格率均达 100%，优秀率均在 95%以上，违法犯罪率均为零。2008 年 2 月开始，提出“创建高效课堂”的课堂教学目标，通过培优、跟踪辅导、奖教奖学、学科竞赛等多项措施力促高考成绩的提高。2008 年高考重点入围率居开平市第一；1 人获江门市文科总分第二名、开平市状元，有 3 人获得江门市单科第一名。2009 年高考入围学生 1080 人，其中 2 人综合科以 150 分满分居全省第一名，1 人获江门市艺术类考生文化科成绩第一名。

【开平市第二中学】 创建于 1946 年秋季，坐落在水口镇城区，校园面积 1.87 万平方米，建筑面积 1.29 万平方米，绿化覆盖面积达 50%。配有多媒体教室、舞蹈音乐室、美术室、实验室、语音室、电脑室、电子阅览室、图书馆等功能室。2009 年，全校有教学班 33 个，其中初中 18 个，高中 15 个；在校生 1655 人，其中初中 788 人，高中 867 人；教职工 120 人，其中高级教师 8 人，一级教师 54 人，任课教师学历达标率 98.5%。

学校确立“以德为先，以质为上”的办学宗旨，树立“以人为本”的管理理念，形成了“质朴、勤奋、团结、进取”的校风。遵循教学规律，实施个性化的培养目标，形成体艺办学特色，突出培养美术、音乐和体育人才。强化教学过程管理，提升教学质量。2008 年获评为“江门市高考工作先进集体”，至 2009 年连续两年获开平市高考成绩一等奖，2009 年高考前三批上线人数分别为 3 人、 20 人、113 人；美术生入围第一批人数居全市第二，上线率达 80%，其中 1 人美术术科成绩名列开平市第一、江门市第五； 音乐生、体育生术科上线率达 100%。2008 年，学校被评为“开平市教育工作先进单位”、“开平市教育系统模范职工之家”；2009 年，学校被评为“江门市绿色学校”、“江门市教育系统先进基层单位”、“开平市校务公开民主管理工作先进单位”。2008－2009 年，学校获市级以上奖励共 140 人次，教师获市级以上奖励共 127 人次。

【开平市机电中等职业技术学校】 坐落于蚬冈镇锦江河畔，创办于1946年，原名开平市第三中学，2002年易名为开平机电中等职业技术学校。2003年被评为广东省重点中等职业学校，2006年10月被评为国家级重点中等职业学校。2009年，学校占地面积144亩，建筑面积5.8万平方米，有实训实验场（室）30个，设备总值2000万元。在校学生3176人，教师170人。

学校加强法制宣传教育，培养学生良好行为习惯；注重教学常规管理，编写印刷校本教材，实施“导师制”，加强“生本”教育实验研究；开展一专多能培训，加强校企合作；加大投入，改善办学条件，提升办学层次。2009年，开展数控车工等六个工种的“双转移”培训总人数为343人。组织学生参加中级考证，合格率100%；学生就业率100%。2007年，学生参加开平市职业技能竞赛，数控车工等五个学科获团体一等奖，语文等三个学科获得二、三等奖；参加江门市职业技能竞赛数控车工加工项目，有3人分别获得二、三等奖；参加青少年科技创新大赛，1人获广东省三等奖、1人获江门市三等奖。教师撰写的“生本教育”论文，有9篇分别获得省级一、二、三等奖。2008年，学校党支部分别获蚬冈镇、开平市先进和优秀党支部称号；学校团委评为2007年度开平市“五四”红旗团委。2009年，学校被评为开平市校务公开民主管理工作先进单位、2008年度蚬冈镇党建工作先进集体、开平市社会治安综合治理和安全工作达标单位、2008年度江门市学校安全工作先进单位。1人获“广东省南粤优秀教师”称号，1人被评为“江门市优秀教师”。

【开平市第四中学】 创办于1947年春，位于马冈镇。学校占地3.73万平方米，建筑面积1.4万平方米，绿化面积1.86万平方米。有36个教学班，学生1879人，教职员工134人。教师学历达标率98.4%，本科率67%。

学校坚持“素质育人，和谐发展”的办学宗旨，以“培养文明睿智，奋发有为的现代人”为目标。学生成绩的“一分三率”不断提高，实现跨越式发展:中考成绩2008年获开平市三等奖，2009年获开平市二等奖；校园文化建设和中学生规范教育中由开平市先进单位跃升为开平市标兵单位，在同类学校中名列前茅，连续两年受到开平市委市政府的表彰和嘉奖。2008年，学生获奖55人次。其中：全国数学希望杯赛中该校七年级梁钊鹏等5位同学、八年级的周伟坤等5位同学荣获全国三等奖；在全国初中数学竞赛中，梁雅枝同学荣获广东省三等奖、梁艳兰同学荣获江门市二等奖；全国初中化学竞赛获奖中梁雅枝、戚雁玲2位同学荣获江门市二等奖；全国初中物理竞赛获奖：戚雁玲同学荣获江门市一等奖、吴锦辉等3位同学荣获江门市三等奖；广东省初中生物联赛中周伟坤等3位同学荣获广东省二等奖、戚嘉敏等5位同学荣获三等奖；全国英语能力竞赛中，梁校仪荣获全国三等奖、吴丽华3位同学荣获江门市二等奖。教师获奖52人次，戚祯娴荣获全国优秀辅导老师、李秀云等5位老师获江门市优秀辅导老师、谭秀娴等3位获开平市优秀指导老师。2009年投入300万元，完善教学设备、设施，建有标准椭圆形三百米跑道运动场等学生活动场所，省级标准的实验室和16个教学平台，第三代校园教育教学网络系统和校园广播系统。是年学生获奖45人次。全国英语能力竞赛中有15人次获奖，其中李淑卿、李佩芳两同学荣获全国三等奖；全国初中化学竞赛和全国初中物理竞赛中，李国平等6位同学荣获江门市二等奖和三等奖；全国数学希望杯赛中该校七年级梁镇海等9位同学、八年级的戚业亨等8位同学荣获全国三等奖；在全国初中数学竞赛中，吴健波同学荣获全国三等奖。教师获奖人数48人次，梁丽华等16位荣获全国优秀辅导老师；颜梓兴荣获广东省优秀辅导老师；周超燕等6位荣获江门市优秀辅导老师；陈清华等8位获开平市优秀辅导老师。两年来，教师撰写的论文有近100篇获市级奖，其中张健忠、郑彩霞、张伟文等3位论文获江门市二等和三等奖，其余获开平市一、二、三等奖。

【开平市第五中学】 又名开平市旅游职业高级中学，是中等职业技术学校，位于赤水镇，创建于1947年。1993年由普通高中教育改制为职业技术教育。1999年10月被评为江门市重点职业学校。学校面积为5.67万平方米，建筑面积1.50万平方米。2009年，开设旅游服务与管理、酒店服务与管理、烹饪与面点制作、计算机及应用、汽车运用与维修、机电技术应用等专业，在校生630人。每年开展社会培训约250人。学校有先进的校园监控设备，各专业各工种独立的实习实训场室，有多媒体综合电教室13个，计算机室4个，电脑206台。在编教职工48人，其中专任教师44人，本科及以上学历40人，学历达标率为91%，其中研究生结业5人；双师型教师25人，占专业教师的57%。

学校坚持“德育为首 技能为优 就业为强”的育人理念，在不断完善办学条件、优化育人环境的同时，进一步深化教学改革，规范教育教学管理，教学质量和办学效益得到上级教育部门和社会的肯定。2008年和2009年，毕业生全部参加并通过相关工种的中级工技能鉴定，就业率达97%以上。

【开平市第六中学】 位于赤坎镇沙溪羊咩洲，创办于1948年。是首批“江门市义务教育规范化学校”和江门市一级学校。学校占地8.533万平方米，校园分为教学区、运动区和生活区。2008—2009年，共投入390多万元建设一幢学生宿舍大楼，安装热水供应系统，扩建校道。至2009年底，有教学楼4栋，学生宿舍4栋，多媒体阶梯室2个，电脑室2个，图书室1个，篮球场5个，排球场2个。是年，学校共有25个教学班，学生1293人，教职工92人。

学校实施“六中的，文明的”育人工程，以科学发展观指导学校德育工作的持续发展，健全德育考核管理制度。2008—2009年，学生违法犯罪率保持为零，后进生转化率达到82%以上。1985年6月创办的“小记者站”和“凤凰文学社”享誉省内外，1988年11月被省团委、省学联评为大中学校社会实践活动先进单位，1988年12月被团中央、农业部、全国科协授予“实践教育先进单位”称号。

学校积极实践“教的幸福，学的愉快”的办学理念，2008－2009年，教师论文在省、地市获奖各1篇，学生参加各类竞赛获国家级奖励7人次、省级1人次、地市级28人次。2009年中考，体育平均分位居开平市第二名。

【开平市第七中学】 创办于1937年，先后更名为国民大学附中、民大中学、新民中学和开平县第一中学第一分教处，1956年改名为开平县第七中学，并办成完全中学。2008年，楼冈中学并入第七中学。校区位于长沙楼冈墟苍江河畔，三面环水，绿树成阴。校园面积6.67万平方米，有体育馆和400米标准运动场，配备校园广播网、校园信息网、标准实验室、多媒体计算机教室、电教平台和图书馆。是江门市一级学校、“江门市师德建设先进单位”。至2009年，学生近1000人，教职员工70余人。

学校重视优化教育环境，积极推进素质教育，取得显著成绩。2008年，高中毕业生26人考上大学，教师参加开平市级各类教学技能比赛获奖24人次、参加江门级各类教学技能比赛获奖3人次，学生参加开平市级学科比赛获奖31人次，学生参加开平市级以上学科比赛获奖31人次；2009年，高中毕业生19人考上大学，初中毕业生23人考入重点中学，教师参加各级各类教学技能比赛获奖25人次，学生参加开平市级以上学科比赛获奖35人次。

【开平市第八中学】 是江门市一级学校。始建于1944年，位于苍城镇，原为开平简易师范学校，1952年开平简师迁往赤坎，此后开办过小学、初中，1969年改办高中，1979年定名为开平县第八中学。2006年8月，苍城中学并入。有南北两个校区，2009年8月，北校区迁入南校区。校园面积80214平方米，建筑面积13619平方米，绿化面积达75%。现有师生1700多人，其中教职工112人，本科毕业教师79人，中学一级教师45人。2008－2009年，学生获市级以上奖励共137人次，教师获市级以上奖励的124人次。

2009年，加大教学硬件设施投入，投资400多万元，设置化学实验室、生物实验室、计算机室和15个教学平台，新建一幢学生公寓。12月，学校顺利通过“创强”检查验收。

【开侨中学】 坐落于潭江河畔，学校创办于1933年，由广东省知名教育人士、社会活动家、广西教育厅厅长、广东国民大学校长吴在民发动华侨港澳同胞捐资兴建，校名由何香凝题写。建立伊始就拥有机构健全的董事会。是目前全国唯一在香港拥有固定校产的学校。1994年被评为省首批一级学校，广东省著名侨校，江门市重点中学，1998年被评为全国现代教育技术实验学校。2008年顺利通过示范高中复评和教学水平评估，被广东省教育厅评为国家示范性普通高中。学校教学水平被广东省教育厅确认为优秀等次。先后获得“广东省依法治校示范校”、“广东省特级档案综合管理单位”、“广东省安全文明校园”等荣誉称号。至2009年，校园占地10万平方米，有高中教学班60个，学生3200人，专任教师232人，其中，高级教师79人，研究生学历2人，国家级骨干教师1人，广东省级骨干教师7人，省市知名科组3个（化学组、语文组、数学组）。

2008年，加强教育管理，完善学生在校生活各个方面的规章制度，规范学生的行为。实施“半军事化管理”进校园，通过引进黄埔青少年军校17位教官，全面参与学校安全保卫、法纪教育、校园校舍管理、交通安全监督工作，促进师生养成文明习惯。学校教学成绩显著，2008年高考，司徒浩中荣获江门市总分状元（广东省理科总分第九名）。学校文科高考总平均分全市第一；第一、第二批本科上线人数，本科入围率、省专科入围人数及三批入围率均位全市第一。2009年高考总分645分以上10人，总人数居江门各市（区）第一位，江门市6个选科总分状元中，开侨中学占3个。参加高考的学生1335人，入围率达96%，其中本科入围人数以820人创开平市历史纪录，重点、本科及第二批的入围人数和入围率均为开平市第一。是年分别获得江门市2009年高三教学进步一等奖和教学丰收二等奖、开平市高考一等奖。

2008年，教师撰写教育教学论文在国家级刊物发表24篇，获省级二等奖1篇，三等奖1篇；市级一等奖13篇，二等奖62篇，三等奖55篇。2009年，教师发表、获奖论文共44篇，省级以上发表29篇，省级以上获奖5人，江门市级3人，开平市级11人。编写出版《高中新课程教学策略与备课指南》第一册、第二册，共86.5万字。学校注重“体魄要强雄，人格要高崇，科学要淹通”的校训教育，积极开展创作节、艺术节、读书节活动，为学生的个性发展搭建舞台。2008－2009年，参加全国中学生（高中）物理竞赛7人获三等奖，32人获得市一、二、三等奖；参加全国高中学生生物竞赛获全国三等奖1人，获省一等奖4人，二、三等奖20人；参加广东省中学生（高中）生物联赛获得省一等奖3人，二等奖4人，三等奖29人；参加全国高中化学竞赛，获省二等奖2人，获得江门市一、二等奖32人。在全国中学生英语竞赛中，获全国一、二、三等奖48人；江门一、二、三等奖62人，开平优秀奖28人。梁献文在第四届全国青少年冰心文学大赛中荣获中学组“银奖”。在开平市中小学生书画展及个人才艺表演赛，开侨有10人次获得市级奖励。在中小学作文评比中，有13人获得市级奖励。

【风采中学】 位于三埠荻海北端潭江与茭江交汇的半岛上，创建于1940年，闻名海内外的风采堂就坐落在校园内。是广东省现代教育技术实验学校，江门市一级学校、文明学校和信息技术特色学校，全国教育科学“十五”规划重点课题实验基地、中国西部教育顾问工作单位，对外开放与交流的窗口学校。2009年，学校有教职工106人，其中高级教师33人，教育硕士3人，在读研究生16人。

2008年起，实施教师素质提高“三五七”计划：三年成熟，五年优秀，七年成为名师。学校以科研促教，2008－2009年，先后完成江门市《克服中学生厌学对策研究》和《体育后进生厌学原因及应对措施研究》两个课题，及国家“十一五”课题《基于网络学习社区的高中生英语写作能力发展研究》中期结题报告。学校坚持“德育为首，素质教育”的办学理念。2009年，根据学生生源特点适时开展素质教育——大课间活动，全面提高学生素质，学校编排的大型歌舞诗《永远跟党走》获得江门市“迎国庆六十周年中小学文艺汇演”一等奖。学校还积极推进快乐教育、素质教育，狠抓教学质量，积极转变教育模式，大力发展特色教育，加强对美术、音乐、体育人才的培养，2008年和2009年圆满完成市的高考任务，2009年体育本科入围人数列开平第一。

【风采华侨中学】 位于开平市祥龙南路潭江之滨，创办于1986年，是一所完全中学。校园占地面积4.67万平方米，建筑面积2.38万平方米；有教学楼3栋，实验楼和艺术楼各1栋，体育馆1座。2009年，在教育部门和海内外余氏宗亲的鼎力支持下，投入300万元建成可容纳480人住宿的学生宿舍楼。同时还更新一批办教学设备，新建高一年级 10 个教学平台，新增 90 台电脑，大大改善了教学条件。是年学校有教学班 44 个，学生 2356 人。教职员工 182 人，其中特级教师 1 人，高级职称教师 29 人，中级职称教师 72 人。高、初中教师学历达标率为 100%。

学校坚持“以人为本，面向全体，素质至上，特色见长”的办学理念，遵循“严、勤、精、忠”的校训，形成了“尊师守纪、勤奋进取”的校风，办学成绩显著。2008 年高考考上本科 37 人，专科 186 人，2009 年考上本科 35 人，专科 191 人。学校突出体艺特色教育，美术、音乐、体育三类考生高考成绩列江门市前茅。

【教伦中学】 位于赤坎镇东郊，由司徒氏华侨港澳同胞捐资创办，于 1988 年建成，是广东省一级学校。校园占地面积 6.8 万平方米，分教学区、生活区、运动区。教学区有教学大楼 2 座，设有科技活动室、劳技室、音乐室、舞蹈训练室、美术室、多媒体电教控制中心、课件制作室、计算机室、语音室、物理实验室、化学实验室、生物实验室、地理、历史专用室、心理辅导室、图书馆、阅览室、教辅室 37 间。图书馆藏书 6 万册，报刊 160 多种，学生阅览室座位 212 个。各教辅室设备及体育卫生器材均按省标准配备齐全，计算机教学平台 26 个，高中部每个班都配备一个教学平台。建有校园信息网，电子阅览室 1 间。生活区有套间式学生宿舍 4 栋和教师宿舍 2 栋，食堂 2 座，可供 2000 多人同时就餐。运动区有标准 400 米环形跑道的田径运动场、标准草地足球场 1 个，篮球场 8 个，排球场 4 个，羽毛球场 4 个。2009 年，共有 37 个教学班，学生 2015 人。在编教职工 136 人，专职教师 134 人；其中高级教师 8 人，具研究生学历的教师 6 人。

学校坚持以“德育放首位，质量是生命”为主导，致力于“以外籍教师为优势，以英语教学为特色，体艺并重”的特色办学理念，打造侨乡学校品牌，彰显办学的特色。2008 年，高考入围重点本科 2 人，普通本科 25 人，专科 136 人；中考入围重点学校 55 人。学生参加全省初中生物联赛获二等奖 1 人；教师参加中全国小学新课程教案设计比赛获全国二等奖 3 人，获江门市一等奖 1 人；获二等奖 3 人。2009 年，高考入围重点本科 5 人，普通本科 49 人，专科以上 257 人；中考入围重点学校 54 人。学生参加全省高中生物联赛获一等奖 1 人；教师参加中全国小学新课程教案设计比赛获广东二等奖 5 人。获优秀辅导老师 6 人。

【忠源中学】 是旅港实业家、慈善家胡耀坤为纪念先父于 1983 年创办的一所中学。校园地处三埠城区中心，占地 3.13 万平方米 。2008 年，投入 65 万元建设面积达 731.25 平方米的艺术大楼。2009 年，投入 400 万元建设面积达 3026 平方米的利栢楼。全校共有 42 个教学班，其中初中 12 个，高中 30 个，学生 2327 人；在编教职工 168 人。2008 年、2009 年高考，前三批入围人数分别为 275、355 人，位居普通中学前列。中考“一分三率”综合指数保持名列全市前列。

学校坚持“以人为本、以德为先、以质为上”的办学理念，强化胡耀坤先生艰苦创业、慈善为怀、爱国爱乡、无私奉献的“忠源精神”，突显德育特色。2009 年 12 月，开展广东省德育课题《学校、家庭和社会形成教育合力全面实施素质教育研究》。是年设立心理咨询站，聘请专业教师作辅导，加强心理健康教育。强化教学过程管理，不断提升教学质量。

【长师中学】 前身为广东长沙师范学校，创建于 1928 年。2000 年 9 月转制办高中，更名为长师中学。是广东省一级学校、广东省中小学心理健康教育示范学校。校区占地面积 9.33 万平方米，绿化率达 99.7%，是广东省绿色学校。2009 年全校有 46 个教学班，教职员工 184 人，其中高级教师 21 人，中级教师 47 人。

学校以德育工作促进教育教学。聘请市法院领导为法制副校长，开展模拟法庭活动，并组织学生参加市“三下乡”活动，到各镇宣传法制知识。2008 年 5 月，成立开平市第一个学校红十字会。2009 年 3 月，成立开平市第一支学生义工服务队，义工人数 75 人。还成立交通安全服务队，疏导学校周边交通，开展各种交通安全知识宣传活动。坚持体艺特色办学，通过举办校园艺术节、元旦晚会、迎新生文艺晚会、校园歌手大赛、诗歌朗诵比赛等艺术专题活动，营造艺术教育氛围，突出体艺教学特色。2009 年 5 月通过“广东省心理健康教育示范学校”复评。2008—2009 年，先后被评为江门市高考工作先进集体、广东省现代教育技术示范学校、广东省交通安全文明示范学校、江门市师德工作先进单位、广东省教师继续教育校本培训示范学校；获广东省第三届中小学文艺展演一等奖、江门市先进义工组织奖，1 人获广东省中小学生书法大赛获一等奖。2009 年高考，前三批入围人数 687 人。本科入围人数 172 人，其中普通类本科 42 人，体艺类本科 130 人，居开平市普通中学榜首，并位居江门市第一。

【金山中学】 由企业家吴耀汉投资 1 亿元，在市政府的支持下，于 1999 年建成的全寄宿管理民办中学。先后被评为“广东省文明单位”、“广东省一级学校”、“广东省首届‘十佳’民办中学”、“广东省现代教育技术实验学校”、“广东省绿色学校”、“江门市初中教育工程建设先进学校”、“开平市示范初中”。有 3 名教师被评为南粤优秀教师，11 名教师被评为江门市优秀教师。在优质课比赛中，1 人获省一等奖，4 人获省二等奖，7 人获江门市一等奖。2008 年，学校被评为江门市“朝阳读书”活动先进集体，2009 年被评为首批广东省中小学教师继续教育校本培训示范学校。

校园坐落在长沙良园路，占地 6.67 万亩，建筑面积 5.88 万平方米，绿化覆盖率为 90%。设有教学区、艺术教学区、生活区、运动区、休闲区。2009 年，有初中教学班 42 个，学生 2270 多人。建有电化教学管理系统，包括 400 座的多媒体综合电教室、校园计算机网络、广播系统、各学科功能实验室；有设备先进的艺术楼、采用电脑管理的图书馆、多功能的体育馆、符合国家比赛标准的 400 米塑胶跑道田径场和 50 米×25 米游泳池；生活设施齐全，师生宿舍全部配置空调。学校有教师 118 人，其中研究生学历 2 人，本科学历 114 人，高级教师 14 人，一级教师 48 人。2008 年，中考上重点线率 64.1%，中英数三科总分获一等奖 63 人，占全市三科总分一等奖人数 55.39%。2009 年中考上重点线率 65. 2%，占全市三科总分一等奖人数 73.76%。

【世界谭氏中学】 坐落在梁金山脚下，创办于 2006 年。是由世界谭氏宗亲会捐资、开平市委市政府投资兴建，市教育局直属的全寄宿公立初级中学。学校占地面积 6.87 万平方米 ，建筑面积 2.66 万平方米；绿化面积 3.23 万平方米，绿化覆盖率 88%以上。学校布局合理，有教学区，生活区，运动区，校舍与办学规模相适应。功能室齐全，设有理化生实验室、仪器室、计算机教室、音乐室、美术室、软件制作室、资料室、档案室、广播室、史地室、卫生室、综合实践室、图书室、心理辅导室，常规的教学仪器、音乐、美术、体育、卫生等器材设备配置齐备。有多媒体电教室 1 个，教学平台 6 个，计算机 201 台，建有与电信宽频接驳的校园网；还有高规格的 400 米环型塑胶跑道和标准足球场。2009 年，学校有教学班 44 个，学生 2411 人，教职工 135 人，其中本科学历教师 127 人，占全校教师 97%，学历达标率为 100%；高级教师 5 人，一级教师 35 人。

学校坚持“德智并举，成才先成人”的办学理念，积极进行教学改革和创新，取得良好的教育教学效益。2008 年，学生获市级以上奖励的共 22 人次，教师获市级以上奖励的共 5 人次。2009 年，学生获市级以上奖励共 52 人次，教师首次获市级以上奖励的共 8 人次。

【吴汉良理工学校】 创建于 1981 年，是开平市第一所国家级重点中等职业学校，国家职业技能鉴定所全国计算机等级考点，广东省实训中心、广东省劳动厅计算机高新技术等级考点，开平市财会电算化初级、中级证与会计证考点及培训点，电子电工制冷家电等级证考点。

学校分为两个校区，校本部位于三埠新昌迳头开发区，金山校区位于长沙区梁金山旁，两个校区占地共 10.53 万平方米，建筑面积共 5.5 万平方米。教学设施设备完善，有教学楼、实训大楼、学生宿舍楼、400 米环形橡胶跑道、校园网及广播系统，图书馆藏书 8 万多册。2009 年，全校教职工 237 人，其中专任教师 221 人，高级教师 37 人，中级教师 104 人，“双师型”教师 40 人；在校生 3970 人。

学校坚持以服务为宗旨，以就业为导向，以技能为核心，以素质教育为基础的办学指导思想，培养具有良好职业道德和熟练职业技能的初、中级技术工人和管理人员。实行“2+1”和“半工读”办学模式，先后与几十家企业合作，建立培训基地，订单式培养人才。学生一次性就业率达 98%。学校坚持以德育为首，以“文明、勤奋、敬业、乐群”为校训，2009年，教师被评为江门市优秀教师1人；学生被评为广东省“三好学生”1人；被评为江门市“三好学生”和“优秀学生干部”各2人。是年，学校被评为全国德育管理先进单位。

【开平广播电视大学】 创办于1980年，是中央广播电视大学的县级基层电大，位于三埠新昌迳头开发区。2008年，启动创建“全国示范性基层电大”工作，共投入创建资金250多万元，进一步充实教学设备。2009年，投入300多万元建设了一幢3300多平方米的综合楼并已投入使用。是年，被中央电大授予 “全国示范性基层电大”称号，成为广东电大2所、全国50所首批获此殊荣的基层电大之一。

教学设施设备齐备，拥有大容量的校园网和公共网站，实现了教学、管理手段现代化。学校师资力量雄厚，办学规模不断扩大。2009年，在编教职工60人，其中高级教师7人，中级教师43人；在校生3000多人。开设汉语言文学本专科、英语本专科、行政管理本专科、会计学本专科，现代文员专科、计算机信息管理专科、工商管理专科，会计、计算机、文秘、商务英语、印刷技术中专等专业。

学校坚持“为侨乡培养实用型人才”的办学宗旨，秉承“扎根基层，服务社会”的办学理念，突出“有教无类”特点，积极开展现代远程开放教育和中等职业技术教育。2008－2009年，为侨乡开平培养了2000多名实用型人才。2009年，学校开展的“广东省教育科学研究”项目——《电大开放英语词汇学习系统研究》课题顺利通过广东电大专家组的结题验收。　（邝学良）

附：市教育局领导班子名录

党组书记、局长：黄炳和

党组成员、纪检组长：戚泽群

党组成员、副局长：何永贺

党组成员、副局长：谭远宁

党组成员、副局长：胡丽萍

科学技术

【简况】 开平市科技工作坚持以科学发展观为指导，深入贯彻落实《珠江三角洲地区改革发展规划纲要》、《江门市自主创新总体规划》，以“学习实践科学发展观、建设创新型开平”为主线，推动自主创新能力和产业竞争力“双提升”，科技进步促进经济发展的作用增强，2009年科技进步对经济增长的贡献率为54%。顺利通过国家和省的科技进步考核，并被评为“全国科技进步先进市”和“广东省科技进步先进市”。

【科技计划项目】 集中科技资源投放在对经济社会发展具有关键支撑和引领作用的大项目，增强产业竞争力。2008年组织科技攻关、火炬计划、星火计划、重点新产品计划、成果推广计划、产学研科技合作计划、科研条件建设计划、技术开发、科技试验示范、科技自主创新及信息平台建设等59项。其中国家级火炬计划2项，推荐国家级创新基金3项；省科技计划项目28项，产学研专项占4项，省科技计划专项占3项；江门科技计划项目29项；共获支持项目21个，资金228多万元。市本级安排立项47项，支持项目资金760万元。2009年获批广东省科技计划项目8项，江门市科技计划项目7项，省、市两级资金支持达450万元。海鸿变压器有限公司的“立体三角形卷铁心油浸式配电变压器产业化推广”项目被纳入广东省2009年重大科技专项，获得150万元的科技经费，全年组织实施市本级科技计划项目44项，支持资金706万元。

【科技成果奖励】 2008年和2009年，全市均有32个项目获得市科学技术奖，海鸿变压器有限公司的“S13—M—RL新型节能型立体三角形卷铁芯变压器”产品荣获2009年度广东省科学技术奖二等奖，这是开平市历年来荣获广东省科学技术奖的最高奖项，体现了开平市自主创新能力的提升。在实施品牌带动战略方面，全市新增中国驰名商标3个，并成功入选中国县域商标发展百强。

【高新技术、民营科技企业】 积极培育和推进企业申报国家高新技术企业。2008年完成上报国家高新技术企业申请认定的11家，获批6家，获批数位居江门首位。全市累计有高新技术产品105个，产值超过50亿元，约占全市工业总产值

21%左右。2009年国家高新技术企业总数达到8家，全年共获得52个省级高新技术产品认定，占江门数量的30%以上，高新技术产品产值达62.5亿元，占规模以上工业产值的22.3%，同比提高1.5个百分点。

2008年，新发展民营科技企业4家，累计全市民营科技企业总数已达63家。至2009年，全市民营科技企业增加到64家，其中省级42家，江门市级22家，科技型企业规模进一步发展壮大。

【创新体系建设】 加快创新资源向企业集聚，扶持企业组建市级以上工程技术研发中心。2008年拥有省级工程技术研发中心2家，江门市级的10家。2009年企业工程技术研发中心总数达到13家；其中，省级2家，江门市级11家。三大行业技术创新中心各完成研发项目1个，分别是：纺织服装技术创新中心的“棉纱前纺流程再造工艺”，项目投资50万元；水暖卫浴技术创新中心的“电子开关水龙头”，项目投资86万元；调味品技术创新中心的“调味品的抗污染膜除浊与除菌产业化技术”，项目投资70万元。完成项目攻关后，研发成果已在市内部分企业推广，促进科技成果转化。2008年，选取“马冈鹅”这一有地方特色品牌，支持马冈镇申报江门市级农业养殖专业镇技术创新试点，并得到认定。至此，全市已拥有水暖卫浴、纺织服装、化工、旅游4个省级和机电、橡胶小五金、马冈鹅养殖3个江门市级专业镇技术创新试点，是江门四市三区中数量最多的市。

【专利工作】 企业越来越重视知识产权研发应用，2008—2009年，全市专利申请量达1802件，其中发明专利86件，同比2006—2007年增长90%。2009年“‘4·26’世界知识产权日”，市科技局联合广州三环专利事务所举办知识产权有关法律法规宣传、专题讲座、咨询及知识抢答活动。两年共安排资金100万元进行专利申请资助。

【科普活动】 利用“科技进步暨人才活动月”、“科普活动周”、“知识产权活动周”等时机，提供科技服务。2008年在农村新增科普画廊7个，面积80多平方米。组织各种科技竞赛和科技下乡活动。举办第12届“蓝之星杯”青少年信息学奥赛、第二届“开平农村青年人才科技文化活动月”系列活动；开展科技咨询服务和科普集市，组织农业技术讲师团到各镇给农民进行专项技术培训，送科技下乡。举办人才引进暨毕业生供需见面会，邀请42家用人单位参加，提供职位430个。2009年拨款58.5万元支持和指导各镇（街道）和有关单位举办各类农业种养技术、绿色证书培训班等共45期，培训人数超过6000人。全市共组织申报各级农业科技计划项目17项，支持资金77万元。

【地震测报】 2008年“5·12”汶川地震发生后，为了减低群众对地震的恐惧情绪，市地震办迅速编制1期《地震应急科普知识专题》在中国开平网和开平科技网设专窗进行宣传，并以文件形式将科普资料印发至各镇、办事处、厂企、医院、学校、机关、学会等单位。举办2场“面对地震”科普专题报告会。在科普示范学校举办“防震减灾科普图片展览”，共有1.2万多名师生员工观看。向各镇赠发《农村建房抗震知识挂图》和《地震科普知识挂图》85套共800多张，在农村广泛宣传。向全市各有关单位赠发《人类应学会与地震共存》科普手册1万份。组织有4000多名师生参加的“地震逃生演练”。年内地震办共处理有感地震事件1宗、处理非地震事件2宗、收集重要地震信息105条。

【科协工作】 2009年，各市属学会（协会）、企业科协，坚持以经济建设为中心，积极开展各类科技活动。其中，“科技咨询”活动39场，参加人员有1.32万人次；技术革新项目32项；开发新产品65项；引进技术项目36项；举办各种科普讲座35场，参加人员有4.39万人次。海鸿公司科协自主研发的“S13新型节能型立体三角形卷铁芯变压器”性能达到国际先进水平，被科技部纳入2008—2009年国家火炬计划立项项目，获国家2008年节能技术改造奖，国家奖励投资330万元。广东建成公司科协自行研发“Kp9340GTR永久气体运输半挂车”，其技术指标填补了国内产品的空白。

充分发挥农业科技示范作用，组织丰富多彩的科技下乡活动。努力提高农民的种养水平和进城就业能力，两年来向各镇（办事处）科协赠送书籍 2100 多本，赠发科普挂图 5500 多张。

坚持每年开展“科技活动周”和“科技进步暨人才活动月”系列活动，努力提高公民科学文化素质服务。充分发挥科普画廊的作用，扎实做好社会科普宣传。实施未成年人科学素质行动，提高青少年对科学的兴趣。连续十三年举办青少年信息学（计算机）奥林匹克竞赛。开平科技局组织参与江门市举办 24 届科技创新大赛，获奖 32 项，其中一等奖 2 项，二等奖 7 项，三等奖 23 项。

认真履行桥梁和纽带职责，竭诚为广大科技工作者服务。表彰奖励优秀科技人才，加强学术交流研讨。组织市属各（科协）学会、各镇科协举办各类学术活动 180 多场次，参加的科技人员达 1.1 万多人次；交流论文 130 多篇，撰写论文、技术总结 200 多篇。

【产学研合作】 着力为企业与国内高校、科研院所铺路搭桥，使相互间建立密切的产学研合作关系，从而推动技术创新，吸引更多的新技术、新成果进入本市，并实现推广应用。2009 年，全市开展的产学研项目超过 25 项。其中，获批省级产学研项目 3 项，获项目资金 90 万元。全力营造重视产学研合作的氛围，开平市广中皇、德康化工等多家企业与华南理工大学、中南大学等 10 所大学在全市科技工作会议上签订产学研合作协议，引起众多企业的重视并提供借鉴。

【科技“信息直通车”】 广东省科技厅通过两年的探索实践和推广，把现代信息技术和“三农”建设相结合，开展“科技信息直通车”工程，取得成效。开平市抓好农村青年科技“信息直通车”工作，建立了覆盖全市广大农村的科技信息服务站，示范点的信息员定期从农村科技信息综合服务平台上收集、整理相关信息，及时向当地农民发布，不断引进农业新技术；及时了解当地农产品供求信息，传送回主网站发布，为农产品扩大市场牵线搭桥发挥科普主力军作用，帮助当地农民增产、增收，取得良好效果。

【国家支持科技发展政策新动向】 近年来，国家对科技发展的支持和监控力度进一步加大，分别出台了《中华人民共和国专利法》、《国家重点实验室建设与运行管理办法》、《国家知识产权战略纲要》、《高新技术企业认定管理办法》、《全民健康科技行动方案》等相关政策法规。对科技资金的投入不断增加的同时，亦加强了对资金的管理。实施激励企业技术创新的财税政策；加强对引进技术的消化、吸收和再创新；实施知识产权战略和技术标准战略；促进创新创业的金融政策；加速高新技术产业化和先进适用技术的推广；扩大国际和地区科技合作与交流；提高全民族科学文化素质，营造有利于科技创新的社会环境等方面将成为国家中长期科技发展的方向。（梁绮文）

附：市科技局领导班子名录

局　长：梁洪乐（　～2009. 08）
　　　　张如炎（2009. 08～　）
副局长：周勤礼
　　　　邓毅斌
　　　　何春花（2009. 09～　）

文　化

【简况】 2008－2009 年，市文化部门紧紧围绕解放思想、促进发展这一主题，树立新的文化发展观，以创建广东省《南粤锦绣工程》文化先进市为契机，着力抓好公共文化服务、电影事转企改制、文艺创作与演出、遗产地（文物）管理、文化市场管理、队伍建设等工作，推动文化大发展大繁荣，全市文化事业取得“五个进一步”的成绩：公共文化服务能力进一步提高，文艺精品创作进一步丰收，文化市场进一步健康发展，文化遗产保护进一步落实，文化体制进一步科学完善。近年，开平市先后被评为“中国曲艺之乡”、“中国摄影之乡”、“中国碉楼之乡”、“全国文物工作先进县”等。自力村入选第二批中国历史文化名村、赤坎镇入选第三批中国历史文化名镇。2007 年，“开平碉楼与村落”正式列入《世界遗产名录》，成为广东省首处世界遗产。

【机构设置】 2005 年 2 月，根据开编字〔2005〕8 号文件，组建开平市文化广电新闻出版局，加挂“开平市版权局”牌子。市文化广电新闻出版局是市人民政府主管全市文化艺术、广播电视、新闻出版事业和文化产业的工作部门，统一行使原文化、广播电视、新闻出版、版权等部门的行政管理职能。市文化广电新闻出版局设6个职能股（室），包括：办公室、艺术股、社会文化股、文化市场和版权管理股（挂市文化市场管理工作领导小组办公室牌子）、广播电视管理股、新闻出版管理股。下辖市文化市场综合执法队、文化馆、美术馆、图书馆、电影发行放映中心。市文联、市文物局挂靠市文广新局。

【文化设施】 公共文化服务设施网络逐步完善，全市有文化馆、博物馆、美术馆各1个，市级图书馆1个及镇（街）级图书馆5个。市文化馆、市图书馆被评为国家一级馆。有城市广场、人民公园等文体活动设施一批。15个镇（街）文化站入级率100%，其中省特级站2个，一级站1个。有村级文化活动室1284个，农家书屋77个。

【群众文化活动】 2008—2009年，开平市文化部门组织大型文艺演出115场次，组织曲艺社团户外演唱和送戏下乡多达3000多场次。举办第五届“奔达杯”魅力员工才艺表演大赛、第六届“金秋曲艺敬老周”、“‘六一’千惠杯”少儿艺术大赛、“邮政储蓄银行杯”歌唱擂台赛、开平碉楼文化旅游节等活动。举办“名人名曲欣赏晚会”，邀请省粤剧界著名演员丁凡、郭凤女、曹秀琴、何萍等到市献艺。在新中国成立60周年之际，协助市委、市政府举办“庆祝建国六十周年我和我的祖国”大型合唱晚会，协助市政协举办“共和国将军书画展”，举办庆祝中华人民共和国成立60周年摄影展等。组织各类型文艺节目参加国家、省、市各项比赛活动，获得较好的成绩。具有侨乡特色的文化品牌活动，大大丰富了全市群众的文化生活，受到群众的好评。

【文艺创作】 2008年，在江门市纪念改革开放三十周年文艺精品评选活动中取得优异成绩：由谭发宁、陈咸堡创作的音乐作品《相约碉楼》获金奖（并获得广东省群众文艺作品评选音乐一等奖），梁小恩的散文《永远的碉楼》获金奖，张碧云的小说《时光流过温暖的河》获银奖，崔少红、陈志锋、冯活源的作品获铜奖。禾楼歌《喜看碉楼展新容》获广东省第二届民间歌会铜奖。甄艳红的民歌获第二届小曲王争霸赛广东赛区优秀奖，曾庆权、关仕明的粤曲获第五届“四洲杯”粤曲大赛广东赛区优秀奖。选送到省级比赛的书法、摄影、粤曲、小品等作品分别获奖40多件。2009年，摄影协会张志旺的作品《激情一刻》获“澳门今日”摄影大赛二等奖，李贤杰的《方向》获中国第十三届国际摄影艺术展览优秀奖，关炳辉的《湖泊仙境》获庆祝新中国成立60周年全国手机摄影大赛三等奖，方锦鹏的《生命臆想》获广东省第22届摄影艺术类铜奖。谭亮彬的油画《阳光灿烂的日子》入选第十一届全国美术作品展览。谭富元的卖鸡调《牛哥征婚》参加“乡音·乡韵·乡情”中国曲艺之乡优秀节目展演。粤曲演唱、小品、书法、摄影等作品在江门市级以上参展、获奖作品共50件。

【文艺精品“五个一工程奖”】 2009年，江门市第九届“五个一工程”文艺精品奖评选中，开平市作家协会主席梁小恩获“优秀文艺家”称号。一批作品获奖，包括：关榆林的散文集《天上的云》、梁小恩的报告文学《为了遗落乡间的史诗》、陈咸堡和谭发宁的音乐《相约碉楼》、关炳辉的摄影作品《光阴与恋曲》、方锦鹏的《咏荷》获奖。其中，《相约碉楼》经江门市选送，获得广东省第七届“五个一工程”文艺精品奖入选歌曲奖。

【新闻出版、印刷业管理】 新闻出版业稳步发展。全市共有包装装潢印刷企业78家，其他印刷品印刷企业51家，打印复印企业33家，书报刊零售书店70家，音像制品零售店41家，电子出版物零售店70家。乡讯侨刊18家。在积极扶持企业发展的同时，加大对行业的监督管理，杜绝印刷企业违法印刷含有反动、淫秽、迷信内容的出版物；防止侵犯知识产权，侵权盗版以及印刷假证件、虚假广告和仿冒他人包装装潢的印刷品；保护知识产权，维护广大印刷经营者的合法权益和社会公共利益，促进和谐社会建设。加强对书报刊、音像制品零售市场的管理，安排专人定时巡查市场，一旦发现非法出版物马上查处收缴，为“扫黄打非”作出积极的贡献。

【文化市场管理】 开平市文化市场经过多年的

培育发展，基本形成了门类比较齐全，秩序比较规范的格局。至2009年底，全市共有歌舞娱乐场所30家，游戏机室125家，网吧44家。严格按照《娱乐场所管理条例》和《互联网上网服务营业场所管理条例》等法律法规依法管理文化市场，在加强法制建设的同时，不断强化日常管理，促进规范经营。通过实行年检年审制度，市场巡查制度，举报奖励制度等一系列管理办法，使文化市场管理和执法工作不断走向规范化，制度化。

【文化市场综合执法】 文化市场综合执法队，以构建和谐社会为目标，落实科学发展观，围绕“平安工程”、“保护知识产权，反盗版天天行动”等重点，积极开展各项专项治理。联合工商、公安等职能部门，严厉打击文化市场违法违规经营活动，不断整顿和规范全市文化市场经营秩序，营造和谐的文化氛围和社会文化环境。据统计，2008—2009年，市文化市场综合执法队共出动执法人员 10147 人次，检查文化市场经营单位共4517 家次。其中检查互联网上网服务经营单位1584家次，音像制品经营单位936家次，印刷企业156家次，书报刊经营单位798家次，歌舞娱乐场所（包括电子游戏机室）1043家次。收缴盗版音像制品等33.06万张，盗版书报刊（包括非法“六合彩”书报刊）12.7 万册（本）。配合市工商部门取缔无证无照“黑网吧”41家，收缴电脑367台（套）。配合市公安部门打击利用电子游戏机进行赌博活动，收缴具有赌博功能的游戏机175台（其中转盘式博彩机9台）；取缔无证无照“黑机室”85家，收缴电子游戏机317台，电路板 187 块。收缴非法安装电视地面接收设备 44套。文化市场综合执法队由于成绩显著，被江门市文化市场管理工作领导小组授予2007年“扫黄打非”工作“先进集体”称号，被广东省“扫黄打非”工作领导小组办公室授予2009年“扫黄打非”工作“先进集体”称号。

【电影放映和管理】 开展送电影到农村，到偏远山区行动，2008年送戏下乡85场，电影下乡150场，2009年送戏下乡460场，电影下乡820场，丰富农村群众文化生活。2009年，在市政府的大力支持下，市电影发行放映中心完成“事改企”改制工作。

【文联】 2008年6月，举办开平市年度文艺精品奖颁奖会，10月，举办“飞信杯”纪念改革开放三十周年文艺精品奖颁奖会，选送作品参加江门市的大赛，获得两金一银四铜的好成绩。成功举办送春联活动，与边防驻军开展书画联欢。支持市音协邀请中央音乐学院龚耀年教授到开平进行创作辅导。协同书协成功举办江门市第二届临书展。组织两次书法家书法作品义卖活动，为汶川地震筹得1.5万多元善款。与市委组织部合作，组织人员编写、出版《汗水铸就辉煌——开平优秀人才风采》书集。2009年，市委市政府注重文艺事业建设，决定投资1800万元，并争取香港侨领谭逢敬捐资800万港元建设谭逢敬艺术院。与市政协争取澳门同胞吴紫良的支持，联合举办庆祝新中国成立60周年共和国将军书画展。争取各镇（街）支持，在全市15个镇（街）建立文联并任命了15名镇级文联主席，使文联的组织机构第一次覆盖农村基层。协助市委人才领导小组，成立开平乡土文化人才培养基地。举办2009年春节书法比赛、对联擂台赛和春节免费送春联活动。举办佛山市禅城区书法展，并组织开平市文艺家到在园举行2009年元宵雅聚活动。开展新中国成立60周年精品创作活动。邀请中央美术学院研究员张羽翔到市讲课，成功承办江门市第二届扇面书法展。举办庆祝中华人民共和国成立60周年摄影展。精心打造侨乡文艺精品出成效，张碧云主笔创作三十集电视连续剧《乱世侨乡情》，剧本已获中央电视台审核通过。廖卫民（曲艺）、岑凤环（美术）、冯永胜（书法）获2008年度由广东省总工会、广东省文学艺术界联合会授予“广东省职工艺术家”荣誉称号。

【文化馆】 文化馆是统筹开展群众文化活动的重要部门，担负组织群众文艺演出、繁荣文艺创作、培训文艺人才，保护民间文化遗产等多项公共文化服务职能。2008年，市文化馆被国家文化部评为国家一级文化馆。先后举办或协办“邮政储蓄杯”歌唱擂台赛、“风雪同心”外来工联欢晚会等新春系列活动；“爱在天地间”文艺晚会为四川灾区赈灾义演；开平碉楼与村落申遗成功一周年纪念文艺汇演；“迎奥运、树新风、争当侨乡好市民”、第五届“奔达杯”魅力员工才艺表演大赛、碉楼文化旅游节暨荣誉市民授荣晚会等多场大型文艺活动。在江门市年度评选、“飞信杯”等多项比赛活动中，馆内组织或参与创作表演的歌曲、话剧小品、粤曲等均获优异成绩。参与撰写大型民间文艺著作《开平民歌》，获省民间文艺著作评选三等奖；开平市政府年度文艺奖评选中，获奖作品共 11 件，其中精品奖 3 件、优秀奖 7 件、鼓励奖 1 件。2009 年，协助市文广新局举办“2009 音乐沙龙”、第二届贺新春“邮政储蓄银行杯”歌唱擂台赛等 10 多场新春文艺活动、“开平市表彰优秀务工人员暨职工纪念改革开放 30 周年文艺晚会”、“开平潘高寿根连根，文化遗产手牵手”文艺晚会、庆祝新中国成立 60 周年名人名曲欣赏晚会、第六届“金秋敬老活动周”曲艺晚会与“我和我的祖国”大型合唱晚会等多场大型演出，还邀请著名音乐教育家、中央音乐学院龚耀年教授举办“艺术天地”之歌曲创作讲座。在江门市群众文艺作品评选活动中，文化馆参与创作的音乐原创作品《相约碉楼》(同时获省群众文艺评选一等奖)、粤曲《碉楼情牵游子心》、《侨乡俊彦胡耀坤》、小品《三十前后》等获得嘉奖。两年间,合计送戏下乡超过 1900 场次,举办戏曲、舞蹈、文学创作、合唱等各类培训班 3500 课时，培训人员超过 2000 人。

【图书馆】 伟伦图书馆 进一步改善办馆条件，提高管理水平，顺利通过国家“一级图书馆”复评。2009 年，市图书馆共接待读者 15.4 万人次，外借图书 4.1 万册次。新增图书 4656 册。举办读者征文等活动 5 次。开展送书下乡活动，送书下乡和送书到部队 7000 多册次，赠送图书 600 多册到基层点，有力地推动全市书香工程建设。图书馆还加强基层服务网点建设，协助市文广新局新建农家书屋 38 家。除市图书馆 1 家，还有镇(街)图书馆 5 家，全市共 6 家，图书储存量 28.3 万册。

赤坎司徒氏通俗图书馆 司徒氏通俗图书馆是司徒氏兴办的公共图书馆，位于赤坎下埠堤东路 17 号，楼高 3 层，建筑面积 842 平方米。

1920 年，旅居美国、加拿大华侨司徒懿慈、司徒懿衍、司徒章谋、司徒继敏和旅菲律宾华侨司徒有桥等率先倡办通俗图书馆，华侨、港澳同胞以及在乡文化教育界人士纷纷响应，踊跃参与，并创办《教伦月报》，加强宣传工作，组织机构发动捐款。当时租赁赤坎联兴街福音堂遗址为临时馆所。至 1923 年，图书馆在现址奠基。工程由广州市永和建筑公司承建，采用上乘材料，讲求建造质量。1925 年，一座钢筋水泥结构、红墙绿瓦、融中西建筑风格于一体的三层大楼建成。族内人员又纷纷捐款、捐书、捐家具。图书馆乃开放使用，为本邑各姓开办图书馆之先河。

三楼正面横额“司徒氏图书馆”是书法家谭延闿所书；一楼正门横眉云石所刻“司徒氏通俗图书馆”馆名是书法家冯百砺的墨宝。

1926 年，旅加华侨捐资在楼顶增建大钟楼一座。大钟系美国波士顿名牌产品。1934 年，旅美华侨献资加建大外院，庭院正中加建牌楼一座石山鱼池，两边各建一套间，空地建花池，种植名贵竹树。

馆内，一楼为阅览室，二楼为藏书室、借书处及《教伦月报》编辑室，三楼为会议室及归国华侨俱乐部。当时藏书逾万册，有《四库全书》、《万有文库》等巨著，也有不少世界名著中译本，还有文物珍品如进士司徒照当年殿试试卷等。

开馆之后，门庭若市，馆务井井有条，对赤坎地区之文化教育事业起了重大促进作用。但几年后太平洋战争爆发，侨汇中断，图书馆经费拮据。1941 年至 1945 年赤坎地区惨遭日寇两次践踏，社会一片混乱，馆内图书和各种设备被盗，大量散失，图书馆从此停办。

新中国成立后，图书馆曾用为中共开平县委会、赤坎镇人民政府等办公地方以及用作开平六中学生宿舍等，历时 30 余年。“文化大革命”结束后，国家落实侨务政策，图书馆归还司徒族。旅港宗亲司徒辉、司徒英、司徒伟等倡议复馆，族人积极响应，政府大力支持。1981 年 10 月，司徒英从香港汇来复馆设备费，随后又将宗亲们捐赠的录像机、收录机、扩音机、电视机等一批器材带回来。本族人士在乡成立复馆机构主持复馆工作。

1982 年 6 月，图书馆重新开放。一楼为阅览室，设座位 100 多个，陈列国内报纸 20 余份，各类杂志 120 多种，小图书 500 多册，以及本县各地侨刊等。二楼为藏书室、借书处及接待室。藏书有 5000 多册，包括归侨、教育家、全国政协五届委员司徒赞的家属捐赠的司徒赞生前藏书

1300 多册。三楼为诗画陈列室、美术班、英语班课室。

图书馆复馆后，乡亲们为发展家乡教育文化事业，为扩充图书馆的设施设备而不懈地努力。旅港宗亲在香港组成筹建教伦中学及扩充司徒氏图书馆委员会。旅居美国三藩市的凤伦公所元老司徒德灿先生，先后于 2000 年捐献美元 10000 元加建一座平房为纪念室，2003 年捐献美元 15000 元加建一座展览室，2004 年捐献美元 42000 元创建“南楼七烈士就义纪念园”。

2005 年，司徒氏通俗图书馆举行了建馆 80 周年盛大庆典。

2008 年，司徒氏通俗图书馆举行世界第七届凤伦联谊大会活动。

2009 年，图书馆有藏书 37000 多册，储备基金增至 60 多万元。它已成为爱国主义教育基地，中小学生素质教育基地。

赤坎关族图书馆（1）图书馆的兴建与历史

关族图书馆坐落于赤坎镇上埠堤西路。始建于 1929 年。

1925 年，受司徒氏华侨办图书馆的启发，关姓族人呼吁也要建立本族的图书馆，当年成立筹建委员会。旅居加拿大的殷商关国暖、关崇藻两位宗长首先发起，以加拿大为重点，并联络美洲等地关姓族人华侨捐资，筹得银圆三万六千多元建馆经费。馆楼交由族人旅港建筑商关穆主持的远利建筑公司负责承建。1929 年初奠基开工，1931 年建成。图书馆馆楼占地面积 709.5 平方米，主楼高三层，楼顶层另加建一钟楼，安装了专程从德国购入、钟面直径约 80 厘米的机械大钟。经历近 80 年，该大钟仍照常准点运行。

图书馆钟楼正面的“关族图书馆”五个大字为新会县前清举人梁鸾瑲所题。正门匾额名是近代广东著名书法名家关道熔所赋的墨宝。

1931 年起，图书馆开幕并免费对外开放。当初图书馆收藏包括《万有文库》、《四库全书》、《二十四史》等巨著及种类书籍 1 万多册，同时创刊《光裕月报》。

图书馆顺利开放 10 多年后，遇时局变化历经沧桑。1944 年 6、7 月间，日军入侵开平赤坎，图书馆遭日寇蹂躏，馆内图书、字画及设备相继遭劫，所幸钟楼上的大钟或许是日本盟国德国造之故，避过一劫得以幸存。此后因种种原因，馆楼破落，图书馆及月报停办。1948 年族人利用馆楼创办光裕中学，1951 年光裕中学并入开平一中后，赤坎镇小、侨联中学及赤坎公社相继用该馆楼办学、办公。1982 年，在赤坎镇府及侨务部门支持下复办图书馆。1983 年，该馆楼被开平县人民政府定为“开平市重点文物保护单位”。图书馆藏书 3 万多册。

（2）图书馆的性质、宗旨与组织机构

图书馆继承建馆初的运行模式，是以“关姓”族人为主体非营利民办群众性组织，一切经办资金都是来自关氏海内外宗亲的赞助支持，对外免费开放，欢迎各界人士到馆参观、阅览和借书。

经办的宗旨是：在上级有关部门领导下，协助地方做好沟通侨梓工作；办好图书馆，为提高当地人民群众的文化素质和丰富人民群众文化生活服务；通过各项活动，加强宗亲的凝聚力，为构建和谐社会作贡献。

馆的最高机构是：关族图书馆管理委员会，由委员、常委、理事组成。理事成员按各人的特长、能力分工；设正主任 1 名；副主任 5 名，分别分管馆务、财务、物业、监察、宣传、联络等，相互间既分工又合作。

委员会成员任职 3 年，届满后再由关姓所在地的村委会推荐当地德高望重之宗亲为委员，再集中以无记名投票方式选出有关领导层人员。层级领导的产生遵循民主、公开、公平、透明的原则。

参与图书馆管理工作的人员都是义务或半义务工作，在 19 名理事组成员中，惟有正主任、办公室主任及月报总编辑才有少许茶水费补贴。

图书馆是一个广泛联系关氏族人的群众组织。多年来，组织机构完善、制度健全、财务透明，成为受社会好评和族人信任的组织。

（3）馆办侨刊《光裕月报》

《光裕月报》是华侨的“家信”，是联系侨梓的桥梁，报导家乡的消息、族人状况以及县市内重要新闻，以沟通内外、交流感情、互策互励，增强爱国爱乡之观念。每年出版 4 期，8000 多册，免费发行至世界 20 多个国家和地区以及国内数省市的宗亲。深受读者喜爱和好评。

（4）设立“关英才文化教育基金”和“开平关氏文艺基金”

该教育基金会是对开平市内高考、中考成绩优秀者颁发奖金。发放标准是：参加高考的，获本市考生成绩前三名者3人；关姓考生前十名10人；刘、张、赵姓氏考生第一名各1人；参加中考的，获本市关姓考生前十名10人。

文艺基金会是对开平市内关姓宗亲，在文学艺术、技艺等领域获得市级以上奖项者，本会颁发奖金再作勉励。受奖人数视当年获得市级以上奖项数多少而定。

（5）构建和谐的氏族大家庭

关氏在省内乃至国内是一个名门望族，国内外关姓族人有一千多万，有两个民间组织联络联谊各地关氏族人：一个是“世界关氏宗亲总会”（会址在美国），另一个是“中国关氏宗亲联谊会”（会址在洛阳）。赤坎镇关族图书馆是这两会的成员，都参与其各项活动。图书馆每年农历正月十二都举行海内外关氏宗亲联欢会，每次都有国内外关氏族人近千人应邀前来共聚亲情。

【美术展览】 2008年，开平市美术馆及开平市美术家协会联合举办“故乡情——黄国欢油画展”，“二00八年潭江画会迎春画展”，“加拿大著名当代画家作品展”，“2008年开平市第22届‘集邮杯’中小学生美术、书法作品展览”，“潭江画会作品展”，“2008年国庆书画展——陈景礼美术同学会第四届作品展”，“司徒氏名家书画展”，“2008流动科学馆全国巡回展”，“爱国爱乡，爱我志士，传承民族精神缘随书画到天涯——夏振基书法艺术展、浩水千山——郑浩千国际巡回画展”，“劳允澍谭美容牡丹画展 ”。

2009年，开平市美术馆先后举办了“开平市改革开放三十周年图片展”，“刘瑞祥书法展”，“开平市迎春画展”，“佛山市禅城区书法家协会会员作品巡回展·开平展”，“加拿大著名画家马锡任、赵耀峻、陈秋言三人作品展”，“2009·开平市第23届‘集邮杯’中小学生美术、书法作品展览”，“阳光·乡土·情怀——罗布世、关左男、谢东达作品展”，“庆祝中华人民共和国成立60周年共和将军书法开平展”，“开平国画会成立二十周年作品展”，“2009年中美艺术之旅美术采风写生活动”，“旅美油画家司徒维健返乡艺术交流活动”，“关启祥作品回顾展”。

【基层文化站】 加强基层文化网络的构建，全市15个镇（街）文化站入级率达到100%，其中省特级文化站2个，一级文化站1个，二级文化站10个，达标文化站2个。各镇文化站以展现地方特色文化为导向，深入挖掘本地文化资源，开展丰富多彩的群众文化活动，为推进我市基层文化建设作出积极的贡献。

【非物质文化遗产保护】 2007年12月29日，成立开平市非物质文化遗产保护工作领导小组及其办公室，负责非物质文化遗产的普查和保护工作；市财政拨出保护专项资金。在对全市15个镇（街）开展普查的基础上，筛选出开平灰雕、狮鼓制作、水井民歌、楼冈网圩等有代表性、有价值的项目23个，列入开平市第一、二批县级非物质文化遗产项目，明确其归属地，制成具体分布图表等，并确定部分项目的代表性传承人。

【开平市非物质文化遗产名录】

国家级项目：

泮村灯会（邝国强、邝枝仔）（括号内为项目代表性传承人，下同）

广东省级项目：

金声狮鼓制作技艺（胡沃镒）

江门市级项目：

司徒浩毛笔（司徒浩）、开平民歌（张巨山）、开平卖鸡调（张巨山）、广合腐乳（方国华）

开平县级项目：

梅花百咏、水井民歌、楼冈网圩、赤坎豆腐角、马山的传说、马冈竹器、潭碧冬瓜、水口新风龙舟、状元山的来由、马冈鹅、舞草龙、开平灰雕、开平壁画、马冈濑粉、赤坎大梧火龙、杜冈冲澄龙舟、镇濠泥鸡

附表 1：

开平市 2008 年度文艺精品奖获奖名单

一、精品奖

奖项	获奖者	作品类别名称	奖项	主办单位(发表刊物)
精品奖	关榆林	文学《走过罗湖桥》	“我与改革开放 30 周年”散文·随笔征文三等奖	《文艺报》
	梁小恩	文学《又是一年春风起》	“纪念改革开放 30 周年”征文三等奖	广东省委宣传部
	梁小恩	文学《为了遗落乡间的史诗》	发表	《中国作家》杂志
	张碧云	文学《古镇风情录》	发表	《青年文学》第 6 期
	张碧云	文学《时光流过温暖的河》	发表	《青年文学》第 9 期
	开平市文化馆（谭富元、张巨山、郭寄平）	禾楼歌《喜看碉楼展新容》	广东第二届民间歌会铜奖	广东省委宣传部、文联、民间协会

二、优秀奖

奖项	获奖者	作品类别名称	奖项	主办单位(发表刊物)
优秀奖	黄景良	小品《我们都是清洁工》	2007 年度三等奖	江门市文广新局
	崔少红	民歌剧《争地》	2007 年度三等奖	江门市文广新局
	崔少红	文学《开平碉楼》	“飞信杯”纪念改革开放 30 周年文艺精品创作大赛铜奖	江门市委宣传部、江门市文联
	陈志锋	诗歌《华侨的微笑》	“飞信杯”纪念改革开放 30 周年文艺精品创作大赛铜奖	江门市委宣传部、江门市文联
	冯活源	文学《女儿桥》	“飞信杯”纪念改革开放 30 周年文艺精品创作大赛铜奖	江门市委宣传部、江门市文联
	冯活源	文学《潭江月》	发表	作品

续上表

奖项	获奖者	作品类别名称	奖项	主办单位(发表刊物)
优秀奖	司徒良	文学《心境无限》	“迎十七大·伍氏兴隆家具杯”征文大赛三等奖	江门市作家协会
	周小权	文学《为碉楼歌唱》	发表	作品
	黄春标	书法	第二届广东省书法艺术“康有为奖”优秀奖	广东书法家协会、佛山南海区丹灶镇人民政府
	冯永胜	书法	第二届广东省书法艺术“康有为奖”提名奖	广东书法家协会、佛山南海区丹灶镇人民政府
	梁胜活	书法	第二届广东省书法艺术“康有为奖”提名奖	广东书法家协会、佛山南海区丹灶镇人民政府
	梁胜活	书法	纪念改革开放30周年——江门“培英杯”正书篆刻展三等奖	江门市书法家协会
	谢世明	书法	第二届广东省新人新作书法展优秀奖	广东书法家协会
	谭意军	书法	第二届广东省新人新作书法展优秀奖	广东书法家协会
	梁铁雄	书法	第二届广东省新人新作书法展优秀奖	广东书法家协会
	梁铁雄	书法	第三届临书展览三等奖	江门市书法家协会
	梁铁雄	书法	纪念改革开放30周年——“培英杯”正书篆刻展三等奖	江门市书法家协会
	关宗鎏	书法	第三届临书展览三等奖	江门市书法家协会
	关宗鎏	书法	纪念改革开放30周年——“培英杯”正书篆刻展二等奖	江门市书法家协会
	魏巍	舞蹈《乞巧舞》	2007年度三等奖	江门市文广新局
	关炳辉	摄影《人生的影子》	入选广东省摄影协会成立50周年庆典系列丛书	广东省摄影家协会
	黎武扬	摄影《幸福时刻》	2007年“豪爵杯”优秀作品展二等奖	江门市委宣传部、江门市摄影家协会

续上表

奖项	获奖者	作品类别名称	奖项	主办单位(发表刊物)
优秀奖	李卓文	摄影《收获的盛夏》	江门“豪爵杯”光影回眸30年摄影大赛三等奖	江门市委宣传部、江门市摄影家协会
	方华琪	摄影《名泉之夜》	纪念改革开放三十周年《和谐广东摄影大展》入选	广东委宣传部、广东省文联
	方锦鹏	摄影《拯救地球》	“力帆杯”2008江门市第21届摄影作品展览一等奖	江门摄影家协会、江门图片社
	方锦鹏	摄影《8幅作品》	入展第二届广东省青年摄影家作品展	广东文联、摄协
	方锦鹏	摄影《花萼楼》	第六届中国（宁波）徐霞客全国摄影入展	中国摄影家协会、宁海县人民政府
	方锦鹏	摄影《菊浴》	第九届中国（中山小榄）菊花展览会“力王杯”铜奖	广东省摄影家协会、中山小榄镇人民政府
	方锦鹏	摄影《美化天使》	入选广东省摄影协会成立50周年庆典系列丛书	广东省摄影家协会
	方锦鹏	摄影《美容师》	“尼康在中国”入围	中国摄影家协会、中国新闻摄影学会
	方锦鹏	摄影《娱乐（组相）》	魅力惠阳“半岛一号杯”铜奖	广东省摄协、惠阳区人民政府
	谭发宁（曲） 陈咸堡（词）	歌曲《相约碉楼》	“飞信杯”纪念改革开放30周年文艺精品创作大赛金奖	江门市委宣传部、江门市文联
	甄灏	音乐	广东省“莎德杯”钢琴比赛B总决赛组银奖	广东省音乐家协会、广东省钢琴学会
	甄灏	音乐	2008年第三届广州钢琴公开赛少儿组三等奖	广东省音乐家协会、广东省钢琴学会等
	甄艳红	民歌	第二届小曲王争霸赛广东赛区优秀奖选手奖	广东省文联、电视台
	曾庆权	粤曲	第五届“四洲杯”粤曲大赛广东赛区优秀奖	广东省文联、广东省政协
	关仕明	粤曲	第五届“四洲杯”粤曲大赛广东赛区优秀奖	广东省文联、广东省政协
	郭寄平	粤曲	第五届“四洲杯”粤曲大赛江门赛区三等奖	江门文联、江门政协
	郭寄平、廖卫民、李云仙、苏炳南	小品《一袋小农粘》	“飞信杯”纪念改革开放30周年铜奖	江门市委宣传部、文联、江门移动
	廖卫民　张春	民歌剧《阿兰卖猫》	2007年度三等奖	江门市文广新局

续上表

奖项	获奖者	作品类别名称	奖项	主办单位(发表刊物)
优秀奖	梁小恩	文学《永远的碉楼》	“飞信杯”纪念改革开放30周年文艺精品创作大赛金奖	江门市委宣传部、文联

附表2：

开平市2009年度文艺精品奖获奖名单

一、精品奖

奖项	获奖者	作品类别名称	奖项	主办单位
精品奖	张志旺	摄影《激情一刻》	“澳门今日”摄影大赛二等奖	广东省文联 广东省摄影协会
	梁小恩	报告文学《为了遗落乡间的史诗》	建国60周年“岁月如歌”大型报告文学征文一等奖	广东省委 省作协
	谭发宁（曲）陈咸堡（词）	歌曲《相约碉楼》	广东省第七届“五个一工程”奖、2008年度群众文艺评选一等奖	广东省委宣传部 广东省文化厅
	李贤杰	摄影《方向》	中国第十三届国际摄影艺术展览优秀奖	中国摄影家协会 丽水市人民政府
	关炳辉	摄影《湖泊仙境》	庆祝新中国成立60周年全国手机摄影大展获奖作品三等奖	中国摄影家协会 中国移动
	方锦鹏	摄影《生命臆想》	广东省第22届摄影艺术类铜奖	广东省文联 广东省摄影协会
	谭亮彬	油画《阳光灿烂的日子》	入选“第十一届全国美术作品展览”	中国人民共和国文化部 中国文学艺术界联合会 中国美术家协会
	谭富元	卖鸡调表演唱《牛哥征婚》	“乡音·乡韵·乡情”中国曲艺之乡优秀节目展演	中国曲艺家协会

开平市2009年度文艺精品奖获奖名单

二、优秀奖

奖项	获奖者	作品类别名称	奖项	主办单位
优秀奖	曾庆权	粤曲《朱弁回朝》之“招魂”	第六届“四洲杯”粤曲大赛广东赛区优秀奖	广东省政协 广东省文联
	苏炳南	粤曲《宝玉哭晴雯》	第六届“四洲杯”粤曲大赛江门赛区三等奖	江门市政协 江门市文联
	苏炳南	小品《三十前后》	江门二00八年度群众文艺作品评选三等奖	江门市文化广电新闻出版局
	郭寄平	粤曲《残夜泣笺》	第六届“四洲杯”粤曲大赛广东赛区优秀奖	广东省政协 广东省文联
	郭寄平	粤曲《碉楼情牵游子心》	二00八年度群众文艺作品评选三等奖	江门市文化广电新闻出版局
	张巨山	粤曲《侨乡俊彦胡耀坤》	二00八年度群众文艺作品评选三等奖	江门市文化广电新闻出版局
	黄景良	小品《农民工》	江门二00八年度群众文艺作品评选二等奖	江门市文化广电新闻出版局
	崔少红	小品《临时保姆》	江门二00八年度群众文艺作品评选三等奖	江门市文化广电新闻出版局
	张国和	文学《初恋情人》	中国作家创作年会交流评比二等奖	中国作协中国作家杂志社等
	林星扶	文学《谭公德范天下无双》	中国作家创作年会交流评比二等奖	中国作协中国作家杂志社等
	张　鸿	书法	江门市“建设新农村”书法大赛三等奖	江门市书法家协会
	谢世明	书法	江门市第二届扇面书法展二等奖	江门市书法家协会
	谭思哲	书法	第三届广东省新人新作书法展优秀奖	广东省书法家协会
	卢锐权	书法	第三届广东省新人新作书法展优秀奖	广东省书法家协会

续上表

奖项	获奖者	作品类别名称	奖项	主办单位(发表刊物)
优秀奖	梁铁雄	楷书“杜甫诗”条幅	60周年“笔歌墨舞颂中华”双拥书法大展	广东省书法家协会
	梁铁雄	书法“楷书条幅”	江门市“建设新农村”书法大赛三等奖	江门市书法家协会
	梁铁雄	楷书“李白诗”扇面	江门市第二届扇面书法展三等奖	江门市书法家协会
	梁铁雄	书法“临褚遂良雁塔圣教序”	江门市第四届临书展三等奖	江门市书法家协会
	雷　洪	书法	第三届广东省新人新作书法展优秀奖	广东省书法家协会
	黄春标	章草“毛泽东诗词”条幅	60周年“笔歌墨舞颂中华”双拥书法大展	广东省书法家协会
	黄春标	书法	江门市“建设新农村”书法大赛三等奖	江门市书法家协会
	黄春标	章草“曹孟德诗”扇面	江门市第二届扇面书法展二等奖	江门市书法家协会
	关宗鎏	书法“楷书条幅”	60周年“笔歌墨舞颂中华”双拥书法大展	广东省书法家协会
	关宗鎏	楷书“桃花源记”条幅	江门市“建设新农村”书法大赛二等奖	江门市书法家协会
	关宗鎏	隶书“汉印文字篇”扇面	江门市第二届扇面书展三等奖	江门市书法家协会
	冯永胜	书法“草书条幅”	第三届广东省南雅奖入展	广东省书法家协会
	冯永胜	行书“云间门外”对联	广东书法优秀中青年书法家精品展	广东书法院
	冯永胜	书法“草书对联”	60周年“笔歌墨舞颂中华”双拥书法大展	广东省书法家协会

续上表

奖项	获奖者	作品类别名称	奖项	主办单位(发表刊物)
优秀奖	冯永胜	书法“行书对联”	庆祝中华人民共和国成立60周年书法展	广东省书法家协会
	程作夫	书法“行书条幅”	第三届广东省新人新作书法展优秀奖	广东省书法家协会
	程作夫	书法	江门市“建设新农村”书法大赛三等奖	江门市书法家协会
	程作夫	书法“临八大山人信札”	江门市第四届临书法展三等奖	江门市书法家协会
	周小权	诗歌《老支书的笑脸》	“纪念建国60周年·伍氏兴隆杯”三等奖	江门市作家协会
	余永楫	诗歌《村旁老榕吟》	2008年度优秀作品奖	中华诗词学会
	康健娥	诗歌《母亲的灯光》	三等奖	中国散文学会
	冯活源	诗歌《侨乡的大地》	“纪念建国60周年·伍氏兴隆杯”三等奖	江门市作家协会
	张肖平	摄影《开平碉楼与村落》等	第八届中国摄影艺术节2009首届大理国际影会展览	中国摄影家协会 云南省委宣传部等联合主办
	谢坚练	摄影《宠物》	广东省第22届摄影艺术类入选	广东省文联 广东省摄影协会等
	李卓文	摄影《营生之路》	江门市第22届摄影作品展二等奖	江门文联 江门摄影家协会
	邝永富	摄影《晚归》	江门市第22届摄影作品展三等奖	江门文联 江门摄影家协会
	何树炯	摄影《碉楼下的传统生活》	第六届国际民俗摄影“人类贡献奖”年赛生活习俗类文献奖	联合国科教文
	关炳辉	摄影《阳光与恋曲》	第九届“五个一工程”精品奖	江门市委宣传部、江门文联
	关炳辉	摄影《农民母亲》等3件	入选第六届广东家庭文化节“聚集母亲”	广东省委宣传部 广东省摄影家协会等

续上表

奖项	获奖者	作品类别名称	奖项	主办单位(发表刊物)
优秀奖	方锦鹏	摄影《咏荷》	第九届“五个一工程”精品奖	江门市委宣传部 江门文联
	方锦鹏	摄影《和谐·统一》等3件	广东省第22届摄影艺术入选奖	广东省文联 广东省摄影协会
	关榆林	散文集《天上的云》	江门第九届“五个一工程”精品奖	江门市委宣传部 江门文联
	梁小恩	散文《拜谒龙门》	一等奖	中国散文学会
	吴平超（词） 周德成（曲）	歌曲《碉楼旁边是我家》	广东十大旅游金曲	2009广东国际旅游文化节唱响广东大赛组委会
	周炎联	对联	二等奖	广东省文明办 广东省楹联学会
	开平广播电视台	电视片《不灭的民歌情》	江门第九届“五个一工程”精品奖	江门市委宣传部 江门文联

【开平市新华书店】 开平市新华书店成立于1950年5月，2007年4月由事业单位转为企业单位，2008年加盟广东新华发行集团有限公司，成为其直营连锁店。2009年，开平市新华书店下辖开平市购书中心、长沙购书中心、新昌门市；总经营面积达5000多平方米，经营图书品种5万多种，文化体育用品及音像制品2.2万多种。

2008—2009年，加强“三农”图书发行工作，以优惠价格向金鸡镇、苍城镇、蚬冈镇等养殖户提供科技养殖书籍。坚持配合有关部门做好“扶困助教”捐赠活动，两年共捐赠图书2500多册，总值3.7万多元。大力支持“开平碉楼与村落”世界文化遗产的工作，向全市4个世界文化遗产申报点所在的村落捐赠图书3200多册，总值5.7万多元。积极推介和宣传《立园探幽》、《碉楼沧桑》、《开平地方掌故》、《南楼七壮士》、《老房子》、《赤坎古镇》等文化系列丛书。坚持开展文化科技卫生“三下乡”活动，组织到金鸡、苍城、蚬冈、龙胜等边远山区、革命老区、贫困地区进行流动销售，两年共销售图书4500多册，金额5.6万多元。精心组织一批建设社会主义新农村的“三农书系”300多个图书品种，支持全市的“农家书屋”的建设。2008年，图书销售200多万册，销售额达到1800多万元，比上年增长10.8%，2009年全年图书销售量为230多万册，销售额达到1950多万元，在全省同行业中图书销售排行16位。2003年，荣获“全国百家书城”称号。2008年被定为“开平市‘爱国、守法、诚信、知礼’现代公民教育”示范点，并被评为“江门市标兵文明单位”。2008年和2009年，先后被广东省书报刊发行业协会评为“文明单位”，2008年、2009年，被中共江门市委宣传部、江门市新华书店有限公司评为江门地区新华系统“先进集体”。

（黄木贵 梁艳萍 廖卫民 张巧仙 关织才 吴健生 司徒健明 周卓业 张碧云 张晓立 关基顺 谢东达 苏炳南 邓翠梨 方敢移 司徒亮 关悦宋 ）

附：1. 市文广新局领导班子名录

局　　长：谭伟强

副 局 长：劳威雄　黄力奔　李佳才

党组成员：关福祯　张健文

2. 市文联领导班子名录

主席、党组书记：李日明

副主席、党组成员：冯永胜

3. 新华书店领导班子名录

总 经 理：陈灿天

副总经理：李华安

文物管理

【简况】 开平市文物局于2008年1月底正式挂牌成立，为副科级行政机构，接管原申遗期间临时机构“碉楼办”的世界文化遗产保护管理的日常工作。2008年4月，成立文物局党支部。同年6月，因人员变动，重新调整了文物管理委员会领导小组成员。内设机构有：综合股和文物股。下辖两个事业单位：开平市碉楼研究所（世界遗产管理中心）和开平市华侨博物馆。按照上级政府和文物主管部门的要求，认真贯彻执行《文物法》和有关文物保护管理的法律、法规，坚持“保护为主、抢救第一、合理利用、加强管理”的文物保护方针，在优化文物工作环境、加强法制建设、加大文化遗产保护力度等方面做了大量的工作，取得了一定的成效。

2009年，全局（含下辖的2个事业单位）在职干部员工14人，其中大专以上学历12人，具有各种技术职称5人，中共党员8人。

【世界遗产点】 2007年6月28日，“开平碉楼与村落”申报世界文化遗产成功。成为中国第35处、广东省第1处世界文化遗产。“开平碉楼与村落”包括4个遗产点：赤坎镇三门里村落、塘口镇自力村村落与方氏灯楼、蚬冈镇锦江里村落、百合镇马降龙村落群。

三门里村落与迎龙楼　位于赤坎镇，东距开平市区12公里，是关氏家族的第十四世祖关芦庵于明朝正统年间（1436—1449年）从赤坎镇关族的始居地大梧村分族迁来兴建而成。整齐的村巷与村前的池塘、村口的古老榕树，构成了典型的传统村落景观。三门里村落最有历史价值的建筑景观是迎龙楼。迎龙楼是开平现存最早的碉楼，是关氏十七世祖关圣徒夫妇献出家庭积蓄于明朝嘉靖年间建成，距今至少有440多年。该楼占地面积152平方米，楼高三层11.4米，砖木结构。第一、二层为明代大型红砖砌筑，墙厚93厘米，是明朝原构，是开平碉楼砖楼中极其珍贵的历史遗存。第3层为民国九年用青砖加建。该楼在保护民众避免洪涝和盗匪侵袭等方面发挥过重要作用。

自力村村落与方氏灯楼　位于塘口镇，东距开平市区25公里，坐落在潭江支流镇海水河西岸的冲积平原。该村自然环境优美，水塘、荷塘、稻田、草地散落其间，与众多的碉楼、居庐相映成趣，美不胜收。自力村有15座风格各异、造型精美、内涵丰富的碉楼，是开平碉楼兴盛时期的杰出代表。自力村碉楼多建于20世纪二三十年代，是当地侨胞为保护家乡亲人的生命财产安全而兴建的。方氏灯楼坐落于塘口镇自力村村落南1.5公里的山坡上，是方氏家族为加强联防，于民国九年（1920年）共同集资兴建，是更楼的典范之作。灯楼高5层18.43米，混凝土结构；造型主要突出防御功能，中下部开窗小，施以西式窗楣，封闭坚实，简洁朴素；上部为拜占庭风格的穹窿顶亭阁。灯楼内配备了华侨们从国外买回来的枪械、发电机、探照灯和报警器。方氏灯楼在历史上为古宅乡的方氏民众防备北面马冈一带的土匪袭击，起到了积极的预警防卫作用。

锦江里村落　位于蚬冈镇，坐落在潭江河谷丘陵平原，坐西北朝东南，紧靠潭江西岸，清澈的潭江由西南向东北缓缓流过村前。锦江里东、西村口各有一个闸门，被茂密的竹林包围，构成村落的屏障和美妙的景观背景，几十户民居掩映在竹林之中，环境自然和谐。位于锦江里村落的瑞石楼，是中西建筑风格完好结合的典型，也是开平现存最高、最美的碉楼，有“开平第一楼”之称。瑞石楼的主人叫黄壁秀（号瑞石），清朝末年漂洋到美国谋生。由于年迈的父母及妻子都在锦江里的老家，为了家人的安全，1921年，黄壁秀回乡建碉楼。当时，锦江里周围的碉楼都是4至6层高。黄壁秀想在全村、全乡、全县建最高、最壮观的碉楼，让人们远远就能看到黄家的碉楼，无人可比。最后，一幢9层高的碉楼傲然矗立在

80 多年前的开平农村，直到今天还令人叹为观止。瑞石楼全部是钢筋混凝土结构，外部总体造型是西式风格，有罗马穹窿顶、拜占庭穹窿顶等充满异国风格的建筑造型，而内部的布置、用具则是岭南传统的样式，门窗上都是雕龙附凤，有“富贵吉祥”、“延年益寿”等中国传统的祝福字眼，充分体现楼主对西方文化所表现出的从容、自信、大胆接纳，以及洋为中用、兼容并蓄的心态。在开平，瑞石楼可以称得上是最华丽气派的碉楼。

马降龙村落群 位于开平市百合镇东南面，东北距开平市区 20 公里，由永安、南安、河东、庆临、龙江 5 条自然村组成，为黄、关两姓家族于清朝末年和民国初年兴建。现有村民 171 户、506 人，80%为侨户。海外侨胞主要分布在美国、加拿大、澳大利亚等国。马降龙村落背靠气势磅礴的百足山，面临清澈如镜的潭江水，5 条自然村像一条珠链，错落有致地分布在青山绿水之间。身临其境，翠竹扶疏，绿树成阴，鸟语花香，宛如世外桃源。人们辛勤劳作，安居乐业，生态环境十分优美。该村有 13 座造型别致、保存完好的碉楼掩映在茂密的翠竹丛中，与周围民居、自然环境融为一体。

【世界遗产保护管理】 为依法加强对本市世界文化遗产的保护，确保有关法规的贯彻执行，2006 年 2 月，开平市人民政府重新颁布《开平市碉楼与村落保护管理规定》。2008 年，市人大常委会将每年的 6 月定为“碉楼保护月”。同年 6 月，市政府又颁布了《开平碉楼与村落世界遗产地保护管理暂行办法》。

为了确保“申遗”期间碉楼托管、环境整治、群众宣传、文物安全保卫、环境卫生等工作得到衔接，市文物局继续保留了四个遗产地工作组，充分依靠遗产地党委、政府、工作组以及当地群众做好文化遗产的保护管理工作。同时，积极争取市政府在资金上给予支持，继续做好碉楼维修与环境整治工作。

根据《文物法》、《国务院关于加强文化遗产保护的通知》精神，市文物局加强世界遗产地的巡查工作，除及时转发国家文物局、省文物局及安监办有关文物消防安全和安全生产文件外，还多次组织文物系统人员与旅游局联合开展生产安全、消防安全检查，针对检查中发现的乱搭乱建及防火安全隐患等情况及时发出整改通知书，限期整改，及时消除不利于世界遗产保护的各种因素。

理顺文物的管理权是对文物实施保护的前提。“申遗”成功后，市文物局继续推行“产权不变、政府代管”的模式，依法开展碉楼文物托管工作，在外侨局、各镇政府等部门的支持下，通过电话联系、写信、发动华侨社团牵线联络等多种渠道，积极做好产权人的工作。至 2008 年，已完成了四个世界遗产点核心区内的 31 座重点碉楼的托管工作。

【文物保护单位】 全市有文物保护单位 23 处，其中全国重点文物保护单位 1 处——开平碉楼，省级文物保护单位 3 处——风采堂（名贤余忠襄公祠）、司徒美堂故居、赤坎旧镇，县级文物保护单位 19 处。

附表： 开平市（县）级文物保护单位一览表

序号	文物保护单位名称	公布日期	详细地点	年代	类别
1	金章阁	1983 年 3 月	长沙街道办事处平冈村委会马山	清道光十三年（1833）	古遗址
2	开元塔	1983 年 3 月	长沙街道办事处平冈村委会马山	清乾隆十六年（1751）	古建筑
3	溯源家塾	2000 年 10 月	水口镇人民居委会中山东路 96 号	清道光二十六年（1846）	古建筑
4	龙冈古庙	2000 年 10 月	水口镇红花村委会塘口村	清康熙元年（1660）	古遗址

续上表

序号	文物保护单位名称	公布日期	详细地点	年代	类别
5	黄氏大宗祠	2000年10月	水口镇人民居委会银江里红花路13号	清顺治元年（1644）	古建筑
6	抗日遗址——水口地堡	2007年10月	水口镇泮南村委会	中华民国30年（1941）	近现代重要史迹及代表性建筑
7	得元梁公祠	2007年10月	沙塘镇塘浪村委会永胜村	明武宗正德年间（1506-1522）	古遗址
8	开平学宫	1983年3月	苍城镇苍城墟居委会东门街	清康熙八年（1669）	古建筑
9	保厘塔	1983年3月	苍城镇附城村委会牛牯坑山	清乾隆六十年（1795）	古建筑
10	立园	1983年3月	塘口镇北义村委会赓华村	中华民国25年(1936)	近现代重要史迹及代表性建筑
11	中山楼	1994年8月	塘口镇以敬村委会庆民村	中华民国元年（1912）	近现代重要史迹及代表性建筑
12	赤坎南楼	1983年3月	赤坎镇南楼村委会腾蛟村潭江北岸	中华民国2年（1913）	近现代重要史迹及代表性建筑
13	开平旧县委所在地	1983年3月	赤坎镇上埠居委会前进路34号二楼	清末	近现代重要史迹及代表性建筑
14	关族图书馆	1983年3月	赤坎镇上埠居委会堤西路	中华民国20年(1931)	近现代重要史迹及代表性建筑
15	司徒氏通俗图书馆	1983年3月	赤坎镇下埠居委会堤东路17号	中华民国14年(1925)	近现代重要史迹及代表性建筑
16	邓一飞烈士祖屋	1983年3月	赤坎镇护龙村委会东升东盛村第二巷1号	中华民国8年（1919）	近现代重要史迹及代表性建筑
17	周文雍烈士纪念碑	1983年3月	百合镇茅冈村委会茅冈墟325国道旁	1958年	近现代重要史迹及代表性建筑
18	周文雍烈士祖屋	1983年3月	百合镇茅冈村委会宝顶村凤凰里	清代	近现代重要史迹及代表性建筑
19	合山铁桥	1983年3月	百合镇齐塘村委会合山东侧	中华民国23年(1934)	近现代重要史迹及代表性建筑
注：经过开平市第三次全国文物普查，上表格中下列名称有所改动： 1.“开平旧县委所在地”改为“中共开平县委旧址”。 2.“邓一飞烈士祖屋”改为“邓一飞故居”。 3.“周文雍烈士纪念碑”改为“周文雍、陈铁军烈士纪念碑”。 4.“周文雍烈士祖屋”改为“周文雍故居”。					

【文物普查】 按照《国务院关于开展第三次全国文物普查的通知》和省、江门市有关通知的精神，市文物局积极筹备开展为期5年的第三次全国文物普查。成立了普查领导机构，制订普查工作方案，拨出专款，科学、有序地以市普查办和普查队为主体开展第三次全国文物普查工作。经过全市上下一心的共同努力，从2008年7月到2009年12月，历时18个月，完成全市1659平方公里土地的实地调查，走访全市15个镇（街道办事处）的268个村（居）委会、2817条自然村，

行政村、自然村普查到位率均 100%。登录文物点总数 1945 处，其中新发现 71 处、占 3.65%，复查 1874 处、占 96.35%。登记消失文物点 11 处，各级文物保护单位无一消失。开平市是唯一代表广东省接受国务院“三普办”和省“三普办”实地文物调查阶段验收的县级市，受到了联合验收专家组的高度评价。市文物局局长李佳才被国务院第三次全国文物普查领导小组办公室评为“三普”实地文物调查阶段突出贡献个人，吴就良、梁锦桥被广东省人民政府第三次全国文物普查领导小组办公室评为广东省“三普”实地文物调查阶段先进个人。

【文物征集】 20 世纪 80 年代，征集到各类文物 970 多件及铜钱 277 斤，其中华侨文物 423 件、革命文物 232 件。其中，孙中山手迹题词 1 幅、银质“一等奖章”1 枚及其他珍贵文物一批。2008—2009 年，共征集和接受捐赠的文物有 150 件，其中有：立园园主谢维立之女谢美娟捐赠的“维立公司”印刷电板 1 块，侨属方奕詟捐赠的《China Gold》，“开平媳妇招思虹”捐赠的华侨历史资料和图片，爱国华侨关德兴的长女关汉英捐赠的一批关德兴的演出戏袍和照片，美国飞虎队捐赠的一批实物及资料，包括二战时期飞虎队用过的求救血书等。

【文物保护宣传】 “申遗”成功后，为了让文化遗产保护知识家喻户晓，市文物局充分利用本市的广播电视、报纸、网络等宣传媒体对《文物保护法》和相关管理法规进行了广泛的宣传；派出人员协助新华社、中央电视台、凤凰卫视台、香港亚视台、广东电视台等国内重要媒体做好相关采访工作，宣传碉楼文化。文物局工作人员还在省、国家文物局网站，《中国文物报》，省文化信息网和本地媒体发表报道几十篇，宣传文物保护及文物普查的情况。在文物普查过程中，市普查办印发文物普查工作简报 10 多期，及时向有关领导和上级部门通报普查信息及进展情况。广泛的舆论宣传在群众中引起很大反响，群众的文物保护意识得到明显的提高。

同时，还利用“5·18 国际博物馆日”、“碉楼保护月”、“文化遗产日”等各种活动，举办形式多样的世界文化遗产与文物保护宣传活动。其中包括：市领导发表广播电视讲话、邀请市人大代表视察开平碉楼、在报纸刊登开平碉楼与村落专刊、召开“申遗”成功座谈会等等。2008 年至 2009 年共举办展览 9 期，其中有《“潭江之春”第 21 回摄影作品展》、“5·18 国际博物馆日”的《开平华侨史话——历史图片展》，6 月份“文化遗产日”的《遗产知识图片展》、《纪念司徒美堂先生诞辰 140 周年图片展》、《保护文化遗产、共享精神家园》大型图片展览、《“潭江之春”第 22 回摄影作品展》、《庆祝建国六十周年开平市摄影家协会作品展》、《江门市(开平市)第三次全国文物普查革命文物汇报展》等。

【学术研究】 2008－2009 年，开平市文物局、碉楼研究所、华侨博物馆完成了《平凡赤子心》一书的编辑出版工作；完成了《世界遗产地——开平碉楼背后的故事：华侨历史及其建筑》和《中国博物馆志•广东分卷•开平市华侨博物馆》的编写工作；接纳华南师范大学、中山大学、华南理工大学、浙江大学、东南大学、香港大学等海内外十几所大学的本科生、硕士（博士）生来开平市实习和考察、调研。

【管理人员培训】 2008 年，市文物局共派工作人员参加省、市级培训班三次，分别是广东省文化厅举办的“全国重点文物保护单位保护管理机构负责人培训班”、广东省文物考古研究所举办的“台山考古发掘培训班”和国家文物出境鉴定广东站举办的“明清书画、陶瓷鉴定培训班”。2009 年，共参加省、市级培训班四次，分别是广东省文化厅举办的“广东省文物调查数据库管理系统建设项目培训班”、“江门市第三次文物普查 2009 年春季培训班”、“广东省第三次全国文物普查队长培训班”、“世界文化遗产地保护管理的理念与实践”高级培训班等。2009 年 6 月底，文物局在市委党校举办了为期 3 天的文物保护暨第三次全国文物普查培训班，文博系统全体工作人员、普查队员，市旅游资源开发公司中层以上干部，各镇（办事处）宣传委员、文化站站长，4 个世界遗产点所在地的村委会支部书记、主任、村长和村民代表共 100 多人参加了培训。这次培训活动不仅提高了开平市文物保护、文物普查与旅游从业人员的工作能力和业务水平，而且也为提高文物普查质量提供了更加充分的保证。

下属单位简介

【碉楼研究所】开平市碉楼研究所于 2004 年 3 月 15 日成立。2009 年 5 月，成立开平市世界遗产管理中心（与碉楼研究所两个牌子，一套人马），协助市文物局开展全市文物的保护管理工作。2009 年，全所共有在职干部员工 6 名。碉楼研究所与国内外著名的大专院校合作，积极开展碉楼文化、华侨文化的研究。与五邑大学合作建立了侨乡文化研究基地；与组织部、人事局、旅游局合作，为中山大学旅游学院建立了博士后流动站科研基地；配合支持国家文物局主办第二期中国世界遗产（预备名单）保护管理培训班、配合中国民间建筑学会等组织举办第十六届中国民居学术会议，得到了上述主办部门的充分肯定。

【华侨博物馆】 开平市华侨博物馆位于开平市三埠长沙公园内，1985 年由广东省文化厅拨款及县政府筹资兴建。因开平是著名侨乡，征集的文物主要为华侨文物，故定名为华侨博物馆。馆舍为两层半平顶楼房，建筑面积 430 平方米，展览面积 180 平方米。馆内设华侨历史文物陈列室、临时性展览室、文物仓库、资料室、办公室。2009 年，全馆共有在职干部员工 5 名。为贯彻落实党的十七大精神，充分发挥博物馆、纪念馆宣传和传播先进文化的重要作用，加强公共文化服务体系建设和公民思想道德建设，根据中宣部、财政部、国家文物局《关于博物馆、纪念馆免费开放的通知》的要求，开平市华侨博物馆已在 2008 年 8 月 8 日实行免费开放参观。（吴就良 叶娟）

附：文物局领导班子名录

局　长：李佳才

档案工作

【简况】 2008－2009 年，认真贯彻执行《档案法》、《档案法实施办法》以及省制定的有关档案法规、标准，按照省、江门市档案局的工作部署，认真组织实施既定计划，履行《档案法》赋予的行政管理和执法职能，加强对基层单位档案管理业务的监督指导，推进档案馆的基础业务建设，促进市档案工作“三个文明”建设的开展。

【局（馆）机构设置】 档案局（馆）的干部编制核定为 11 人，在职干部 11 人。内设机构分办公室、业务指导股、档案管理股 3 个股室。局领导班子职数设 1 正 2 副。

【档案业务监督指导】 2008—2009 年，主要任务是指导国家机关、医疗、教育等部门 12 个单位开展档案工作目标管理上等级工作。经省、江门市和开平市档案局组织验收，市中心医院晋升为国家二级科技事业档案管理单位，国税局、开平海关、机电中等职业学校、五中、开侨中学达省特级单位水平，安监局、水产局、质监局、广播电视台、达德小学、三埠海事处达到省一级单位水平。到 2009 年，全市已有 146 个单位实现规范化、标准化档案工作目标管理。另外，还协助江门市档案局对长师中学、公用事业管理局 2 个单位晋升省特级满 5 年后的复查工作，指导 2 个单位对复查过程中存在的问题进行整改，进一步完善和规范 2 个单位的档案管理。

【转制、破产企业的档案处置】 从 2007 年 4 月起，为配合开平市国有（集体）破产改制企业改革顺利开展，档案馆开始接收这些企业在改制前形成的档案。2008－2009 年，共接收 90 家企业的档案进行规范整理和进馆寄存。其中，完成规范整理好的有 84 家，共整理文书档案 1074 卷、会计档案 56457 卷，个人档案 1290 卷；另 6 家单位的档案在整理中。另外，这些企业有超过保管期限的档案，经鉴定可作销毁的 49260 卷。同时，为配合市劳动社保部门办理这些企业下岗职工的退休、社保工龄等核实工作，两年中档案馆共为 343 人次查阅提供档案 1042 卷，很好地配合了市政府对国有（集体）破产改制企业的改革，又确保社会和谐发展。

【文书档案验收工作】 继续以“三集中”形式对全市各单位的文书材料归档进行监督和业务指导，通过分批组织验收，全市机关、事业单位整理达到规范合格的文书档案 2208 卷。其中永久类 660 卷，30 年的 707 卷，10 年的 841 卷；17 个单位实行单份文件归档，验收合格的单份文件 17606 件。其中永久类 4710 件，30 年的 4973 件，10 年的 7923 件。

【档案馆基础业务建设】 两年中，档案馆共接收市委、市政府以及全市各单位各类档案 5096 卷、单份文件 8147 份，进馆保存。其中文书档案 2145 卷、单份文件 8147 份；财政局预结算档案 46 卷，人事部门人事档案 490 卷，技术职称档案 2144 卷；基建档案 1 卷。另外，接收市政府荣誉实物档案 145 件，各单位各类照片档案 603 张，以及信息局拍摄整理的反映本市社会各类重大事项、重要活动以及新闻等电子照片达 59G 容量。还接收 28 个单位 6410 份电子文件。2008 年 8 月，为确保馆藏档案逐步向社会开放以及开放档案的可公开性，组织对 1975 年以前中共开平县委、1966 年以前开平县人民政府共 543 卷档案进行鉴定，经鉴定后向社会开放 2 个全宗 477 卷档案。

2008 年 6 月，市政府拨专款 3.08 万元，重新布置和装修档案馆档案阅览室，并添置阅览台、办公椅、目录柜等一批，营造更好的阅览条件，既方便公众查阅档案，又提高了安全保管档案的系数。档案馆在为领导决策、机构改革、统战工作、制定工作计划方案、基建项目申报、市（镇）界勘定、经济建设、解决纠纷、打击违纪活动、编史修志等各项工作方面以及为市内机团和社会各界提供利用服务。两年中，到馆查借阅利用档案、资料有 973 人（次），利用档案、资料共 4730 卷，单份文件档案 711 份。2009 年 9 月起，与市人大常委会办公室合作，利用馆藏档案和走访有关人员，开始组织编纂《开平市（县）人大历届文件汇编》。

【档案管理现代化】 继续对馆藏档案进行目录录入。其中 2008 年录入文件级目录 20991 条、案卷级 891 条；2009 年录入文件级目录 37667 条、案卷级 4701 条。到 2009 年底，馆藏档案录入存贮的电子目录库共有文件级目录 346060 条，案卷级目录 25505 条。2008 年，馆藏的 5133 张照片档案已全部采用扫描技术进行数字化存贮。

【现行文件查阅服务】 开平市现行文件查询中心于 2003 年 12 月在档案馆挂牌成立并面向社会开放。到 2009 年，完成收集整理全市 56 个党政机关和部门的 1888 份事关民生、文化和经济发展、社会管理等政策性和指导性文件（其中 2008 年收集 190 份，2009 年收集 184 份），并编制了索引、文件目录等检索工具，通过纸质文件和电子文件两种方式，全面向社会公众和企业、团体免费提供查阅利用。2 年来，共有 17 万多人次通过网上查阅现行文件。

【档案安全工作】 2008 年 11 月，对档案库房内七氟丙烷气体自动消防系统损坏的控制设备进行维修更换，消除防火安全隐患，确保馆藏档案的安全。2009 年 3 月，接受市消防大队对馆内的防火安全和消防器材的检查，得到消防大队对防火安全的肯定。另外，还通过防雷检查、电梯安全运行检查等。2008 年 10 月底，工作人员发现档案大楼顶层楼面出现裂缝渗水，经报告领导后及时请专业人员进行补漏修整，杜绝了安全隐患。

两年间，聘请 4 名工作人员加快对馆藏档案的抢救，通过对残损档案进行糊裱、整理，共抢救馆藏档案 6415 页，并更换破旧的档案盒 1700 个。

【业务培训和工作会议】 2008 年 3 月，分 5 批对全市 110 个市直单位的档案工作人员进行文书材料“三集中”归档前的业务培训。同年 4 月，配合江门市档案局在开平市金山度假村酒店召开江门市档案地志系统工作会议。是次会议由江门市政府马富强副秘书长主持，江门市政府李崴副市长、开平市苏树栋副市长出席会议并发表讲话。

【档案宣传与学术交流】 2008 年 3 月，档案局全体干部到鹤山市档案局学习、借鉴档案管理信息化工作先进经验。2008 年 11 月，在江门市第四届社会科学普及周暨社会科学学术年会上展出《碉楼与村落历史图片展》。之后，继续在档案馆内设置展示区，接待 5 批共 750 多名中、小学生到此接受爱国主义教育。2009 年 2 月，协助江门市档案局在开平市政府行政大院内举办江门改革开放三十年图片展（开平站）展出，各行政机关、事业单位有 600 多人次到场参观。2009 年，该市

提交省档案学会“两个体系建设”档案学术研究专题学术论文 1 篇，获得三等奖。（周军平）

附：档案局（馆）领导班子名录
局（馆）长：余英瑞
副局（馆）长：谭国源　周松健

广 播 电 视

【简况】 开平广播电视台成立于 2005 年 3 月，前身是开平市广播电视局。内设机构有：办公室、总编室、事业发展股、财务股，下辖广播中心、电视中心（分别保留电台、电视台呼号）、网络中心、管理中心以及 13 个镇站。有电视发射塔一座，光纤传输网 2398 公里。工作职能包括制作和播放新闻宣传、广告、信息及有线电视，宽频传输网的设计、架设、安装、维护、用户管理和广播电视的无线覆盖等。电台的发射频率是 FM95.6 兆赫，电视台发射频道是 10 频。全天 24 小时可收听收看广播电视节目。城区有线电视入户率达到 106.7%以上（包括 1 户多机用户）。开通城区宽频网，镇级有线电视网络全面升级改造工程（与城区网络同建设标准、同频道数量、同收费标准，简称“三同”工程）已进入收尾阶段，有线数字电视整体转换工作已立项启动。

2009 年，全台有固定资产 1.6 亿元。在职干部员工 280 名，其中大专以上学历 112 人。具有各种技术职称 63 人，其中高级职称 2 名，中级职称 12 名，初级职称 49 名。2008—2009 年，有 120 多件广播和电视作品获国家级、省级和市级奖励。

【宣传报道工作】 紧紧围绕市的中心工作，服务大局，做好开平市委十一届六次、七次全会精神，市人大政协“两会”，改革开放 30 周年，新中国成立 60 周年，全国抗灾救灾，抗震救灾，北京奥运会，深入学习实践科学发展观活动，翠山湖新区，创建教育强市，市第十届运动会，四川汶川灾区重建，国际金融危机等专题的宣传报道工作，充分发挥广播电视的宣传职能作用，取得显著成效。共播出广播新闻 2.63 万篇，电视新闻 3680 篇，《今日开平》节目 39 期，《潭江论坛》节目 19 期。一大批广播电视作品被国家级、省级、江门市电台、电视台采用。

【广播节目】 解放思想，锐意进取，加大对广播节目的运作模式和制作模式的改革创新力度，创办具有开平侨乡特色的节目。打破以往大版块节目的模式，采取与生活息息相关的各类资讯为主轴，以格式化的经典、流行音乐为辅助的播报模式，使整套广播节目充满活力，增强可听性，加强与听众的互动性。开设《爱生活·UP 生活》、《我的快乐年代》、《60 分钟真人 SHOW》、《飞扬资讯》、《半点音乐推介》等节目，打造了一个听得见、看得见、受欢迎的电台。广播频率 95.6 兆赫，两年共播音 14965 小时。

【电视节目】 坚持“三贴近”原则，精心办好各类电视节目，开设《今日开平》、《潭江论坛》、《警讯》、《交警视窗》节目。其中《今日开平》节目注重从老百姓的关注点切入去寻找新颖题材，反映大时代普通人的生活变化，反映和谐社会建设的成果。配合市委宣传部合办好《潭江论坛》节目，内容紧跟社会形势，与群众一起探讨社会热点难点问题。与市公安部门制作《警讯》、《交警视窗》节目，以真实的案例说法，使群众更好地知法、懂法、守法。在《今日开平》节目播出的《二婆家的祖屋》、《托管碉楼 彰显文化》、《庆哥的幸福生活》等 16 件作品分别获得广东省、江门市的奖励。电视节目在广东电视公共频道开平台时段播出，两年共播出 2190 小时。

【农村有线电视网络“三同”工程】 针对农村有线电视网络比较落后的现状，2006 年初，台党组提出用 5 年时间在农村实施有线电视网络“三同”工程，通过“三步走”规划，对全市 15 镇（街）的有线电视网络进行全面升级改造。第一步是有条件的镇（街）先行，用一年时间完成三埠、长沙郊区和水口镇的工程。第二步是用两年时间对经济比较困难的金鸡、百合、赤水、蚬冈、大沙 5 个镇，由台统筹资金直接扶持完成工程。第三步是用两年时间对余下的 7 个镇的工程按照先墟镇、后农村的步骤来实施完成。至 2009 年 12 月，“三同”工程进入收尾阶段。这项民心工程惠及开平 45 万农民群众。

【城区数字电视工程】 数字电视是大势所趋。2009年4月24日，市委成立市有线数字电视整体转换工作（简称数字电视工程）领导小组，由市委副书记薛卫东担任组长，市委常委黄继烨、副市长陈靖担任副组长。4月27日，数字电视工程的立项申请得到发改局的批准。城区率先启动数字电视工程。6月30日，市委、市政府正式批转执行《关于有线数字电视整体转换工作的实施意见》和《关于我市有线数字电视收视维护费的收费标准》两个文件。至2009年12月，数字电视工程的前端系统已完成招标工作。前端辅助系统如呼叫中心系统、BOSS系统、CA系统、EPG系统等已定好技术方案和设备的技术参数，准备进行招投标。银行融资工作正按计划有序进行。

【安全播出与传输】 全台高度重视安全播出和传输工作，建立健全《机房24小时值班制度》、《频道监看制度》、《区域负责监看制度》、《无信号立即响应制度》、《联络员报警制度》等安全播出机制，并经常组织演练。曾被南方广播影视传媒集团评为“十七大广播电视安全播出先进典型单位”。

【队伍建设】 台党组充分发挥龙头作用，采取多种有效方式，打造一支素质高、业务精、作风正的干部队伍。坚持党组中心组的理论学习制度，每季度都组织专题学习，不断优化知识结构，增强创新能力，构建“学习型”领导班子。认真贯彻执行《党政领导干部选拔任用工作条例》的规定，坚持公开、公平、公正的原则，培养、提拔了一批德才兼备、年轻有魄力的中层干部和骨干。近六年来培养副科级以上干部3人，提拔正股级干部13人，副股级干部23人。抓好廉洁自律，认真落实党风廉政建设责任制，做到依法办事、按政策办事，始终保持艰苦奋斗、勤俭节约的作风，努力提升干部队伍防腐拒变能力。

【精神文明建设】 坚持以人为本理念，开展形式多样的文化体育活动，丰富干部员工的精神文化生活。“三八”妇女节进行男、女子拔河比赛，“五一”劳动节和“五四”青年节举办男、女子篮球比赛，国庆中秋期间举行文艺晚会，元旦期间举行羽毛球团体赛。组队参加市“国税杯”乒乓球赛、“地税杯”羽毛球赛、市委宣传部趣味运动会。组织员工向汶川地震灾区捐出“特殊党费”和捐款共74392元。《开平广播电视信息》内部学习刊物已出版57期。全体员工以“我是广播电视人”为荣，创造出一个全新的广播电视形象，形成了“团结向上、和谐共勉、好学进取、务实敬业、服务大局，协调发展”24字的具有广播电视特色的文化氛围。2004年被评为开平市标兵文明单位，2006年被评为江门市标兵文明单位，2009年被评为全国广告行业精神文明单位。台长戚汝棠获得2008年度江门市精神文明先进个人荣誉称号，台网络中心获得2008年度“江门市青年文明号”荣誉称号。

【精品创作】 坚持“三贴近”原则，把精品创作作为提高新闻宣传质量和队伍素质的重要手段，对重大主题、重大典型、重大事件进行精心策划。创新报道内容、形式和手段，组织精兵强将重点经营。建立和完善一套有效的培训和创优机制，取得明显成效。共有91件广播电视作品分别获得国家级、省级、江门市和开平市的奖励（见附表），其中广播录音作品《美堂传奇》获得国家广播电影电视总局广播节目技术质量奖三等奖，广播作品《开平碉楼与村落申遗成功，广东实现世界遗产零的突破》获得广东新闻奖一等奖，电视作品《开平碉楼与村落申遗成功，广东诞生首个世界遗产》获得广东新闻奖二等奖，获奖档次和数量居全省县级台前列，实现了广东新闻奖一等奖零的突破。

附表：

2008—2009 年开平广播电视台获江门市以上奖励的作品

一、广播部分

作品题目	作　者	获奖名称	获奖等级
2008 年			
美堂传奇	黄河	2007 年度广播节目技术质量奖（金鹿奖）戏曲类	三等奖
开平碉楼与村落申遗成功，广东实现世界遗产零的突破	集体创作	2007 年度广东省新闻奖	一等奖
		2007 年度广东省广播电视新闻奖	一等奖
		2007 年度广东省县（市）级广播电视新闻奖	银奖
人大代表积极献言，山村群众将用上“放心电、平价电”	黄铭敏、谢小影、张蕊	第 17 届广东人大新闻奖	三等奖
相约碉楼	黄河	2008 年广东省广播节目录制技术质量奖	二等奖
欧派整体橱柜（老鼠蟑螂形象篇）	黄河、梁桥莺、麦永健、龙宇	广东省第十五届广告优秀作品评比广播商业类	铜奖
珍惜生命——请勿超速驾驶篇	黄河、吴杏萍等	广东省第十五届广告优秀作品评比广播公益类	优秀奖
吸烟危害健康	黄河、麦永健	广东省第十五届广告优秀作品评比广播公益类	优秀奖
开平碉楼与村落申遗成功，广东实现世界遗产零的突破	集体创作	2007 年度江门市广播电视新闻奖	一等奖
		2007 年度江门市新闻奖	一等奖
		2007 年度五邑新闻奖	二等奖
二婆家的祖屋	林静青、谢小影、黄河、司徒艳君、张怀芳、杨伟	2007 年度江门市广播电视新闻奖	二等奖
		2007 年度江门市新闻奖	二等奖
能歌善舞的林豆豆	陈丽华、黄铭敏、黄河、谢小影、龙宇、张蕊	2007 年度江门市广播电视新闻奖	二等奖
		2007 年度江门市新闻奖	二等奖
		2007 年度五邑新闻奖	优秀奖
碉楼申遗成功后的冷思考	杨伟、谢小影、雷洪、黄铭敏、林静青、陈丽华	2007 年度江门市广播电视新闻奖	三等奖
		2007 年度江门市新闻奖	三等奖
村民小组长吃“财政粮”干劲足	黄铭敏、谢小影、周建宁、林静青、杨伟、陈丽华	2007 年度江门市广播电视新闻奖	三等奖
		2007 年度江门市新闻奖	三等奖

续上表

作品题目	作　者	获奖名称	获奖等级
解不开的驻村情结	谢小影	江门市“十百千万”干部下基层驻农村征文比赛	优秀奖
2009 年			
惠农政策暖人心　种粮“一哥”信心足	谢小影、黄铭敏、麦永健	2008 年度广东省县（市）级广播电视新闻奖	银奖
庆哥的幸福生活	林静青、谢小影、雷洪、麦永健	2008 年度广东省县（市）级广播电视新闻奖	铜奖
提高环保意识之限塑篇	麦永健、温颖乔、吴杏萍、龙宇、黄河、陈丽华、林静青	第十六届广东省优秀广告作品评比广播公益类	铜奖
麻风村开通有线电视信号 村民生活更滋味	林静青　麦永健	2008 年度广东残疾人事业好新闻奖	优秀奖
用心触摸生活	杨伟　麦永健	2008 年度广东残疾人事业好新闻奖	优秀奖
种粮一哥的企盼	谢小影、黄铭敏、麦永健	2008 年度江门市广播电视新闻奖	二等奖
		2008 年度江门县市（区）广播电视新闻奖	一等奖
		2008 年度江门新闻奖	二等奖
		2008 年度五邑新闻奖	优秀奖
不灭的民歌情	黄铭敏、谢小影、黄河、龙宇、冯玉莲、余敏彪	2008 年度江门市广播电视新闻奖	二等奖
		2008 年度江门县市（区）广播电视新闻奖	一等奖
		2008 年度江门新闻奖	二等奖
村企合作谋双赢 农民就业喜增收	林静青、谢小影、雷洪	2008 年度江门市广播电视新闻奖	三等奖
		2008 年度江门县市（区）广播电视新闻奖	二等奖
		2008 年度江门新闻奖	三等奖
八大热词折射侨乡开平变化	陈丽华、谢小影、杨伟、林静青、梁添彬、雷洪	2008 年度江门市广播电视新闻奖	三等奖
		2008 年度江门县市（区）广播电视新闻奖	三等奖
		2008 年度江门新闻奖	三等奖
开平女生性虐待视频案引发的思考	杨伟、谢小影、周建宁、龙宇、雷洪	2008 年度江门县市（区）广播电视新闻奖	三等奖
云幻无边情系碉楼	林静青、黄河、谢小影、雷洪	2008 年度江门县市（区）广播电视新闻奖	三等奖
澳斯曼卫浴——镜子篇	麦永健、梁桥莺、龙宇、黄河	2008 年度“中国移动”杯优秀广告作品评比广播影视类	铜奖
提高环保意识之限塑篇	麦永健、温颖乔、吴杏萍、龙宇、黄河、陈丽华、林静青	2008 年度“中国移动”杯优秀广告作品评比广播影视类	银奖

2008—2009 年开平广播电视台获江门市以上奖励的作品

二、电视部分

作品题目	作　者	获奖名称	获奖等级
2008 年			
开平碉楼与村落申遗成功，广东诞生首个世界遗产	李永建 张怀芳	2007 年度广东省广播电视新闻奖	二等奖
		2007 年度广东省县（市）广播电视新闻奖	金奖
		2007 年度广东新闻奖	二等奖
二婆家的祖屋	李永建、司徒艳君、张怀芳、余敏彪、雷洪、周赋达	2007 年度广东省广播电视新闻奖	三等奖
		2007 年度广东省县（市）广播电视新闻奖	金奖
		2007 年度广东新闻奖	三等奖
托管“遗产”彰显文化	李永建、张怀芳、雷洪、余丽娜、甄新念	2007 年度广东侨务新闻奖	二等奖
消息：开平碉楼与村落申遗成功，广东诞生首个世界遗产	李永建、张怀芳	2007 年度江门新闻奖	一等奖
专题：二婆家的祖屋	李永建、司徒艳君、张怀芳、余敏彪、雷洪、周赋达	2007 年度江门新闻奖	二等奖
新闻评论：托管“遗产”彰显文化	李永建、张怀芳、雷洪、余丽娜、甄新念	2007 年度江门新闻奖	三等奖
连续报道：南楼四婆	李永建、张怀芳、关慧娜、雷洪、周赋达	2007 年度江门新闻奖	三等奖
少儿节目：张开歌声的翅膀	李永建、张怀芳、靳晓文、余丽娜	2007 年度江门新闻奖	三等奖
消息：开平碉楼与村落申遗成功，广东诞生首个世界遗产	李永建、张怀芳	2007 年度五邑新闻奖	二等奖
专题：二婆家的祖屋	李永建、司徒艳君 张怀芳、余敏彪、雷洪、周赋达	2007 年度五邑新闻奖	优秀奖
2009 年			
种粮一哥的企盼	李永建、雷洪	2008 年度广东省县（市）广播电视新闻奖	银奖
庆哥的幸福生活	周赋达、冯玉莲、雷洪	2008 年度广东省县（市）广播电视新闻奖	银奖

续上表

作品题目	作　者	获奖名称	获奖等级
不灭的民歌情	余敏彪、冯玉莲、关咏雯、雷洪、周赋达	2008年度广东省广播电视节目奖	电视专题二等奖
不倒榕	余敏彪、周赋达、雷洪	2008年度广东省广播电视节目奖	电视文艺节目三等奖
梦想的阶梯	冯玉莲、梁科、周赋达、余丽娜、雷洪	2008年度广东残疾人事业好新闻	电视类优秀奖
供销舵手——杨源想	李永建、甄新念冯玉莲、雷洪、周赋达	江门市优秀课件观摩评比	金奖
司徒美堂的秘书：司徒丙鹤	冯玉莲、张怀芳、靳晓文、雷洪、周赋达	2008年度江门市广播电视新闻奖	二等奖
		2008年度江门县市广播电视新闻奖	二等奖
		2008年度五邑新闻奖	优秀奖
		2008年度江门新闻奖	二等奖
种粮一哥的企盼	李永建、雷洪	2008年度江门市广播电视新闻奖	三等奖
		2008年度江门县市广播电视新闻奖	二等奖
		2008年度江门新闻奖	三等奖
不灭的民歌情	余敏彪、冯玉莲、关咏雯、雷洪、周赋达	2008年度江门县市广播电视新闻奖	二等奖
		2008年度江门市广播电视新闻奖	二等奖
		2008年度五邑新闻奖	三等奖
		2008年度江门新闻奖	二等奖
		江门市五个一工程奖	
八大热词折射侨乡开平30年变化	李永建、张怀芳、靳晓文、关慧娜、雷洪、蒋艺	2008年度江门新闻奖	三等奖
		2008年度江门市广播电视新闻奖	三等奖
		2008年度江门县市广播电视新闻奖	三等奖
庆哥的幸福生活	周赋达、冯玉莲、雷洪	2008年度江门新闻奖	三等奖
		2008年度江门县市广播电视新闻奖	二等奖
		2008年度江门市广播电视新闻奖	三等奖
安全生产系列（安全帽篇）	周赋达	2008年度江门市优秀广告作品奖	铜奖
珍惜用水（鲜血篇）	余灏立、吴健宁	2008年度江门市优秀广告作品奖	银奖

【改革开放30周年】 1978年10月，开平县电视差转台成立，差转功率10瓦，可供城区收看电视频道一套。1983年4月，差转台搬入位于开平市长园路3号新建的五层高的广播电视大楼，并在楼顶架起一座44米高的自立式天线铁塔(地面至塔顶共高60米)，功率300瓦，当年电视覆盖

率达 80%。1984 年 6 月，开平县广播电视局成立，电视差转台改名为开平县电视转播台。1984 年 6 月 8 日，开平电视台成立，是全国第一批县级自办节目的电视台之一，1984 年 9 月 24 日，开平人民广播电台成立，是全国第一家县级立体声调频广播电台。

1985 年 4 月 1 日开始，开平电视台每周制作一组新闻，时间一组 15 分钟，每周播出 4 次，当年新闻播出时间共 40 小时。1986 年 11 月开始开办每日新闻，平均每日播出 5 条，每次新闻节目时间为 10 分钟，当年新闻播出时间共 54 小时 10 分钟。

1986 年，开平有线电视网络建成并投入使用，1987 年，水口、月山、赤坎、蚬冈、金鸡、马冈、苍城等乡镇也相继投资组建。1988 年开始在香港电视频道插播自办节目（开平新闻），由本台工程技术人员将当时万余元一台的日产乐声 NE450 1/2 录像机射频改在香港电视频道上插播节目，是全省第一个采用的插播形式播放节目的电视台，得到全省各地广播电视部门的肯定，相继到开平参观学习。

1988 年，开平广播电视大厦建成投入使用。1991 年，由局设立独立的电视广告部，实行统一的独立经营管理，将经营与宣传分开管理，提高广播电视的广告效益，促进事业的发展。

1993 年开平市广播电视局投资 1700 万元(其中由市政府拨款 1300 万)在开平梁金山顶兴建广播电视发射塔，山高海拔 450 米，塔高 120 米。1996 年 3 月 26 日建成投入使用，当年全市电视覆盖率达 100%。1997 年，开平全市实现电视光纤联网，至 2000 年底，城乡共有电视用户 9 万户。

1993 年，开平电台每天播音 18 小时，2000-2008 年每天播音 20.5 小时，2009 年开始 24 小时全天候播音。1998 年 9 月 15 日开平电视台制作的《心中的丰碑》节目在广东卫视《南粤大地》栏目播放，是该台首次上卫星传播的专题节目。

1997 年，开始筹划广播电视中心大楼建设，政府拨地 20 亩，银行贷款 5200 万元，自筹 2000 万元。

1998 年，根据上级文件精神，将开平电台、开平电视台、开平有线电视台实行“三台”合一，资源整合，与局、台挂两套牌子，一套人员合署办公。

2001 年底开始组建有线电视宽频网，至 2009 年有用户 1.2 万多户。2003 年 12 月，广播电视中心大楼建成投入使用。主楼 16 层（含地下室一层），高 66.6 米，是集广播、电视、网络功能齐全的多媒体综合大楼。

2005 年 3 月 17 日，开平市广播电视局进行改制，改称为“开平广播电视台”。

2005 年 4 月 6 日，在《开平市广播电视局每月宣传工作小结及下月宣传计划》的基础上，《开平广播电视信息》内部刊物创刊，该刊以“反映开平广播电视事业时代进程，讲述开平广播电视人精彩人生”为宗旨，每月一期。同年 4 月 28 日，共青团开平广播电视台委员会成立。

2006 年初，台党组提出在农村实施有线电视网络“三同”工程（与城区网络同建设标准，同频道数量，同收费标准），用 5 年时间对全市 15 个镇（街）的有线电视网络进行全面升级改造。至 2009 年 12 月，“三同”工程已有 13 个镇（街）完成工程，余下的两个镇（街）的工程也接近尾声。

2006 年 5 月，全国 2005 年度录音节目质量评比奖揭晓，广播中心选送的 7 件录音作品全部荣获三等奖，获奖作品数量位居全国县（市）级广播电视台第一。这一成绩刷新该台参评作品在国家级评比中获奖最多的新记录。

2007 年 2 月，中国 2006 年度录音师协会录音师节目技术质量奖评选揭晓。开平广播电视台选送的 3 件作品分别获得语言类二等奖、三等奖和戏曲类三等奖。

2007 年 6 月 23 日—7 月 2 日 ，首次派出记者远赴国外，前往新西兰采访第 31 届世界遗产大会，报道“开平碉楼与村落”项目申报世界文化遗产的历史时刻，第一次成功尝试电话连线采访、第一次从海外成功传回电视图像。

2008 年 4 月，精品创作实现历史新突破，广播作品《开平碉楼与村落申遗成功，广东实现世界遗产零的突破》获得广东新闻奖一等奖。

2008 年 5 月，被广东省档案局评为“省一级档案综合管理单位”。

2009 年 4 月，在市委、市政府的强力推动下，城区有线数字电视整体转换工作正式立项启动。

至 2009 年，拥有固定资产 1.6 亿元。1993

至2009年，共有530件广播电视作品分别获得国家级、省级、江门市和开平市的奖励。

(戚汝棠 周建宁 郑红 张锋杰)

附：开平广播电视台领导班子名录

台　　长：戚汝棠

副 台 长：何永乐

杜海英（女）

周建宁（2009.12～ ）

纪检组长：谭新畅（2009.12～ ）

总工程师：刘东华（2009.12～ ）

卫生　体育

卫　生

【简况】 2009年，开平市共有医疗卫生机构279个，其中医院21所，专科防治所、站2个，疾控中心1个，卫生监督所1个，妇幼保健院1个，门诊部、诊所、医疗室等机构共253个。全市拥有病床数1392张，平均每千人口拥有病床数2.32张。全市卫生工作人员2406人，其中卫生技术人员1858人，平均每千人口拥有卫技人员3.8人。二级甲等医院2所，一级甲等医院16所。全市设置农村卫生站181个，占应设总数的80%。乡村医生181人，平均每村0.8人。居民就近得到医疗、急救和基本卫生保健。居民人均期望寿命80.44岁。

医疗设备日趋完备。全市共有核磁共振仪1台、全身CT 3台、彩色B超8台等医疗器械设备，基本满足临床需要。

【医改及医政管理】 2008－2009年，市医疗卫生系统继续深入开展“以病人为中心，以提高医疗服务质量为主题”的医院管理年活动。组织“医疗安全百日督查”专项行动，对全市各医疗卫生机构进行医疗安全专项督查。配合江门市卫生局在大沙、蚬冈等卫生院开展“双挂一培训”工作。2008年完成全市133间农村卫生站的校验工作，131间农村卫生站校验合格，合格率为98.5%，对考核不合格的农村卫生站加强规范整改。根据卫生部《关于卫生监督体系建设若干规定》（卫生部令第39号，2005年1月5日施行）的要求，于2009年将对医疗机构监督管理、打击非法行医等职能划归市卫生监督所，进一步理顺管理职能。对全市医疗服务市场进行执法大检查和专项整治，严厉打击非法行医。两年共出动执法人员115人次，车辆33辆次，查处聘用非卫生技术人员的医疗机构2间，取缔无证诊所18间，查处非法经营医学美容的美容院1间，没收药械一批，维护了医疗市场的良好秩序。

【卫生网络】 按照《印发开平市农村卫生服务一体化管理实施方案的通知》（开府办〔2003〕9号）的要求，继续实行农村卫生服务一体化管理，推动《中国农村初级卫生保健发展纲要（2001－2010）》的落实。建立健全以市直二级医院为龙头、乡镇卫生院为骨干、村卫生室为基础的农村三级医疗卫生服务网络。2008年起，对水口镇中心卫生院、月山镇卫生院开展为期两年的规范化乡镇卫生院建设试点工作。该年，新建农村卫生站6间，2009年新建农村卫生站20间，完成当年的政府考核目标。至此，全市共有乡村医生142人，覆盖127个村委会。

【医学科研】 2008年，开平市卫生系统成功申报江门市科技局科研立项7项，江门市卫生局立项17项，开展新技术新项目4项。开平市中心医院1个项目获得江门市科技成果二等奖，2个项目获得江门市科技成果三等奖，优秀论文2篇。2009年，成功申报省中医药局立项1项，江门市科技局科研立项3项，江门市卫生局立项11项，开展新技术新项目3项。1个项目获得江门市科技成果二等奖，1个项目获得江门市科技成果三等奖，优秀论文17篇。

【卫生监督执法】 共发放各类卫生许可证9360

个。结合食品生产季节和食品专项整治重点，有计划开展专项检查；对包装食品、肉类及其制品，月饼、奶类及其制品，食品添加剂、碘盐、生活饮用水，以及游泳池、学校食堂、厂企集体食堂等开展专项整顿行动；对违反《中华人民共和国食品安全法》的行为给予严厉查处，全市共处理各类卫生违法案件 47 起，罚款金额 8.7 万元。对食品厂场、饮食业、集体食堂全面实施食品卫生监督量化分级管理制度，纳入量化分级管理的食品生产经营单位 4509 家。

【爱国卫生运动】 2008 年，清拆违章建筑 112 宗，8630 平方米；清理卫生死角 237 处；印发宣传资料 8200 份。全市共投入 2 亿多元用于完善各类卫生基础设施。2009 年，开展第 21 个爱国卫生月活动，全市参加爱卫月活动人数 23 万人次，清运余泥垃圾 1657 吨，清理卫生死角 3486 处，印发宣传资料 13 万份。

【农村改水改厕】 2008 年，用于农村改水投资 617 万元，增加受益人口 2.2 万多人；用于农村改厕投资 100 万元，新建卫生厕所公厕 83 座、户厕 3744 户，卫生户厕普及率 81.97%。2009 年，用于农村改水投资 174 多万元，增加受益人口 1.2 万多人；用于农村改厕投资 121 万元，新建卫生厕所公厕 129 座、户厕 3400 户，增加受益人口 6 万多人，卫生户厕普及率 83.76%。

【无偿献血】 2008 年，全市全年累计参加无偿献血量人数 5283 人次，献血量共 142.28 万毫升，完成江门市下达的年度目标献血任务的 115.13%。其中街头献血 2915 人次，献血量 84.55 万毫升，占 2008 年度献血总量的 59.43%；机采血小板 62 人份。无偿献血工作由捐献全血向捐献成分血跨出一大步。

2009 年，全年累计参加无偿献血量人数 4697 人次，献血量共 136.4 万毫升，完成江门市下达的年度目标献血任务的 100.54%。其中街头献血 2439 人次，献血量 80.14 万毫升，占 2009 年度献血总量的 58.75%；机采血小板 91 人份。

【红十字会工作】 开平市红十字会自 1983 年成立，至 2009 年底止，共成立基层红十字会组织 35 个，其中 2008－2009 年成立的有 10 个。

2008 年度公益慈善事业共筹得善款 503.09 万元，其中救灾款项 469.68 万元，救助款项 18.76 万元，定向捐款 10.49 万元；支出救灾款项 469.68 万元，支出救助款项 10.78 万元，支出定向捐款 10.49 万元。

2009 年度公益慈善事业共筹得善款 64.32 万元，其中救灾款项 11.72 万元，救助款项 52.6 万元；支出救灾款项 11.72 万元，支出救助款项 16.21 万元。“一元爱心日”活动共救助开平市 14 名贫困家庭的先天性心脏病患病儿童成功进行手术治疗。

2008 年度，培训红十字初级救护员 165 人。2009 年度，培训红十字初级救护员 276 人。12 月正式开通开平市红十字会网站。

【卫生城市创建】 2008 年，创建省卫生村 5 条，江门市卫生村 7 条，全省城市卫生检查评比，再次确认该市为广东省卫生城市。2009 年，新增省卫生村 3 条，江门市卫生村 2 条，全市 2 个省卫生镇、4 个省卫生先进镇全部通过复查验收；2009 年 7 月，市人民政府通过《开平市创建国家卫生城市工作实施方案》。

【农村合作医疗】 开平市 2003 年始实行新型农村合作医疗保障制度（简称“参合”）。2008、2009 年实行市办镇管的操作模式，2008 年始在全市镇级卫生院（除长沙卫生院外）实行住院和门诊即时报销，方便群众；2009 年 10 月在市级 5 家医疗单位实行住院即时报销。

2008 年度全市参合人数 427946 人，覆盖率达 98.8%。人均筹资 100 元，个人出资 20 元，四级财政扶持每人 80 元。受益人数达 87866 人次，支出 3023.4 万元，其中住院补偿 23895 人次，补偿金额 2845.11 万元，门诊补偿 61288 人次，补偿金额 107.6 万元，分娩补偿 1860 人次，补偿金额 38.9 万元，特殊病种大额门诊，补偿 823 人次，补偿金额 31.7 万元；救助参合缴费 10195 人，缴费补助 20.39 万元，大病救助 135 人，救助金额 37.6 万元。

2009 年度参合人数 454269 人，覆盖率达到 98.9%。人均筹资 110 元，个人出资 20 元，四级财政扶持每人 90 元。受益人数 153328 人次，支出 5376.22 万元，其中住院补偿 31869 人次，补偿金额 4952.65 万元，门诊补偿 62835 人次，补偿金额 118.1 万元，分娩补偿 2082 人次，补偿金额 44.62 万元，特殊病种大额门诊，补偿 3105 人次，补偿金额 95.39 万元；救助参合缴费 53228 人，缴费补助 106.46 万元，大病救助 209 人，救助金额 59 万元。

【医疗纠纷处理】 2008 年，共受理并委托江门市医学会进行医疗事故鉴定 3 宗，调解医疗纠纷 24 宗。2009 年，共受理并委托江门市医学会进行医疗事故鉴定 4 宗，申请广东省医学会鉴定 1 宗，调解医疗纠纷 19 宗。通过协调医患关系，维护医患双方的利益，促进了医院工作的正常开展。

【中医工作】 按照“建设中医药名市”的要求，进一步抓好中医药适宜技术普及和政策落实。继续加大中医药适宜人才培养和适宜技术推广力度，充分发挥中医药在新型农村合作医疗中防治常见病、慢性病、多发病、疑难病临床疗效确切、价格相对低廉的优势，拓宽中医药的服务领域，完善服务功能。加强中医药特色项目建设，实施“名医、名科、名院”战略，开平市中医院继续加强专科建设，突出中医特色，突出专科特色优势，重点建设消化内科专科。推动中医骨干人才培养和中医药现代化，继续加强优秀中医临床人才和基层中医特色骨干人才培养，开展名老中医学术继承工作。2008 年，中心医院陈景堂、中医院黄运通被评为江门市优秀中医工作者。

【医院设施建设】 2004 年，开平市第一人民医院完成迁建并投入使用，并于同年 3 月改称为开平市中心医院，该院迁建工程是新中国成立以来开平卫生系统基建项目最多、主体建筑面积最大、功能最全和投入资金最多的一项工程。该院建筑面积达 8.5 万平方米，其中利国伟先生基金捐赠 4560 万元港币，自筹资金 6000 万元；新增功能科室 3 个，新增设备 206 台，特别是双排螺旋 CT、数字血管减影系统、关节镜、检验模块组合一体化分析仪、四维彩色 B 超、数字 X 光机和超力刀等设备，是本市首次引入高科技医用诊断设备、为本院增强了综合实力，固定资产增加 11823 万元。至 2009 年末，市卫生系统总固定资产达 33125 万元。

【卫生信息化建设】 2003 年 12 月 23 日在开平市政府公众网建立开平市卫生局网站（www.kpwas.go.cn）。根据江门市卫生信息化规划要求，结合开平市数字政府建设，加快卫生信息化的建设步伐，共投入资金近 10 万元，建设 100 兆的以太网，首先建成内网，与互联网实现物理隔离，初步实现办公自动化，并接入市政府信息中心（政务内外网平台）。在全市卫生系统各单位配备了计算机及相应的应用软件，市直 5 间医疗卫生单位即中心医院、二院、中医院、疾控中心、卫生监督所，建立了本单位内网，实现院内业务数据电子化。

疾控中心建成疫情信息网，并与省疫情信息网联网，实现传染病和突发公共卫生事件监测网络化、信息化和现代化。投入 10 万元加强乡镇卫生院传染病和突发公共卫生事件网络直报 计算机的软硬件建设，实现了乡镇卫生院网络直报，使疫情上报更加快捷、迅速、准确。全市传染病与突发公共卫生事件网络直报系统基本建成。

部分医疗单位根据江门市卫生局信息化建设要求，自行投入资金配备基础网络软硬件建设，建立相对独立的局域网，实行门诊收费、住院收费、住院病房医嘱和药库药房管理等方面的信息化管理。各医疗卫生单位均实行财务电算化管理。2008 年，全市投入 120 多万元，建设乡镇卫生院和预防保健机构的医院信息管理系统(HIS)。2009 年，各医疗卫生单位基本建成 HIS 信息管理系统（单位局域网），并与社保、农医报销系统实行联网，实行医院信息化管理。

【社区卫生服务】 制定《开平市社区卫生服务建设试点工作方案》，将三埠社区卫生服务中心（即开平市三埠街道办事处卫生院）列为开展社区卫生服务建设的试点单位；市财政补助 27.8 万元购买设备。该卫生服务中心通过建立居民健康档案，开展健康教育、双向转诊等多项业务，强化社区公共卫生服务功能，平均诊疗费用下降，居民对社区卫生服务机构的满意度和利用率上升。

【改革开放 30 年成就】 改革开放 30 年来，全市卫生事业蓬勃发展，基本形成医疗卫生服务、公共卫生服务、医疗保障三大体系，预防保健广泛开展，卫生状况显著改善，卫生队伍初具规模，科技创新硕果累累，医疗合作日益广泛，中医中药持续发展，医德医风建设成效显著，服务质量和医疗水平明显提高。

至2009年，全市共有各级各类医疗卫生机构472个，其中二级甲等医院2个，一级甲等医院16个。共有卫生专业技术人员2300人，设病床1428张，每千人口病床2.11张，每千人口有医生1.57人，每千人口有护士1.25人。建成市、镇、村三级医疗卫生服务网络，形成较合理的城乡医疗卫生服务网络。设立120急救指挥中心，形成遍布全市的急救网络。

改善卫生基础设施，提高医疗服务水平。新建市中心医院、市澳门开平同乡会中医院、市疾病预防控制中心，城乡医疗卫生机构面貌大改观。市级医院配备先进的螺旋CT、核磁共振等高尖精医疗设备，医疗服务水平明显提高。全市公办医疗卫生机构医疗卫生设备总值14443.67万元，万元以上仪器设备1089台，50万元以上设备35台。进口设备总值7818.57万元，占设备总值54%。

卫生改革稳步推进。建立了新型农村合作医疗制度，解决农民群众因病致贫、因病返贫难题。至2008年底，全市农村人口433297人，参加农民新型合作医疗427946人，农民新型合作医疗覆盖率为98.8%，受益人口23895人，报销金额共3023万元。

传染病防治和妇幼保健取得明显成效。严重威胁群众健康的传染病得到有效控制。全市计划免疫接种点坚持定时定点冷链正常运转，按规范抓好预防接种工作。六苗相应传染病控制基本达到国家要求，并取得连续11年无脊灰、13年无白喉、10年无乙脑的好成绩。

全市妇女儿童的健康状况进一步改善。2008年，全市区孕产妇系统管理率为94.43%；7岁以下儿童保健管理率91.70%；3岁以下儿童系统管理率为91.79%。全市婴儿死亡率为5.93‰；孕产妇死亡率为0。

加快“建设中医药强市”进程，中医药建设成效显著。加强城市社区和农村中医服务网络建设，鼓励中医药人员进入社区卫生服务机构，逐步改善乡镇卫生院和村卫生站中医药基础设施条件。把中医药技术服务贯穿到预防、治疗、保健的全过程。进一步拓宽中医药服务领域，充分发挥中医治大病、防大疫和防治亚健康疾病的独特优势，将中医和中西医结合纳入公共卫生突发事件临床救治体系。

健全公共卫生事件应急机制，完善卫生监督体系，强化卫生监督执法。加强突发公共卫生事件的应急演练，加强防控传染病工作，做好应急物资储备。开展食品安全专项整治和查处无证经营工作，全市开展查无证整治行动，2008年共出动卫生监督检查6620人次，检查餐饮单位2258家，共查处12户，罚款4.6万元。引导餐饮店整改办证164户。并与市工商局联合，专项检查全市的无证经营餐饮单位，查获无证经营单位68家。公共场所管理方面，共出动1200人次，检查公共场所经营单位900多间，整改近100间。

1998年，《无偿献血法》颁布实施。全市无偿献血工作得到全面发展，至2008年，全市累计有45.065万人次参加无偿献血，献血总量994.58万毫升。爱国卫生运动成效显著。1995年首次创建为全国卫生城市；全市乡镇（街道）15个，自然村2817条，经过多年创建，至2008年共有省卫生镇2个，省卫生村11条，市卫生村30条，卫生户厕普及率81.72%，农村自来水饮用普及率达97.3%。全市的媒介传染病相应下降，乙类传染病发病率为166.62/10万，未有甲类传染病发生。全面落实农村改水改厕和除“四害”工作，农民的生活质量得到有效提高。

【疾病预防与控制】 2008－2009年，全市无发生甲类传染病，乙、丙类传染病发病率控制在较低水平。进一步加强疫情网络直报工作，漏报率由2008年的9.29%下降至2009年的5.67%。继续抓好艾滋病防治工作，2008年开始实施针具交换工作，2009年成功申报成为国家第二轮艾滋病综合防治示范区，制定《开平市艾滋病综合防治示范区五年工作规划（2009—2013年）》。重点做好甲型H1N1流感防控工作，有效控制疫情扩散。加强狂犬病的宣传和防控，做好犬类动物伤者的伤口处理和狂犬疫苗的接种工作。全力做好计划免疫工作，2008、2009年一类疫苗基础接种率均在95%以上。2009年在全市开展麻疹强化免疫活动，实种137897人，接种率为96.64%。完成了

15岁以下儿童乙肝疫苗接种情况摸底调查工作。

【公共卫生体系建设】 2008年，疾病预防控制中心与市卫生监督所正式分开独立运作，实现技术服务和行政监督职能分离。全市共有17家预防接种门诊，其中16家已达到省规范化预防接种门诊建设要求，规范接种单位覆盖率为94.1%。疾控中心进一步增强实验室检测能力，共有检测设备166台（套），达到国家A类设备配置标准的92.3%，2009年通过计量认证复评审，通过认证的检测项目共290项。进一步健全突发公共卫生事件的应急机制和配备应急队伍，完善各项应急预案，健全应急物资储备制度，开展应急演练3次。

【市疾控中心大楼建设】 “非典”后，为提升全市疾病预防控制工作水平，市政府决定易地新建市疾病预防控制中心。大楼于2005年11月28日动工兴建，2008年7月1日投入使用。新大楼建筑面积6408平方米，集计划免疫、传染病防控、疾病信息管理、公共卫生、卫生检验、健康教育等多种功能于一体，能较好地满足全市疾病预防控制工作的需要。

【城区除“四害”工作】 两年中，开平市疾控中心消杀队在城区共进行8次大规模的除“四害”消杀工作，在城区安装灭鼠屋8000多个。每年用于城区外环境灭鼠毒饵约18吨，用于下水道消杀的烟雾剂约3000升，其他各类消杀药物约1000公斤，有效降低城区的“四害”密度。

【职业病防治】 2008年，市疾控中心对40家厂矿进行生产场所职业病危害因素监测，对1.5万人进行职业健康检查。2009年对55家厂矿进行生产场所职业病危害因素监测，对1.7万人进行职业健康检查。2009年，市疾控中心通过了上级职业健康检查机构和职业卫生服务机构续证评审，并取得建设项目职业病危害评价机构资质，成为江门地区第二家能开展建设项目职业病危害评价工作的县级机构。

【妇幼保健】 全面贯彻落实妇幼保健法律法规，切实加强婴幼儿、孕产妇两个系统管理。2008年，在全市统一使用《江门市围产期保健手册》。加强全市妇幼保健专干业务培训，孕产妇系统管理率、高危妊娠管理率、高危妊娠住院分娩率、围产儿死亡率、新生儿、孕产妇死亡率6项指标均在市目标规定范围内。开展传染病及遗传病和优生优育检查，产前遗传咨询、产前诊断、新生儿疾病筛查，制定预防艾滋病母婴传播实施方案。基层卫生院更换、配置新的儿童体检设施。建立儿童体检电子档案，0-6岁儿童保健管理率2008年91.70%，2009年95.02%。对儿童营养进行电脑评价，男童体重达标率97.08%，女童96.22%，男童身高达标率95.70%，女童95.10%。2009年8月1日年开始推行免费婚前、孕前医学检查，2008年婚检仅11对，2009年有95对，年增长率达272.73%。2009年市妇幼保健院下乡下厂（企）开展免费妇检，开展两癌筛查工作。2009年妇科病普查普治率45.50%。

主要医疗机构简介

【开平市中心医院】 是一家集医疗、教学、科研、保健、康复、预防于一体的二级甲等大型综合医院，是广东医学院附属医院、广东省高等医学院校教学医院、广东省人民医院双向转诊合作医院、中山大学博士后流动站科研基地，是开平市医疗、教学、科研的中心。

医院占地126亩，建筑面积8.5万平方米，环境舒适优雅。2009年，再增加建设用地34.95亩，作为救护中心迁建用地。床位编制860张，实际开放床位900多张。工作人员980多人，其中卫生专业技术人员760多人、高级职称130多人、中级职称200多人、硕士研究生9人。享受国务院特殊津贴专家1人，江门市名医3人。被中山大学聘为临床兼职正、副教授19人，被广州医学院聘为临床兼职正、副教授32人。2009年门诊量69.65万人次，出院2.87万人次，手术5727例。

设一级临床科室24个，医技科室4个，职能科室11个。专科建设完善，技术和设备先进，形成一系列重点和特色专科，在开平地区享有明显的技术优势，部分项目达到省内先进水平。腔镜技术在外科、妇科等领域得到广泛开展。支架植入治疗复杂的冠心病已成为心血管疾病常规治疗项目，急诊冠状动脉介入术（PCI）填补市的空白。建立有全院性综合 ICU，抢救治疗设备先进，大大提高了危重病人的抢救成功率。在江门市率先建立静脉药物配置中心，具备先进的药品配置条件。120 急救与公安交警部门联合创建交通事故快速抢救通道。

配备螺旋 CT、核磁共振、DSA 数字血管减影系统、检验模块组合一体化分析仪、四维彩色 B 超、数字化 X 光机、高压氧等万元以上先进医疗设备 400 台（套），检验、检查技术水平已步入先进行列。

科研成果丰硕，参与国家科研项目子课题 2 项，取得省级科研立项 5 项，取得江门市科研立项 48 项。获开平市和江门市科技进步奖 70 多项，获国家专利 6 项。该院主编的《英汉外科与妇产科临床综合征词典》，由中国协和医科大学出版社出版发行，填补了国内相关外科综合征书籍的不足。

近年，获中华慈善突出贡献项目奖、广东省建立侨捐项目监督管理制度工作先进单位等多项殊荣。

【开平市中医院】 创建于 1958 年，是一所集医疗、教学、科研、预防、保健、康复于一体的二级甲等综合性中医院、爱婴医院和国际紧急救援网络医院，是广东省中等中医药学校教学医院，开平市中医药医疗、教学、科研的中心。医院占地 10.8 亩，建筑面积 2.1 万平方米。床位编制 200 张，实际开放床位 200 张。工作人员 462 人，其中卫生专业技术人员 353 人、高级职称 42 人、中级职称 69 人、硕士研究生 1 人、江门市名中医 3 人。2009 年门（急）诊量 37.2 万人次，出院 0.59 万人次，手术 2573 例。设一级临床科室 13 个，医技科室 4 个，职能科室 11 个。中医专科建设完善，形成 11 个重点和特色专科。消化内科被确认为江门市的重点中医专科，骨伤、椎间盘微创治疗、乳腺病、按摩推拿等专科在本地区享有明显的技术优势。两年中，购置 X 线数字成像系统（CR）、PACS 系统、三维彩超、输尿管肾镜、腹腔胸腔镜、椎盘微创专科系列设备、细胞破壁超微粉碎机、自动中药煎药机、自动药液包装机、中药熏蒸床等特色诊疗设备，诊疗技术水平和中医药服务能力明显提高。两年中，申报省级科研项目 3 项，市级科研项目 10 项，获得开平市科技进步奖 2 项，优秀论文一等奖 1 篇，二等奖 7 篇，三等奖 11 篇。

2008 年，该院被江门市卫生局授予“江门市卫生系统抗震救灾先进集体”称号；赴四川灾区医疗救援的司机雷子锋同志，被省委、省政府和江门市卫生局授予“广东省抗震救灾先进个人”、“江门卫生系统抗震救灾先进个人”称号。2009 年，院工会荣获广东省总工会授予的“职工书屋”称号。

2009 年 12 月，开平市政府常务会议决定，批准有关市中医院迁建项目及其选址和规模的请示。

【开平市第二人民医院】 成立于 1951 年 9 月，是当年成立的全县首家公立人民医院。现已发展为一所集医疗、预防、教学和科研于一体的二级乙等综合医院。医院占地面积 9540 平方米，建筑面积 13095 平方米，环境优美舒适。拥有五层楼门诊大楼、三层楼住院大楼和三层楼 X 光大楼以及两座后勤供应楼房。2008 年新建配发电房，建筑面积 100 平方米。设有床位 150 张，工作人员 268 人，其中卫生技术人员 230 人，高级职称 8 人，中级职称 31 人，初级职称 191 人。医院下设三埠附属门诊 6 个，其中一个为理疗专科。总院科室齐全，设有内儿科、外科、妇产科、门诊、急诊室、骨科、检验科、放射科、药剂科、中医科、理疗室等，拥有目前比较先进的仪器设备：日本岛津 4800TZ 全身 CT 机、日本岛津 500MA X 光胃肠机、国内先进的 B 超定位体外震波碎石机、日本奥林巴斯电子胃镜等。在开平地区技术走在先进行列的有：创伤急救技术、心脑血管疾病救治、无痛分娩、无痛人流和眼白内障晶体置换术等。2009 年购置日本希森美康三分类自动血液透析仪，开展血液透析项目。2009 年门诊量 17 万人次，出院 4223 人次，手术 1070 例。

【开平市妇幼保健院】 前身为开平县妇幼保健站成立于 1951 年 12 月，1956 年 3 月改为开平县妇幼保健所，1992 年 8 月改为开平县妇幼保健院，1993 年开平撤县设市，更名为开平市妇幼保健院。全院占地 10 亩，建筑面积 13578 平方米，床位编制 60 张，实际开放床位 105 张，工作人员 195 人，其中卫生技术人员 156 人，高级职称 11 人，中级职称 17 人。设一级临床科室 6 个，医技科室 3 个，职能科室 8 个，形成以妇幼保健为重点的专科特色。2009 年门诊量 15.9 万人次，出院 4337 人次，住院手术 1993 例。配备全数字超声诊断系统、实时三维（4D）彩超、阴道镜、LEEP 刀、多参数心电监护仪、波姆光治疗仪、全自动生化分析仪、血气分析仪、持续性正压吸氧呼吸机等先进医疗设备，检验、检查技术水平不断提高。

该院开展应用性科研活动，获得江门市科技立项 3 项，江门市卫生科研立项及新技术推广应用 13 项，获得开平市科技进步奖 5 项。近年，医院获得“广东省巾帼文明单位”、“广东省五四红旗团支部”、“南粤女职工文明岗”、“江门市三八红旗集体”等荣誉称号。

【开平市水口镇中心卫生院】 建立于 1951 年 12 月，当时命名为开平县第四区卫生所，1958 年改称水口卫生所，同年 6 月与水口镇 9 间联合诊所及个体开业医务人员联合，组建成为中心卫生院，1996 年 6 月改称为开平市水口镇中心卫生院，核定事业编制 145 名，编制床位 91 张。同年住院大楼建成投入使用。1999 年门诊大楼建成投入使用。院内设内、外、妇等 22 个诊疗科目，2000 年开设的甲亢专科是特色专科之一，拥有 CT 扫描机、数字化 X 光系统、全自动血液分析仪等系列医疗设备。至 2009 年末，全院共有工作人员 174 人，其中专业技术人员 142 人，包括高级职称 3 人、中级职称 25 人，能开展普通外科手术、创伤急救、人工股骨头置换术、剖宫术、全宫切除术、烧伤治疗及内儿科危重病抢救治疗。实际开放床位 146 张。2008 年门诊量 23.6 万人次，出院 5382 人。2009 年门诊量 24.3 万人次，出院 5882 人。2009 年 3 月获江门市妇女联合会授予江门市三八红旗集体称号；同年 7 月，许达金院长当选为广东省医院协会镇医院（卫生院）分会第二届委员会委员。（陈志蓉）

附：市卫生局领导班子名录

局　　长：吉　喆

党组书记：梁松芳

副 局 长：张星源　谢树武

体　育

开平市体育局

【简况】 各级体育部门坚持普及群众性体育活动与竞技体育相结合，建立和健全各种体育机构和体育组织。至 2009 年，全市有基层体育协会 11 个，联谊会 2 个，全民健身活动点 17 个，各级社会体育指导员 166 人，其中国家级 1 人，一级 26 人，二级 51 人，三级 88 人。2008—2009 年，以北京奥运会为契机，全市深入开展全民健身运动，组织开展传统民间武术、醒狮、舞龙和龙舟竞渡等活动，掀起全民健身热潮。在竞技体育工作方面，积极推广排球、篮球、乒乓球等常规项目，大力培养青少年体育人才，两年间向省和江门市输送少年运动员 88 人，在省级以上跳水、武术、排球等项目各类竞赛中取得较好的成绩。开平市被国家评为“全国龙舟竞渡”优秀赛区称号，全市十五个镇（办事处）全部评为江门市体育先进镇或先进社区；水口镇获“全国亿万农民健身活动先进镇” 称号；开平市地方税务局荣获“广东省群众体育先进单位”称号；长沙区街道办事处荣获“第三批全国城市体育先进社区”称号；开平市供电局荣获“全国体育活动先进单位”称号。

【体育设施建设】 至 2008 年，完成农村篮球场建设工程 9 个，新公共体育用地共增加 3.3 万平方米，全市实际开放的公共体育场地共 31.3 万平方米，人均公共体育用地 0.46 平方米。2009 年，完成农村篮球场建设工程 4 个，新建游泳场 3 个，面积 1 万平方米。是年配合江门市创建“国家网球城市”，在市体育中心北建设开平网球训练基地，面积 5000 平方米。在三埠新昌公园改造建设全民健身文化广场，面积 8000 平方米；建成其他体育场地 2 万平方米。至年末，全市开放的公共体育场地共 36.6 万平方米，人均公共体育用地为 0.54 平方米。

【学校体育】 2008－2009 年，全市学校积极推行《学生体质健康标准》，广泛深入开展学生阳光体育活动，定期举办中小学排球赛、篮球赛、田径运动会等体育比赛。积极实施“校校有特色，人人有特长”特色工程，鼓励、引导各学校从实际出发，提升和丰富学校的教育内涵，营建自身的办学特色。在教育、体育部门的通力协作下，全市创建开平市级以上“体育特色学校”24 所，其中祥龙小学、长沙附小等六所学校成为江门市首批体育特色学校。两年来，市体育局与教育局联合举办了中、小学生排球赛、篮球赛，小学生象棋赛、乒乓球赛、武术比赛等 500 多场次，在节假日期间先后举办“庆六一，迎奥运”幼儿体育活动、小学生中国象棋和围棋博弈大赛，“迎元旦· 我博弈”少年儿童博弈大赛，推动了学校体育活动开展。

2009 年，三埠镇以新安小学、培育小学为试点，启动了“体育大课间”活动，在不影响正常课程教学的情况下，保证学生每天 1 小时体育锻炼时间（在校有组织进行 30 分钟锻炼，在家进行 30 分钟锻炼）。春华小学坚持“以球促德，以球增智，以球健体，以球审美”，创编篮球操，成立“篮球宝贝”表演队，凸现篮球精神文化，成为篮球特色学校，荣获“江门市体育先进单位”称号。

【农村体育】 2008－2009 年，继续在全市推行农村健身工程建设计划，重点开展村级篮球场建设。市体育局安排专项经费，对没有篮球场的行政村，凡新建混凝土篮球场 1 个（或以上）的，经验收合格后给予补贴 1 万元，并拨给标准篮球架 1 副。两年间建成篮球场获得补贴的行政村共有 13 个。2009 年，长沙街道办事处东乐村委会在双楼、南阳、塘美、东阳四个村小组兴建休闲健身点 2 个，建成东乐村委会全民健身小广场，至年底，东乐村委会辖下的 12 个村小组共建有休闲健身点 6 个，覆盖 10 个村小组，覆盖率达 83%。

【机关、职工体育】 2008 年，唱响“全民健身与奥运同行”主旋律，组织开平市第九届“体育节”活动，进一步掀起全民健身热潮。有关单位先后举办“庆三八巾帼与奥运同行”趣味运动会、中国女排与开平男排对抗赛、全市第六届“国税杯”乒乓球公开赛、澳门（江门）同乡会与开平男、女子篮球联谊赛、赤坎镇大梧“火龙节”贺中秋活动等。2008 年 4 月 30 日，距离北京奥运会开幕还有 100 天，市团委组织了“阳光体育与奥运同行”万人环城跑活动，来自社会各界近万名青少年参加。

2009 年，由市体育局、市羽毛球协会、市合成羽毛球俱乐部共同举办开平市第三届“合成杯”业余羽毛球双打锦标赛，邀请了开平籍原国家羽毛球队队员、世界冠军余锦豪等嘉宾前来举行表演赛。全市先后举办珠海市斗门区与开平市象棋爱好者团体对抗赛、开平市庆“三八”“燕燕杯”羽毛球比赛、“国税杯”乒乓球公开赛、“税务杯”羽毛球混合团体赛、“金沙杯”青年保龄球团体邀请赛、“市长杯”羽毛球混合团体赛、中国移动全球通VIP俱乐部羽毛球邀请赛等。

【老年人体育】 2008年，9月4—5日，组团参加江门市门球比赛。9月22日市老龄办在城市文化南广场举办庆祝“老人节”太极柔力球表演活动，参加表演的离退休老年人来自财贸、交通、党群、工业、宣传、三埠以及舞蹈骨干班等7支队伍，共100多人。2009年9月16—18日，组团参加江门市第六届老年人运动会，参加门球、象棋、太极拳剑和太极柔力球等四个项目比赛。10月16日，组队参加江门第一届老年人太极柔力球赛。10月19—22日，市老龄办举办开平市庆祝“老人节”门球赛。是年，在“全民健身与奥运同行·全国亿万老年人健步走向北京奥运会”活动中，取得多项省级以上集体荣誉，开平市获得先进地区称号，陈玉麟同志获得先进个人称号，谭均华获得“全国健康老人”称号。在广东省老年体育工作先进评比中，赤坎镇获得老年体育工作先进镇（街）称号。

【第十届市体育运动会】 2009年8月8—18日，举办开平市第十届体育运动会。运动会设少年组比赛项目9个，成年组比赛项目8个。参加运动会的市直级代表团8个，镇级代表团15个，参赛运动员1680人次。金牌统计：长沙以金牌61枚获得镇级第一名；三埠以金牌33枚获得镇级第二名；蚬冈以金牌10枚获得镇级第三名；政法以金牌14枚获得市直级第一名；经贸以金牌9枚获得市直级第二名；宣传以金牌4枚获得市直级第三名。团体总分统计：长沙代表团以819分获得镇级第一名；三埠以553分获得镇级第二名；沙塘以266分获得镇级第三名；政法以121分获得市直级第一名；经贸以111分获得市直级第二名；交通以94分获得市直级第三名。赛后经评选，党群、宣传、农口、经贸、建设、交通、三埠、长沙、水口、沙塘、苍城、赤水等代表团，以及12名裁判员获得体育道德风尚奖。

【开平市业余体校】 开平市业余体校成立于1973年。2009年，开设男子和女子少年篮球、男子和女子少年排球、男子少年足球、少年田径、少年武术、少年乒乓球共6个训练项目，有8个训练队；还开设了初一至高三共六个年级的文化教学班。全校共有教职员工32人，其中专职教练9人，文化教师19人；在校学生242人。2008—2009年，向上输送人才88人，其中省运动队3人，江门市体校85人。2008年，体校运动员参加江门市少年锦标赛，获武术男子甲组南拳冠军、男子乙组南拳冠军、女子甲组南拳冠军；还获得女子篮球第三名，男子篮球第二名，男子、女子排球第二名。2009年，参加江门市少年锦标赛，获武术女子甲组南拳冠军、男子乙组南拳冠军。

【参加市（地区）级以上竞赛】 2008年，市运动员吴葵娣参加全国冠军赛获得跳水女子团体第一名，在全国锦标赛中获跳水女团个人一米板第四名；陈靖彬在全国幼芽杯比赛中获得男子跳水团体第一名。谭达成参加省锦标赛摔跤自由式摔跤项目第一名，彭健烽获省锦标赛双人跳台第二名。是年，市代表团参加江门市青少年锦标竞赛，共夺得金牌16枚，总分691分排在江门第四名。

2009年，市运动员吴葵娣代表广东队在第十一届全运会中获得跳水女子团体第三名，个人一米板第四名，打破了开平市运动员在全运会上得分的纪录；在全国锦标赛中获跳水女团第一；在亚洲游泳锦标赛中获得跳水女子团体第一名，跳水女子双人三米板第一名。彭健烽获全国冠军赛一米板、三米板、三米双人和十米台双人4个第一名。陈靖彬获全国幼芽杯、冠军赛十米台双人（两次）、三米板双人、十米台单人4项第一名。李卓新在全国沙滩排球比赛中取得第五名。是年，市代表团参加江门市青少年锦标竞赛，共夺得金牌8.5枚，奖励163分，总分561分排在江门第四名。

【体育彩票销售】 市体育彩票管理分中心实行规范管理、安全运行制度，使销售发行量不断增加，每年均完成上级下达的销售任务。2008年，按照江门市体育局《关于设立县级体育彩票服务部有关事宜的通知》，撤销开平市体育彩票管理分中心，设立了开平市体育彩票服务部。是年，全市有体育彩票销售网点23个，销售额约1100万元。2009年，全市体育彩票销售网点增加到40个，全年完成销售额约1600万元。（邝伟忠）

附：市体育局领导班子名录

局　长：张满江

副局长：邓国强　安　超

创刊号

（2008-2009）

侨务台务社会生活

KAIPING NIAN JIAN

华侨　港澳台事务

华侨、港澳台同胞

【简况】至2009年末，旅居海外的开平籍华侨、港澳台同胞68万人，境外的开平社团组织共49个，其中海外社团组织38个，香港社团9个，澳门社团2个（见附表）。2008－2009年，华侨华人、港澳同胞为家乡办公益事业捐资捐物折合人民币2685.10万元，其中教育事业1849.10万元，医疗卫生88万元，慈善公益和福利事业231万元，村镇建设和其他项目517万元。港澳乡亲还热情参政议政，担任省、市、县各级政协委员14人。为表彰华侨、华人港澳台同胞对家乡的贡献，1993－2009年，开平市政府先后5批授予199人“开平市荣誉市民”称号。至2009年，获“江门市荣誉市民”称号的共有100人。

【对外交往】 2008－2009年，开平市各级领导和外事侨务部门采用“请进来，走出去”的办法广泛联络乡亲，发展与海外社团的乡谊。两年中，接待的外宾和海外及港澳地区的社团、访问交流团体、旅外乡亲、寻根华裔有853批，接待外宾、国外侨胞及港澳同胞达9679人次。先后有香港鞋业总会、香港中华厂商联合会、香港黄大仙工商业联会等10多个社团到开平考察投资环境。旅美知名华裔科学家吴焕振及家人，美国夏威夷第59届水仙皇后、第五代华裔黄慧兰一家，秘鲁中华通惠总局青年组长区仲贤，加拿大联邦议员关丽莲，美国加利福尼亚州密尔布瑞市市长司徒良恩等先后回到家乡寻根问祖。

【侨务宣传】 加强侨务外宣工作，大力宣传“世遗新侨乡”。2008—2009中全市22种侨刊乡讯发行130期，32万册，境外发行8万册，国外发行23万册；向上一级侨网发稿230篇。在广东省、江门市级侨网和《江门日报》等发表200多篇，另被中国新闻网、中国侨网转载40多篇。加强对全市22种侨刊乡讯的指导和扶持，及时为海外乡亲提供家乡资讯，不断更新“开平侨网”网站的信息，使侨网成为联系海外乡亲的最快捷通道。多角度全方位地向海外宣传推介家乡改革开放成就、良好的投资创业环境和深厚的华侨文化。利用侨刊和侨网的平台，做好华侨之乡和世界文化遗产开平碉楼与村落的宣传和推介工作，宣传世遗新侨乡，推介侨乡的旅游资源，并向海外社团寄去 200 多份有关碉楼的照片，VCD光盘和文字介绍资料。本局出版发行的优秀侨刊《开平明报》坚持每期的重点新闻用中英文排版报道，不断扩大受阅侨胞的覆盖面，做好新生代华侨华人工作。

【为侨服务】 2008－2009年，市侨务部门主动做好为侨服务工作，关心归侨侨眷生活，热情为其排忧解难。每年中秋、春节期间均上门慰问困难老归侨，送上春节慰问金和防寒棉被。两年中共接待归侨、侨眷2万多人次，协助1000多人办理国外移民和留学。开展侨资企业调研工作，关注侨资企业的发展。定期上门召开座谈会，与企业负责人交流，及时了解其生产经营情况，听取他们的意见和建议，向市委、市政府反映侨资企业的心声。做好侨务信访工作，依法维护侨益。两年共收到有关房屋纠纷、华侨祖坟、寻人、居留签证、困难救助等来信、来访、来电198件，已办结175件，办结率88.5%。

【外事管理】　两年中，不断拓宽对外交流领域，服务外向型经济。规范外国人入境管理，强化外事综合管理，把好因公出国（境）的政策关，加强出访审核、审批，促进对外交流活动、各项经贸活动以及招商引资工作顺利开展。2008 年办理出境签注 168 批 183 人次，办理外国人入境 70 批 87 人次。2009 年办理批件上报 167 批 175 人次；办理出境签注 150 批 157 人次；办理外国人入境 73 批 88 人次。

【外事往来】　2008 年，接待领馆、驻外领事、外国机构外宾 10 批 279 人次。法国法中友协联合会主席阿兰·拉巴特率团访问开平，就双方的文化交流进行探讨。2009 年，接待外宾、港澳特别行政区政府官员和重要来宾 5 批 109 人。其中重要来宾及团体有外交部驻澳门特派员公署卢树民，波兰驻广州总领事馆代表团，香港中联办代表团，外交部驻香港特派员公署代表团，加拿大联邦参议员关丽莲一行 8 人。

【台务工作】　2008－2009 年，坚持做好侨务对台工作，积极争取爱国友好人士的支持，推动海峡两岸的友好交流与和平发展。以亲情乡谊和交流使用为媒介，重点做好传统社团、重点社团和重点人士工作，巩固旧朋友、结识新朋友，壮大海外华侨、华人“反独促统”力量。

【市侨联工作】　2008 年 9 月，召开市侨联八届二次（扩大）会议，补选李慧明为开平市侨联第八届委员会专职副主席。至 2009 年末，全市有侨联组织 48 个。

2008－2009 年，每年中秋、春节期间组织下乡慰问困难老归侨和侨胞。加强联系沟通，引导海外侨胞捐资支持家乡公益事业。两年中全市接受华侨和港澳同胞捐赠 2383.1 万元，兴办教育、卫生、慈善公益、文化和福利等公益事业 81 宗。做好海外联谊工作，每年春节前夕向海外社团和侨胞寄发贺年卡 1 万多份。先后接待美国华盛顿州中国统一促进会代表团、马来西亚沙巴州西海岸四邑公会、秘鲁中华通惠总局青年组长区仲贤、加拿大联邦议员关丽莲、墨西哥西北地区华侨总会考察团等海外社团和重点侨领 1518 批 9400 多人次，其中海外社团 413 批 4100（次），港澳台社团 430 批 5300 人（次）。做好海外侨胞回乡寻根恳亲工作，帮助美国华盛顿州中国统一促进会理事、西雅图萃胜工商支会主席关振业、加拿大联邦议员关丽莲找到祖居，帮助美国密尔勃雷市长司徒良恩回故乡赤坎镇恳亲。配合江门市政府做好侨乡华人嘉年华暨侨乡旅游节系列活动的接待联络工作，圆满完成开平市第五批荣誉市民授荣活动，表彰了 22 位对开平经济建设和社会公益事业做出重大贡献的华侨、港澳台同胞和国内外友人。

附：开平市人大常委会关于授予梁祥彪等 22 位人士开平市荣誉市民称号的决定（2008 年 9 月 28 日开平市十四届人大常委会第十二次会议通过），为了表彰积极支持开平市经济建设和社会公益事业发展并作出重大贡献的海外华人、华侨、港澳台同胞和国内外友人，根据开平市人民政府的提请以及《地方组织法》有关规定，开平市十四届人大常委会第十二次会议决定，授予梁祥彪先生等 22 人“开平市荣誉市民”称号。芳名如下：梁祥彪先生、李燕娥女士、方谢洁霞女士、周向红女士、谭鹏发先生、周婉婷女士、周卢美磁女士、李木金先生、谭华正先生、李超卓先生、邓国栋先生、陈伟樑先生、梁日昌先生、邱国洪先生、周志峰先生、胡钊林先生、吴碧君女士、黎志强先生、余铨针先生、梁向荣先生、Arturo Baldasano Supervielle(奥图罗·巴达萨诺)先生、Paul Stephen Barlow(包仕文)先生。

【召开开平市第九次归侨侨眷代表大会】　2009 年 10 月 23 日，召开开平市第九次归侨侨眷代表大会，大会听取和审议李慧明专职副主席代表市侨联第八届委员会所作的题为《落实科学发展观，全面推进侨联事业》的工作报告。大会选举产生开平市第九届侨联委员会，冯立本当选侨联主席，李慧明当选专职副主席，甄伟钢、周志峰为副主席，冯活源为秘书长；聘请胡耀坤等 67 人为名誉主席，聘请司徒丙鹤等 132 人为顾问。

【侨刊乡讯】　两年中，开平市出版的侨刊乡讯有：《楼冈月刊》、《澄溪月刊》、《波罗侨刊》、《龙塘侨刊》、《沙冈月刊》、《舜河侨刊》、《光裕月报》、《护龙月刊》、《小海月报》、《五堡月刊》、《北炎通讯》、《教伦月报》、《里讴月刊》、《潭溪月报》、

《古宅月刊》、《百合侨刊》、《茅冈月报》、《新民月报》、《长塘月刊》、《开侨校友》、《开平明报》等 21 种，2008－2009 年共出版约 130 期，出版 22 万册，境外发行 2 万多册，国外发行 16 万多册。主要发行到美国、加拿大、秘鲁、新西兰、澳大利亚、委内瑞拉、新加坡、印尼、马来西兰、英国、法国等 20 多个国家和香港、澳门、台湾等地区。

市侨刊乡讯在对外宣传中，围绕市委、市政府的中心工作，及时传递乡音，积极搞好对外宣传，为开平碉楼申遗做了大量的宣传报道工作。坚持翔实报道家乡经济建设，坚持宣传党和政府的侨务政策，反映侨乡日新月异的变化，有助于海外侨胞对家乡的了解和认识。通过报道乡情、侨情，增进与侨胞的情谊，形成一股凝聚力，积极支持家乡建设。两年中，《楼冈月刊》着力改版，封面体现当地风情风貌，富有乡土味和人文特色，栏目设置不断更新，如根据形势和内容的需要，设置国内要闻、侨讯、家乡人和事、海外人和事、文化走廊、喜庆拾萃等栏目，重点报道当地乡情、侨情，改版后该刊为大 32 开，面目一新。

【开平明报】 是在开平当地编印、对外发行的报刊。1922 年由加拿大侨胞谢奕彬、关雨田主持创刊。该报刊宗旨是“宣达国情乡讯，以慰海外侨胞怀念之殷，鼓吹家乡公益事业之兴办，以促进家乡之发展”。初时为日报，不久改为周报，又后改为期刊。抗战期间，因交通阻塞，邮递断绝，1944 年被迫停刊。1949 年 7 月复刊，出版几期后又再停办。1955 年 4 月再复刊，曾发行至五大洲，沟通侨胞与归侨、侨眷讯息，在侨胞中影响广泛。1966 年，因“文革”干扰，该刊被迫停办。1981 年 7 月又再复刊，1982 年又因故停刊，1988 年 10 月再度复刊后持续正常运作。2008 年，市侨联李慧明副主席兼任该报社副社长；2009 年，市外侨局冯立本局长兼任该报社社长。2008－2009 年出版两期，境外发行 700 多份，国外发行 2500 多份。主要发行到美国、加拿大、印尼、马来西亚、英国、澳大利亚、新西兰等近 20 个国家和香港、澳门、台湾等地区，免费向华侨、华人和港澳台同胞赠阅。主要栏目有：本刊特稿、乡情辑要、桑梓情深、侨乡人物、海外侨情、侨史钩沉、潭江文苑等。16 开本印刷，内文页码增至 60 多页，信息翔实，内容丰富，着力宣传开平投资环境和优惠政策，宣传世界文化遗产——开平碉楼，尤其加强美国、加拿大等国海外侨情报道后，备受海外侨胞欢迎，美国南加州潭江联谊会众多会员纷纷索阅，美国、加拿大等国侨社提供侨情、稿件，捐款赐稿，大力支持，成为开平海外侨胞与家乡联络的桥梁，也可谓开平旅外侨胞的一封“集体家书”。

（冯活源 邝燕萍 余智广 林妙云 李有新）

吴荣治（左二）与文艺界人士合影

【侨界人物选介】

吴荣治 男，1939年生，原籍开平楼冈，是一位爱国爱乡的香港知名实业家和侨领。在任中国侨商投资企业协会常务理事、广东侨商投资企业协会常务副会长、江门市侨商总会会长、江门市和开平市政协常委、五邑大学常务校董、香港珠三角工业协会江门地区主席、香港特别行政区第三届选举委员会委员、香港开平同乡会永远名誉会长等社会公职。吴荣治热心家乡的各项公益活动，长期支持家乡文化遗产保护事业。20世纪90年代，他在家乡开平市梁金山建造成一座现代文化风景园林——“在园”，并成立“在园”文化基金会，出任基金会主席，致力于家乡文化遗产的保护事业。为弘扬中华文化、关注青少年的成长，尤其关注海外华裔青少年爱国爱乡的民族认同感和自豪感，他每年都在“在园”举行各类文化沙龙活动，热情接待到访的国际友人、文化遗产保护专家学者和回国寻根探亲的各国华裔青年学生。“在园”已成为全国侨界、海外华侨及华裔青少年中华传统文化教育、中西文化交流的重要场所。他为家乡文教事业及赈灾救灾等捐资累计已逾1000多万元，先后被江门市和开平市人民政府授予首批“江门市荣誉市民”和“开平市荣誉市民”的称号。近年来，更加积极参与开平碉楼与村落世界文化遗产保护工作和研究工作。2003年，被开平市人民政府授予“文化建设杰出贡献奖”。2008年11月，被授予“广东省开平碉楼与村落申报世界文化遗产特别贡献奖”。

（吴国安）

关卓平 男，1928年生于赤坎镇灵源蔗园村，自小家境贫寒，其父颇有远见且有骨气，竭全力支持他读书发展。他不负父亲厚望，完成大学学业。毕业后曾在解放军某学校教学。1958年，回开平任教。1980年他已52岁，申请获准前往美国定居。他从清洁工做起，当过印刷工。稍有积蓄，跟房产经纪人学炒楼，大胆抓机遇，经近20年不断积累经验，由平民成为千万富翁。

关卓平身在异国，事业有成，始终记念家乡。2000年，他随旅行团首次回到家乡开平观光，目睹家乡建设生机勃勃，兴奋不已。他回香港和番禺购房，以便长期居住，亲近家乡。他见到赤坎镇有的街道较残旧，就一次捐出人民币100万元建设道路。2005年又捐资人民币10万元，支持家乡小海兴建学校图书馆。八年前赤坎建设影视基地，需要征用部分民房和用地，其中关卓平兄弟几人共有的一间房子、4间铺位和5块土地在征用之列。他知悉后，主动做兄弟们的思想工作，并亲自返回美国从弟弟处取回房地产产权证交给赤坎镇的有关领导，配合家乡建设。

2009年夏，旅美侨胞关卓平获悉家乡赤坎镇开展创教育强镇活动，主动捐资人民币50万元，兴建赤坎镇中心小学教学楼。大楼占地面积240多平方米，建筑面积1040多平方米，楼高四层，被命名为“关卓平楼”。

关卓平虽有千万资财，但生活俭朴，惯于清茶淡饭，捐资支持家乡建设和教育事业却非常慷慨，深受乡亲们颂扬。为表彰华侨、港澳台同胞支持开

文艺界人士在“在园”雅聚

平市经济建设和社会公益事业发展作出重大贡献，开平市人大常委会于2004年授予他“开平市荣誉市民”称号。2009年10月，开平市归国华侨联合会聘请他为第九届名誉主席。（冯活源）

附表：

主要华侨、港澳社团情况表

序 号	社团名称	成立时间
1	旅美开平同乡总会	1911年
2	美国纽约美东开平同乡会	1930年
3	美国南加州潭江联谊会	1993年
4	美国南加州开平同乡会	1972年
5	全加开平总会馆	1925年
6	加拿大多伦多开平同乡会	1984年
7	加拿大亚省开平同乡会	1989年
8	加拿大温哥华开平各中学校友会	1984年
9	加拿大加东开侨中学校友会	1984年
10	加拿大安省开一中旅加校友会	1984年
11	香港开平同乡会	1992年
12	香港开平商会	1911年
13	香港司徒氏宗亲会	1960年
14	香港关氏宗亲总会	1958年
15	香港开平方氏宗亲会	1988年
16	香港开平楼冈同乡会	1984年
17	香港开侨中学校友会	1983年
18	香港谭氏宗亲会	1953年
19	澳门开平同乡联谊会	1981年
20	台湾台北开平同乡会	1965年
21	加拿大维多利亚开平同乡会	2005年
22	加拿大满地可开平同乡会	2005年

附：市外事侨务局领导班子名录

局　　长：谢解论（～2008.03）
冯立本（2009.01～）

副 局 长：谢颖岚　梁海燕（女）

市侨联会主席：谢解论（～2008.03）
冯立本（2009.01～）

党组书记：关绍扶（2008.04～12，主管外侨局全面工作）

纪检组长：邓健强（～2009.10）

专职副主席：李慧明（女）

社 会 生 活

劳动和社会保障

【管理机构】 劳动和社会保障局内设8个股室，直属事业单位有市社会保险基金管理局、劳动就业服务管理中心、劳动就业训练中心、职业介绍服务中心（劳动力市场）、劳动争议仲裁委员会办公室、劳动保障监察大队，以及15个镇（办事处）劳动保障事务所、9个社区劳动保障服务站。

【就业再就业工作】 2008年，全市新增就业岗位8932个，安置城镇劳动力就业6437人，其中困难对象就业305人，分别完成目标任务的119.1%、100.6%、101.7%；城镇登记失业率为2.31%。全市农村富余劳动力新增转移就业6892人，完成目标任务的104.7%；比去年末增加1250人，增幅为22.2%。

2009年，全市安置城镇劳动力就业6629人，就业困难人员再就业1153人，分别完成目标任务的103.58%和201.3%；城镇登记失业率为2.38%，就业形势保持基本稳定。免费培训农村劳动力9538人，培训后转移就业6818人，转移率为72%。按照市政府的部署，配合翠山湖新区申报省产业转移工业园和示范性产业转移工业园区的目标任务，迅速制定和上报《开平产业转移工业园区劳动保障服务的意见》。以“双转移”为契机，以实施“千企扶千村”就业工程为平台，以开展农村劳动力资源普查为基础，加快推进农村富余劳动力转移就业。同时出台“五扶”试点工作方案，开展“五扶”试点活动。通过企村帮扶，至12月底，全市累计实现转移就业的农村富余劳动力13.75万人，转移率为88%；实施“千企扶千村”就业工程转移就业达3726人，完成年目标任务124.2%。全面完成了农村劳动力资源普查目标任务，全市已录入普查信息的农村劳动力共27.15万人。

【劳动力资源普查】 至2008年末，全市农村劳动力（含16周岁以上在校学生）总人数为271508人（剔除在校学生23231人后实际劳动力人数为248277人），其中男性为149446人，女性为122062人；16—30周岁为107740人，31—60周岁为163768人；初中及以下文化为209034人，高中、职中、技校及中专文化为57285人，大专以上文化为5189人。

【劳动维权和信访工作】 深入开展大排查、大接访活动，加强信访动态监控，落实信访防护期制度，着重做好各级召开“两会”、北京奥运、重大节假日期间的信访维稳工作以及《劳动合同法》实施、下半年国际金融风暴导致部分企业倒闭引发信访等处置工作。2008年全年受理信访宗数和涉及人数比上年分别增加23%和25%。对年初受特大冰雪灾害影响无法返乡的外来工劝导其留守开平过节，督促企业妥善安置留守过节的外来工，发动社会各界组织形式多样的文娱活动，让外来工过一个愉快的春节。市领导还亲自带队深入企业慰问留守本市过节的外来工。

2009年，健全接访制度和防范群体性事件预案，制定《领导干部“基层大接访”活动实施方案》，对受国际金融危机影响引发劳资纠纷的问题制定应急预案，重大节假日落实轮流值班制度。重点处理参战退役人员来访和劳资纠纷引发的信访问题。累计接待群众来访1824宗4728人次，其中涉及参战退役人员来访19宗55人次。对参战退役人员来访诉求问题，局党组高度重视，多次召开会议研究推荐就业、解决社保问题的措施。局主要领导亲自接访并带队，分4个组前往7家重点企业联系岗位推荐就业，各基层所也分别开展推荐就业工作，办理养老、医保手续。

【特殊困难群体】 加强对困难群体的就业援助。以送政策、送岗位、送技能、送服务为主题，积极开展再就业援助月活动，帮助“4050”人员、零就业家庭、特困户等困难群体再就业，2008、2009年累计提供就业援助2681人次。同时，还协助民政部门做好退役军人和残疾人的就业工作。

【劳动技能培训】 2008年，全市培训各类人员11170人。免费培训农村富余劳动力7715人，其中培训农村青年 3337 人，分别完成目标任务的102.5%和 124.5%；农民工技能提升培训 3387人、订单培训1118人、再就业培训459人，分别完成目标任务的102.6%、159.7%和153%。另外，创业培训63人，培训退伍军人、特困家庭人员和智力扶贫共61人。

2009年，以“双转移”为契机，组织劳动就业训练中心以“走出去”的办法，把培训班办到基层镇、村委会，送技能到农民“家门口”，受到农民的欢迎和好评。全年免费培训农村劳动力9931人，完成年目标任务的113.6%，其中就业前培训7453人、企业岗位培训1258人、农村实用技术培养 1220 人，分别完成年目标任务的123.2%、100%和 100%；农民工技能提升培训2257人。

【劳动监察与劳动仲裁】 自2008年1月1日《劳动合同法》正式实施以后，信访维权和劳资纠纷案件数量急剧增多，劳动保障信访、监察工作的任务和压力明显加重。2008年全市签订劳动合同的劳动者总人数82014人，签订率为97.7%。受理劳动保障信访1798宗8486人，立案查处各类劳动违法案件 1150 宗，受理劳动争议案件 616宗，其中工资争议240宗、劳动合同争议222宗、工伤补偿争议108宗、其他争议46宗，至当年底已结案总数462宗。通过劳动保障执法和劳动争议调解仲裁，共为员工追回被拖欠工资、经济补偿、加班费、工伤补偿总额1068万元。

为有效解决和妥善处理企业欠薪逃匿引发的群体性事件，根据市政府十四届三十五次常务会议的决定，在全市范围内建立市、镇两级企业欠薪垫付专项应急资金制度。抓好劳动保障监察和劳动争议仲裁工作。2009年全市共调解处理劳资纠纷、查处违法用工案件920宗（其中欠薪案件324宗），受理劳动争议案件561宗，通过监察、仲裁，为劳动者追回被拖欠工资、经济补偿、工伤补偿金共779万元。

【社会保险扩面征收】 加强与相关部门联系，配合地税部门抓好目标任务的跟踪落实，督促企业按规定的参保率参保，确保参保缴费人数落实到位，促进基金的有效增长，确保完成江门市下达的目标任务。至2008年12月底止，全市企业参加社会养老保险实际缴费人数为64012人，机关事业单位参加社会养老保险16832人，参保率100%；全市参加失业保险人数59933人，参加工伤保险人数48353人，参加生育保险30547人；参加基本医疗保险51206人。企业养老保险比去年末净增人数8528人，企业养老基金征缴20595万元，分别完成江门市下达净增缴费人数和基金征缴目标任务的103.04%和120.05%。

2009年，始终把城镇居民基本医疗保险扩面工作作为全年重点任务，提高认识，加强领导，通过多种形式加强参保扩面工作：集中力量以参保人数较多的三埠、长沙、水口、赤坎、苍城等镇（街）等重点区域、重点人群作为突破口，进行重点指导、重点扶持、重点督促，推动扩面工作的不断突破，促进全市城居医保扩面进度的提升；加强服务，及时足额兑现参保人的医保报销待遇，让参保人切身感受到城镇医保的好处，调动城镇居民参保积极性，扩大参保覆盖面，确保年底完成上级下达的参保目标任务。至12月底，参加城镇居民医保67354人，完成该年应参保人数目标任务的100.18%。

【城镇职工医疗保险制度改革】 根据2009年5月7日发文的开府办〔2009〕23号文《关于完善我市城镇职工基本医疗保险有关规定的通知》，经市政府同意，结合全市实际对城镇职工基本医疗保险有关规定进行适当调整：（1）调整年最高支付限额，城镇职工基本医疗保险年最高支付限额由原 32000 元调整到 60000 元。（2）单位和被保险人欠缴基本医疗保险费，市社会保险基金管理局从次月停止被保险人划入个人帐户资金和停止享受基本医疗保险待遇，补缴足欠费后，可继续享受基本医疗保险待遇。（3）具有本市城镇户籍、参加原行业养老保险统筹已按月领取基本养老金但未参加职工基本医疗保险的退休人员可按《开平市灵活就业人员参加基本医疗保险暂行办法》（开府办〔2004〕65 号文）规定参加城镇职工基本医疗保险。

【养老保险】 2008 年，全市共有 84001 人参加社会养老保险，其中企业单位参保 67169 人，机关、事业单位参保 16832 人。企业离退休人员每月人均养老金 812 元，比上年每月增加 120 元；机关、事业单位离退休人员人均离退休金每月 1235 元，比上年每月增加 59 元。

2009 年，全市共有 86329 人参加社会养老保险，其中企业单位参保 69671 人，机关、事业单位参保 16658 人。启动被征地农民基本养老保险，办理参保缴费 2062 人，享受待遇 1061 人。切实做好早期离开企业的人员一次性缴费和待遇核发工作，已办理工龄核定 1286 人，办理参保缴费手续 965 人，办理退休手续享受待遇 741 人。全市全年支付养老保险金 30359 万元（企业单位 18683 万元，机关事业单位 11667 万元，被征地农民老年津贴 9 万元）。

【失业保险】 2008 年，参加失业保险 59933 人，其中 1472 人首次申领失业保险金，人均失业保险金每月 603 元（含医疗补助金）。2009 年，全市共有 61040 人参加失业保险，失业人员领取失业保险金 1097 人，全年支付失业保险金 1109 万元。

【工伤保险】 2008 年，全市参加工伤保险 48353 人，全年处理工伤保险待遇 220 宗，支付工伤保险待遇 209 万元。2009 年，全市工伤保险参保 51270 人，全年处理工伤保险待遇 274 宗，支付工伤保险金 232 万元。

【生育保险】 2008 年，全市参加生育保险 30547 人，全年核发女工生育保险待遇 483 人，支付生育保险待遇 80 万元。2009 年，全市生育保险参保 31019 人，核发女工生育保险待遇 469 人，支付生育保险金 77 万元。

【医疗保险】 2008 年，全市参加城镇职工基本医疗保险 51206 人。全年已结算的住院病人 3378 人次，特定病种门诊结算 10283 人次。医疗统筹基金支出 2711 万元（其中住院赔付 1598 万元、特定病种门诊赔付 145 万元、补充医疗保险赔付 968 万元），医疗保险个人账户支出 1787 万元。启动实施城镇居民基本医疗保险，实现参保缴费 79459 人，参保人员享受待遇 385 人次，支付住院费用 75 万元。

2009 年，全市基本医疗保险参保 136832 人，已结算的住院病人 10031 人次，特定病种门诊结算 26476 人次，医保 IC 卡个人账户划账 4177.15 万元。城镇居民基本医疗保险，参保缴费 67354 人，支付待遇 1069 万元。启动实施机关事业单位基本医疗保险，保障 22693 名机关事业单位参保人员以及 2206 名特病门诊病人得到及时的医疗保险待遇享受，报销待遇 9486 人次，支付金额 885.99 万元。为解决本市困难企业退休人员参加城镇职工基本医疗保险，筹集参保一次性缴费所需资金 1004.36 万元，将已在社保局领取养老金、仍未参加城镇职工医保的困难企业的退休人员 641 人全部纳入城镇职工医保。全市全年支付基本医疗保险金 6971 万元。

【基金管理】 在社会保险基金管理方面，严格执行收支两条线，没有发生过挤占和挪用基金等问题。2008 年首度实施社保信息公开披露制度。社保费征收由地税部门负责，全部纳入财政专户。征收各项社会保险费共 4.47 亿元，社保基金支出 3.20 亿元。2009 年征收各项社会保险费共 5.02 亿元，各项社保待遇支出 3.9 亿元。各项社保待遇均依时足额发放，社会化发放率 100%。（黄秀娟）

附：市劳动和社会保障局领导班子名录

局　　长：谭　深（～2009.08）
　　　　　劳蔼婵（女，2009.08～）
副 局 长：方祥灼　邝福回
　　　　　庞信明（女，～2009.08）

张征帆（2009.12～）

纪检组长：佘近纯（女，2009.12～）

民政事务

【基层政权和社区建设】 2008年，完成开平市第四届村委会和第三届居委会换届选举。全市226个村、42个社区共选举产生新一届村、社区“两委”成员1279名，平均年龄48岁，比换届前降低了4岁。其中连选连任的1028名，占80.4%。女干部343名，高中以上学历602名，年轻干部394名，致富能手361名，分别比上届提高了21%、6%、73%和38%，干部队伍素质进一步提高，结构进一步优化。在1064名村“两委”成员中，书记与主任“一肩挑”比例达到92.9%，“两委”交叉任职率达到91.9%。换届后，为进一步规范村、居自治工作，各村、居修改村（居）民自治章程、村（居）民公约等12项规章制度，保障群众的知情权、决策权、管理权和监督权。2009年，推进“六好”平安和谐社区建设，在百合镇马降龙村委会进行全市首个农村“六好”社区试点工作，至年末，全市共有19个城镇社区被命名为广东省“六好”平安和谐社区。

【地名管理】 2008—2009年，按照有利于群众生活、有利于全市规划发展、有利于提高城市品位的原则进行地名审批，两年共审批地名28个，其中道路命名21个，建筑物命名7个。2009年2月，在征询各相关部门意见后，出台并实施《开平市地名管理办法》。同年3月，完成《中国地名故事·广东省卷·开平篇》的拍摄工作。

【救济救灾】 2008—2009年，以“上为政府分忧，下为民众解困”为目标，全面落实救灾救济政策，开展春荒冬令救灾、暴雨洪涝救灾和台风等自然灾害救济。共救济9.6万人次，发放各类救济救灾款1065万元；其中，春荒冬令救灾50万元，灾后重建140.85万元，五保供养560.4万元，临时救灾313.75万元。此外，还联合开平市慈善会为“5·12”四川汶川大地震开展专项救灾，募集赈灾款923.3万元、物资33.3万元、衣物4万多件。两年来，市福利院共接收弃婴38名，其中移送江门市社会福利院抚养11名；依法办理收养社会弃婴登记手续76宗。

【城乡居民最低生活保障】 全市各级政府严格执行城乡低保政策，努力提高低保救济水平，实现应保尽保。全市低保救助金由2007年670.7万元增长到2009年的1308万元，增长95%。人均救助水平由2007年每人每月58.3元提高到2009年的94.8元，提高了62.6%。2009年，制定《开平市城乡最低生活保障分类施保实施方法》，对低保家庭中特殊困难成员，在已核定补助数额的基础上，按照农村每人每月提高16元、城镇每人每月提高28元的标准增加低保救助金，实施分类施保。是年全市符合条件的有4686人，每月增加低保金9万元。2008—2009年，全市共救济低保对象3476户10161人，支出低保金2095.7万元。

【养老服务】 坚持以居家养老、家庭养老为主，鼓励社会民办机构参与社会养老服务，推进养老服务社会化。2008年8月，在水口镇东方红居委会成立首家养老服务站。2009年，成立第一家民办社会福利养老服务机构——三埠美仙敬老院。12月，总投资1400万元的新福利院改造工程动工，计划2010年10月完工。

【优抚安置】 2008年，制定《开平市优待困难转复退军人等优抚对象的实施办法》，推进城乡优待标准一体化，按照自然增长机制适时调整提高定恤定补标准，做好参战人员身份确认。两年来，全市共评定优待户1249户，总优待金633.3754万元。到2009年底，全市城乡享受定恤定补对象共2149人（含参战退役人员），确认参战人员身份1128人。向农村三类优抚对象3825人次发放各类补助164.863万元，为优抚对象1674人次解决“三难”问题补助136.3905万元。从2004年开始，大力推进城镇退役士兵安置改革，对符合条件的城镇退役士兵全部实行自谋职业发给一次性经济补助的方式进行安置。2008—2009年，全市城镇退役士兵自谋职业84人，发放经济补助184.9231万元；参加免费职业技能培训297人，发放培训补助金161.35万元。

【婚姻登记】 2008－2009年，贯彻落实《婚姻法》、《婚姻登记条例》，严格按照程序办理登记手续，并做好2008年8月8日（“三个八”）和2009年9月9日（“三个九”）等吉祥日的登记工作。全市办理结婚登记共12003对，离婚登记1256对，登记合格率100％。

【殡葬改革】 每年4月开展殡改工作宣传月活动，采取多种方式深入到各镇、办事处宣传，强化对“三道两区”的巡查力度，共查处违规建坟3宗。实施“祥安计划”为困难群众减免丧葬费用共676宗105万元。2008－2009年，全市火化率继续保持100％。

【民政事业费管理】 2008－2009年，完善《开平市民政系统财务管理暂行规定》，落实民政事业费自然增长机制。两年间，全市民政事业执行总额为6037.4万元，其中2009年为3260.8万元，比2008年增加484.2万元，增长率17.44％，民政事业费人均增加 7.12 元。加强百万行慈善基金、拥军优属基金、孤儿福利基金、慈善会基金四项基金管理上，严格审批手续，确保专款专用，两年共支出2493.59万元。

【彩票发行管理】 按照“培育发展，管理与监督并重”的方针，加强福彩投注站门面改造、推进专营化建设和品牌形象建设，实现全市福利彩票的健康发展。全市福彩投注站点由2007年的43个增加到2009年的69个，销售总额由2007年的2700万元增长到2009年的4960万元。2009年以净增长1602万元、增长率47.7％，获江门市福利彩票组织领导一等奖、福利彩票销量综合一等奖、福利彩票销售进步一等奖。（2008年，全市新建投注站13个，全年共销售福利彩票3358万元，其中电脑彩票2863万元，即开型彩票327万元，“快乐十分”168万元，4年来首次超额完成任务。）

【老龄工作】 到2009年底，全市共有60岁以上老年人103597人，占全市总人口的14.7％，其中百岁以上老人53人。从1991年开始，对百岁老人每人每月发放100元生活补助。免费为全市60岁以上老年人办理“老年人优待证”，让其在就医、乘坐公共汽车、看戏等享受一定优惠。加快推进养老服务设施建设，到2009年底全市共有福利院1间、敬老院15间、星光老人之家10间、老年人活动室和活动之家共有329间，社区室外健身活动场所5个。

【残疾人事业】 2008年，开平市通过全国白内障无障碍市的检查验收。到2009年，全市有残疾人 4 万人，占总人口数的 5.86％。2008－2009年，为160多名城镇重度残疾人免费办理城镇居民基本医疗保险，安置380多名残疾人就业，资助422名白内障患者进行手术，资助各类患者和残疾儿童进行治疗及康复训练827人次。（方 跃）

附：1. 市民政局领导班子名录
局　　长：莫　央
副 局 长：梁玉娟
副 局 长：黄奕强
纪检组长：黄碧池
2. 市老龄办领导班子名录：
主　任：戚迎春
副主任：谭瑞芳
主任科员：张灼锋（～2009.09）
3. 市残疾人联合会领导班子名录
主　　席：黄婉慈
副 主 席：关瑞斌
　　　　梁水兰（　～2009.08）
　　　　许卓尉（2009.08～　）
理 事 长：梁水兰（　～2009.08）
　　　　许卓尉（2009.08～　）
党组书记：梁水兰（2009.08～　）
副理事长：梁国强

人口与计划生育

【简况】 2008年，全市共出生6663人，符合政策生育率92.48％，人口出生率为9.60‰，人口自然增长率为 3.06‰。2009 年度，全市出生6848人，符合政策生育率94.44％，人口出生率为9.79‰，人口自然增长率为3.73‰。

2009 年实行市四套班子领导分工联系挂钩一个镇（街）人口和计划生育工作，每月到挂钩镇（街）了解人口计生工作情况，检查督导。制定了《关于市直单位支持配合挂钩联系镇（街道）开展人口和计划生育工作的通知》，明确了81个市直单位对挂钩镇（街）进行帮扶。2008年江门市四套班子领导和相关部门分别对口帮扶本市11个镇（街）人口计生工作，共支持资金100多万元。开平市四套班子150多人次，市直85个部门的主要领导和分管领导先后180多次到挂钩镇(街)、村（居）督查计生工作，支持资金100多万元，用于改善镇、村两级办公环境和设备，添置了电脑、B超机、妇检床等设备，大大调动了被帮扶镇的镇村干部计生工作的积极性，政策生育率提高了，创建“两无”比例大大提升，2009年,全市共有9个镇(街)为无政策外多孩镇(街),148个村（居）为无政策外出生村（居），推动了后进转化工作。

【计生目标管理】 2008年，全市人口计生工作目标为人口出生率控制在11.10‰以下，人口自然增长率控制在6.10‰以内。2009年，全市人口计生工作目标为人口出生率控制在11.20‰以下，人口自然增长率控制在6.80‰以内。

【流动人口管理】 认真贯彻流动人口省内“一盘棋”和区域“一盘棋”的工作，不断完善“属地化管理，市民化服务”的流动人口计划生育工作机制，做到“三有四同”(有机构、有人员、有经费，同管理、同服务、同考核、同待遇）取得一定成效。2008年5月8—31日，开展流动人口计划生育管理和服务活动。通过该次活动查核，全市有外来流动人口44239人，其中已婚育龄妇女31566人，省外25896人；省内市外5622人；市内县外48人。已婚育龄妇女建立信息卡的有31566人。查验《婚育证明》、“计划生育服务证”38396人次。2009年,全市有外来流动人口86307人，其中外省流入63202人，包括男性31979人、女性31223人(已婚育龄妇女26288人)；本省流入23105人，其中男性11828人、女性11277人（已婚育龄妇女7081人）。

【计生服务】 2009年，抓好新婚夫妇免费筛查工作，全年为66对新婚夫妇进行免费筛查，其中查出地中海贫血33例，G6PD缺乏症36例。开展“查环、查孕、查病”和提供“优质服务”的“三查一服务”活动。全市共查环查孕140417人次，查病61540人次，其中检查出患病人数4799人，对其中的4443人进行了低费治疗。

从2008年4月起，根据江府〔2008〕32号文要求，对农村户口只生育一个孩子或纯生育两个女孩、一方落实了绝育措施农村居民夫妻每人每月奖励50元，两年来享受“节育奖”奖励的对象共有584对，共发放25多万元。两年来，全市享受农村部分计划生育家庭奖励制度分别为2659人和2870人，合共发放506多万元；免费享受农村合作医疗保险的农村独生子女户和纯二女户结扎户2008年有41770人，2009年有42535人。

【宣传教育】 坚持以人为本，以满足群众需求为导向，通过多种形式宣传和贯彻落实《广东省人口与计划生育条例》,为新时期人口和计划生育事业发展创造良好的舆论环境。两年来，投入资金6万多元，修改完善《婚育新风进万家宣传系列》；投入11万元，制作了“计划生育宣传伞”、“计生围裙”等一批；投入近60万元，建立大、小型计生宣传牌227个，搪瓷牌共2500块；投入10多万元对全市265个计生“三栏”内容全面更新。制作新《条例》摘录永久性搪瓷宣传牌268块。印制新《条例》小册子25万本，新《条例》知识问答宣传单张18万张，新《条例》彩色宣传画5000套。举办新《条例》有奖问答测试活动23场，开展宣传服务“一条街”活动19次。完成“新家庭文化屋”工程建设36间，配置了计划生育政策法规、科普知识、生殖健康、优生优育方面的图书，成为宣传计生政策和优生优育知识的阵地。

【计生信访工作】 两年来，共接到群众来信来访来电422件次，其中来信64件，个人访17人次，电话访334件，对群众的来信来访来电都认真处理，对来访的群众热情接待，及时进行处理，及时结案，提高满意度，答复满意率达到100%。

（薛炎庆　陈洁霞）

附：市人口和计划生育局领导班子名录

局　　长：周国雄

副 局 长：李欢定　谭灼坤

纪检组长：薛炎庆

创刊号
（2008-2009）

KAIPING NIAN JIAN

各镇（街道办）和开发区概况

各镇（街道办）概况

三埠街道办事处

【简况】 三埠街道办事处位于开平市的中心城区，是开平市政治、经济、文化中心。由分布于潭江畔的长沙、新昌、荻海三个埠所组成，素有“小武汉”之称。面积32.4平方公里，辖7个农村村委会、10个社区居委会；2009年有常住人口13.8万，外来人口6万。海外和港澳台乡亲11.5万多人，是全国著名侨乡。三埠辖区内河涌纵横，潭江河畔的城乡景色吸引众多游客。街道办辖内有城市广场、世纪之舟、六都锁钥等人文景点，有五星级酒店——潭江半岛酒店。1998年11月，被广东省授予乡镇企业百强镇。2003年12月被中国纺织工业协会授予“中国牛仔服装名镇”称号。

【工业】 提高工业产业发展水平。坚持扶优促强，延伸产业链条，促进化纤纺织、牛仔服装、机电、食品工业等优势产业实现总量扩张、质量提升，提高集群化发展水平。大力发展电子信息、装备制造、生物医药等新兴产业，积极培育一批规模较大、带动性强的龙头企业集团，拉动上下游企业发展，形成新的产业集群。探索出台优势企业上市扶持政策，引导和鼓励企业利用资本市场做大做强。加强重点领域的自主创新，加强关键技术攻关。推广企业信息化，引导企业积极应用信息和科技推进技术、工艺、管理创新，提高企业综合竞争力。扩大品牌效应，促进企业抓质量、创名牌，提升产品区域竞争力。着力优化出口商品结构，支持高附加值产品扩大出口。促进加工贸易转型升级，重点扶持一批有规模、有优势的加工贸易企业向自主设计、自主品牌转型。2008年，全街工业总产值331833万元，其中规模以上工业总产值236040万元。2009年，全街工业总产值524041万元，其中规模以上工业总产值403448万元。

【农业】 加快农业产业结构调整步伐，扶持壮大优质特色种养产业，加快发展蔬菜、花卉、水果等都市型农业，大力推进生态旅游农业和绿色农业。积极培育农业龙头企业，发展农产品精深加工，多渠道提高农业产业经营效益。大力推动科技兴农，实施信息兴农工程，推广新技术，提高农产品的科技含量，增加农民收入。扶持农民专业合作组织加快发展，促进农业规模化、品牌化经营。加大农业招商工作力度，促进一批产业关联度大、技术水平高、带动能力强的涉农项目落户。2008年，全街农业总产值6220万元。2009年，全街农业总产值5309万元。

【发展第三产业】 2008－2009年，加快第三产业的结构转型，形成特色服务业。结合“开平碉楼与村落”成为世界文化遗产的契机，大打“特色旅游”牌：将具有岭南特色的古建筑群——风采路、中和路建设成集影视拍摄与休闲、购物、饮食、娱乐、度假于一体的新旅游景点；对新昌新华街、新华后街两条商业步行街，在税收、规费、办证等方面给予政策优惠，刺激商业发展，重振昔日繁华景象；将风采堂、簕冲“无人村”纳入碉楼文化建设体系，开发旅游；将雪冲口海滨长廊打造成商业饮食一条街；完善商业网点布局，积极发展连锁超市、购物中心、专业市场，扩大商贸辐射范围，促进消费持续增长。2008年社会消费品零售总额250994万元，2009年社会消费品零售总额253977万元。

【城区建设管理】 2008年继续加大城市建设投入，以本街中山社区为试点，创建“民主法治示范社区”建设，建立健全了以党总支为领导核心的依法治社区和村民自治运行的机制，2008年本社区被评为全国和全省民主法治示范村（社区）。以点带面，开展群众性精神文明创建活动，2008、2009年共创建成3个“文明村”。2009年，加强社区硬件建设，先后对新兴、东河、港口、长沙西4个社区进行改造装修和规范化建设。解决群众反映强烈的路灯昏暗、横街小巷路面破烂、地下水和化粪池淤塞、金属石材加工污染等问题。集中财力做好河道整治，包括簕冲村委会内堤“筷子围”1.8公里，加宽4米；潭江河段9.14公里。2009年，筹集资金建设了全民健身公园。

【招商引资】 近年来以发展工业为支撑，全面实施“工业兴街、三产强街、旅游旺街、商贸富街”战略，把“抓招商、促发展”作为一项首要任务，以多渠道、多层次、多方向的形式，不断吸引外资、民资，以抓机遇、抓质量、抓服务，不断落实各项招商项目。2008、2009年办事处多次召开民营企业、外资企业家座谈会，征求有关三埠招商引资工作的意见和建议；春节期间，党政班子成员利用假期交朋友，与外资、民营企业家接触，共谋三埠和企业的新发展；年初，办事处组团参加珠三角10个城镇联谊会，2008年11月办事处党政班子主要领导带队到虎门、莞城和珠三角其他发达地区招商。2008年，新上企业30家，其中外资企业3家、民营企业27家，利用外资1530万美元，利用民资8037万元。2009年，在招商引资方面引进新项目28个，其中外资企业5个，民资企业5个，增资18个，利用外资2210万美元，利用民资9038.24万元。

【科技创新】 推动各企业加大科技创新力度，致力于发展高新技术产品。富琳、中源、川溪、昌业为龙头的纺织企业，以规模大、档次高、质量好而远近闻名，赢得市场。三威微、莱福、蓝鹰、新东亚、凯德等机电企业近年不断加大投入，引进技术创新，逐渐上规模。这些行业和企业逐渐成立三埠的支柱企业。2008年5月，三威微型电机有限公司的清洗机用系列电动机、潜水式增氧电动机被授予专利，这两项专利填补了省内和国内的生产空白。2008－2009年，三埠涌现出一大批高科技、高质量企业。其中三威微电机有限公司和莱福电器设备公司分别获得“广东省高新科技企业”称号。两年中科技创新及新产品开发项目共11项，成功申报技术专利项目7项，其中莱福电气设备有限公司的新型无功功率动态补偿装置被列为广东省重点产品，抗谐波智能TSE动态无功补偿装置被列为国家重点产品。

【教育强街建设】 实施科教兴街战略，坚持把教育摆在优先发展的地位，努力创建广东省教育强街。2008年5月初开始，筹集资金投入“创强”，进一步整合教育资源，提高学校的办学实力，构建社区文化教育大体系，达到省教育强街的各项软硬的标准要求，2008年10月初通过江门市督导初评，12月下旬顺利地通过广东省教育强街评估验收，为三埠教育事业发展打下坚实的基础。2009年又投入近百万元“补强”，完成港口中学、新荻中学、新安小学以及东河小学维修工程，完善各中小学的基础设施建设。

【财政税收】 2008年实现GDP总值35.5亿元，比上年（下同）增长11%；地方财政一般预算收入7992万元，增长17%，出口总额15816万元，同比增长9.65%。2009年实现地区生产总值11.45亿元，同比增长5.6%；地方财政收入8184万元，同比增长2.4%，出口总额12716万元。

【社会事业】 党工委积极推进社会主义新农村建设，各村委会在近两年来建成多个标兵文明村；加大农村水利农田基本设施建设的力度，积极争取上级支持和并通过自筹，2009年，筹措资金建成石海电排站和水闸及加固三围潭江堤围、簕冲筷子堤围等项目；各级筹集资金投入仁亲、石海、燕山等村委会的改水工程，确保村民饮上清洁卫生的自来水；认真落实农村惠民政策，2008、2009年，认真落实惠民政策，按时发放种粮直补、农资综合补贴等。重视社区建设，筹集资金投入社区硬件建设，先后对新兴、东河、港口、长沙西等多个社区进行改造装修和规范化建设。下大力气抓好计生工作，改善硬件设施建设，着力抓好层级责任制的落实，较好地完成了市下达办事处的人口和计划生育工作的各项指标任务。扎实抓好安全生产，2008－2009年，与辖区部门、村居、企业500个单位签订安全生产责任书，签订交通安全责任书169份，开展8次安全生产大检查，专项整治活动。着力抓好社会民生工程建设，顺应广大群众的强烈愿望，多方筹措资金，投入新昌文化公园的改造和建设全民健身广场；积极筹建社区服务活动中心和平通往宝国寺的宝国大道。关心弱势群体，为辖区特困户和五保户解决生活困难问题。继续完善低保对象基本医疗救助金的报销发放工作。抓好就业和再就业，2008年，就业和再就业登记人数为4044人，2009年为2155人。

【社会治安综合治理】 2008－2009年，加强社会治安综合治理，依法严厉打击严重犯罪、“两抢一盗”等多发性犯罪以及其他各类犯罪活动。社区实行群防群治，努力创建平安和谐小区，村（居）社会治安得到明显改善。两年来共发生刑事案件1116宗，破获530宗，破案率47.5%。认真抓好信访工作，群体性事件得到妥善处理。特别是在奥运维稳特别防护期间，通过采取措施严防死守，确保了稳定，没有发生进京上省越级上访和群体事件。三埠街道在社会治安综合治理工作上，树立社会稳定压倒一切的责任感。2009年7月，成立了综治信访维稳中心，建立社会治安联合防控、矛盾纠纷联合调解、重点工作联勤联动、突出问题联合治理、基层平安联合创建的“五联”维稳机制。健全三级信访工作网络和信访维稳工作责任制。街道党工委与各村（社区）党总支签订信访维稳工作责任书。实行“属地管理”、“谁主管，谁负责”的办法，加强对不稳定因素的排查，同时实行领导包案制，妥善处理各种社会矛盾，确保社会和谐稳定。两年来共办理信访案件121宗，383人次。 （劳有权 李亮）

附：三埠街道办事处领导班子名录

党工委书记： 梁民跃（～2009.08）
凌华威（2009.08～）

党工委副书记、办事处主任： 肖章兴（～2009.08）
邓仕新（2009.08～）

党工委副书记、纪工委书记： 谭雄辉

党工委副书记： 胡明俊（～2009.08） 梁锡强

党工委委员、办事处副主任： 邓仕新（～2009.08）
廖卫群（女，2009.08～）

党工委委员、妇联主席： 胡洁华（女）

党工委委员、武装部部长： 吴江东

党工委委员： 梁德年

办事处副主任： 廖卫群（女，～2009.08）
李健鹏

长沙街道办事处

【简况】 长沙街道办事处位于珠江三角洲经济开发区，是开平市的政治、文化、经济、商贸中心。东接水口镇，西接赤坎镇、塘口镇和沙塘镇，南临三埠办事处，北靠梁金山。325国道、274（腰古）省道、开平大道贯穿全境。市、镇（办事处）、村三级交通要道全部水泥化并连成网络，水、陆路直达广州、香港和澳门，又是连接粤西桂东的要冲重地。辖区总面积67平方公里，辖13个村委会和7个社区居委会，户籍人口7.17万人。2008年，实现国内生产总值（GDP）11.6亿元，增长13%；财政收入7865万元，增长28.5%，增幅全市第一，税收19369万元，村级经济总量达3502万元，增长7%。2009年，实现国内生产总值（GDP）12.76亿元，增长10.05%；财政收入7722万元，税收19104万元，与上年基本持平；村级经济总量达3649万元，增长4%。

【招商引资】 坚持“走出去，引进来”的工作战略。2008年，党政领导班子率队赴香港举办招商会，大力开展招商引资活动，取得良好成效。全年新增外资企业2家，民营企业58家，个体工商户582家，利用外资1512万美元，民资9996万元。2009年新上企业共66家（外资企业2家，民营企业64家），实际利用外资2206万美元，民资1.046亿元。在金融危机的大环境下，办事处开展一系列“亲商”行动，加强与企业老板的沟通联系；对新上项目提供土建报建、消防、营业执照办理等“一条龙”服务；加强与金融、海关部门的沟通，帮助企业融资和解决生产发展中的实际困难。街道办事处被评为江门市2009年度招商引资先进单位。

【镇村建设】　落实党政领导班子成员岗位责任制，实施包村联户责任制和联系党建挂钩点制度，深入开展干部驻村工作，加强对基层工作的领导。抓好基层党支部建设和党员管理，全年发展新党员63名，加强流动党员的管理工作。抓好村级事务民主决策和各项制度落实，坚持抓好“三会一课”（支部会、支委会、党小组会，党课），开好民主生活会和民主评议党员活动。抓好党务公开工作，20个村（社区）党支部已全面完成党务公开，党内监督进一步加强。抓好农村党员干部远程教育工作，共投入款物15万元，在13个村委会建设场地和购置各项硬件配置，建成“农村党员干部远程教育网络”体系，全面提升党员干部知识水平。

【社会事业】　建立维稳联席会议制度，制定大接访活动方案和领导包案工作制，加强信访和矛盾纠纷排查调处力度，强化层级责任和值班备勤，有效防范和消除各种社会不稳定因素。紧紧围绕办事处中心工作和群众关心的热点问题开展视察活动，撰写建议提案反映社情民意。深入开展“五五”普法教育，不断增强群众的法律意识。落实农村合作医疗制度款（5级）近300万元，参保人数30227人，参保率达98%以上。认真落实优抚、抚恤政策，开展扶贫送温暖和扶困助学活动。2008年共为烈属、复退军人、义务兵、孤老优抚对象，低保户、残疾人、困难学生等发放各类补助近200万元。每年的“九·九”老人节活动，已形成辖区村（居）委会的一项优良传统，通过聚餐等活动，营造尊老爱老的社会氛围。协助市文物局开展非物质文化项目的申报工作，“楼冈网墟”，“杜冈龙舟”成功列入开平市第二批非物质文化遗产名录。

完善劳动和社会保障机制，加强用工管理，深化辖区就业和再就业工作，深入开展农村富余劳动力转移就业工程，全面完成社保扩面任务。狠抓计划生育工作，实施层级动态管理。全面开展武装民兵工作，高质量完成兵员的年度征集任务，连续5年被江门军分区评为标兵武装部。工青妇工作深入发展，推进本街道各项事业稳定前进。

【工农业】　2008—2009年全区工农业总产值分别为30亿元和57.6亿元，人平收入6305元和6744元，年增长6%。全办事处有5个村委会集体经济年纯收入超100万元，分别是幕村、冲澄、三江、八一、东乐。原经济比较落后的平冈、杜溪、新民等村委会，村级经济也稳步发展，辖区村级经济发展东西不平衡问题得到一定程度的改善。

【民强安和村道通车剪彩】　近年，随着经济的不断发展，辖区多个村委会相继建成硬底化水泥村道。但由于多方面的原因，民强安和村小组至腰古公路一带的“行路难”问题一直未能得到很好的解决，给村民的生产、生活带来极大不便。民强村民在“村头说村务”活动中，多次将修建村道工作作为讨论议题，并与街道办事处领导、驻村干部及村委会干部积极筹划修建方案，筹措建设资金。在江门、开平两级交通局，开平市人民政府等上级部门和街道办事处的关心和支持下，并有长期热心家乡公益事业的楼冈籍老板，包括吴紫良、吴荣治、吴荣熹、吴霹强、吴耀汉等慷慨解囊，以及村民们踊跃捐款，共筹集到95万元资金，终于建成3.5米宽、近4公里长的水泥路。2009年11月21日上午，举行通车剪彩仪式。

【创建广东省教育强街】　一直以来，长沙是开平市政府所在地，代表着开平的形象。2006年开平市委市政府要求长沙要当好排头兵，在2007年创建成为广东省教育强街。长沙街党工委、办事处非常重视这项既光荣又具有历史性的任务。办事处上下振奋精神，同心同德，用抓经济的力度来抓好创建教育强街工作。首先成立以甄荣毅书记为组长、甄雪英副书记为副组长的“创强”领导小组；成立“创强办公室”，任命吴雅滨部长为办公室主任、李振城校长为办公室副主任；制订“长沙街道办事处创建‘教育强街’工作方案”。2007年7月18日，办事处召开“创建广东省教育强街”动员大会。随后加大“创强”力度，投入资金增加学校的设备设施。发动华侨、港澳同胞和社会力量的大力支持，办事处积极筹备资金。根据中小学、幼儿园的环境建设、学校布局调整、增添功能室场的设备设施等实际情况，办事处定出对各校资金投入具体方案。各中小学、幼儿园按照“创强”方案要求，加快对设备设施投入和环境建设。2006年9月、2007年9月，分别把一级仅有一班的西溪小学、育才小学合并到育英小学，并将杜溪小学调整为长沙实验学校的分教点，使学校的教学设备设施得到充实，达到资源共享。坚持每月初出版“创强”简讯，并分发到相关部门，进行舆论造势。2007年12月28日，长沙街道办事处申报广东省教育强街通过了省督导验收组全体专家的督导验收。2008年1月21日，办事处召开创建广东省教育强街总结表彰大会。

【育英小学百年校庆活动】 2008年10月28日，长沙育英小学百年华诞。当天上午，来自海内外约900名嘉宾、校友共同参加庆典活动。育英小学成立于1908年，是开平较早创办的小学之一。一百年来，在政府以及热心人士的支持下，不断发展壮大。现校园占地面积29亩，有学生620名，教师23名，教学设备设施完善，校园环境优美。凭借优良的师资、严谨的教风、严格的教学管理，学校的教育质量一直名列地区前列，为海内外社会各行各业源源不断地输送人才。在庆典大会上，开平市委常委林露华代表市委市政府对育英小学百年华诞表示祝贺。她希望该校继续发扬优良传统，培养更多的优秀人才。同时，她还希望社会各界继续重视教育，关心教育，支持教育，为开平教育事业的发展创造更好的环境。

【东乐——社会主义新农村建设试点】 2006年3月下旬，东乐村委会被确定为江门市新农村建设试点单位。这项试点事关改革、发展、稳定的大局，受到各级党委政府的高度关注。东乐村委会切实加大人力物力和资金的投入，充分调动一切积极因素，确保新农村建设试点工作顺利开展，努力为江门市全面开展新农村建设创造更多、更好的经验。在江门和开平市政府领导的指导下，长沙街道和东乐全体干部、群众，经过4年时间的实践和探索，东乐新农村建设取得阶段性成果，村容旧貌换新颜：在村中心6口池塘砌石碇1800立方米；建起两间面积分别为90平方米的垃圾中转房；各村小组建起垃圾池；成立8人的卫生清洁队，每天清扫村场，实现垃圾集中清运到市垃圾堆放场处理；建起抽水泵房及配套种植植物净化水质；在村中心景区，建设连廊和凉亭；重建村内6.5米宽的主马路370米；完成4个村小组等村场铺设水泥面积1.2万平方米；完成3个村小组、宽达3米的环村路网2000米；完成主马路两旁、5个村小组等村面绿化工程；建成10个较为时尚的健身娱乐运动场；水泥路贯通每个村落，清洁队每天清扫各村。基本实现目标规划合理化，村面路渠硬底化，厕所无害化，塘堤大石化，鱼塘水质洁净化，健身场所时尚化，处处有绿化。此外，东乐村委会近年各项事业亦稳步发展，2008年村委会集体收入达290万元，村民遵纪守法，安居乐业，民主管理制度日趋完善，党员思想觉悟有所提高。

【改革开放30年成就】 1978年，长沙街道办事处称长沙人民公社，管辖25个农村大队，一个墟镇，辖区面积83.2平方公里，耕地面积46533亩，常住人口59696人。当时以农业生产为主，全公社共有大小企业112间，年产值665万元，全年财政收入（税收）439561元，人平分配收入91元。

改革开放开始，长沙充分利用地缘优势，通过提供土地、厂房等形式招商引资，吸引尼龙工艺厂等第一批外资企业（主要是纺织企业）进驻长沙。随着改革开放的不断深化，开阳高速的建设为长沙办事处带来极大商机，办事处充分利用楼冈距开阳高速出入口仅一公里的地理优势，建立开元工业走廊，吸引众多知名纺织企业先后进驻，成为长沙可持续发展的重要支撑。通过多方努力，2007年，长沙的镇级经济得到较快的发展，辖区现有大小企业3000多家，逐步形成纺织制衣、饮食娱乐、五金电器、食品、物流、建筑六大骨干行业。全年实现工农业总收入26.2亿元，工农业总产值32亿元，是1978年的481倍；财政收入6122万元，是1978年的139倍；农村人平收入5888元，是1978年的65倍。

同时，还加大力度改善民生，让广大群众享受到经济发展的成果。近年共计投入资金4600万元大力发展教育事业，全面提高辖区人口素质。2007年成功创建全市第一个“广东省教育强街”，成为全市教育事业的排头兵。通过30年的发展，长沙“四个文明”达到新的高度，先后被评为：全国体育先进社区、广东省法制宣传教育先进集体、广东省“双拥”模范镇、广东省平安建设先进镇、江门市文明单位、江门市精神文明建设先进镇（街）、江门市镇级经济发展先进镇、江门市招商引资先进镇、江门市禁毒严打整治专项斗争工作先进单位、江门市计划生育“三为主”先进单位、江门市“双爱双评”先进单位、江门市“双拥工作”标兵单位、江门市第二次全国基本单位普查先进单位等。（吴国安）

附：长沙街道办事处领导班子名录

党委书记：甄荣毅

副 书 记：甄雪英
黎锦洪

党委委员：吴雅滨　张伟源　李奕嫦
余伟良　杨雅玲
周伟寅（2009.06～）
利俊义（2009.07～）

办事处主任：甄雪英

副 主 任：张伟源　梁建业　谢祝祥

月山镇

【简况】　拥有“广东省化工专业镇”、“广东省卫生镇”和“广东省教育强镇”称号，位于开平市东北部，是著名侨乡，距开平市中心18公里，区域面积121.12平方公里。辖区18个村委会、2个居委会，户籍人口4.65万人。地貌类型以平原、丘陵为主，水土资源丰富，境内有潭江支流，并有大小水库56个。医药、五金、水暖器材、油墨、涂料、电镀、制鞋等特色产业发展迅猛，已成为月山的支柱产业。全镇规模以上企业35家，重点企业有广东彼迪药业有限公司、广东德康化工实业有限公司、开平市金象油墨化工有限公司、开平市新明光五金制品有限公司以及跨国集团开平特佳水龙头有限公司、开平特佳五金工业有限公司和开平科博仕卫浴科技有限公司等。其中，产值超亿元的企业有3家，广东彼迪药业有限公司年产值超2亿元。2008年全镇地方财政一般预算收入首超3000万元，达3533万元，位居开平市各镇（办事处）前列。2009年受金融风暴影响，财政收入有所下滑，为2804万元。

【招商引资】　2008年新上及增资工业项目6个，其中民资项目4个，外资项目2个，包括开平建荣五金有限公司、开平市金汇丰五金有限公司、开平市豪辉玻璃灯饰有限公司、开平特佳五金工业有限公司等，投资总额约达2亿元。2009年，新上或增资企业8家，分别是拓普电子工业有限公司、特佳五金工业公司、华艺电镀厂、华晶电镀厂、伟强电镀厂、新明光五金制品有限公司、豪辉玻璃灯饰有限公司、开平市骏达洗染有限公司，投资总额超过2.5亿元。续建项目2个，分别是镇海水厂、润华（香港）饮料有限公司，继续投资额约5000万元。

【农业】　以水稻、蔬菜种植和三鸟养殖为主，拥有广东省农业龙头企业1家——开平市玉林参皇养殖有限公司，该公司以“公司+农户”经营模式，年养鸡3000万只。2008年，全镇农业总产值近1.3亿元。水稻面积4.7万亩，总产1.5万吨。实现农村人均收入6854元。2009年，全镇农业总产值1.3亿元。水稻面积4.8万亩，总产1.56万吨。实现农村人均收入7335元，比上年增长7%。

【工业】　主要以医药、小家电、油墨涂料、五金电镀、制鞋手袋、牛仔布洗水等为主。全镇规模以上企业35家，属广东省高新技术企业有2家（广东彼迪药业有限公司、广东德康化工实业有限公司）。医药方面有广东彼迪药业有限公司，年销售近3亿元人民币，2009年纳税近3000万元；化工油墨涂料方面以广东德康化工实业有限公司为龙头的企业10多家；五金电镀行业方面以开平特佳水龙头有限公司和新明光五金制品有限公司为代表共有19家企业；制鞋、手袋企业以才文龙鞋业公司为代表的企业50多家，以家庭作坊为主，虽未上规模但社会效益大。

【商业】　以家庭小作坊式商店为主，有上规模市场3个，分别是月山、水井、二七市场，还有数个小型市场，10家小型超市。2008年全镇共有商店595家，产值24847万元。2009年有539家，产值21943万元。

【制药产业】　广东彼迪药业有限公司是月山镇唯一的制药公司，制药产业也是月山镇的支柱产业。该公司是香港中大集团旗下的一家独资企业。1989年成立，已发展成集科研、生产、销售于一体的现代化制药企业，广东省高新技术企业、广东省医药工业二十家重点企业之一。是广东省著名商标。拥有粉针（含冻干）、大容量注射液、固体制剂、青霉素、喷雾剂、原料、缓控微丸七大车间；拥有抗细菌、抗病毒、消化系统、心血管、氨基酸、镇痛消炎、糖尿病、抗精神病、皮肤病类等多种治疗药品系列，共计140余个品种。年生产大输液3000万瓶，片剂、胶囊剂30亿片（粒），颗粒剂2亿袋，喷雾剂500万瓶，无菌制剂300万支。2009年，公司有员工700余人，其中大专以上技术人员250多人，研发、检验人员80多人，总资产2亿多元。年产值2.9亿元，纳税近2900万元。是年，获广东省医药产业综合实力50强及医药工业化学药品制剂20强殊荣。

【化工企业】 月山镇是省化工专业镇，扶持和培育化工行业的发展是月山镇经济发展的主要方向。全镇共有化工涂料类企业6家，分别是广东德康化工实业有限公司、开平市金象油墨化工有限公司、开平市姿彩化工有限公司、开平市优洋化工有限公司、开平市金三田化工有限公司和开平市金润化工有限公司。企业的产值占月山镇工业总产值的1/5。年总产值约1.5亿元，人均产值在60万元以上，纳税额（国、地合计）500多万元。

【镇村建设】 近两年投入200多万元用于镇村工程维护费用，并争取上级支持，投入100多万元新建高阳桥并于2009年初全面建成通车。镇海水库自来水供水工程2009年10月完工通水。投入2400多万元创建教育强镇，包括新建一所中心小学。支持金村村委会南阳村、横江村委会朝安村创建开平市文明村。

【财税、金融】 镇内有中行、农行、农村信用社、邮政储蓄等4家金融机构，为全镇的金融事业提供服务。2008年全镇税收8758万元，其中国税5141万元，地税3617万元。2009年税收7510万元，其中国税4764万元，地税2746万元。

【社会事业】 2008年，向享受社会优待的优抚对象50户共发放群众优待金24万多元，向享受定补优抚对象150户共发放定恤定补资金45万多元，向纳入最低生活保障200户707人，发放最低生活保障金近60万元。筹集资金10万多元，为60多名优抚对象解决治病难和住房问题。2009年，全镇享受社会优待的优抚对象51户，共发放群众优待金26.6万元；定补优抚对象共152户，共发放定恤定补资金51.3万元。筹集资金8.36万元，为60多名优抚对象解决治病难问题，并资助3.65万多元为他们解决重建危房问题。

【月山镇工业集中区】 2009年，月山镇有月山、白石头、水四等三个工业集中区。

月山工业集中区　位于月山镇境内，距开平市区18公里，距325国道4公里，距开阳高速公路口5公里。沿省道高铜线两边开发，交通十分便利，水电充足，基础设施完善。规划总面积2000亩，已成功开发1000亩，区内有广东德康化工实业有限公司、开平市坚濠电器制造有限公司、金象油墨化工有限公司、参皇养殖有限公司、美特五金表面处理有限公司、开平市金三田化工有限公司、华科五金电镀厂、新淘塑料制品厂等15家企业落户，形成了家用电器、五金配件、化工涂料、摩托车配件等多元化的工业生产基地。区内投资总额达3亿。投资额最大的有开平市坚濠电器制造有限公司，该企业占地面积250亩，注册资金达1800万元，投资总额达到7000万元，主要产品是家用电器、烤箱等。该区2008年产值17000万元，2009年产值19000万元。

白石头工业集中区　位于本镇天湖村委会以北、交通方便的省道高铜线边，已成功高标准开发了工业用地1400亩。该区以电镀、五金、化工行业为主，共有企业14家。其中有西班牙客商投资的开平特佳水龙头有限公司、开平市新明光五金制品有限公司、开平市优洋化工有限公司、鸿杰五金电镀厂等企业。区内实际投入资金已超过1亿元，投资总额将达2亿元。区内还有一个正在筹备的工业园——香港珠三角（开平）环保电镀示范工业园，工业园区总规划面积1400亩，已经平整的有800亩。工业园区从2005年就已经开始筹建、报批。计划由香港工业总会将其办成珠江三角洲最先进、最有示范性的电镀工业园区之一。白石头工业集中区2008年产值27000万元，

2009年产值36000万元。

水四工业集中区 位于水四村委会，是月山镇与水井镇合并前水井镇重点开发的工业集中地，已开发的工业用地2000亩。有开平拓普电子有限公司、华艺电镀厂、胜发五金电镀厂、粤海虹电镀厂、伟强电镀厂、蓝宝石塑料制品厂、何文五金工艺厂等企业18家。区内实际投入资金已超过2亿元。该区2008年产值16000万元，2009年产值20000万元。（李志强）

附：月山镇领导班子名录

党委书记： 陈炎民（～2009.08）
梁羽行（2009.08～）
副 书 记： 李健斌　何琼新
纪委书记： 余华安
党委委员： 余华安　李建忠　罗永逵
谭瑞勇　罗万能　胡万程
人大主席： 李建忠
镇　　长： 李健斌
副 镇 长： 罗永逵　关健敏　谭健民

水口镇

【简况】 水口镇位于开平市东郊，地处开平与台山、新会、鹤山的交汇处，东接新会司前镇，东南与台山大江镇隔潭江相望，南邻开平三埠街道办事处，西南接长沙街道办事处，西连月山镇，北与鹤山址山镇相邻。325国道南北纵贯镇境，佛开高速公路连接开阳高速公路（连接点在镇内并设出入口）、省道江开公路通过镇境。全镇总面积80.1平方公里，人口7万多人。辖5个社区居民委员会，25个村民委员会、254条自然村。水口镇是集农、工、商、贸于一体的省级中心镇、卫生镇、科技专业镇，是“中国水龙头生产基地”、“中国水暖卫浴生产基地”、开平市第一个亿元镇、全国体育先进镇，驰名中外的“金山火蒜”、“广合腐乳”、“水口白菜”为当地特产。

【工业】 水口镇是珠江三角洲经济开发区首批重点工业卫星镇，水暖卫浴、纺织、小五金、摩托车零配件是当地的特色工业。2008—2009年，通过加强产品自主创新，努力提升产业竞争力，以招商引资和项目建设实现新突破，在金融危机时期保持经济稳步发展。2008年，全镇工业总产值51.1亿元，同比增长12.8%；规模以上工业增加值16.78亿元，同比增长8.2%。2009年，全镇工业总产值62.1亿元，同比增长9.1%；规模以上工业增加值18.29亿元，同比增长8.6%。其中水暖卫浴是支柱产业，至2009年末，全镇工业企业850多家，从事水暖卫浴生产的企业就达500多家，2008年和2009年产值共65亿元，约占工业总产值56%，其中年产值超亿元的企业有10家，年产值超千万元的企业有50家。水暖卫浴产品国内市场占有率达40%，是全国著名的“水龙头生产基地”和“水暖卫浴生产基地”。

【农业】 2008年，全镇共有耕地2.4万亩。全年粮食总产量1.23万吨，同比增长5.2%；农业总产值3.16亿元，同比增长5.5%；农村人均收入6913元，同比增长6.1%。通过不断调整农业生产结构，促使传统农业向现代农业转变。至2009年末，全镇建有“三高”农业生产基地42个；其中，丰产优质粮食生产基地11个、共8560亩，优质塘鱼生产基地5个、共2820亩，果蔗生产1个、1000亩；常年蔬菜生产基地3个、共1600亩，花卉生产基地2个、共947亩，金山火蒜每年种植4000亩，三鸟、皇鸽、生猪等养殖场20个。2009年全镇粮食总产量1.47万吨，同比增长19%；农业总产值3.37亿元，同比增长5%，农村人均收入7403元，同比增长7%。

水口镇地处潭江主干流北岸，共有堤围57公里，其中潭江大堤21公里，内堤36公里。近两年来，共投入500多万元开展各项水利工程，先后对全镇的堤围进行堤面维修、堤段除险加固、河床清淤、建设水泥三面光灌溉水渠、水闸除险加固、加固防洪墙、建设防洪闸和加固大闸路等，充分保障防洪防汛安全和农业生产用水的供给。

【城镇建设】 两年中，不断完善城镇的基础设施建设，加强环保力量，创建宜居住、宜创业的一流环境。一是加大了对公共设施的投入。2008年，为规范城乡管理，解决交通阻塞问题，兴建一个占地8000平方米的综合农贸市场，以经营农产品为主，小百货、小日电为副，方便广大人民群众的生产、生活需要。二是完善工业园的各项配套建设。主要是完善道路、路灯、绿化、排水管和环境卫生等方面的建设。三是维护“广东省卫生镇”的成果，加强卫生管理。出动执勤人员对全镇的镇容镇貌进行检查，对乱摆乱卖行为进行纠正、处罚。2009年增加了硬件设施，投入21万多元购买新斗式垃圾运输车一辆，垃圾斗8个和小推车、垃圾桶等一批，并于7月16日顺利通过“省卫生镇”复检，受到检查专家组高度评价。此外，积极开展新风村委会五峰村创建“省卫生村”活动，动员该村全体村民进行户户改厕，按上级图纸要求，组织施工队，建造统一规格的三级化粪池进行无害化排污处理。

【招商引资】 2008年，坚持依法、集约用地，积极争取用地指标，盘活存量土地，为招商引资提供用地保障。推行“零用地”招商政策，鼓励和引导企业增资扩产。加强服务，积极解决企业上马过程中的困难，加快项目投产。是年新上项目有法兰多卫浴有限公司、景林药业有限公司、新基业金属制桶有限公司、邑兴汽车销售服务有限公司等16个，投资总额1.59亿元；实现增资项目有雅乐苑高级商住小区、希恩卫浴公司和迪丽奇卫浴公司等13个，增资总额达2.1亿元。全年全镇利用外资2164万美元，完成市下达任务100.06%；利用民资2.2亿元，完成市下达任务111%。2009年，新上和增资项目有邑兴汽车销售服务有限公司、欧玛莎卫浴公司、汉威卫浴公司、尔美斯卫浴公司、凯尼特卫浴公司、太湖鱼翅海鲜酒家和奥斯曼洁具有限公司等19个。全年利用外资2750万美元，完成年度任务的105.77%；实际利用民资2.3亿元，完成年度任务的103.42%。

【工业园建设】 水口镇工业园位于325国道、江水公路、台山过境公路交汇处，总面积为4500亩，分四期工程开发，总投资1亿元。首期工程于2002年2月开始动工，至2009年末，园内已建较大规模的水暖卫浴企业有华艺、迪丽奇、彩洲、雄业等100多家，年产值30多亿元。

原沙冈工业园位于325国道以北，地处风采、宝锋村委会，距开平市中心4公里，佛开高速公路入口8公里，到三埠港5公里，交通极为方便。是开平市建设最早、规模最大、基础设施最完善的工业集中地。原计划开发面积8000亩，总投资2.5亿元。至2009年末，已开发面积3000亩；在园内落户的企业共有50多家，其中外资企业10多家，民资企业40多家，年产值57亿元。逐渐形成以扬帆化纤、顺丰纺织为主的纺织制衣业；海鸿变压器公司、帛汉电子、威技电器为主的电子电器业；金容制桶、大荣脚手架为主的五金业，希恩卫浴有限公司为主的水暖卫浴业等较具规模的行业，并初见成效。其中较大规模的企业有威技电器有限公司、帛汉电子有限公司、海鸿有限公司、江龙五金有限公司、新图美数码彩绘有限公司、克德纳米有限公司、希恩卫浴有限公司等。

【财政税收】 2008年，全镇实现四级企业总收入66.5亿元，同比增长11%，其中工业总产值51.1亿元，同比增长12.8%；工商税收实绩2.9亿元，同比增长13.8%；地方财政一般预算收入达到10954万元，同比增长20.16%。全年固定资产投资4.35亿元，同比增长20.4%。规模以上工业增加值11.48亿元。

2009年，全镇实现四级企业总收入78.06亿元，同比增长8.7%，其中工业总产值61.96亿元，同比增长9.07%；实现工商税收实绩2.67亿元，同比下降7.93%；财政一般预算收入10133万元，同比下降7.49%。全年固定资产投资5.36亿元，同比增长23.2%；规模以上工业增加值18.29亿元。

【社会治安】 2008年，全镇共创建28个平安社区；投入6万多元组建村级治安联防队，全镇25个村委会均组建一支由3—5人组成的治安联防队，共有队员109人。同时，建立和健全村级治安联防制度，治安联防队员上岗巡逻值班。同年，镇府还投入78万元在全镇18个复杂地段安装了视频监控系统，有效地打击了“双抢”犯罪活动，使辖区的“双抢”案件比2007年同期下降11.3%。做好苗头、事件的排查工作，确保全镇在北京奥运期间的治安稳定。全年治安状况良好，刑事发案比2007年下降8%，刑事拘留234人，行政拘留172人，强制戒毒144人。2009年，以建国六十周年为契机，开展“创平安，迎国庆”活动，继续抓好治安整治工作，确保全镇在国庆期间治安稳定良好。全年刑事案件比2008年同期下降7.2%，刑事拘留179人，行政拘留255人，强制戒毒118人。

【信访维稳】 2008年，继续加强信访的处理和监督力度，及时化解各种纠纷，全年共接待来信、来访81件，解决信访件78件。法庭受理各类民商事案件460件，审结442件，结案率为96%，结案诉讼标的为5000万元；调解、撤诉案件207件，调撤率47%。司法所共主持调解各类民事纠纷案件47宗，调解成功43宗；代理诉讼8宗；非诉讼9宗；代办公证5件；办见证55件；代书57件；为个体工商户追回拖欠款59万元。2009年9月，建立镇综治信访维稳中心。中心由综治办牵头，以司法所为基础，实现综治办、信访办、司法所等部门集中办公，整合国土、民政等部门力量，形成统一受理调处信访及矛盾纠纷的平台。同时，以创建“平安社区”、组建村级治安联防队为契机，建立维稳综治工作站30个。全年共受理来信、来访56件，办结53件。司法所共调解民事纠纷32宗，其中调解成功30宗，成功率93.4%；办理见证48件，受理民事诉讼5宗，非诉讼9宗，涉及金额36万元。

【教育事业】 2008年，全镇初中升入重点中学共115人，入重点率11%，在市镇排第四位；此外还有一批学生获得国家一、二、三等奖，省一、二、三等奖和江门市一、二、三等奖。为了加强学校的硬件设施，改善教学条件，镇府支持40万元兴建沙堤小学新教学楼。此外，经多方筹资完成龙塘中学的全面外墙翻新，镇第二小学和泮村小学安装了校园网和广播网。2009年，进一步抓好“教育强镇”工作落实。建立“创强”宣传部门联动机制，开展“创强”全方位工作，开展并校实施教育资源整合。将原来4所中学并为2所，将原来23所小学并为7所，形成了全镇“2中7小”的学校新布局。全镇通过多种渠道筹集到资金489.66万元，并全部投入到“创强”工作中，主要用于校舍建设、场室建设、增添电脑电教设备、校园文化建设等。

【文化宣传】 水口镇传统的民间习俗有龙舟竞渡、泮村灯会等，其中泮村灯会已有500多年的历史，并于2007年5月成功申报广东省非物质文化遗产；还有传统民间工艺“联竹泥鸡”和传统民间习俗“新风犀冈龙舟”正在申报广东省非物质文化遗产。2008年，加强文物保护工作，对龙岗古庙，雷、邝、方溯源祠，黄家祠堂，水口地堡等文物单位进行全方位的保护；举办市际男子篮球赛、五邑地区卡拉OK比赛等健康、影响面大的文体活动；规范文化娱乐场所和音像市场的经营。2009年，在歧阳和红进村委会设立2家农家书屋，每家农家书屋都有图书1000多册。组织镇运动员积极参与开平市第十届运动会，并取得团体总分第四名的成绩。

【医疗卫生】 2008年，为了切实解决群众“看病难、看病贵”的问题，在全镇全面推进农村合作医疗和城镇居民合作医疗，全镇农村合作医疗覆盖率达98.5%，城镇居民合作医疗覆盖率已达65%。2009年，全镇农村合作医疗覆盖率已达100%，城镇居民合作医疗覆盖率已达80%。两年来共抓好防治高致病性禽流感、猪高致病毒蓝耳病、猪链球菌及狗狂犬、牛口啼病等卫生防疫工作。

【劳动社保】 2008年稳妥地解决社会就业问题。加大农民就业培训力度，实行就业前培训120人，岗位培训720人，学习农用技术80人，所培训的农村富余劳动力均能实现100%转移就业；继续推进社保扩面工作，全年新增社保人数1413人。2009年，全镇366家企业与30425人签订劳动合同，合同签订率92%；加强劳资纠纷的调解力度，全年共处理案件169宗，涉案500多人，涉及标的200多万元；抓培训促转移，全年完成双转移培训842人，岗位培训216人，农民技能提升961人，所培训的农村富余劳动力均能实现100%就业；充分利用“千企扶千村”的作用，转移295名富余劳动力；此外，关注应届高校毕业生就业情况，向他们提供就业机会，全镇205名应届高校毕业生，安置就业138名；全年新增社保人数430人。

【计划生育】 2008年以创“两无”为动力，以“两个规范”为指引，加强层级动态考核管理责任制建设，创新长效工作机制，提升计生工作质量，全镇计划生育率达到93.34%，出生率控制在9.15‰，自然增长率为2.00‰。2009年，全镇符合政策生育率为95.66%，比去年同期上升2.3%。出生率控制在9.35‰，自然增长率为1.71‰。

【安全生产】 2008年，全年与295家生产企业签订了安全生产合同，对全镇311家生产经营单位进行隐患排查，共查出隐患156处，期间发出整改指令书8份；对全镇的“三小”场所和公共场所进行消防安全整治工作。其中，检查“三小”场所985家，查出隐患205处；检查公共场所（包括旅店、卡拉OK、网吧、油汽站、油汽库、工厂企业等）共77家，查出隐患82处。2009年，加强安全生产教育培训；抓好全镇29个村（居）的安全监管机构建设工作，落实村居安全管理办公室的人员、场地、经费安排和相应的办公设备；对生产经营单位隐患排查和消防安全整改，共检查单位、企业4894家（次），发现和整改安全隐患46家67项，发出整改通知书4份。

【民政服务】 两年中，为困难群体提供生活保障，定期足额发放优待金、抚恤金150万元；对41名生活困难的残疾人发给生活补贴，每月50元；每月对34名精神病患者免费送药；新增低保户16户，每月补贴金额增加15072元；向市民政局申请临时救济38户，116人，金额37900元；优抚临补19户，51人，金额35000元；对全镇白内障患者进行义诊，为全镇72名白内障患者申请“江门市贫困残疾人康复救助”，发现一例，复明一例；对全镇36户低保户家庭子女在读高中、大学40人次发放慈善助学金，共54000元；对90名困难转业退伍军人等优抚对象的子女读高中、大学学费资助，约24万元；对居住在水上的低收入家庭3户做好住房安置工作；对城镇37户低保户实行住房补贴。 （梁国安）

附：水口镇领导班子名录

镇委书记：何俊贤
副书记：许永辉 梁雁仙（女）
党委委员：梁兆波 李大荣 张灼威
司徒广德（女） 梁朝晃
罗亮发 司徒灼明 何铭游
人大主席：梁兆波
镇长：许永辉
副镇长：张灼威 司徒霭政 黄荣业

沙塘镇

沙塘镇办公楼

【简况】 沙塘镇位于开平市中部，东南距开平市区16公里，总面积89平方公里，其中镇区面积2.8平方公里。辖丽新、泰山、丽群、下丽、塘浪、西村、健丰、联光、红岭、台洞、锦星、芙冈、清湖塘、荫畔共15个村委会，1个墟镇居委会。2009年全镇总户数8487户，总人口31168人。流经境内的河流有潭江支流苍江。省道稔广线一级公路贯通全镇，并连接325国道，开阳高速公路横跨境区12公里并设沙塘出入口，全镇村通镇水泥公路网全部建成。

2008年，全镇工农业生产总产值13.67亿元，同比增长11.77%；财政收入1700万元， 同比增长27.3%；农村居民人均收入6037元，同比增长6%。2009年，全镇工农业生产总产值14.88亿元， 同比增长8.85%；财政收入1739万元，同比增长1.7%；农村居民人均收入6460元，同比增长7%。全镇15个村委会集体经济收入总额达到228.3万元，其中9个村委会集体经济年收入超10万元。

【工业】 2008年，加大力度扶持工业企业，加快工业发展。是年，全镇工业企业共49家，主要工业产品有药品和五金，全年工业总产值12.78亿元，比上年增长13.2%，规模以上工业增加值9469万元。至2009年，已形成以百澳药业和牵牛生化制药有限公司为龙头的现代制药业企业，以港电电器、吕鑫铝材、合升特钢有限公司为龙头的五金制造业，以顺隆纺织、杰森纺织为代表的纺织服装制造业。是年，全镇工业企业53家，工业总产值14.08亿元，同比增加10.17%。实现规模以上工业增加值11647万元，同比增长23%。

【农业】 2008年，积极贯彻农田补贴优化政策，为全镇6017户农民落实补贴资金共196.9万元。开展农业技术培训班，授课168课时，培训人数达360人次，转移农村富余劳动力就业120人。全年粮食总产量12363吨，同比减少6.59%；实现农业总产值8394万元，同比减少27.63%。2009年，认真贯彻农田补贴惠民政策，为全镇农户落实综合补贴、粮食直补、水稻补贴（种子补贴）资金共289万元。举办水稻栽培及病虫害防治、机械化插秧及秧苗培育、马铃薯种植技术、淡水鱼塘养殖技术等农业技术培训班4期，培训人数280人次。筹集资金372万元，完成塘浪白水洞农业整治项目、洪庙排涝站技改扩容工程和筷子围整治加固等三项重点工程建设。积极做好水利检查管理工作，全面落实各项防汛准备和农业用水供给工作。是年，全镇耕地面积31830亩，水田面积25000亩。全年粮食总产量13677吨，同比增长10.63%；实现农业总产值8361万元，同比减少0.38%。

【招商引资】 两年来，充分利用开阳高速公路出入口和稔广公路横贯全境的交通区位优势，加大招商引资力度。同时，抓住珠三角经济发达地区企业结构调整、产业转移的大好机遇，主动联系，加强沟通，全方位开展招商引资活动，并取得新的突破。2008年，共引进招商项目3家，全年实际利用外资200万美元，实际利用民资7466万元，同比增长 14.28%和减少 41.60%。2009年，引进迅盈橡塑有限公司、开平市宏信房地产开发公司、百立山保健品有限公司、鼎诚夹板厂等4家企业。全年实际利用外资206.45万美元，实际利用民资 8804 万元，同比增长 3.22%和17.92%。

【财政税收】 加强税收征管，强化政府专项资金管理。2008年，全镇地方财政一般预算收入1710万元，同比增长21.99%。税收总额1710万元，同比增长21.99%；其中国税1343万元，同比增长19.80%，地税368万元，同比增长72.04%。2009年，全镇地方财政一般预算收入1739万元，同比增长1.69%。税收总额1739万元，同比增长1.69%，其中国税1289万元，同比减少4.02%，地税450万元，同比增长22.28%。

【社会治安】 2008年，实行标本兼治，狠抓综合治理和维稳工作。镇派出所积极抓好社会治安工作，严厉打击违法各类犯罪活动，去年全镇共发生刑事案件58宗，破案25宗，破案率为43%；查破治安案件62宗，抓获违法人员50名。镇司法所全年成功调解纠纷71宗，并做好普法、安置帮扶、社区矫正、法律服务等各项工作。2009年，严格控制社会治安面，加大打击违法犯罪力度，辖区共发生刑事案件50宗，破案25宗，破案率50%；发生治安案80宗，查处47宗，查处率达

58.7%。

【人民生活】 2008年，全镇农村人均收入6038元，比上年增长6%。农村信用合作社年末存款余额2.65亿元，比上年增长12.29%。2009年，全镇农村居民人均收入6460元，同比增长7%。镇农村信用合作社年末存款余额2.78亿元，比上年增长4.9%。

【教育】 2008年，沙塘镇有初级中学1所、公办小学5所、民办幼儿园1所，其中江门市一级学校有3所。全镇中小学在校学生3932人，其中初中学生1518人，小学生2414人，在园幼儿449人；全镇教职员工219人。此外，还有镇成人文化技术学校1所，教职工8人。2008年起，全面推进教育强镇创建工作，将全镇中小学校布局调整为“1九1小3个分教点”（1间九年义务教育学校、1间小学、3间小学分教点）。2008—2009年，共投入“创强”经费超过1200万元，其中镇财政投入950万元，镇政府投入44万元，村居委会投入84万元，企业和社会热心人士捐助191万元，增加教育用地2500平方米，改建、扩建的校舍共5000平方米，增加的教学功能室（场）15个。2009年，全镇中小学校已建立校园网的有2所，电脑室共8个，拥有计算机共504台。全镇有教学平台39个，其中多媒体电教室平台6个、课室教学平台33个，全面提升了全镇幼儿教育、基础教育、成人教育和社区文化的总体水平。9月29日，创强工作通过省教育强镇督导评估专家组的验收，得到了专家组的肯定。

【精神文明建设】 2008年，积极开展创建标兵文明村活动，通过创建活动改善农村环境，提高农民的道德素质和科学文化水平，倡导健康、文明的生活方式。通过市、镇两级支持和当地村民筹资，清湖塘村委会清湖塘村共投入资金80万元，改善村容村貌，倡导文明新风，并顺利通过市验收。2009年，深入开展群众性精神文明创建活动，完善文化基础设施，投入35.6万元成功创建荫畔福安花园标兵文明村，新建农家书屋2间、篮球体育场6个，丰富群众文化活动。不断扩大基层民主，全面推行党务、政务、村务、厂务公开。推进“五五”普法，增强全民法制意识。群众性体育活动蓬勃发展，沙塘镇运动员参加2009年市第十届体育运动会，取得镇级总分金牌第四名的成绩。

【福利事业】 2008年共向全镇157户低保户发放低保金资金45万元，并将100多名农村户口的贫困残疾人纳入低保；向全镇发放178名五保户发放五保金33万元，发放优抚对象补助资金50万元，切实解决群众的实际生活困难。全年发放临时救济金1万元，大病救济13万元，维修受灾房屋15户，投入资金3万元。全年共资助20名白内障患者做复明手术，共为全镇60人次精神病患者免费送药发放残疾人轮椅6辆，为50名残疾人办理残疾人证件。重视老龄工作，将敬老院全部供养人员纳入农村合作医疗保障范围，坚持在重大节日开展走访、慰问活动，组织各类志愿者经常到敬老院做好事。成立扶困助学帮扶站，解决65名特困生读书难问题。2009年，全面开展农村新型社会养老保险工作，全镇参保人数19431人，社保覆盖率达到96%；征收保费186.71万元，完成市下达参保任务的161.92%。贯彻落实上级各项惠农政策，共发放五保资金30万元，低保资金56万元，切实解决群众的实际困难和问题；是年共资助白内障患者免费完成康复手术30例；为全镇精神病患者免费送药75人次，送住院4人次；镇12名副科干部每人挂钩一个特困户，共投入3.6万元帮扶特困户发展家庭副业，脱贫致富；镇班子领导对沙塘学校11名单亲特困学生进行就读资助；成立扶困助学帮扶站，解决70名特困生读书难问题。另外，支持3户农村安居工程建设，发放资金3.6万元。

【信访工作】2008年，镇信访办、综治办积极做好群众来信来访工作，认真办理信访件21件，做到件件有回复、有落实；接待群众来访3批15人次，有效维护了社会的稳定。2009年，整合综治、信访、司法、公安等部门的资源和力量，成立沙塘镇综治信访维稳中心，由镇委书记兼任主任，形成统一受理群众诉求和调处信访及矛盾纠纷的工作平台。建立健全信访长效工作机制，坚持信访问题联席会议制度、信访热点通报制度、领导接访日制度、领导包案制度和信访工作责任制，把民众诉求渠道建成“绿色通道”，解决群众反映强烈的民生问题。是年落实回复上级指示和群众来电、来信、来访等工作 30 件，成功调处各种矛盾纠纷 48 宗。

【圩镇建设】 2008－2009 年期间共投入 570 多万元，建设沙塘大桥和五星大桥等桥梁；投入 100 多万元，对联光村道等多项道路进行硬底化工程建设；投入 90 多万元，建设稔广线沙塘路段的路灯、路标、广告牌、绿化带等各项绿化美化工程；投入 900 多万元，完成塘浪白水洞农业整治项目、洪庙排涝站技改扩容工程和筷子围整治加固等 8 项农田水利工程。

【医疗卫生】 2008 年全镇共有 26216 人参加了新型农村合作医疗，覆盖率达 95%。共有 5331 人次享受了住院报销福利，报销金额达到 168.3 万元；大病救助 11 人，救助金额 28 万元，大大减轻了农民就医看病的经济负担。此外，还有 661 人参加了城镇居民基本医疗保险，超额完成上级下达 440 人的任务。2009 年全镇共 27909 人参加了新型农村合作医疗，覆盖率达 98.3%，共有 7058 人次享受了住院、门诊、育婴和其他特殊报销福利，报销金额达 349.5 万元，大病救助 11 人，救助金额 36 万元，切实减轻了农民就医看病的经济负担。另有 335 人参加了城镇居民基本医疗保险。

【计划生育】 2008 年，全镇户籍人口 30844 人。本年度共出生 328 人，出生率 10.69‰，其中一孩出生 245 人(其中政策内出生 244 人)，二孩出生 85 人（其中政策内出生 53 人），多孩出生 1 人（合符政策出生)；政策生育率 90.85%；自然增长率 3.58‰。落实“四术”354 例，其中女扎 86 例（纯二女扎 28 例）、上环 254 例（一孩上环 251 例）、补救措施 14 例，征收社会抚养费 61.4 万元。2009 年，全镇户籍人口 31168 人，已婚育龄夫妇 5927 人，当年出生人数为 333 人，其中一孩出生 232 人(均合符政策出生)，二孩出生 97 人（其中政策内出生 79 人），多孩出生 4 人（合符政策出生)，符合政策生育率 94.59%，自然增长率 4.39‰。共落实“四术”321 例，其中结扎 102 例（其中纯二女 24 例），上环 202 例，补救措施 17 例。2009 年度共征收社会抚养费 66.5 万元。全镇流动人口 1322 人，其中已婚育龄妇女 733 人；当年出生 9 人，其中一孩 5 人，政策内 4 人、政策外 1 人；二孩出生 4 人，均合符政策出生。

（许国才）

附：沙塘镇领导班子名录

党委书记： 张天锡（～2009.08）
吴振威（2009.08～）
副 书 记： 颜海娜　余伟权
党委委员： 黄焜辉　劳振辉　潘兆安
梁环仙　梁国少　李卓庆
人大主席： 黄焜辉
镇　　长： 颜海娜
副 镇 长： 梁国平　谭超文

苍城镇

【简况】 苍城镇位于开平市西北部，曾是开平的古县城。东邻月山镇，东南接沙塘镇，西连龙胜镇，南接马冈镇，北与鹤山市宅梧镇相连，全镇总面积 138.6 平方公里。辖 13 个村(居)委会，99 条自然村，户籍人口 31509 人。苍城镇距开平市中心 18 公里，是开平市西北部经济、文化、交通中心，有东西、南北干线水泥公路，省一级公路 S274 线横贯全镇。镇内基础设施日臻完善，宜居环境优美，文物古迹众多，投资服务体系较为完善。2008 年实现生产总值 64631 万元，同比增长 10.5%；工农业总产值 31.68 亿元，同比增长 20%。2009 年实现生产总值 77009 万元，同比增长 19.2%；工农业总产值 36.5 亿元，同比增长 15.3%。

2002 年 5 月，苍城镇被确定为广东省中心镇。2005 年 11 月，经广东省科技厅组织专家评审，成为江门市首个“广东省可持续发展试验区”。2009 年，被确定为珠江三角洲工业卫星镇。

【工业】 2008 年，经济发展增速放缓，但工业总量持续增长，规模企业对经济增长支撑作用明显。全镇工业企业 125 家，实现工业总产值 30.63 亿元，同比增长 21%，规模以上工业增加值 19493 万元，同比增长 16%。2009 年，各有关管理部门进一步完善联系企业制度，协助企业融资、出口退税、开拓市场等，协助企业应对金融危机的冲击，促进其稳步发展。全镇实现主要经济指标逆势增长，工业总量不断提升。是年全镇工业企业146家，实现工业总产值35.55亿元，同比增长16.06%，规模以上工业增加值25741万元，同比增长32%。

【农业】 2008年，调整种养结构，发展效益农业和现代农业。扶持地皇鸽、温氏种猪、六合花卉、参皇鸡和金鸡皇养殖公司等农业龙头企业，带动农民致富。做好种粮直补资金发放工作，共补助资金209.76万元。拨款21万元支持发展村级集体经济，全年村级集体经济纯收入150.8万元。抓好潭碧更鼓楼水库、联兴狗田水库、联和简坪龟仔塘除险加固，改善耕作条件。投资90万元，对潭碧村九角洞900亩基本农田进行整治，至年末完成工程项目80%。投资780万元，启动国家农业综合开发土地整治项目，整治楼田、潭碧、城西、下湾等4个村委会共9500亩农田，至年末完成总工程10%。是年，全镇粮食总产量13946吨，同比减少10.39%；实现农业总产值1.05亿元，同比增长5%。

2009年，抓好种粮直补工作，共补助资金218.75万元；家电、汽车及摩托车下乡补贴40万元。筹资16.5万元扶持村委会发展集体经济，村级集体经济纯收入166万元，同比增长10%。投资800多万元，完成潭碧“九角洞”900亩基本农田和楼田、潭碧等4个村委会9500亩农田的国家农业综合开发土地整治。投入128万多元，做好潭碧更鼓楼水库土坝灌浆及溢洪道修复和联兴榄坑山塘除险加固，疏通城东支渠游曲水和城东渠段1500多米，兴修苏坑水库、联兴北村三面光工程，修建联兴北村、联和办廊机耕桥，增强防灾抗灾能力，改善耕作条件。是年全镇粮食总产量13698吨，同比减少1.81%；实现农业总产值1.1亿元，同比增长5%。

【圩镇建设】 2008年，加强圩镇管理，取缔无牌摊档，清理占道经营，治理环境污染，严禁乱停乱放，改善街道交通。结合中心镇的配套建设，引入开平市嘉冠实业有限公司投资500多万元，兴建占地6670平方米、建筑面积2500多平方米的客运站。强化土地管理，对全镇坡度25度以下的山坡地及园地实地调查。开展土地执法专项行动，处理各种违法用地，拆除建筑面积600多平方米。抓好复耕复绿工作，完成复绿150亩。2009年，引资600多万元将东郊农贸市场改造成高标准的综合商贸城，引资1000多万元新建苍城客运站。筹资1200万元，兴建污水处理厂，完成建设并通水试运行，污水处理能力为0.5万吨/日。

【招商引资】 发挥工业集中区载体优势，加大招商引资力度，承接产业转移项目。2008年，引进项目3个，累计投资额6000万元。建立联席会议制度，对所有建设项目提供全程跟踪、协调服务，力促永嘉纺织、运丰电子、联冠胶粘、花王涂料和海美铁芯等项目开工建设。全年全镇实际利用外资280万美元，比上年增长10%；利用民资12928万元，比上年增长10.3%；固定资产投资35680万元，比上年增长28%。全年外贸出口763.34万美元，比上年增长11.6%。2009年，共引进招商项目5个，投资总额2.4亿元；其中，外资企业2家，投资总额1800万美元，民营企业3家，投资总额1.2亿元。引导6家企业增资扩产和节能减排，增资额超过6000万元，促进企业发展壮大。全年吸收外商直接投资518.62万美元，比上年增长13.2%；民资投资14929万元，比上年增长15.47%；固定资产投资35680万元，比上年增长37.1%；全年外贸出口845万美元，增长10.7%。

【工业集中区建设】 2001年被市定为开平第二（苍城）工业园。位于苍城西郊，省道S274线旁边，2001年6月开始总体规划设计，规划开发总面积1万亩，计划投资总额7.5亿元。2002—2009年，先后投入8000多万元完善路网、供水、供电、生活等各项配套设施，兴建投资服务中心，配置了行政区、生活服务区，商业区、文化区，功能配套日臻完善。区内共引进外资、民营企业40多家，累计投资总额25亿元。形成了生产经营胶粘、涂料、制鞋、中纤板、汽车配件等特色产业，并且已初具规模，产值超亿元的企业有3个。2008年引进项目3个，累计投资额6000万元。加快永嘉纺织有限公司、联冠（开平）胶粘制品有限公司、海美铁芯等项目上马。2009年，盘活土地资源，加快理顺土地检查遗留的各种问题，完善工业园各项配套设施建设，申报创办开平市苍城化工专区，打造投资新亮点，扩大招商引资。全年引进项目 5 个，投资总额 2.4 亿元；其中外资企业 2 家，投资额 1800 万美元，民营企业 3 家，投资总额 1.2 亿元。

【财政税收】 两年来，加强税收征管，强化政府专项资金管理，优化支出结构，提高预算的执行力。财政收入保持平稳，实现全镇收支平衡略有结余的财政预算目标。2008 年，全镇地方财政一般预算收入 2368.27 万元，比上年增长 25.62%。税收总额 4957.19 万元，比上年增长 9.73%；其中国税 2604.45 万元，比上年减少 392.55 万元，地税 2352.84 万元，比上年增长 54.8%。2009 年，全镇地方财政一般预算收入 2439 万元，比上年增长 3%，其中属地财政一般预算收入 1360 万元。税收总额 5541.52 万元，增长 11.78 %，其中国税 3366.25 万元，比上年增长 29.24%，地税 2175.27 万元，比上年减少 177.58 万元。

【人民生活】 2008 年，全镇农村人均收入 5982 元，比上年增长 6%。银行、农村信用合作社、邮政储蓄年末存款余额 4.16 亿元，比上年增长 11%。社会消费品零售总额 29057 万元，按户籍人口计人均社会消费品零售总额 9222 元，比上年分别增长 14.2%和 5.78%。2009 年，全镇农村人均收入 6400 元，比上年增长 7%。全镇银行、农村信用合作社、邮政储蓄年末存款余额 4.61 亿元，比上年增长 10.8%。社会消费品零售总额 34014 万元，按户籍人口计人均社会消费品零售总额 10739 元，比上年分别增长 17.06%和 16.45%。

【教育】 2008 年，全镇有小学 6 所，中学 1 所，幼儿园 1 所，成人文化技术学校 1 所；在校小学生 2921 人，在园幼儿 163 人，中学生 1673 人；小学在编教师 115 人，中学在编教师 112 人。2008 学年有 578 人参加中考，总分平均分位于全市 36 所初中学校第 27 名；有 498 人升上高一级学校，其中升上重点中学 28 人。是年镇妇联、团委等社会团体捐款 5000 多元资助 30 名贫困中小学生，扶困助学基金筹资 5.52 万元，解决 210 人次读书难问题。2009 年，全镇在校小学生 2529 人，在幼儿园 186 人，中学生 1594 人；小学在编教职工 128 人，中学在编教职工 108 人。2009 学年有 447 人参加中考，总分平均分位于全市 30 所初中学校第 16 名；有 433 人升上高一级学校，其中升上重点中学 24 人。是年镇政府加大教育投入，优化教育资源，筹资 16 万多元为各学校添置教学设备和完善校园环境建设，改善办学条件。积极开展创建省教育强镇活动，筹集“创强”资金 36 万多元。加快教育资源的整合和配置，把联和小学并入大罗村小学，伯棠小学并入六合小学；筹集资金 800 多万元，调整学校布局，将全镇 5 所小学并入中心小学，建成寄宿制小学，形成“一中一小一幼”的办学格局；改造苍城小学校区及联兴、潭碧分教点，配置各种教学设施。是年创建教育强镇工作通过省督导评估专家的检查验收。

【文化宣传】 2008 年，不断推进“农家书屋”建设，建成新村、潭碧老人活动中心、社区 3 家“农家书屋”。协助市文化部门开展送戏下乡活动，全年播放电影 12 场。举办春节文体活动和庆“三八”迎奥运趣味活动，参加全市“廉洁文化进农村”、“纪念改革开放 30 周年”等文艺表演比赛。筹资 35 万元装修社区办公大楼，创建“六好”平安社区。2009 年，建成楼田、城西 2 家“农家书屋”。协助市文化部门送戏下乡，播放电影 13 场。先后举办春节文体比赛、庆“六一”暨关爱女孩文艺汇演和“迎国庆，猜灯谜”游园活动，组织曲艺社参加开平市第六届“金秋曲艺敬老活动周”曲艺社团调演。开展社会主义荣辱观教育活动和精神文明创建活动，城东东明村被评为市标兵文明村。是年，潭碧冬瓜被列为开平市第二批县级非物质文化遗产。

【医疗卫生】 2008 年，全镇有卫生院 1 间，农村卫生站 19 个。是年完善公共卫生体系，加强卫生应急机制建设，提高医疗卫生服务水平；推进预防、保健、医疗、康复、健康教育等卫生服务，开展预防保健、防病治病、妇幼保健和赠送医药等活动，构建和谐医患关系，建设良好的医疗环境，巩固省卫生先进镇成果。筹资 4 万多元，改造红头岗至新村 4 公里自来水工程。苍城商会会员企业筹资为镇卫生院购买一辆救护车。2009 年，协助市完成镇海水库苍城段供水工程建设。抓好改水改厕工作，筹资 7 万多元兴建联兴蛇子岗村改水工程，筹资5.6万元新建8间三级无害化公厕。做好镇海水库等饮用水源区的保护，确保饮用水源的水质，达到Ⅱ级标准。是年被评为广东省卫生先进镇。

【计划生育】 两年来，制定镇村干部计生层级动态管理责任制和完善镇村干部包村责任制，稳定低生育水平。2008年，全镇户籍人口出生329人，出生率9.87‰，人口自然增长率3.33‰，计划生育率90.27%；落实“四术”345例，其中结扎79例（纯二女户结扎15例），上环243例，补救措施23例。全镇流动人口1755人，落实“四术”42例，其中结扎17例（纯二女结扎7例），上环25例。全年征收社会抚养费49.69万元，当年征收率48.37%。2009年，全镇户籍人口出生381人，出生率10.88‰，人口自然增长率4.14‰，计划生育率94.75%；落实“四术”354例，其中结扎123例（纯二女户结扎46例），上环215例，补救措施16例。流动人口1815人，落实“四术”35例，其中结扎14例（纯二女结扎1例），上环20例。全年征收社会抚养费35万元，当年征收率39.79%。

【劳动社保】 两年来，全面落实再就业政策，鼓励企业面向本地招工，加快转移农村富余劳动力。不断完善社会保障制度，抓好社保扩面征缴工作，扩大社会保险覆盖面，推进城乡医保工程，解决农民群众看病难问题，社会保障工作取得新进展。2008年共转移农村富余劳动力就业245人。发动2.61万人参加农村合作医疗，参合率达95%，全年支付医疗费172.7万元；发动483户664名居民参加城镇医保。2009年，共转移农村富余劳动力就业203人。加强劳动技能培训，全年培训780人，其中就业前培训150人，岗位技能培训250人，外来农民工技能培训210人，农村富余劳动力双转移培训170人。协调处理各种劳资关系，全年妥善处理劳资纠纷案30多宗。发动26140人参加农村合作医疗，覆盖率99%，全年支付医疗费306.9万元；发动75户101名居民参加城镇医保。

【社会治安】 两年来加强社会治安综合治理，建立治安联防专业队，严厉打击“两抢一盗”和“六合彩”赌博等违法犯罪活动。落实领导责任制，抓好基层平安创建工作，实行“群防群治”的治安管理措施，开展“严打”整治斗争。加强社会治安防控体系建设，改善治安环境，打造“平安苍城”。2008年，全镇破获刑事案件51宗，刑事发案率呈下降趋势，比上年下降13%。全年抓获各类违法犯罪人员167人，其中刑事拘留32人，逮捕起诉20人，劳动教养11人，治安拘留34人，强制戒毒11人。收缴各类赃款2.32万元。查获各类犯罪团伙6个，涉案24起。2009年，全镇发生刑事案件75宗，破获41宗，破案率54.6%。全年抓获各类违法犯罪人员168人，其中刑事拘留22人，逮捕起诉20人；查处治安案件100多宗，收戒21人；查获盗窃团伙3个，涉案26起。

【民政服务】 2008年，全镇低保对象175户、484人，五保户186人。全年共发放最低生活保障金37.56万元，落实五保经费35万元，发放救灾救济款9.29万元，为24名在读高中以上的低保子女发放补贴金2.85万元。做好拥军优属工作，为34户优抚对象发放优待金17.2596万元，为91人发放定恤、定补金20.7348万元，为44户优抚对象发放临时补助金4.6796万元；退伍军人安置率100%。投入5.6万元，帮助14户困难家庭重建家园。帮助28名患者完成白内障复明手术，为3名聋哑青少年安装助听器。为支援四川汶川地震灾区共筹赈灾款10多万元。2009年，全镇低保对象180户、519人，五保户202人。全年共发放最低生活保障金37.56万元，落实五保经费38.5412万元，发放救灾救济款9.86万元，为22名在读高中以上的低保子女发放补贴金2.64万元；落实优属政策，为32户优抚对象发放优待金16.9803万元，为91人发放定恤、定补金21.2056万元，为38户优抚对象发放临时补助金2.2372万元；退伍军人安置率100%。投入3.7万元，帮助6户困难家庭改造危房。帮助6名贫困精神病人申请免费治疗，为13名患者完成白内障复明手术。

【环境保护】 两年来，认真执行土地利用总体规划，严格控制大污染项目进入镇辖区内，提高环保准入门槛。发挥镇建设项目规划环保工作领导小组的作用，规定对引进的项目必须经领导小组通过才能上马建设，严格把关。发挥镇人大的监督职能，通过市镇部门联动，加强对企业和在建项目环保问题的检查督促，出台相关规定，整治镇区个别企业焚烧废胶造成空气污染。实施治理项目 10 个，查处和制止环境违法行为 15 余起，否决建设项目 5 个。制定“噪声达标区建设方案”，有效改善、整治、降低、控制镇区生活、工业、交通和建筑噪声。加强自然生态维护和建设，积极治理畜禽养殖业污染，严格控制禽畜放养，加强花身蚕水库、镇海水库周边林场生态林建设，确保饮用水源水质。筹建污水处理厂，完成项目选址、环评、规划、设计等工作。抓好永顺包装造纸废水在线监测建设。至 2009 年末，全镇生活污染源得到有效消减，镇区环境空气质量达 88.5%，生活污水和垃圾集中处理率分别达 91%和 78%，昼夜噪声达到Ⅱ类区标准。

【信访工作】 2008 年，引导群众以合法、理性的形式表达利益诉求，解决利益矛盾。制定《苍城镇信访维稳工作突发性事件应急预案》，实行领导包案督办负责制。下移信访窗口，落实每月 15 日为党政领导接待群众来访日。开展重信重访专项治理，及时做好群众来信来访的登记、转办、督办与排查，把矛盾化解在基层和当地。全年全镇共办理信访案件 35 宗，依法调处各类矛盾纠纷 110 余宗。

2009，落实“包案”责任制，制定《苍城镇领导干部大接访活动方案》，健全信访工作制度，继续开展重信重访专项治理，及时做好群众来信来访的登记、转办、督办与排查，妥善处理各种社会矛盾。全年全镇立信访案件 22 宗，办结 20 宗，办结率 91%。依法调处各类矛盾纠纷 70 余宗，防止民间纠纷转为刑事案件 20 多起 30 多人。全年开展 2 次专项集中排查活动，排查突出矛盾纠纷及隐患 10 宗，及时梳理并得到有效整改落实。

【开平学宫】 开平学宫为县学和文庙的总称，位于开平苍城镇区东门街，占地面积 6684 平方米。清康熙八年（1669 年）建成大成殿，康熙二十年（1681 年）添建两庑、启圣公祠、名宦祠、乡贤祠、明伦堂、月台、戟门、泮池和棂星门等。整座建筑为石、木结构、悬山顶，采用金琉璃瓦，瓦当有龙凤纹，四方三层花岗古柱础，石板地面。县学设在大成殿，其时按礼部题定定额，从童生中考选文学、武学生员就读。县学生员享受公费读书，进而选送参加科举考试。光绪三十一年（1905 年）县学停办。清光绪年间，学宫曾经过一次重修和多次个别修葺、粉饰。民国二年（1913年）棂星门塌后改石建为砖建，民国十八年（1929年）奉命改大成殿为孔子庙。中华人民共和国成立后，学宫为苍城粮管所使用。1982 年列为开平市重点文物保护单位。现存学宫泮池右边已填，左边及中间的石拱桥保存完好；戟门、名宦祠、乡贤祠基本保持原貌；大成殿已改建，东庑尚存。

（廖国辉）

附：苍城镇领导班子名录

镇委书记： 余荣深（～2009.08）
谢常荣（2009.09～）
副 书 记： 张坚念（～2009.08） 张艺山
党委委员： 余煜荣 余顺强（～2009.09）
梁钱安 陈丽云（女）
张泽康 邝齐限（女）
人大主席： 余煜荣
镇 长： 张坚念（～2009.08）
张艺山（2009.09～）
副 镇 长： 梁钱安 张学年 余卓慧

龙胜镇

【简况】 龙胜镇位于开平市西北部，东邻苍城镇，南接马冈镇，西隔大沙河水库与大沙镇相望，北与新兴县稔村镇、水台镇接壤。镇区交通便利，省道 S274 线（稔广公路）自东南至西北贯穿全境，距离开平市区 32 公里，距开阳高速沙塘出入口 15 公里。全镇总面积 126 平方公里，下辖 16 个村委会和 2 个居委会，103 条自然村。全镇总户数 8874 户，人口 3.7 万人。全镇有 18 条革命老区村，29 条水库移民村。2008 年全镇生产总值 11.5 亿元，同比增长 5.5%；2009 年全镇生产总值 12.85 亿元，同比增长 11.74%；规模以上工业增加值 1.2261 亿元。

龙胜镇盛产荔枝、龙眼、番石榴、柑桔橙等，素有“水果之乡”美称。五金橡胶产业发展蓬勃，

2003 年被评为“江门五金橡胶专业镇”。民间文艺丰富，以点宽面广的庆祝“张真君诞”（民间俗称“做大戏”）最具特色，有 300 多年历史，流传于桥新、桥联、现龙等村，被当地誉为“艺术的盛会，人民的节日”。

【工业】 2008 年，全镇共有三资企业 8 家，个体工商户、私营企业 881 家，规模企业 15 家，从业人员 5852 人，形成了五金橡胶、化纤拉链、手机配件三大支柱产业。其中，“小五金、小橡胶”企业达 200 多家，是广东省重要的五金橡胶生产基地和江门市五金橡胶专业镇。全镇工业总产值 10.6 亿元，规模企业总产值 7.2869 亿元。工业生产在经济结构中处于主导地位，占工农业总产值的 92%。

2009 年，针对金融危机对五金橡胶、手机配件、化纤拉链等企业的影响，全镇切实加大了对企业的服务力度，落实镇领导班子成员挂钩联系企业制度。是年建成“龙胜五金橡胶网”网站，提高企业知名度，为企业开发新客户和拓展销售提供信息平台。鼓励和支持出口依赖性大的外资民营企业开发国内市场，减少金融危机带来的市场风险。全镇工业总产值 11.9 亿元，规模企业总产值 7.4358 亿元，占工农业总产值的 92.6%。

【农业】 2008 年，全面实施农业综合开发项目建设，投入 248 万元完成棠红洞省级农业综合开发农田标准化建设项目；投入 100 多万元完成蟠龙排涝站改建、桥康门口洞“三面光”、官渡主灌渠修复等重点水利工程。全年粮食种植面积 4.6472 万亩，产量 1.4207 万吨；农业总产值 9140.31 万元。全镇有各类优质特色农产品生产基地 24 个。

2009 年，加大农业基础设施建设力度，投入 260 万元完成黄村大坎洞国家农业综合开发项目建设；投入 100 多万元建设蟠龙堤围、仙娘海、齐洞黄田坡、禾叉坑干渠、蟠龙排涝站等多宗重点水利工程。实施粮食品种改良工作，与华南农业大学航天育种中心合作开展华航丝苗新品种选育与推广，以点带面扩大优质水稻种植面积。全年粮食产量 1.412 万吨，完成造林面积 3219 亩；农业总产值 9498.3 万元。

【招商引资】 2008 年，坚持“走出去”与“引进来”相结合，以情引商、以商引商，招商引资取得新突破。全年新上项目 5 个，分别是投资 5000 万元的昊辉蛋制品加工厂、投产 200 万美元的三协拉链有限公司、投资 1500 万元的旭星制衣有限公司、投资 80 万美元的奥艺达实业有限公司、注资 8000 万元的恒达房地产开发有限公司。全年利用外资 176 万美元，利用民资 4422 万元；固定资产投资 9052 万元。

2009 年，民营企业积极克服金融危机等各种不利因素的影响，生产经营逐步好转，增资扩产情况较为理想。增资 500 万元以上的企业有：睿龙电子科技有限公司增资 2200 万元，昊辉蛋制厂增资 500 万元，新力橡胶制品有限公司增资 500 万元，恒兴橡胶厂增资 500 万元。全年利用外资 200 万美元，利用民资 5269 万元，固定资产投资 1.165 亿元。

【财政税收】 2008 年，完成地方一般财政预算收入 855 万元，同比增长 15.99%。其中，国税财政收入 246.54 万元，同比增长 4.3%；地税财政收入 608.7 万元，同比增长 21.4%。

2009 年，完成地方财政一般预算收入 1009 万元，同比增长 17.99%，首次实现财政收入超 1000 万元，成为开平市第 10 个镇级财政超 1000 万元的镇。其中，国税财政收入 280 万元，同比增长 13.6%；地税财政收入 729 万元，同比增长 19.8%。

【圩镇建设】 2008 年，积极争取各级的支持，加大力度开展道路建设、改水、改厕等。加快农村广播电视“三同”（即与城区网络同建设标准、同频道数量、同收费标准）改造工作，完成全镇 35 公里主线光纤线路改造，开通用户 1700 多户。投入扶持资金 94.3 万元，分别对联星、蟠龙、新红旗等水库移民村进行公共设施改造。村道建设取得新突破，完成棠安村委会龙村、官渡村委会福里村等道路建设工程。加快推进农村改水改厕工程，投入 50 多万元加建龙胜自来水厂 500 立方米加压储水池；投入 60 万元铺设农村自来水管网 8.5 公里；完成黄村村委会联星村、新黄村，桥新村委会沙湾村、桥新村饮水工程，全镇农村饮用自来水覆盖率达 68%。投入 9 万元改造桥新村、乐仁村、大雄村等6条自然村的卫生公厕。

2009年，紧抓国家拉动内需的机遇，全力开展镇通村、村通村公路建设。高标准建设镇通大雄村委会1.8公里道路，完成联星村、沙溪村、长安村等村通村道路建设工程。投入55万元完善龙胜河南北岸长堤马路建设。筹资37.5万元对蟠龙公路危桥进行改造。全年投入12万元，加强对村级公路的养护和管理，为群众生产生活提供良好的交通保障。是年，铺设现龙村、沙溪村等7宗自来水管网。完成上桥村、龙湾村等10宗改厕工程。

【精神文明建设】 2008年，全镇突出抓法制建设和思想道德建设。广泛开展法律知识讲座、“模拟法庭进校园”、“关爱女生”学生家长讲座、“法制教育进校园”等系列活动，取得明显效果；由镇党委牵头联合各相关部门，形成《关于龙胜镇青少年犯罪的调查报告》向市领导及有关部门反映，建立健全教育和治理并举的惩防机制，有效遏制青少年违法犯罪行为。制作“龙胜改革开放30周年巨变”图片展册参加开平市专题图片展；排练特色文艺节目参加“开平市纪念改革开放三十周年”文艺汇演获二等奖。是年那泔村委会广居村创建为开平市标兵文明村；由镇文化站牵头高标准建成那泔村委会广居村和黄村村委会共2间农家书屋。

2009年，群众文化活动丰富多彩，积极参加开平市第十届运动会，成功举办“三八”妇女节篮球赛、“劳协杯”男子篮球赛等多项文体活动，推动全民健身运动深入开展。加强普法宣传教育，举办3期法律知识讲座，进一步加强青少年和家长的道德教育。是年那泔村委会余兴村高标准创建为开平市标兵文明村；全镇建成农家书屋2间。

【人民生活】 2008年，农村人均收入5925元，比上年增长4%。村集体经济总收入12亿元，比上年增长4%。

2009年，农村人均收入6340元，比上年增长7%。村集体经济总收入13亿元，比上年增长8%。

【教育事业】 2008年，启动教育强镇创建工作，成功实施第一批学校的联校管理，为2012年创建教育强镇迈开了重要的一步。全镇共有学校11所，其中初中2所，小学9所，在校学生5029人，在职教师277人。是年筹集资金7万元改造原西杰小学校园环境；投入资金70多万元高质量地完成原联塘小学校舍改危工程。教师参加开平市级比赛活动，39人次获奖；学生参加开平市级各类学科竞赛，97人次获奖。

2009年，落实学校布局调整，实现“1中3小”的办学模式，即全镇保留1所中学（龙胜中学），3所小学（龙胜小学、白村小学、张桥小学）。投入115万元增添各种教学设备，改善办学条件，推进学校规范化建设。教师参加各类竞赛活动，145人次获开平市以上的奖励；学生参加开平市级学科竞赛，168人次获奖励。

【社会治安】 坚持“打防结合，预防为主”的方针，严厉打击“两抢一盗”、黄赌毒等各种违法犯罪活动。2008年投入10万元组建全市首支村级治安联防队。全年共破获刑事案件24宗，查处治安案件54起，抓获各种违法犯罪人员155人。2009年全镇发生刑事案件29宗，发案率下降31%，破案率为62%；一般案件12宗，破案率66.7%；治安案件89宗，查处率为73.2%，共抓获各种违法犯罪人员98人。是年强化帮教措施的落实，对全镇96名帮教对象进行帮教，社矫人员35人。全年开展安全大检查13次，为促进全镇经济平稳较快发展创造良好的安全生产环境。

【信访工作】 2008－2009年，全镇加强信访工作，坚持每季度矛盾纠纷排查制度，深入排查各种不稳定因素，落实领导包案，部门协调，镇村干部联动的矛盾纠纷调处责任制，做到早发现、早介入、早处理，把各种矛盾化解在萌芽状态。2008年，调解各种纠纷共22宗，其中土地承包纠纷8宗、赔偿7宗、房屋宅基地1宗、其他6宗。2009年，调解各种纠纷共31宗，其中土地承包纠纷4宗、赔偿2宗，调解成功28宗，调解率达90%；接到群众来信来访8宗，并成功调处5宗。

【民政服务】 2008年，坚持以人为本，把改善民生放在突出位置。全年发放重点优抚定补金34.4428万元，向纳入低保生活保障的177户632

人发放最低生活保障金46.656万元。发放临时救济款2.23万元，慈善会救助款5.5万元。资助30户因灾倒房户重建家园款13.7万元。农村合作医疗参保人数2.7597万人，覆盖率达82.7%。全镇共完成职业技术培训570人，实现转移就业230人。

2009年，全镇发放临时救济金7600元，申请重病救助款8.33万元。农村合作医疗参保人数3.0611万人，覆盖率92.6%。全年转移就业236人，完成任务的100%，抓好“千企扶千村”就业工程，全镇8家规模以上的企业与16个村委会结对帮扶，实现转移就业100人；免费培训农村富余劳动力418人，就业前培训转移就业295人，转移就业率89.9%；农村实用技术培训转移就业81人，转移就业率90%。

【医疗卫生】 2008年，全镇共有卫生院1所及下属分院2所，乡村卫生站19所。是年3月与开平市中心医院结成合作医院，借助大医院的技术力量协助为龙胜镇人民提供更优质高效的医疗服务；10月正式启用HIS医院管理系统，规范了收费行为，加强了医院的管理。投入30多万元完成龙胜卫生院仁和诊所改建工程，解决白村及周边村委会6000多人的看病难问题，并有效解决农村合作医疗门诊直接报销等问题，真正体现了便民、利民等公益性。

2009年，龙胜镇卫生院在省卫生厅、市卫生局的大力支持下，改善就医环境和医疗设备，全院软、硬件设施均得到不同程度的完善。结合当年甲型H1N1流感情况，做好防控工作。是年，对全镇乡村医生、饮食卫生进行大规模检查、督导、整改。

【计划生育】 两年来，全镇严格落实计生层级动态管理责任制，健全镇村两级计生例会制度，稳定低生育水平。2008年，全镇政策生育率91.32%，出生率8.8‰，自然增长率7.8‰；落实“四术”382例，其中上环275例，结扎91例，补救措施16例。全镇人口计生工作步入规范化管理和良性发展的轨道。2009年，全镇政策生育率94.9%，出生率10.95‰，自然增长率4.65‰；落实“四术”措施370例，其中结扎125例，上环225例，补救措施20例。全年征收社会抚养费200.09万元。全镇计生工作顺利通过省计生年终考核。

【奔张桥看大戏庆“神诞”】 为纪念张炼施（张真君）利物济人的功德，龙胜张桥乡（桥新、桥联、现龙等村委会一带的俗称）18条自然村每年从农历二月初四至三月十五，由现龙村开始，各村陆续邀请剧团来演大戏，每台大戏或3—5天，或7—8天不等，庆“真君神诞”。该活动已有300多年历史，除“文革”期间外，从无间断。

据张氏家谱记载，张真君是张桥乡第十四世秀成祖之三弟张晚得之后裔，于农历三月十五降诞张桥长间坊。明成化年间（1465－1487）得异人授以观心养性秘术，后专为人祈晴祷雨，解瘟禳灾。羽化后，乡人于公元1696年在张桥长宁寺右侧创建真君庙。每逢“真君神诞”日，该村所有出嫁女均回娘家，港澳台或国内外乡亲亦返乡，男丁敲锣打鼓放爆竹，抬轿请神回村与村民一起看大戏。期间还有一项固定活动，全村聚集竞投张真君留下的“神印”，价高的得标者把“神印”请回家和先人一起供奉，祈求保佑一家平安、富贵，至次年张真君诞日交回村里再次竞标；竞标所得资金用于村中基建。

【龙胜镇工业集中地】 位于省道S274线稔广公路龙胜段沿线两旁，全长约2.5公里，面积约700亩。集中地汇集龙胜半数以上规模企业，主要是五金橡胶行业及高科技电子加工业，有盈达五金橡胶有限公司、睿龙电子科技有限公司、宏利五金有限公司、恒兴五金橡塑制品有限公司、立星五金橡塑制品有限公司、永丰橡胶厂、昊辉蛋制品厂及筹建中的旭星制衣厂等企业。集中地经济总量约占全镇经济总量的25%，是镇经济发展中心。2009年，该集中地从业人员达1500人，工业总产值7.4358亿元，占全镇工业总产值63%；税收1360万元，占全镇年税收50.5%。

（梁润华 黄惠文）

附：龙胜镇领导班子名录

镇委书记： 冯健楚

副 书 记： 张拓天　梁杰辉

党委委员： 黄如周　苏学东　梁美好（女）
方朝湛　张国昌　林文烈

人大主席： 黄如周

镇　　长：张拓天
副 镇 长：张国昌　冯伟光　朱　乔

大沙镇

【简况】 大沙镇位于开平市西北部的天露山麓，面积215.6平方公里，辖14个村委会和1个居委会，人口3.2万。镇政府驻大沙圩，距开平市区56公里。大沙镇山水资源丰富，天露山脉群峰挺拔，主峰海拔1250米，是江门地区最高的山峰。茶叶、花卉、青梅和小水电是大沙农业的四大特色产业。2008年，全镇工业生产总值20881万元，同比增长5.1%；农业总产值5250万元，同比增长3%。2009年工业生产总值23010万元，同比增长10.2%；农业总产值5618万元，同比增长7%。

【农业】 全镇有小水电站30座，林业面积18万亩，耕地面积3.84万亩。近几年加大力度调整农业生产结构，在保证水稻种植面积的同时，综合开发山区资源，打造观光旅游农业，变资源优势为产业优势。2008年，大力扶持茶叶、花卉、青梅三大特色产业的发展，投入400万元扩展茶叶基地和完善加工焙制流程，确保茶叶的优质品牌。名优花卉种植面积增至2900亩，青梅3100亩。2009年，投入120万元兴建农田水利基本设施，修建夹水中心排灌渠2700米，加固塘冲等5座陂头和苏村涵道，满足农作物灌溉用水，确保粮食产量稳定增长。同时，大力发展茶叶、花卉、青梅和养殖业。至年末，天露优质名茶基地采取“公司+基地+农户”的形式发展到1000亩；引进外资和技术开发的花卉基地13个，面积3560亩，主要品种有火炬、红黄星、金钱树、高山兰等；青梅的种植面积6000亩，主要品种为罗岗大肉梅；三皇鸡养殖户有100多户，年产肉鸡80多万只。推广科学养殖，塘中养鱼，塘基养猪或鸡鸭的立体养殖模式取代了传统的单一养殖模式。2009年，全镇水稻种植面积31744亩，粮食总产9315.4吨，亩产同比增长15公斤。农业总产值5618万元，同比增长7%；其中茶叶产值263万元，花卉产值400多万元，青梅产值205万元，养殖业产值323万元。农民人均纯收入3729元，同比增长7%。

【圩镇建设】 2008－2009年，共投入1.3亿元实施供电、供水、移民安居、电视网络、道路改造五大民心工程，致力改善民生环境，建设生态宜居乡镇。其中投入1亿元全面改造大沙电网供电设备设施，包括村（居）委会供电桩架的架设和线路更新改造，以及110千伏变电站工程。投入1050万元建设榄坑供水工程和大沙镇农村饮水安全工程，供水规模为每天4000立方米，主管道由榄坑至大沙圩，全长10公里，供水能力为每秒0.0694立方米；农村饮水安全工程的供水管道由大沙圩至大塘、蕉园、黎雄、沃富等村委会及厂矿企业、学校，全长9.5公里，工程于2009年12月竣工，共有1.7万人饮上清洁、卫生的自来水。投入1000万元，按江门市文明村标准，建设配套齐全、环境优美的移民新村。投入400多万元对全镇电视有线网络进行改造，完成了电视有线网络覆盖全镇的目标。投入600万元开展道路改造工程，完成马稔线大塘段3.8公里道路改造工程，4.5公里的白沙道路、2公里的联山大道等村委会通较大自然村道路硬底化工程。

【招商引资】 镇政府以生态保护为前提，制订吸引外资民资的优惠政策，实行异地招商、异地办厂和特色农业招商，为投资者提供优质服务，效果良好。2008年，异地办厂企业11家，镇内投资小水电、名茶、花卉等绿色项目10家。完成固定资产投资4410万元，同比增长36.4%，工业增加值6435万元，同比增长11.2%。2009年，民资增资项目有慧丰制衣有限公司、永得利纺织有限公司、天露山茗茶科技有限公司，外资增资项目有兆利塑料制品有限公司、卓越制衣有限公司、澳泉饮料食品有限公司6家。规模以上工业增加值7293万元，同比增长13.3%，实际利用民资2193万元，同比增长14.3%，吸引外商直接投资203万美元，同比增长50.6%。

【文化宣传】 2008年，建成大沙露天文化广场，传统节日举办各种文艺活动：清明节，纪念蕉园战斗60周年摄影与图片展览；六一节，“关爱女孩”文艺晚会和少年象棋、书画比赛；建党节，颂党恩曲艺歌咏晚会；建军节，篮、排球比赛；国庆节，读书征文比赛和美术书法展览。2009年举办文艺创作培训班、少儿舞蹈培训班、绿色证书学习班、农业专项技术培训班和农村劳动力免费电脑技能培训班共16期，学员1044人次。有5条自然村建立了农家书屋，电视网络覆盖全镇，先后组建两个民间曲艺社巡回下乡演出，电影公司送戏下乡到15个村（居）委会自然村放影，丰富了群众文化生活。整顿和规范文化市场管理，取缔违法网吧4户，电子游戏机室8户。2009年大沙镇政府被评为开平市文艺工作贡献奖的荣誉称号。江湾村和旧马村分别被评为2008、2009年开平市标兵文明村。至2009年末，全镇累计有20条自然村获此称号。

【社会治安】 2008年，加强社会治安综合治理，及时化解各种矛盾纠纷，妥善处置群体性事件，维护社会稳定。大沙派出所组织“粤安08”行动，打击各种违法犯罪活动，发案较多的破坏公用电信设施案得到了有效的遏制，社会治安进一步好转。全年全镇共发生刑事案件28宗，同比下降30.8%，破案14宗，破案率50%；发生治安案件52宗，破案49宗，破案率94%。2009年全镇发生刑事案件25宗，同比下降7.4%，破案15宗，破案率达到60%；共发生治安案件55宗，破案49宗，破案率为89.1%。查处吸毒案件32宗32人，其中强戒21人，强戒率为65.6%，抓获违法犯罪嫌疑人66人，刑事拘留15人，逮捕3人。

【水库移民安居工程】 全镇有水库移民村20条，共1773户7309人，占全镇人口近四分之一。水库移民安居工程始于2006年，镇政府按照有关政策，坚持“政策不变，程序不乱，工作过细，大局稳定”的原则，做好规划，稳步实施。采取在政策范围内由移民自主选择扶持方式：沃江、联新、龙安、二间、六圩5条自然村选择建设移民新村，富食、山塘水、蕉园等13条自然村选择就地改造扶持，长江里、虎山两条自然村和散户选择扶持资金直补到人。2008－2009年，按江门市文明村的标准，投入1000万元，在沃江、联新两条移民新村建成文化室、篮球场、小公园、候车亭、卫生公厕等配套设施，新村村民已基本入住新居。二间、龙安移民新村完成宅基地平整工作，龙安村公房的主体工程竣工。就地改造的自然村的公共设施项目大部分已完成，总投入后期扶持金额3723万元，移民的生活环境得到明显改善。

【大沙镇文化站】 建于1972年，今站址设在大沙图书馆。室内活动场所面积1800平方米（包括图书馆大楼和文化康乐馆大楼），设有图书馆、展览厅、歌舞厅、电脑培训室、青少年活动室、老年活动室、健身室、曲艺表演训练室等多个功能室；室外活动场所面积8000平方米，包括1个文化广场和3个灯光球场。组建有曲艺、歌舞、八音、美术、书法、摄影等业余文艺队。2008－2009年成立5家设立在乡村的农家书屋，藏书量达5千多册，都有专人管理。文化站现有工作人员8名。其中职工2人，临工6人。2008、2009两年举办11台文艺晚会。举办征文比赛、美术书画展、反腐漫画展、爱国图片展等22个展览，部分作品送市参展获奖。组织放影队下乡播放电影15场。免费举办少儿舞蹈培训班和电脑知识培训班。创办了大沙镇民间曲艺社。多年来，镇文化站连续被评为开平市文明单位，先进单位，先进文化站，2000年和2004年被省文化厅评为省一级文化站，2007年被省文化厅评为省特级文化站。

【大沙镇公共图书馆】 又称梁沃瀛图书馆，位于大沙墟中侨街4号，2000年6月由梁沃瀛博士捐建，2001年4月落成开馆。塔式主楼高三层，面积660平方米，首层为报刊和电子阅览室，二楼为书库和查阅资料室，三楼为文化站，设有办公室、典藏室和展览、讲座、曲艺活动厅。图书馆承利国伟、谭炳立等善长捐助购书专款，江门购书中心、开平新华书店和文化、扶贫等单位以及众多热心人士捐赠书籍，至2009年藏书4.6万册。开馆10年，年均读者2.1万人次，借书1.9万册次。读者圈扩展至新兴坝塘，恩平沙湖和本市的马冈、龙胜镇。每年举办读者征文比赛、读者论坛、作品展览，吸引大量读者参与。2004年开平市关工委把该馆定为青少年学科学学文化基地。

【财政税收】 2008—2009年，大沙镇以“开源节流、增收节支、统筹兼顾、协调发展”为指针，积极招商引资，广辟财源。在财务管理上，规范镇级报账、申核、结账和健全档案管理上形成互相监督、互相制约的管理机制。实行收支两条线，及时足额做好财政性资金上解入库，如计生征收的社会抚养费和建委代收的城镇设施配套费，做到定期督促检查，按月清算汇总，做好缴库工作。配合国、地两税部门，抓好税收资源应收尽收，防止偷税漏税。2008 年，大沙镇的几间制衣公司先后出现停产、减产现象，对完成税收任务构成巨大压力，财政所及时与招商办沟通，掌握新引进、新投产的主体税源情况，联合税务部门到企业调研，确保税收资源应收尽收，当年实现财政收入 606 万元，同比增长 16.8%。2009 年，加大招商引资力度，引入外资发展绿色产业，在土地使用税工作中取得较好的效果，从 2007 年的 10278 元提高到 380672 元，增长了 37 倍，保证了全年财政总收入 723 万元，比 2008 年增长了 19.2%。

【教育】 2008 年投入 120 万元新建白沙小学叶浩林教学楼和中心小学、西水小学教师宿舍楼各 1 幢。镇内初级中学 2 所，入学率 98%，年巩固率 100%；小学 10 所，入学率和巩固率 100%；学前班 11 个，入园率 91%。教学成绩良好，大沙中学中考成绩获开平市一等奖，小学统考成绩跃上前三位。

2009 年要创建教育强镇，投入 150 万元进行新一轮校园文化建设。学校布局调整为“一中三小”（大沙中学、中心小学、希望小学、联星小学）规模，整合优化教育资源，改善了办学条件。大沙镇幼儿园综合楼落成和成人文化技术学校通过了评估验收，大沙山区的教育事业踏上了新台阶。镇幼儿园从 1 个班 45 人增至 3 个班 135 人，入园率 93.9%，全镇中小学生 4120 人，入学率和巩固率保持 100%。在编教职工 245 人，学历达标为小学 99%，初中 95%。中学配置了省级标准的化学、物理、生物实验室，中心小学配置了标准的科学实验室和音乐舞蹈室、图书室、心理辅导室、美术室等功能场室设施。先进设施从无到有：校园网 3 个，多媒体平台 2 个，计算机 122 台，师生每千人有 26 台。

【医疗卫生】 2008 年，大沙镇卫生院开展医院管理年活动，围绕“质量、安全、服务、费用”的活动主题，实行临床医疗工作规范化、标准化。落实医院规章制度和各科室人员岗位责任制度。贯彻《抗菌药物临床应用指导原则》，因病施治、合理用药、合理检查，降低了病人的诊治费用。当年住院病人 1172 人，业务收入 264 万元，同比增长 18.39%，其中药品收入的比例为 38.64%，下降 8.33%。年内无医疗事故。全镇合作医疗参加率 91%。大沙镇于 2005 年创建江门市卫生镇达标，2008 年改水、改厕工程竣工，镇区的环卫设施逐渐完善。2009 年，镇卫生院拆除了院内的旧砖民房，新建一幢 500 平方米的三层门诊大楼，增建了走廊雨棚，扩展、绿化了大院广场。购置了 500 毫安 X 光机、B 超、心电监护等先进设备，改善了就医环境。购置救护车，提高山区医院的救治能力、医疗水平和服务质量。全年住院病人 1726 人，业务收入 296 万元，同比增长 12.12%，其中药品收入的比例为 39.37%，下降 1.09%。年内无医患纠纷。全镇参加合作医疗人数 24117 人，参加率达 98%。新建了垃圾收集转运站，壮大了环卫工人队伍，增加了绿化面积并固定了管理人员，创建生态环保镇区。

【计划生育】 2008 年，大沙镇投入 65 万元推动计生工作。落实层级动态管理责任制、计生举报奖励制和计生利益导向新机制，实行奖金与工作实绩挂钩。有 87 名计生老人领取每月 80 元的奖励金，6 名独生子女或纯二女结扎对象享受每月 50 元的节育奖。人口与计生工作成效显著：全镇人口出生率为 9.66‰，自增率 3.03‰，计划生育率 93.24%。落实“四术”292 例，其中结扎 82 例（纯女户结扎 18 例），一孩放环 203 例。经省及江门市计生考核达标。

2009 年，大沙镇育龄妇女 6415 人。全年人口出生率 10.17‰，自增率 5.30‰，计划生育率 93.98%。落实“四术”240 例，其中结扎 68 例（纯女户 17 例），放环 169 例，落实补救措施 3 例、顺利通过江门市和开平市计生检查组考核。是年计生工作重心下移到村一级，落实“三包”责任，执行“一票否决”和“计生任务末位预警通报制度”，推行绩效考评，强化激励措施。计生专干工资从 300 元提到 600 元。全年征收抚养费 151 万元，有 82 人领取计生家庭奖励金，金额 78720 元，22 人领取计生节育奖，金额 13800 元。扎实开展“两无”创建活动，访视率、B 查率、征收率等都有所提高，有效地控制计划外生育。没有发生因计生引起的群体事件、恶性事件和上访事件。

【劳动社保】 2008年，大沙镇劳动保障事务所以就业再创业、城镇居民基本医疗保险、农村劳动力资源普查、农村富余劳动力转移就业免费培训为工作重点，妥善安置城镇劳动力就业和下岗失业人员再就业 20 人，就业困难对象再就业 2 人，完成计划任务100%。7月14日启动镇居民医疗保险工作，对户籍在本镇，居住在镇外者、镇内的学生、企事业单位干部职工家属、低保对象、残疾人、已下岗的原二轻社、供销社、建筑队等人员追踪联系发动，至2009年底参保人员390人，参保率 91.13%。农村富余劳动力转移就业前培训和企业岗位培训各200人，技能提升培训47人，实用技术培训80人，合计527人。2009年安置下岗人员再就业28人，就业困难人员再就业2人。农村劳动力资源普查结果是：全镇农村劳动力13146人（含16周岁以上在校学生1022人），其中男性7884人，女性5262人。文化程度：初中以下11092人，高中、职中、技校、中专1821人，大专以上233人。已就业11854人，占90.17%，其中从事第一产业6809人、第二产业2426人、第三产业2619人。未就业270人。当年的就业前培训电工班339人，办公电脑技能培训四期共192人。完成全年安置就业和农村富余劳动力转移就业前培训任务100%。

【民政服务】 大沙镇的民政工作，以为民政对象办实事为目的，落实赈灾救济，低保、五保供养，双拥优抚，助残敬老等服务。2008年七、八月间大雨连绵，全镇28户房屋损毁，镇政府急灾民所急，及时上报，发放重建家园资助款 9.25 万元，口粮救助款2万元，确保灾民渡过难关。落实最低生活保障制度，当年低保户137户，466人，足额发放低保金 38.66 万元，五保对象 137 人，每人月供130元，做到应保尽保。复员退伍军人和烈属共116人，发放优抚金额2.75万元。现役军人28人，全年优待金额发放16.13万元。助残25人，每人月供50元。2009年两次台风暴雨，14户民房破损，镇府及时下拨重建或修缮款4.05万元，破损民房如期修复。低保、五保覆盖面不断扩大，最低生活保障标准从去年的每月130元提高到185元。当年脱贫户有6户20人，死亡注销原低保户6户7人，新增加扶持有18户20人，即享受农村最低生活保障的有179户，459人，全年发放低保定补款44万元。五保对象增加9人，即146人，从4月份起补助标准从每月120元提高到130元，全年发放17万元，贫困群众的生活得到了基本保障。双拥优抚方面，复员军人和烈属共12人，其他优抚对象103户，对其抚恤和生活补助按新的标准足额发放。义务兵22人，优待金额按每人每年6000元足额发放。2名残疾军人和1名孤老复员军人的医疗费全部报销。全镇所有优抚对象免费加入 2009 年农村新型合作医疗。增加了3户重度残疾人补助，助残增至28人，市残联在全镇进行白内障筛查，有75例患者符合手术条件，成功做了多例复明手术。不断更新敬老院设施，投入3万元完成自来水工程，住院老人饮上清洁卫生的自来水。

【信访工作】 2008年，大沙镇实行领导定期接访、干部下访和领导包案处理制度，在15个村（居）委会建立维稳综治站，将维稳工作重心下移到村一级，顺利化解8宗矛盾。同年7月，原大沙经济发展公司属下已破产 20 年的企业员工34人联名致信江门市领导，要求解决养老和医保等问题。10月，大塘村民345人签名致信开平市领导，要求解决铜鼓坑千亩林权问题。大沙镇党政领导与市有关单位沟通，翻查历史资料和走访见证人，下乡逐户调研，多次开会讨论解决方案，将矛盾化解。2009年，大沙司法所配合村级调委会依法调解纠纷28宗。下半年建成镇综治信访维稳中心，村委会维稳工作站加设治安巡逻队。调解山界林权、土地承包、婚姻家庭和合同、赔偿、劳资等纠纷41宗。当年发生的退伍军人越级上访、富食村民越级上访、营仔村民与镇农业服务中心的土地权属纠纷，镇领导与综治信访维稳中心敢于正视问题，做到矛盾排查到位，调处化解到位，稳控措施到位，不推诿、不回避、不上交，将矛盾化解在基层，没有因调处不当而演变激化为刑事案件的个案。

2008—2009 年大沙镇国民经济与社会发展主要指标统计表

指 标	单 位	2008 年	同比增长(%)	2009 年	同比增长(%)
财政收入	万元	606	16.8	723	19.2
工业生产总值	万元	20881	5.1	23010	10.2
农业生产总值	万元	5250	3	5618	7
固定资产投资	万元	4410	36.4	5610	27.2
利用外资	万美元	135	11.5	203	50.6
利用民资	万元	1927	11.2	2193	14.3
工业增加值	万元	6435	11.2	7293	13.3
农村纯收入	元	3508	6	3729	7

（梁炳坤）

附：大沙镇领导班子名录

党委书记、人大主席：梁忠彬（～2008）
陈杰文（2009.08～）

党委副书记、镇长：谭意军（2009.08～）

党委专职副书记：何海清

党委委员、纪委书记：梁荣德（～2009.06）

党委委员、武装部长：许晚基

党委委员、人大专职副主席：劳念华

党委委员、副镇长：邓剑彬

党委组织委员：李国文

副镇长：陈水养　熊绍根

马冈镇

【简况】　马冈镇位于开平市西北部，北邻龙胜镇，南毗塘口镇，西靠大沙镇和恩平市沙湖镇，东与苍城镇接壤，距市区 30 公里。辖区总面积 92.3 平方公里，辖 20 个村委会和两个社区居委会，共 233 条自然村，1.337 万户，人口 5.5 万人；旅居海外华侨、港澳同胞 3.7 万多人。马冈镇属半丘陵地区，土地肥沃，盛产稻谷、水果及“三鸟”、塘鱼等，是开平市农业大镇，马冈鹅专业饲养镇。2008 年，全镇实现工农业生产总值 9.66 亿元，其中工业总产值 8.09 亿元，农业总产值 1.57 亿元；完成镇级财政预算收入任务 847 万元，其中国税方面产生财政收入 234.72 万元，地税方面产生财政收入 471.7 万元，农村人均收入 5817 元。2009 年，全年实现一般预算财政收入 972 万元。实现工农业总产值 10.72 亿元，其中农业总产值 1.60 亿元，四级企业总产值 9.12 亿元，农村人均收入 6166 元。

【工业】　马冈镇是江门地区重要的木材集散地之一，木材加工企业大多聚集在湾琴山 10 公里长的地带，约有工厂 80 多家，初步形成了木业产业链。近年来，镇政府确立“实行区域化、规范化、集约化生产，农、工、贸并重”的指导思想，不断调整经济结构，扩大个体私营经济，促进全镇工业快速发展。至 2008 年末，全镇共有工业企业 100 家，其中木业企业 80 家；主要工业产品有人造板、绦纶助剂、水泥、注塑水管、包装袋等，其中木材产品有原木、木质线材、木质片材、木板材、木质型材、纤维板等约 10 种。全年全镇实现工业总产值 8.09 亿元，比上年增长 11%；木业产业上缴税收 1143 万元（未退税），比上年增长 15%。2009 年，新上大型民资企业二家，分别是广东裕丰隆鹅业有限公司、兆荣纺织有限公司，投资总额达 1700 万元；增资项目 3 个，分别是瑞兴木业有限公司、方圆路桥金属制品公司、华翔

制衣有限公司。全镇工业总产值9.12亿元，实现规模以上工业增加值7970万元，超过年度任务10%。全镇约有30家不同规模的刨、夹板企业，年产中纤板15万立方米，建筑夹板20万立方米。

【农业】 多年来不断调整产业结构，发展“三高”农业，推动农业生产向产业化发展。2008年，全镇有耕地面积4.6万亩，山坡地面积2.8万亩。全镇粮食种植面积7.25万亩，总产量2.2万吨；蔬菜种植面积1.48万亩，总产量1.45万吨；水果种植面积9800亩，总产量5700吨；水产养殖面积3480亩，总产量1180吨。全年农业总产值1.57亿元，比上年增长3%。

扶持农户充分利用土地资源发展优势种养业，大规模种植优质荔枝、龙眼等，至2009年，已经形成5000多亩水果生产基地，其中优质木瓜生产基地300亩，荔枝生产基地2500亩，龙眼生产基地2200亩；水产有鳗鱼养殖基地1000亩。主要农产品有稻谷、水果、“三鸟”、塘鱼等，其中马冈“陂头咀桂味”荔枝和马冈虎山石硖龙眼名扬省内外。是年，全镇有耕地面积4.6万亩，林地面积2.8万亩。全镇粮食种植面积7.3万亩，总产量2.3万吨；蔬菜种植面积1.5万亩，总产量1.5万多吨，水果种植面积1万亩，总产量6000吨；水产养殖面积3500亩，总产量1200吨。全镇农业总产值1.6亿元。

传统特产“马冈鹅”是广东省四大名鹅之一，2000年成功申请了“马冈鹅”商标，2003年“马冈鹅”牌肉鹅获得国家农业部无公害农产品认证。至2009年，母鹅存栏量15万只，年产鹅苗360万只，养殖量1000只以上的种鹅基地20个，养殖数量1000只以上肉鹅的基地30个，每年上市肉鹅200万只，总产值7600万元。马冈鹅养殖业产值占全镇农业总收入的一半以上，是马冈镇农村经济发展的重要支柱。

2009年，马冈镇成为开平市首个实施中央财政小型农田水利工程建设项目镇，工程分为九雅塘水库灌区、苟山支渠、獭塘支渠和大布支渠4个配套改造项目，计划投入建设资金1200万元，整治渠道82公里，其中“三面光”渠52.5公里；受益村委会10个，受益农田面积24500多亩。在加快农田水利工程建设的同时，加大政策扶持，推动马冈鹅养殖经营规模化、产业化。

【圩镇建设】 继续加大圩镇基本建设资金投入，2008年，投入65万元，新建自来水厂净化池等配套设施，不断改善供水质量。是年，改进农村公厕共13座，市下达农村改厕补贴资金9.1万元。2009年维修圩镇街道近2000米，改善路灯设施，全面更换已损坏街灯，新安装街灯18盏。修建镇通村及村通村水泥道路，共修建了水泥道路6250米，改进农村公厕8座，市共下达农村改厕补贴资金5.1万元。兴建了一座新垃圾处理站，日处理垃圾2.5吨。集资110万元，建设全镇最后一个村级自来水安装工程——黄屋村委会自来水工程，实现村村通自来水。

【招商引资】 2008年，以建设马冈鹅及木业产业专业镇为目标，加大招商引资力度。全年完成民资投资3798.64万元，比上年增长20%，吸收外商直接投资260万美元。是年，新上项目5个，分别是开平市食得香食品有限公司、盛林木业有限公司、骏铭贸易有限公司、高达货物运输有限公司、安泰种肉猪养殖场、丽冠人造板有限公司、方圆路桥金属制品有限公司实现增资扩产。2009年，吸收民资投资4479万元，吸收外商直接投资202.62万美元。是年，新上大型民资企业2家，分别是广东裕丰隆鹅业有限公司、兆荣纺织有限公司，投资总额达1700万元；增资项目3个，增资额为3993万元。

【财政税收】 规范农村财务，实行组账村管、村账镇管制度。2008年，全年实现地方财政一般预算收入847万元，比上年增长23.83%，其中国税税收209万元，地税税收638万元。2009年，全年实现一般预算财政收入972万元，比上一年增长14.76%，其中国税税收200.28万元，地税税收771.78万元。

【人民生活】 2008年，全镇参加农村合作医疗4.609万人，覆盖率达88.3%，全年共支出农村合作医疗救助资金272.22万元，3936人获得医疗补助。全镇参加城镇居民医保1006人。是年，农民人均收入5817元，比上年增长6%。2009年，全镇参加农村合作医疗共47468人，参合率为95.6%，全年共支出医疗补贴430.05万元，补贴对象7214人，其中住院补贴2237人，门诊补贴

4977人。参加城镇居民医保共657人。是年，农民人均收入6166元，比上年增长6%。

【教育】 2008年，积极发动华侨、港澳同胞、社会热心人士支持教育事业，改善了办学条件，其中梁福成先生捐资20万元支持扩建公侨中学。全镇有完全中学1所，初级中学1所，小学9所，幼儿园2所；学校教师222人，在校学生4241人，在园幼儿475人；小学入学率100%，初中入学率100%，高中升学率94%。2009年，投入1300多万元，全面开展教育强镇创建工作，调整了校园布局，形成了“一中三小”的格局。改造装修陈旧教学楼建筑面积2.35万平方米。按创建省教育强镇的要求配套了电脑教学平台等教学设施设备，全镇中小学共建多媒体电教室6个，电教平台66个，学生用计算机483台，平均拥有量为99台/千人，教师专用计算机172台，平均拥有量为58台/百人。2009年12月中旬，顺利通过省的创强工作督导验收。是年，全镇有完全中学1所，小学3所，幼儿园2所；学校教师162人，在校学生2932人，在园幼儿510人；小学入学率100%，初中入学率100%，高中升学率95.5%。

【文化宣传】 2008年，积极开展精神文明创建活动，推进“农家书屋”建设，建成北湖村“农家书屋”。协助市文化部门开展送戏下乡活动，全年播放电影10场，举办春节“富洲杯”篮球赛、“三八”拔河比赛和“迎奥运”篮球赛等文体活动。是年，北湖村委会北湖村被评为江门市标兵文明村。2009年，建成荣塘村“农家书屋”，送戏下乡共12场，先后举办春节、“三八”、“五四”文体活动。红丰村委会新南村被评为开平市标兵文明村。

【医疗卫生】 2008年，全镇有卫生院1间，农村卫生站20个。是年，香港同胞梁健成先生捐款10万元，支持镇卫生院购买救护车一辆，改善农村医疗卫生条件；由江门市政协牵头，江门市中心医院组织12个专科15名主任医师到我镇开展大型义诊暨送医送药活动，惠及广大患者。2009年，集资110万元，建成全镇最后一个村级自来水安装工程——黄屋村委会自来水工程，实现村村通自来水。全年农村实现自来水新增1518户约6000人。是年，全镇20个村委会192条自然村1.135万户约4.5万人（占全镇农业总人口的82%）喝上自来水。

【计划生育】 积极推进人口计生工作经常化、制度化、规模化建设。2008年4月，在全市率先实行镇村两级层级动态管理责任制。投入60多万元，完善计生办及计生服务所的设施配套。是年，共落实“四术”522例，其中，结扎130例（纯二女户结扎），上环371例，补救措施21例。2009年，落实四术544例，结扎175例（其中纯二女结扎56例），上环343例，采取补救措施26例。节育率为83.12%。

【劳动社保】 2008年，共转移农村富余劳动力就业502人，发动4.6万人参加农村合作医疗，参合率达88.3%。共有1006人参加居民城镇医保。2009年，共转移农村富余劳动力就业1132人，先后举办厨师班、美容、美发3次劳动技能培训班，全年处理劳资纠纷案10多宗。

【社会治安】 两年来，派出所、综治办发挥联动作用，坚持经常性的治安警力和村级联防队巡逻，社会整体治安环境良好，案件发生率有明显下降。2008年共发生刑事案件29宗，破获7宗，破案率为24.1%；发生治安案件52宗，破获42宗，破案率为81%。全年无重大刑事、治安案件发生。2009年，共发生刑事案件46宗，破获31宗，破案率65%；发生治安案件69宗，破获62宗，破案率为90%。无重大刑事、治安案件发生。

【信访工作】 2008年，实行领导包案责任制，全年共收到群众来信14封，接待来访群众11批48人，约访和带案下访17批35人次，来信来访和来电合共27宗，办结16宗，办结率59%，调处7宗，主要反映村民权益、土地权属等问题。全年未发生越级上访的群体性事件。2009年，投入6万元改造完善信访维稳中心的各项设施，并投入使用。进一步落实领导包案责任制，成立重点信访案件调查处理工作小组。全年共收到群众来信17封，接待来访群众12批50人，约访和带案下访20批40人次，来信来访和来电合共29宗，办结17宗，办结率59%，调处8宗。是年，未发生越级上访的群体性事件。

【民政服务】 2008年，全镇共有低保户211户，628人。全年共向农村低保户发放低保金48.096万元。共有206人纳入孤老、五保供养。全镇有36名五保对象在马冈镇敬老院集中供养，另有170名分散供养。全年共有153人享受临时救助，总金额达11.592万元。是年，在遭受强台风影响后，有17户困难群众得到上级支持，下拨建房补助资金6.7万元。接受市“红十字会”下拨救助物品30箱。

2009年，全镇有农村低保对象214户，每月发放低保金5.014万元，月人均补助76元，实现了农村低保应保尽保的目标。全镇共有五保对象213人，按照分散五保每人每月130元、敬老院五保每人每月220元的标准补助生活费。进一步加大农村医疗救助工作力度，对部分困难户在“新农合”报销后，给予二次临时救助。全镇共资助困难户100多人，发放临时救助金约9万元。积极推进农村医疗救助工作，全镇共对患大病、重病的农村困难对象12人进行救助，发放救助金3.4万元。是年，全镇先后遭受洪涝灾害和台风灾害，全镇共有16户受灾对象获得开平市和江门市重建家园救助金资金共13.1万元。是年共筹得100多万元进行敬老院扩建工程，扩建一座占地约1500平方米的宿舍楼。 （吴伟雄 吴淑仪）

附：马冈镇领导班子名录

镇委书记：吴岳灵（～2009.11）
　　　　　张伟杰（2009.12～）
副 书 记：张伟杰（～2009.11）
　　　　　李树浓（2009.12～） 梁锡富
党委委员：陈练豪 吴国健 梁崇威
　　　　　伍德斌 谢翠华（女）
人大主席：吴岳灵
副 主 席：梁崇威
镇　　长：张伟杰（～2009.12）
副 镇 长：李树浓（～2009.12）
　　　　　张邦彦 梁荣华

塘口镇

【简况】 塘口镇位于开平市中部，距市区9公里，北接马冈、沙塘镇，西与恩平市沙湖镇接壤。面积73.5平方公里。2个居委会和16个村委会，190条自然村，2009年，户籍人口31477人。镇内有“中国华侨园林一绝”美誉的立园以及世界文化遗产自力村碉楼群这两个著名景点。全镇有旅外侨、港澳台同胞4万多人，分布在世界58个国家和地区，是知名的华侨之乡、碉楼之乡、曲艺之乡和省碉楼旅游专业镇、省教育强镇。2008年，全镇财政收入883万元，同比增长15%；2009年全镇财政收入941万元，同比增长6.57%。

【招商引资稳中有进】 贯彻落实科学发展观和市委十一届六次全会的精神，围绕“保稳定、保增长、保民生”的主线，制定“旅游旺镇”的发展战略，全力以赴做好招商引资工作。由于受到全球性金融海啸的冲击和土地供求矛盾的影响，2008年，新上、增资项目4个，其中投资额共899万元，增资额共1488万元，利用外资100万美元、民资2700万元。2009年，克服金融危机的各种困难，开拓进取，招商引资有了新发展，新上、增资项目7个，投资额共1933万元，增资额共312万元。两年引进的项目主要有环保材料、电器、家具配件、食品、餐饮等。

【工业】 主要集中在水边新区，向将军山、升平两翼发展，并利用翠山湖新区这个平台开展异地招商。形成以针织、食品、印刷、包装、化工等产业为支柱的生产体系，主要企业有：丹之洋服装厂、祥润纸品厂有限公司、劲力粘胶厂、美富达调味食品有限公司、鹰田厨具厂、华泉玻璃钢制品有限公司等。2008年，因受金融危机影响，工业发展稍有停滞，新上企家仅1家——骏鑫再生塑料制品有限公司，共投资639万元。2009年，形势趋好转，规模以上工业增加值4978万元，同比增长13%，引进新企业5家，分别是开平市杨氏装饰配件家具厂、开平市大唐食品有限公司、开平市君山电器材料有限公司、开平市侨进汽车维修服务中心和开平市塘口镇将军山酒楼，投资额合共1933万元。

【农业】 在国家下达的各种惠农政策的指引下，2008、2009年农业协调发展。全镇耕地总面积32443亩，其中水田面积26929亩，旱地5514亩。2009年水稻总产量15235.4吨，比上年增长约9.3%。截至2009年，镇内共有4个无公害农产品种(养)植(殖)场，分别是：1.冈陵蔬菜基地：面积2800亩，主要以种植白菜、芥菜为主，基地利用当地的水源、土质、种植习惯、交通等各种有利条件，将农户自产自销的蔬菜经营方式转向统一收购。2.深开高新农业开发有限公司：是本镇水果示范基地，占地面积2000亩，公司指导方向是以优质高产无公害农产品种类为主，种养并举，走生产、科研、加工、销售相结合创新、创效型的农业实体企业方向发展，种植水果品种主要有龙眼、荔枝、杨桃、番石榴、火龙果、黄皮、木瓜、枇杷等18个。3.三社反底井水产养殖场：面积165亩，主要以养殖罗飞鱼为主，兼养四大家鱼。此外，规模水果种植场7个，总面积3214亩，花卉场4个，总占地面积261亩；规模禽类养殖场82个，猪养殖场13个。

根据国家粮食政策，2008年6月底全镇开展粮食补贴工作。镇农业办公室与财政所组成工作小组，制订种粮直补实施方案，落实补贴到户。2009年落实完成省人大关于加强农田水利基本建设议案项目，投资45万元用于建设北义村委会田厂洞的硬底化排灌渠道、修建机耕桥等农田水利项目，受益农田600亩，受惠人口达700多人。

【财税金融】 2008年，财政收入883万元，其中，国税财政收入192万元，地税财政收入691万元；2009年，财政收入941万元，同比增长6.57%，其中国税财政收入166万元，较去年减少15.66%，地税财政收入775万元，比去年增加9.26%。

【社会治安】 2008—2009年的社会治安管理取得较大的进步，主要是加大对违法犯罪活动的打击力度，尤其严打农村入室盗窃和盗窃农村电力设施的犯罪活动。据统计，2009年以来镇内刑事发案共53宗，比去年57宗下降4宗，发案率下降7%，破案率75.4%，刑事拘留24人，逮捕17人，起诉16人。治安管理成绩列全市第一名。

为加强农村治安防范，切实维护农村社会治安稳定，镇委、镇政府与镇派出所相互配合，改革原有的农村联防队，重建6支精干、有效率、高素质的新治安联防队。两年中，农村联防队协助派出所开展警务活动300多次，配合打击违法犯罪人员86人次，提供治安信息线索75条，协助调解矛盾纠纷200多起，服务群众156人次，明显减少农村违法犯罪案件。2009年，以深入学习实践科学发展观活动为契机，镇委、镇政府和镇派出所联合首创民警村官工程，选派一批政治素质高、法律底子深厚的党员干警到村挂任村支部副书记或村委会主任助理(统称民警村官)，为农村政治稳定和社会安定提供了有力的保证。

【圩镇建设】 辖下共有南屏、以敬、潭溪、北义、仲和、裡村、宅群、强亚、冈陵、升平、三社、四九、魁草、龙和、水边和卫星16个村委会，塘口圩和四九圩2个居委会。2008—2009年，改建赤马线、锅塘线、水楼线公路，使塘口圩和水边开发区的交通得到改善，更加便利，群众行路难的问题得到解决。

【精神文明建设】 2008年开始，塘口镇卫星村委会东阳村通过号召村民和海外侨胞共同集资，共投入80多万资金建设社会主义新农村。村内设有文化室和文化体育场地供村民业余学习、活动，村委会的“农家书屋”为村民们提供大量的课外读物，文化氛围十分浓郁。村内到处倡导文明用语；自来水、通电通讯、卫生厕所等基础设施一应俱全；村风文明，村容整洁。东阳村历来重视文化和教育的建设，村民养成爱国守法良好品德，民风纯朴，多年来并无村族纠纷发生。该村在开展创建文明户活动期间，有85%的家庭被评为“文明户”。2009年，被评为开平市标兵文明村。

2009年，塘口镇把开平市“农家书屋”工程落到实处，分别在以敬、魁草、强亚、冈陵四个村委会设立了“农家书屋”的试点，将受赠的6000多本图书送到农村，设立专职的“农家书屋”管理员，并定期组织管理员培训。通过多种方式，向农村传递知识与文明，努力丰富和满足群众的文化需求。

【世界遗产地保护】 严格执行世界遗产地核心区和缓冲区的规划要求，控制规划当地建设。贯彻学习市委十一届六次全会的精神，按照市委提出的“努力把开平建设成为江门新的经济增长极，珠三角生态宜居名城，广东旅游强市”的战略定位，发挥好“广东省旅游专业镇”的优势，利用好立园和自力村两个“金字招牌”，合理、科学地开发适合世界文化遗产地发展的休闲旅游业。该镇近期计划提出：围绕受保护区域为核心，向可发展区域辐射，一手严抓保护，一手硬抓发展。2009年，完成了塘口镇土地利用总体规划修编，重点调整了自力村路口至开阳高速公路升平出口段的土地规划，为本镇旅游业的可持续发展丰富了土地资源。

【镇工业集中地——水边工业开发区】 水边工业开发区塘口镇主要的工业集中园区。位于塘口镇东部，毗邻开平市城区西北部，距325国道2公里。占地面积1000多亩。园区全部公路实现硬底化，自来水、邮电、通讯网络全覆盖；内部基础设施基本完备。共引入厂家30多户，员工4000多人。引进的项目包括环保材料、玻璃钢制品、电器、家具配件，食品工业等。2008年，因受国际金融危机影响，工业区新进项目仅有2个，投资额共899万元；增资项目2个，增资额共1488万元，其中美富达调味食品有限公司迎难而上，增资1338万元。2009年，招商引资有新发展，新进项目5个，投资额共1933万元，增资项目2个，增资额共1032万元。（叶绍聪　张思瑶）

附：塘口镇领导班子名录

党委书记： 龚飞舟

党委副书记： 劳明海（2009.08～）　谭振儒
陈凯讯（2009.08～）

党委委员： 胡国权　黄柏坚
潘炳达（～2009.08）
方佩慈（女）　梁国能　叶绍聪

人大主席： 胡国权

镇　　长： 龚飞舟（～2009.08）
劳明海（2009.08～）

副 镇 长： 潘炳达（～2009.08）
方根伦　张力赞

赤坎镇

【简况】 赤坎镇位于开平市西南部，总面积61.4平方公里，常住人口4.8万人，海外华侨、港澳台同胞达9万多人，是著名侨乡，也是著名爱国侨领司徒美堂和著名战地摄影记者沙飞的故乡。全镇下辖19个村委会，3个居委会，280条自然村。改革开放以来，赤坎镇坚持发展为第一要务，全力推动经济、社会全面发展，先后被评为中国历史文化名镇、全国重点镇、广东省中心镇、珠江三角洲重点工业卫星镇。2008、2009年，赤坎镇以碉楼文化产业区为发展定位，确立以“农业稳镇，工业兴镇、教育强镇、旅游旺镇”的发展战略目标，转变经济增长方式，充分利用325国道工业走廊，大力推进招商引资。机动车配件、机械制造、新型建材、塑胶模具、卫浴制造等产业发展成为镇的主导产业。同时，充分利用历史文化悠久、人文底蕴深厚的资源和优势，抓住开平市大力打造旅游强市的机遇，进一步整合旅游资源，着力打好“碉楼、古镇、休闲”三张牌，做好古镇旅游开发工作，促经济社会全面发展。2008年，实现财政一般预算收入1881万元，被评为第二次全国农业普查先进集体。2009年，实现财政收入2028万元，成功创建为广东省教育强镇，被评为广东省老年人体育工作先进镇，获“全国侨联系统先进基层组织”荣誉称号。

【招商引资】 以325国道赤坎路段两侧形成的工业走廊为载体，利用闲置土地和厂房，大力推进招商引资。进一步优化产业结构，培优扶强，引导具备土地、厂房等资源的企业增资扩产，做强做大。充分利用翠山湖这个省级产业转移示范性工业园的大平台，调动一切积极因素，通过“走出去，请进来”的方式，开展异地招商，创建新的经济增长点。为加大招商引资力度，赤坎镇强化政府的服务职能，专门成立镇三套班子挂钩联系企业的制度，为企业提供一步到位的优质服务。2008年，全镇实现工业总产值12.19亿元，增长0.04%；固定资产投资总额1.33亿元，增长30%；实际利用民资4443万元，增长28%，实际利用外资207万美元，增长11.5%；共引导5家企业实现增资扩产，增资金额达4443.12万元。2009

年，全镇实现工业生产总值达12.03亿元。新上工业项目4个，投资总额达1.35亿元。新上项目有胜标卫浴有限公司、脚手架厂、义利金属制品有限公司和开联饲料厂；增资项目有雅琪集团和广东松本绿色板业有限公司，其中广东松本绿色板业股份有限公司计划上市创业板。机动车配件、机械制造、新型建材、塑胶模具、卫浴制造等产业已发展成为赤坎镇的主导产业。随着家具制造业和饲料加工业等产业的注入，赤坎镇325国道工业走廊已成为本镇工业经济发展的坚实平台。

【工业】 以机动车配件、机械制造、新型建材、塑胶模具、卫浴制造、金属制品、家具制造和饲料加工为主。主要企业有：嘉达摩托车配件有限公司、雅琪集团、朝阳卫浴有限公司、创誉棚架有限公司、广东松本绿色板业股份有限公司、立航建材有限公司、澳加利家具厂、华生金属制品厂等。近两年，随着招商力度的加大，家具制造业和饲料加工业等新产业陆续落户赤坎镇325国道工业走廊。

坚持发展为第一要务，转变经济增长方式，努力克服土地因素等瓶颈制约以及国际金融风暴持续带来的影响，通过狠抓企业增资扩产和在建项目上马投产，推动工业经济平稳增长。2008年，全镇实现工业总产值略有增长；引导5家企业实现增资扩产，增资金额可观。固定资产投资总额、实际利用民资、实际利用外资等，均大幅增长（具体数据详见“招商引资”条目）。镇政府抓项目跟进，加快开平市开联饲料有限公司、开平市胜标卫浴实业有限公司、奥加利家具有限公司3个在建项目上马投产。

2009年，工业企业发展到205家，总产值12亿元，其中规模企业17家，产值8亿元。外贸出口总值329万美元。全镇实现固定资产投资1.685亿元，同比增长27%；利用民资4702.5万元，同比增长18.18%，利用外资204.27万元。

【农业】 以促进农业增产、农民增收、农村繁荣为根本，重视做好“三农”工作，特别通过加大投入，进一步改善农业基础设施建设，提高农业的生产效益，保证农民增收，促进社会主义新农村建设。

两年来，投入800万元完成省人大督办工程江南一、二电排站的重建和扩容技改项目；投入475万元完成江北农业综合开发工程项目；投入62万元完成永坚村农田水利基本建设议案项目工程；投入20万元完成新建村农田水利基本建设项目，农业生产条件得到进一步改善。

全镇水稻面积24250亩，旱地面积5100亩，林地面积53000亩，鱼塘面积5300亩，水果种植面积1654亩。其中种植面积较多是香蕉，有1210亩。盆景桔面积320亩，花卉面积410亩。常年蛋鸭饲养量28万只，肉猪存栏量1200头，鸡存栏量32万只。

镇科协积极引导实施科技兴农，进一步提高农业效益。2008年，镇科协引导沙溪村委会种粮大户利用先进的种植技术和管理方法，种植马蹄（即荸荠）80多亩，亩产达3000斤，开创出一条农业增效、农民增收的好途径。加强与江门市重点农业龙头企业旭日蛋品有限公司的联系，支持该厂搞科研开发，致力于研发低铅皮蛋，大大提高生产效率和蛋品的质量，成功向市科技局申请科技“三项”经费。2009年该公司销售额4865万元、上交税利63万元、出口创汇357万美元。

该镇地处平原地带，大部分农田靠潭江水灌溉。其中永坚、红溪、树溪等村委会的农田依靠大沙河水灌溉。由于多数农田处于低洼水网地带，旱天气对农耕生产影响不大，而涝灾对种植业威胁严重。赤坎江南一二排涝闸改建后，有力地确保水涝保收。镇内土地肥沃，水稻田产量较高，2009年平均产量是780公斤，总产18915吨。水果产量1557吨。鱼塘产量2650吨。树溪村委会建成无公害蔬菜基地一个，面积500亩，对带动全镇无公害生产起示范作用。

【财税金融】 镇财政部门依法理财，强化收入征管，优化支出结构，深化财政改革，加强财政管理和监督，财政工作成效明显。2008年，全镇地方财政一般预算收入1880.78万元，比2007年的1564.65万元增加316.13万元，同比增长20.2%。全镇财政总收入2122.99万元，比2007年的1782.06万元增加340.93万元，同比增长19.13%。2009年，全镇地方财政一般预算收入2028.96万元，比上年增加148.18万元，同比增长7.88%。全镇地方一般预算支出保持平稳增长，各项公共支出需要得到基本保障。

做好各项惠农政策的落实发放工作。2008年农资综合直补，全镇共有6036户符合政策，补贴金额共238.63万元；2009年继续实行种粮直补政策，共发放中央农作物良种补贴、种粮直补、农资综合直补共337.32万元。严格执行能繁母猪饲养补贴政策，2007年为每头补贴50元，发放3.56万元，2008年，每头母猪的补贴标准由50元提高到100元，全镇共发放补贴10.31万元。

【古镇旅游业】 赤坎镇紧紧围绕市委、市政府关于打造“广东旅游强市”战略目标以及赤坎作为“碉楼文化产业区”的发展定位，发挥赤坎旧镇丰富的旅游资源优势，进一步促进旅游产业又好又快地发展。2008年开平赤坎镇（欧陆风情街）被广东省旅游局授予“广东省旅游特色县镇村”称号。

2008年，全镇共接待国内外游客17万人次，比上年增长12%，其中国内游客14万人次，国外和港澳台游客3万人次，实现旅游总收入200万元，比上年增长8%。2009年，全镇共接待国内外游客25万人次，比上年增长47.06%，其中国内游客18万人次，国外和港澳台游客7万人次，实现旅游总收入280万元，比上年增长40%。

旅游资源 赤坎镇旅游资源丰富，现存碉楼、骑楼1000多座，其中赤坎旧镇区不到1平方公里的地方就集中了600多座骑楼。这些近代建筑群均为十九世纪二三十年代修建的、具有中西建筑风格结合的骑楼建筑，大多为海外华侨出资回乡兴建。因这些华侨所处国家不同，同是骑楼建筑也呈现不同西方国家的建筑风格，其中又以堤西路的建筑群为代表作，被誉为“欧陆风情街”。上下埠的关族和司徒氏两大图书馆更是古镇华侨文化的杰出代表。另外，在赤坎旧镇区周边还有一批知名的人文景观，包括被定为世界文化遗产、现存最早的开平碉楼——迎龙楼，著名的华侨文化代表景点——加拿大村，红色文化代表景点、著名爱国侨领司徒美堂故居，抗日南楼七烈士公园，邓一飞故居和纪念亭等。另外还有赤坎乡土特色小食肆如豆腐角、烧鹅、鸭粥、牛腩粉、狗肉、行山烧饼等，足以让游人流连忘返。

旅游开发 赤坎镇通过对内资源整合，对外资源联合，一方面配合市的旅游发展规划，推进赤坎古镇和加拿大村的的项目招商；另一方面调动一切积极因素，继续加大对赤坎古镇的宣传力度，不断深挖各种旅游资源。影视旅游是赤坎旅游业发展的重要推动力之一。两年来，通过招商引资，大力推广宣传，一批影视作品如《敌营十八年》、《东山飘雨西关晴》、《等着你回来》、《秋喜》等相继在赤坎影视城拍摄，在全国上映后，提高了赤坎旧镇的知名度，树立了赤坎旧镇的旅游品牌，拉动赤坎旅游业的发展。特别随着建国六十周年献礼片《秋喜》在全国的热播，使游客追着“秋喜”游赤坎，一定程度带旺了赤坎的商贸业。

旅游特色线路 赤坎镇通过整合多方资源，推出一条代表赤坎历史文化的精品旅游线路，推动赤坎旅游业的发展。赤坎华侨文化休闲一天游线路：上午到赤坎最古老的碉楼三门里迎龙楼和最具特色保村完整的加拿大村参观；之后到具有浓郁的南国特色和文化底蕴浓厚的赤坎古镇，游览充满欧陆风情的骑楼和赤坎影视城，寻访具有深厚文化底蕴的两家图书馆、教堂和医院旧址，品尝特色小吃。午餐后参观爱国侨领司徒美堂的故居，再到历经战火洗礼的抗日遗址赤坎南楼游览，缅怀抗日七壮士的伟绩。

【社会治安】 赤坎辖区东依开平市区，西至百合镇，南临台山白沙镇，北跨325国道与塘口镇接壤，总面积61.4平方公里，实有人口约4.8万人，其中常住人口约4.6万人，暂住人口约1800人，共有出租屋53套。辖19个村委会和3个社区居委会，市驻单位10个，市属中学3所，镇属小学3所，幼儿园2所，工业企业205家，个体工商户1050户。

为了维护辖区治安，构筑安全和谐社区，赤坎镇派出所认真履行职责，开展一系列惩治犯罪以及多项专项整治和维护社会治安行动，通过开展“粤安09”和“民警大走访”活动，全力组织开展打黑除恶专项斗争，严厉打击“两抢一盗”犯罪专项活动，集中打击盗窃摩托车违法犯罪和盗窃破坏电力设施等专项行动，确保人民安居乐业。在加大严打整治工作力度的同时，进一步强化治安防范，专门组建一支由镇联防队员、厂场保安员、村委会治保主任组成150人的的治安联防队，加强治安联防管理。同时大力开展扫除“黄、赌、毒”等社会丑恶现象。通过长期的禁毒、帮教、宣传工作，帮助脱毒人员就业，吸毒人员大幅度减少，同时未发现有新吸毒人员，禁毒工作得到显著成效，辖区内治安环境得到进一步净化。

2008 年，辖区共发刑事案件 111 宗，侦破 44 宗，破案率 39.6%；刑事拘留 24 人，逮捕 16 人，成功起诉 15 人，追回赃物折款人民币 15 万多元。共受理行政案件 104 宗，破 73 宗，共抓获各类违法人员 200 余人次，其中行政拘留 38 人；送强制戒毒 20 人，强制隔离戒毒 14 人，社区戒毒 8 人，缴获毒品海洛因 8 克；破获赌博案 9 宗，抓获赌徒 34 人；调解民事纠纷 25 宗。2009 年，共立刑事案件 106 宗，破 60 宗，破案率为 56.6%。其中入室盗窃案 39 宗，盗窃机动车案 37 宗，抢劫案 6 宗，非法持有毒品 2 宗，故意伤害 5 宗，破坏公用通信设施 1 宗，其他盗窃案 6 宗；刑事拘留 22 人，逮捕 12 人。共受理行政案件 133 宗，破 63 宗，破案率为 47%，行政拘留 51 人，其中抓获吸毒人员 47 人，行拘 5 人，强制隔离戒毒 36 人，社区戒毒 8 人，破获赌博案 15 宗。

按上级要求，高起点高标准打造具有赤坎特色的综治信访维稳中心，筑牢维护基层社会和谐稳定的第一道防线。赤坎镇综治信访维稳中心于 2009 年 9 月 20 日挂牌成立。该中心建筑面积 270 平方米，镇财政拨款近 10 万元，并通过上级支持、社会筹集共投入资金 50 万元，基本建成接访厅、集中办公室、联合调解室、联席会议室等四大功能场室。同时按照上级规范化要求，分批升级改造原有的村（社区）综治信访维稳工作站，完成永坚、护龙两个综治信访维稳工作站的规范化建设。

综治信访维稳中心规范办事流程，健全工作机制。通过规范调解流程、规范制度建设、规范台账簿册，执行轮值制度，创新建立“上联下访”制度。充分发挥社会治安联合防控、矛盾纠纷联合调解、重点工作联勤联动、突出问题联合治理、基层平安联合创建、流动人员联合管理服务的“六联”机制综合效应，建立大综治的联动机制，坚持综治、信访、维稳工作一起抓，把中心建设成为民情信息的收集中心、信访案件的转流中心、矛盾纠纷的调处中心、群防群治的指挥中心、重点人群的服务管理中心、法治教育的宣传中心，真正实现了“强综治、创平安、促发展”的创建目标。

【**圩镇建设**】圩镇建设规划　进一步落实《开平市赤坎镇总体规划 2003—2023》、《开平市赤坎镇历史文化保护规划》和《开平市赤坎镇历史旧镇区控制性详细规划》，严格控制历史旧镇区内的土地利用和各项建设，制止乱建乱搭破坏历史文化旧镇景观的行为，对在旧镇区内经营的商铺进行规范管理，商铺设计、装潢等必须符合赤坎镇历史文化名镇专项规划的要求。

土地管理　国土管理部门坚持“从严从紧、有保有压”的原则，克服建设用地供需矛盾，保障了经济社会发展所需用地。2009 年投入 50 多万元完成《赤坎镇土地利用总体规划 2010—2020》。

镇区建设　2008 年，投入资金 90 多万元对赤坎粮所至开平一中路段进行改造，投入 16 万多元在赤坎镇圩路口到开平一中安装路灯 23 盏，投入 8 万元对该路段进行绿化。2009 年投入 1500 多万元建设赤坎污水处理厂，污水处理厂占地面积 8.59 亩，首期设计日处理能力 5000 吨，当年建成投入使用，大大改善镇区的整体卫生环境。赤坎停车场、赤坎人民公园的升级改造工程也相继立项，进入规划设计阶段。

市政管理　2008—2009 年，为加强城镇的公共管理，先后加强了环卫处、市政组和园林绿化组的建设，环卫处共有职工 26 人，配备专业环卫车 1 辆和环卫用具一批。两年来，赤坎镇投入 10 万元更换垃圾桶 200 多个，投入 40 多万元维修镇区排污系统和公厕。同时不断强化市场管理，做到室内经营，划行规市，高台摆卖，文明经营，重点治理脏乱差等环境问题。2009 年 7 月，赤坎镇顺利通过“广东省卫生镇”的复检。

【**社区文化建设**】　充分发挥赤坎古镇文化底蕴的优势，推进社区文化建设，为建设和谐社会服务。结合新时期社会主义新农村建设，加大投入，建设文化、休闲、娱乐场所，建成农家书屋 5 间，全面开通农村党员干部现代远程教育网络，各村委会还新建老人活动中心和篮球场。镇侨联会充分利用关族和司徒氏两大图书馆的阵地作用，宣传先进文化，积极发挥辖区内《光裕月报》、《教伦月报》、《北炎通讯》、《小海月报》、《护龙月刊》、《五堡月刊》等六大侨刊乡讯作为联系和密切海外侨胞的桥梁和纽带，密切与海外侨胞联络，凝聚侨心侨力，支持家乡创建广东省教育强镇和文明镇村建设。据不完全统计，2009年海外侨胞和港澳同胞共为赤坎捐款500多万元；赤坎镇文化站积极发挥作为省一级文化站的平台和发挥当地有影响力的艺术团体——江南曲艺社的作用，组织开展各项社区文化活动，为丰富广大群众文化生活提供服务；深入开展文明村的创建活动，至2009年止，有6条村获“江门市标兵文明村”荣誉称号，有13条村获“开平市标兵文明村”荣誉称号。2009年组队参加市十运会，获得奖牌第六名和团体总分第六名的成绩。赤坎镇人民政府被评为广东省老年体育工作先进镇，赤坎镇侨联被评为全国侨联系统先进基层组织。

【教育强镇】 2008年9月，赤坎镇党委、政府组织开展创建广东省教育强镇活动，召开创建活动动员大会，突出“赤坎要发展，教育必创强”的理念。展开对全镇学校的调查工作，对全镇14所中小学进行评估和规划，制定《关于调整学校布局的方案》，对全镇14所学校进行重新规划，分两步调整布局。2009年3月，撤消石溪、沙溪、南楼、芦阳、居略、北炎、小海7所小学，全镇保留赤坎镇小、红溪小学、永坚小学、教伦小学、五龙学校、五堡小学、永美学校7所小学的格局。2009年8月，进一步加大学校布局调整力度，将五龙学校初中部和永美学校初中部，并入开平六中，同时将7所小学合并为中心小学、五龙小学、永美小学3所学校，形成“一中三小”的九年义务教育格局。

2008年9月至2009年11月，镇政府积极筹集资金，通过市委、市政府的大力支持下，吸纳海外侨胞和热心人士的捐资，向3所小学及其分教点投入1440万元进行校园建设，按省教育强镇的标准配备教学设施设备。3所小学都建立校园网、广播网和电子图书阅览室，全镇小学教师办公计算机人手一台，全镇小学生拥有计算机226台，为每千人80台。还在中心小学新建建筑面积达1030平方米的四层功能楼，实现每一个教学班配备一套现代多媒体教学平台。其他小学达到每2个教学班一套教学平台。

常抓不懈提高教师的综合素质，力促教育教学工作上新台阶。2009年全镇小学有专任教师158人，学历达标率达100%，大专或以上学历126人，占教师总人数的79.7%，其中本科率为31%。

中心学校统筹规划，打造特色学校，促进学生个性发展，提升学校的办学层次。全镇小学形成了三大特色：一是永美学校的排球特色；二是中心小学的篮球特色和书香校园特色；三是五龙学校的书画特色。围绕这四大特色，政府、侨胞有侧重地加大财力和人力投入。

通过一年多的建设，学校和社区教育达到省教育强镇标准，向省申报评估验收，2009年10月经江门市人民政府教育督导综合评估初评合格向省推荐申报。2009年12月10－12日，接受广东省教育强镇督导验收组为期3天的评估验收。评估专家组对赤坎镇教育强镇的创建工作给予高度评价。经广东省人民政府教育督导室批准，授予赤坎镇为“广东省教育强镇”的称号。

【赤坎改革开放30年】 1978年，赤坎公社（现赤坎镇）下辖20个大队，2个管理区，344条自然村。全镇总面积61.4平方公里，总人口5.6万人，农业总产值681.2万元，工业总产值364.31万元，人均年收入64.46元。改革开放30年来，赤坎镇的经济社会发生巨大的变化，先后被评为中国历史文化名镇、全国重点镇、广东省中心镇、珠江三角洲重点工业卫星镇、广东省教育强镇。30年来，赤坎镇根据发展需要，不断转变发展方式，确立“农业稳镇，工业兴镇、教育强镇、旅游旺镇”为发展战略目标，充分利用325国道工业走廊，大力推进招商引资。经过30年的发展，赤坎镇的工业发展从无到有，从单一到多样化，全镇现有工商企业1200多家，机动车配件、机械制造、新型建材、塑胶模具、卫浴制造等产业已发展成为镇的主导产业，并开始利用文化底蕴深厚的优势，打造开发旅游业，发展旅游经济。2008年，全镇总人口4.8万人，下辖19个村委会和3个居委会，280条自然村，实现社会总产值15.8亿元，其中工业总产值12.19亿元，农业总产值0.73亿元，农民人均收入6129元，实现财政一般预算收入1881万元。

【中国历史文化名镇——赤坎镇】 赤坎镇历史文化悠久，人文底蕴深厚，是一座具有350多年历史的古镇。2007年5月31日，赤坎镇被建设部和国家文物局授予“中国历史文化名镇”称号，成为江门地区唯一的“中国历史文化名镇”。

赤坎之名，原为“赤墈”，因地多红土而得名。赤坎圩主要由关族和司徒族兴建，分为上埠和下埠。清顺治八年(1651)司徒姓在该河畔高地下段设市并建有拱北等街。康熙十二、十三年间(1673—1674年)，关姓将原已早建的“二七市”迁至该河畔高地上段并建有丛兴等街，从而形成赤坎圩上、下埠。新中国成立后，1950—1952年，赤坎是开平县城的所在地。

赤坎镇是开平侨乡中的著名侨乡。全镇总人口4.8万，海外华侨、港、澳、台同胞共7.2万人。华侨文化深刻地影响着圩镇的发展，文化色彩独特，文化遗产丰富。十九世纪中叶，北美修筑铁路和淘金热吸引了赤坎大批乡民离乡别井远渡重洋谋生。由于当时排华政策的影响，华侨有了积蓄便回国置业，在圩镇建骑楼开办商铺做生意，在乡村修建碉楼或别墅来居住和防御贼匪。赤坎圩临街都是具有浓郁欧美风情的骑楼建筑，延绵3公里长，近600多座，特别是临江而建、绵延2公里长的骑楼商铺被喻为“欧陆风情街”，成为赤坎古镇标志性景观。大量具有中西合璧的华侨建筑在赤坎境内随处可见，仅碉楼就有200多座。1925年，司徒族华侨捐款在赤坎下埠建起了1座中西合壁的司徒氏通俗图书馆。1931年，关族华侨也在上埠建起了关族图书馆。2家图书馆各有藏书2万多册，报纸19种，杂志120多种。赤坎华侨众多，全镇办有《光裕月报》、《教伦月刊》、《小海月刊》、《护龙月刊》、《五堡月刊》和《北炎通讯》等6种侨刊，每期总发行量9000册。这些侨刊成为传递乡音连结乡情的纽带。具有400年历史的迎龙楼，楼内墙上仍留存着上世纪三四十年代由国民党军长关荣志用顶真格书写的一首诗：“江南一枝梅花发，一枝梅花发石岩，石岩流水响潺潺，潺潺滴滴云烟起，滴滴云烟在江南。”

赤坎镇在古代至近现代，曾涌现众多名人将士。仅清代，考中进士（武进士）6人，考中举人（武举人）56人。民国及以后，祖籍赤坎的著名人士包括：著名爱国侨领、美洲致公党创始人司徒美堂，为支持孙中山推翻封建统治和支持共产党抗战作出伟大贡献；革命摄影家的先驱沙飞，抗战期间经常活跃在前线，拍下《聂荣臻与日本小女孩》、《鲁迅的最后时刻》、《白求恩在做手术》、《战斗在古长城》等许多珍贵存史照片，并以“人在底片在”、“人与底片共存亡”的精神，带领画报社的同志用鲜血和生命保存了抗日战争和解放战争时期的珍贵图片底版资料4万多张，得到毛泽东等领导人的赞赏；飞机设计师和制造家司徒璧如，与冯如一起设计和制造了中国人制造的第一架飞机；著名电影演员、粤剧表演艺术家关德兴，一生主演77部以黄飞鸿为题材的电影，创下吉尼斯世界纪录；南楼七烈士与逃窜的日军在南楼展开殊死战斗，激战七天七夜，击毙日军十余人，后被日军施放毒气弹活捉并遭杀害抛尸潭江，其壮烈义举，铸下了侨乡人民英勇抗日的历史丰碑；爱国画家司徒乔，毕生精力贡献给祖国的劳动人民，其代表作《五个警察一个0》、《放下你的鞭子》、《三个老华工》等，脍炙人口，在美术界留下深刻印记。

赤坎镇留存有中西合璧的近现代建筑群，载录着老镇古朴的地理风貌以及纯朴的民风民情，吸引众多摄影家和电视、电影编导前来考察、取景。1939年，著名电影艺术家司徒慧敏，带领摄制组回到故乡，在赤坎拍摄群众抗日救亡实况，后辑成新闻纪录片《保卫大四邑》，在香港、澳门、美国的旧金山、洛杉矶等地放映，使赤坎在海外受到瞩目。2004年，“三家巷”影视城在赤坎圩建成，此后，电影《风雨西关》、《醉拳Ⅱ》、《阮爱国在香港》、《山乡风云》、《秋喜》等陆续选赤坎实地开拍。赤坎成为著名的影视基地；其古色古香、侨乡独有、中西合璧的风貌成为历史文化名镇的名片。

【最早的开平碉楼迎龙楼】 开平碉楼源于明朝后期，随着华侨文化的发展而鼎盛于二十世纪初，是融中西建筑艺术于一体的华侨乡土建筑群体，至2009年遗存1833座，被誉为“华侨文化的典范之作”、“令人震撼的建筑文艺长廊”。开平碉楼突出的历史文化艺术和科学价值日益被国内外所关注和认同。2001年6月，国务院公布开平碉楼为全国重点文物保护单位。2007年6月，开平碉楼被联合国教科文组织评为世界文化遗产。赤坎芦阳村委会三门里村落是申报世界文化遗产的提名地之一，而坐落于赤坎三门里的迎龙楼是遗存开平碉楼中最早的一座。该楼建于明末清初，楼龄有400多年。

迎龙楼又叫迓龙楼，明朝嘉靖年间（1522—1566年），关氏十七世祖关圣徒夫妇献出家庭积蓄，建起了迎龙楼。这迎龙楼，与被人称为其姊妹楼—瑞云楼相关。明末崇祯十七年（1644年），朝政腐败，社会不宁，盗贼猖狂。为了保障族亲和乡邻生命财产的安全，最早到芦阳村定居的芦庵公的四儿子关子瑞在村头建起三层高的碉楼"瑞云楼"。后来，人口逐渐增多，瑞云楼容纳不下全部村民，芦庵公的曾孙关圣徒夫妇在村里再建一座碉楼，取名"迓龙楼"。四百年来，在抗匪和防洪的斗争中，瑞云楼和迓龙楼发挥了极大的作用。1926年因兴修水利，瑞云楼被拆毁，只剩下迓龙楼。

迎龙楼，是典型的开平传统式碉楼。砖木结构，楼高三层11.4米，坐西北向东南，占地面积152平方米，建筑面积456平方米，为全村制高点，碉楼四角突出，每层四角均有枪眼。每层都分为中厅和东西耳房。第一、二层为明朝大型红泥砖砌筑，红砖规格为33×15×8厘米，墙厚93厘米，为明代原构。民国九年（1920年）用青砖加建第三层，开窗比第二层大，楼面为木梁板结构。底层正面开圆顶门，门的两边各开一个四方形的小窗，二、三层正面各开3个四方形小窗，楼顶为中国传统建筑硬山顶式。第三层上方书写着楼名"迎龙楼"(因"迓"字人们在口语中少用，所以用"迎"字代替，意思相同)。楼顶为传统硬山顶式，风格拙朴，造型简洁。

在中国，龙是吉祥的象征，楼名为"迎龙"是期望它给村民带来平安、好运、幸福。迎龙楼建成后，在保护民众避免洪涝和盗匪的侵袭方面发挥其应用的作用。迎龙楼方形的建筑形体没有受到外来因素的影响，是开平碉楼最原始的模式。1919年，村民见三楼部分墙体有剥蚀，就用青砖和水泥加固，重新换掉了楼顶的梁柱，翻新了楼顶的瓦面，并把木门窗改为铁门窗。迎龙楼经历数百年，依然安全坚固。（关小琴）

附：赤坎镇领导班子名录

党委书记、人大主席：梁羽行（～2009.08）
肖章兴（2009.08～）

党委副书记、镇长：谭文业（～2009.08）
张伟业（2009.08～）

党委委员、纪委书记：黄伟深

党委委员、人大副主席：关耀明

党委委员、武装部长：邓钜宇（～2009.12）

党委委员、副镇长：黄溢明

党委委员：谢卓华　余玉华（～2008）

副镇长：谭珍金

百合镇

【简况】　百合镇位于开平市西南部，东邻赤坎镇，东南连接台山市白沙镇，南接蚬冈镇，西与恩平市沙湖镇接壤，西北毗邻塘口镇；因潭江、锦江、赤水河三江交汇于境内，有"百客往来，三水汇合"称誉而得名。百合镇东距开平市中心城区20公里，距国家一级口岸三埠港22公里，325国道（广湛线）横贯全境，与开阳、佛开高速公路连网相通，境内潭江河可通航至江门、广州和港澳等地。全镇总面积66平方公里，辖13个村委会和1个居委会，总人口2.7万，海外华侨、港澳台同胞5.1万，是革命烈士周文雍的故乡。百合镇具有厚重的华侨文化积淀，镇内共有碉楼380多座，是开平市碉楼群集聚、最具特色的乡镇之一。其中百合马降龙碉楼与村落因其优美的自然环境，被联合国专家喻为"世界上最美丽的乡村"，并于2007年6月28日成功申报世界文化遗产。

多年来，百合镇致力打造工业强镇和旅游名镇，经济社会走上加快发展的轨道。2008年，全镇实现生产总值4.147亿元，同比增长9.7%；工农业总产值2.8876亿元，增长10.4%。2009年，全镇实现生产总值4.5825亿元，同比增长10.5%；工农业总产值3.2007亿元，增长10.8%。

【工业】　2008年，百合全镇工业企业84家，实现工业总产值2.89亿元，增长10.4%，规模以上工业增加值1.6992亿元，同比增长13.1%。

2009年，百合镇围绕"保增长、促和谐、抓落实"的工作方针，全面落实上级有关企业减负政策，协助企业应对金融危机的冲击，通过加强税收征管工作，各项经济指标保持平稳增长。是年全镇工业企业89家，实现工业总产值3.2亿元，同比增长16%；规模以上工业增加值1.9555亿元，同比增长15.08%。

【农业】 2008年，百合镇在加强农村基础建设、增加农民收入、提高农民生活水平等方面做了大量的工作，积极引导农民进一步解放思想，大胆创新，加快农业经济结构调整，搞活农业经济；致力发展优质的“三高”农业基地，以点带面，推动全镇农业生产效益不断提高。争取各级支持，投入86万元开展茅溪村委会石洞苍头农田整治项目；投入44万元开展松荫村农田水利基本建设项目；争取市扶持资金70多万元，对上洞村委会南胜排灌渠、桥上村委会水西、湖一、湖二、湖三支斗渠工程等进行改造，为群众耕作提供了充足的水利条件，促进农业的增产、增收。全年全镇粮食总产量1.0896万吨，同比增长4.6%；实现农业总产值5894.95万元，同比增长5.2%；实现农村经济总收入增长7%。

2009年百合镇致力于发展壮大村级经济，积极发动村一级盘活闲置丢荒土地、山头、闲置楼房进行招商，推进村级经济稳定增长。全镇实现8个村委会收入超8万元，其中儒北村委会集体收入达25.8万元，成为首个村级收入超20万元的村委会。积极加强农村农业基础设施建设，力促农业经济有新发展。投入资金3.8万元，对高溪灌溉渠建设“三面光”渠300多米，改善农田水利灌溉500多亩；投入资金23万元建设桥上村委会牛山湖排灌渠“三面光”渠350米，疏浚渠道4000米，改善茅溪、桥上、松荫、齐塘四个村委会5000多亩农田灌溉用水；到位资金10万元，计划总投入48万元，对马降龙进行防洪设施建设。全年全镇粮食总产量1.06866万吨，同比减少1.9%；实现农业总产值6211.09万元，同比增长5.4%；实现农村经济总收入增长8%。

【圩镇建设】 2008年，百合镇针对旧圩脏乱差的状况，加强环境的整治工作，投入资金20多万元整治卫生环境，美化绿化街道，为居民提供一个较好的生活环境。通过加强文明村创建工作，使创建点的村容村貌、村风民风都有较大的改善。

2009年，百合镇从强化圩镇整治、建设和管理工作着手，切实提高城镇管理水平：建立完善圩镇管理制度，对占道经营及摆摊设点进行长效管理；加强圩镇管理队伍建设，达到有人管、能管事的效果；对圩镇实行划区管理，切实加强消防、巡防、物业、卫生等管理。

【招商引资】 采取“两手抓”的办法，即一手抓异地招商，另一手抓资源招商，充分利用本镇土地资源优势，围绕盘活闲置土地，打造325国道工业走廊。2008年，百合全镇共引进招商项目1个、增资4个，累计投资额58万美元。实现实际利用民资4532.42万元，利用外资168万美元，全面完成市下达的任务。实现固定资产投资3.45179亿元，比上年增长16.1%。实现外贸出口609.4万美元，同比增长144.29%。2009年，百合镇实现增资项目1个，增资额为30万美元。实现固定资产投资4.4252亿元，同比增长28.2%；实际利用民资4665.54万元；外商直接投资207万美元，增长23.24%；实现外贸出口651.17万美元，增长6.85%。

【财政税收】 2008、2009年，百合镇加强税收征管，强化政府专项资金管理，优化支出结构，提高预算的执行力，财政收入保持平稳，实现全镇收支平衡略有结余的财政预算目标。2008年，实现财政一般预算收入1498.35万元，同比增长26.8%；实现税收总额3556万元，比上年增长11%。其中国税1586万元，增长24%；地税1970万元，增长13%。

2009年，全镇实现财政一般预算收入1561万元，同比增长4.14%；实现税收总额3553万元。其中国税1441万元；地税2112万元，增长7%。

【人民生活】 2008年，全镇农村居民人均纯收入6308元，增长6%。社会消费品零售总额3.03155亿元，比上年分别增长11.3%。2009年，全镇农村人均收入6763元，比上年增长7.2%。社会消费品零售总额3.4014亿元，比上年增长12.2%。

【教育】 2008年，全镇有小学6所，中学1所，幼儿园1所；在校小学生1621人，在园幼儿365人，中学生1362人；小学在编教师142人，中学在编教师97人。是年，全镇学前三年幼儿入园率为95%；适龄儿童入学率为100%；初中阶段入学率为100%，初中毕业率99.1%，升学率为93.0%以上。2009年，全镇在校小学生1522人，在幼儿园324人，中学生1205人；小学在编教职工136人，中学在编教职工90人。2009学年，共有511人参加中考，有504人升上高一级学校，其中升上重点中学39人。2009年，百合镇政府加大教育投入，优化教育资源，调整中小学校布局，累计投入资金3539.9多万元，积极开展创建省教育强镇活动。将全镇原有3所中学15所小学整合为“一中四小”（即一所中学，四所小学）的模式，创建省教育强镇工作顺利通过省督导评估专家的检查验收。

【文化宣传】 2008年，不断推进“农家书屋”建设，建成“农家书屋”2家。协助市文化部门开展送戏下乡活动，全年共播放电影7场。组队参加市改革开放30周年文艺汇演和制作图片展版参加市改革开放30周年图片展，两项均获得银奖。搞好节假日文体活动，丰富和充实群众的文化生活。元旦、春节期间举办综合性文娱活动；“七一”节举办第四届“企业杯”篮球邀请赛活动。抓好文明村创建工作，马降龙村委会积极争创国家文明村，进展良好。2009年，建成1家“农家书屋”。协助市文化部门送戏下乡，播放电影6场。先后举办春节文体比赛、“庆六一暨关爱女孩”文艺汇演和“迎国庆，猜灯谜”游园活动，组织曲艺社参加开平市第六届“金秋曲艺敬老活动周”曲艺社团表演。深入开展社会主义荣辱观教育活动和精神文明创建活动，儒北村委会田樵村被评为开平市标兵文明村。

【医疗卫生】 2008年，全镇有卫生院1所，农村卫生站2个。充分完善公共卫生体系，加强卫生应急机制建设，提高医疗卫生服务水平；推进预防、保健、医疗、康复、健康教育等卫生服务，积极开展预防保健、防病治病、妇幼保健和赠送医药等活动。努力推进农村改水工程，以儒北村委会为试点，推进全镇改水工程的实施。

2009年，百合镇强化食品安全和卫生监管，全力做好防控甲型H1N1流感工作，加强对人员较集中的学校、市场和餐馆进行全面消毒，并督促相关责任人做好卫生防疫和食品安全防范工作，没有发生甲型H1N1流感病例。共投入44.3万元，完成儒北、齐塘两个村委会的自来水改造工程。

【计划生育】 2008、2009年，百合镇实施计生工作重心下移到村一级，全面落实镇村干部计生层级动态管理责任制和完善镇村干部包村责任制，稳定低生育水平。2008年，全镇计生出生率、自然增长率分别控制在8.89‰和1.22‰以内，计生率达89.88%。2009年度，全镇人口出生率为9.73‰，自增率20.03‰，计划生育率93.68%。完成计生“四术”238例，其中结扎74例（纯二女结扎23例），上环150例，落实补救措施14例，共征收社会抚养费84.21万元，历年征收率74.4%，江门考核征收率35.49%。其中，在江门市常务副市长吴紫骊的支持下，得到上级有关部门支持10万元，帮助完善镇计生服务配套设施。

【劳动社保】 2008、2009年，百合镇扎实推进就业和再就业工作，加快农村富余劳动力转移，不断完善社会保障体系，解决农民群众看病难问题，社会保障工作取得新进展。2008年，全镇落实岗位培训100人，岗前培训80人，农村实用技术培训80人，农村富余劳动力转移就业人数260人；积极实施“千企扶千村”就业工程，组织6家企业与13个村委会建立劳务合作关系，全年落实对口吸纳农村劳动力就业1000多人，实现企业发展与农民就业的“双赢”。全面健全社会保障体系，全年城镇居民医疗保险参保人数630人；共发动2.3277万人参加农村合作医疗保险，同比增加784人，人口覆盖率达97.6%；共筹集合作医疗基金256.047万元。2009年，低保覆盖面不断扩大，参加农村合作医疗人数为2.3479万人，参合率100%，累计住院人数1184人，分娩人数117人次，门诊报销2395人次，累计报销金额257.36万元。

【社会治安】 2008、2009年，百合镇加强社会治安综合治理，建立治安联防专业队，严厉打击“两抢一盗”和“六合彩”赌博等违法犯罪活动。落实领导责任制，抓好基层平安创建工作，实行“群防群治”的治安管理措施，开展“严打”整治斗争，推进社会治安防控体系建设，建设“平安百合”。2008年，全镇共发生治安刑事案件15

宗，破获 11 宗，破案率 73.3%，刑事发案率呈下降趋势。2009 年，全镇共发生治安刑事案件 13 宗，破获 9 宗，破案率 69.2%。

【民政服务】 积极做好扶贫解困工作，2008 年，全镇共发放款项 8 万多元；发放两次救济大米共 8000 多斤；发放冬令棉被 20 套；用于优抚对象、退伍军人和优秀士兵方面共 38.6 万多元；用于助残方面 7800 多元；用于老龄工作方面 6000 多元。2009 年，解决贫困户享受农村最低生活保障对象 154 户，434 人，共发放低保定补款项 44.4 万元。

【信访工作】 百合镇把维稳工作作为第一责任抓紧抓好，建立和建全信访及工作制度，实行领导定期接访、干部下访和领导包案处理制度，认真做好群众来信来访工作，引导群众以合法、理性的形式表达利益诉求，加强矛盾纠纷调处，维护社会大局稳定。2008 年，共收到上级转来及群众来信 9 封，来电 6 宗，来访 15 宗，共 80 人次；依法调处各类矛盾纠纷 10 余宗。2009 年，全镇共受理来信上访 9 宗，来访 16 宗，协调妥善解决 20 宗，信访案件比上一年有所下降，信访秩序进一步有序化，重要信访案件得到及时妥善地处理。

【文物与史迹】 *马降龙村落群*　马降龙村落群由永安、南安、河东、庆临、龙江 5 个自然村组成，为黄、关两姓家族于清朝末年和民国初年兴建。永安村建于清朝乾隆年间（1736－1795 年），1949 年后更名为马降龙。2009 年全村有村民 105 户、300 多人；有海外侨胞 800 多人，主要分布在美国、加拿大、澳大利亚等国。

马降龙村落背靠百足山，面临潭江水，村中有建于 20 世纪初、至今保存完好的天禄楼、保安楼、惠安楼、庆临南门楼、庆临北门楼、保障楼、河东楼等 15 座碉楼以及信庐、敏庐、昌庐、骏庐、林庐、祯庐、耀庐、莞庐 8 座居庐，这众多侨乡特色建筑错落有致地分布在青山绿水之间，与民居及周边的自然环境融为一体，被联合国专家喻为“世界上最美丽的乡村”。

周文雍烈士陵园　位于百合镇茅岗村委会，是开平市重点文物保护单位和广东省重点烈士纪念建筑物保护单位。陵园原址位于百合镇茅冈中学，建于 1958 年，1999 年迁至现址重建。陵园内的平台上建有高 31.6 米的周文雍、陈铁军烈士纪念碑，碑座正面刻有碑文，记录两位烈士的革命事迹。

周文雍烈士是开平百合下洞凤凰里人，1905 年出生于一个贫穷塾师家庭，青年时期就成为广州工人运动优秀领袖之一。1928 年 2 月 6 日，周文雍与在革命斗争中建立爱情的革命同志陈铁军一起，在广州红花岗刑场举行了悲壮的“刑场上的婚礼”，从容就义。　（关宗胤　梁恒健）

附：百合镇领导班子名录

镇委书记： 凌华威（～2009.07）
　吕尚廉（2009.08～）
镇委副书记、镇长： 罗炳忠（～2009.07）
　方永立（2009.08～）
专职副书记： 周稳叠
党委委员、纪委书记： 关日桂
党委委员、人大主席： 梁尚文
党委组织委员： 张仲笑（女）
党委宣传委员： 司徒国健
党委委员、武装部长： 周杰雄（2009.08～）
党委委员、副镇长： 方永立（～2009.07）
　潘炳达（2009.08～）
武装部长： 何其富（～2009.07）
副镇长： 杨均雅　吴杰能

蚬冈镇

【简况】 蚬冈镇地处开平市西南部，东与台山市白沙镇相邻，西与恩平市君堂镇接壤，南连金鸡镇，北靠百合镇，距开平市区 22 公里，距 325 国道（广湛线）2 公里，与开阳—佛开即 G15（沈海）高速公路连网相通，邻近潭江河可通航至江门、广州和港澳港口。辖区面积 78 平方公里，辖 11 个村委会、1 个社区居委会，141 条自然村，总人口 19728 人。

蚬冈镇是著名的华侨之乡、文化之乡、碉楼之乡，有旅外华侨 4 万多人。文化底蕴深厚，拥有百年学校希宪小学，有民间体育组织启新体协，还有世界文化遗产“开平碉楼与村落”锦江里，其中的“瑞石楼”建筑风格独特，被誉为“开平碉楼第一楼”，享誉海内外。蚬冈镇致力打造工业强镇和旅游名镇，2008 年实现生产总值 4.43 亿元，同比增长 9.4%；2009 年实现生产总值 4.98 亿元，同比增长 11%。

【工业】 2008 年，镇政府积极应对金融危机冲击，密切关注企业动态，协助有困难的企业进行运营资金信贷，帮助企业寻找产品销路和洽谈优质合作项目等，全镇企业基本保持平稳发展，经济环境大局稳定。是年，全镇工业企业 16 家，工业总产值 3.68 亿元，比 2007 年增长 12%，规模以上工业增加值 5432 万元。全年新上工业项目 3 个，分别是东协塑料、福象铰链、万冠瑞美包装。

2009 年 7 月 10 日，开平市翠山湖工业园区竞争省示范性产业转移工业园成功，全市招商载体建设取得新的突破，也为蚬冈镇实现异地招商提供新的平台。是年，全镇工业企业增至 18 家，工业总产值 3.97 亿元，比去年增长 8%，实现规模以上工业增加值 4900 万元，完成任务 101%。

【农业】 2008 年，镇党委、政府加大农业招商力度，成功引进横石汇聚轩农庄、水星水库和丰网箱水产养殖、响水潭水库长发鸭苗种养场等农业项目，带领当地村民发展种养增收致富。同时，大力推广农业技术，组织嘉友农产品公司、蚬北莲雾基地、南联花卉基地参加江门市第一届农业产品博览会，推广镇农业龙头企业、农业招商引资优良环境和优惠条件。镇农办和农业服务中心联合镇妇联、劳动保障服务所开展“绿色证书”、“一事一训”班和农村富余劳动力转移培训班，对农民进行优质蔬菜、家禽养殖、马铃薯栽培等技术培训，共 2500 多人次参加，发放绿色证书及淡水养殖证等 50 多个，有效推广农业技术，鼓励和带动农民创业致富。落实惠农政策，全年发放农资种粮及良种补贴 132.45 万元，比上年增加 74.88 万元。是年，全镇粮食总产量 6171.3 吨；全镇农业总产值 7490 万元，同比增长 2.56%。

2009 年，加强种植养殖技术推广，镇科协利用科普宣传栏定期进行农业科普知识宣传。继续举办“绿证班”、“一事一训”农村富余劳动力培训班，共投入培训经费 13.5 万元，其中争取上级支持 6.5 万元，镇投入 7 万元，培训农民 600 人次。落实支农政策资金，全年发放 2008 年种粮直补资金 122.616 万元到 2848 户农户手中。投入 64.3 万元进行水利工程建设，包括修复石板坝滑坡和被暴雨冲毁的其他 77 宗共 1000 多米长的渠道，维修工业集中地新山排洪渠口，完成狮山渠南联段“三面光”等工程。响应市关于冬修水利的号召，组织群众筹集资金 30 多万元，维修狮山灌区及水星水库灌区的支斗毛渠 30 多公里，清理渠底淤积 6106 立方米，确保翌年用水畅通。积极筹备长乐谷仓桥的复建工作。是年，全镇粮食总产量 7283 吨，同比增长 15%；农业总产值 10147.67 万元，同比增长 2.3%。

【招商引资】 2008 年，创新思路开展招商引资，一是利用好异地招商政策，引入项目落户镇外；二是利用好市级翠山湖工业城的新平台进行优质工业项目的招商引资；三是利用涂滩地复垦，做好土地占补平衡，争取工业用地指标。全年共引进工农业项目 6 个，实际利用民资 2436.1 万元，完成任务 111.65%；利用外资 172 万美元，完成任务 100%。固定资产投资 3800 万元，增长 40%。

2009 年，积极盘活土地资源，加快理顺土地检查遗留的各种问题。协助创隆鞋业、彬记饼业等企业申请银行贷款，筹建厂房，促进项目上马，跟踪落实福象铰链、东协塑料两大项目投产。为重点项目高利制锁有限公司动工做好准备，鼓励春明汽车座椅、达一织染等项目实现增收扩产。全年实际利用民资 2907.7 万元，完成任务 105.66%，同比增长 19.36%；利用外资 200 万美元，同比增长 17.6%；完成固定资产投资 5080 万元，同比增长 33.7%。

【财政税收】 2008 年，实行党政领导班子税收责任制，加强与国税、地税部门的沟通联系，开拓税源，挖掘税收潜能。全年实现地方财政一般预算收入 884 万元，同比增长 20%；税收总额 2031.83 万元，同比增长 20.01%，其中国税 711.9 万元，同比增长 39.75%，地税 1319.93 万元，同比增长 11.52%。

2009 年，加强税收征管，强化政府专项资金管理，优化支出结构，提高预算的执行力。财政收入保持平稳，实现全镇收支平衡略有结余的财政预算目标。全年实现财政一般预算收入 1020.4 万元，同比增长 15.34%。税收总额 2190.59 万元，同比增长 7.81%，其中国税 699.07 万元，地税1491.52万元，同比增长12.99%。

【人民生活】 2008年，农村人均收入5416元，比上年增长6.13%。村集体经济总收入75.84万元，比上年增长10%。全镇农村信用合作社、邮政储蓄年末存款余额1.52亿元，比上年增长9.2%。社会消费品零售总额10790万元，按户籍人口计人均社会消费品零售总额5469元，分别增长14.5%和14.3%。

2009年，农村人均收入5792元，增长6.9%。全镇农村信用合作社、邮政储蓄年末存款余额1.72亿元，比上年增长11.6%。社会消费品零售总额12626万元，按户籍人口计人均社会消费品零售总额6397元，分别增长14.5%。

【教育】 2008年，全镇共有中小学5所，其中初中1所，小学4所（小学分教点1个）；共有教学班45班，在校学生总数1559人，其中小学生923人，初中生636人；另有学前班学生131人。在职教师106人，代课教师1人。中学教师中本科31人，大专15人，达标率95%，本科率63%；小学教师中大专以上44人，中师13人，达标率98%，大专率81%。教师参加各项竞赛活动有60多人次获奖，学生参加镇级以上各类学科竞赛活动，有70多人次获奖。其中获全国中学生英语能力竞赛江门市二等奖1人，获五年级“育苗杯”数学竞赛广东省二等奖1人，获全国初中学生应用物理知识竞赛江门市二等奖1人。是年改善办学条件，筹资10万多元，对述宪小学校舍进行维修，消除安全隐患：修建南联小学校园围墙，完善厨房设备设施；修建作求小学厨房，改善师生的生活条件。希宪小学以“百年校庆”为契机，筹集办学经费25万元。是年全面实施免费义务教育，受惠学生1500人，全年免收学杂费近100万元。全镇小学适龄儿童入学率100%，辍学率为0；小学毕业率为100%；初中入学率100%，辍学率控制在1%以下，巩固了“普九”教育成果。

2009年，积极实施“科教兴镇”的战略，坚持教育创新，深化教育改革，优化教育结构，调整学校布局，大力整合教育资源。紧紧围绕创建教育强镇的目标，投入470多万元增建小学部教学大楼和增配教育平台、校园网等设施，实现“九年一贯制”全镇一校两分教点的目标。蚬冈学校成功创办成“江门市一级学校”。全镇有九年一贯制学校1所(学校总部设初中和小学两个教学区，另有南联、希宪两个分教点)，共有教学班34班，在校学生总数1348人，其中小学生789人，初中生559人，另有幼儿班学生217人。在职教师95人，其中中学教师中本科32人，大专11人，达标率100%，本科率74.4%；小学教师中大专以上39人，中师13人，达标率100%，大专率75%。是年教师参加各项竞赛活动有35人次获奖。司徒少英被评为江门市优秀教师，黄晓霞被评为开平市“十佳”教师。学生参加镇级以上各类学科竞赛，有80多人次获奖，其中参加全国学科竞赛分别获得江门市二、三等奖6人。

【文化宣传】 2008年，认真总结改革开放30周年取得的成绩和经验，撰写蚬冈30年改革开放报告刊登江门日报专刊，制作“蚬冈改革开放30周年巨变”图片展册参加市专题图片展，排练特色文艺节目参加市改革开放30周年庆祝晚会演出。

2009年，由文化站牵头成立镇文联。投入32万元，在东和、横石、春一、南联、居委会高标准建设5家新家庭文化书屋，争取市文广新局、团委、工会等部门支持，配备科普图书共1.8万多册，打造基础文化宣传阵地。投入近10万元对南联村委会上林村进行村容村貌改造，成功申报全市标兵文明村。

【医疗卫生】 2008年，全镇有共有卫生院1所，农村卫生站9所。是年，在江门市中心医院的帮扶下，镇卫生院完善内部管理机制，更新硬件配套设施，增设科室，卫生服务水平得到提升，运作日渐步入正轨。是年还完善镇内公共卫生体系和卫生应急机制，推进预防、保健、医疗、康复、健康教育等卫生服务，改善医疗环境。

2009年，全镇有卫生院1所，农村卫生站8所。全面启动农村自来水安全工程，共投入206.5万元建设春一村委会安全饮水工程，1月9日正式动工，12月通过工程验收，这一工程惠及春一11条自然村690户及工业集中地2300多名群众。是年研究制订了东和、蚬南、蚬北、坎田等村委会布管规划施工方案，辐射风洞、长乐、春山、南联、群星、横石村委会。

【计划生育】 2008年，全镇共出生171人，出生率8.67‰，其中一孩出生136人，二孩出生35人（其中计划内出生26人）；计划生育率93.57%；自然增长率0.15‰。落实“四术”308例，其中女扎58例（纯二女扎17例）、上环229例（一孩上环222例）、补救措施19例，节育率87.70%，及时率达89%以上，征收社会抚养费66.54万元。是年，镇计生工作出现滑坡，在6月和9月江门市计生局两次抽查中，暴露了日常工作存在“四术”库存多，“B查率”不高，社会抚养费征收力度不足、层级动态管理责任制落实不到位等问题，被江门市给予黄牌警告处分。9月后，镇领导班子多次召开层级会议，加大人力物力进行整改，落实层级动态管理责任制，全镇上下联动，取得明显效果。

2009年，紧紧围绕摘黄牌、重返“一类镇”的目标开展计生工作。全年共投入计生经费195万元，落实“四术”27例，三次B查率分别为93.8%、96.03%和97%。全年征收社会抚养费117.5万元，当年出生当年征收社会抚养费率达到51.51%，历年社会抚养费征收率达到73.13%。在江门市全年计生工作考核中，镇计生工作成功摘除黄牌，重返“一类镇”。

【民政服务】 2008年，全镇98户低保人员每月救济金由市财政统一发放，其中镇负担18367.2元；全镇五保人员78户，落实经费18216元，其中镇负担72864元。做好拥军优属工作，帮助6名退伍军人解决就业、再就学等问题。帮扶困难优抚对象申请临时补助17人次，总额21819元。实行三类优抚对象子女享受每学年定额助学金政策，共有9名学生获得助学金13500元。为35名重病致贫和生活贫困的个人申请临时救济金53700元。组织20多名眼疾患者参加消除白内障义诊活动，为全镇17名精神残疾人开展送医送药活动，并享受药价半费优惠。

2009年，投入近65万，对镇敬老院宿舍进行重新装修，并安装太阳能热水供应系统。镇负担全镇100户低保人员每月救济金12279.6元。结合实际情况及五保人员的个人意愿，集体供养和分散供养全镇五保人员81户。为12名特困学生申请助学金17500元，为重病、大病致贫的43户家庭向市民政部门申请临时救济金51300元。帮扶困难优抚对象申请临时补助11人次，总金额9500元；筹集助残款1350元，进行冬令发放、救灾、救助和节前慰问工作。

【劳动社保】 2008年，全面落实再就业政策，全镇国有、集体和城镇失业人员共105人，已安置和实现再就业的有83人。鼓励企业面向本地招工，积极实施“千企扶千村”就业工程，做好4家企业对口帮助11个村委会的就业工作，加快转移农村富余劳动力，全年共转移农村富余劳动力就业250人。加强劳动技能培训，全年共培训360人，其中企业岗位培训100人，农村实用技术培训80人，就业前培训80人，农民工提升技能培训100人；农村劳动力培训率达到100%。启动城镇居民医疗保险工程，全镇参加率达112.37%，居全市先进水平。进一步加大农村合作医疗投入力度，全镇参保率达到100%，全年全镇共2340人次享受医疗报销122.82万元。

2009年，国有、集体和城镇失业人员102人，已安置和实现再就业的有78人。继续做好4家企业对口帮助11个村委会的就业工作，全年共转移农村富余劳动力就业331人。劳动技能培训180人，其中就业前培训80人，农村实用技术培训100人。进行城镇居民医疗保险扩面工作，新增参保人员125人，享受补贴35207元。进一步加大农村合作医疗投入力度，2009年全镇共16930人参保，参与率达100%。政府补贴49万元，全年全镇共5103人次领取了医疗报销214万元(不包含大病救助)，其中特大病补助1.7万元。

【社会治安】 2008年，加大社会治安综合治理工作力度，重点抓好派出所“三基一化”（抓基层、打基础、苦练基本功，全面推进正规化建设）工程建设。加强治安联防队建设，全年投入经费30多万元。全年全镇共发生刑事案件24宗，破11宗；发生治安案件31宗，破26宗，破案率高于全市平均水平。抓获违法犯罪分子40人，其中刑事拘留7人，治安拘留6人；查获吸毒人员16人，其中强制戒毒5人，强制隔离戒毒5人。

2009年，市、镇两级政府共投入89.44万元，开展综治宣传，综治、信访、维稳中心建设，治安联防队建设和派出所建设等。9 月，综治信访维稳中心投入运行，与综治、信访、维稳、司法、劳动、派出所、工、青、妇、教育、工商、规划、经济、国土等单位 22 位成员联合办公，统一受理调处信访及矛盾纠纷。全年共妥善化解牛过塘村土地纠纷、横石塑料厂环境污染等案件共 9 宗；派出所受理刑事案件 18 宗，破案 11 宗，破案率 61%，治安案件发案 47 宗，破案 35 宗，破案率达 74%。

【信访工作】 两年中，先后制定《蚬冈镇信访维稳工作突发性事件应急预案》和《蚬冈镇领导干部大接访活动方案》，成立蚬冈镇综治信访维稳中心，实行领导包案督办负责制。下移信访窗口，落实领导轮值接访制，保证每个工作日都有领导接待来访群众。引导群众以合法、理性的方式表达利益诉求，解决利益矛盾。开展重信重访专项治理，及时做好群众来信来访的登记、转办、督办与排查，把矛盾化解在基层和当地。2008 年共妥善化解信访、群众上访案件 19 宗，并以促进农民增收为目的，圆满妥善解决了市领导包案的横石厚背土地租赁纠纷案。2009 年立信访案件 9 宗，办结 9 宗，办结率 100%。调解各类纠纷 50 起，处理群众求助事情 115 起。开展专项集中排查活动 2 次，排查突出矛盾纠纷及隐患 10 宗。

【体育活动】 2008 年，春节（年初一至初三）在仲安球场举办九人排球赛。平日在蚬冈仲安体育场上，蚬冈圩职工及附近农村青少年，均聚集在球场上练球或邀队比赛，少年儿童则在村中空地拉网或竖起竹枝打小球或羽毛球，形成浓厚的体育氛围。

2009 年，镇体育代表团 40 多名运动员参加开平市第十届运动会，取得优异成绩。共获金牌 10 枚，银牌 2 枚，铜牌 1 枚，金牌总数位于镇级第三名。春节在仲安体育场举行排球赛，由村或厂各领域的人员组队参加，丰富群众节日娱乐生活。

【世界文化遗产——锦江里村落】 于清朝光绪年间（1875－1908 年）由黄氏家族按规划建成。锦江里村落占地面积约 11 亩，近 70 间青砖坡顶的民居分成 10 条巷整齐排列。锦江水从村前流过，四周稻田环绕，村落的中轴线和与山峰遥遥相对，村后并列着瑞石楼、升峰楼、锦江楼 3 座碉楼，瑞石楼被誉为“开平第一碉楼”。2006 年 12 月锦江里村被评为“江门市文明村”，2007 年 6 月 28 日被联合国教科文组织列为世界文化遗产。

（李玉清）

附：蚬冈镇领导班子名录

镇委书记：龚向明
副 书 记：刘威龙　谭意军（～2009.08）
党委委员：梁锦华　冯志华　李健平　周杰雄
　　　　　黄超雄（女）　司徒小娟（女）
人大主席：梁锦华
镇　　长：刘威龙
副 镇 长：李健平　洪伟瑜　张健东（～2009.11）

金鸡镇

【简况】 金鸡镇位于开平市西南部，地处开平、恩平、台山三市交界处，距开平市城区 38 公里。全镇总面积 120.5 平方公里，总人口 2.1 万，下辖 11 个村委会和 1 个居委会。金鸡镇地处丘陵山区，有独特的地理优势，自然环境优美，物产资源丰富。全镇拥有耕地面积 2.54 万亩，林地、山地面积 8 万多亩。矿藏有煤矿石、石灰石、金等，农产品有水稻、花生、木薯、甘蔗、水果、蔬菜、肉鸡等。著名的特产有西坑茶、沙葛、黑凤鸡、“金鸡王”优质肉鸡等。拥有库容量 500 万立方米的自来水工程、建有 11 万伏输变电站、一条 1 万千伏备用线路，水电充足，通讯实现网络化，资讯方便，投资环境良好。2008 年全镇实现工农业总产值 9.18 亿元，其中工业总产值 7.35 亿元，农业总产值 1.83 亿元；完成财政收入 700 万元，农村人均收入达到 5999 元。2009 年全镇实现工农业总产值 9.47 亿元，其中工业总产值 7.46 亿元，农业总产值 2.01 亿元，完成财政收入 809.6 万元。

【工业】 多年来，镇政府充分利用地理优势，致力于发展沿路工业走廊。盘活 275 省道两旁的土地，规划发展长达 5 公里的工业走廊，壮大镇级经济。至 2009 年，工业龙头企业有耀旋实业有限公司、诚辉建材有限公司、广鸿建材有限公司、锦之龙五金制品厂、恒海工艺厂等，年产值均达亿元以上；同时一些新增项目也陆续上马，招商引资初见成效。

在全镇的工业行业中，水泥行业是金鸡镇的重要经济支柱，但水泥生产也是高能耗行业，实行节能减排政策后，对水泥行业冲击较大。2008年，镇政府大力协助水泥企业进行改革创新，投入700多万元进行技术改造和整改。同时大力发展新型建材制品、五金制品、皮革、蓄电池等行业，积极引进五金制品、蓄电池等行业企业4家，使全镇工业总产值稳步增长。2008年，全镇工业企业共有20家，主要产品有水泥、食品、皮革、五金制品、化工、建材，实现工业总产值7.35亿元，同比增长14%。2009年，全镇工业企业增加到25家，主要产品有水泥、食品、皮革、五金制品、化工、蓄电池、饲料等，工业总产值7.46亿元。

【农业】 金鸡镇是开平市的农业大镇，有耕地面积2.5万亩，山林地面积8万多亩。2008年，投入资金300多万元，进一步完善农业水利建设，修建了达“三面光”标准的水渠13公里，其中西坑水库东、西主灌渠“三面光”工程解决了沿途1万多亩农田用水问题。联庆村委会争取到江门市政协的支持，投资22.2万多元兴建大泊和北闩水库灌区农田引水渠工程，解决当地1100多亩农田的用水问题。是年，全镇粮食总产量11028吨，实现农业总产值1.83亿元。2009年，全镇粮食总产量12665吨，农业总产值达2.01亿元。

大力推进农业产业化经营，着力发展特色产业，通过“公司+基地+科技+农户”的模式发展肉鸡养殖业，促进农业增效、农民增收。至2008年，全镇有金鸡王禽业有限公司、合民养殖有限公司、顺昌养殖有限公司、参皇养殖有限公司、绿皇养殖有限公司5家肉鸡养殖龙头企业，带动了1000多户农民参与养殖，全镇初步形成了养鸡产业链。金鸡王优质肉鸡、合民公司“黑凤鸡”等品牌畅销各地。2008年上市肉鸡2500多万只，创造产值5亿元，养殖户获利4000多万元。2009年，争取省畜牧研究所支持，成立博士后科研基地；还成立了开平市养殖行业人才培养基地，为镇内养鸡业提供科技上的支持。两年来先后举办肉鸡养殖培训班10多期，培训人员2800多人次。是年全镇有肉鸡养殖户1000多户，上市肉鸡2800多万只，创造产值5.5亿元，养殖户获利5000多万元。此外，全镇还有经营生猪养殖的农户有100多户，年出栏肉猪1万多头，产值达1500多万元。是年，全镇粮食总产量12665吨，农业总产值达2.01亿元。

【圩镇建设】 金鸡圩镇区域面积3.2平方公里，常住人口5000余人。2008—2009年，加快圩镇建设步伐，提高城镇化水平。加强圩镇管理，整顿市场秩序，美化绿化净化环境，充分发挥与开平、恩平、台山三市交界的地理优势，把圩镇发展成为宜居聚商的小城镇。2009年，修建圩镇新市场至蚬冈河金鸡段1.5公里长的排洪渠。同时加大资金投入，完善街道路灯、垃圾处理池等公共设施建设。

【招商引资】 充分利用资源，进一步优化服务质量，盘活旧有土地厂房，努力发挥企业和银信部门的积极性，多渠道引进资金和项目，加速全镇经济发展。2008年，实际利用外资176万美元，同比增长76%；利用民资2400万元，同比增长12%；固定资产投资5400万元，同比增长36%。是年新上项目1个，为恒海涂料厂有限公司，注册资金128万美元；增资项目3个，分别是恒海工艺厂有限公司、金华洋蓄电池厂、金强皮革厂，增资总额为3400万元。2009年，实际利用外资200万美元，利用民资2700万元，固定资产投资7320万元。落实工农业项目6个，分别是深圳市创安顺交通设备有限公司、中山市伊莱特蓄电池装配厂、富贸能源有限公司、广盈建材公司、恒海涂料厂第三期工程、金鸡王禽业养殖有限公司饲料厂。

【财政税收】 积极支持国税分局和地税分局，抓好税收征管工作，确保财政收入稳定增长。规范农村财务管理，实行组账村管、村账镇管制度；制订“存折、密码、印鉴分管”管理措施，有效杜绝村干部私吞、挪用公款等现象，保障村集体资金的安全。2008年，全年实现地方财政一般预算收入700万元，同比增长17.65%，其中国税243万元，地税457万元。2009年，全年实现一般预算财政收入 809 万元，同比增长 15.71%，其中国税 256 万元，地税 553 万元。

【人民生活】 2008 年，投入 60 多万元在西坑水库建立过滤池，净化水源。投入 100 多万元对游东村的双迳、瑞龙、那潭、行雅塘、高咀，五联村的高坡，金鸡村的添田等 7 个村小组进行饮用水工程改造，改善农民饮用水质量。是年，全镇农村人均收入 5999 元，比上年增长 3%。银行、农村信用合作社、邮政储蓄年末存款余额 1.97 亿元，比上年增 2.8%。2009 年，投入 50 万元，对五联村委会高坡村 3.5 公里长的道路进行改造，修建 3.5 米宽混凝土路面，切实解决当地群众出行难问题。大力推进社会主义新农村建设，加大对农村基础设施建设的投入，积极开展创建文明村、户活动，金鸡村委会添田村被评为开平市标兵文明村。是年，全镇农村人均收入 6209 元，比上年增长 3.5%。全镇银行、农村信用合作社、邮政储蓄年末存款余额 2.02 亿元，比上年增长 3%。

【教育】 2008 年，全镇有小学 7 所，中学 1 所，幼儿园 1 所，成人文化技术学校 1 所；在校小学生 1589 人，中学生 935 人，在园幼儿 392 人；小学在编教师 96 人，中学在编教师 71 人。2009 年，全镇在校小学生 1421 人，中学生 897 人，在园幼儿 401 人；小学在编教职工 96 人，中学在编教职工 68 人。

2009 年，加大力度做好创建教育强镇工作，对创强工作实行全面倾斜。共投入资金 1000 多万元，将全镇 8 所学校合并为一所中学一所小学。新建小学教学大楼 1 座，中学实验大楼 1 座，新增电脑室 1 间，新铺设 200 米塑胶跑道。中小学新增电教平台 26 套，教学电脑、仪器、器材一批，全面改造全镇中小学校校园环境及教学条件，校园面貌焕然一新，教育教学设施实现超前配置。在市 206 汽车公司的支持下，开设 5 条上学公共汽车专线，全镇小学上学实现公交化。是年，创建广东省教育强镇工作顺利通过省的督导验收，完成了市委、市政府部署的实现创建广东省教育强镇的目标，教育水平上了新台阶。

【社会治安】 高度重视维护社会稳定工作，坚决依法打击社会恶势力，及时排查社会矛盾和不稳定因素，将矛盾化解在基层，化解在萌芽状态。派出所、综治办发挥联动作用，加强治安警力，保证社会治安的稳定。2008 年，共接待来信来访 19 宗，办结 18 宗；排查出并化解社会矛盾和不稳定因素 3 件。全年全镇共发生刑事案件 29 宗，破获 18 宗，破案率 62.1%；发生治安案件 40 宗，破获 35 宗，破案率 87.5%，全年无重大刑事、治安案件发生。2009 年，共接待来信来访事件 27 宗，其中来信 21 宗，来访 6 宗 30 多人次，办结 21 宗。全年共发生刑事案件 28 宗，破获 15 宗，破案率 53.5%；发生治安案件 58 宗，破获 50 宗，破案率 86%。社会整体治安环境良好。

【文化宣传】 以创建文明村、镇为载体，充分利用有限的设施和资源，积极开展文艺演出、宣传、艺术比赛等文化活动；适时举办各类文体活动如曲艺表演、篮球比赛、象棋比赛等。有效管理文化设施，充分发挥文化设施的功能，进一步满足农民群众开展文化活动的基本需求，促进农村文化事业繁荣发展。2008 年，累计开展文化活动 20 多项，重点以北京奥运会为契机开展全民健身活动，奥运会期间共开展篮球、乒乓球等文体活动 10 多项。2009 年，以创建广东省教育强镇为着力点，以元旦、春节、中秋、国庆等几大节日为依托，由镇府牵头，文化站主办，学校等部门协办，共举办文艺文体活动 30 多项，大大丰富了全镇人民的精神生活。

【医疗卫生】 两年来重点抓好五个方面的工作：一是加强卫生院的建设。积极争取上级部门支持，完善有关硬件设备，提高医疗服务水平。二是加强防疫防病各项工作，提高疾病预防控制能力。三是大力整顿全镇的医疗市场，打击非法行医行为。四是抓好城镇环境卫生工作。五是做好食品和饮水安全工作，确保人民群众身体健康。2008 年，在市委、市政府的支持下，筹集资金 200 多万元，完成了西坑引水工程，解决了游东村委会、五联村委会、横冈村 1800 多人饮水卫生问题；又筹资 80 万元新建一个过滤池和三级无害化公厕 20 座，农户的卫生厕所普及率为 18%，粪便无害化处理率达 20%，有效地促进农村环境卫生。2009 年，加强除“四害”工作，控制媒介传染病发生流行，广泛开展健康教育，增强全民卫生意识。是年居委会组织环卫工人2人和圩镇居民对圩镇外环境进行了4次消杀，使本镇未有媒介传染病发生。利用妇女学校为阵地，广泛开展健康教育培训班6场次，共有600多人次参加了培训。针对养鸡业研究制订死鸡处理意见，全镇各养鸡户实行打深坑消毒填埋死鸡，避免对周边环境污染和疾病传染，确保群众生命安全。

【计划生育】 2008年全镇共出生199人，计生率89.95%，出生率9.6‰，自然增长率1.83‰。镇党委、政府制定了《金鸡镇计生层级动态管理责任制考核方案》，进一步明确了职责和要求。全年度共落实“四术”311例，同比增28例，库存明显下降，节育率达89.28%，其中结扎82例，同比增9例（纯女扎18例，同比增4例），上环200例，同比增14例，补救措施29例，同比增5例；B查率大幅上升，全年B查率达96.34%，其中第二次96.49%，第三次97.03%。2009年，借各级帮扶制度的东风，采取有力的工作措施，完善层级动态管理责任制，有力地促进了计生工作的顺利开展。全镇共出生214人，计生率94.39%；出生率10.31‰，均控制在责任书规定范围内；共落实“四术”222例，其中结扎43例（纯二女扎15例）、上环152例、补救措施21例；征收社会抚养费77.46万元。顺利实现了江门市人口计生一类镇的工作目标。

【劳动社保】 扩大新型农村合作医疗覆盖面，落实城镇居民医疗保险。2008年，通过大力推行农村合作医疗工作，加大宣传力度，积极发动群众参加新型农村合作医疗保险，进一步扩大了覆盖面。是年参保人数15000人，共报销90多万元。同时，为了进一步健全全民医保制度，推行城镇居民合作医疗制度，经过宣传发动，参保人数达909人，全面完成市下达的任务。2009年，新型农村合作医疗参保人数达15600人，占全镇农业人口的98.5%，全年报销额达164.6万元。城镇居民合作医疗新增加参保人数120人，全面完成市下达的任务。

【民政服务】 着力做好救济救灾和双拥优抚安置工作，提高服务质量。2008年，国内出现历史罕见的雪灾、地震等自然灾害，镇各级领导带领广大人民群众奋勇抗灾救灾，恢复灾后生产。特别在四川大地震期间，积极发动社会群众向灾区捐款捐物。镇财政拨款2.4万元，帮助困难户重造家园；发放临时补助7.8万元，惠及67人次；资助特困学生33人，发放助学金4.05万元，资助孤儿4人次，资助金1.1万元；全年发放五保资助金13.2万元，最低保障对象生活保障金26万多元。认定参战退役人员共25人，并按上级相关政策落实和发放补助标准；发放军人家属优待金11万余元，安家费0.42万元；发放烈军属、复业军人、带病回乡、五老人员、参战退役人员定恤定补金20.2万元；帮助重点优抚对象6户，由政府资助3.2万元新建或维修住房；帮助医疗重点优抚对象7户，资助医疗救助金1.6万元。

2009年，镇内出现多次风灾、水灾等自然灾害，造成较大损失。灾后江门市财政拨款3.5万元，市慈善会拨款7.25万元，镇财政拨款3.1万元，合计14.8万元，帮助困难户重建家园；发放临时补助5.6万元，惠及48人次；资助特困学生25人，发放助学金2.75万元，资助孤儿2人次，资助金0.9万元；全镇五保对象102人，全年发放五保金15.6万元。全镇最低生活保障对象112户，335人，发放最低生活保障金30多万元。认真仔细做好参战退役人员思想工作，劝导和及时阻止参战人员上访；发放军人家属优待金11万余元，安家费0.42万元；发放烈军属、复业军人、带病回乡、五老人员、参战退役人员定恤定补金21.3万元；帮助重点优抚对象8户，资助4.9万元新建或维修住房；解决医疗重点优抚对象6户，资助医疗救助金1.8万元；积极发动和推荐退役士兵参加技术职能培训学习。

【信访工作】 根据《信访条例》的要求，结合本镇实际，成立信访工作领导小组，设信访办公室，配备专职信访员，落实党政领导和中心成员单位负责人值班接访制度和信访督查制度，有力地促进信访工作的开展。2008年，共接待来信来访19宗，办结18宗；排查化解社会矛盾和不稳定因素3件。2009年，共接待来信来访事件27宗，其中来信21宗，来访6宗30多人次，办结21宗。（李德聪 周永儒 周健强 黄健威 陈锦艳 邓丽云 吴侨锋 黄学宏 周巨权　甄狄恒）

附：金鸡镇领导班子名录

镇委书记：廖辉文 （2009.09～）
谢常荣 （～2009.08）
副书记：余洛荣
党委委员：李润添 李焕敖 李新明
刘剑锋 关春燕（女） 刘奕年
人大主席：廖辉文（2009.09～）
谢常荣（～2009.08）
副主席：李焕敖
镇长：余洛荣
副镇长：李润添 陈凯讯 梁贵想

赤水镇

【简况】 赤水镇位于开平市西南端，距离市区40公里，是革命老区。2003年10月由原赤水、东山两镇合并而成。东邻台山市，西毗金鸡镇，镇域面积301平方公里，是本市面积最大的镇。总人口3.9万人。现辖下16个村委会、3个居委会，295个村民小组。有耕地面积6.9万亩，山地面积12.5万亩，土地资源丰富。辖内的特色农业企业（项目）有裕茂农业开发有限公司、金日升农业开发有限公司、东山鸿懋农业科技有限公司以及瓦片坑花卉基地等，并拥有目前开平市境内唯一的温泉资源。近年，成功引入香江温泉有限公司，开发度假旅游温泉项目，于2007年4月对外营业。2008年，赤水镇生产总值115688万元，其中工业生产值102996万元，农业生产值12692.88万元。镇级财政收入1087万元，同比增长15%。实际利用外资168万美元，民资1714万元。固定资产投资2562万元，增长3%。规模以上工业增加值4928万元，增长-17%。2009年，赤水镇生产总值102110万元，比上年增长5.78%。其中工业生产值88495万元，农业生产值13615.75万元。镇级财政收入1119万元，同比增长2.9%。实际利用外资201.54万美元，民资2082.97万元。固定资产投资2462万元，增长15%。规模以上工业增加值15058万元，增长16%。

【招商引资】 工业招商引资有新突破。2008年，新上工业项目4个，分别是：红日饮料有限公司，投资500万元；海富酒店，投资1000万元；冼氏木业有限公司，投资500万元；开平市三埠兆祥金属制品有限公司，投资200万元。2009年，新上项目5个，分别是：红日饮料有限公司，投资500万元；开平市太极科技网络有限公司，投资800万元；丽都酒店，投资1500万元；开平市兆祥金属制品有限公司，投资400万元；江门市摩托车测检中心，投资2000万元。至2009年底，全镇有个体工商户597户，主要工业企业有20多家，其中以制衣、建材企业居多。

农业招商成效显著。两年来，新上农业项目3个，分别是：东山鸿懋农业科技有限公司，总投资100万美元，开设大棚蔬菜种植；裕茂农业开发有限公司，增资400万元新建大棚蔬菜基地；天地一号生产有限公司，总投资300万元。

【农业生态旅游镇建设】 全面开展农业生态镇建设。两年来，共投入冬修水利建设资金近200万元，先后竣工的水利工程有：加固旗尾大堤、鹤仔蓢大堤，新建白石岗水陂，重修东升水陂、冲口水闸、司屋堤涵闸等。兴建高龙、松南等处候车亭20个。完成了赤水三合路段第二期修筑三级路工程。支持步栏龙头村、高龙汶水村、南塘美东湖村、东山东星村、和安新溪村等安装自来水工程。帮助和安沙栏村、牛溪村、瓦片坑茶坑村等实现民居（村场）改厕。制订和完善农村岗位责任制，结合“十百千万”干部下基层驻农村工作及市驻（联）村机制，积极支持村委会经济发展。两年来，各村委会集体经济收入明显提高，部分村委会如沙洲、步栏、冲口等年收入增长超100%。落实各项惠农政策，实施科技兴农，积极发展农业龙头企业，并通过推广“公司+基地+农户”的模式，引导农户养殖优质三皇鸡、优质瘦肉型猪等，实现农民持续增收。2008、2009年，全镇农村人均年收入分别为5409元、5800元，分别增长6%、7.2%。

加快开发旅游生态镇建设。一是加大圩镇改造力度。加固赤水圩石堤，维修赤水车站街道、赤水圩居委会门口街道以及下水道，扩建蚬东线入赤水路口道路和绿化带，使圩镇的基础设施进一步优化。二是加快温泉开发进度。香江温泉自2007年4月28日开张营业以来后，该企业本着提供一流星级服务的宗旨，于2008年增资1000多万元，先后完善接待大堂、温泉池区及休憩绿化、水上项目、别墅61幢、酒店副楼等基础配套设施。两年中，香江温泉又与立园、自力村和马降龙碉楼群等世界文化遗产景点串连起来，形成一条“看碉楼，泡温泉”的精品旅游线路，旅客数量明显增多。两年共接待旅客超20万人次。三是积极发展第三产业。配合香江温泉，发展与温泉旅游相关的饮食业、旅业、娱乐业、零售业等第三产业，如引入丽都酒店、赤水河农家庄、京园等酒店，完善温泉旅游线路。

【社会治安维稳】 严格落实信访维稳制度，积极做好矛盾纠纷排查，加强综治信访维稳中心建设，深入开展领导接待日、包案带案下访和“信访积案化解年”活动，加强对重点信访问题的处理力度，全力稳定上访者的情绪，认真做好调解稳控工作。两年中，共成功调解矛盾纠纷50多宗，顺利完成奥运、残奥会以及国庆60周年特别防护期的安保任务，两年没有发生过重大群体性事件。

实行“一岗双责”安全生产责任制，多次深入开展安全生产专项整治活动，对辖区内的企业工厂、商场、烟花爆竹经营场所、旅馆、饭店等人员密集场所进行排查，发现一例，整改一例。两年中，仅发生1起安全事故，主要是牛二建材有限公司碎石车间工人因思想麻痹疏忽大意，违规操作导致身亡事故。在镇府的督促和帮助下，妥当处理善后事宜。

开展“六好”平安社区建设，完善社会治安联防体系，依法开展严打整治专项行动，严厉打击各种违法犯罪案件，各社会治安案件破案率和查处率明显提高，有效维护了全镇的治安稳定。

【精神文明建设】 深入开展“爱国、守法、诚信、知礼”现代公民教育活动，以点带面，积极开展文明村创建活动，2008、2009年，步栏村委会龙头村、沙洲村委会沙塘村分别被评为“开平市标兵文明村”。做好国防教育和征兵工作，两年共有34名适龄青年光荣入伍，高质量完成年度征兵任务。开展“农家书屋”创建工作，2009年在羊路村委会朱屋村、和安村委会沙栏村这两个点建成“农家书屋”。继续做好侨刊《长塘月刊》的发行工作，两年接受华侨港澳同胞捐资捐物累计人民币达120万元。组队参加开平市第十届体育运动会，其中少年组男子和女子排球赛均获第二名。

（周炎宁）

附：赤水镇领导班子名录

镇委书记： 郑永钦

副 书 记： 熊日升　方锦健

廖思周（2008.01～2008.12）

钟征平（2009.01～2009.12）

党委委员： 温伟荣　陈国世　卢彩娥

李小兰　李耀明

人大主席： 郑永钦

副 主 席： 李小兰

镇　　长： 熊日升

副 镇 长： 余彦斌

梁炳麟（～2009.11）

张伟健（2009.12～）

谢添华（2009.12～）

开发区概况

翠山湖开发区

【简况】　2009年6月2日，翠山湖新区被认定为省级产业转移工业园，7月10日被评为省示范性产业转移工业园。翠山湖新区位于开平市区北部，距市中心8公里，开阳高速公路和325国道复线横贯全区，拥有优越的区位优势和便捷的对外交通条件。翠山湖新区的总体规划从2005年开始编制，规划周期至2025年止，全区共分三个部分：中心组团、月山组团和沙塘组团。近期目标是集中开发中心组团，长期目标则是以325国道复线为中心轴，向东扩展与铜古线相接，向西扩展与稔广线相接，形成沿开阳高速公路的一条产业带。规划总面积约40平方公里，首期开发面积（即产业转移工业园批准范围）6平方公里。新区完成总体开发后，东连水口、月山工业集中地，西接沙塘、苍城工业集中地，共同组成沙塘—翠山湖—月山工业走廊。

翠山湖新区依托省委、省政府提出“双转移”战略，结合自身产业及各种资源优势，注重资源、环保、效益，全面提升三大传统支柱产业（指纺织业、水暖卫浴器材业、食品工业）的总体发展水平，有选择地承接国内外产业转移，发展新兴工业门类和配套第三产业，着眼产业集聚和企业集群，加快步伐，把工业园建成省示范性产业转移工业园的特色园区，成为开平市传统支柱产业的升级平台和引进高端产业的载体，打造成开平市未来经济社会发展的重要引擎。在开平市新一轮的城市规划里，翠山湖新区作为开平城区的一个组成部分，将极大地拓展城市发展空间，成为开平市的一个“工业新城、城市新区”。

【基础设施建设】　2005年12月，翠山湖新区正式开始开发建设，确立了“高起点规划、高标准建设”原则，既适度超前开发又注重保护园区的生态环境。至2009年底，新区内的“三通一平”已基本完成，翠山湖大道和叠翠大道两条主干道建成通车；其他道路完成了路基建设，部分铺设了水泥路面；区内道路总长度已达20余公里，首期开发区内的道路网已形成。110万伏翠山变电站已建成投入使用，完成从龙山水库至新区的首期供水工程，并开始供水。园区首期工程平整土地和建设道路273万平方米，污水处理主管道、电讯和移动通讯等线路涵管等埋设完毕，其他基础配套工程建设也全面铺开。

【招商引资】　新区一直坚持将招商引资工作作为“1号工程”来抓，全力以赴推进招商引资工作。在招商引资过程中，大力发挥侨乡资源优势，增强招商项目策划能力，加大招商引资力度，创新招商思路和方式，联合市招商局和镇、街，“以商招商、以情招商、让利招商”，以分队招商、展会（推介会）招商、宣传招商、驻点招商、委托（中介）招商、协会（商会）招商、以侨引商等方式，加强与国内外有实力的投资商、行业协会（商会）、生产力促进机构、投资促进机构、在外创业经商的开平籍成功人士以及开平籍侨胞、知名人士的沟通和联系，积极推介园区优越的投资环境，吸引各类投资商前来园区考察、洽谈、投资。至2009年底，新区已签约的项目共18个，投资总额超16亿元；已通过入园评审项目12个，其中已购地项目7个，正在办理挂牌供地手续的项目2个。

【翠山湖新区环境保护】　新区北接叠书山、南接翠山和梁金山，西临翠山湖。新区规划建设的过程中，贯彻落实科学发展观，走可持续发展道路，注重环境保护工作。计划环保投资共1.5亿元，占计划总投资的3.2%。同时制定和推行完善的环境保护措施：一是严格实行项目环保准入制度，明确产业转移的环保准入门槛，入园项目必须符合国家和省相关产业政策要求，符合区域产业定位，符合清洁生产要求；二是实行污染物排放总量前置审核制度，严格控制园区污染物排放总量；三是按照“清污分流、雨污分流、循环用水”的原则，同步建设集中污水处理厂及园区配套排污管网，提高工业废水重复利用率，减少园区废水排放量；入园企业排放的废水采取两级处理，首先由企业预处理后在排入园区污水处理厂进行深度处理和部分回用；建立完善的排污和截污管网，保证园区工业废水和生活污水集中处理率达100%；四是通过落实循环经济措施鼓励在企业内部、企业之间实行废物综合利用，结合企业推行清洁生产制度，减少园区固体废物的排放；一般工业固废大部分回收利用，不能回收的和生活垃圾送垃圾卫生填埋场处理，并严格执行转移联单制度，保证园区固体废弃物安全处理率达100%；五是制定环境风险事故防范和应急预案，建立健全的事故应急体系，落实有效的事故风险防范和应急措施，有效防范污染事故的发生，避免发生事故对周围环境造成污染，确保环境安全；六是加强开发建设时期环境监理，尽量将开发建设时期的环境影响降至最小；采取生态环境保护措施，开发建设期间尽量保留园区所在地的植物群落和物种，园区建成后进行生态环境恢复和建设；根据工程布置及水土流失特点，采取排水工程、拦挡工程、护坡工程、绿化工程等水土保持措施防治水土流失。

新区主要企业简介

【广东海鸿变压器有限公司】 是从事输配电与控制设备的研发、生产、销售与安装调试服务集于一体的广东省高新技术企业、广东省民营科技企业、中国机械现代化管理企业。公司组建有广东省敞开式干式变压器工程技术研究开发中心，拥有15项国家专利，获评2006年全国优秀民营科技企业创新奖。

公司主要产品有三维立体卷铁芯变压器、H级干式变压器、亭式多功能组变系列、亭式多功能变电站系列、S11系列全密封变压器、高燃点油变压器、单相变压器和电缆分接箱、高低压成套设备、铜杆、电磁线、专利油位计等。产品先后获评为“国家免检产品”、“广东省著名商标”、“广东省名牌产品”、“荷兰KEMA试验国际认证”、“广东省节能标志产品”，销售网络遍布全国各地及国外市场。公司2009年总产值5.64亿元，销售额5.64亿元。

【国汇投资有限公司（国汇工业园）】 2009年8月28日，由开平工业资产经营公司和市交通集团共同投资兴建奠基。规划占地面积17.13万平方米，建设标准厂房30栋和创业服务中心大楼2座，规划建筑面积约20万平方米，总投资2.57亿元。拟分三期建设，全部工程将于2011年上半年建成投入使用。

（周栋辉 吴泽明 甄新强）

附：翠山湖管委会领导班子名录

1. 翠山湖管理委员会

主　任：张龙昌（～2009.07）
彭立群（副市长兼管委会主任，2009.8～2009.11）

副主任：冯岸良　梁健忠

2. 翠山湖产业转移工业园管理委员会（2009.11～2009.12）

主　　任：彭立群（副市长兼管委会主任）

副 主 任：司徒卓森　查海岩　梁健忠

纪检组长：冯岸良

党组成员：吴天恩

创刊号

（2008-2009）

荣誉录

KAIPING NIAN JIAN

先进集体

2008年开平市获国家级表彰的先进集体

获奖单位	表彰时间	荣誉称号	评定单位
市公安局治安大队	2008年	全国治理自行车专项行动先进集体	公安部
开平市文广新局	2008年	非物质文化保护工作组织奖	国家文物局
开平市农业普查办公室	2008年	第二次全国农业普查先进集体	国务院第二次全国农业普查领导小组办公室、国家统计局
开平市工商行政管理局	2008年	全国工商行政管理系统“红盾护农”先进单位	国家工商行政管理总局
开平市邮政局	2008年	2007年度函集业务发展百强县局	中国邮政集团公司
中国移动公司开平分公司	2008年	全国模范职工小家	中华全国总工会

2008年开平市获省级表彰的先进集体

获奖单位	表彰时间	荣誉称号	评定单位
开平市人民政府	2008年	“申遗”集体一等功	广东省人民政府
中共开平市委宣传部	2008年	“申遗”集体一等功	广东省人民政府
开平市“申遗”办公室	2008年	“申遗”集体一等功	广东省人民政府
纪委案件审理室	2008年	全省纪检监察案件审理工作先进集体	省纪委、监察厅
开平市总工会	2008年	省工会干部教育“三家”培训工作先进集体	广东省总工会
开平市妇联	2008年	广东省2008年度妇女报刊宣传发行专项工作一等奖	广东省妇联

续上表

获奖单位	表彰时间	荣誉称号	评定单位
人武部	2008 年	先进人武部	广东省军区
人武部	2008 年	先进党委	广东省军区
市人民检察院	2008 年	广东省文明单位	广东省委、省政府
市人民检察院	2008 年	2006-2008 年度广东省检察机关调研工作先进集体	广东省人民检察院
市人民检察院	2008 年	广东省检察政治工作先进集体	广东省人民检察院
市公安局交警大队	2008 年	广东省安全生产监督工作先进单位	广东省人民政府
开平市水产局	2008 年	2008 渔业抗灾复产工作先进集体	广东省海洋与渔业局
开平供电局客户服务中心	2008 年	广东省巾帼文明岗	广东省妇女联合会
开平供电局调度中心自动化班	2008 年	广东电网公司 2007 年度“安全在岗位”先进班组	广东电网公司工会
开平供电局变电部继保班	2008 年	广东省工人先锋号	广东省总工会
开平供电局	2008 年	全国安康杯竞赛广东省优胜企业	广东省总工会、广东省安全生产监督管理局
开平供电局	2008 年	2008 年广东省安全文化示范企业	广东省安全生产监督管理局
江门三埠海事处	2008 年	文明执法示范窗口	广东海事局
开平市邮政局龙头营业处	2008 年	广东省巾帼文明岗	广东省妇女联合会
开平市邮政局龙头营业处	2008 年	广东省邮政女职工文明岗	广东省邮政公司
中国电信股份有限公司开平分公司	2008 年	中国电信广东公司先进绩效单位一等奖	中国电信股份有限公司广东分公司
中国电信股份有限公司开平分公司水口营销服务中心	2008 年	广东电信营销服务中心先进绩效单位一等奖	中国电信股份有限公司广东分公司
开平边防检查站	2008 年	广东省公安边防总队安全工作先进单位	广东省公安边防总队
中国人民银行开平市支行	2008 年	文明单位	中国人民银行广州分行
开侨中学	2008 年	广东省依法治校示范校	广东省教育厅、中共广东省委教育工委、广东省公安厅

续上表

获奖单位	表彰时间	荣誉称号	评定单位
市广播电视大学	2008 年	广东电大系统中职教育先进单位	广东广播电视大学
市文广新局	2008 年	广东省文物保护先进集体	广东省文化厅
开平广播电视台	2008 年	2008 年度广东省广播电视创新发展先进单位一等奖	广东南方广播影视传媒集团
开平市中心医院	2008 年	全省建立侨捐项目监管制度工作先进单位	省侨务办
市外事侨务局	2008 年	广东省建立侨捐项目监管制度工作先进单位	省侨务办
市妇幼保健院	2008 年	省巾帼文明岗	省妇联
开平市劳保局	2008 年	广东省农民工工作先进集体	广东省农民工工作联合会议办公室
长沙街道办事处	2008 年	2005－2008 年“全省平安建设先进街道”	广东省社会治安综合治理委员会
共青团水口镇委员会	2008 年	2007—2008 年度广东省五四红旗团委	共青团广东省委员会

2009 年开平市获国家级表彰的先进集体

获奖单位	表彰时间	荣誉称号	评定单位
开平市	2009 年	2007—2008 年度全国科技进步先进县（市）	国家科技部
开平市	2009 年	中国商标发展百强县	中华商标协会
开平市妇联	2009 年	2009 年度妇女舆论宣传阵地建设县（市）级先进单位	全国妇联宣传部、中国妇女报社
市工商行政管理局	2009 年	全国工商系统商标工作先进集体	国家工商行政管理总局
开平供电局	2009 年	全国群众体育先进单位	国家体育总局
广东耀南建筑工程有限公司	2009 年	2009 年度全国建筑业先进企业	中国建筑业协会
开平市广播电视大学	2009 年	全国示范性基层电大	中央广播电视大学
开平广播电视台	2009 年	2008—2009 年度全国广告行业精神文明单位	中国广告协会

续上表

获奖单位	表彰时间	荣誉称号	评定单位
开平市中心医院	2009 年	中华慈善突出贡献项目奖	中华慈善总会
水口镇人民政府	2009 年	第二次全国经济普查先进集体	国务院第二次全国经济普查领导小组

2009 年开平市获省级表彰的先进集体

获奖单位	表彰时间	荣誉称号	评定单位
开平市	2009 年	广东省中央财政小型农田水利重点县	广东省财政厅、水利厅
开平市	2009 年	广东省科技进步先进市	省科技厅
开平市妇联	2009 年	广东省 2009 年度妇女报刊宣传推广工作一等奖	广东省妇联
开平市长沙街道幕村妇女学校	2009 年	广东省星级妇女学校	广东省妇联
海关通关科	2009 年	广东省“巾帼文明岗”	广东省妇联
市妇幼保健院	2009 年	广东省“巾帼文明岗”	广东省妇联
人武部	2009 年	标兵人武部	广东省军区
市人民检察院	2009 年	广东省先进基层检察院	广东省人民检察院
市经济普查办公室	2009 年	广东省第二次全国经济普查先进集体	广东省第二次全国经济普查领导小组办公室
开平市工商行政管理局	2009 年	广东省“五五”普法中期先进集体	广东省委宣传部、省依法治省工作小组、省司法厅、省普法办
市国营镇海林场	2009 年	广东省工人先锋号	广东省总工会
开平市水务局	2009 年	2003—2007 年度广东省实施省人大水库移民议案先进集体	广东省人民政府
开平供电局输电分部维护检修班	2009 年	2009 年广东省电力应急技能竞赛线路专业团体第一名	南方电监局
开平供电局	2009 年	广东省职工书屋	广东省总工会
开平供电局	2009 年	广东省模范职工之家	广东省总工会
共青团开平供电局委员会	2009 年	广东省五四红旗团委	共青团广东省委员会

续上表

获奖单位	表彰时间	荣誉称号	评定单位
开平供电局	2009年	2009年广东省电力应急技能竞赛组织奖	广东省应急办
市交通集团公司	2009年	广东省国有企业“四好”领导班子创建活动先进集体	省国资委
开平汽车总站客运售票班工会小组	2009年	广东省模范职工小家	广东省总工会
开平市邮政局女职工委员会	2009年	2008年度广东省工会女职工组织实施女职工‘两项工程’工作先进集体	广东省工会女职工委员会
市邮政局月山、水口、赤水等网点	2009年	广东邮政“模范职工小家”	广东省邮政公司
中国电信股份有限公司开平分公司水口营销服务中心	2009年	广东电信营销服务中心先进绩效单位一等奖	中国电信股份有限公司广东分公司
中国电信股份有限公司开平分公司长沙营销服务中心	2009年	广东电信营销服务中心先进绩效单位三等奖	中国电信股份有限公司广东分公司
中国移动开平分公司	2009年	中国移动“工人先锋号”	广东省总工会、中国移动集团工会
中国移动开平分公司	2009年	广东省文明单位	中共广东省委、广东省人民政府
开平边防检查站	2009年	广东省公安边防总队安全工作先进单位	广东省公安边防总队
开侨中学	2009年	广东省安全文明校园	广东省委教育工委、广东省教育厅、广东省公安厅
长师中学	2009年	首批广东省中小学教师继续教育校本培训示范学校	广东省教育厅
金山中学	2009年	广东省中小学教师继续教育学校本培训示范学校	广东省教育厅
市广播电视大学	2009年	广东电大系统中职教育招生先进单位	广东广播电视大学
开平广播电视台	2009年	2009年度广东省事业发展优秀奖	广东南方广播影视传媒集团
三埠街道办事处经济普查办	2009年	第二次全国经济普查先进集体	广东省经济普查办公室
苍城镇	2009年	2009年度广东省卫生先进镇	广东省爱国卫生运动委员会

先进个人

2008年开平市获国家级表彰的先进个人

姓　名	表彰时间	所在单位	荣誉称号	评定单位
邓国锋	2008年	市统计局	第二次全国农业普查先进个人	国务院第二次全国农业普查领导小组办公室
李华植	2008年	市工商局长沙工商所	全国工商行政管理系统优秀工商行政管理人员	国家工商总局
李春锋	2008年	市邮政局	2007年全国邮政业投入产出调查先进个人	国家统计局
王利平	2008年	开平边防检查站	公安部维和警察荣誉勋章	公安部
张洪涛	2008年	开平边防检查站	公安部维和警察荣誉勋章	公安部
梁芳红	2008年	开平边防检查站	个人二等功	公安部

2008年开平市获省级表彰的先进个人

姓 名	表彰时间	所在单位	荣誉称号	评定单位
吴平超	2008年	开平市政府	“申遗”个人一等功	广东省人民政府
黄继烨	2008年	中共开平市委	“申遗”个人一等功	广东省人民政府
谭伟强	2008年	市文广新局	“申遗”个人一等功	广东省人民政府
邝积康	2008年	市旅游局	“申遗”个人一等功	广东省人民政府
谭健民	2008年	市政协	“申遗”个人一等功	广东省人民政府
张健文	2008年	市文广新局	“申遗”个人一等功	广东省人民政府
谭思哲	2008年	中共开平市委	“申遗”个人一等功	广东省人民政府

续上表

姓 名	表彰时间	所在单位	荣誉称号	评定单位
余照明	2008 年	开平市纪委	2008 年粤西九市纪检监察机关办案能手	省纪委第二纪检监察室
余养趸	2008 年	三埠街道三围村	广东省优秀党务工作者	中共广东省委
许素群	2007—2008 年	市总工会	广东省优秀社会物价监管员	广东省物价局
许素群	2008 年	市总工会	广东省女职工工作先进工作者	广东省总工会女职工委员会
吕德赞	2008 年	市人民检察院	广东省检察机关优秀调研员	广东省人民检察院
郑维康	2008 年	市公安局	广东省“五好”派出所所长	广东省公安厅
巢振龙	2008 年	市司法局	广东省年轻干部到农村任职锻炼先进个人	广东省委组织部
巢振龙	2008 年	市司法局	广东省年轻干部到农村任职锻炼征文优秀奖	广东省委基层办
张 娟	2008 年	市工商局	全省工商行政管理系统信息化知识竞赛决赛三等奖及“优秀个人奖”	广东省工商局
邝海行	2008 年	市水产局	2008 渔业抗灾复产工作先进个人	广东省海洋与渔业局
梁绍良	2008 年	市水务局	广东省水利科技工作先进个人	广东省水利厅
区长风	2008 年	市经贸局	节能工作先进个人	广东省政府
欧郁强	2008 年	开平供电局	广东省五一劳动奖章	广东省总工会
吴路力 徐健雄 杨铨洪 邝炳才 周锦寅 邝伟棠 梁威文 刘添胜 谢韶青 劳锦波 冯伟强 陈一捋	2008 年	开平供电局	广东电网公司 2008 年抗冰救灾抢修复电先进个人	广东电网公司
金 叶	2008 年	开平供电局	广东电网公司女职工读书学习积极分子	广东电网公司工会、广东电网公司工会女职工委员会
钟 羡	2008 年	开平供电局	广东电网公司优秀共青团干部	广东电网公司团委
梁浩泉	2008 年	开平供电局	广东电网公司 2007 年度青年岗位能手	广东电网公司团委

续上表

姓 名	表彰时间	所在单位	荣誉称号	评定单位
徐健雄	2008 年	开平供电局	广东电网公司优秀共产党员	广东电网公司
邝伟棠 欧郁强	2008 年	开平供电局	广东电网公司 2008 年迎峰度夏暨奥运保供电先进个人	广东电网公司
梁斌儒	2008 年	开平供电局	广东电网公司技术能手	广东电网公司
邝彩云	2008 年	市邮政局	广东邮政“三服务一促进”主题实践活动“优质服务排头兵”	广东省邮政公司
王利平	2008 年	开平边防检查站	广东省优秀青年卫士	共青团广东省委员会
王利平	2008 年	开平边防检查站	个人二等功	省公安边防总队
张洪涛	2008 年	开平边防检查站	广东省优秀青年卫士	共青团广东省委员会
张洪涛	2008 年	开平边防检查站	优秀党员	省公安边防总队
梁芳红	2008 年	开平边防检查站	广东省三八红旗手	广东省妇联
梁宏庆	2008 年	市国税局	广东省国税系统青年岗位能手	广东省国税局
梁妙玲	2008 年	金山中学	广东省“朝阳读书”活动优秀学生	省教育厅、省关工委
谭伟强	2008 年	市文广新局	广东省优秀共产党员	中共广东省委
雷子锋	2008 年	市中医院	抗震救灾先进个人	省委、省政府
余智广	2008 年	市外事侨务局	广东省建立侨捐项目监管制度工作先进个人	省侨务办
冯活源	2008 年	市外事侨务局	广东省人民政府“广东侨网”优秀通讯员	省侨务办
冯活源	2008 年	市外事侨务局	广东省归侨普查工作先进个人	省侨务办

2009 年开平市获国家级表彰的先进个人

姓 名	表彰时间	所在单位	荣誉称号	评定单位
冯立坚	2009 年	开平市委	2007—2008 年度全国科技进步先进个人	国家科技部
陈 靖	2009 年	开平市政府	2007—2008 年度全国科技进步先进个人	国家科技部
陈伟成	2009 年	开平市委	第二次全国经济普查先进个人	国务院第二次全国经济普查领导小组
梁洪乐	2009 年	环境保护局	2007—2008 年度全国科技进步先进个人	国家科技部
李耀南	2009 年	广东耀南建筑工程有限公司	2009 年度全国建筑业优秀企业家	中国建筑业协会
朱美蓉	2009 年	开平边防检查站	公安部边防局提高边检服务水平成绩突出个人	公安部边防局

续上表

姓 名	表彰时间	所在单位	荣誉称号	评定单位
谭伟强	2009 年	文广新局	全国文化系统先进工作者	人事部、文化部
邓启荣	2009 年	三埠街道办事处	第二次全国经济普查先进个人	国务院经济普查办公室
司徒霭政	2009 年	水口镇府	第二次全国经济普查先进个人	国务院第二次全国经济普查领导小组
谢雪芳	2009 年	统计局	第二次全国经济普查先进个人	国务院第二次全国经济普查领导小组
关君玲	2009 年	统计局	第二次全国经济普查先进个人	国务院第二次全国经济普查领导小组
罗永逵	2009 年	苍城镇府	第二次全国经济普查先进个人	国务院第二次全国经济普查领导小组

2009 年开平市获省级表彰的先进个人

姓 名	表彰时间	所在单位	荣誉称号	评定单位
陈咸堡	2009 年	市委党校	广东省 2008 年度群众文艺作品评选一等奖（歌词《相约碉楼》）	广东省文化厅
陈咸堡	2009 年	市委党校	广东省第七届“五个一工程”奖（歌词《相约碉楼》）	广东省委宣传部
谭灿炬	2009 年	市总工会	工会新闻报道先进通讯员	广东省总工会
温洁莺	2009 年	市人民法院	广东省巾帼建功先进个人、省三八红旗手	广东省妇联
周长大	2009 年	市公安局	2008 年度广东省优秀人民警察	广东省公安厅
冯艺河	2009 年	市公安局	2008 年度广东省优秀人民警察	广东省公安厅
何健雄	2009 年	市公安局	2008 年度广东省优秀人民警察	广东省公安厅
司徒吕洪	2009 年	市公安局	2008 年度广东省公安“五好”所队长	广东省公安厅
梁天荣	2009 年	市司法局	广东省“五五”普法中期先进个人	广东省委宣传部、省依法治省办、省司法厅、省普法办
司徒国尧	2009 年	市工商局	2009 年度“先进特邀监督员”	广东省邮政管理局
陈洪新	2009 年	市水务局	2003—2007 年度实施省人大水库移民议案工作先进个人	广东省人事厅、水利厅

续上表

姓 名	表彰时间	所在单位	荣誉称号	评定单位
欧郁强	2009 年	开平供电局	南方电网公司迎峰度夏先进个人	南方电网公司
欧郁强	2009 年	开平供电局	广东省企业优秀管理人才	广东省企业联合会、广东省企业家协会
梁宇鹏 梁浩泉 林良顺 刘添胜 马文聪 廖志文	2009 年	开平供电局	广东省技术能手	广东省劳动和社会保障厅
贾卫清 王　华	2009 年	开平供电局	2009 年省档案学会纪念建国 60 周年征文活动优秀奖	广东省档案学会
陈柱玲	2009 年	市邮政局	2007—2009 年度广东省邮政系统先进生产（工作）者	广东省邮政公司
司徒炜东	2009 年	市环保局	2003—2007 年广东省环境保护责任考核先进工作者	广东省人事厅、广东省环保局
邹　艳	2009 年	开平边防检查站	优秀带兵人	省公安边防总队
陈　森	2009 年	开平边防检查站	优秀共产党员	省公安边防总队
黄顺合	2009 年	开平边防检查站	优秀团职干部	省公安边防总队
余维汉	2009 年	市国税局	广东省国税系统先进工作者	广东省国税局
黄炳贤	2009 年	市机电中等职业技术学校	2009 年度广东省南粤优秀教师	省教育厅、省人事厅、省委教育工作委员会、省总工会
刘爱国	2009 年	开侨中学	南粤优秀教师	省教育厅、省人事厅、省委教育工作委员会、省总工会
尹　琨	2009 年	长师中学	南粤优秀教师	省教育厅、省人事厅、省委教育工作委员会、省总工会
方玉燕	2009 年	市中心医院	2009 年度南粤女职工建功立业女能手	省总工会
张仕俊	2009 年	市中心医院	广东省优秀企事业单位物价员	省物价局

续上表

姓 名	表彰时间	所在单位	荣誉称号	评定单位
黄祝儒	2009年	体育局	广东省群众喜爱的社会体育指导员	省体育局
冯活源	2009年	市外事侨务局	广东省侨联系统先进个人	广东省侨联
周巨权	2009年	金鸡镇残联	广东省扶残助残先进个人	广东省残联
谢同健	2009年	统计局	广东省第二次全国经济普查先进个人	广东省第二次全国经济普查领导小组
陈礼祥	2009年	发改局	广东省第二次全国经济普查先进个人	广东省第二次全国经济普查领导小组
方健宏	2009年	赤坎镇府	广东省第二次全国经济普查先进个人	广东省第二次全国经济普查领导小组
黄炳才	2009年	百合镇府	广东省第二次全国经济普查先进个人	广东省第二次全国经济普查领导小组
甄锦辉	2009年	塘口镇府	广东省第二次全国经济普查先进个人	广东省第二次全国经济普查领导小组
张国雄 谭金花 谭伟强 程建军 梅伟强 邝积康 张健文 李日明 吴就良 梁锦桥 张启超	2009年	开平市碉楼办	广东省哲学社会科学优秀成果一等奖	广东省人民政府

社会经济统计资料

创刊号

(2008-2009)

KAIPING NIAN JIAN

统 计 资 料

2008年开平市基本情况简表

项目		单位	2008年
基本建设	高速公路营业里程	公里	28.6
	公路通车里程	公里	1709.45
	港口泊位	个	30
	航运通航里程	公里	105
	年末固定电话用户	万户	20.37
教育	中等专业学校	所	6
	在校学生	人	9553
	普通中学学校	所	40
	在校学生	人	52739
	小学学校	所	150
	在校学生	人	67256
	在园幼儿	人	19746
	小学学龄儿童入学率	%	100
医疗文化体育	医院	所	5
	其中：县级医院	所	3
	卫生机构医院床位数	张	1442
	平均每千人拥有床位	张	2.1
	影剧院	间	5
	体育馆	座	1

2009年开平市基本情况简表

项　　目		单　位	2009年
基本建设	高速公路营业里程	公里	28.6
	公路通车里程	公里	1702.12
	港口泊位	个	36
	航运通航里程	公里	105
	发电装机容量	万千瓦时	
	年末固定电话用户	万户	19.24
教育	中等专业学校	所	4
	在校学生	人	9591
	普通中学学校	所	36
	在校学生	人	61160
	小学学校	所	56
	在校学生	人	62832
	在园幼儿	人	22305
	小学学龄儿童入学率	%	100
医疗	卫生机构	个	25
	其中：医院	个	5
	卫生机构床位	张	1622
	其中：医院	张	1190
	卫生机构人员	人	2301
	其中：医院	人	1460

2008年开平市国民经济发展情况表

项　　目	单　位	2008年	比上年增长(%)
人口	人	685075	0.28
土地面积	平方公里	1659	0
国内生产总值	亿元	170.39	10.2
人均国内生产总值	元	24872	13.39
工业总产值	亿元	272	13.21
农业总产值	亿元	33.19	2.22
全社会固定资产投资	亿元	48.09	13.05
外贸出口总额	亿美元	11.73	14.42
实际利用外资	亿美元	1.33	18.03
地方财政一般预算收入	亿元	8.19	14.01
社会消费品零售总额	亿元	78.52	18.19
城乡居民储蓄存款余额	亿元	188.03	18.44

2009年开平市国民经济发展情况表

项　　目	单　位	2009年	比上年增长（%）
人口	人	687189	0.31
土地面积	平方公里	1659	-
地区生产总值	亿元	169.12	10.5
人均地区生产总值	元	24611	2.58
规模以上工业总产值	亿元	273.17	14.05
农业总产值	亿元	33.63	107.39
全社会固定资产投资	亿元	58.29	20.34
外贸出口总额	亿美元	9.5	-18.1
实际利用外资	亿美元	1.46	9.94
地方财政一般预算收入	亿元	9.2	12.28
社会消费品零售总额	亿元	90.40	14.23
城乡居民储蓄存款余额	亿元	205.25	9.16（与年初比）

2008 年各镇（街）工农业总产值

（按当年价）　　单位：万元

镇(街)	合计	1.工业总产值			2.农业总产值
		小计	规模以上	规模以下	
合计	3669782	3337840	2720045	617795	331942
三埠	338053	331833	236040	95793	6220
长沙	191599	174719	139889	34830	16880
月山	123178	84317	61018	23299	38861
水口	493012	460426	307526	152900	32586
沙塘	56707	33613	23813	9800	23094
苍城	103020	79883	67372	12511	23137
龙胜	78226	53235	38120	15115	24991
大沙	56318	40658	9425	31233	15660
马冈	103093	78538	30479	48059	24555
塘口	70914	52710	8889	43821	18204
赤坎	134398	114986	80079	34907	19412
百合	96566	79167	31651	47516	17399
蚬冈	23433	13512	10372	3140	9921
金鸡	62085	44887	23154	21733	17198
赤水	108003	70518	27380	43138	37485
农林场水库	6339				6339

2009年各镇（街）工农业总产值

（按当年价） 单位：万元

镇(街)	合计	1.工业总产值			2.农业总产值
		小计	规模以上	规模以下	
合计	3706544	3370266	2772493	597773	336278
三埠	529350	524041	403448	120593	5309
长沙	224012	207201	157395	49806	16811
月山	193286	155305	129473	25832	37981
水口	636962	604019	427744	176275	32943
沙塘	453309	432134	420677	11457	21175
苍城	110895	89980	79867	10113	20915
龙胜	103416	76436	39530	36906	26980
大沙	35339	21038	11630	9408	14301
马冈	94224	64730	32045	32685	29494
塘口	70550	48875	19147	29728	21675
赤坎	134619	113926	80337	33589	20693
百合	111618	94987	66090	28897	16631
蚬冈	26660	17304	13523	3781	9356
金鸡	60394	39026	34573	4453	21368
赤水	109953	73884	49635	24249	36069
农林场水库	4577				4577

统 计 公 报

开平市 2008 年
国民经济和社会发展统计公报

开平市统计局

2008 年，全市人民在市委、市政府的领导下，以邓小平理论和“三个代表”重要思想为指导，认真贯彻落实和实践科学发展观，采取积极措施应对国际金融危机的影响，进一步推进法治社会、和谐社会建设。全市经济和社会各项事业保持较快的发展。

一、综　合

2008 年，全市国民经济继续保持健康发展，经济增长速度和经济运行质量平稳发展。初步核算全年实现生产总值 170.39 亿元（当年价），比上年增长 10.2%。其中：第一产业增加值 17.73 亿元，增长 2.4%；第二产业增加值 87.49 亿元，增长 11.4 %；第三产业增加值 65.17 亿元，增长 10.3%。第一、二、三产业增加值的比重为 10.4 : 51.3 : 38.3。按户籍人口计人均生产总值 24872 元。

经济和社会发展存在的主要问题和薄弱环节是：产业结构不够优化；经济发展的后劲和竞争力不强；农民增收、农业增效难度加大；城乡、区域发展仍不平衡；资源约束和环境压力越来越大；服务业比重偏低；旅游业未形成产业链，对住宿餐饮业等第三产业的拉动力仍不够；人民生活水平和社会保障还有待进一步提高。

二、农业和农村经济

2008 年全年实现农业总产值 33.19 亿元，发展速度 102.22%。全年粮食作物播种面积 67.82 万亩，减少 0.79%。其中水稻种植面积 60.68 万亩，同比减少 1.28%；水果种植面积 7.33 万亩，同比增长 44.95%；甘蔗（含果蔗）种植面积 0.60 万亩，同比增长 14.10%；花生播种面积 4.17 万亩，同比增长 19.13%；蔬菜播种面积 17.81 万亩，同比增长 6.49%；花卉种植面积 1.73 万亩，同比增长 17..05%。

全年粮食总产量 18.50 万吨，同比减少 10.24%。其中稻谷 17.00 万吨，减少 9.85%；水果总产量 2.56 万吨，同比减少 12.66%；甘蔗（含果蔗）总产 3.15 万吨，同比增长 8.11%；花生总产量 0.58 万吨，同比减少 3.11%；蔬菜总产量 24.12 万吨，增长 17.83%。

全市迹地更新造林面积 5.19 万亩，同比减少 49.20%；幼林抚育 6.00 万亩，同比减少 19.52%；木材砍伐 15.23 万立方米，同比减少 14.58%。

畜牧业生产成果显著，肉类总量 5.96 万吨，同比增长 13.41%；全年生猪出栏量 36.69 万头，同比增长 8.89%；家禽出栏量 2375.19 万只，比上年增长 31.36%；禽蛋全年总产量 1.74 万吨，比上年增长 119.59%；水产品产量 3.16 万吨，同比减少 38.36%。

三、工业和建筑业

2008 年全市工业稳步发展。全年全部工业增加值 72.62 亿元，比上年增长 11.97 %。其中规模以上工业企业累计完成工业增加值 60.07 亿元，比上年增长 12.55%。全年规模以上工业企业累计完成工业总产值 272.00 亿元，比上年增长 13.21 %。按企业经济类型分：外商及港澳台商投资企业累计完成 157.78 亿元，比上年增长 9.73 %；国有企业累计完成 6.74 亿元，比上年增长 9.41 %；集体企业完成 1.30 亿元，比上年增长 26.96%；股份制企业完成 95.18 亿元，比上年增长 17.90 %；股份合作企业完成 1.60 亿元，比上年增长 80.88 %；外资企业完成 157.78 亿元，比上年增长 9.73 %；其他经济类型完成 9.40 亿元，比上年增长 22.33 %。

生产规模扩大，经济效益继续向好。2008 年年末全市规模以上工业企业 392 家，比上年增加 38 家，全年规模以上工业企业销售产值 266.35 亿元，产品销售率 97.92%。

建筑企业有较大的发展。全年建筑安装总产值 14.91 亿元，比上年减少 3.74%。工程结算收入 14.34 亿元，比上年增长 9.89%。实现利税总额 0.52 亿元，增长 85.71 %。

四、固定资产投资

基本建设和更新改造带动固定资产投资较快增长。全市全年固定资产投资总额 48.09 亿元，比上年增长 13.05%。其中：基本建设完成 16.75 亿元，增长 17.02%；更新改造完成投资 10.15 亿元，增长 23.85%；房地产完成投资 4 亿元，减少 6.49%；其他项日完成投资 14.19 亿元，增长 10.09%。全年基本建设、更新改造和其他投资施工项目 163 个，比上年减少 43 个。其中新开工项目 108 个，全投项目 85 个。民资投资稳步增加，全年民资直接投资 25.19 亿元，同比增长 21.51%。

镇级投资项目增加，2008 年全市镇级固定资产完成投资 24.59 亿元，比上年增长 21.25%。

商品房价格上涨。2008 年商品房施工面积 98.46 万平方米，比上年增长 65.34%；竣工面积 26.75 万平方米，比上年增长 130.60%；商品房销售面积 23.26 万平方米，比上年增长 9.35%；商品房销售额 6.03 亿元，增长 141.31%。

五、交通运输和邮电业

2008 年全社会完成客运量 2578 万人，比上年增长 1.86%；客运周转量 105823 万人公里，比上年增长 7.10%；港口货物吞吐量 20.40 万吨，比上年减少 0.25%。

车辆拥有量增长较快。2008 年汽车拥有量 36661 辆，比上年增长 7.50%，其中小汽车 32504 辆，比上年净增 2931 辆，增长 9.92%。摩托车 185219 辆，比上年增长 2.49%。

全年邮政业务总量 5088 万元，比上年增长 6.58%，全市人均年函件用邮量 11.34 件/人，比上年减少 1.82%。全市固定电话 20.37 万部，比上年减少 3.83%，固定电话普及率 30 部/百人。移动电话用户 45 万部，移动电话普及率为 66 部/百人。

六、国内贸易

国内市场销售稳步增长，城市市场消费活跃。全年实现社会消费品零售总额 78.52 亿元，比上年增长 18.19%。其中城市消费品零售额 43.39 亿元，增长 21.50%；农村消费品零售额 35.13 亿元，增长 14.34%。

按行业分，批发零售贸易业实现零售额 63.88 亿元，比上年增长 19.84%。其中限额以上贸易企业实现零售额 13.46 亿元，增长 35.05%。餐饮业全年实现零售额 14.64 亿元，增长 11.45%。

七、对外经济贸易和旅游业

进出口贸易下降。全市海关进出口总值 151346 万美元，同比减少 2.05%。外贸出口总值 115984 万美元，比上年减少 1.15%。其中国有企业出口产值 12005 万美元，比上年减少 1.94%；外资企业出口产值 79507 万美元，比上年减少 3.57%，私营企业出口产值 24472 万美元，比上年增长 8.21%。进口总值 35362 万美元，同比减少 4.91%。实现对外贸易顺差 80622 万美元。

2008 年实际利用外资 13310 万美元，比上年增长 11.14%。其中外商直接投资 12845 万美元，比上年增长 11.50%。全年合同利用外资 4671 万美元，比上年减少 76.32%。新签利用外资合同 176 宗，比上年减少 29.88%，其中外商直接投资 25 宗，比上年减少 62.69%。外向型企业 596 家，三资企业 456 家，来料加工企业 140 家。

2008 年是开平碉楼与村落 “申遗”成功的第二年，在市委、市政府的正确领导和上级旅游部门的大力支持下，开平市旅游系统紧紧围绕市委、市政府打造“广东旅游强市”战略，真抓实干，开拓创新，进一步促进了旅游产业又好又快的发展。今年全市共接待国内外游客 297.1 万人次，比上年增长 35.72%，其中国内旅游者 254.5 万人次，增长 43.76%，国际旅游者 42.6 万人次，增长 1.74%；实现旅游总收入 15.1 亿元，增长

37.02%。全市拥有星级酒店5家，其中五星级酒店1家，四星级1家，三星级1家，二星级2家。

八、财政金融和保险业

财政收入稳步增长。全年地方财政一般预算收入8.19亿元，按省统一口径增长14.01%；地方财政一般预算支出9.12亿元，比上年增长8.17%。

金融稳定。全年金融机构存款余额240.06亿元，比年初增长14.95%。其中城乡居民储蓄存款余额188.03亿元，比年初增长18.44%。各项贷款余额58.93亿元，比年初增长9.10%，其中短期贷款40.26亿元，比年初增长9.59%；中长期贷款15.97亿元，比年初减少1.62%。侨汇收入10873万美元，比上年增长19.46%。

九、科学技术和教育

科技事业取得较好成就。全年获得地级市以上科技进步奖3项，其中二等奖1项，三等奖2项。全年专利申请数712件，授权数262件。全市高新技术企业24家，其中省级21家，江门市级3家；民营科技企业57家，其中省级39家，江门市级18家。2008年高新技术产品出口产值2.76亿美元。

教育事业和谐发展，办学条件不断改善，办学水平稳步提高。2008年全市有中小学196所，其中完（高、职）中15所，初中26所，小学150所，九年一贯制学校5所。全市在校生共129589人，其中小学生67256人，初中生37266人，高中阶段在校生25026人。幼儿园38所，在园儿童19746人。电视大学1所，在校本科生553人，大专学生1370人。小学适龄儿童入学率100%。小学毕业生入学率100%。非正常流动率为0。15周岁人口初等教育完成率100%，与上年持平。17周岁人口中等教育完成率99%，与上年持平。初中入学率100%，与上年持平。毕业率100%，与上年持平。非正常流动率0.57%。三类残疾儿童少年入学率98%，比上年提高2个百分点。“普九”五率连续第十九年达到国家和省规定的标准要求。全市初中毕业生11281人，升学率为95.6%，比上年提高0.8百分点，完成江门市下达的“普高”指标。全市高考录取人数3718人，其中本科录取人数1342人，报考录取率69.97%。高中升学率为52.2%。全年投入1783万元，新建改建校舍18624万平方米。

十、文化、卫生和体育

文化事业不断发展。全市有文化馆1间；文化站15个；博物馆1间；美术馆1间；图书馆6间，总藏书量29.2万册，其中镇图书馆藏书量15.7万册；粤剧团2个；市（镇）影剧院5座。广播电视台1间，有线电视转播频道41个，广播电台播出频道1个。

卫生事业稳步发展。年末共有卫生机构25个。其中医院5家，卫生院15家；妇幼保健院1家；专科防治所、站2家；疾病预防控制中心1个；卫生监督所1家。病床床位1442张，其中医院1030张，卫生院352张。卫生技术人员2058人，其中执业医师641人，执业助理医师259人。

体育事业健康发展。承2008年北京奥运会的举办，唱响“全民健身与奥运同行”主旋律，推动全民健身发展。组织社会各届近万名青少年齐聚城市北广场，参加“阳光体育与奥运同行”万人环城跑活动，以实际行动迎接奥运、宣传奥运、树文明新风。组织市第六届“国税杯”乒乓球公开赛，设男、女团体赛、男、女单打赛，其中男子团体28队、女子团体11队。组织澳门（江门）同乡会男、女子篮球队VS开平男、女子篮球联谊比赛。组织中国女排VS开平男排对抗赛。

十一、人口、就业与社会保障

户籍人口有所增长。2008年年末全市总人口685075人，其中男性342579人，女性342496人。非农业人口244858人，占总人口的35.74%。全年出生人口6881人，出生率为10.06‰。死亡人口5530人，死亡率8.08‰。全市净增人口1351人，自然增长率1.97‰，比上年下降0.59个千分点。

劳动就业压力有所缓和。年末全市社会从业人员377368人，比上年增长1.18%。其中私营和个体从业人员86410人，比上年增长9.36%。失业人员人数6903人，失业人员再就业6437人。

社会福利保障事业日益完善，社会保险覆盖面不断扩大。年末全市参加失业保险职工人数为59933人，参加养老保险的有84001人，参加医疗保险的有51206人，参加农村新型合作医疗保险的有427946人。

社会安全明显改善。全市共发生工矿企业事故2宗，比上年减少50%，工矿企业事故死亡2人，比上年减少100%，十万从业人员事故死亡率1。交通事故死亡人数65人，同比下降5.8%。亿元GDP事故死亡率0.39。

十二、人民生活与环境保护

城乡居民生活水平明显提高。2008年城镇职工人均工资17416元，比上年增长9.00%；农村人均纯收入6000元，比上年增长6.03%。居民住宅条件进一步改善。全年竣工住宅面积8.82万平方米；住宅销售面积20.74万平方米。

城乡居民的生活条件和生活环境继续改善。大力推动侨乡文化建设，各级文明单位、文明村继续增加。2008年新增国家级文明村1条，江门市级文明村10条，江门市级文明单位4个，开平市标兵文明村11条，开平市级文明单位3个。自1991年以来，已创建各级文明村（单位）492个，其中国家级文明村1条，广东省文明村6条，江门市标兵文明村 40 条，开平市标兵文明村 278 条；广东省文明单位（窗口）8 个；江门市标兵文明单位20个。

注：公报中的生产总值，人均生产总值、增加值和总产值绝对数按现行价格计算，增长速度按可比价格计算。

开平市2009年
国民经济和社会发展统计公报

开平市统计局

2009年，全市人民在市委、市政府的领导下，克服重重困难，积极应对国际金融危机的影响，进一步推进法治社会、和谐社会建设。全市经济和社会各项事业保持稳定向好的发展态势。

一、综　合

2009年，全市国民经济继续保持健康发展的态势，经济增长速度和经济运行质量平稳发展。初步核算全年实现生产总值 169.12 亿元（当年价），比上年增长10.5%。其中：第一产业增加值18.58亿元，增长8.5%；第二产业增加值79.54亿元，增长10.0%；第三产业增加值71.00亿元，增长 11.5%。第一、二、三产业增加值的比重为10.99 : 47.03 : 41.98。按户籍人口计人均生产总值24611元。

经济和社会发展存在的主要问题和薄弱环节是：产业结构不够优化；经济发展的后劲和竞争力不强；农民增收、农业增效难度加大；城乡、区域发展仍不平衡；就业矛盾突出；服务业比重偏低；旅游业未形成产业链，对住宿餐饮业等第三产业的拉动力仍不够；人民生活水平和社会保障还有待进一步提高。

二、农业和农村经济

2009年全年实现农业总产值33.63亿元，发展速度 107.39%。全年粮食作物播种面积 67.84万亩，同比增长0.02%。其中水稻种植面积60.56万亩，同比减少0.21%；水果种植面积6.97万亩，同比减少4.95%；甘蔗（含果蔗）种植面积0.83万亩，同比增长37.58%，其中果蔗种植面积2916亩，同比增长106.08%；花生播种面积4.08万亩，同比减少 2.21%；蔬菜播种面积 20.55 万亩，同比增长 15.40%；花卉种植面积 1.62 万亩，同比减少6.89%。

全年粮食总产量 20.60 万吨，同比增长11.38%。其中稻谷19.00万吨，增长11.78%；水果总产量2.45万吨，同比减少4.60%；甘蔗（含果蔗）总产量2.68万吨，同比减少14.87%，其中果蔗总产 1.28 万吨，同比增长 26.85%；花生总产量0.60万吨，同比增长5.01%；蔬菜总产量24.76万吨，增长2.66%。

全市迹地更新造林面积4.68万亩，同比减少9.86%；幼林抚育5.07万亩，同比减少15.38%；木材砍伐12.05万立方米，同比减少20.89%。

肉类总量 6.63 万吨，同比增长 11.35%；全年生猪出栏量40.51万头，同比增长10.40%；家禽出栏量2657.42万只，比上年增长11.88%；禽蛋全年总产量 1.93 万吨，比上年增长 11.00%；水产品产量3.38万吨，同比增长6.70%。

三、工业和建筑业

2009年全市工业稳步发展。全年全部工业增加值86.14亿元，其中规模以上工业企业累计完成工业增加值74.29亿元，比上年增长19.57%。全年规模以上工业企业累计完成工业总产值273.17亿元，比上年增长14.04%。按企业经济类型分：外商及港澳台商投资企业完成155.56亿元，比上年增长10.78%；国有企业完成1.87亿元，比上年减少14.46%；集体企业完成0.72亿元，比上年增长40.44%；股份有限公司完成18.22亿元，比上年减少28.54%；私营企业完成58.04亿元，比上年增长26.35%；有限责任公司完成36.09亿元，比上年增长33.39%。

生产规模扩大，经济效益继续向好。2009年年末全市规模以上工业企业422家，比上年增加30家，全年规模以上工业企业销售产值257.24亿元，产品销售率94.17%。

建筑业总产值增长持续加大。全年具有资质等级的总承包和专业承包建筑企业完成总产值30.18亿元，比上年增长102.41%。工程结算收入28.09亿元，比上年增长95.89%。实现利润总额12.58亿元，增长168.80 %。

四、固定资产投资

基本建设和更新改造带动固定资产投资较快增长。全市全年固定资产完成投资总额58.29亿元，比上年增长20.34%。其中：基本建设完成投资29.78亿元，增长77.82%；更新改造完成投资12.81亿元，增长26.13%；房地产完成投资5.25亿元，增长20.49%；其他项目完成投资7.23亿元，减少49.05%。全社会投资中，第一产业完成投资1.18亿元，比上年增长66.30%；第二产业完成投资42.33亿元，比上年增长23.57%；第三产业完成投资14.79亿元，比上年增长12.65%。民资投资稳产增长，全年民资直接投资34.39亿元，同比增长36.53%。

镇级投资项目增加，2009年全市镇级固定资产完成投资31.65亿元，比上年增长28.70%。

商品房价格上涨。2009年商品房施工面积157.08万平方米，比上年增长59.54%；竣工面积13.53万平方米，比上年减少49.44%；商品房销售面积26.14万平方米，比上年增长12.37%；商品房销售额6.61亿元，增长9.56%。

五、交通运输和邮电业

2009年全社会完成客运量2657万人，比上年增长3.07%；客运周转量108947万人公里，比上年增长2.95%；港口货物吞吐量23.50万吨，比上年增长15.20%。

车辆拥有量增长较快。2009年汽车拥有量39909辆，比上年增长8.86%，其中小汽车35813辆，比上年净增3309辆，增长10.18%，其中私人小轿车13994辆。摩托车196105辆，比上年增长5.88%。

全年邮政业务总量5449万元，比上年增长7.1%，全市人均年函件用邮量10.68件/人，比上年减少5.82%。全市固定电话19.24万部，比上年减少5.55%，固定电话普及率28部/百人。移动电话用户46万部，移动电话普及率为67部/百人。

六、国内贸易

国内市场销售稳步增长，城市市场消费活跃。全年实现社会消费品零售总额90.40亿元，比上年增长14.23%。其中城市消费品零售额50.94亿元，增长15.62%；农村消费品零售额39.46亿元，增长12.48%。

按行业分，批发零售贸易业实现零售额74.32亿元，比上年增长15.42%。其中限额以上贸易企业实现零售额13.60亿元，增长1.05%。餐饮业全年实现零售额16.08亿元，增长9.01%。

七、对外经济贸易和旅游业

2009年进出口贸易下降。全市海关进出口总值12.16亿美元，同比减少19.63%。外贸出口总值9.50亿美元，比上年减少18.1%。其中国有企业出口产值0.98亿美元，比上年减少18.18%；外资企业出口产值6.18亿美元，比上年减少22.27%，私营企业出口产值2.34亿美元，比上年减4.55%。进口总值2.66亿美元，同比减少24.63%。实现对外贸易顺差6.84亿美元。

2009年实际利用外资1.46亿美元，比上年增长9.94%。其中外商直接投资1.45亿美元，比上年增长12.5%。全年合同利用外资4515万美元，比上年减少3.34%。新签利用外资合同133宗，比上年减少24.43%，其中外商直接投资17宗，比上年减少32%。全市外向型企业601家，三资企业468家，来料加工企业133家。

2009年紧紧围绕市委、市政府打造“广东旅游强市”战略，采取了“对内整合、对外联合”的策略，整合各个方面的旅游资源、人力资源、土地资源、财力资源、客源资源，取得了理想的成效。全市共接待国内外游客328.82万人次，比上年增长10.68%，实现旅游总收入17.53亿元，增长16.02%。全市拥有星级酒店5家，其中五星级酒店1家，四星级1家，三星级1家，二星级2家，星级旅游饭店开房率73%。

八、财政金融和保险业

财政收入稳步增长。全年地方财政一般预算收入9.20亿元，按省统一口径增长12.28%；地方财政一般预算支出 11.87 亿元，比上年增长26.36 %。

金融稳定。全年金融机构存款余额 268.45亿元，比年初增长 11.83 %。其中城乡居民储蓄存款余额205.25亿元，比年初增长9.16%。各项贷款余额73.76亿元，比年初增长25.16%，其中短期贷款44.03亿元，比年初增长9.37 %；中长期贷款28.32亿元，比年初增77.38%。侨汇收入6027万美元，比上年减45%。

九、科学技术和教育

科技事业取得较好成就。全年获得地级市以上科技进步奖4项，其中二等奖2项，三等奖3项。全年专利申请数1021件，授权数521件。全市高新技术企业35家，其中国家级9家，省级22家，江门市级4家；民营科技企业63家，其中省级40家，江门市级23家。2009年高新技术产品出口产值2.3亿美元。

教育事业和谐发展，办学条件不断改善，办学水平稳步提高。2009年全市有中小学92所，其中完（高、职）中13所，初中19所，小学56所，九年一贯制学校4所。全市在校生共123992人，其中小学生62832人，初中生36320人，高中阶段在校生24840人。幼儿园69所，在园儿童22305人。电视大学1所，在校本科生499人，大专学生1734人。小学适龄儿童入学率100%，小学毕业生入学率100%，非正常流动率为0；15周岁人口初等教育完成率100%；与上年持平；17周岁人口中等教育完成率99.5%；比上年提高0.5百分点。初中入学率100%，与上年持平，毕业率100%；与上年持平。非正常流动率 0.57%；三类残疾儿童少年入学率98%；与上年持平。“普九”五率连续第二十年达到国家和省规定的标准要求。全市初中毕业生11732人，升学率为96.8%，比上年提高1.2百分点，完成江门市下达的“普高”指标。全市高考录取人数4004人，其中本科录取人数1468人；报考录取率70.3%；高中升学率为52.3%。全年投入5602万元，新建改建校舍6.80万平方米。

十、文化、卫生和体育

2009年文化事业不断发展。全市有文化馆1间；文化站15个；博物馆1间；美术馆1间；图书馆5间，总藏书量29.2万册，其中镇图书馆藏书量15.7万册；粤剧团1个；市（镇）影剧院5座。广播电视台1间，有线电视转播频道39个，广播电台播出频道1个。

卫生事业稳步发展。年末共有卫生机构 25个。其中医院5家，卫生院15家；妇幼保健院1家；专科防治所、站2家；疾病预防控制中心1个；卫生监督所1家。病床床位1622张，其中医院1190张，卫生院372张。卫生技术人员1846人，其中执业医师598人，执业助理医师125人。

体育事业健康发展。以迎接60周年国庆为主题，积极举办市第十届体育运动会，全面推动全民健身运动发展。3月至5月份举办市中小学生排、篮球比赛；4月结合税收宣传月活动举办“税务杯”羽毛球混合团体赛，全市共有 21 支队伍130 名运动员参加，同时邀请市领导及前国家羽毛球队选手参与。为检验全市的体育水平，于8月5日至9月8日举办开平市第十届体育运动大会，设镇级代表团15个、市直级代表团8个、少年组和成年组比赛项目17个、运动员1680名人次参加。开平籍运动员吴葵娣在第十一届全运会中获得跳水女子团体第三名，个人一米板第四名(打破了开平在全运会零分的历史)，还在亚洲游泳锦标赛中获得跳水女子团体第一名，跳水女子双人三米板第一名的好成绩。

十一、人口、就业与社会保障

户籍人口有所增长。2009年年末全市总人口687189人，其中男性343300人，女性343889人。非农业人口242599人，占总人口的35.30%。全年出生人口6867人，出生率为10.01‰。死亡人口4907人，死亡率7.15‰。全市净增人口1960人，自然增长率2.86‰，比上年上升0.89个千分点。

劳动就业压力有所扩大。年末全市社会从业

人员 375264 人，比上年减 0.56 %。其中私营和个体从业人员 74683 人，比上年减 13.57 %。失业人员人数 9841 人。

社会福利保障事业日益完善，社会保险覆盖面不断扩大。年末全市参加失业保险职工人数为 61040 人，参加养老保险的有 69710 人，参加医疗保险的有 136427 人，参加农村新型合作医疗保险的有 454269 人。

2009 年，社会安全问题得到各级领导和社会各界重视。全市安全生产形势得到进一步持续稳定发展，工矿生产安全事故死亡 2 人，与上年持平，十万从业人员事故死亡率 1。交通事故死亡人数 56 人，比去年（65 人）下降 13.8%，万车死亡率 2.33。亿元 GDP 事故死亡率 0.34。

十二、人民生活与环境保护

城乡居民生活水平明显提高。2009 年城镇职工人均工资 19022 元，比上年增长 9.22 %；农村人均纯收入 6562 元，比上年增长 9.37%。居民住宅条件进一步改善。全年竣工住宅面积 13.04 万平方米；住宅销售面积 23.66 万平方米。

城乡居民的生活条件和生活环境继续改善。大力推动侨乡文化建设，各级文明单位、文明村镇继续增加。2009 年新增广东省文明单位 1 个，开平市标兵文明村 15 条，开平市标兵文明单位 3 个。自 1991 年以来，开平市已创建各级文明村（单位）511 个，其中国家级“全国创建文明村镇工作先进村镇” 1 个，广东省文明村镇 6 条，江门市标兵文明村 40 条，开平市标兵文明村 293 条；广东省文明单位（窗口）9 个，江门市标兵文明单位 20 个。

注：公报中的生产总值，人均生产总值、增加值和总产值绝对数按现行价格计算，增长速度按可比价格计算。

创刊号

(2008-2009)

KAIPING NIAN JIAN

附录

附 录

主要旅行社简介

开平市广旅国际旅行社 成立于1986年，是开平市第一家国际旅行社。经营范围包括承办入境游、国内游、散客单项旅游服务，代理出国游业务，并可根据旅游者的要求制定旅游计划，安排有关特色旅游线路。一直以来，开平市广旅国际旅行社与国内外旅行社建立了长期、稳定的业务合作关系。

开平市中国旅行社 是中国中旅集团成员，经营项目有旅游业、酒店、餐饮和娱乐，组织国内游、港澳游、海外游；直售国际国内航班机票、代订酒店住房、景点门票。

开平市印象碉楼旅行社 是一家以碉楼为主题的旅行社。主要业务范围包括开平碉楼旅游、观光旅游、休闲度假旅游、商务考察、旅游信息咨询以及订折扣机票、车船票、景点门票、订房及租车等。开平市印象碉楼旅行社立足于侨乡，积极挖掘开发和推广侨乡旅游资源，大力发展省内外旅游观光业务，为各地游客提供丰富多样的旅游活动。

开平市广之旅旅行社 成立于2005年8月5日，主要经营入境游、出境游、国内游三大旅游业务，同时兼营电子商务旅行、会展服务、旅游汽车出租、电脑软件开发、海外留学咨询、物业管理和国际国内航空票务代理等业务。

开平市经典旅行社 成立于2008年2月28日，业务范围有专业的开平碉楼旅游，筹办商务旅游，提供代订机票、各地酒店、景点门票，汽车出租等一站式的配套服务。

星级酒店简介

潭江半岛酒店 全国第一家县级市五星级酒店。坐落在开平市中心潭江河畔，酒店临江而立，三面环水，环境优美，配套设施完善，是一间集客房、餐饮、会务、康体、娱乐为一体的综合性酒店。酒店楼高32层，经营面积约5万平方米，有客（套）房300间，配有中、西餐厅和宴会厅7个，还有可容纳800人的国际会议中心，各类型中、小型会议室。

三埠假日酒店 四星级酒店。位于开平市长沙港口路，三面江河环抱，无尽美景尽收眼底。酒店地理位置优越，毗邻三埠港，交通十分便利。格调高雅的各类型客(套)房，宁静舒适；河畔咖啡厅和茶趣居茗茶美点，悠闲自在；春晖园中餐厅荟萃南北美食。骏豪会娱乐城及假日健康中心设施齐备；商务中心提供票务、复印、传真、互联网和秘书等一应俱全的服务。

三埠海景酒店 三星级酒店。1998年开业，位于开平中心区——新昌，依傍美丽的潭江河畔，景色幽雅。酒店楼高9层，经营面积6410平方米。拥有各种客房、套房，配有商务中心、会议室、商店、卡拉OK厅、中餐厅和茶艺厅。

水口月亮酒店　二星级酒店。位于水口镇新市南路13号，经营面积960平方米，是由澳商投资经营的商旅型酒店。酒店拥有设备完善的标准客房、豪华套房、商务套房，另设有棋牌娱乐室等。

华侨大厦　二星级酒店。位于三埠长沙西郊路，占地面积3933平方米，建筑面积2.5万平方米。大厦主楼高25米，共7层，南北副楼为7层。拥有100多间商务套房、桑拿套房、海景房、标准房，还设有健康中心和室外大型停车场。

其他酒店简介

凯旋门酒店　位于 开平市 光明路，酒店占地4000多平方米，建筑面积近1万平方米，楼高8层，客房总数96间（套）。

雅致酒店　位于 开平市长沙 曙光东路178号，酒店设置中餐厅、商务中心、大小会议室、大堂吧、大型停车场以及完善的保安及消防控制系统。

富景酒店　位于开平市三埠区曙光东路143号，酒店拥有客房近100间，其他配套设施有棋牌、茶艺等。

丰泽园酒店　位于开平市沙冈区红进路1号，325国道旁，占地面积30多亩。酒店内设中西餐厅、宴会厅、咖啡厅、花园会所、桌球室、儿童乐园等经营项目，是一家集饮食、娱乐、住宿、休闲于一体的新型酒店。

威尔逊酒店　位于开平市长沙区幕沙路70号益华商场内，由广东逸豪酒店管理有限公司经营管理，是集餐饮、客房、娱乐、购物、商业旺铺、写字楼等设施为一体的新型商务酒店。酒店主楼经营面积4万多平方米，第1层有沐足城，1-2层设有大型购物超市，第3层有中餐厅、日本料理、棋牌室、游乐园、影院及卡拉OK房，第4层为可同时容纳1000人就餐的京华酒楼中餐厅，第5层设有桑拿中心，6层以上有高级商务客房146间。同时配套多功能会议中心、商务中心、大型地下停车场、独立住客电梯、大堂吧等。

海伦堡酒店　位于开平市长沙区三江大道1号，是一间休闲型度假酒店。酒店独具特色，鼎承“碉楼之乡“的设计理念，以欧陆式古堡布局显彰个性。酒店环境优美，高雅别致，房间装修独特，布局宽敞，具有西班牙风情的私家阳台让客人一览湖光美景的同时更有家的感觉。酒店拥有客（套）房102间，服务管理完善，设施配套齐全，别树一格的餐饮特色、花园式游泳池及众多的康体项目，为宾客营造轻松、舒适的消费环境。

花园酒店　位于开平市幕桥西路28号，是一家集饮食、客房、娱乐、会所、会议于一体的大型酒店。拥有花园式别墅50多套，各类型客（套）房100多间，餐厅可同时容纳1750人就餐；花园会所、多功能宴会厅配套设施齐全，还有水疗会、健康中心、沐足阁、好乐迪量贩式KTV、星河会、棋牌室及露天泳池等。

主题索引

L

M

N

Q

R

S

T

W

X

Y

Z

彩页索引

图书在版编目（C I P）数据

开平年鉴（2008—2009·创刊号）/开平年鉴编纂委员会编.
—广州：广东人民出版社，2012.8
ISBN 978-7-218-07538-9
Ⅰ. ①开… Ⅱ. ①开… Ⅲ. ①开平市－2008－2009－年鉴
Ⅳ. ①Z526.53

中国版本图书馆CIP数据核字(2012)第005676号

KAIPING NIANJIAN（2008-2009 CHUANG KAN HAO）
《开平年鉴》（2008—2009·创刊号）
《开平年鉴》编纂委员会 编

出 版 人：金炳亮

责任编辑：张贤明 柏 峰 陈其伟 林 冕
特约编辑：黄金河
装帧设计：海 子
出版发行：广东人民出版社
地 址：广州市大沙头四马路10号（邮政编码：510102）
电 话：（020）83798714（总编室）
传 真：（020）83780199
网 址：http://www.gdpph.com
印 刷：珠海市壹朗印刷厂
书 号：ISBN 978-7-218-07538-9
开 本：787mm×1092mm 1/16
印 张：25 插 页：90 字 数：799千
版 次：2012年8月第1版 2012年8月第1次印刷
定 价：230.00元